本书得到
“中国农业科学院科技创新工程（ASTIP-IAED-2018）”和
中央级公益性科研院所基本科研业务费专项（2018）资助，
特此致谢

CHINA AGRICULTURAL SECTOR DEVELOPMENT REPORT 2018

中国农业产业发展报告 2018

中国农业科学院 / 组织编写

中国财经出版传媒集团
经济科学出版社
Economic Science Press

中国农业产业发展研究报告2018

编著委员会

指导顾问： 唐华俊　樊胜根

主　　任： 梅旭荣

副 主 任： 袁龙江　李思经　王济民　孙东升　毛世平

主 编 著： 张玉梅　胡向东　韩昕儒

编著人员：（以姓氏笔画排序）

王国刚　王祖力　朱　宁　孙致陆　杨　春　杨艳涛
辛翔飞　宋莉莉　张　琳　陈珏颖　周向阳　周　慧
项　诚　钱加荣　钱静斐　高　芸　黄圣男　薛　莉

序

改革开放40年来，我国农业发展取得了举世瞩目的成就。中国农业产业保持快速增长趋势，主要农产品产量持续增加，多种产品产量稳居全球首位。城乡居民食物消费水平显著提高，居民食物消费结构正在转型升级。中国在全球农产品贸易地位明显提升，进口居世界第一，出口居世界第五。中国农业产业发展进入了一个新的阶段，农业的矛盾主要由总量不足转变为结构性矛盾，由注重数量转向注重质量。中国共产党第十九次全国代表大会提出了2020年全面建成小康社会，2035年基本实现社会主义现代化，2050年建成富强、民主、文明、和谐、美丽的社会主义现代化强国的发展目标，作出了实施乡村振兴战略的重大决策。2018年中央一号文件对实施乡村振兴战略进行全面部署。进入新时代，中国农业产业发展趋势总体向好，迎来持续稳定发展的"黄金期"。但是，中国农业产业发展仍面临国内外诸多挑战，面临资源环境约束、生产成本高企、竞争力不强等问题，同时受到贸易保护主义复苏、逆全球化思潮抬头的冲击。在新时代，如何应对挑战、抢抓机遇，从而提升农业质量效益和竞争力，实现农业产业兴旺是亟待解决的问题。

《中国农业产业发展报告2018》从宏观上系统总结了整个农业产业发展的新形势、新问题和新挑战，评估了农业政策变化和外界冲击对中国农业产业发展的影响，同时对17种重要农产品进行了专题研究，详细分析了不同产业的发展形势和特点，研判了2020年和2035年农业产业发展趋势，为完善产业制度安排和推进农业产业持续健康发展提供了政策建议。报告开发了中国农业产业模型（China Agricultural Sector Model，CASM），围绕全球化和逆全球化、国内农业供给侧结构性改革等主题，重点讨论了中美贸易摩擦、"一带一路"倡议、粮食市场化改革和环保税征收等热点问题，在全球化背景下重点研究了中美贸易摩擦对中国农业发展可能带来的影响，从全球开放的视角分析"一带一路"倡议可能带来的机遇，讨论如何调整国内价格支持政策和完善农产品市场价格形成机制来应对国际竞争压力，以及评价绿色环保政策刚性约束可能会对畜牧业发展的影响。

中国农业科学院农业经济与发展研究所（以下简称"农经所"）长期致力于农业农村经济发展中的基础性、方向性、全局性、关键性的重大问题研究。农经所在长期研究基础上，组织21位科研骨干，总结了17个产业的研究成果，完成了《中国农业产业发展报告2018》的编制任务。该报告是对中国农业产业发展研究的一次有益尝试，作为中国农业产业发展形势预判体系建设的重要成果，将对推进乡村振兴战略实施以及深化农业供给侧结构性改革发挥重要作用。今后，农经所将继续加强力量、深入研究、持续创新，将《中国农业产业发展报告》打造成指导中国农业产业发展的权威品牌。

前言 INTRODUCTION

农业是国民经济建设与发展的重要基础，促进农业发展是实施乡村振兴战略的首要任务。农业产业的健康发展事关实现“两个一百年”的奋斗目标，事关中华民族的伟大复兴。全球化给中国农业发展带来了机遇，加入世界贸易组织后，生产结构的调整促进了具有比较优势的产业发展，中国农业的竞争力得到一定提高，贸易结构不断优化，农业生产效率和质量得到提升。但近几年，由于2008年金融危机给国际和国内形势带来显著变化，市场开放带来的一些负面影响不断显现：逆全球化思潮的不断涌现增加了农业政策调整的不确定性，如果农业政策调整无法适应国际竞争压力新的变化，将给中国农业发展带来困境。本报告旨在深入探讨中国农业及各产业如何应对国内外的挑战，从而实现健康发展。报告在全球化背景下重点研究了中美贸易摩擦对中国农业发展可能带来的影响；从全球开放的视角分析“一带一路”倡议可能带来的机遇；讨论如何调整国内价格支持政策和完善农产品市场价格形成机制来适应国内外新形势；评价绿色环保政策刚性约束可能会对畜牧业发展产生的影响；基于研究结论，提出推动农业产业兴旺发展的政策建议。

近年来，在一系列强农惠农富农政策的支持下，中国农业发展取得了巨大成就，确保了“饭碗”牢牢端在中国人自己手里。稻谷、小麦产量总体呈增长态势，2017年稻谷、小麦总产量分别达到20856万吨、12977万吨，确保了口粮绝对安全。玉米饲料消费量和工业消费量双增长，玉米去库存成效显著。大豆产量呈恢复性增长，但市场缺口大，进口量连年大幅增加，对外依存度高。棉油产量不同程度增加，食糖产量下降，棉油糖全线进口，果菜蛋、水产品供给充足。肉类供需形势呈分化态势。猪肉、牛肉、羊肉产量不断增长，但仍然供不足需，进口量大幅增加；鸡肉消费低迷、产能过剩，供大于需。奶制品仍然产不足需，需进口补充。

全球化背景下，作为多边贸易体制的积极参与者、贡献者，中国充分利用“两个市场、两种资源”，加快优势农产品出口，有效带动了农民增收，同时扩大国外农产品进口，满足国内多元消费需求，缓解了农业产业发展对我国环境和资源的压力。随着国内外环境的变化，中国农业发展面临新的挑战，农产品价格仍将处于全面承压态势，这要求必须加快完善农产品价格形成机制，为农业各行业提高生产效率和生产方式转型升级创造良好的环境。

2008 年全球金融危机以来，逆全球化思潮下，贸易保护主义出现复苏，多边贸易体制受到冲击，将可能对全球农业发展和粮食安全产生负面影响。2018 年初开始的中美贸易摩擦对农业产业带来的不确定性影响值得警惕。本研究应用全球贸易分析模型—中国农业产业模型模拟中美双方相互加征关税和中国增加进口美国农产品两种情景对中国农业可能产生的影响，并讨论各种不确定性因素。报告模拟结果显示，如果中美贸易达不成协议，中美贸易摩擦会对美国的农业产生较大的负面影响，对中国农业的影响比较小，但会由于进口价格上涨而导致消费者福利损失。由于中美双方都是贸易大国，贸易摩擦涉及面比较广，带来的各种宏观经济影响不容小觑。

随着中国农业发展环境和国内外农产品市场形势发生变化，稻谷和小麦的最低收购价和玉米临时收储价格一直呈上升趋势，玉米价格也高位运行多年，高于国际市场价格，导致政策性收储规模过大和财政负担加重，而加工流通企业由于成本上涨而经营困难。2016 年中国取消了玉米的临时收储政策。粮食价格政策处于改革的十字路口。针对最低收购价格改革和玉米去库存政策的模拟结果表明，不同程度下调稻谷和小麦最低收购价，都会导致稻谷和小麦生产者价格下降，进而降低农户种植积极性，引起种植面积减少及产量下降，并减少了农户种植平均收益。2016 年，中国在东北三省和内蒙古自治区取消了玉米“托市收购”政策，调整为市场化收购加补贴的新机制，并且开始了去库存和调结构的玉米供给侧改革。当玉米去库存政策实施时，生产者价格显著下降，影响种粮农民积极性，玉米种植面积下降明显，产量减少，但价格下降刺激了饲用消费量和加工消费量的增加，玉米价格的下降传导到畜产品生产，下降幅度越大，越有利于畜产品的生产，尤其有利于猪肉生产，其次是牛肉，对鸡肉影响相对较小。

农业绿色发展背景下，环境保护政策密集出台，生猪养殖北移西进布局调整明显，以草控畜、草畜平衡推进步伐加快。环保政策在推动农业产业绿色发展的同时，确实加大了畜禽养殖业的生产成本，使得原本价格不占优势的畜产品竞争力进一步减弱。征收环保税的模拟结果显示，短期内，产能微幅调减，禽养殖成本增加，养殖利润相应下降，养殖场户积极性受到影响；畜产品进口将增加，补充国内产量下降。长期来看，将促进畜牧业转型升级、绿色发展，实现产业发展与生态环保共赢。

未来，中国经济增长增速放缓、城乡居民收入持续增长，人口总量先增后减，城镇化率逐步提高。在此背景下，中国农业发展总体稳定，能够为2020年全面建成小康社会和2035年基本实现社会主义现代化提供保障。首先，农作物种植面积将基本保持稳定，种植结构将进一步优化，口粮作物等作物面积稳中略降，大豆、花生、马铃薯、蔬菜等种植面积稳中略增。随着科技进步，农作物的单产仍呈增长态势。居民消费结构升级趋势明显，主要粮食的饲料消费量和主要农产品工业加工消费量均呈快速上涨趋势。口粮供求基本平衡，大豆进口仍将保持高位，仍具备一定国际竞争力的蔬菜和水果等可以实现净出口。畜产品和水产品产量和食用消费量将持续增长，除禽蛋外的多数畜产品呈净进口状态，但仅奶的自给率较低。

新时代需树立大农业观、大食物观，以乡村振兴战略为统领，坚持农业农村优先发展，立足当前发展基础与优势，直面发展短板与挑战，推动农业产业兴旺持续发展。建议：第一，坚守谷物基本自给、口粮绝对安全的战略底线，合理确定大宗农产品进口规模，利用好国内国际两个市场两种资源，充分发展国内农业产业，优化生产结构和贸易结构。第二，围绕提升农产品竞争力、提高农民收入和农业抗风险能力，构建开放型农业支持政策体系，完善农业产业发展保护机制。第三，坚持绿色发展导向，推进农业废弃物资源化利用，推进种养业废弃物资源化利用，努力实现保供给和保生态的协调平衡。第四，注重产品质量提升及品牌建设，实施质量兴农、品牌强农战略，强化标准实施，建立质量安全联盟，组建品牌联盟。第五，多层次、多方式、多渠道深化与“一带一路”沿线国家在农业领域的合作，“引进来、走出去”，互通有无，实现合作互利共赢。第六，维护多边贸易体制，积极参与改革完善WTO规则，按照国际规则处理贸易争端和分歧，创造良好的农业产业发展环境。

目 录
CONTENTS

第1章

绪　论

改革开放40年，中国农业发展取得了巨大成就。近两年，一系列举措持续改善了中国农业产业发展的政策环境。中国共产党第十九次全国代表大会关于十八届中央委员会报告的决议提出了决胜全面建成小康社会和开启全面建设社会主义现代化国家新征程的发展目标，2020年全面建成小康社会，2035年基本实现社会主义现代化，2050年建成富强民主文明和谐美丽的社会主义现代化强国。十九大报告做出了实施乡村振兴战略的重大决策，2018年中央一号文件《中共中央　国务院关于实施乡村振兴战略的意见》对实施乡村振兴战略进行全面部署。可以预见，在未来一段时期内，中国农业产业发展的总体趋势向好，迎来快速发展的“黄金期”。

但短期内，影响中国农业产业发展的国内外因素增多，中国农业产业发展也面临巨大挑战。首先，从国际来看，随着全球经济一体化发展，中国面临的国际形势日趋复杂，尤其是近年来受欧债危机、地缘政治以及贸易保护主义抬头等因素影响，农业产业发展的不确定性因素在增加，而土地、劳动力、环境保护、质量安全成本的不断提高导致中国农业跨入成本上涨阶段，影响了中国农产品的国际竞争力，国际农产品内外价格差和贸易逆差不断扩大，农产品进口呈扩张的局面，如何提升农产品国际竞争力已经成为中国农业产业发展亟须解决的重要问题。其次，从国内来看，正如习近平总书记所指出的，中国农业农村发展已进入新的历史阶段，农业的主要矛盾由总量不足转变为结构性矛盾。结构性矛盾突出表现在玉米等粮食库存压力较大、高质量农产品供给相对不足等。毋庸置疑，推进农业供给侧结构性改革，提高农业综合效益和竞争力，是当前和今后一个时期中国农业政策改革和完善的主要方向。与此同时，农业资源约束日益趋紧，农业投入品过度化学化、农业投入品利用率低，造成了严重的农业面源污染，农业环境承载力接近甚至超过极限，农业生态环境的刚性约束日益趋紧。在此背景下，如何厘清中国农业产业健康稳定发展的思路，做出改善农业产业发展驱动力的制度安排，完善优化农业产业发展的政策保障，已经成为紧迫课题。

1.1 研究思路和研究内容

全球化背景下，作为多边贸易体制的积极参与者、贡献者，中国充分利用“两个市场、两种资源”，加快优势农产品出口，有效带动了农民增收，同时扩大国外农产品进口，满足国内多元消费需求，缓解了农业产业发展对我国环境和资源的压力。但是，随着国内外环境的变化，中国农业发展面临新的国际挑战，国际形势复杂多变，农产品价格仍将处于全面承压态势，这要求必须加快完善农产品价格形成机制，倒逼农业各行业提高生产效率和生产方式转型升级。为了深入探讨中国农业如何应对国内外的挑战，从而实现农业产业的健康发展，本书的总体研究思路是：按照“总—分”的结构框架，从国外到国内，系统总结了中国农业产业发展的新形势和新特点；在全球化背景下重点研究中美贸易摩擦对中国农业发展可能带来的影响；从全球开放的视角分析“一带一路”倡议可能带来的机遇；讨论如何调整国内价格支持政策和完善农产品市场价格形成机制来应对国际竞争压力；评价绿色环保政策刚性约束可能会对畜牧业发展的影响；基于研究结论，提出推动农业产业兴旺发展的政策建议。针对不同产业发展的特点和影响因素，并分别就 17 个具体农业产业部门进行专题分析，尤其关注 2020 年和 2035 年关键年份的农业产业发展情况，研判未来农业产业发展趋势，为推进中国农业产业持续健康发展提供政策建议，为更好地做好未来农业发展规划和宏观管理调控提供决策参考。

第一，围绕中国农业产业发展面临的形势进行深入剖析。当前，中国农业产业发展的形势林林总总，既有来自生产方面，也有来自消费方面；既有来自国内方面，也有来自贸易方面；既有有利形势，也有不利形势。在错综复杂的各种形势下，如何区别不同形势对中国农业产业发展提出的机遇和挑战是难点，不同形势之间所呈现的紧迫性和挑战性值得深入探讨和研究。在对比、总结和归纳的基础上，本书试图给出中国农业产业发展面临形势的基本全貌，进一步实证分析不同形势对中国农业产业发展的影响。

第二，关注全球化和逆全球化思潮对中国农业产业发展的影响。全球经济一体化是国际社会经济发展的重要趋势，世界贸易和投资增长显著。历史经验表明，全球贸易和投资有助于提高居民收入和获取多样化的食物，改善居民的食物消费和营养健康。中国一直致力于对外开放，扩大对外贸易、吸引外商投资和增加对外投资规模，并积极推动全球化进程。但近期，美国从多项重要国际协议中退出、英国“脱欧”等事件的发生，表明贸易保护主义正在抬头，偏离了全球一体化的轨道。逆全球化思潮正在威胁国际贸易、投资、移民和知识分享，给全球粮食安全增加了不确定性。2017 年，全球饥饿人口数量在经历了十年的稳步下降后再次上升，导致全球经济复苏受挫（IFPRI，2018）。2018 年年初，美国贸易保护主义抬头，对中国率先挑起贸易争端，中美贸易摩擦升级。中美是重要的贸易大国，在很多领域贸易关系密切。从近期来看，中美贸易的不确定性可能会对中国农业产业发展产生潜在的影响，这样的影响有多大，对国内哪些农业产业冲击最大，需要从实证角度进行精准的判定。

第三，探讨中国与“一带一路”沿线国家的农业合作。“一带一路”倡议为中国农业发展提供了难得的历史机遇。党的十九大报告提出推动形成全面开放新格局，承诺中国开放的大门不会关闭，只会越开越大。未来中国将以“一带一路”建设为重点，坚持引进来和走出去并重，遵循共商共建共享原则，加强创新能力开放合作，形成陆海内外联动、东西双向互济的开放格局。拓展对外贸易，培育贸易新业态新模式，推进贸易强国建设。中国政府在 2015 年 3 月和 2017 年 5 月先后发布了《推动共建“一带一路”的愿景与行动》和《共同推进“一带一路”建设农业合作的愿景与行动》。本书将详细回答“一带一路”沿线国家的农业资源禀赋充裕程度如何，与中国农产品贸易的状况如何，中国对“一带一路”沿线国家农业投资的趋势怎样等一系列问题，并提出中国如何进一步加强与“一带一路”沿线国家的农业合作，不断拓宽农业开放发展的空间格局。

第四，最低收购价格政策改革对粮食产业的影响研究。保障粮食安全始终是中国农业产业发展的重点，实施多年的粮食最低收购价政策，对粮食安全起到良好的政策效果。但近年来，随着中国农业发展环境和国内外农产品市场形势发生较大变化，稻谷和小麦的最低收购价一直呈上升趋势，高于国际市场价格，导致政策性收储规模过大和财政负担加重，而加工流通企业由于成本上涨而经营困难。很明显，最低收购价格政策已经处于改革的十字路口。相关部门和学者对保留稻谷和小麦最低收购价政策和增强政策灵活性的改革大方向达成基本共识，但具体的政策调整方案还在进一步的讨论之中。本书通过“生产成本加合理利润”“生产成本 + 基本收益”“保生产成本”等多个思路，开展实证分析，定量分析最低收购价格政策改革对粮食产业的影响。

第五，玉米去库存政策对粮食产业的影响研究。由于国际市场玉米价格低迷，我国受玉米临时收储政策的影响，玉米市场出现了“产量、库存量和进口量”三量齐增的现象。玉米库存高企，财政负担不堪重负。2016 年，中国在东北三省和内蒙古自治区取消了实施 8 年的玉米“托市收购”政策，调整为市场化收购加补贴的新机制，并且开始了去库存和调结构的玉米供给侧结构性改革。本书将通过设计不同的玉米库存消费比政策模拟方案，分析去库存政策将会对玉米及其相关产业产生的影响。

第六，绿色环保对畜牧业的影响研究。习近平总书记指出，推进农业绿色发展是农业发展观的一场深刻革命。长期以来，畜禽养殖污染制约了畜牧业绿色发展水平。近年来，国家陆续出台了畜牧业环保政策法规。国务院于 2014 年 1 月 1 日起开始实施《畜禽规模养殖污染防治条例》，并于 2015 年相继发布实施《中华人民共和国环境保护法》《水污染的防治行动计划》。2016 年，国家环保部印发了《畜禽养殖禁养区划定技术指南》，同年 12 月国务院正式印发《“十三五”生态环境维护规划》，强调在 2017 年年底前，各地域依法关闭或搬迁禁养区内的畜禽养殖场（小区）和养殖专业户。国务院于 2017 年印发了《关于加快推进畜禽养殖废弃物资源化利用的意见》，同年 7 月，农业部出台了《畜禽粪污资源化利用行动方案（2017—2020 年）》，提出实施畜禽粪污资源化利用，促进畜牧业的绿色发展。2018 年 1 月 1 日中国首部“绿色税法”《中华人民共和国环境保护税法》开始正式实施，国家层面明显加强了对畜牧业生产发展迅猛所带来的环境承载压力增大、畜禽养殖污染问题的治理和管控力度。本书通过设计生猪、肉鸡、肉牛、肉羊、奶牛、蛋鸡不同征税标准情景方案，模拟环保税的实施将对畜牧业产业发展产生的具体影响。

第七，对 17 个品种的产业发展进行了细致分析。为了全面反映某个产业的发展现状与未来趋势，本书综合运用各种数据资料，对各个产业近些年的产业发展形势特点，包括在生产、消费、贸易和供需平衡等方面的特点进行归纳和总结，分析各个产业发展的新情况及其影响因素。针对稻谷、小麦和畜产品，专门运用模型模拟分析粮食最低收购价格改革、玉米临时收储制度改革和畜牧业排污征税等政策变化对具体产业发展的影响。对 17 个分品种未来发展（短期 2020 年和长期 2035 年）进行预测分析，判断未来各个产业的发展趋势，并提出具体的产业发展政策建议。

1.2 研究方法

为了更好地模拟预测各个农业产业的未来发展趋势和政策模拟分析，中国农业科学院农业经济与发展研究所（IAED）与国际食物政策研究所（IFPRI）依据局部均衡理论构建了包括多个农业产业的多市场局部均衡模型——中国农业产业模型（China agricultural sector model，CASM）。作为政策模拟分析工具，该模型可以广泛应用于模拟各种政策变化和外界冲击对中国农产品市场的影响。该模型涵盖了农作物、畜产品及其加工品等 33 种产品，建立了不同产品之间的相互联系，模拟了农产品市场的运行机制，包括生产、消费、贸易、库存和价格等之间的互动关系。该模型由多个方程组成，通过方程定量刻画了中国主要农业产业的生产、消费、贸易和价格及其影响因素，并建立了相互之间的关系，由国内供给、国内需求和外生国际市场价格共同决定国内价格，当市场出清时，实现市场均衡。该模型应用通用代数建模系统（GAMS）软件进行开发和模型求解。GAMS 具有强健稳定的数值分析能力，模型运行求解速度快，与 EXCEL 进行对接，方便数据的输入和结果的输出。目前，该模型由 36 组方程组成，由共 566 个单方程、23 组变量和 566 个内生变量，以及若干外生变量构成。

与现有模型相比，中国农业产业模型具有以下特点。第一，该模型考虑了不同农产品之间存在的替代关系和互补关系，尤其是畜牧业生产和饲料粮消费之间的关系，同时建立了不同饲料粮之间的相互替代关系。第二，该模型针对生猪和肉牛两个重要畜牧业进行了更为深入细致的分析，可以更系统和更科学地模拟畜产品市场。该模型不仅考虑猪肉和牛肉的供需平衡关系，还根据猪肉和牛肉的生产技术特点，引入了能繁母猪、能繁母牛和商品猪、商品牛；同时考虑了能繁母猪、能繁母牛和商品猪、商品牛的供需平衡，分析了能繁母猪、能繁母牛和商品猪、商品牛之间的存栏和出栏及其相互关系，以及能繁母猪、商品猪与猪肉和能繁母牛、商品牛与牛肉之间的关系。猪肉、牛肉的产量不仅取决于价格，而且取决于能繁母猪、能繁母牛和商品猪、商品牛的存栏数量。第三，将城乡居民的食物消费进一步划分为在家消费和在外消费，通过设定不同的需求弹性，以体现不同消费需求类型的特点和影响因素差异，以便更准确地刻画食物消费情况和未来趋势。第四，该模型不仅考虑了农产品，还考虑了一些农产品的加工品（如大豆油和豆粕、菜籽油和菜粕、食糖），并且考虑了不同产品的供给和需求及其相互关系，有利于从整个产业链的分析。第五，该模型考虑了几乎所有产品，可以方便灵活加总，不仅可以应用于预测和模拟分析单个产业，也可以应用于多个产业和所有产业；不仅可以分析单个产业的趋势，还可以分析整个大类或小类农产品的生产、消费和贸易等结构。

1.3 特点

本书系统地分析了农业产业的发展形势，定量评估了影响农业产业发展的一些因素，并基于研究提出了许多政策建议。总体来说，本书具有以下显著特点：

第一，从宏观上分析了整个农业产业发展的新形势、新问题和新挑战，同时对 17 个重要的具体农业产业发展形势和问题进行了细致分析，包括生产、消费和贸易以及供需平衡和价格走势等，为了解农业产业发展提供了详细的信息。

第二，围绕逆全球化、“一带一路”、粮食最低收购价格调整、玉米去库存和绿色发展开征环保税等热点问题展开讨论，运用经济模型展开不同的模拟分析，深入研究这些外界因素和政策变化对各个农业产业发展的影响，给出定量结论和参考结果。

第三，开发了中国农业产业模型，作为政策模拟分析工具，可以广泛应用于模拟各种政策变化和外界冲击对中国农产品市场的影响。该模型涵盖了农作物、畜产品及其加工品等 33 种产品，建立了不同产品之间的相互联系，模拟了农产品市场的运行机制，包括生产、消费、贸易、库存和价格等之间的互动关系。模型中尤其对生猪和肉牛等畜产品的生产、消费进行了详细的刻画，反映了能繁母猪、商品猪和猪肉、能繁母牛、商品牛和牛肉等之间复杂的技术关系。

第四，基于研究结论，提出科学合理的政策建议，为推进中国农业产业持续健康发展提供具有建设性的启发思路。本书每章最后部分都是基于研究分析得出的政策建议，供相关决策部门参考。

1.4 结构安排

本书共包括 22 章。第 1 章为绪论，主要介绍本书的研究思路和研究内容、研究方法、特点、结构安排。第 2 章为中国农业产业发展新形势和新挑战，系统总结了近些年中国农业产业在生产、消费和贸易、供需平衡和价格等方面发生的显著变化、出现的新情况和新挑战。第 3 章分析了全球化与逆全球化对中国农业发展的影响。第 4 章分析了“一带一路”倡议为中国农业产业发展带来的机遇，提出了加强中国与“一带一路”沿线国家农业合作的政策建议。第 5 章是未来中国农业产业发展趋势与政策模拟分析，预测了未来中国农业产业发展趋势，分析了种植业和畜牧业的发展趋势及其结构变化，总结了稻谷和小麦最低收购价格政策调整和玉米去库存政策对粮食和畜牧业影响的模拟结果，以及征收环保税政策对畜牧业发展影响的模拟结果。第 6 ~ 22 章分别详细分析了各个具体农业产业的发展形势。包括 10 种种植业、6 种畜牧业和水产业共计 17 个具体农业产业，即稻谷、小麦、玉米、马铃薯、棉花、大豆、油菜籽和花生、糖料和食糖、蔬菜、水果、生猪、肉鸡、禽蛋、肉牛、肉羊、奶业、水产品。各章回顾了各个产业近些年的产业发展形势特点，包括在生产、消费、贸易和供需平衡等方面的特点；分析了各个产业发展的新情况及其影响因素；根据短期影响因素和长期影响因素，应用模型模拟一些政策变化对具体产业发展的影响；预测了 2020 年和 2035 年两个重要时间节点 17 个分品种产业的发展趋势。

第2章

中国农业产业发展新形势

主要观点：

- 改革开放40年，中国农业发展进入了一个新的阶段，农业产业发生了显著变化。
- 生产方面。农业科技进步贡献不断提升，新型经营主体生产规模逐渐扩大，社会化服务体系逐步健全。
- 消费方面。城乡居民食物消费水平明显提高、恩格尔系数显著下降，城乡居民消费结构转型升级、重视质量和营养，户外消费明显增加。
- 贸易方面。农业国际竞争力下降，贸易逆差不断扩大，进口集中度较高，大豆和玉米替代品进口量屡创新高，畜产品进口规模不断扩大。
- 供需平衡方面。粮食去库存压力较大，肉类基本保持自给、奶类需进口补充，食糖、棉花供需紧平衡。中国农业产业发展面临不确定性因素增加、国际竞争力下降、去库存压力大、可持续发展任务艰巨等多重严峻挑战。

2.1 中国农业生产新形势

新时期中国农业生产整体较为平稳，农业技术进步、生产投入增长、产业结构调整和农民教育素质提升均对农业生产发挥了重要作用。粮食总产、面积不断增长，单产连创新高；畜产品养殖规模化程度逐步提升，产量也呈增长趋势。

2.1.1 农业科技进步贡献不断提升

中国农业发展已经从过去主要依靠增加资源要素投入转向主要依靠科技进步。由于农业种植面积扩大潜力有限，科技进步在农业生产发展和农民收入增长中的贡献不断提升。一方面，农业科技进步通过调整农业产业结构、优化农业资源配置以及转变农业增长方式等途径促进农业经济增长；另一方面，农业科技进步也通过机械化等方式，推动了农业剩余劳动力的转出（陆文聪等，2013）。事实上，从 1960 年以来中国粮食增产主要依靠的就是技术进步下的农业单产提高，加快技术进步还可以增加农民收入（林毅夫，2000）。从已有研究的测算结果来看（朱希刚，2002；蒋和平，2001；赵芝俊，2009），科技进步对农业产值的贡献率在 40% 以上。2016 年中国农业科技进步贡献率更是超过了 56%。①

中国主要粮食品种单产均呈持续稳定上升趋势。其中，小麦单产提升幅度最高，由 2000 年的 3738 千克/公顷上涨至 2016 年的 5325 千克/公顷，年均增长率为 2.24%；玉米单产则由 2000 年的 4597 千克/公顷上涨至 2016 年的 5973 千克/公顷，年均增长率为 1.65%；稻谷单产由 2000 年的 6272 千克/公顷上涨至 2016 年的 6862 千克/公顷，年均增长率为 0.56%；大豆单产由 2000 年的 1656 千克/公顷上涨至 2016 年的 1796 千克/公顷，年均增长率为 0.51%（见图 2－1）。

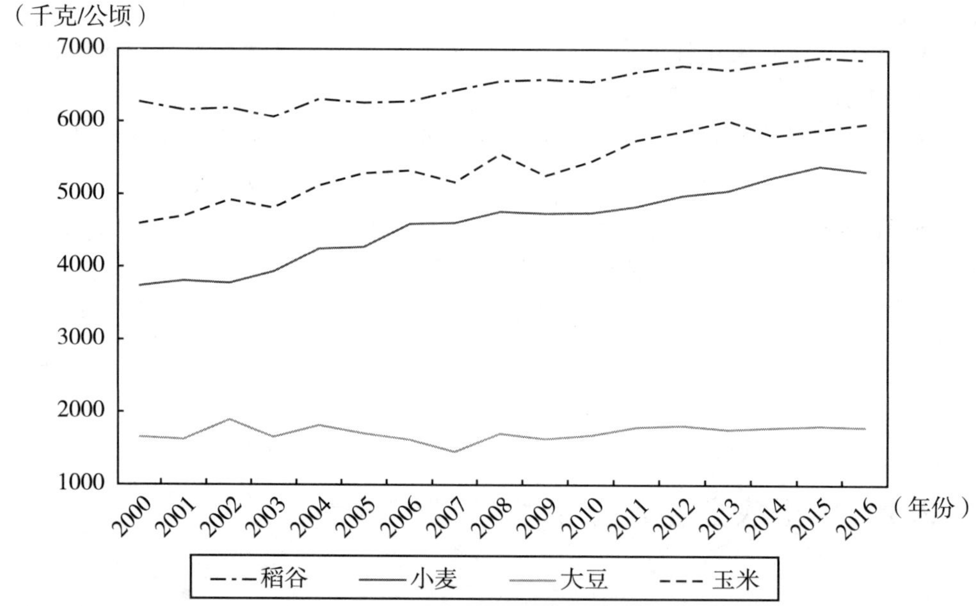

图 2－1　2000～2016 年中国主要粮食品种单产变动情况

资料来源：《中国统计年鉴》历年数据。

优良品种作为农业科技的核心载体，是影响农业生产率的重要因素之一。品种优良、生物学价值高的种子是作物高产的保证。20 世纪 70 年代以来，杂交水稻、紧凑型玉米等优质品种在全国的大面积推广极大地促进了中国农业生产率的

① 引自中国农业科学院院长唐华俊院士于 2017 年 10 月 21 日在党的十九大新闻中心集体采访活动中的讲话。

提高。2016 年中国农作物良种覆盖率已达 96%，品种对农业增产贡献率超过 43%（江娜等，2017）。2017 年 4 月 25 日，农业部在《加快新一轮农作物品种更新换代工作通知》中指出，力争“十三五”期末良种覆盖率达 97% 以上。优良品种的广泛应用与科研体系和技术推广体系的不断发展息息相关。其中，农业部以水稻、小麦、生猪等主要农产品为单元、以产业为主线组建的 50 个现代农业产业技术体系做出了创造性的探索。同时，覆盖全国所有乡镇的政府农业技术推广体系，也为加速农业技术采用提供了体系保障。

机械化水平的提升也显著促进了农业生产率的提高。2016 年中国耕、种、收农业机械化综合作业水平达到 66%，传统的人力、畜力正日益被机械取代，农业增长从拼资源、拼投入转向拼科技、拼研发，这不仅有利于减少人工、节约成本、提高作业精度，还有利于精细化管理、提高效益。2010～2016 年，农业机耕面积、机播面积和机收面积均明显提升。其中，机耕面积由 2010 年的 1 亿公顷增加至 2016 年的 1. 21 亿公顷，年均增长率为 3. 13%；机播面积由 2010 年的 6916 万公顷增加至 2016 年的 8792 万公顷，年均增长率为 4. 08%；机收面积由 2010 年的 5985 万公顷增加至 2016 年的 9172 万公顷，年均增长率高达 7. 38%（见图 2－2）。

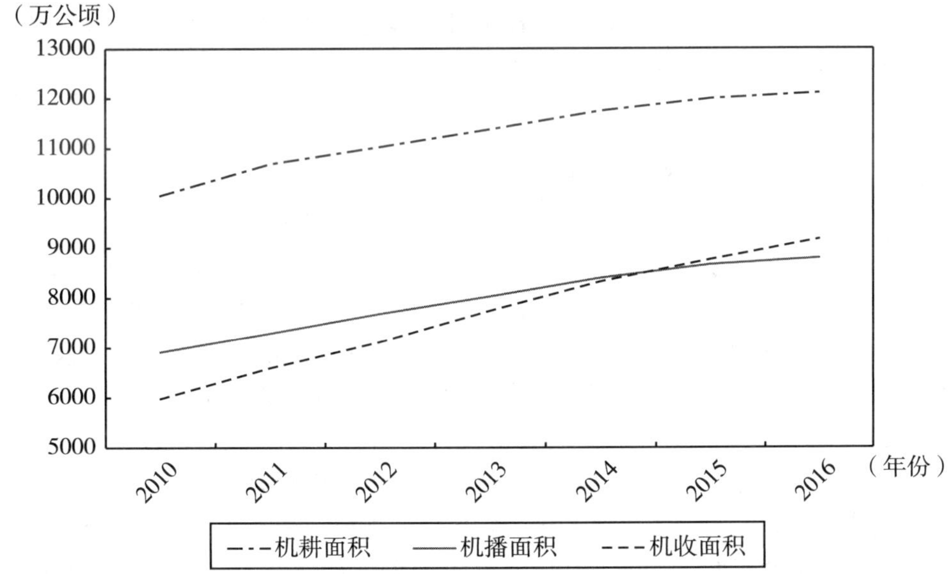

图 2－2　2010～2016 年中国农业机械化作业情况

资料来源：《中国农业机械工业年鉴》历年数据。

畜牧业作为农业的重要组成部分，科技进步在其产出增加贡献中的份额也在不断增加。畜牧业科技进步贡献率由“八五”时期的 43. 34% 上升至“十五”

时期的 50.79%（曹佳等，2010）。畜牧业发展实现了从数量型向质量效益型的转变。猪肉、牛肉、羊肉产量分别由 2000 年的 3966 万吨、513 万吨和 264 万吨上涨至 2016 年的 5300 万吨、717 万吨和 459 万吨，年均增长率分别为 1.83%、2.11% 和 3.52%（见图 2-3）。

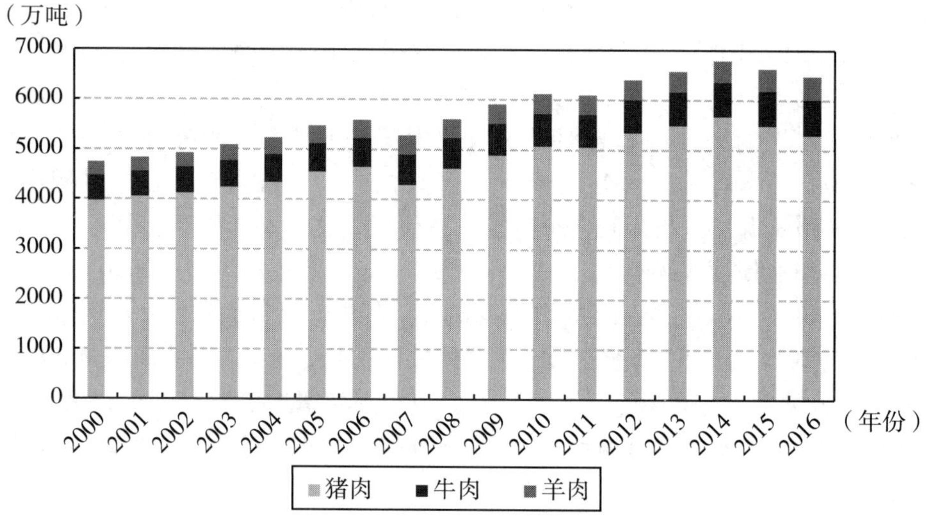

图 2-3　2000~2016 年中国主要畜产品产量

资料来源：《中国统计年鉴》历年数据。

2.1.2　新型经营主体快速发展

新型经营主体规模扩大推动农村改革发展。近年来，专业大户、家庭农场、农民合作社、龙头企业等新型农业经营主体不断发育成长，发挥着越来越重要的作用（陈晓华，2014）。新型农业经营主体是专业化的生产经营单元，是农业生产分工分业不断深化的产物，是农村改革发展的推动力量（张红宇，2018；陈晓华，2014）。中国政府多次在重要官方文件中指出，要加快培育种养大户、家庭农场、合作社、龙头企业、农业产业化联合体等新型经营主体。鼓励新型经营主体通过土地流转、土地入股等形式，发展适度规模经营，推进规模化种植、标准化生产、产业化经营。目前，全国家庭农场数量超过 87.7 万户，其中纳入农业部门名录管理的家庭农场达到 44.5 万户；依法在工商部门登记注册的农民合作社数量达到 190.8 万家，实有成员 11448 万户，占农户总数的 46.6%；各类农业产业化龙头企业数量达到 13 万家，以龙头企业为主体的各类产业化经营组织辐射带动全国 1.27 亿户农户；各类农业公益性服务机构达到 15.2 万个，农业经营性服务组织超过 100 万个（杜志雄，2018）。

社会化服务体系逐步健全，从生产服务领域向更广领域延伸。随着农业外收入比重的不断提高，农户越来越需要通过外界提供的农业服务来维持生产经营。经过多年的发展，中国的社会化服务开始从生产服务领域向更广领域延伸。一方面，传统型服务覆盖率逐步提升。以机耕、机插、机收为重点的劳动力替代型服务和代育秧、植保统防统治、机烘、初加工及包装等为重点的技术替代型服务越来越普及。另一方面，社会化服务体系逐步向土地流转服务、人才培训与管理、金融等新型服务领域扩展（高强等，2013）。中国的社会化服务范围实现了从种养业到多功能农业的转变，多层次服务的格局基本形成。

2.2　中国农产品消费新形势

新时期中国农产品消费总量不断增长、增速逐渐放缓、消费结构不断变化，居民户外消费增加，“互联网 +”正改变着居民的消费方式。首先，城乡居民食物消费支出水平明显提高，城乡之间的差距逐渐扩大；城乡居民恩格尔系数明显下降，城乡之间的差距逐渐缩小，居民生活水平进一步提高。其次，农村居民食物消费结构发生明显变化。猪肉、禽肉、鲜蛋、水产品和奶制品等动物性食物人均消费量总体呈现上升趋势。在植物性食物消费上，粮食和蔬菜人均消费量呈现下降趋势，其中粮食下降趋势最为明显；鲜瓜果和食用植物油人均消费量呈现递增趋势。

居民食物消费转型升级的原因可以归结为收入提高、城镇化进程加快和消费模式发生变化。第一，经济增长提高了居民的收入水平，促进了食物消费升级。第二，城镇化进程的加快促进大量农村人口转移到城镇，不仅提高了居民的收入水平，同时也提高了食物获取的便利性。此外，膳食营养意识的提高、产业政策的调整等都促进了居民的农产品消费。可以预见，在收入水平继续提高、消费结构继续转型升级，以及人口呈刚性增长的背景下，未来中国农产品消费增长有潜力有空间。第三，人均收入的提高和城镇化的发展导致城镇居民食物消费模式发生变化，在外就餐支出显著增加。不仅如此，随着信息通信技术的进步，互联网的发展正在改变着居民的消费方式。互联网的开放性、便利性、共享性正在打破和重塑居民传统的消费理念和消费习惯，导致居民主动性消费大幅增加，消费潜力被充分释放。

2.2.1　食物消费水平明显提高，恩格尔系数显著下降

城乡居民食物消费支出水平明显提高。2000～2016 年期间，城镇居民人均

食物消费支出从1958.3元增加到6762.4元，年均增长300.3元。同期，农村居民人均食物消费支出从820.5元增加到3266.1元，年均增长152.9元。城乡居民食物消费支出差距总体呈不断扩大趋势，2000年为1137.8元，2010年突破3000元，2016年进一步增长到3496.3元。城乡居民恩格尔系数明显下降，居民生活水平进一步提高。2000~2012年期间，城镇居民恩格尔系数从39.18%下降到29.3%，减少了9.88个百分点。同期，农民居民恩格尔系数从49.13%下降到32.24%，减少了16.89个百分点。从图2-4可以看出，农村居民恩格尔系数下降幅度相对较大，城乡居民恩格尔系数差距逐渐缩小。

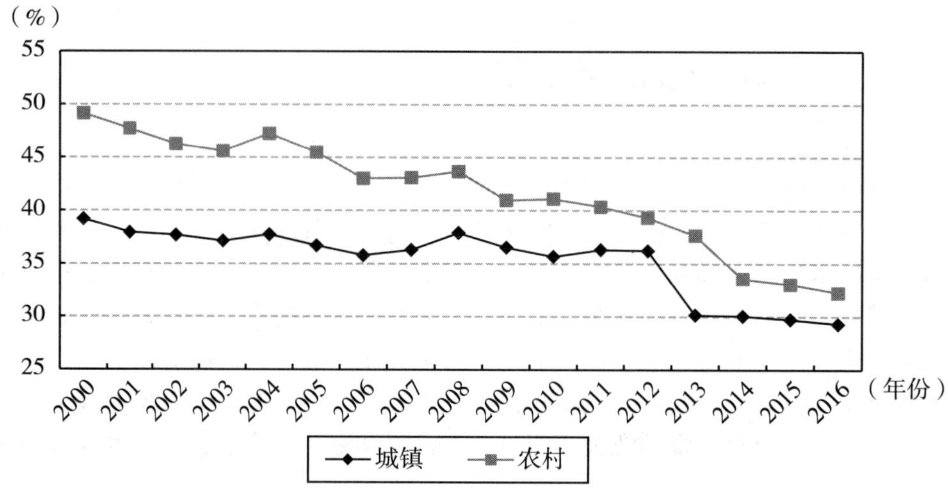

图2-4　2000~2016年中国城乡居民恩格尔系数变化情况

资料来源：国家统计局历年数据。

2.2.2　消费结构转型升级，重视质量和营养

城镇居民人均食物消费总量保持相对稳定，动植物性食物消费先增后稳。2016年城镇居民人均食物消费总量为343.8千克，与2003年的340.9千克基本持平。从图2-5可以看出，2000~2016年期间，城镇居民人均植物性食物消费量保持稳定，2000年为262.7千克，2016年为266.9千克。2000~2003年期间，城镇居民动物性食物消费量从58.2千克增长到76.1千克，此后保持相对稳定，2016年为76.9千克。

农村居民食物消费总量呈下降趋势，食物消费结构发生显著变化，动物性食物消费量上升趋势明显，植物性食物下降趋势明显。从图2-6可以看出，农村居民食物消费总量从2000年的407.7千克下降到2016年的332.9千克。同期，农村居民人均动物性食物消费量从 27.0 千克增加到 51.2 千克；植物性食物消费量从 380.7 千克下降到 281.7 千克。

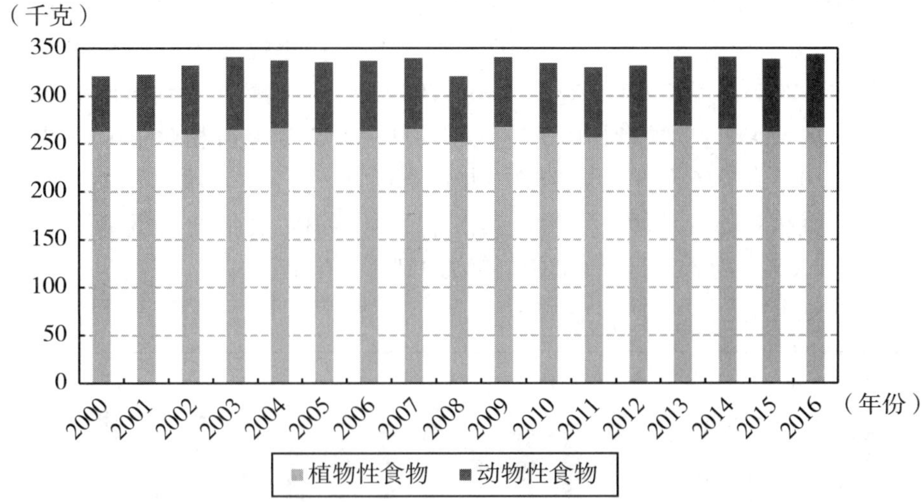

图 2-5　2000~2016 年中国城镇居民人均动植物性食物消费量变化情况

注：2013 年起国家统计局对居民消费支出统计开始实行新口径。根据国家统计局的统计口径可知，植物性食物包括粮食、蔬菜、食用植物油和鲜瓜果；动物性食物包括猪肉、牛羊肉、禽类、鲜蛋、水产品和奶制品。

资料来源：国家统计局历年数据。

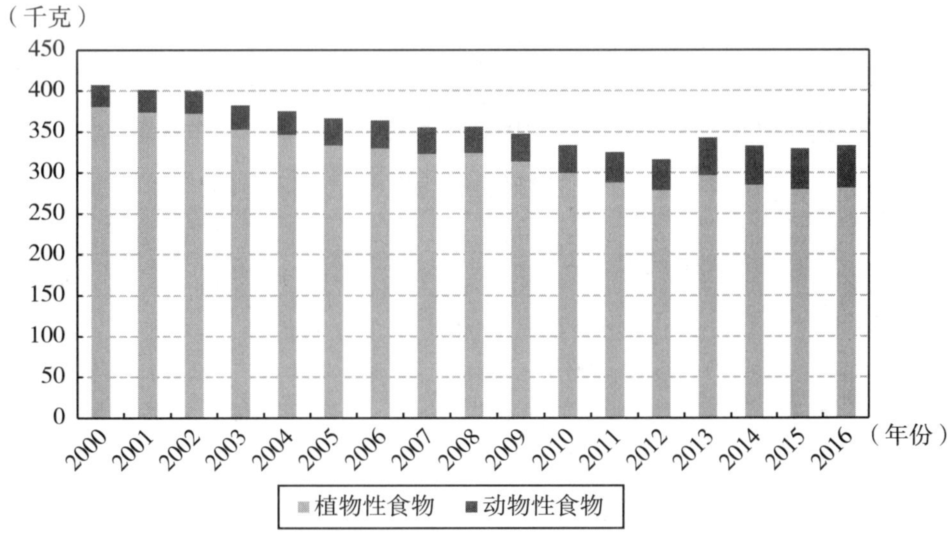

图 2-6　2000~2016 年中国农村居民人均植物性和动物性食物消费量变化情况

资料来源：国家统计局历年数据。

1. 城镇居民食物消费结构

城镇居民肉类消费中猪肉占据首位，禽肉位居次席，牛羊肉相对较少。从图2－7可以看出，2012年城镇居民人均猪肉消费量有相对较大幅度增长，从2001年的16.0千克增加到20.3千克；2002～2009年存在小幅波动；2009年以来保持相对稳定，2016年为20.4千克。2000～2009年，城镇居民人均禽肉消费量波动中增长，从5.4千克增加到10.5千克；2009～2012年保持相对稳定；2013年突然下降；2013～2016年呈递增趋势，2016年为10.2千克。城镇居民人均牛羊肉消费量一直相对较少且增长缓慢，其占整个肉类消费总量的比重基本保持在10%左右；2000年为3.3千克，2016年增加到4.3千克。

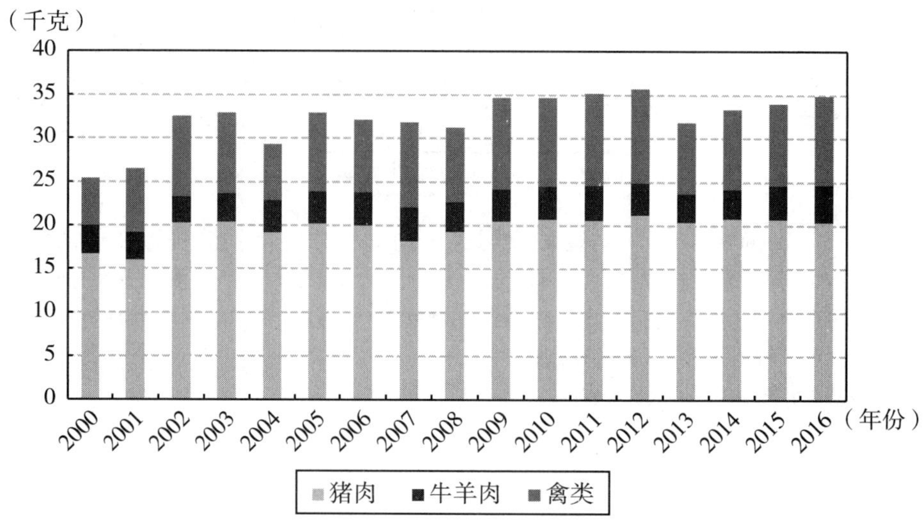

图2－7　2000～2016年中国城镇居民人均猪肉、牛羊肉及禽类消费量变化情况

资料来源：国家统计局历年数据。

城镇居民人均奶类消费量呈快速递增趋势。从图2－8可以看出，2000～2003年期间，城镇居民人均奶类消费量从9.8千克增加到18.6千克；2003～2007年稳定在17～19千克；2007～2011年呈现下降趋势，到2011年下降到13.7千克，期间主要受“三聚氰胺事件”影响；此后开始恢复增长。城镇居民人均水产品消费量总体呈现递增态势，从2000年的11.7千克增加到2016年的14.8千克。同期，鲜蛋消费量基本保持在人均10千克左右。

城镇居民植物性食物消费呈现粮油基本稳定、果蔬不断下降的趋势。从图2－9可以看出，2000～2016年，粮食年人均消费量基本保持在80千克左右，2013年突然上升，其原因可能是统计口径发生了改变；近年来，蔬菜和鲜瓜果人均消费量呈现下降趋势；食用植物油人均消费量保持在相对较低的水平，2016

年为 10.6 千克。

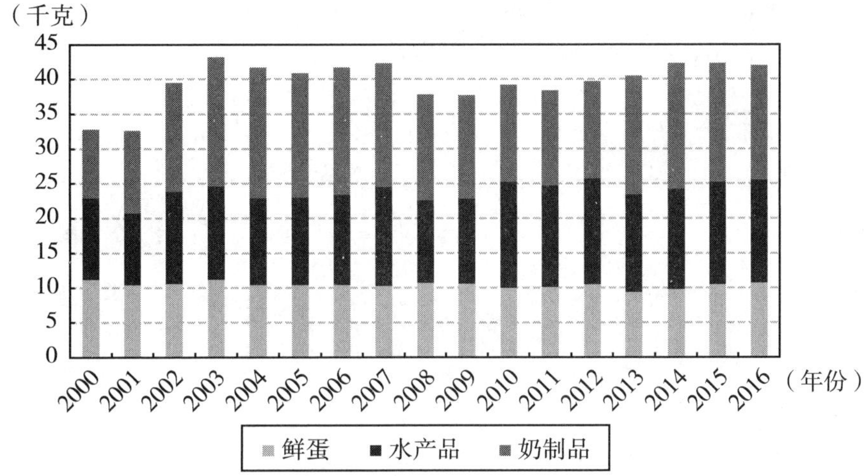

图 2－8　2000～2016 年中国城镇居民人均鲜蛋、水产品及奶制品消费量变化情况

资料来源：国家统计局历年数据。

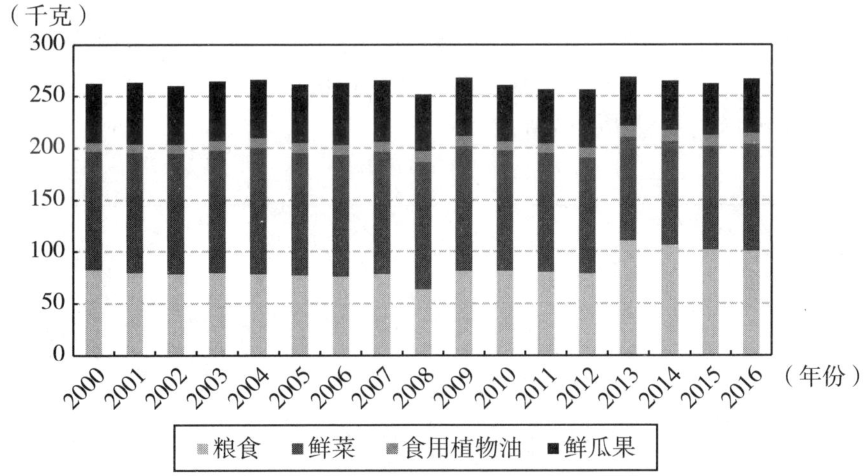

图 2－9　2000～2016 年中国城镇植物性食物消费结构变化情况

注：2013 年起国家统计局对居民消费支出统计开始实行新口径。

资料来源：国家统计局历年数据。

2. 农村居民食物消费结构

农村居民猪肉和禽肉人均消费量总体呈现上升趋势，猪肉上升幅度相对较大，牛羊肉人均消费量保持在较低水平，鲜蛋、水产品和奶制品人均消费量均呈现递增趋势。从图 2－10 可以看出，2000～2016 年，农村居民猪肉人均消费量从 13.3 千克增加到 18.7 千克，增长了 5.4 千克；禽肉人均消费量从 2.8 千克增加到 7.9 千克；牛羊肉人均消费量一直保持在较低水平，2016 年为 2 千克。从图 2－11 可以看出，2000～2016 年，鲜蛋、水产品和奶制品人均消费量分别从 4.8 千克、3.9 千克和 1.1 千克增加到 8.5 千克、7.5 千克和 6.6 千克。

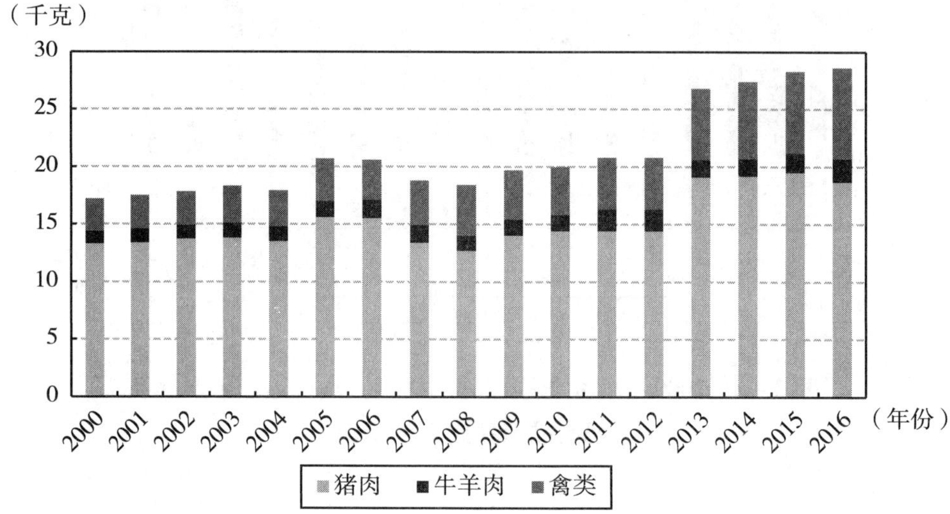

图 2－10　2000～2016 年中国农村居民人均猪肉、牛羊肉及禽类消费量变化情况

资料来源：国家统计局历年数据。

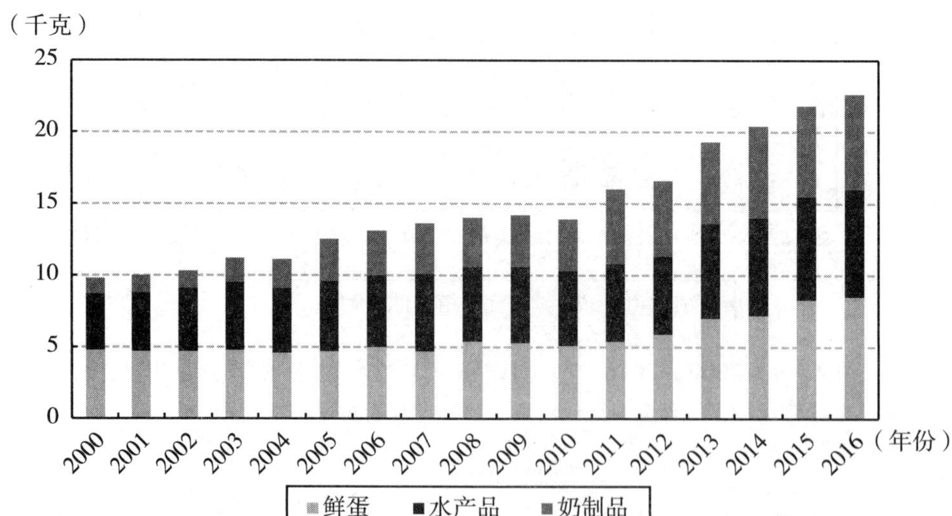

图 2－11　2000～2016 年中国农村居民人均鲜蛋、水产品及奶制品消费量变化情况

资料来源：国家统计局历年数据。

农村居民植物性食物消费呈现粮食明显下降、鲜菜小幅下降、鲜瓜果和食用植物油增长的趋势。从图 2－12 可以看出，粮食人均消费量从 2000 年的 250.2 千克下降到 2016 年的 147.1 千克，下降幅度为 103.1 千克；同期，鲜菜呈现小幅下降趋势，从 106.7 千克下降到 91.5 千克；2008 年以来，鲜瓜果人均消费量呈现递增趋势，从 19.4 千克增长到 2016 年的 33.8 千克；食用植物油人均消费量呈现小幅增长，从 2000 年的 5.5 千克增加到 2016 年的 9.3 千克。

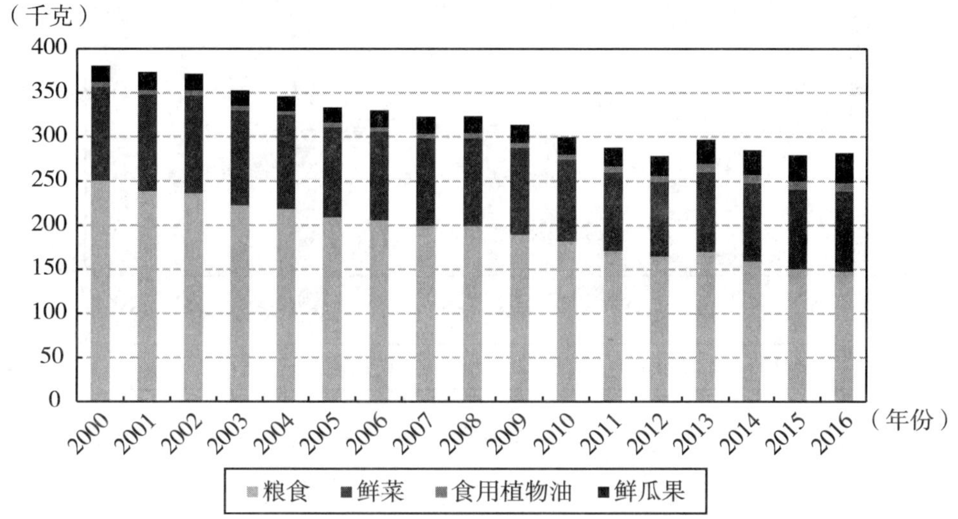

图 2－12　2000～2016 年中国农村居民植物性食物消费结构变化情况

资料来源：国家统计局历年数据。

3. 城镇居民蛋白质和脂肪来源结构

随着城镇化进程的加快，大量农村人口转移到城镇，城镇居民的食物消费在全国食物消费中的地位越来越重要。而且，城镇居民的人均收入水平高于农村居民，在食物消费上起到了引领作用。因此，以城镇居民的动植物消费量为研究对象，结合营养成分表，分析蛋白质和脂肪的来源结构，对认识和理解城镇居民乃至全国居民的营养需求结构的变化具有重要意义。由于 2013 年起国家统计局对居民消费支出统计开始实行新口径，为了保持数据的一致性，仅对 2000～2012 年期间的城镇居民营养来源结构变化进行分析。

城镇居民食物消费结构正向蛋白质和脂肪含量丰富的动物性食物方向转变。从图 2－13 可以看出，2000～2012 年期间，城镇居民植物性食物提供的蛋白质比重总体呈递减态势，动物性食物提供的蛋白质比重总体呈递增态势，两者越来越接近。2012 年，城镇居民植物性食物提供的蛋白质比重为 50.1%，动物性食物提供的蛋白质比重达到 49.9%。从图 2－14 可以看出，2008～2012 年，城镇居民植物性食物提供的脂肪比重总体呈递减态势，动物性食物提供的脂肪比重总体呈增长态势，而且动物性食物提供的脂肪比重有超过植物性的趋势，对此应该引起重视，需要加强科学合理膳食的宣传和营养改善政策的制定，避免国民摄入过多的动物性脂肪而导致肥胖现象。

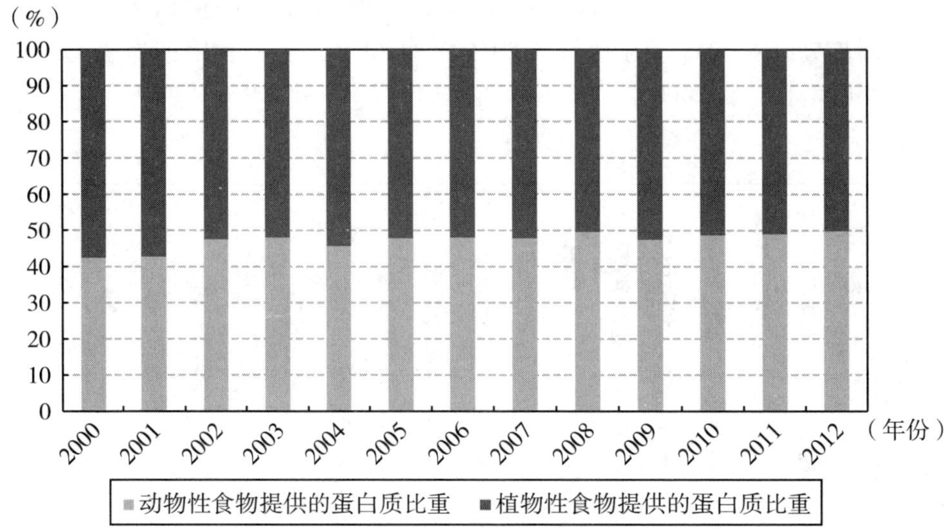

图 2-13　2000~2012 年中国城镇居民蛋白质来源结构变化情况

资料来源：国家统计局历年数据。

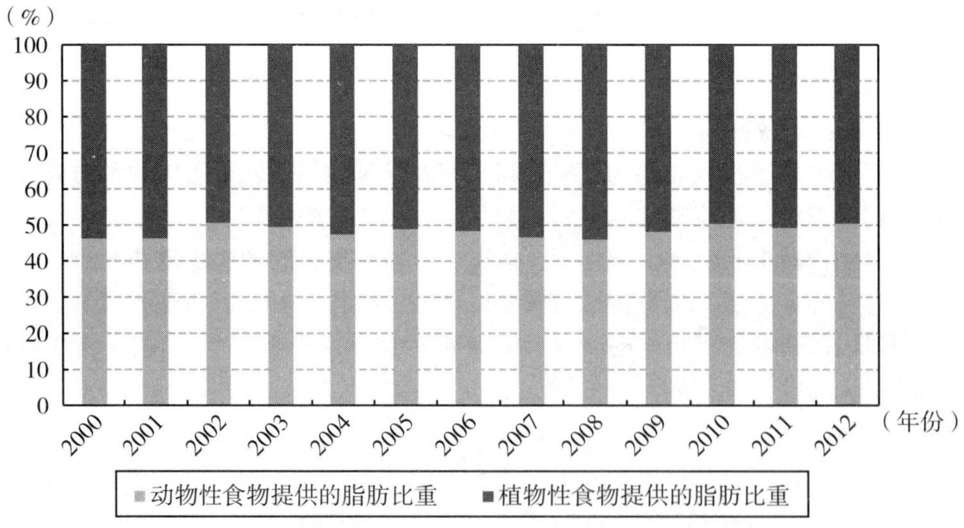

图 2-14　2000~2012 年中国城镇居民脂肪来源结构变化情况

资料来源：国家统计局历年数据。

2.2.3　可支配收入大幅提高，户外消费增加

随着经济的快速发展，城镇居民人均可支配收入大幅度提高，在外就餐支出显著增加。从图 2 – 15 可以看出，城镇居民人均可支配收入从 2000 年的 6279.98 元增加到 2012 年的 24564.72 元。人均收入的提高和城镇化的发展导致城镇居民食物消费模式发生重大变化。2000 年城镇居民在外就餐人均支出仅为 287.8 元，2010 年超过 1000 元，2012 年增加到 1315.09 元，与 2000 年相比增长了 3.6 倍。2000 ~ 2012 年，城镇居民在外就餐支出占食物消费总支出的比重从 14.7% 增加到 21.77%，增长了 7.07 个百分点。近年来，居民在外就餐支出继续保持快速增长，但其占食物消费总支出的比重基本稳定在 21% 左右。

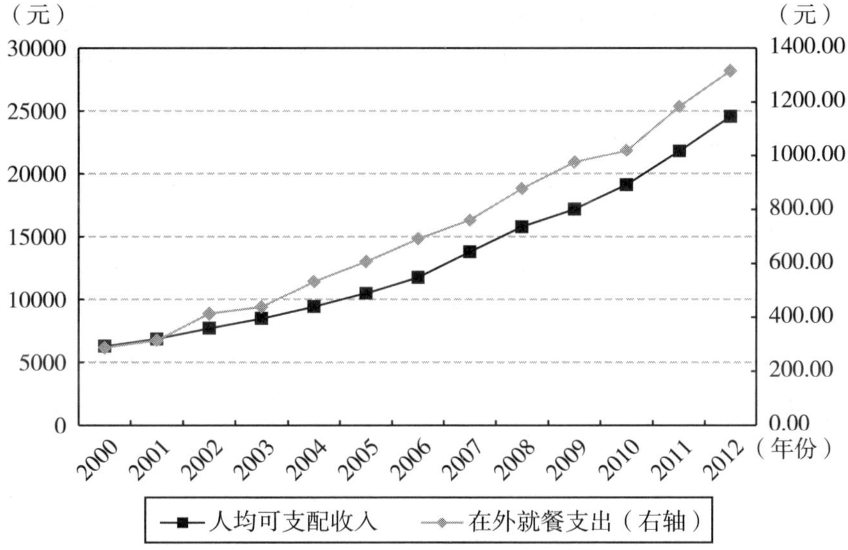

图 2 – 15　2000 ~ 2012 年中国城镇居民人均可支配收入和在外就餐支出变化情况

注：2012 年之后城镇居民在外就餐支出数据没有再统计。

资料来源：国家统计局历年数据。

2.2.4　“互联网 +”改变城乡居民的消费方式

随着信息通信技术的进步和扩散，互联网给经济社会的发展带来了革命性的变化，正在改变着城乡居民的消费方式。中国互联网络信息中心发布的 2010 ~ 2017 年《中国互联网络发展状况统计报告》显示，截至 2017 年 12 月，全国网民规模达 7.72 亿人，互联网普及率达到 55.8%，超过全球平均水平（51.7%）

4.1个百分点，超过亚洲平均水平（46.7%）9.1个百分点。从变化趋势来看，全国互联网用户规模从2010年的4.57亿人增至2017年的7.72亿人，年均增速接近10%。互联网普及率从2010年的34.3%上升到2017年的55.8%。从农村来看，互联网用户规模从2010年的1.25亿人增至2015年的2.09亿人；互联网普及率从2010年的18.60%上升到2015年的31.6%。从城镇来看，互联网用户规模从2010年的3.32亿人增至2017年的5.63亿人；互联网普及率从2010年的49.6%上升到2015年的65.8%。互联网正在悄无声息地渗透到各个角落，改变着城乡居民的行为观念与生活形态。

2010年，全国居民中网络购物用户规模为16073万人，到2017年迅速攀升至53332万人，年均增速高达33%。其中，2010年，城镇居民中网络购物用户规模为13654万人，到2015年迅速攀升至32085万人，年均增速高达27%；2010年，农村居民中网络购物用户规模仅为2509万人，到2015年迅速攀升至9239万人，年均增速高达30%。近年来，电子商务之风正在席卷广大农村地区，“网购”正在成为一种新风尚。

互联网可以刺激居民消费。首先，随着信息技术的发展和物流服务的完善，以及国家“互联网+”战略的提出，互联网的开放性、便利性、共享性正在将全新的消费理念融入居民的日常生活，随之而来的是网络购物改变了居民的消费方式，居民传统的消费理念和消费习惯被打破和重塑，居民主动性消费大幅增加，消费潜力被充分释放。其次，互联网技术的进步降低了交易成本，提升了消费效率。移动支付、仓储物流信息化不仅使网络购物更加便捷高效，还使消费环境更为优化，消费体验有所改善；互联网大数据有助于满足消费者需求，推进产品和服务精准化、个性化、定制化。

2.3 中国农业贸易新形势

新时期，中国农产品贸易的新形势表现为进口增长持续迅猛、进口规模不断扩大，大宗农产品呈现全面净进口，价差驱动型进口特征显著。首先，农产品进口金额大于出口金额，且进口金额迅速增加。根据中国海关总署统计数据，2017年，中国农产品进口1258.6亿美元，出口755.3亿美元，贸易逆差503.3亿美元，较上年增长30.4%。其次，中国大宗农产品呈现全面净进口，农产品贸易正在进入新阶段。2017年谷物净进口2398.5万吨，较上年增长12.3%；食用油籽贸易逆差413.8亿美元，较上年增长16.2%；食用植物油贸易逆差54.4亿美元，较上年增长11.3%；畜产品贸易逆差192.6亿美元，较上年增长8.4%；此外，棉花进口136.3万吨，较上年增长9.9%；食糖进口229.0万吨，较上年减少 25.2%。最后，价差驱动型进口特征显著。当前，粮食呈现全面净进口，且进口增长迅速，突出问题是进口过度。原因可以归结为：一是国内外价差的驱动。大豆国内外价差明显扩大，国内外玉米价格重新倒挂，大米和小麦国内外价差持续存在。二是保护调控手段后天缺乏，主要是缺少高关税调控手段。

贸易新形势产生的原因包括食物消费升级和国内生产增速乏力。首先，经济的持续增长和城镇化进程的加快，促进了居民收入水平的提高，使食物消费不断转型升级，食物需求呈现不断增长态势，促进了进口贸易。其次，伴随着工业化和城镇化的加快，耕地资源呈现刚性下降趋势，国内食物生产面临增长困难，为了满足日益增长的需求，需要从国外适度进口农产品。此外，人口数量的刚性增长也增加了食物需求，促进了进口贸易。因此，中国农产品适度进口是满足不断增长需求的理性选择，也是中国农业发展现实的必然。

2.3.1　国际竞争力下降，国内外价格倒挂

当前，粮食呈现全面净进口，且进口增长迅速，突出问题是进口过度。原因可以归结为：一是国内外价差的驱动。造成农产品国内外价格倒挂的根本原因是中国粮食生产基础差，竞争力先天不足，这与中国农业经营规模小型化、生产成本持续上升密切相关。二是保护调控手段后天缺乏，主要是缺少高关税调控手段。

大豆国内外价差明显扩大。2007～2017 年，尽管国产大豆收购价格变动与国际价格趋于一致，但国产大豆收购价格始终高于大豆进口价格，且近年来二者价差有扩大趋势。2007 年国产大豆收购价格为 3216 元/吨，大豆进口价格为 2781 元/吨；2013 年国产大豆收购价格为 4322 元/吨，大豆进口价格为 3733 元/吨。由于进口大豆的价格优势越来越明显，大豆进口增长迅猛，在 2013 年进口量超过了 7000 万吨。2014～2016 年国产大豆收购价格持续下降，2016 年降至 3404 元/吨，进口大豆价格降至 2702 元/吨，国内外价差明显扩大。①

国内外玉米价格重新倒挂。2017 年国内玉米市场价格总体呈现探底上涨走势，国内外价差重新拉大。2016 年国家取消玉米临储政策，实行市场定价，加上玉米库存压力大，国内玉米价格大幅下跌。截至 2016 年 12 月，全国玉米均价为 1725 元/吨，比上年同期下跌 15.8%。② 2017 年底，国内玉米价格大幅上涨。原因如下：一是在玉米价格市场形成机制改革和东北产区退出临储收购的大背景下，国家及相关部门采取补贴等一系列措施，吸引多元主体入市收购，对玉米价格形成一定支撑；二是针对 2016 年玉米产量下降，国家及时投放政策性陈玉米，

①② Wind 数据库。

增加了市场供应，保障了国内玉米市场有序平稳运行；三是年初深加工及饲料企业的库存偏低，持续存在补库需求；四是年中由于出库问题、物流趋紧和天气等不利因素的叠加，东北玉米流入有限且优质玉米尤为稀缺，导致优质玉米价格持续上涨，致使华北玉米价格领涨全国。据 Wind 数据库监测，2017 年 12 月玉米批发市场价格：吉林 1541 元/吨、山东 1723 元/吨、广东 1853 元/吨，比 2017 年 1 月分别上涨 20.5%、-1.3%、15.6%。

从国内外玉米价差来看，受 2016 年国内玉米价格大幅下跌的影响，2017 年 1 月底国内外玉米价差开始出现反转。据国家粮油信息中心监测显示，2017 年 1 月底国产玉米广东港口价约 1580 元/吨，美国玉米进口完税价约 1630 元/吨，国内玉米价格低于进口玉米价格约 50 元/吨。然而，随着 2017 年上半年国内玉米价格的回升，价差重新拉大，进口玉米利润重现。据国家粮油信息中心监测显示，2017 年 7 月，国产玉米广东港口价 1850 元/吨，美国玉米进口完税价 1670 元/吨，价差 180 元/吨，创 2017 年以来新高。截至 2017 年底，国产玉米广东港口价 1940 元/吨，美国玉米进口完税价 1500 元/吨，价差达 440 元/吨。

大米国内外价差持续存在。中国大米进口结构呈现出两极化特点。一方面，由于国内大米品种结构性短缺，一般品种多，优质、专用品种少，泰国长粒香米、日本越光米等进口大米占领中国高端大米市场，调剂多样化消费需求；另一方面，由于东南亚低端大米与国内大米价差居高不下，进口大米利润丰厚，刺激国内低端大米进口不断增加，对南方籼稻市场造成较大冲击。国家粮油信息中心监测显示，2017 年 12 月，越南 5% 破碎率大米到中国南方港口理论完税均价为 3050 元/吨，国产早籼米南方销区批发价 3760 元/吨，价差 710 元/吨，加之人民币持续升值，国内外价差短期内很难缩小。此外，2017 年中美双方在首轮全面经济对话期间就美国大米输华检验检疫要求达成一致，美国获准对华出口大米，这对国内大米市场特别是高端消费市场必将带来一定的竞争压力。

国内外小麦价格持续倒挂。自 2009 年以来，中国小麦进口量持续超过出口量，除了品种调剂的原因，主要是国内小麦竞争优势下降、价差驱动的作用。例如，2016 年 3 月广州黄埔港优质到港价为 1.44 元/千克，美国墨西哥湾硬红冬麦（蛋白质含量 12%）到岸税后价为 0.91 元/千克，价差为 0.53 元/千克；2017 年 3 月广州黄埔港优质到港价为 1.52 元/千克，美国墨西哥湾硬红冬麦（蛋白质含量 12%）到岸税后价为 1.03 元/千克，价差为 0.39 元/千克，价差有所缩小，但仍将持续存在。①

国内外棉花价格倒挂。2011 ~ 2014 年棉花临时收储时期，国内棉花价格持

① Wind 数据库。

续上涨，2013 年国内外差价一度达到 5503 元/吨。2014 年实施棉花目标价格补贴政策后，国内外棉价联动增强，国内棉花价格回归市场，国内外棉花价差持续缩小，2016 年缩小到 1420 元/吨，2017 年又有所扩大为 1905 元/吨。①

国内外食糖价格倒挂。国内外食糖价格长期倒挂，价差刺激企业大规模进口。中国食糖进口实行关税配额管理，相当于对食糖有两层天花板，配额内税后价为第一层，配额外税后价为第二层。2011 年以来，国际食糖市场供过于求，主产国纷纷加大出口力度，国际食糖价格持续下跌，国内食糖价格在收储政策支撑下平稳运行，而国际食糖价格持平略跌。2011 年 1 月国内食糖价格突破第一层天花板，2013 年 7 ~ 11 月和 2014 年 12 月以后国内食糖价格突破第二层天花板，企业进口食糖都能获得利润，进口积极性大增，国内食糖产业受到进口产品严重冲击。

2.3.2　全面净进口，逆差扩大

中国大宗农产品呈现全面净进口，农产品贸易正在进入新阶段。从金额上看，农产品进口额大于出口额，且进口额迅速增加。2017 年，中国农产品进口 1258.6 亿美元，出口 755.3 亿美元，贸易逆差 503.3 亿美元，较上年增长 30.4%。②

2017 年谷物进口 2560.1 万吨，较上年增长 16.4%；出口 161.6 万吨，较上年增长 1.5 倍；净进口 2398.5 万吨，较上年增长 12.3%。其中，小麦进口 442.2 万吨，较上年增长 29.6%；玉米进口 282.7 万吨，较上年减少 10.7%；大米进口 402.6 万吨，较上年增长 13.0%；大麦进口 886.3 万吨，较上年增长 77.1%。③

2017 年，食用油籽进口额 430.2 亿美元，较上年增长 16.2%；出口额 16.4 亿美元，较上年增长 15.2%；贸易逆差 413.8 亿美元，较上年增长 16.2%。其中，大豆进口 9552.6 万吨，较上年增长 13.8%；油菜籽进口 474.8 万吨，较上年增长 33.2%。2017 年食用植物油进口额为 56.8 亿美元，较上年增长 12.5%；出口额为 2.4 亿美元，较上年增长 49.5%；贸易逆差 54.4 亿美元，较上年增长 11.3%。其中，棕榈油进口 507.9 万吨，较上年增长 13.4%。

2017 年，畜产品进口额为 256.2 亿美元，较上年增长 9.5%；出口额为 63.6 亿美元，较上年增长 12.7%；贸易逆差 192.6 亿美元，较上年增长 8.4%。④

2017 年，棉花进口 136.3 万吨，较上年增长 9.9%；食糖进口 229.0 万吨，较上年减少 25.2%。蔬菜、水果和水产品均为贸易顺差，2017 年蔬菜贸易顺差

---

① Wind 数据库。

②③④ UN Comtrade.

为 149.7 亿美元，较上年增长 5.5%；水果贸易顺差为 8.2 亿美元，较上年减少 38.3%；水产品贸易顺差为 98.0 亿美元，较上年减少 13.7%。①

2.3.3 进口贸易集中度较高

从进口额来看，中国农产品进口的最大来源地为美国，澳大利亚是农产品进口增长最快的主要进口来源地。2017 年，中国农产品进口来源地共计 179 个，其中从进口额看，前十大进口来源地为：美国、巴西、澳大利亚、加拿大、新西兰、印度尼西亚、泰国、法国、阿根廷、越南。中国从前十大进口来源地共计进口农产品 900.32 亿美元，占农产品进口总额的 71.5%。按金额计算，美国是农产品最大进口来源地，占农产品进口总额的 19%。主要进口来源地中，澳大利亚农产品进口增长最快，进口额较上年增长 26.4%。

从出口额来看，农产品出口最大去向地为日本，农产品出口整体较上年增长。2017 年，农产品出口去向地共计 214 个，按出口额计算，前十大出口去向地为：日本、中国香港、美国、韩国、越南、泰国、中国台湾、马来西亚、印度尼西亚、菲律宾。中国对前十大出口去向地共计出口农产品 495.6 亿美元，占农产品总出口金额的 65.62%。日本是最大的农产品出口去向地，占农产品出口总额的 13.56%。②

2.3.4 大豆和玉米替代品进口量创新高

大豆进口量再创新高。从 1995 年开始，中国从传统的大豆出口国转变为大豆净进口大国，并且进口量持续上升。2000 年大豆进口量首次超过 1000 万吨；2003 年首次突破 2000 万吨；2015 年超过了 8000 万吨；2017 年创新高，达 9554 万吨。

玉米进口减少，替代品进口增加。2016 年以来，由于国内玉米价格的下降，国外玉米、高粱、大麦等替代品价格优势逐步缩小，2016 年玉米进口量与上年相比大幅减少，替代品进口也受到明显抑制。2016 年，玉米进口量 316.66 万吨，比上年减少 67.6%；高粱、大麦、酒糟蛋白（DDGS）、木薯进口量分别为 664.76 万吨、500.51 万吨、306.66 万吨、755 万吨，比上年分别减少 38%、53.4%、55%、19.7%。2017 年，玉米进口量为 282.56 万吨，较去年下降 10.77%，但玉米替代品大麦进口激增。2017 年，大麦进口量高达 886.35 万吨，较上年增加 77.1%；进口高粱 505.7 万吨，较上年下降 24%；进口木薯 797.5 万吨，较

①② UN Comtrade.

上年下降 5.6%；进口酒糟蛋白（DDGS）39.1 万吨，较上年下降 87.3%。4 种替代品进口量合计 2228.65 万吨，与上年基本持平。[①]

2.3.5　畜产品进口规模有所扩大

食用畜产品进口量不断增长，出口量保持稳定。从图 2-16 可以看出，从 2007 年开始，食用畜产品（猪肉、牛肉、羊肉、禽肉、其他动物肉类、蛋类、奶类及其制品、动物油脂及其肉类制品）进口量总体呈递增趋势，2015 年达到 611.51 万吨。2016 年食用畜产品进口量为 831.27 万吨，较上年增长了 219.76 万吨，增幅较大。2000～2016 年，食用畜产品出口量总体保持相对稳定，2016 年为 110.67 万吨。2017 年中国畜产品（食用和非食用）进口额为 256.2 亿美元，较上年增长 9.5%；出口额为 63.6 亿美元，较上年增长 12.7%；贸易逆差 192.6 亿美元，较上年增长 8.4%。其中，猪肉进口 121.7 万吨，较上年减少 24.9%；猪杂碎进口 128.2 万吨，较上年减少 14.1%；牛肉进口 69.5 万吨，较上年增长 19.9%；羊肉进口 24.9 万吨，较上年增长 13.1%；奶粉进口 104.0 万吨，较上年增长 22.9%。

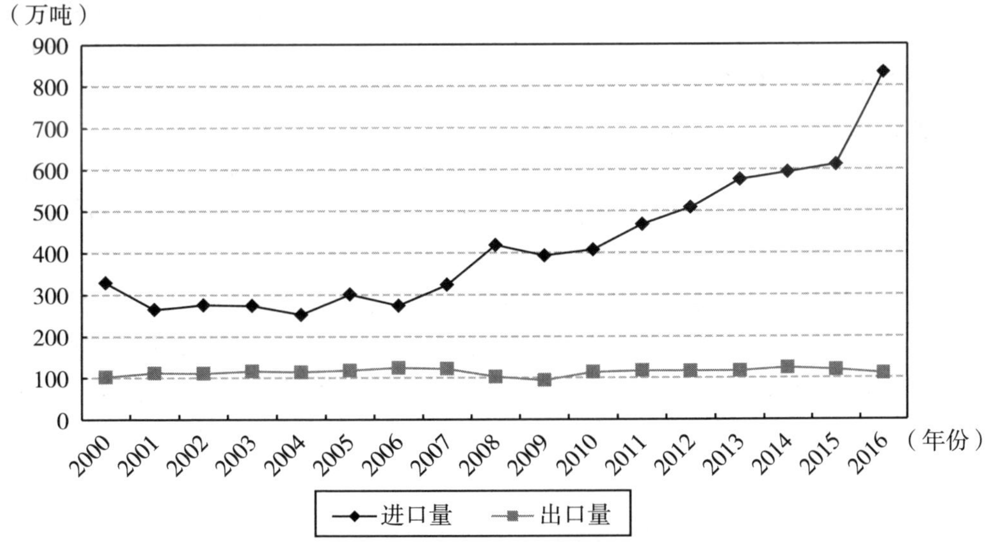

图 2-16　2000～2016 年中国食用畜产品进出口量变化情况

注：主要畜产品包括猪肉、牛肉、羊肉、禽肉、其他动物肉类、蛋类、奶类及其制品、动物油脂及其肉类制品。

资料来源：UNcomtrade 数据库。

① UN Comtrade.

2016年中国猪肉进口再创新高，2017年有所下降。2011～2014年，受产能调整影响，中国猪肉进口量维持在40万～60万吨的水平。2015年，受产能下调、猪价上涨影响，中国猪肉进口量为77.75万吨，进口额为14.19亿美元。2016年中国猪肉进口再创新高，达到162万吨，折合成生猪来算，相当于1350万头生猪。2017年中国生猪产品进口量为249.96万吨，较上年下降19.7%；出口量为28.93万吨，同比增长6.1%；全年贸易逆差21.46亿美元，较上年下降53.6%。

牛肉进口量大幅增加，进口渠道不断拓宽。中国牛肉进口量由2011年的2.01万吨逐步增加到2016年的58万吨。2017年中国进口牛肉接近70万吨。在“一带一路”倡议等带动下，牛肉进口贸易国逐步扩大。2017年，中国牛肉进口新增南非和墨西哥两个来源国。牛肉进口运输渠道进一步拓宽，在原有陆运和空运的基础上，开拓了澳洲牛肉和美国牛肉海运贸易。

羊肉及其相关产品的进口增加、出口减少，贸易逆差扩大。尽管中国是世界上最大的羊肉生产国和消费国，但是国内羊肉产量并不能完全满足国内消费需求，特别是近年来，中国羊肉呈现出“进口不断增加，出口不断减少”的趋势。2017年中国羊肉进口24.9万吨，与上年相比增长13.1%。

鸡肉进出口量基本持平，禽蛋少量出口。2017年中国鸡肉进口量45.05万吨，出口量43.07万吨。但由于进出口结构不同，中国鸡肉贸易进口额明显低于出口额。2017年，中国鸡肉进口额102825.63万元，出口额145664.71万元。1992～2016年，中国禽蛋出口量由4.8万吨增至10.3万吨，累计增长1.1倍多，年均增幅3.2%。

乳品进口量总体呈现快速增长趋势，出口量稳定在较低水平，贸易逆差不断扩大。自2008年开始，中国乳品进口量呈现快速增长趋势，从35.07万吨增长到2014年的193.56万吨，增长了近4.5倍。2015年有所下降，为179.11万吨；2016年又大幅增长到218.09万吨。2017年，乳品进口额为48.25亿美元，较上年增长43.13%。2009年以来，乳品出口量稳定在较低的水平，2009年为3.68万吨，2016年为3.31万吨。乳品主要进口来源地是新西兰、美国、法国、澳大利亚和德国等。

2.4 中国农业供需平衡新形势

2.4.1 主要粮食品种供给过剩，去库存压力大

1. 稻谷

2017年国内稻谷市场保持供大于需格局，去库存压力进一步加大。从供

给看，2017 年国内稻谷产量再创新高，与此同时，国内大米进口量亦创下历史新高，极大地增加了国内的供应压力，产量高、进口高和库存高“三高”现象更加严重。另外，国家拍卖 2013 年产中晚稻，加之各省地储陈稻出库，后期稻谷市场供应压力仍然较大。从需求看，稻谷主要作为口粮，随着饮食结构的调整，消费量逐年小幅下降，当前国内宏观经济形势及终端消费市场都缺乏拉动大米消费的因素，大米市场消费将继续维持低迷态势。随着大米进口量增加，进口大米占国内大米总消费量的比重达到 3% 以上，已逼近口粮绝对安全的底线。国内稻谷市场供大于求，导致高库存矛盾突出，预计 2017/2018 年度全国稻谷结余量为 2425 万吨。

2000 ~ 2016 年中国稻谷产量与消费量变化如图 2 – 17 所示。

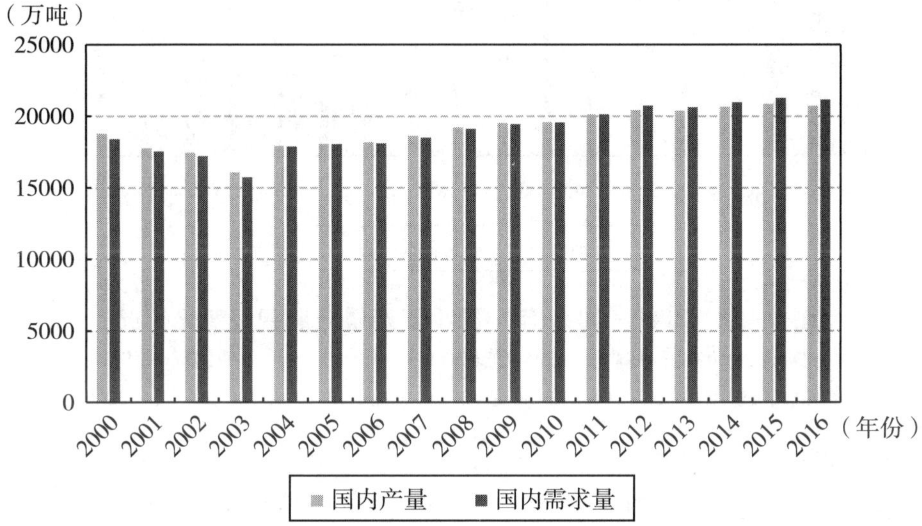

图 2 – 17　2000 ~ 2016 年中国稻谷产量与消费量变化情况

注：国内需求量包括食用需求、饲料需求、加工需求、损耗、种用需求和库存变动。
资料来源：国家粮油信息中心。

库存及库存消费比方面，根据布瑞克 2017 年 12 月稻谷平衡表数据显示，2016/2017 年度中国稻谷期末库存量为 10691. 3 万吨，库存消费比 53. 74%。预估 2017/2018 年度中国稻谷期末库存展望为 11456. 3 万吨，库存消费比为 57. 76%。

2. 小麦

小麦供需格局在总量上由原来的产不足需转变为供大于需的宽松格局。2016/2017 年度小麦产量为 1. 29 亿吨，消费量为 1. 08 亿吨；2017/2018 年度小麦产量为 1. 30 亿吨，消费量为 1. 04 亿吨。小麦供需在总量上保持宽松格局，但在质量与品种上存在结构性矛盾。由于近几年夏收期间主产区遭受持续降雨等不利天气，小麦质量受到影响。在国内专用面粉需求旺盛、食品质量安全要求严格等因素影响下，面粉加工企业对小麦的内在质量指标要求提高，连贯供给与市场需求匹配度较低。国产小麦品种与需求也存在结构性矛盾。强筋弱筋小麦品种退化及纯度不高，不能满足加工企业需求，导致结构性短缺，这些品种需要依赖进口。

2000 ~ 2016 年中国小麦产量与消费量变化如图 2 – 18 所示。

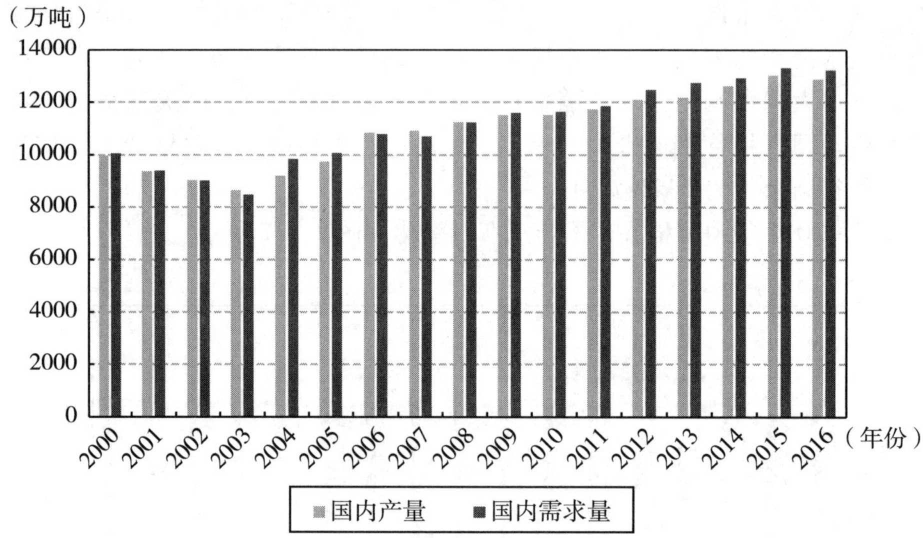

图 2 – 18　2000 ~ 2016 年中国小麦产量与消费量变化情况

注：国内需求量包括食用需求、饲料需求、加工需求、损耗、种用需求和库存变动。

资料来源：国家粮油信息中心。

期末库存及库存消费比：2016/2017 年度小麦库存量 4684 万吨，库存消费比为 40. 31%。展望 2017/2018 年度小麦库存量 4654 万吨，库存消费比为 41. 07%。

3. 玉米

玉米供给侧改革已对中国玉米的供需格局产生较大影响。由于曾经实施的国家玉米临时收储政策，2003 年以来国内玉米产量连续实现“十连增”，国内玉米产量大于消费量，国内玉米供求在总量上处于较为宽松格局，玉米库存水平达到历史高位。2016 年中国开始大力推进农业供给侧改革，调结构、去库存是关键。从供给端看，玉米种植面积和产量将连续两年下降，减少供给增量；国内玉米价格下降，进口玉米及替代品进口随之减少，有利于消化国内玉米库存。从需求端来看，受生猪养殖利润向好拉动，玉米饲用消费持续回暖；玉米深加工行业利润提高，产能扩张，提振玉米工业消费需求。受玉米供给减少、需求增加双重推动，近年中国玉米年度结余量总体呈逐年减少趋势，市场形势逐渐向均衡水平回归。国家粮油信息中心预计 2017/2018 年度中国玉米生产量与消费量自 2010/2011 年度以来首次出现缺口，市场结余量首次出现负值，为 –600 万吨，较上年减少 2584 万吨，有利于加快玉米去库存进程。

2000～2016 年中国玉米产量与消费量的变化如图 2－19 所示。

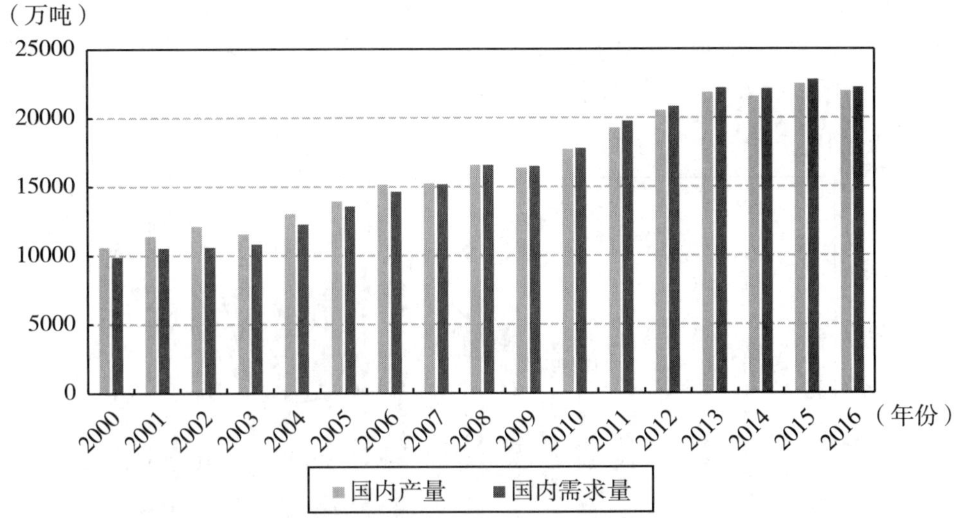

图 2－19　2000～2016 年中国玉米产量与消费量的变化情况

注：国内需求量包括食用需求、饲料需求、加工需求、损耗、种用需求和库存变动。

资料来源：国家粮油信息中心。

库存消费比：预测 2016/2017 年度玉米期末库存为 25768 万吨，库存消费比为 122.076%。展望 2017/2018 年度玉米期末库存为 23018 万吨，库存消费比为 96.3%。

2.4.2　肉类基本自给，奶类需进口补充

1. 猪肉

改革开放以来，中国猪肉消费需求总体增长，但受宏观经济增速放缓及人口结构变化等因素影响，近年来猪肉消费增速有所回落，部分年份还有下降。2004 年以来，居民人均猪肉消费年均增量约为 0.2 千克，与 1990～2004 年相比（年均增量 1.2 千克），年均增量下降了 83%。“十二五”期间，中国猪肉产量总体保持增长，年均增速 2.38%；“十三五”前期，猪肉生产波动较大，部分年份生产有所下降。为缓解国内阶段性供需失衡，2016 年等个别年份猪肉进口增加较多，但进口量占国内消费量的比重一直较低。中国生猪产业正处在转型升级的关键时期，正在从以数量增长为主逐步向提高质量、优化结构和增加效益为主转变，猪肉产量及消费量增长速度进一步下降成为必然。

2000～2017 年中国猪肉产量、消费量与净进口量变化如图 2－20 所示。

2. 牛肉

从图 2－21 可以看出，2000～2008 年，中国牛肉供求呈供给略大于需求的

状态，牛肉产量除了满足国内消费需求，贸易呈净出口格局，牛肉产量比牛肉消费量高 0.07 万 ~2.63 万吨。2009 年以来，随着消费需求的增加，牛肉进口量明显增加，呈净进口格局，除 2011 年外，中国牛肉供求呈趋紧的态势，牛肉净进口量在 0.08 万 ~57.91 万吨之间。

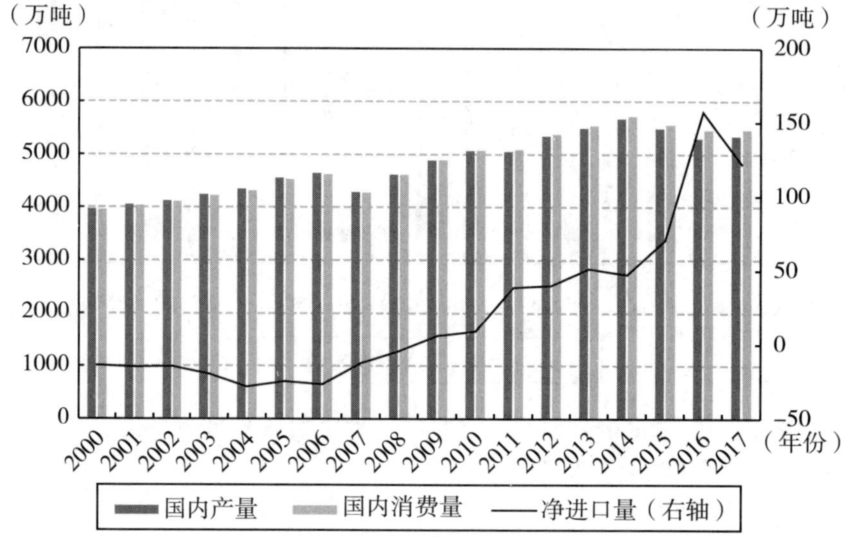

图 2-20　2000 ~ 2017 年中国猪肉产量、消费量与净进口量变化情况

资料来源：根据国家统计局历年数据估算。

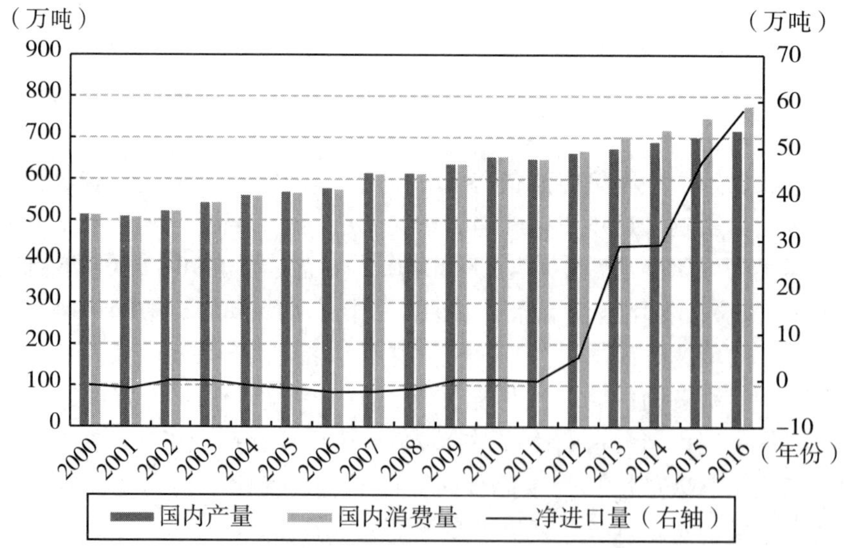

图 2-21　2000 ~ 2016 年中国牛肉产量、消费量与净进口量变化情况

资料来源：根据国家统计局历年数据估算。

3. 鸡肉

经历了改革开放以来前面约 35 年的高速发展期，中国肉鸡产业持续向集团化发展，大企业集团在产业中所占比重不断加大。大企业为了自身能够快速扩张，在缺乏全行业系统研究和协调的背景下，不断扩大生产能力，再加之小养殖场户因有利可图更是盲目跟进，结果导致供给增长大大快于消费增长。这一矛盾在 2013 年 H7N9 流感疫情第一次出现，中央“八项规定”严格实施之后明显地表现出来，从种鸡到商品鸡，产能过剩问题都较为突出。近两年，国内肉鸡产业在产能控制上取得实效，产业有序发展的良性机制建设逐步推进，但受消费市场景气度不高影响，供大于需的状况仍将持续一段时间。

2000 ~ 2016 年中国鸡肉产量、消费量与净进口量变化如图 2 - 22 所示。

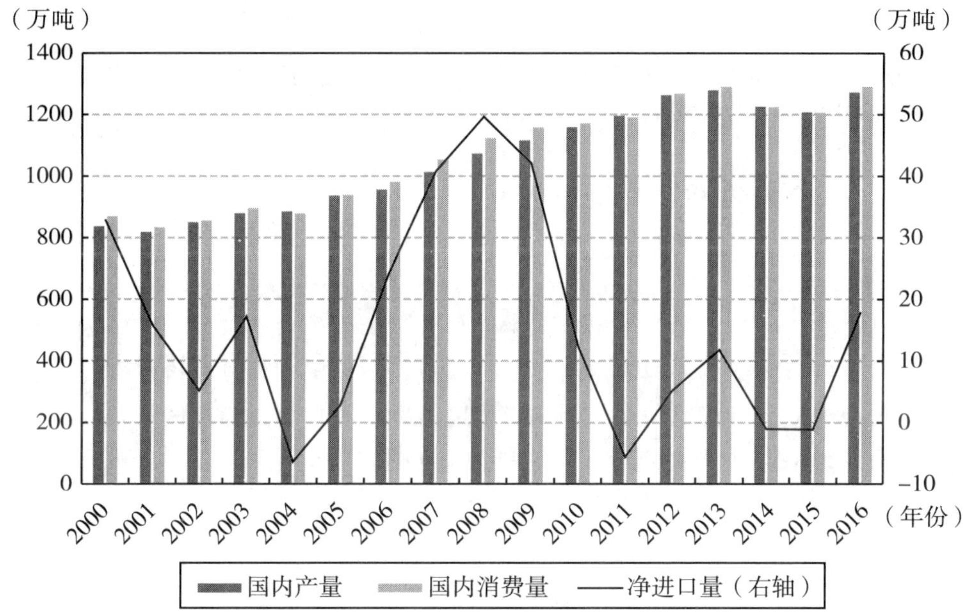

图 2 - 22　2000 ~ 2016 年中国鸡肉产量、消费量与净进口量变化情况

资料来源：根据国家统计局历年数据估算。

4. 奶类

近年来，随着经济的快速发展，城乡居民收入水平不断提高，饮食结构发生了很大的改变，对奶产品的消费需求快速增长。随着中国奶产品总消费量的持续增长，国内生产量远远不能满足需求，进口量快速增长，出口量不断萎缩。其中，消费组成方面，居民直接消费和其他食品间接消费量占总消费量的 90% 以上。

2004 ~ 2016 年中国奶类产量、消费量与净进口量变化如图 2 - 23 所示。

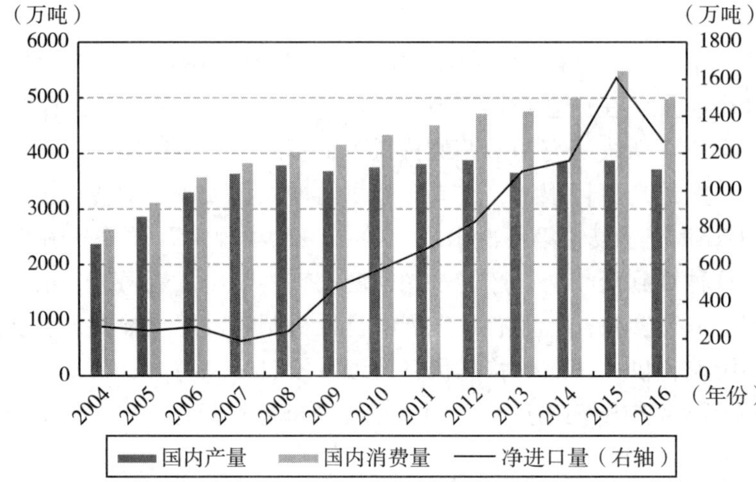

图 2－23　2004～2016 年中国奶类产量、消费量与净进口量变化情况

资料来源：根据国家统计局历年数据估算。

2.4.3　食糖与棉花供需紧平衡

1. 食糖

中国食糖的进口明显高于出口，主要是因为国内消费需求量大于国内食糖的产量，需要进口食糖弥补国内供给不足。而且，由于国内外食糖价格倒挂，刺激了企业大规模进口以获取利润，在一定程度上助推了食糖进口量的增长。

2000～2016 年中国食糖产量、消费量与净进口量变化如图 2－24 所示。

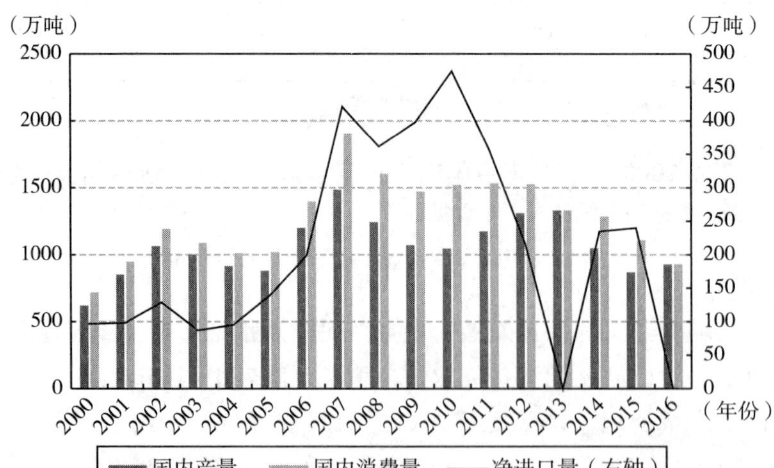

图 2－24　2000～2016 年中国食糖产量、消费量与净进口量变化情况

资料来源：布瑞克大宗农产品数据库。

2. 棉花

2017 年，中国棉花加工量为 740 万吨，主要是国内消费和出口产品用量。从生产能力看，中国棉花消费量虽然呈持续下降趋势，但供给仍不能完全满足需求，一直存在供给缺口。而且由于 2011 年棉花临储政策的实施，导致国内棉花价格大幅高出进口棉花，当时国内纺织企业一半以上的棉花原料来自进口，国产棉花不能被市场消化，只能转化为库存，库存消费比在 2013 年一度高达 172%，2017 年下降到 90%，棉花“去库存”的压力在一定时期内仍将存在。

2000 ~ 2016 年中国棉花产量、消费量与净进口量变化如图 2 – 25 所示。

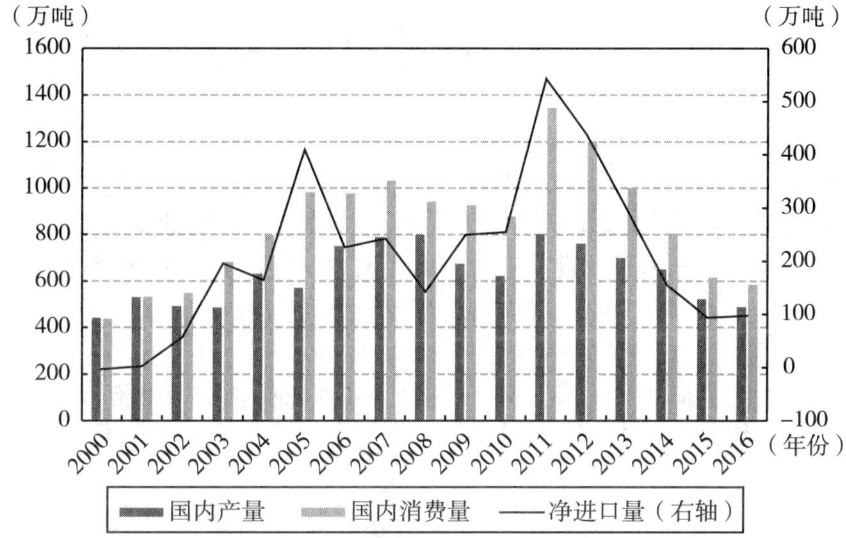

图 2 – 25　2000 ~ 2016 年中国棉花产量、消费量与净进口量变化情况

资料来源：布瑞克大宗农产品数据库。

2.5　中国农业产业发展面临的挑战

2.5.1　国际形势日趋复杂，农业产业发展的不确定性因素增加

近年来，受全球金融危机、欧债危机以及诸多地缘政治等因素影响，中国面临的国际形势日趋复杂，农业产业发展的不确定性因素在增加。一是近期贸易保护主义的抬头加剧了农产品国际贸易的风险。二是国际市场石油价格回到上升趋势，导致农业投入品价格上升的预期强烈，农业生产成本面临进一步提高的压力。三是气候变化导致农业产业发展存在长期不确定因素。

2.5.2 生产成本提高，国际竞争力下降，进口增幅明显

土地、劳动力、环境保护、质量安全成本的显性化和不断提高导致中国农业跨入成本快速上涨阶段（倪洪兴等，2016）。以三大主粮为例，2005～2015 年，三大主粮的土地成本增长 2.5 倍，亩均人工成本增长 1.95 倍。由此导致除蔬菜水果等个别产品外，中国主要农产品的国际竞争力均处于较低水平，主要农产品的进口量呈持续上升趋势。

2.5.3 库存消费比远高于国际平均水平，去库存难度高

主要农产品进口税后价低于国内最低保护价和临时收储价，关税的防火墙作用受到削弱，呈现出“边收储边进口”，政策成本过高的格局。目前，中国主要农产品的消费库存比均远高于国际平均水平。根据美国农业部数据，2017 年，中国大米、小麦、玉米、棉花和食糖的库存消费比分别达到 65.9%、103.4%、33.0%、102.3%和 50.1%；[①] 而同期，世界大米、小麦、玉米、棉花和食糖的库存消费比分别为 29.9%、36.4%、18.2%、73%和 15.1%。尽管玉米去库存已取得一定成效，但总体来看，主要农产品去库存面临压低国内价格、影响农民收入等现实因素制约，仍存在较大难度。

2.5.4 资源环境问题突出，可持续发展压力大

中国农业产业发展不断开创新局面，但也为此付出了沉重的资源与环境代价。农业生产过程中过度依赖农药、化肥等投入品投入，大水、大肥、多药等造成土壤地力和耕地质量的下降，给农产品质量安全带来隐患。由于我国农业资源短缺，开发过度、面源污染严重，局部地区存在农药残留、重金属等超标现象，粮食、蔬菜等农产品质量安全问题越来越突出。根据环境保护部数据，东北黑土层厚度下降，黑土有机质含量减少；华北平原地下水过量开采后形成了一系列深、浅层地下水位降落漏斗；我国南部地区受镉、砷、汞、铜、锌等重金属污染的耕地多达约 1.5 亿亩。每年受重金属污染的粮食达 1200 万吨，农业生态系统破坏严重。而且，不断增加的化肥、农药、农膜使用量以及乱烧乱扔农业废弃物，使农业农村环境受到严重污染。

---

① 因统计口径不同，该数据与第 2.4.1 节中的库存消费比数据存在一定差异。

第3章

全球化与逆全球化对中国农业发展的影响

主要观点：

- 中国积极参与全球化进程，在全球农业贸易中的国际地位明显提升，农产品进口和出口总额分别位居世界第一位和第五位，为农业在更大范围内配置资源创造了条件，缓解了国内资源压力，推动了农业产业结构调整，促进了农民增收。
- 随着农业对外开放程度的提高，国内国外市场的相互影响加深，中国农业基础竞争力在国际竞争中面临的挑战和压力进一步加大，复杂多变的国际环境也给中国农业发展带来一定的挑战，加剧了农业产业风险。
- 近年来，逆全球化思潮尤其是贸易保护主义的复苏，将可能对全球农业发展和粮食安全产生负面影响。
- 中美贸易摩擦，如果双方在短期内不能达成协议，将对美国农业产生较大的负面影响，也会影响中国消费者福利，但对中国农业的影响则相对较小。
- 中美双方都是贸易大国，贸易摩擦涉及面比较广，带来的各种宏观经济影响不容小觑，必须坚持通过谈判磋商解决中美贸易争端，避免贸易摩擦带来的各种负面影响，只有合作才能实现互利共赢。
- 在经济全球化背景下，继续支持和维护多边贸易体系，高度重视运用世贸组织的争端解决机制来解决贸易摩擦和贸易纠纷等问题，同时通过优化贸易格局、健全贸易救济和产业损害补偿机制、构建开放型的农业支持政策体系等多种方式来保护国内生产者利益。

中国积极参与经济全球化进程，农业的开放程度也不断提高。在经济全球化背景下，中国农业充分利用两个市场和两种资源，实现了资源优化配置，促进了农业科技进步，农业发展取得了巨大成就。但是，受到国际经济形势和世界农产品市场价格变化等因素的影响，中国的农业产业发展也面临巨大挑战。中国的农业主体是生计型农业，受到资源限制，人均耕地资源不到世界平均水平的2/5，仅为 0.08 公顷，以家庭经营为主，农业规模小，仅相当于美国的 1/400 和欧盟的 1/40，小农户在参与全球竞争中处于不利的竞争地位，粮食等土地密集型产品缺乏先天优势。而中国人口众多，保障粮食安全是中国农业发展的最主要的目标。近几年，国际农产品价格低迷，国内外价差不断扩大，有些农产品大量进口，导致产量、进口量和库存量三量齐增，财政负担加重，原有的最低收购价格政策和临时收储政策受到多重挑战。近期，受到全球经济形势持续低迷和地区不平等加剧的影响，逆全球化思潮不断出现，尤其是美国的一系列逆全球化举动给世界经济发展增加了不确定性，威胁全球粮食安全。美国的逆全球化思潮引发中美贸易摩擦，如果中美贸易政策发生变化，可能会对未来中国农业产业发展产生潜在影响。因此，面对国际复杂多变的形势，在开放的条件下如何实现中国农业的稳健发展是亟待解决的问题。

本研究回顾中国的全球化进程；分析全球经济形势和逆全球化思潮；深入分析全球化给中国农业产业发展带来的机遇和挑战；并针对中美贸易问题，应用全球—中国一体化经济模型模拟分析中美贸易摩擦和中国增加美国农产品进口两种情景对中国农业可能产生的潜在影响；最后就中国农业如何应对复杂的国际形势带来的各种挑战，提出政策建议。

3.1 中国的全球化进程

3.1.1 中国以多种方式扩大对外开放

中国政府一直致力于改革开放，深入展开全方位对外开放，形成全方位、多层次、立体化的对外开放格局，为中国发展营造了良好的外部条件。党的十八大以来，中国政府实施共建“一带一路”倡议，发起创立亚洲基础设施投资银行，设立丝路基金，举办首届“一带一路”国际合作高峰论坛、亚太经合组织领导人非正式会议、二十国集团领导人杭州峰会、金砖国家领导人厦门会晤、亚信峰会等。倡导构建人类命运共同体，促进全球治理体系变革。

中国农业开放程度也不断提高。中国遵守 WTO 承诺，不断降低农产品关税，停止出口补贴、约束国内支持和规范卫生与植物卫生检疫（SPS）等。据 WTO 统计，2016 年，中国所有产品的加权平均关税税率仅为 3.5%，初级产品和工业品的加权平均关税税率分别仅为 2.3% 和 4.3%。中国积极推动双边或多边合作，积极参与 G20、APEC、“10 +1”、“10 +3”、中日韩三边合作、南南合作等多种合作机制，积极地推动贸易投资自由化、便利化。中国对外合作交流不断深化，截至 2016 年底，中国与 130 多个国家（地区）签署了双边投资保护协定，与102个国家（地区）签署了避免双重征税协定。截至2018年5月底，中国先后签订了16个自贸协定，涉及24个国家（地区）。农业是自贸区谈判的重要内容。例如，中国—新西兰和中国—澳大利亚自贸区的签订都将有利于中国从这些国家进口更多的农产品。此外，中国是最早给予最不发达国家零关税待遇的发展中国家之一。

党的十九大报告继续强调推动形成全面开放新格局。2018年4月10日，中国国家主席习近平在出席博鳌亚洲论坛2018年年会时，提出了扩大开放新的重大举措，包括大幅度放宽金融、汽车等关键领域的市场准入、扩大服务业对外开放、创造更有吸引力的投资环境、加强知识产权保护、主动扩大进口等。

3.1.2 中国在全球贸易和投资中的地位

随着对外开放战略的实施，中国已经发展成为贸易和对外投资大国。2016年，中国商品出口额和进口额分别排世界第一位和第二位，出口额和进口额分别达到20976亿美元和15879亿美元，分别约占世界出口额和进口额的13%和10%。据《世界投资报告2017》和《2016年度中国对外直接投资统计公报》数据显示，2016年中国的对外投资流量排世界第二位，仅次于美国，对外投资流量为1961.5亿美元，规模达到美国同期的65.6%，与美国的差距进一步缩小。据商务部数据显示，2017年中国境内投资者共对全球174个国家和地区的6236家境外企业新增非金融类直接投资，累计实现投资1200.8亿美元，同比下降29.4%，非理性对外投资得到切实有效的遏制。在对外投资增长的同时，中国实际利用外商直接投资金额自2001年以来平稳上升，2016年为1260亿美元。

3.1.3 中国在全球农产品贸易和农业投资中的地位

中国是农产品贸易大国，进口和出口一直都呈增长趋势，尤其是进口增长较快。据农业部统计，2017年，中国农产品进口额和出口额分别为1258.6亿美元和755.3亿美元，同比分别增长12.8%和3.5%；进出口总额达到2013.9亿美元，同比增长9.1%；贸易逆差503.3亿美元，同比增长30.4%。2001～2017年，中国农产品进出口总额、进口额和出口额的年均增长率均超过10%，分别达到13.1%、15.9%和10.2%（见图3－1）。中国在世界农产品贸易中的地位不断提高，是世界农产品第一大进口国和第五大出口国。2015年，中国农产品进口额和出口额占世界农产品进口额和出口额的比例分别达到10%和4.6%。其中，大豆、油菜籽、大米、高粱、大麦、棉花和食糖等产品进口量世界排名第一，大蒜、蘑菇、生姜、竹笋、罗非鱼、鳗鱼、黄鱼和苹果等产品的出口量居世界首位（农业部农产品贸易办公室和农业部农业贸易促进中心，2017）。

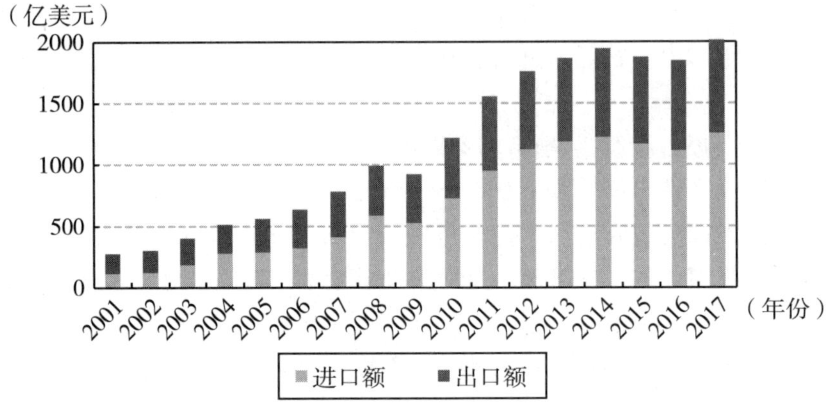

图 3－1　2001～2017 年中国农产品贸易情况

资料来源：中国农业农村部。

中国农业对外投资占比相对较小，但增长显著。2016 年，中国农业对外投资净额为 32.9 亿美元，占总投资额的 2%，比 2015 年增长 28%。2016 年，农林牧渔业实际利用外商直接投资金额为 19 亿美元，比 2015 年增长 24%（见图 3－2）。其中，许多外资投资农产品加工业，在提高农产品质量、扩大农产品出口和参与全球农业供应链等方面发挥了重要的作用。

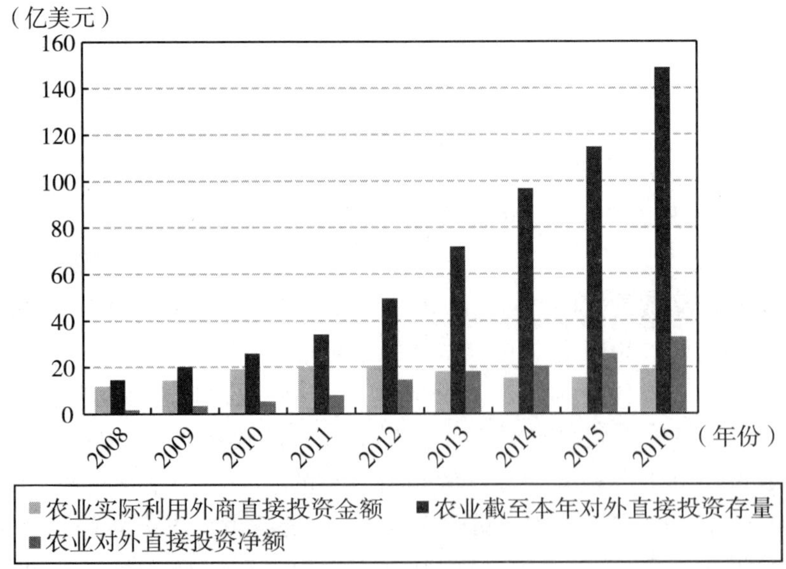

图 3－2　2008～2016 年中国农林牧渔业利用外资和对外投资情况

资料来源：国家统计局历年数据。

3.2　全球经济形势和逆全球化思潮

3.2.1　全球经济形势

自 2008 年全球经济危机以来，全球经济低迷，2016 年开始的全球经济回升已变得更为广泛、更为强劲。2017 年世界贸易增长 3.6%，显著高于 2016 年 1.3% 的增长率，全球投资逐步恢复，预计增加到 1.8 万亿美元（IFPRI，2018）。2017 年全球经济增长开始出现转折，经济增长率达到 3.8%，并且预计这种增长趋势还会持续到 2018 年和 2019 年，国际货币基金组织（IMF）预计 2018 年和 2019 年的全球经济增速均为 3.9%。2017 年全球经济增长的主要原因是欧元区、日本、中国和美国增长加快，增长率分别为 2.3%、1.7%、6.9% 和 2.3%；另外，大宗商品出口国有所复苏。但由于未来发达经济体的人口老龄化和全要素生产率预期增长率下降等原因，全球经济增长仍将减速，而新兴市场和发展中经济体的增长将加快并趋于稳定，2017 ~ 2019 年的增长率分别为 4.8%、4.9% 和 5.1%（IMF，2018）。

3.2.2　逆全球化思潮

随着世界各国经济交往日益密切，贸易自由化成为不可逆转的潮流。但是，2008 年国际金融危机爆发后，全球增长动能不足、发展失衡、经济治理滞后，全球经济陷入持续的结构性低迷，引发了对现有政策的不满，贸易保护主义不断升级、全球多边机制不振、各类区域性的贸易投资协定碎片化，美欧的移民政策、投资政策、监管政策等朝着逆全球化的方向发展。部分地区经济不平等现象等加剧，资源分配不公，社会上的被遗弃感和不安全感增强。逆全球化思潮抬头。2017 年，在阿根廷布宜诺斯艾利斯举行的第十一届世界贸易组织部长级会议上，未能在农业、渔业补贴、公共粮食储备和特殊保障机制等一些关键议题上取得突破，没有达成一致意见。英国继续其“脱欧”进程，推出《废除条例草案》（Great Repeal Bill），计划于 2019 年退出欧盟。特朗普自入主白宫以来，采取了诸多单边贸易制裁措施，以美国优先，无视国际规则，阻碍 WTO 贸易争端解决机制的落实。美国首先退出《跨太平洋伙伴关系协定》，随后又宣布退出《巴黎协定》，2018 年 5 月 8 日又宣布退出了伊核协议，恢复对伊朗政府实施经济制裁。美国的单边主义还表现在单方面增加贸易进口关税和阻碍 WTO 争端解决机制上。美国商务部宣布将从 2018 年 6 月 1 日起对欧盟、加拿大、墨西哥输美钢、铝产品分别征收 25% 和 10% 的关税，引发有关各方强烈批评。欧盟将很快宣布平衡美方贸易制裁的措施。墨西哥也宣布了相应的反制措施。从 2017 年 8 月底起，美国就阻挠 WTO 争端解决机构（DSB）上诉机构启动法官候选人甄选程序，而鉴于此甄选程序必须得到 WTO 所有成员的一致认同才可启动，除非 WTO 改变规则，美方此举很有可能让 WTO 最重要的仲裁功能出现事实上的瘫痪。

贸易不仅是养活不断增长的人口的必要条件，还具有提高收入的潜力，并能以更低、更稳定的价格提供更多样化的食品。在将粮食生产从环境风险高地区（含碳丰富的森林、缺水的土地）转移到环境风险较低地区的过程中，贸易同样承担着重要角色。最近的逆全球化浪潮，特别是贸易保护主义的复苏，有可能减缓实现可持续发展目标（Sustainable Development Goals，SDGs）、更快的经济增长以及改善粮食安全和营养不良的进程（United Nations，2017）。全球治理失衡和国际社会对可持续未来的承诺减弱，可能对农业、粮食安全和营养产生负面影响。地方治理与协调有助于城市、地区及省份在改善生计、可持续发展和营养方面发挥关键作用。如果没有建立在信任基础上的全球和地方治理与协调机制，决策者将在应对短期和新兴危机时面临挑战，而不是成功地预防这些危机。

被迫移民和长期冲突是近年来全球饥饿加剧和营养不良的主要原因。目前，全球共有 1.55 亿儿童发育迟缓，其中 1.22 亿人生活在冲突地区，并且冲突继续导致人口流离失所，2007～2016 年被迫流离失所的人数增加了一倍，达到约 6400 万人（FAO et al.，2017）。冲突、移民和粮食不安全可能形成恶性循环（J. G. da Silva and S. Fan，2017）。当国界收紧或关闭时，移民的流动受到限制，对移民及其家庭来说，来自粮食和营养的威胁也会增加。此外，冲突往往因持续的气候变化而加剧，进一步影响粮食安全和生计（C. Breisinger et al.，2014）。因此，需要创新的解决方案来打破移民来源国的冲突和饥饿循环，同时为移民和东道国提供支持。

3.3 全球化给中国农业产业发展带来的机遇和挑战

全球化既为中国农业发展提供了国际市场，也为中国利用国外资源开辟了更广阔的空间，有助于优化资源配置，衔接国内国际市场。但是，随着农业对外开放程度的提高，国内国外市场的相互影响加深，尤其是近几年，随着国内外政策环境和市场的变化，中国农业基础竞争力在国际竞争中面临的挑战和压力进一步加大，市场开放带来的一些深层次的不利因素及其负面影响不断出现，全球化背景下中国农业发展也正面临一系列新的挑战。

3.3.1 全球化给中国农业产业发展带来的机遇

全球化为中国农业产业发展带来了新的机遇。第一，全球化为农业在更大范围内配置农业资源创造了条件，减缓了国内资源压力，推动了农业产业结构调整。中国进口了大量的土地密集型农产品，如粮食、油料和棉花等大宗农产品，节约了国内土地资源和水资源，有利于缓解国内农业资源和环境压力。中国农业利用国外资源达到相当规模。据农业部农产品贸易办公室和农业部农业贸易促进中心研究表明，按照播种面积当量，2015 年中国粮棉油糖肉奶的进口相当于 10 亿亩播种面积的产出，占国内农作物播种面积的 40%（2017）。第二，进口农产品增加了国内农产品供给，满足了国内多样化的需求，解决了农产品供求短缺的矛盾。第三，劳动密集型农产品的出口增加和出口农产品加工程度的提高，有利于增加农民收入。第四，全球化有利于引进国外的先进品种、技术、装备和管理经验等，加快了中国农业科技进步和农业现代化的步伐。

3.3.2 全球化给中国农业产业发展带来的挑战

全球化给中国农业带来的挑战主要表现为：进口农产品冲击了国内市场，给农民和相关利益主体带来了损失，国际环境的复杂多变加剧了农业产业风险。第一，“非必需”农产品进口大量增加，“适度进口”面临挑战。中国的农业生产成本持续上涨，尤其是人工成本上涨较快，与美国、加拿大、澳大利亚和巴西等大宗农产品出口国的生产成本差距不断扩大。2012 年以来，受到国内成本上涨和国际农产品价格低迷等多种因素的影响，国内外差价拉大，农产品进口增长较快，尤其是一些大宗农产品的进口量超出国内产需缺口，中国粮食、食糖和棉花等产品出现产量、进口量和库存量“三量齐高”的现象。第二，国内农业产业面临的国际竞争压力越来越大。由于国内农业生产成本上涨较快，进口产品税后价格显著低于国内成本价格，进口价格“天花板”效应增强，抑制国内市场价格，对国内农业产业造成一定的压力和冲击，农业面临越来越大的风险。第三，保障国内生产者利益的难度加大。受到全球经济增长低迷、产量增加、能源价格下跌和汇率等多种因素的影响，2012 ~ 2015 年，国际农产品价格呈逐步下降趋势。而受到生产成本上涨，尤其是人工成本上涨显著等因素的影响，国内农产品生产成本和价格呈上涨趋势。中国多数进口农产品的国内外价差呈扩大趋势。据统计，牛奶、食糖、猪肉、玉米、牛肉和大米的国内外价差比较大。随着国内外价差的扩大，有些农产品的进口税后价格也越来越低于国内价格，关税不足以起到有效的保护作用，原有的最低收购价格政策和临时收储政策失灵，国内支持保护政策受到多重挑战。而由于加入世界贸易组织时做出了巨大承诺，农业价格支持政策受到“黄箱”补贴 8.5% 上限的限制，农业支持的空间不足，保护国内农业生产者利益的难度加大。第四，国内农产品出口比较优势趋于弱化。随着国内人工成本的上升，具有出口优势的蔬菜、水果和水产品等行业的出口竞争力下降，出口额增长速度明显放缓。2017 年，蔬菜贸易顺差为 149.7 亿美元，同比增加 5.5%；水果的贸易顺差为 8.2 亿美元，同比减少 38.3%；水产品的贸易顺差为 98.0 亿美元，同比减少 13.7%（农业农村部，2018）。

3.4 中美贸易政策变化及其对中国农业产业发展的潜在影响

3.4.1 中美贸易关系

中美同为重要的贸易大国，在很多领域贸易关系密切。由于贸易统计口径不同，导致贸易统计数据存在差异，如中国统计的对美国出口额与美国统计的从中国进口额不一致，为此，本书分别采用中国和美国的数据分析两者的贸易关系。根据联合国的中国贸易数据，2016 年中美贸易总额达到 5208 亿美元，占中国贸易总额的 14.1%。其中，中国对美国进口额 1351 亿美元，占中国进口总额的 8.51%；中国对美国出口额为 3857 亿美元，占中国出口总额的 18.4%；中国对美国的贸易顺差为 2506 亿美元，占中国贸易顺差总额的 49.2%。从美国的贸易数据来看，2016 年美国对中国进口额达到 4815 亿美元，占美国进口总额的 21.42%，也就是说美国的进口中约 1/5 来自中国；美国对中国出口额为 1156 亿美元，占美国出口总额的 8%；中美贸易总额为 5971 亿美元，占美国贸易总额的 16.1%；美国对中国的贸易逆差为 3659 亿美元，占美国贸易逆差总额的 45.9%。美国是中国重要的农产品贸易伙伴国，是中国农产品第一大进口来源国和第四大出口市场。2016 年，中国从美国进口的农产品总额达到 238.9 亿美元，占中国农产品进口总额的 21.4%；对美国农产品出口总额为 74.2 亿美元，占中国农产品出口总额的 10.2%；中国对美国农产品贸易逆差达到 164.7 亿美元。中国主要从美国进口油籽、畜产品、谷物、水产品和饮品，2016 年这五类产品的进口额合计为 201.5 亿美元，占从美国进口农产品总额的 84.3%。其中，油籽进口额最大，2016 年达到 139.4 亿美元，占从美国进口农产品总额的 58.3%。2017 年，中国从美国进口大豆 3286 万吨，占中国大豆进口总量的 34%，占美国出口总量的约 60%。

3.4.2　中美贸易摩擦

2017 年 8 月，美国对中国启动“301 调查”，审查所谓的“中国不公平贸易行为”，尤其针对中国在技术转让等知识产权领域的做法。2018 年初，美国对中国发起多项调查，并出台了诸多的贸易保护主义措施。2018 年 3 月 8 日，美国总统特朗普签署公告，认定进口钢铁和铝产品威胁美国国家安全，决定对其分别加征 25% 和 10% 的关税。2018 年 3 月 23 日，美国总统特朗普依据“301 调查”结果，将对价值 600 亿美元的中国进口产品征收关税，并限制中国企业对美国投资并购。2018 年 4 月 4 日，美国公布对中国“301 调查”征税建议清单，涉及中国约 500 亿美元对美出口，建议税率为 25%。2018 年 4 月 16 日，美国商务部宣布将禁止美国公司向中兴通讯销售零部件、商品、软件和技术 7 年。中国政府对美国政府的这些措施做出回应。2018 年 4 月 1 日，中国正式宣布对美进口的 128 项产品加征 15% 或 25% 关税的实施方案。2018 年 4 月 4 日，中国国务院关税税则委员会决定对原产于美国的大豆等农产品、汽车等 14 类 106 项商品加征 25% 的关税，涉及 2017 年中国自美国进口金额约 500 亿美元，实施日期将视美国政府对中国商品加征关税实施情况而定。彼时，中美双方仍致力通过谈判磋商来解决贸易摩擦。2018 年 5 月 19 日，中美两国就双边经贸磋商发表联合声明，中国同意将采取有效措施实质性减少美对华货物贸易逆差，同意有意义地增加美国农产品和能源出口，双方就扩大制造业产品和服务贸易进行了讨论，就创造有利条件增加上述领域的贸易达成共识，同意加强知识产权保护的合作。2018 年 6 月 3 日，中方就中美经贸磋商发表声明，双方就落实两国在华盛顿的共识，在农业、能源等多个领域进行了良好沟通，取得了积极的、具体的进展。但 2018 年 6 月 15 日，中美贸易摩擦升级，美国政府宣布将对从中国进口的约 500 亿美元的商品加征 25% 的关税，作为回应，中国公布对原产于美国的 659 项约 500 亿美元进口商品加征 25% 关税的决定，其中对农产品、汽车、水产品等 545 项约 340 亿美元商品自 2018 年 7 月 6 日起加征关税，对其余商品加征关税的时间另行公告。中美贸易摩擦将可能会给中国经济发展和农业产业发展带来一些影响。

3.4.3　中美贸易摩擦影响综述

国内外学者都在热议中美贸易摩擦可能会对双方产生的影响。农业是美国存在贸易顺差的为数不多的行业之一，中国是美国最大的农产品出口市场。如果中国选择对进口自美国的猪肉和大豆等产品加征关税，主要会对美国的农业产生重要的负面潜在影响。王红（2018）分析认为，因大豆和猪肉均在关税清单上，中美贸易战将导致美国农民高达数十亿美元的出口损失。其中，中国猪肉自给率达 97%，美国在中国猪肉进口份额中的占比较低，中国进口猪肉价格每增加 1%，相应需求会下降 0.34%~0.85%，进而加征 25% 的税会导致从美进口降到几乎为 0，中国或将这部分需求缺口选择从欧盟、加拿大、巴西和墨西哥等地区进口。中国是美国大豆的最大进口国，约占中国大豆产量的 1/3。中国进口大豆价格每增加 1%，相应需求会下降 0.4%~1.1%，加征 25% 的税可能意味着美国每年减少 15 亿美元的出口收入，如果依据最新的全球产品贸易模型，该损失可达到 17 亿~30 亿美元，再考虑到大豆的进口价格上涨对中国经济造成的影响等因素，25% 的税最终会对中美都造成大约 30 亿美元的损失。克里斯·赫特（Chris Hurt，2018）认为，未来 5 年美国对中国的大豆出口量将减少 65%。普渡大学沃利·泰纳和法尔扎德·塔河博（Wally Tyner and Farzad Taheripour，2018）通过 GTAP 模型分析了中国对美国大豆施加关税对美国大豆生产及出口的影响，认为若中国对美国大豆施加 10% 的关税，美国大豆出口额将下降 18%，同时大豆生产减少 8%；若关税增至 30%，美国大豆出口将减少 40%，大豆生产下降 17%；此外，短期内施加关税还会使大豆价格急剧下跌，未来几年中大豆价格将分别下降 2%（税率为 10% 时）和 5%（税率为 30% 时），美国经济的年损失可达 17 亿~33 亿美元，同时中国也将遭受同等损失，甚或更多。中国宣布对美国猪肉、大豆等农产品加征关税，将大大减少美国印第安纳州和爱荷华州的农民收入。张等（Zhang et al.，2018）运用全球局部均衡模型模拟中国对美国的大豆、棉花、高粱和猪肉增加关税，这些农产品价格下降 0.6%~10.6%，导致对中国的出口也会显著下降，大豆下降 34.2%，棉花和高粱分别下降 18.8% 和 22.5%，猪肉下降 83%，而出口到其他国家会有所增加，美国农业生产者将会受到损失，如大豆生产者将损失 18 亿美元。卡林·斯莫勒和戴维·拉博德（Carin Smaller and David Laborde，2018）从作物争夺土地的角度分析了中美贸易摩擦可能的结果，认为中美贸易摩擦会导致中国从巴西、阿根廷等国家进口大豆，从而推升该地区的大豆价格，而美国国内大豆供大于求，价格下跌；此外，为满足大豆需求，中国会增加国外农业投资，导致大豆与其他作物争夺土地。

大部分研究表明，中国对美国农产品加征关税对中国农业发展的潜在影响比较有限，可能会引发贸易转移，导致其他国家有可能受益。李国祥（2018）认为，中美贸易摩擦在农业上只会损害美国利益，对中国农业发展而言却是机遇，因为中国农产品进口可以分为客观需要所致的主动进口和价格差异所致的被动进口，如玉米、猪肉国内市场供给充足，但是由于国际市场价格低廉导致的被动进口已然扭曲了生产和贸易，符合反倾销条件，对被动进口农产品加征关税将会缓解国内供需矛盾，同时中国农业应提高对外开放水平，抓住新一轮农业科技革命，提高农业国际竞争力。对美国农产品加征关税后对中国大豆产业的影响相对较大，因为中国大豆消费严重依赖进口，进口量占消费量的 90% 左右，国外进口替代空间有限，再加上国内大豆库存水平较低、需求存在相对刚性，使供给减少之后必然会带来价格波动，造成通胀风险。但长期看，反制美国大豆进口将发生贸易转移效应，有可能形成新的全球大豆供给格局，有利于中国建立更加公平、合理、稳定、持续的全球大豆供应链（程国强，2018）。美国进口猪肉在中国市场占比小，加收关税对国内养殖企业产能快速扩张增速的影响不大（周岩，2018）。此外，中国还将对美国水果及其制品加征 15% 的关税，这也将削弱美国水果，如苹果、车厘子、鲜橙等在中国市场的竞争力。为满足国内需求，一方面，中国将转向法国、新西兰和澳大利亚等地寻找货源；另一方面，也会促使本国水果产业快速发展（周岩，2018）。

如果中美贸易谈判顺利，中国增加对美国的农产品进口带来的影响比较复杂，主要取决于增加进口的农产品种类和增加的幅度。总体上，增加农产品进口，尤其是增加对一些中国比较稀缺的优质农产品的进口，有利于满足国内消费者多样化的需求，同时通过引进国外优质农产品，促进国内农业科技创新，提高生产效率和农业竞争力。据美国农业部统计，中国是美国农产品第二大出口市场。2017 年美国出口到中国的农产品总额为 241 亿美元，占美国农产品出口总额的 15%。2017 年，大豆和棉花是美国出口到中国的最重要农产品，销往中国的大豆和棉花分别占美国大豆和棉花出口总量的 62% 和 14%。2017 年中国从美国进口大豆 3286 万吨，进口金额 139.45 亿美元，占中国对美国农产品进口总额的近 60%。其他进口主要农产品有畜产品、粮食（谷物）和水产品。从目前中国对农产品的进口需求和美国的农产品竞争优势来看，中国有可能增加对大豆、高粱和一些畜禽产品的进口。大豆和高粱的进口量增加可能会使中国饲料成本下降，有利于国内畜牧业的发展。但是，大量进口大豆可能会进一步冲击中国的大豆产业，高粱对玉米的饲料替代作用也会进一步压低中国玉米的市场价格，对国内玉米产业产生负面影响。畜产品进口增加也可能对中国畜产品市场产生一定的负面影响，造成一定的冲击。但总体来说，这种影响大小很大程度上取决于中国对这些农产品进口规模的增幅，因此，存在较大的不确定性。

3.4.4 中美贸易政策变化及其对农业产业发展影响的评价方法

1. 研究方法

如果中美双方根据各自清单加征关税，理论上会提高本国消费者购买进口商品的价格，导致本国消费者的消费减少，从而使出口国该商品出口下降，促进发展本国该商品的生产。在全球贸易环境下，这些影响变得比较复杂，不仅会带来贸易格局的变化，而且会通过影响国家间的商品贸易传导到生产、消费和投资等各个方面，从而对国民经济发展和居民收入产生影响。为了更加全面细致地定量分析中美贸易摩擦对农业产业发展的影响，本书首先采用全球贸易分析模型（GTAP）来分析中美贸易摩擦对双方带来的各种综合影响，包括对进出口价格、贸易、消费、生产、投资、GDP 和居民收入等的影响；然后，将 GTAP 模型结果导入中国农业科学院农业经济与发展研究所和国际食物政策研究所联合开发的中国农业产业模型（CASM）中，进一步细致分析中美贸易摩擦对中国各个农业产业带来的影响，包括对生产、消费、贸易和价格等的影响。GTAP 是一个全球的一般均衡模型，包括农业、工业和服务业在内的所有经济部门，建立了不同部门之间的连接关系，其优点是能够模拟关税变化对双边贸易带来的各种直接和间接的综合影响。CASM 是一个局部均衡模型，侧重在对各个农业部门进行细致刻画，建立不同农业产业的供需平衡关系及其相互之间的联系，能够更加细致地反映外部政策变化对国内农业产生的影响（详见第 5 章）。考虑到关税变化带来的影响比较复杂，本书同时运用全球 GTAP 模型和 CASM，建立两者之间的连接关系（见图 3－3）。这里采取的是自上而下的分析方法，首先应用 GTAP 模型模拟中美双方同时加征关税对中美及其他相关国家带来的影响；然后将 GTAP 模型的模拟结果导入到 CASM 中，连接的指标包括 GDP、居民收入和中国农产品进口价格的变化，然后模拟对中国农产品市场的影响。采用静态方法模拟中美贸易政策变化对中国农产品的生产、消费、贸易和价格的影响。

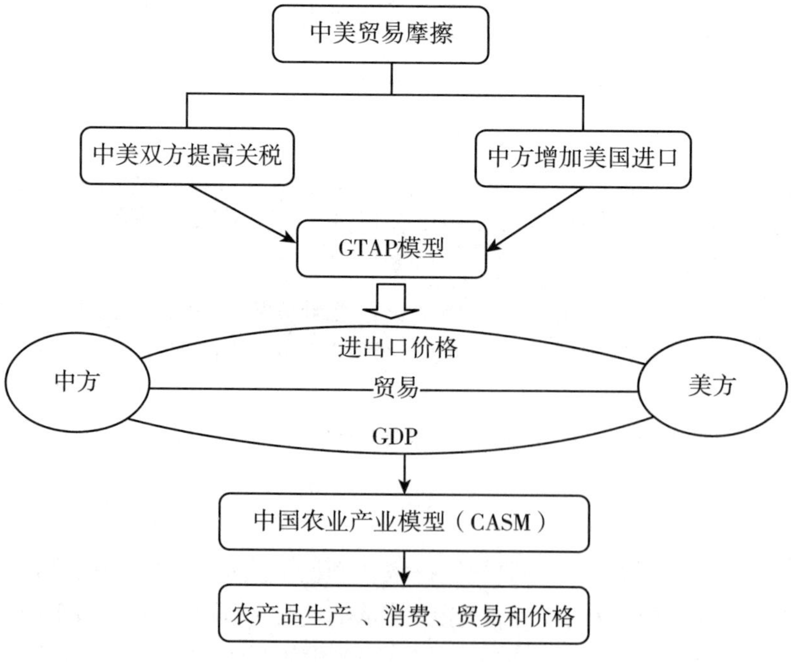

图 3－3 中美贸易摩擦对农业发展影响研究方法框架

本书使用的是 GTAP 9.0 数据库，该数据库包括了 140 个国家和地区以及 57 个产品部门的数据，基期为 2011 年。GTAP 数据库是由美国普渡大学在 20 世纪 80 年代中期探索开发建设的，其全称为“全球贸易分析项目”（Global Trade Analysis Project），设计的初衷是对全球贸易以及 WTO 组织谈判提供实证分析基础。基于本书关注的重点和目标，考虑大豆主要生产和出口国家和地区，以及欧盟、澳大利亚、新西兰等其他重要农产品生产和出口国家和地区。将 GTAP 数据重新划分国家和地区、产品部门，具体如表 3 - 1 所示。

表 3 - 1　GTAP 模型中国家和地区、产品部门重新划分情况

国家和地区	产品部门	
中国、美国、巴西、阿根廷、欧盟 28 国、东盟、新西兰和澳大利亚，以及世界其他国家和地区	农业部门	油料、谷物、棉花、猪肉、牛羊肉、其他农产品、饮料与烟草
	工业部门	金属、电子元件、汽车
	服务业	其他工业和服务业部门

2. 方案设计

由于中美贸易谈判还存在变数，中美贸易摩擦对中国农业产业发展的影响存在很多的不确定性。从目前的形势来看，有两种可能：一是中国对美国农产品加征进口关税；二是中国增加进口美国农产品。显然，这两种情形对中国农业发展的潜在影响也不相同。这里分别简单分析在这两种情形对中国农业发展的潜在影响。

首先，基准方案。在模拟冲击方案之前，考虑各个国家和地区经济增长以及中国—东盟、中国—澳大利亚、中国—新西兰等自由贸易协定，升级到 2017 年数据，以 2017 年数据为基准方案。在基准方案基础之上，引入不同版本的假定的政策冲击方案，以模拟不同中美贸易政策可能会对双方贸易以及宏观经济产生的影响。

其次，双方增加进口关税的模拟方案。根据美国提出的提高关税方案以及中国反制措施，设定美国对从中国进口的汽车、重金属化工、电子元件等部门提高关税到 25%，中国对从美国进口的大豆、猪肉、牛羊肉、棉花、电子元件、汽车等部门进行反制，提高其关税到 25%。其中，美国具体增加关税的方法以美国贸易代表办公室 2018 年 4 月 3 日公布的拟加征关税中国商品清单。① 中国具体的加征关税办法依据中国商务部在 2018 年 4 月 4 日公布的“关于对原产于美国的部分进口商品加征关税的公告”，将对原产于美国的大豆等农产品、汽车等进

① 《美国拟对中国商品加征关税含约 1300 个项目（附详单）》，http：//news.sina.com.cn/c/nd/2018-04-04/doc-ifysuuya3089313.shtml。

口商品对等采取加征关税措施，税率为 25%。[①]

最后，中国增加美国农产品进口模拟方案。考虑到大豆是中国进口量最大的农产品，也是美国对中国出口量最大的农产品，这里模拟“如果取消美国大豆进口关税”的情景，以简单分析增加进口美国大豆可能会对中国农产品市场带来的影响。

3.4.5 中美贸易摩擦可能产生的潜在影响

1. 中美贸易摩擦对农产品贸易的潜在影响

在双边增加进口关税的情况下，美国的农产品出口将受到较大的负面影响。首先当前中国大豆进口关税仅 3%，如果增加至 25%，GTAP 模型模拟结果显示（见表 3－2），在中方反制的情况下，美国对中国大豆出口额大幅度下降。美国对中国油籽出口额从 37.03 亿美元下降到 18.78 亿美元，减少幅度达到 48.93%，将近一半。显然，中国的反制措施对美国大豆出口将带来巨大影响。其次，美国对中国的棉花和牛肉的出口额也将显著减少，减幅分别达到 54.17% 和 51.67%。最后，其他谷物和猪肉的出口额也受到一定的影响，对中国的出口分别减少 48.06% 和 46.07%。总体来看，美国对中国农产品出口额将减少 38.50 亿美元，下降幅度达到 42.79%。

表 3－2　　中美贸易摩擦对美国各产业出口的影响

产业	基准方案（百万美元）	模拟方案绝对值变化（百万美元）	模拟方案相对变化（%）
油籽	3703	1891	－48.93
其他谷物	214	111	－48.06
棉花	1495	685	－54.17
猪肉	686	370	－46.07
牛羊肉	84	40	－51.67
其他农产品	2687	2013	－25.09
饮料与烟草	129	37	－71.44
金属	34015	36845	8.32
电子元件	10700	2709	－74.68
汽车	2060	1231	－40.25
其他部门	22784	22323	－2.02

资料来源：GTAP 模型结果。

① 《大豆汽车全包括中方正式宣布对美 500 亿报复清单》，http：//news.sina.com.cn/c/2018－04－04/doc－ifyteqtq3930884.shtml。

进入中国市场的农产品税后价格将会显著提高，进口量有所下降。GTAP模型结果显示，当中国对美国的一些农产品加收关税后，中国大豆进口价格将会提高近6%，棉花进口价格上涨7.53%，其他农产品的进口价格变化幅度较小且基本不超过1%。由于中国对美国提高了大豆的进口关税，美国大豆的相对价格提高，进口数量出现下降，而巴西和阿根廷等国家和地区的大豆进口价格表现出较强的竞争力，中国将增加进口巴西和阿根廷等其他国家的大豆，即可能发生贸易转移效应。模拟方案结果显示，中国对巴西和阿根廷的大豆进口额分别为43.29亿美元和35.03亿美元，分别提高26.78%和25.59%。

2. 中美贸易摩擦对中国农业产业的影响分析

从前面的分析可知，中美贸易摩擦会直接影响中国农产品进口价格。本书进一步应用中国农业科学院农业经济与发展研究所和国际食物政策研究所联合开发的中国农业产业模型详细分析中美贸易摩擦对中国农业产业的影响，考虑到中国从美国进口的大豆和棉花数量相对较大，这里重点分析对国内大豆和棉花及其相关产业，如对玉米和畜牧业的影响，模拟方案具体见表3-3。

表3-3　　中美贸易摩擦对中国农业产业影响的模拟方案设计

方案	进口价格变化
方案1	大豆和棉花价格分别上涨5.88%和7.53%

资料来源：CASM模型结果。

如果仅考虑中国农产品进口价格变化对农业产业的影响，不同产业所受到的影响有所差异，但总体上有利于生产者，不利于消费者。其中，大豆和棉花产业受到的影响会相对大一些，有利于国内生产者，产量增加，但会给消费者带来一定的负面影响，进口量和消费量都有所下降。大豆相关产业也会受到一定的影响，如大豆油、豆粕、玉米和畜产品的产量会有所下降，净进口量可能会相应的增加。模拟方案1结果显示，由于中国大豆进口价格上涨，进口量约减少0.8%，导致国内大豆供给减少，国内大豆生产者价格也随之上涨，受到价格上涨的激励，国内大豆种植面积扩大和单产提高，大豆产量增加2.46%。但受到价格上涨影响，城乡居民的大豆消费量下降0.88%，大豆压榨加工量下降0.57%，导致大豆油和豆粕的产量也会随之相应地减少0.57%，大豆油净进口量增加15%。第二，豆粕作为重要的饲料，价格上涨会增加畜牧业的养殖成本，畜产品进口增加，但增幅较小，羊肉、禽肉和牛奶的进口量分别增加1.11%、6.46%和0.25%。第三，玉米作为大豆的替代作物，大豆生产者价格上涨导致玉米种植面积下降0.71%，净进口量将增加62.85%，约90万吨。由于玉米和豆粕的主要营养成分的不同，玉米替代豆粕用于饲料的量有限，饲料消费增加

0.11%。第四，棉花进口量下降，部分缺口通过扩大国内的棉花生产来代替补充，进口量下降26.22%，产量增加3.08%，但由于价格上涨，棉花加工消费量减少0.68%，具体见表3－4和表3－5。

表3－4　　中美贸易摩擦对中国大豆、棉花和玉米产业的影响

方案	指标	产业	生产者价格（元/万吨）	净进口量（万吨）	产量（万吨）	加工/饲料消费量（万吨）
基准方案	绝对值	大豆	4480	9338	1290	8800
		棉花	14762	97	488	775
		玉米	1725	238	21956	11212
方案1	绝对值变化（%）	大豆	5.88	－0.8	2.46	－0.57
		棉花	7.53	－27.03	3.08	－0.68
		玉米	0	62.85	－0.71	0.11

资料来源：CASM模型结果。

表3－5　　中美贸易摩擦对中国畜产品净进口量的影响

指标	方案	猪肉	牛肉	羊肉	肉鸡	牛奶
绝对值（万吨）	基准方案	157	58	22	18	1263
	方案1	157	58	22	19	1266
绝对值变化（%）	方案1	0	0	1.11	6.46	0.25

资料来源：CASM模型结果。

3.4.6　中国增加美国农产品进口可能产生的潜在影响

本书应用GTAP模型进一步模拟中国增加美国农产品进口可能产生的潜在影响。这里以中国进口美国大豆为例，目前中国进口大豆的优惠关税税率是3%，GTAP模型的基准方案中，中国进口美国大豆的关税税率设置为2.41%，比较接近。由于目前还不明确中国会增加进口多少美国的农产品，这里假设如果取消大豆进口关税的极端情景下中美农产品贸易变化及其对中国农业产业产生的影响。

从模拟结果来看，中国从美国进口大豆会增加7%，但会减少从巴西、阿根廷和世界其他国家的进口，分别会减少3.7%、3.6%和4.0%，中国从世界进口的大豆总量仅增加0.3%。中国的大豆进口价格将下降0.9%。国际贸易方面的影响会进一步传导到生产方面，美国的大豆生产会由于中国进口量的增加而相应增加0.9%，巴西和阿根廷则均会略有下降，分别下降0.7%和0.5%，中国的大豆产量也会相应地减少0.3%。总体来说，由于这里仅考虑关税的变化原因，中国从美国进口大豆增幅比较小，对国内大豆产业的影响不大。

3.4.7 中美贸易政策变化对农业产业发展影响的不确定性讨论

运用经济模型分析中美贸易摩擦和中国增加进口美国农产品带来的影响，较为清晰地反映了正常条件下经济系统的运行机制，以及不同国家（地区）和不同产业之间的相互关联，同时对影响程度进行了初步估计和判断。但事实上，外界经济环境在不断的发生变化，中美贸易摩擦带来的实际经济影响比模型结果更加复杂，存在更多的不确定性。一方面，经济模型结果取决于其中的一些参数弹性的设定，但许多参数难以准确估计。例如，饲料粮间的相互替代关系、饲料粮价格变化与畜产品产量变化的弹性大小等，如果大豆与玉米的饲料替代弹性更大、饲料粮价格和畜产品产量的弹性更大，那么，带来的影响可能更大一些，反之，带来的影响会更小一些。另一方面，外部条件随时都在发生变化，尤其是全球农作物的种植和收获时间都不一样。例如，美国大豆是当年4月份种植、当年9月份收获，而巴西大豆是当年10月份种、下年3月份收获，阿根廷大豆是当年1月份播种、当年5月份收获。而模型是年度数据，不能反映出短期的市场变化和估计中美贸易摩擦带来的短期影响，而显然，短期内国际市场的变化增加了贸易摩擦影响的不确定性。这里重点分析中美贸易政策变化对农业产业发展影响的不确定性。

第一，宏观经济可能会受到一定的影响。中美贸易涉及的行业比较多，中美贸易摩擦对中国宏观经济的影响也不可小觑，包括可能会引起的外汇市场、金融市场的动荡，从而对中国经济产生一些冲击，进而对中国农业产业发展产生间接的影响。如果中美贸易谈判导致中国贸易顺差大幅下降，则中国的外汇占款也会随之骤降，出现资金流动性缺口，导致中国面临资本外流和人民币汇率贬值的压力，这些对中国经济和农业产业都可能会产生影响。如果贸易关税变化后，不同行业会采取不同的应对措施，由此产生的综合影响可能也不相同。另外，由于美国不仅针对中国，对欧盟和日本等多国也都采取了单边主义的贸易保护主义行动，国际货币基金组织（IMF）担心贸易限制措施和反制措施可能削弱信心，并导致全球增长脱轨。

第二，国际市场上大豆供需形势不确定。由于技术革新和天气条件良好，巴西大豆的单产和产量的增长都超过预期。咨询机构Agroconsult公司称，2017/2018年度巴西的大豆产量可能达到近1.19亿吨；美国农业部的预测为1.13亿吨；一些私营分析机构，包括AgRural公司和巴西植物油行业协会ABIOVE在内，预计今年巴西大豆产量将超过上年的1.14亿吨，巴西大豆产量会增加一些；

咨询机构油世界（Oil World）也预计巴西大豆会增加到 11600 万～11890 万吨，比 2017 年的 11408 万吨增加约 200 万～500 万吨。而阿根廷受到暴雨冲击，大豆有可能大幅减产。

第三，中国大豆种植面积和产量的不确定性。中国农业农村部提出，2018 年中国大豆种植面积将增加 1000 万亩，总面积达到 1.27 亿亩，按照单产不变，产量将由于面积增加 7% 而增产 100 万吨。国内大豆供给增加有利于缓解中美贸易摩擦带来的不利影响。

3.5 结论与政策建议

本书梳理了全球化和逆全球化及其可能对中国农业产业带来的影响，并重点就中美贸易政策变化进行了深入分析，应用模型评估了中美贸易摩擦和中国增加进口美国农产品对国内农业产业带来的潜在影响，并讨论了各种不确定性的影响因素。面对国际形势变化和逆全球化思潮给中国农业发展带来的各种潜在风险，提出在经济全球化背景下如何制定有效政策促进未来中国农业产业的持续健康发展。以下是主要结论和建议。

1. 主要结论

第一，贸易摩擦对中美双方都有负面影响。虽然存在各种不确定性，但显然，贸易摩擦没有赢家。中国和美国都是贸易大国，中美贸易摩擦可能带来的潜在影响涉及方方面面，对包括农业在内的各个行业发展的影响都不容小觑。

第二，如果中美双方达不成协议，发生贸易摩擦，对美国农业的冲击可能非常显著。从长期看，贸易摩擦会使中国的农产品进口发生转移，影响国际贸易格局，这种影响可能会持续，将可能使美国的农业出口和生产显著减少，最终损害美国农民的利益。

第三，贸易摩擦对中国农业的潜在影响较小，主要带来的是消费者福利损失。如果中国由于贸易摩擦加征美国进口农产品关税，将可能提高中国农产品进口价格和损失消费者利益，但从长期来看，加大了对国内农业产业的保护，国内外价差缩小，有利于调动国内生产者积极性和促进中国农业的长期发展。中美贸易摩擦潜在的影响主要表现在大豆和棉花的进口价格提高。一方面，会发生贸易转移，转向从其他国家进口；另一方面，国内价格提高有利于扩大国内大豆和棉花的种植面积，促进国内产量提高。

第四，小幅增加美国的农产品进口对国内农业产业的冲击较为有限。如果中美贸易谈判顺利，中国增加对美国农产品的进口，由此产生的影响主要也是发生在贸易转移方面，对中国国内农业产业的冲击比较有限。

2. 政策建议

第一，谈判解决贸易争端是共赢举措。中方应积极与美方开展贸易谈判，确保整个国民经济的平稳运行，避免贸易摩擦升级。中美经济发展具有很强的互补性，中美双方应充分考虑双方利益，探讨更好的合作方式，只有合作才能实现互利共赢，这也符合中国和美国人民的利益。

第二，支持和维护多边贸易体系，按照国际规则处理贸易争端和分歧。世贸组织有160多个成员，涵盖全球98%的贸易额，具有广泛代表性。世贸组织规则具有开放、包容、透明和非歧视性等特点，是经济全球化的重要制度保障，符合世界各国的共同利益。中国应高度重视应用世贸组织的争端解决机制来解决贸易摩擦和贸易纠纷等问题，维护国家利益。

第三，扩大全球开放，分散进口来源，降低贸易风险。积极开拓农产品国际市场，优化贸易渠道。拓宽国际市场，加强与“一带一路”沿线国家的贸易往来。2017年，中国从加拿大进口大豆260万吨，从俄罗斯和乌克兰进口大豆90万吨，均创历史新高。未来，应继续加强与其他大豆出口国的合作。

第四，实施绿色发展行动，强化大豆等农产品的生产。加快大豆等农产品生产方式调绿，破解农业发展面临的资源环境难题。有序扩大大豆种植面积，增加国内供给。一方面，利用农业供给侧结构性改革的契机，优化大豆生产补贴，适当恢复国内大豆种植；另一方面，加大对大豆产业的研发投入，提高单产水平，降低生产成本，提高种植收益。

第五，深化“一带一路”国家间合作。“一带一路”倡议开创了新的机遇，拓展了农业开放新格局，为中国农业在更大范围内配置农业资源创造了条件，对于减缓国内资源压力，推动农业产业结构调整起到了积极作用。同时，有利于沿线国家发挥比较优势，促进区域内农业要素有序流动、农业资源高效配置、农产品市场深度融合，推动沿线国家实现互利共赢。

第4章

“一带一路”倡议为中国农业产业发展带来的机遇

主要观点：

● 后金融危机时代，各国更加重视农业的基础地位，更加注重全球农业资源的整合利用和农产品市场的深度开发，对开展农业国际合作的诉求也更加强烈，“一带一路”倡议的提出，为中国农业产业发展提供了难得的历史机遇。

● “一带一路”沿线国家是全球农产品主要产区，农业资源禀赋充裕，且与中国农业存在较强互补性。

● 近年来，中国与“一带一路”沿线国家的农产品贸易和农业投资合作取得了长足发展，但今后仍具有较大增长潜力。

● 随着“一带一路”倡议的逐步落实，中国应在进一步提升国内农业综合生产能力的同时，按照《共同推进“一带一路”建设农业合作的愿景与行动》提出的顶层设计，通过强化合作基础、深化合作领域和优化合作方式，加强与“一带一路”沿线国家共同发展互利共赢的更大范围、更高水平、更深层次的农业合作。

近年来，全球农业发展格局深度调整，气候变化对粮食主产区影响不断加深，生物质能源、金融投机活动等非传统因素使农产品国际市场不确定性持续加强，全球粮食安全及贫困问题仍然困扰着很多发展中国家，并且农业持续增长动力不足、农产品市场供求结构显著变化已成为世界各国需要共同面对的新问题、新挑战，亟待通过开展农业合作，共同促进农业可持续发展。2013 年 9 月和 10 月，中国国家主席习近平在出访中亚和东南亚有关国家期间，先后提出共建“丝绸之路经济带”和“21 世纪海上丝绸之路”（简称“一带一路”）的重大倡议，得到国际社会高度关注。为推进实施“一带一路”倡议和加强“一带一路”农业合作的顶层设计，中国政府在 2015 年 3 月和 2017 年 5 月先后发布了《推动共建“一带一路”的愿景与行动》和《共同推进“一带一路”建设农业合作的愿景与行动》。后金融危机时代，各国更加重视农业基础地位，更加注重全球农业资源的整合利用和农产品市场的深度开发，对开展农业国际合作的诉求也更加强烈，“一带一路”倡议的提出，为中国农业产业发展提供了难得的历史机遇。

4.1 “一带一路”沿线国家经济社会及农业基本情况

当前，中国正与“一带一路”沿线国家积极开展战略对接，共同构建“一带一路”合作框架，双、多边合作机制日益完善，为开展农业合作提供了有利平台。中国农业与世界农业高度关联，推进“一带一路”建设农业合作意义重大，既是中国推进农业供给侧结构性改革和深化农业对外开放的需要，也是世界农业持续健康发展的需要，有利于推动形成全球农业国际合作新格局，有利于沿线国家发挥比较优势，促进区域内农业要素有序流动、农业资源高效配置、农产品市场深度融合，推动沿线国家实现互利共赢发展。本书在分析“一带一路”沿线国家经济社会及农业基本情况的基础上，进一步分析了中国与沿线国家的农产品贸易和农业投资合作。[①] 结果表明，“一带一路”沿线国家是全球农产品主要产区，农业资源禀赋充裕，且与中国农业存在较强互补性；近年来，中国与沿线国家的农产品贸易和农业投资合作取得了长足发展，但今后仍具有较大增长潜力。最后，本书从强化合作基础、深化合作领域和优化合作方式等三个方面，提出了加强中国与“一带一路”沿线国家农业合作的政策建议。

4.1.1 经济社会

“一带一路”沿线国家国土面积合计为 4051.59 万平方公里，占世界的 31.22%；[②] 其中，俄罗斯、印度、哈萨克斯坦、沙特阿拉伯和印度尼西亚位处前五位，分别占沿线国家国土总面积的 40.42%、7.34%、6.66%、5.31% 和 4.47%。2016 年人口总量为 32.34 亿人，占世界的 43.46%；其中，印度为

① 本书参考中国商务部等联合发布的《中国对外直接投资统计公报》中的统计口径，将“一带一路”沿线国家界定为 64 个国家，包括：印度尼西亚、马来西亚、菲律宾、新加坡、泰国、文莱、越南、老挝、缅甸、柬埔寨、东帝汶、尼泊尔、不丹、印度、巴基斯坦、孟加拉国、斯里兰卡、马尔代夫、阿富汗、哈萨克斯坦、土库曼斯坦、吉尔吉斯斯坦、乌兹别克斯坦、塔吉克斯坦、蒙古、伊朗、伊拉克、土耳其、叙利亚、约旦、以色列、巴勒斯坦、沙特阿拉伯、巴林、卡塔尔、也门、阿曼、阿拉伯联合酋长国、科威特、黎巴嫩、埃及、波兰、捷克、斯洛伐克、匈牙利、俄罗斯、白俄罗斯、乌克兰、摩尔多瓦、格鲁吉亚、亚美尼亚、阿塞拜疆、爱沙尼亚、拉脱维亚、立陶宛、阿尔巴尼亚、波黑、保加利亚、克罗地亚、马其顿、黑山、罗马尼亚、塞尔维亚、斯洛文尼亚。

② World Bank 数据库，巴勒斯坦数据缺失。

13.24 亿人，印度尼西亚为 2.61 亿人，巴基斯坦为 1.93 亿人，孟加拉国为 1.63 亿人，俄罗斯为 1.44 亿人。从 2016 年农村人口比重看，22 个国家大于或等于 50%，其中，斯里兰卡最高且为 81.59%，印度为 66.86%，巴基斯坦为 60.78%；41 个国家低于 50%，其中，印度尼西亚为 45.53%，波兰为 39.47%，土耳其为 26.11%，俄罗斯为 25.90%。①

从经济地位看，近年来"一带一路"沿线国家经济总量持续快速增长，2016 年的 GDP 合计为 12.18 万亿美元，占世界的 16.1%，比 2000 年提高了 6.8 个百分点（见表 4－1）。②

表 4－1　"一带一路"沿线国家 GDP 及占世界比重

国家	2000 年		2005 年		2010 年		2016 年	
	GDP（亿现价美元）	占世界比重（%）	GDP（亿现价美元）	占世界比重（%）	GDP（亿现价美元）	占世界比重（%）	GDP（亿现价美元）	占世界比重（%）
印度	4766	1.4	8342	1.8	17085	2.6	22638	2.7
俄罗斯	2597	0.8	7640	1.6	15249	2.3	12832	1.7
印度尼西亚	1650	0.5	2859	0.6	7551	1.2	9323	1.2
土耳其	2666	0.8	4830	1.0	7312	1.1	8637	1.1
沙特阿拉伯	1884	0.6	3285	0.7	5268	0.8	6464	0.9
波兰	1719	0.5	3044	0.7	4792	0.7	4714	0.6
伊朗	1096	0.3	2198	0.5	4678	0.7	4190	0.6
泰国	1264	0.4	1893	0.4	3409	0.5	4070	0.5
阿拉伯联合酋长国	1043	0.3	1806	0.4	2860	0.4	3487	0.5
马来西亚	938	0.3	1435	0.3	2550	0.4	2965	0.4
"一带一路"合计	30745	9.3	56554	12.1	104622	16.1	121782	16.1
世界合计	328871	—	466609	—	650108	—	758478	—

资料来源：World Bank 数据库。

从经济增长速度看，2016 年"一带一路"沿线 55 个国家 GDP 呈现正增长，其中，伊朗最高且为 13.40%，印度为 7.11%，巴基斯坦为 5.47%，印度尼西亚为 5.02%，埃及为 4.30%，哈萨克斯坦仅为 1.10%；5 个国家出现负增长，其

① World Bank 数据库，巴勒斯坦数据缺失。

② World Bank 数据库，巴勒斯坦数据和叙利亚 2016 年数据缺失。

中，也门为-9.78%，阿塞拜疆为-3.10%，白俄罗斯为-2.65%，俄罗斯为-0.22%。①

从工业增加值占GDP比重看，2016年“一带一路”沿线3个国家高于50%，其中，文莱最高且为57.29%；31个国家在30%~50%之间，其中，沙特阿拉伯为43.29%，印度尼西亚为40.77%，土耳其为31.98%；25个国家低于30%，其中，印度为28.85%，乌克兰为27.11%，巴基斯坦为19.36%。②

4.1.2 农业发展

从耕地面积占国土面积比重看，2015年“一带一路”沿线4个国家高于50%，其中，孟加拉国最高且为59.65%，乌克兰为56.17%，印度为52.62%；8个国家在30%~50%之间，其中，巴基斯坦为39.49%，泰国为32.90%；28个国家在10%~30%之间，其中，土耳其为26.82%，印度尼西亚为12.97%；23个国家低于10%，其中，俄罗斯为7.52%，埃及为2.91%。从2015年人均耕地面积看，仅哈萨克斯坦高于1公顷，为1.68公顷；7个国家在0.5~1公顷之间，其中，俄罗斯为0.85公顷，乌克兰为0.72公顷；32个国家在0.1~0.5公顷之间，其中，土耳其为0.26公顷，泰国为0.24公顷，印度为0.12公顷；23个国家低于0.1公顷，其中，印度尼西亚为0.09公顷，埃及为0.03公顷。③

从农业增加值占GDP比重看，2016年“一带一路”沿线6个国家高于20%，其中，尼泊尔最高且为32.98%，巴基斯坦为24.64%；13个国家在10%~20%之间，其中，越南为18.14%，印度为17.35%，乌克兰为13.72%；40个国家低于10%，其中，土耳其为7.02%，俄罗斯为4.74%，波兰为2.69%，新加坡为0.04%。④

从农业就业人员数量占就业总数比重看，2017年，“一带一路”沿线6个国家高于50%，其中，老挝最高且为78.30%；12个国家在30%~50%之间，其中，印度为44.30%，巴基斯坦为42.10%，越南为41.80%，印度尼西亚为31.40%；21个国家在10%~30%之间，其中，蒙古为28.40%，土耳其为19.60%，乌克兰为15.70%；24个国家低于10%，其中，俄罗斯为6.80%，新加坡为0.30%。⑤

从农业生产指数看，2014年“一带一路”沿线15个国家高于140，其中，

---

① World Bank 数据库，巴林、阿曼、叙利亚和巴勒斯坦数据缺失。
② World Bank 数据库，叙利亚、塔吉克斯坦、东帝汶、土库曼斯坦和巴勒斯坦数据缺失。
③ World Bank 数据库，巴勒斯坦数据缺失。
④ World Bank 数据库，叙利亚、塔吉克斯坦、东帝汶、土库曼斯坦和巴勒斯坦数据缺失。
⑤ World Bank 数据库，巴勒斯坦数据缺失。

科威特最高且为196.54，乌克兰为148.40，印度为142.55；35个国家在100～140之间，其中，越南为134.27，巴基斯坦为124.91，俄罗斯为121.61，埃及为120.38；13个国家低于100，其中，匈牙利为99.66，沙特阿拉伯为96.44。①

4.1.3 农业生产

谷物。"一带一路"沿线国家2016年谷物总产量为10.93亿吨，占世界的38.38%（见图4－1）。主要产地是印度、孟加拉国、巴基斯坦等南亚国家，印度尼西亚、越南、泰国等东南亚国家，俄罗斯、乌克兰、波兰等中东欧国家，土耳其、伊朗等西亚国家；主要谷物是小麦、稻谷、玉米、大麦、高粱等。

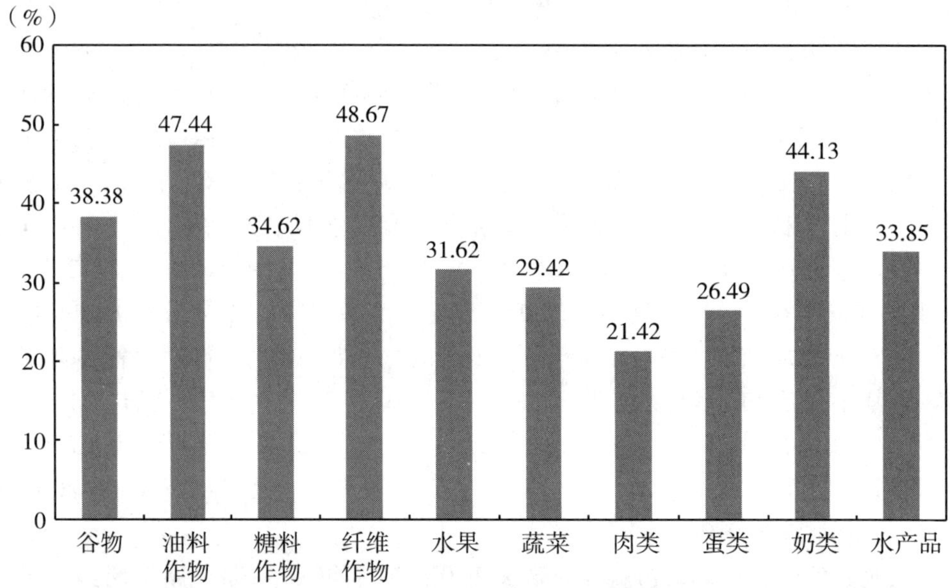

图4－1 "一带一路"沿线国家各类农产品产量占世界总产量比重

注：油料作物和纤维作物为2014年数据，其他类别农产品均为2016年数据。

资料来源：FAO数据库；水产品包括内陆养殖捕捞水产品和海洋养殖捕捞水产品。

油料作物。2014年油料作物总产量为9733.39万吨（以压榨的植物油衡量），占世界的47.44%。主要产地是印度尼西亚、马来西亚、泰国等东南亚国家，印度、巴基斯坦等南亚国家，俄罗斯、乌克兰等东欧国家；主要油料作物是油菜籽、花生、葵花籽、棕榈果、棕榈仁、大豆、棉籽等。

糖料作物。2016年糖料作物总产量为7.51亿吨，占世界的34.62%；主要

① World Bank数据库，巴勒斯坦数据缺失；以2004～2006年为基期。

产地是印度、巴基斯坦等南亚国家，泰国、菲律宾、越南等东南亚国家，俄罗斯、波兰、捷克等中东欧国家；主要糖料作物是糖用甜菜和甘蔗。

纤维作物。2014年纤维作物总产量为1533.79万吨，占世界的48.67%；主要产地是印度、巴基斯坦、孟加拉国等南亚国家，乌兹别克斯坦、土库曼斯坦、哈萨克斯坦等中亚国家，以及土耳其、缅甸等国；主要纤维作物是棉花和黄麻。

水果。2016年水果总产量为2.74亿吨，占世界的31.62%；主要产地是印度、巴基斯坦等南亚国家，印度尼西亚、菲律宾、泰国等东南亚国家，土耳其、伊朗等西亚国家；主要水果是香蕉、橘子、苹果、梨、葡萄、柠檬、草莓、西甜瓜等。

蔬菜。2016年蔬菜总产量为3.16亿吨，占世界的29.42%；主要产地是印度，土耳其、伊朗等西亚国家，俄罗斯、乌克兰等东欧国家，越南、印度尼西亚等东南亚国家；主要蔬菜是卷心菜、胡萝卜、西红柿、洋葱、青豆、辣椒、茄子等。

肉类。2016年肉类总产量为7066.55万吨，占世界的21.42%；主要产地是俄罗斯、乌克兰、波兰等中东欧国家，印度、巴基斯坦等南亚国家，越南、印度尼西亚、菲律宾等东南亚国家，土耳其、伊朗等西亚国家；主要肉类是牛肉、羊肉、猪肉和禽肉。

蛋类。2016年蛋类总产量为2138.13万吨，占世界的26.49%；主要产地是印度、巴基斯坦等南亚国家，俄罗斯、乌克兰等东欧国家，印度尼西亚、泰国、马来西亚等东南亚国家，土耳其、伊朗等西亚国家。

奶类。2016年奶类总产量为3.52亿吨，占世界的44.13%；主要产地是印度、巴基斯坦等南亚国家，俄罗斯、乌克兰、波兰等中东欧国家，土耳其、伊朗等西亚国家，哈萨克斯坦、乌兹别克斯坦等中亚国家。

水产品。2016年水产品总产量为6893.53万吨，占世界的33.85%；主要产地是印度尼西亚、越南、缅甸、菲律宾、马来西亚等东南亚国家，印度、巴基斯坦、孟加拉国等南亚国家，以及俄罗斯、埃及、伊朗等国。

4.1.4 农产品贸易

2016年，“一带一路”沿线国家农产品出口额、进口额和贸易总额分别为3759.98亿美元、3849.69亿美元和7609.67亿美元，2010～2016年的年增长率分别为3.55%、3.01%和3.28%。2010～2016年“一带一路”沿线国家农产品贸易一直为逆差，2016年逆差额达到89.71亿美元（见表4－2）。2016年，“一带一路”沿线国家农产品出口额、进口额和贸易总额分别占世界的23.66%、24.03%和23.84%，分别比2010年增加了1.26个、1.03个和1.14个百分点。

表 4－2　　2010～2016 年“一带一路”沿线国家对外农产品贸易概况　　单位：亿美元

国家/地区	贸易额	2010 年	2011 年	2012 年	2013 年	2014 年	2015 年	2016 年
“一带一路”合计	出口额	3049. 4	3941. 7	4032. 9	4152. 1	4214. 5	3774. 7	3760. 0
	进口额	3221. 7	4045. 7	4113. 5	4254. 5	4372. 2	3828. 3	3849. 7
俄罗斯	出口额	214. 4	292. 0	301. 5	284. 8	308. 8	283. 6	286. 9
	进口额	364. 7	432. 6	420. 4	447. 3	412. 2	275. 2	259. 5
印度	出口额	231. 1	344. 9	418. 9	446. 9	434. 7	353. 8	339. 0
	进口额	178. 6	225. 5	256. 7	244. 2	273. 1	277. 2	290. 3
印度尼西亚	出口额	359. 6	481. 4	450. 2	426. 3	440. 9	397. 8	391. 5
	进口额	156. 4	224. 1	209. 1	215. 1	222. 2	183. 6	199. 5
泰国	出口额	351. 4	476. 0	420. 3	403. 6	397. 4	364. 7	369. 1
	进口额	119. 9	152. 0	168. 4	166. 5	162. 5	159. 3	163. 6
波兰	出口额	193. 1	227. 8	249. 3	291. 7	307. 5	285. 9	286. 9
	进口额	167. 4	205. 1	202. 8	216. 3	224. 0	201. 6	211. 3
土耳其	出口额	123. 7	149. 5	156. 7	174. 2	184. 3	171. 8	166. 4
	进口额	128. 8	175. 7	163. 7	169. 1	180. 6	160. 6	156. 4
沙特阿拉伯	出口额	31. 9	36. 6	37. 2	36. 2	34. 1	38. 4	40. 8
	进口额	176. 8	208. 7	226. 0	249. 3	248. 2	236. 5	219. 8

资料来源：WTO 数据库。

4.2　中国与“一带一路”沿线国家的农产品贸易

4.2.1　总体特征

2017 年，中国对“一带一路”沿线国家农产品出口额为 233. 43 亿美元，2010～2017 年的年均增长率为 8. 47%；对“一带一路”沿线国家农产品进口额为 225. 49 亿美元，2010～2017 年的年均增长率为 4. 73%；与“一带一路”沿线国家农产品贸易总额为 458. 91 亿美元，2010～2017 年的年均增长率为 6. 50%。2010～2017 年中国与“一带一路”沿线国家农产品贸易由逆差转为顺差，2017 年顺差额为 7. 94 亿美元，中国的贸易地位总体上在改善（见表 4－3）。

2010～2017年，中国与“一带一路”沿线国家农产品贸易总额占中国农产品贸易总额比重一直高于22%，2017年为22.97%；其中，出口额比重稳中有升，且2017年达31.07%，进口额比重则稳中有降，且2017年为18.09%（见表4－4）。

表4－3　2010～2017年中国与“一带一路”沿线国家农产品贸易情况

单位：亿美元

项目	2010年	2011年	2012年	2013年	2014年	2015年	2016年	2017年
出口额	132.12	165.90	166.32	188.94	210.29	218.07	226.61	233.43
进口额	163.19	215.56	241.51	225.26	228.39	225.48	205.64	225.49
贸易总额	295.31	381.46	407.83	414.20	438.68	443.55	432.24	458.91
贸易差额	－31.06	－49.66	－75.20	－36.32	－18.10	－7.40	20.97	7.94

注：根据中国商务部分类标准对贸易农产品进行界定，共包括27个类别农产品。
资料来源：中国海关历年数据。

表4－4　2010～2017年“一带一路”沿线国家占中国农产品贸易的比重

单位：%

项目	2010年	2011年	2012年	2013年	2014年	2015年	2016年	2017年
出口额	27.03	27.60	26.57	28.16	29.48	31.07	31.21	31.07
进口额	22.70	22.96	21.66	19.10	18.80	19.45	18.59	18.09
贸易总额	24.45	24.77	23.43	22.39	22.75	23.83	23.59	22.97

资料来源：中国海关历年数据。

4.2.2 双边农产品贸易结构

从双边农产品贸易产品结构看（见图4－2），2017年，中国对“一带一路”沿线国家的主要出口农产品及其比重分别是：食用蔬菜（21.62%），食用水果及坚果（17.52%），水、海产品（11.34%），蔬菜、水果、坚果等制品（8.11%），杂项食品（5.02%），水产品制品（4.43%），糖及糖食（4.14%），油料、工业用或药用植物、稻草、秸秆及饲料（4.11%），咖啡、茶、马黛茶及调味香料（3.87%）。从“一带一路”沿线国家进口的主要农产品及其比重分别是：动植物油脂及其分解产品（28.74%），食用水果及坚果（12.93%），水、海产品（11.55%），谷物（10.97%），食用蔬菜（6.72%），制粉工业产品（3.79%）。

从双边农产品贸易市场结构看（见图 4－3），2017 年，中国对“一带一路”沿线国家出口比重位处前十位的国家及其比重分别是：越南（19.63%），泰国（13.33%），马来西亚（10.32%），印度尼西亚（9.98%），菲律宾（8.73%），俄罗斯（8.38%），新加坡（3.50%），印度（2.77%），阿拉伯联合酋长国（2.13%），缅甸（2.02%）。从“一带一路”沿线国家进口比重位处前十位的国家及其比重分别是：印度尼西亚（20.81%），泰国（20.55%），越南（13.03%），马来西亚（10.32%），俄罗斯（9.40%），乌克兰（5.01%），印度（4.42%），菲律宾（3.44%），蒙古（1.53%），新加坡（1.43%）。

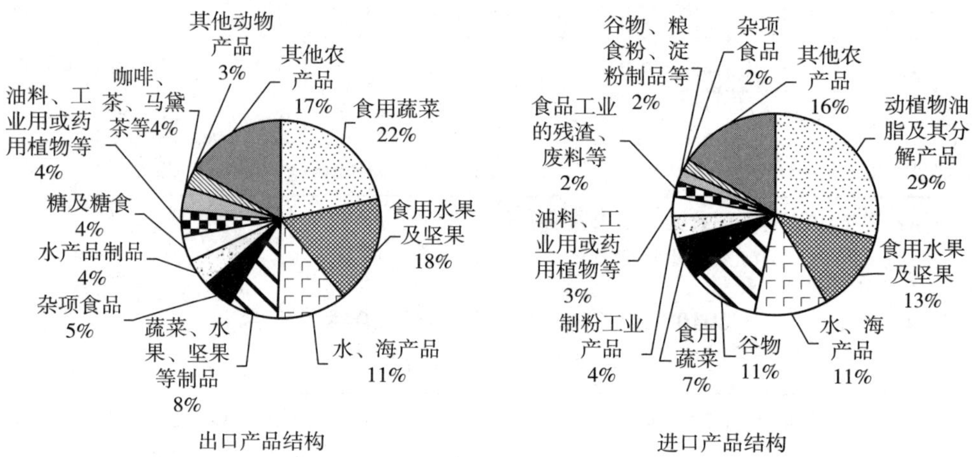

图 4－2　2017 年中国与“一带一路”沿线国家农产品贸易产品结构

资料来源：中国海关历年数据。

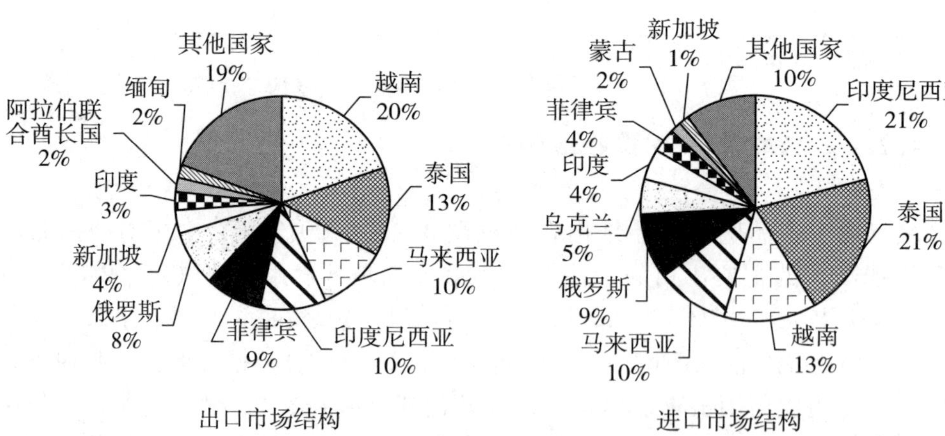

图 4－3　2017 年中国与“一带一路”沿线国家农产品贸易市场结构

资料来源：中国海关历年数据。

4.2.3 中国与“一带一路”沿线主要国家和地区农产品贸易

2010～2017年中国与“一带一路”沿线主要国家和地区农产品贸易情况如表4－5所示。

表4－5 2010～2017年中国与“一带一路”沿线主要国家和地区农产品贸易情况

单位：亿美元

国家和地区	项目	2010年	2011年	2012年	2013年	2014年	2015年	2016年	2017年
东盟	出口额	74.58	98.63	101.00	118.87	135.39	147.54	153.78	158.37
	进口额	107.08	145.95	161.40	148.40	160.33	158.07	145.00	161.43
	贸易总额	181.66	244.58	262.40	267.27	295.72	305.61	298.78	319.80
	贸易差额	－32.50	－47.32	－60.40	－29.53	－24.94	－10.53	8.78	－3.06
俄罗斯	出口额	15.37	19.47	19.40	21.00	23.01	18.00	19.21	19.56
	进口额	13.87	16.93	15.54	15.70	15.50	17.19	19.91	21.20
	贸易总额	29.24	36.40	34.94	36.70	38.51	35.19	39.12	40.76
	贸易差额	1.50	2.54	3.86	5.30	7.51	0.81	－0.70	－1.64
乌克兰	出口额	1.84	2.26	2.29	2.37	1.56	0.87	1.13	1.40
	进口额	0.35	0.88	1.33	5.32	7.47	16.83	12.63	11.29
	贸易总额	2.19	3.14	3.62	7.69	9.03	17.70	13.76	12.69
	贸易差额	1.49	1.38	0.96	－2.95	－5.91	－15.96	－11.50	－9.89
印度	出口额	5.19	5.49	5.84	6.03	6.27	5.50	6.18	6.48
	进口额	25.37	37.01	41.10	32.94	23.10	11.82	8.17	9.98
	贸易总额	30.56	42.49	46.94	38.97	29.37	17.32	14.35	16.45
	贸易差额	－20.18	－31.52	－35.26	－26.91	－16.83	－6.33	－1.99	－3.50
巴基斯坦	出口额	2.74	2.78	2.44	2.22	2.61	3.22	3.36	3.45
	进口额	1.81	2.08	5.29	3.71	3.88	4.22	3.91	2.68
	贸易总额	4.55	4.86	7.73	5.93	6.49	7.44	7.27	6.13
	贸易差额	0.93	0.70	－2.85	－1.49	－1.27	－1.00	－0.55	0.77

资料来源：中国海关历年数据。

东盟。2017年，中国农产品对东盟出口额、从东盟进口额和双边农产品贸易总额分别为 158.37 亿美元、161.43 亿美元和 319.80 亿美元，2010～2017 年的年均增长率分别为 11.36%、6.04% 和 8.41%；2010～2017 年，中国在与东盟农产品贸易中基本都处于逆差地位且逆差额先增后减，2017 年逆差额为 3.06 亿美元。2017 年，中国对东盟主要出口农产品及其比重分别是：食用蔬菜（25.22%），食用水果及坚果（18.53%），水、海产品（12.74%），蔬菜、水果、坚果等制品（6.22%），糖及糖食（4.74%），水产品制品（3.92%）；从东盟进口的主要农产品及其比重分别是：动植物油脂及其分解产品（32.24%），食用水果及坚果（15.95%），谷物（11.16%），食用蔬菜（9.17%），水、海产品（5.44%），制粉工业产品（5.01%）。

俄罗斯。2017 年，中国农产品对俄罗斯出口额、从俄罗斯进口额和双边农产品贸易总额分别为 19.56 亿美元、21.20 亿美元和 40.76 亿美元，2010～2017 年的年均增长率分别为 3.51%、6.24% 和 4.86%；2010～2017 年，中国与俄罗斯农产品贸易由顺差转为逆差，2017 年逆差额为 1.64 亿美元。2017 年，中国对俄罗斯主要出口农产品及其比重分别是：食用蔬菜（19.42%），食用水果及坚果（17.88%），蔬菜、水果、坚果等制品（14.36%），水产品制品（10.11%），水、海产品（10.11%）；从俄罗斯主要进口农产品及其比重分别是：水、海产品（67.73%），动植物油脂及其分解产品（10.65%），油料、工业用或药用植物、稻草、秸秆及饲料（9.88%），食品工业的残渣、废料及配制的动物饲料（4.40%）。

乌克兰。2017 年，中国农产品对乌克兰出口额、从乌克兰农产品进口额和双边农产品贸易总额分别为 1.40 亿美元、11.29 亿美元和 12.69 亿美元，2010～2017 年，出口额减少了 0.45 亿美元，进口额和贸易总额分别增加了 10.94 亿美元和 10.50 亿美元；2010～2017 年，中国与乌克兰农产品贸易由顺差转为逆差，2017 年逆差额为 9.89 亿美元。2017 年，中国对乌克兰主要出口农产品及其比重分别是：水产品制品（24.01%），蔬菜、水果、坚果等制品（18.19%），水、海产品（12.32%），食品工业的残渣、废料及配制的动物饲料（7.98%），植物液、汁（6.45%），咖啡、茶、马黛茶及调味香料（5.47%）；从乌克兰主要进口农产品及其比重分别是：动植物油脂及其分解产品（48.59%），谷物（45.61%）。

印度。2017 年，中国农产品对印度出口额、从印度农产品进口额和双边农产品贸易总额分别为 6.48 亿美元、9.98 亿美元和 16.45 亿美元，2010～2017 年，出口额增加了 1.29 亿美元，进口额和贸易总额分别减少了 15.39 亿美元和 14.10 亿美元；2010～2017 年，中国在与印度农产品贸易中一直处于逆差地位且逆差额先增后减，2017 年逆差额为 3.50 亿美元。2017 年，中国对印度主要出口农产品及其比重分别是：食用水果及坚果（21.01%），食用蔬菜（9.53%），杂项食品（6.87%），植物液、汁（6.32%），食品工业的残渣、废料及配制的动物饲料（4.83%）；从印度主要进口农产品及其比重分别是：动植物油脂及其分解产品（41.16%），水、海产品（11.85%），编结用植物材料（4.43%），油料、工业用或药用植物、稻草、秸秆及饲料（3.79%），咖啡、茶、马黛茶及调味香料（3.76%）。

巴基斯坦。2017 年，中国农产品对巴基斯坦出口额、从巴基斯坦农产品进口额和双边农产品贸易总额分别为 3.45 亿美元、2.68 亿美元和 6.13 亿美元，2010～2017 年的年均增长率分别为 3.33%、5.76% 和 4.34%；2010～2017 年，中国与巴基斯坦农产品贸易由顺差转为逆差再转为顺差，2017 年顺差额为 0.77 亿美元。2017 年，中国对巴基斯坦主要出口农产品及其比重分别是：咖啡、茶、马黛茶及调味香料（20.24%），食用蔬菜（19.57%），食用水果及坚果（14.58%），杂项食品（9.01%），植物液、汁（7.70%），谷物（6.34%），食品工业的残渣、废料及配制的动物饲料（6.17%），蔬菜、水果、坚果等制品（4.87%）；从巴基斯坦主要进口农产品及其比重分别是：谷物（34.98%），水、海产品（17.48%），食用水果及坚果（11.30%），食品工业的残渣、废料及配制的动物饲料（7.85%）。

因此，中国对“一带一路”沿线主要国家或地区出口农产品以蔬菜及其制品、水果及其制品、水海产品及其制品、糖及糖食、茶叶等为主；从“一带一路”沿线主要国家或地区进口农产品则以动植物油脂、谷物、油籽、棉花等为主。双方具有出口优势的农产品存在显著差异，双方农产品贸易具有很强的互补性。

4.3 中国与“一带一路”沿线国家的农业投资合作

4.3.1 全行业投资

中国对“一带一路”沿线国家全行业直接投资流量从 2014 年的 136.56 亿美元增加到 2016 年的 153.40 亿美元，增加了 16.84 亿美元；占中国境外全行业直接投资总流量的比重从 2014 年的 11.09% 提高至 2015 年的 12.99%，再降为 2016 年的 7.82%（见表 4－6）。中国对“一带一路”沿线国家全行业直接投资存量从 2014 年的 924.60 亿美元增加到 2016 年的 1294.14 亿美元，增加了 369.53 亿美元；占中国境外全行业直接投资总存量的比重从 2014 年的 10.48% 增加至 2015 年的 10.54%，再降为 2016 年的 9.53%。

表 4-6　　中国对“一带一路”沿线国家和地区全行业直接投资流量和存量情况

国家和地区	2014 年		2015 年		2016 年	
	投资流量（万美元）	投资存量（万美元）	投资流量（万美元）	投资存量（万美元）	投资流量（万美元）	投资存量（万美元）
东盟	780927	4763253	1460431	6271597	1027868	7155409
以色列	5258	8665	22974	31718	184130	422988
俄罗斯	63356	869463	296086	1401963	129307	1297951
巴基斯坦	101426	373682	32074	403593	63294	475911
哈萨克斯坦	-4007	754107	-251027	509546	48770	543227
伊朗	59286	348415	-54966	294919	39037	333081
塔吉克斯坦	10720	72896	21931	90909	27241	116703
乌兹别克斯坦	18059	39209	12789	88204	17887	105771
白俄罗斯	6372	25752	5421	47589	16094	49793
吉尔吉斯斯坦	10783	98419	15155	107059	15874	123782
埃及	16287	65711	8081	66315	11983	88891
“一带一路”合计	1365594	9246048	1892890	11567891	1533968	12941390
“一带一路”占比（%）	11.09	10.48	12.99	10.54	7.82	9.53

注：各国家和地区 2016 年底直接投资存量数据中均包含对以往历史数据进行的调整。
资料来源：《中国对外直接投资统计公报》（2014～2016 年）。

4.3.2　农业投资

从总体上看，截至 2015 年底，中国在“一带一路”沿线国家投资设立了 417 家农业企业，占中国境外投资设立农业企业总数的 54.5%；2015 年，对“一带一路”沿线国家农业投资流量为 26.4 亿美元，占中国境外农业投资总流量的 72.33%；截至 2015 年底，对“一带一路”沿线国家农业投资存量为 68.6 亿美元，占中国境外农业投资总存量的 52.9%。

从国别分布看，中国对“一带一路”沿线国家农业投资分布较为集中。截至 2015 年底，中国对新加坡、俄罗斯、印度尼西亚、柬埔寨、老挝、缅甸和泰国的农业投资存量合计占对“一带一路”沿线国家农业投资存量的 91.4%，投资设立农业企业数量合计占 77.6%；其中，对新加坡、以色列和印度尼西亚的农业投资存量处前三位，分别达到 15.80 亿美元、13.58 亿美元和 10.67 亿美元

(见表 4-7)。

表 4-7 截至 2015 年底中国对“一带一路”沿线主要国家农业直接投资情况

国家	企业数量(家)	投资存量(万美元)	投资流量(万美元)	国家	企业数量(家)	投资存量(万美元)	投资流量(万美元)
俄罗斯	89	74583	26389	吉尔吉斯斯坦	7	4324	989
老挝	78	60424	13388	蒙古	7	3308	1131
缅甸	43	25904	3352	巴基斯坦	5	367	289
柬埔寨	38	27999	10472	印度尼西亚	5	4072	1120
印度尼西亚	33	106682	57393	孟加拉国	4	1515	529
越南	20	14870	957	乌兹别克斯坦	3	1120	600
马来西亚	13	8163	241	保加利亚	2	6118	251
哈萨克斯坦	11	2060	744	以色列	2	135835	135835
新加坡	9	158009	288	埃及	1	230	230

资料来源:《中国对外农业投资合作分析报告(2016 年)》。

从行业分布看,截至 2015 年底,中国在“一带一路”沿线国家投资设立的农业企业中,种植业企业 223 家,占 56.5%;营业收入合计 177.9 亿美元,占总收入的 77.9%;具体主要集中在水稻、小麦和玉米等粮食作物以及大豆、油棕和天然橡胶等经济作物生产。这些种植业企业有 133 家主要分布在东南亚和俄罗斯,占在“一带一路”沿线国家设立种植业企业总数的 85.4%。

从经营状况看,截至 2015 年底,中国在“一带一路”沿线国家投资设立农业企业的平均营业收入为 5489.6 万美元,其中东南亚最高且为 7602.3 万美元。具体来看,由于新建企业较多,118 家企业尚未经营获利,占企业总数的 28.3%。在已经实现盈利的企业中,收入超过 1000 万美元的 59 家,占企业总数的 14.1%;500 万~1000 万美元的 31 家,占 7.5%;低于 500 万美元的 209 家,占 50.2%。

4.4 加强中国与“一带一路”沿线国家农业合作的政策建议

“一带一路”沿线国家农业资源禀赋充裕,农业开发潜力巨大,且与中国农业存在较强互补性，中国与沿线国家农业合作前景广阔。随着“一带一路”倡议的逐步落实，中国应在进一步提升国内农业综合生产能力的同时，按照《共同推进“一带一路”建设农业合作的愿景与行动》提出的顶层设计，加强与“一带一路”沿线国家共同发展互利共赢的更大范围、更高水平、更深层次的农业合作，这不仅有助于解决沿线国家目前面临的实现粮食安全与营养、解决饥饿与贫困的紧迫形势，还使其能够适时增加粮食出口，提升全球供给能力，也对中国充分利用国内国际两个市场、两种资源保障国家粮食安全战略的实现有利。本书提出以下加强中国与“一带一路”沿线国家农业合作的政策建议。

4.4.1 强化合作基础

提升对外农业合作的公共服务能力，创设支出对外农业合作的财政、金融、税收、保险等方面的综合政策体系，健全和完善对外农业合作信息服务平台，完善与沿线国家在投资保护、税收、金融、海关等方面的双多边合作机制。充分发挥南南合作基金、丝路基金、金砖国家开发银行、亚洲基础设施投资银行等跨境投融资合作机制的作用，支持其遵循市场规律和国际规则优先与沿线国家进行深入合作，开展交通运输、仓储物流、电子商务等方面软硬件基础设施互联互通建设，促进沿线国家基础设施的改善。

4.4.2 深化合作领域

加强与沿线国家在检验检疫、跨境监管程序协调、提高技术性贸易措施透明度、提高贸易投资自由化便利化水平等方面开展广泛深入的合作，强化农业投资以及农产品贸易等方面信息的交流和共享。依托农业技术和人才优势，与沿线国家开展深层次的农业技术合作和人员信息交流，通过共建联合实验室与技术试验示范中心、合作培养高层次农业科技人才等多种方式，将中国农业的发展经验和先进技术装备推广到沿线国家，促进沿线国家农业科技水平的不断提升和粮食综合生产能力的持续增强，充分释放沿线国家农业开发潜力。

4.4.3 优化合作方式

尽快改变过去通过买地、租地开展种植生产和畜牧养殖为主的对外农业投资合作模式，以对外援助等方式，鼓励并支持有实力有意愿的国内企业转向通过绿地投资、并购投资、科技合作、订单农业等多种形式，主动“走出去”参与并积极推动沿线国家加快农业现代化发展进程，引导国内企业更加注重加强对沿线国家农业的研发、生产、加工、仓储、物流等环节进行全产业链投资，在共同发展、互利共赢的基础上进一步拓展在园艺、农机、农产品深加工、农产品销售等领域的深入合作。

第5章

未来中国农业产业发展预测与政策模拟分析

主要观点：

- 未来中国经济增长速度将逐渐放缓，城乡居民收入持续增长，人口先增后减，城镇化率超过70%。
- 2016～2035年，中国可以实现“口粮绝对安全，谷物基本自给”的底线要求，能够为2020年全面建成小康社会和2035年基本实现社会主义现代化提供保障。
- 未来中国农作物种植面积将基本保持稳定，但在供给侧结构性改革的背景下，种植结构将发生较大变化。马铃薯种植面积增长较快；居民消费结构升级趋势明显，主要粮食的饲料需求量和主要农产品工业加工消费量均呈快速上涨趋势；口粮供求基本平衡，大豆进口仍将保持高位，马铃薯、蔬菜和水果等仍具备一定国际竞争力，可以实现净出口；畜产品和水产品基本保证自给，产量和食用消费量将持续增长，除禽蛋外的多数畜产品呈净进口状态。
- 不同程度下调稻谷/小麦最低收购价政策，都会导致稻谷/小麦生产者价格下降，进而影响农户种植积极性，引发稻谷/小麦种植面积和单产减少，产量下降、消费增加。
- 当实施去库存政策时，库存玉米投放到市场导致国内市场玉米增多，生产者价格显著下降，影响种粮农民积极性，玉米种植面积、单产下降明显，饲用消费量和加工消费量增加。
- 环保政策和征收环保税会在一定程度上挤占生产者的利润，生产者积极性下降，畜产品产量下降，导致进口增加来补充国内需求，对需求的影响相对较小。

5.1　中国农业产业模型

5.1.1　中国农业产业模型简介

为了更好地模拟预测各个农业产业的未来发展趋势和政策模拟分析，中国农业科学院农业经济与发展研究所与国际食物政策研究所运用局部均衡理论构建了包括多个农业产业的多市场局部均衡模型——中国农业产业模型（China Agricultural Sector Model，CASM）。该模型由多个方程组成，通过方程定量刻画了中国主要农业产业的生产、消费、贸易和价格及其影响因素，并建立了相互之间的关系，由国内供给、国内需求和外生国际市场价格共同决定国内价格。当市场出清时，实现市场均衡。该模型是一个多市场模型，包括多种农产品，反映了各个农业产业之间的相互替代或互补的关系。为全面反映中国农业产业的情况，模型中包括 31 种农产品：6 种粮食（稻谷、小麦、玉米、大麦、马铃薯、大豆）、棉花、2 种油料（油菜籽和花生）、2 种糖料（甘蔗和甜菜）、蔬菜和水果、10 种畜产品（母猪、商品猪、猪肉、母牛、商品肉牛、牛肉、鸡肉、羊肉、牛奶、禽蛋）、水产品，以及 7 种农产品加工品（豆粕、豆油、菜粕、菜籽油、花生粕、花生油、食糖）。该模型不仅可以用于模拟预测未来农业的生产、消费、价格和贸易等发展趋势，同时，还可以用于模拟各种政策变化或外界因素对农业产业可能产生的各种综合影响和冲击，可以用于事前事后政策效果的评价分析。

与现有模型相比，中国农业产业模型具有以下特点：

第一，该模型考虑了不同农产品之间存在的替代关系和互补关系，尤其是畜牧业生产和饲料粮消费之间的关系，同时建立了不同饲料粮之间的相互替代关系。

第二，该模型针对生猪和肉牛两个重要畜牧业进行了更为深入细致的分析，不仅考虑猪肉和牛肉的供需平衡关系，而且根据猪肉和牛肉的生产技术特点，引入了能繁母猪/牛和商品猪/牛，同时考虑了能繁母猪/牛和商品猪/牛的供需平衡，分析了能繁母猪/牛和商品猪/牛之间的存栏和出栏及其相互关系，以及能繁母猪/牛和商品猪与猪肉之间的关系。与一般的模型不同，猪/牛肉的产量不仅取决于价格，而且取决于能繁母猪/母牛和商品猪/牛的存栏数量。首先，能繁母猪/母牛的期末存栏一方面取决于期初存栏，同时还取决于猪肉/牛肉的价格变化和饲料成本的变化。其次，能繁母猪/母牛的期末存栏量和产仔率决定下一年商品猪/牛的新增存栏数量。商品猪/牛的期初存栏加上商品猪/牛的新增存栏，同时减去死亡数量，得到商品猪/牛的可屠宰数量，结合屠宰率和胴体重，得到商品猪/牛的猪肉和牛肉产量。另外，能繁母猪的期初存栏、淘汰率和胴体重共同决定母猪的猪肉。由商品猪/牛和能繁母猪/母牛的猪肉产量共同决定猪肉的总产量。猪肉的消费需求则取决于居民收入、猪肉价格和相关商品的价格以及人口数量等。因此，该模型可以更系统、更科学地分析猪肉和牛肉的市场变化情况。

第三，考虑到户外消费在食用消费中的比重持续增加，该模型在城乡食用消费模型的基础上，将城乡居民的食物消费进一步划分为在家消费和在外消费，并通过设定不同的需求弹性，以体现不同消费需求类型的特点和影响因素差异，以便更准确地刻画食物消费情况和未来趋势。

第四，该模型不仅考虑农产品，还考虑了一些农产品的加工品，如大豆、大豆油和豆粕，油菜籽、菜籽油和菜粕，甘蔗、甜菜和食糖，并且考虑了不同产品的供给和需求及其相互关系，有利于从整个产业链的分析。

第五，模型中考虑的几乎所有产品的食物消费品种，可以方便灵活加总，不仅可以应用于预测和模拟分析单个产业，也可以应用于多个产业和所有产业；不仅可以看单个产业的趋势，还可以分析整个大类或小类的生产、消费和贸易等结构。

中国农业产业模型的基础数据是各种农产品的历史供需平衡表。本书以 2016 年作为基准年。模型的参数包括各种农产品的供给价格弹性、需求价格弹性和需求收入弹性等，主要来自参考文献和研究团队的估计值。该模型应用通用代数建模系统（GAMS）软件进行开发和模型求解。GAMS 具有强健稳定的数值分析能力，模型运行求解速度快，与 EXCEL 进行对接，方便数据的输入和结果的输出。目前，该模型由 36 组方程组成，由共 566 个单方程，23 组变量和 566 个内生变量及若干外生变量构成。

5.1.2 模型理论框架

基于多市场局部均衡模型的理论基础和各种农产品的供给和需求特点，本书构建了中国农业产业模型，以模拟分析未来中国农业产业发展趋势和模拟各种政策变化对农业产业的影响。模型的基本理论框架如图 5 - 1 所示。均衡价格由市场出清时的各种农产品的供给和需求决定。供给由产量和进口组成。其中，农作物产量取决于种植面积和单产水平；畜产品的产量比较复杂，主要取决于屠宰量和酮体重，而屠宰量又取决于母畜存栏和产子率、其他牲畜的存栏等，酮体重取决于商品的价格和养殖技术进步等。需求由国内需求和出口需求两部分组成。由于农产品的多用途性，农产品的需求划分为食用、加工、种用、饲用、损耗等方面，不同的需求受到的影响因素也不相同，图 5 - 1 中分别列出了不同需求的主要影响因素。其中，城乡人口是影响居民食物消费的重要因素之一。人均食物消费量主要取决于收入和价格，包括自价格和相关商品价格的影响。加工消费也主要受到经济发展GDP、价格和人口规模等因素的影响。模型的具体形式见附录。

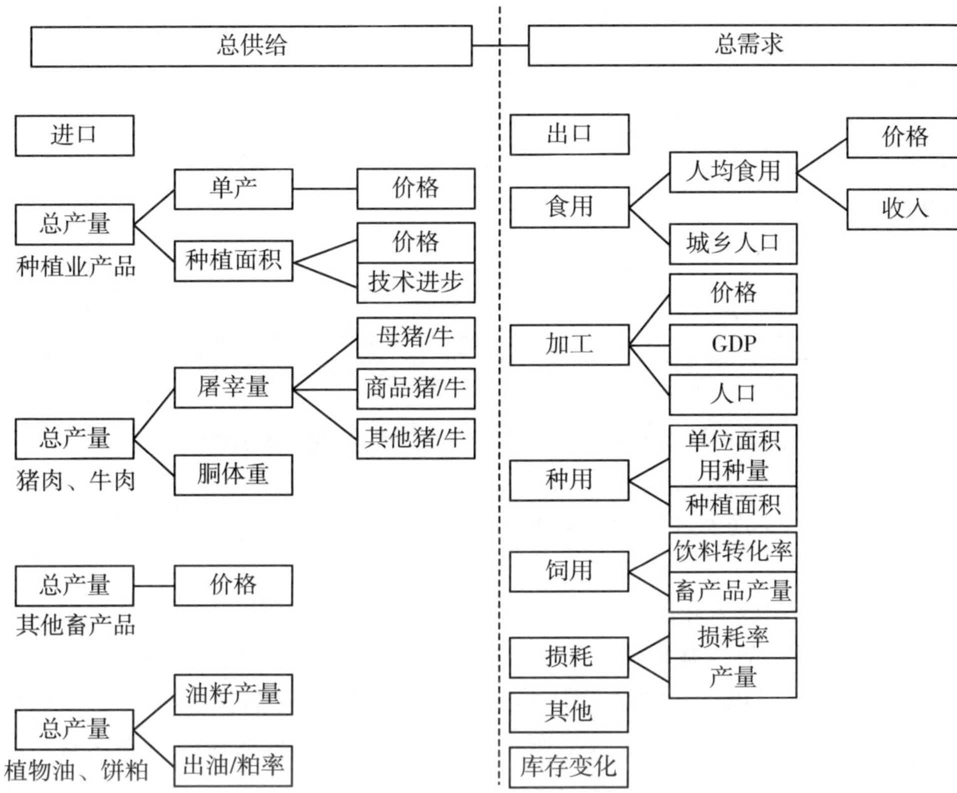

图5-1 中国农业产业模拟模型理论框架

5.2 农业产业发展趋势影响因素分析

5.2.1 经济增长速度逐渐放缓

中国经济未来增速预计将放缓。中国社会科学院经济学部、中国社会科学院科研局、中国社会科学院数量经济与技术经济研究所与社会科学文献出版社共同发布的2018年《经济蓝皮书》预测，2018年中国GDP增长率为6.7%，比上年略微减少0.1个百分点。综合考虑国际货币基金组织、世界银行等机构对中国GDP的预测结果，未来中国GDP将进一步增长，但增速将逐渐放缓。中国农业产业模型设定2020年GDP增长率为6.47%，2035年GDP增长率将降至4.78%（见图5-2）。

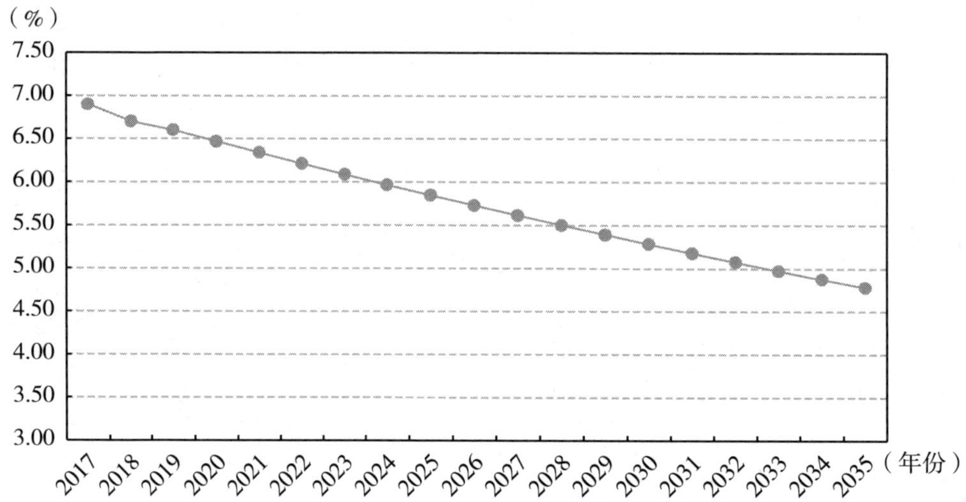

图 5-2　2017~2035 年中国 GDP 年增长率预测

5.2.2　城乡居民收入持续增长

中国城乡居民收入将随宏观经济继续增长。至 2035 年，中国城乡居民收入将继续保持增长趋势，城乡收入差距逐渐缩小，但城乡居民收入增速同样将逐渐放缓。2020 年，城镇居民收入增速将达到 6.32%，农村居民收入增速将达到 6.56%；2035 年，城镇居民收入增速将达到 4.00%，农村居民收入增速将达到 4.15%(见图 5-3)。

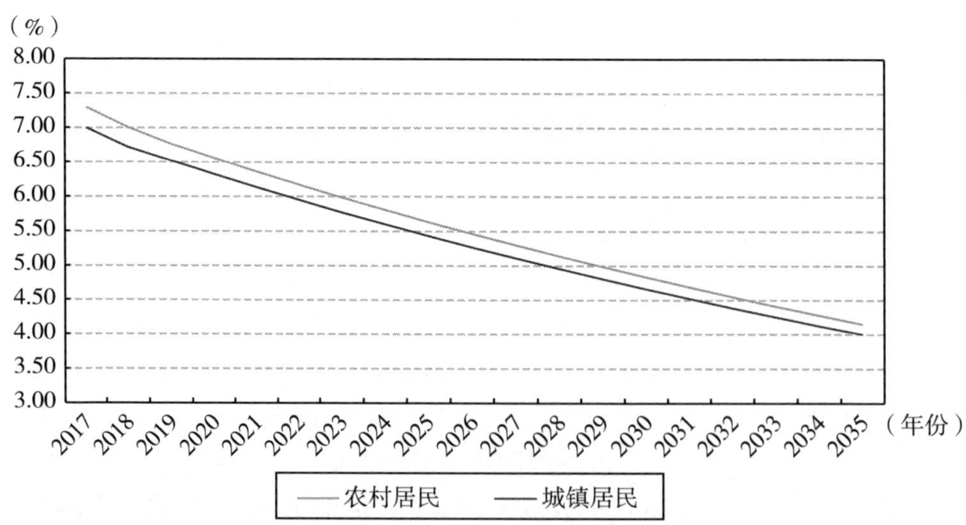

图 5-3　2017~2035 年中国城乡收入年增长率预测

5.2.3　人口先增后减，城镇化率超过70%

中国人口先增后减，城镇化水平将减速增长。综合考虑联合国《世界人口展望：2017》和中国社会科学院人口与劳动经济研究所的预测结果，中国农业产业模拟模型设定2020年中国人口总量为14.0亿人，其中城镇人口8.7亿人，城镇化率为61.1%；2035年中国人口总量将回落至13.8亿人，其中城镇人口10.1亿人，城镇化率为73.0%（见图5－4）。

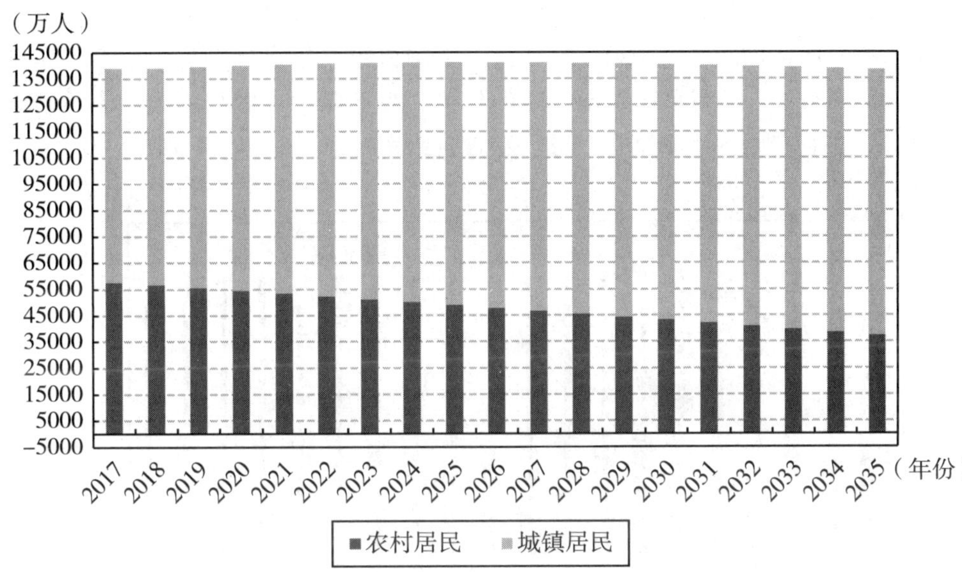

图5－4　2017～2035年中国城乡人口预测

5.3　未来中国农业产业发展趋势分析

2016～2035年，中国可以实现“口粮绝对安全，谷物基本自给”的底线要求，主要畜产品和水产品的自给率大致保持在90%以上，能够为2020年全面建成小康社会和2035年基本实现社会主义现代化提供保障。2035年口粮、谷物①和粮食②自给率将分别为97.6%、94.3和81.1%；猪肉自给率将降至94.78%，牛肉和奶类自给率将分别回升至90.51%和72.52%（见图5－5）。

① 包含稻谷、小麦、玉米和大麦。

② 与中国国家统计局统计口径不同，本部分的“粮食”指稻谷、小麦、玉米、大豆、马铃薯（按5∶1折为粮食）和大麦六类产品。

5.3.1 种植业产业发展趋势

1. 供求形势："口粮绝对安全，谷物基本自给"，为全面建成小康社会和基本实现社会主义现代化提供保障

2016～2035 年，中国可以实现"口粮绝对安全，谷物基本自给"的底线要求，能够为 2020 年全面建成小康社会和 2035 年基本实现社会主义现代化提供保障。2016～2020 年，中国口粮自给率呈缓慢上升的趋势，谷物和粮食自给率呈缓慢下降的趋势。2020 年，中国口粮自给率将达到 98.5%，谷物自给率将达到 96.4%，粮食自给率将达到 82.3%。2020～2035 年，中国口粮自给率呈现先下降后稳定的趋势，谷物和粮食自给率呈现缓慢下降的趋势。2035 年，中国口粮自给率将稳定在 97.6%，谷物自给率将降至 94.3%，粮食自给率将降至 81.1%（见图 5-5）。

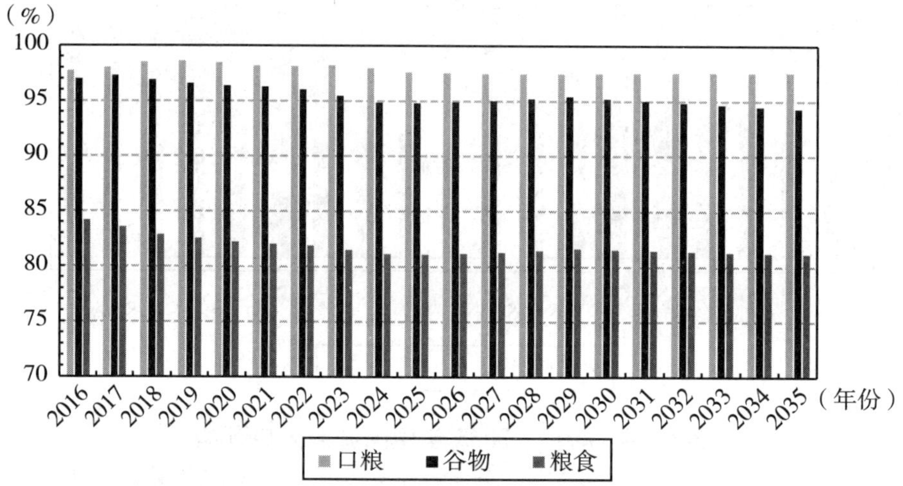

图 5-5 2016～2035 年中国口粮、谷物和粮食自给率变动趋势

注：5 千克马铃薯折 1 千克粮食。

资料来源：CASM 模型模拟结果。

2016～2035 年，中国粮食净进口量将继续增加。2020 年，中国粮食净进口量将达到 1.3 亿吨，其中大豆净进口量将达到 1.1 亿吨，玉米净进口量将达到 796 万吨，大麦净进口量将达到 779 万吨；2035 年中国粮食净进口量将突破 1.5 亿吨，其中大豆净进口量将稳定在 1.1 亿吨，玉米净进口量将扩大到 1820 万吨，大麦净进口量将达到 1044 万吨。

2. 供给结构：种植面积基本稳定，单产稳定提高，种植结构发生转变

整体来看，未来中国农作物种植面积将基本保持稳定，由于科技进步，农作物的单产仍将保持增长，大部分农产品产量均呈上升趋势。粮食产量、种植面积和单产整体仍均呈增长态势，口粮作物产量基本稳定；非口粮粮食作物产量显著增长，大麦、玉米和大豆等非口粮品种单产增速较快；油料作物种植面积呈小幅下降趋势（见图5－6、图5－7和图5－8）。

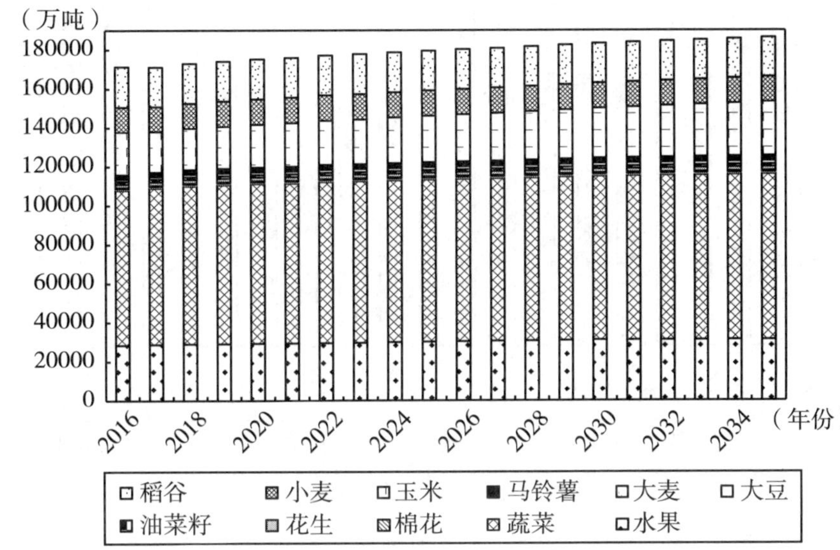

图5－6　2016～2035年中国主要作物产量变动趋势

注：5千克马铃薯折1千克粮食。

资料来源：CASM模型模拟结果。

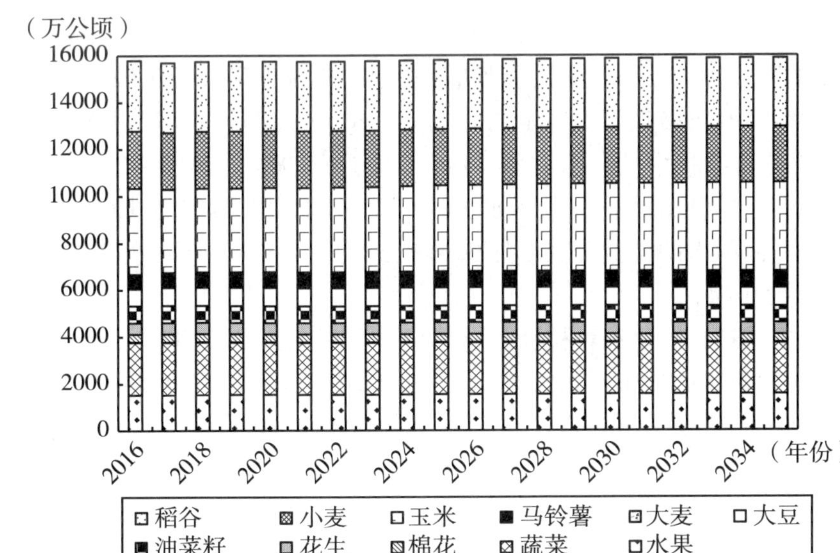

图5－7　2016～2035年中国主要作物种植面积变动趋势

资料来源：CASM模型模拟结果。

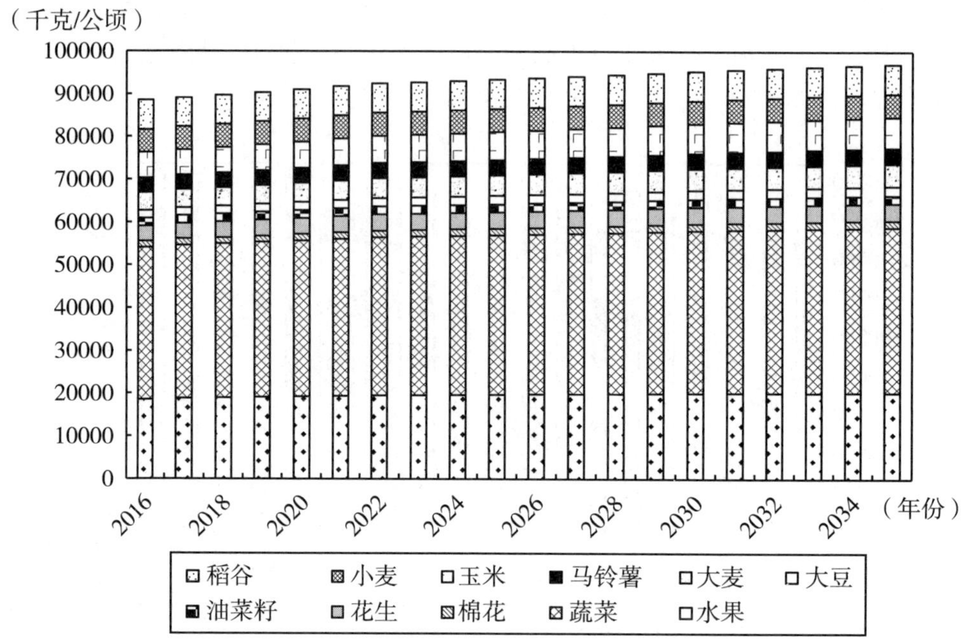

图 5－8　2016～2035 年中国主要作物单产变动趋势

注：5 千克马铃薯折 1 千克粮食。

资料来源：CASM 模型模拟结果。

在供给侧结构性改革的背景下，三大谷物仍然是中国播种面积最高的作物，其中马铃薯、大豆和花生的种植面积增长较快。稻谷和小麦种植面积分别减少了 79.2 万公顷和 51.68 万公顷，在总种植面积中的比重也降低了 0.62% 和 0.42%。在畜牧业的发展和价格提升等因素的影响下，未来玉米种植面积也将恢复增长，2035 年在总种植面积中的比重将较 2016 年提升 0.58%。2016～2035 年，马铃薯、大豆和花生的种植面积分别增加 81.13 万公顷、53.34 万公顷和 27.6 万公顷，在总播种面积中的比重分别增加 0.49%、0.31% 和 0.16%（见图 5－7）。

（1）粮食作物。

第一，未来粮食产量和种植面积整体仍均呈增长态势。具体来看，粮食①产量由 2016 年的 5.9 亿吨涨至 2020 年的 5.94 亿吨，年均增长率为 0.17%，之后产量增速加快，至 2035 年粮食产量为 6.51 亿吨，2020～2035 年年均增长率为 0.62%（见图 5－9）。2020 年粮食种植面积为 1.043 亿公顷，较 2016 年的 1.046 亿公顷出现了一定的下滑；2035 年粮食种植面积为 1.058 亿公顷，较 2016 年增

① 与中国国家统计局统计口径不同，本部分的“粮食”指稻谷、小麦、玉米、大豆、马铃薯和大麦六类产品。

长120.7万公顷（见图5-10）。

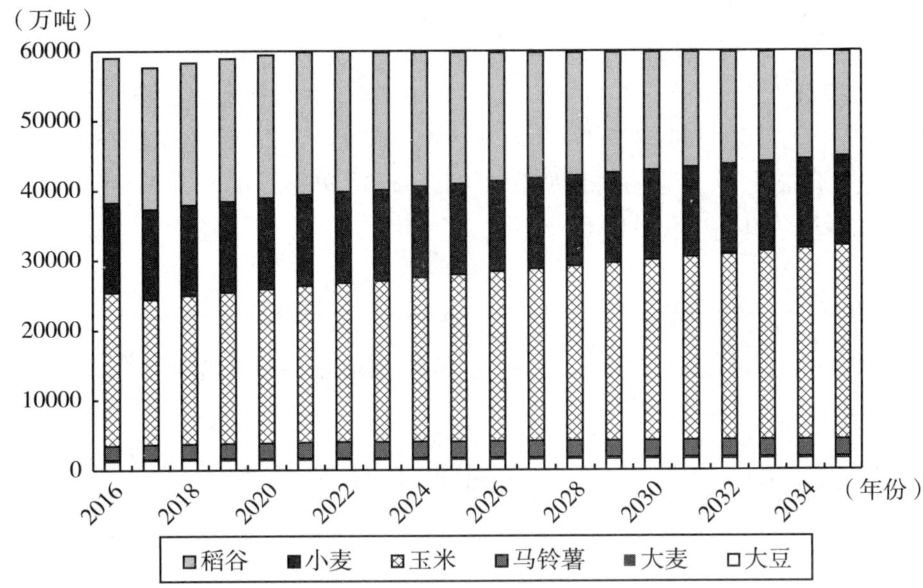

图5-9　2016~2035年中国粮食产量变动趋势

注：5千克马铃薯折1千克粮食。

资料来源：CASM模型模拟结果。

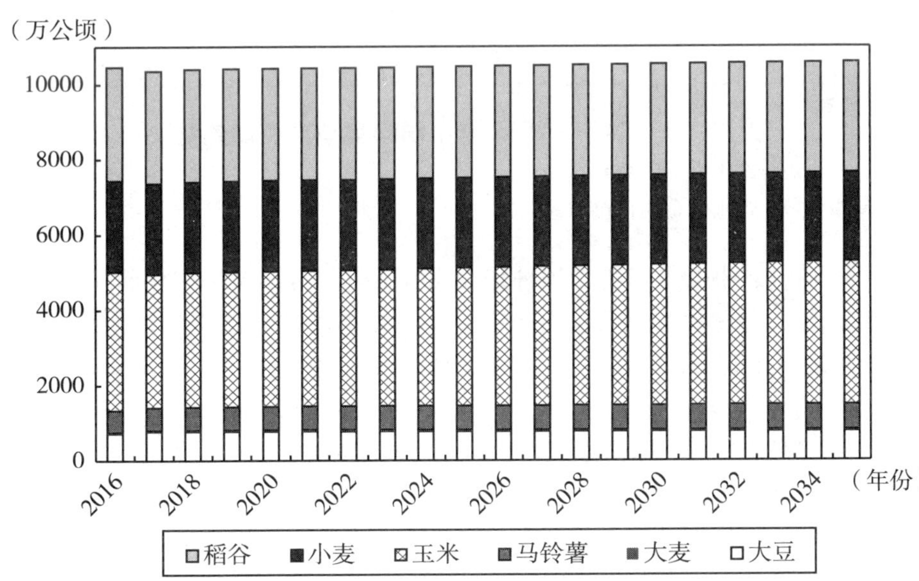

图5-10　2016~2035年中国粮食种植面积变动趋势

资料来源：CASM模型模拟结果。

第二，玉米和大豆等非口粮品种单产增速较快，稻谷、小麦单产增速相对较慢。玉米和大豆单产增速相对较快，分别由 2016 年的 5971.42 千克/公顷和 1791.67 千克/公顷，增加至 2035 年的 7301.59 千克/公顷和 2176.84 千克/公顷，年均增长率分别为 1.06% 和 1.03%；稻谷和小麦单产增速相对较低，由 2016 年的 6861.74 千克/公顷和 5327.24 千克/公顷，增加至 2035 年的 6893.82 千克/公顷和 5419 千克/公顷，年均增长率为 0.02% 和 0.09%。2016～2035 年马铃薯单产年均增长率为 0.39%（见图 5－11）。

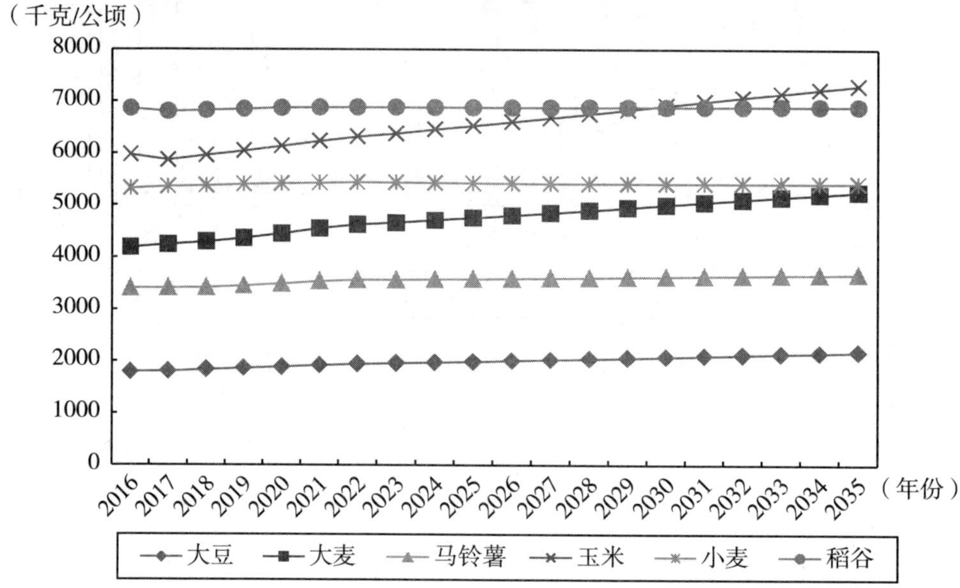

图 5－11　2016～2035 年中国粮食单产变动趋势

注：5 千克马铃薯折 1 千克粮食。

资料来源：CASM 模型模拟结果。

第三，稻谷、小麦等口粮作物种植面积呈下降趋势，玉米种植面积呈先缩小后扩大的趋势，大豆种植面积较为稳定。稻谷和小麦种植面积分别由 2016 年的 3017.82 万公顷和 2418.7 万公顷，降至 2020 年的 2979.11 万公顷和 2409.6 万公顷，之后继续降至 2035 年的 2938.63 万公顷和 2367.02 万公顷；玉米种植面积从 2016 年的 3676.8 万公顷降至 2020 年的 3596.24 万公顷，之后逐渐涨至 2035 年的 3791.71 万公顷（见图 5－10）。

第四，口粮作物产量基本稳定，非口粮粮食作物产量显著增长。稻谷和小麦等口粮作物产量基本保持稳定，2016 年产量分别为 2.07 亿吨和 1.29 亿吨，2035 年产量为 2.03 亿吨和 1.28 亿吨；大豆、玉米和马铃薯等非口粮粮食作物产量则呈现快速增长态势，2016 年产量分别为 1290 万吨、2.2 亿吨和 1981.31 万吨，

2035 年增长至 1683. 43 万吨、2. 77 亿吨和 2432. 7 万吨，2016 至 2035 年年均增长率分别为 1. 41%、1. 23% 和 1. 09%。

（2）其他作物。

除粮食外，未来其他农作物产量和种植面积变动整体较为稳定。油料作物种植面积略微呈现下降趋势，油菜籽产量有所减少。

第一，油料作物种植面积略微呈现下降趋势，棉花呈增长趋势，蔬菜种植面积先增后减。油菜籽种植面积将不断下降，由 2016 年的 730 万公顷，降至 2035 年的 701. 723 万公顷；棉花种植面积在 2020 年前呈增长趋势，由 2016 年的 334. 474 万公顷涨至 2020 年的 339. 13 万公顷，之后稳定在 338. 5 万 ~ 340 万公顷之间；蔬菜种植面积在 2020 年之前有所上升，由 2016 年的 2232. 8 万公顷增至 2020 年的 2239. 22 万公顷，之后呈下降态势，降至 2035 年的 2191. 31 万公顷。

第二，棉花、花生以及蔬菜水果单产平稳增长。棉花、花生、蔬菜和水果单产在 2016 ~ 2035 年的年均增长率维持在 0. 5% 左右；油菜籽单产维持在 1850 千克/公顷左右。

第三，蔬菜水果产量持续增长，油菜籽产量略微下降。蔬菜和水果产量分别由 2016 年的 7. 94 亿吨和 2. 85 亿吨涨至 2020 年的 8. 18 亿吨和 2. 93 亿吨，后增加至 2035 年的 8. 48 亿吨和 3. 13 亿吨；花生和棉花分别由 2016 年的 1700 万吨和 487. 7 万吨，增加至 2035 年的 1990. 24 万吨和 553. 42 万吨，年均增长率分别为 0. 83% 和 0. 67%；油菜籽产量由 2016 年的 1350 万吨下降至 2035 年的 1301. 11 万吨，年均增长率为 -0. 19%。

3. 需求结构：饲料消费和工业加工消费将成为种植业产品需求增长的主要动力

（1）食用消费。

第一，居民消费结构升级趋势明显，除粮食作物的人均食用消费量呈下降趋势外，其余主要种植业产品人均食用消费量均呈上涨趋势。2016 ~ 2035 年，稻谷、小麦、玉米和马铃薯等粮食作物的人均食用消费量年均增长率分别为 -0. 44%、-0. 58%、-0. 84% 和 -0. 45%。其余种植业产品则呈现上涨态势，其中花生的人均食用消费量在 2016 ~ 2035 年增幅最大，年均增长 1. 75%（见图 5 -12）。

第二，粮食食用消费量在总需求中的比重持续减小，基本保持稳定。主要口粮稻谷和小麦的食用消费量在总需求的比重分别从 2016 年的 76. 34% 和 66. 92% 降至 2035 年的 69. 50% 和 60. 47%；大豆的食用消费量在总需求中的比重由 2016 年的 10. 63% 降至 2035 年的 9. 39%；马铃薯的食用消费量占比基本维持在 19%（见表 5 -1）。

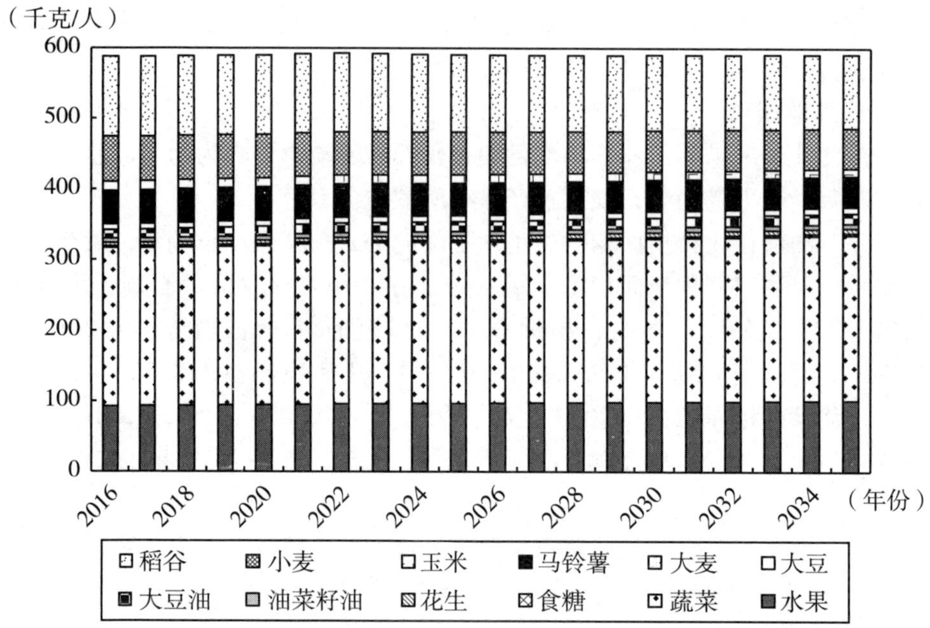

图 5－12　2016～2035 年中国主要种植业产品人均食用消费量变动趋势

资料来源：CASM 模型模拟结果。

表 5－1　粮食食用消费量在总需求中的比重及其变动趋势　　单位：%

年份	稻谷	小麦	玉米	大麦	大豆	马铃薯
2016	76. 34	66. 92	8. 25	2. 34	10. 63	19. 04
2020	75. 87	65. 01	7. 82	2. 19	9. 61	19. 40
2035	69. 50	60. 47	5. 31	1. 68	9. 39	19. 09

资料来源：CASM 模型模拟结果。

（2）饲料消费。

主要农产品的饲料消费量均呈快速上涨趋势。玉米和小麦的饲料消费量分别由 2016 年的 1. 12 亿吨和 700 万吨涨至 2035 年的 1. 54 亿吨和 940. 12 万吨，年均增长率分别为 1. 69% 和 1. 56%；2016 年、2020 年和 2035 年的稻谷饲料消费量分别为 551. 7 万吨、571. 77 万吨和 652. 65 万吨，2016～2035 年年均增长率为 0. 89%；马铃薯、大麦、豆粕、油菜籽饼和花生粕的饲料消费量也有一定幅度的上升，年均增长率均在 1. 23%～1. 29% 之间（见图 5－13）。

（3）加工消费。

未来主要农产品加工消费量也均呈现增长趋势，产业融合的程度越来越深，粮食加工消费量增长速度较快。小麦、玉米等粮食作物是淀粉加工、酿酒、调味品

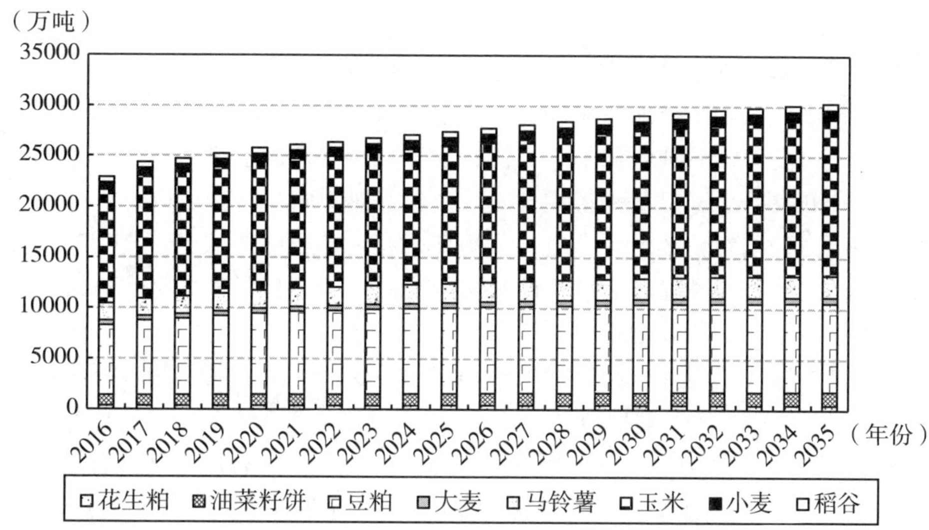

图 5－13 2016～2035 年中国主要种植业产品饲料消费量变动趋势

资料来源：CASM 模型模拟结果。

制造等工业的重要原料。马铃薯、稻谷、小麦和玉米的工业加工消费量增速非常快，2016～2035 年年均增长率分别为 6.58%、4.65%、3.5% 和 3.07%；大豆工业加工消费也有一定幅度的上涨，由 2016 年的 8800 万吨，涨至 2035 年的 1.13 亿吨，年均增长率为 1.3%；此外，从 2016～2035 年年均增长率来看，蔬菜年均增长率为 1.17%，其他农产品的年均增长率为 0.25%～0.75%（见图 5－14）。

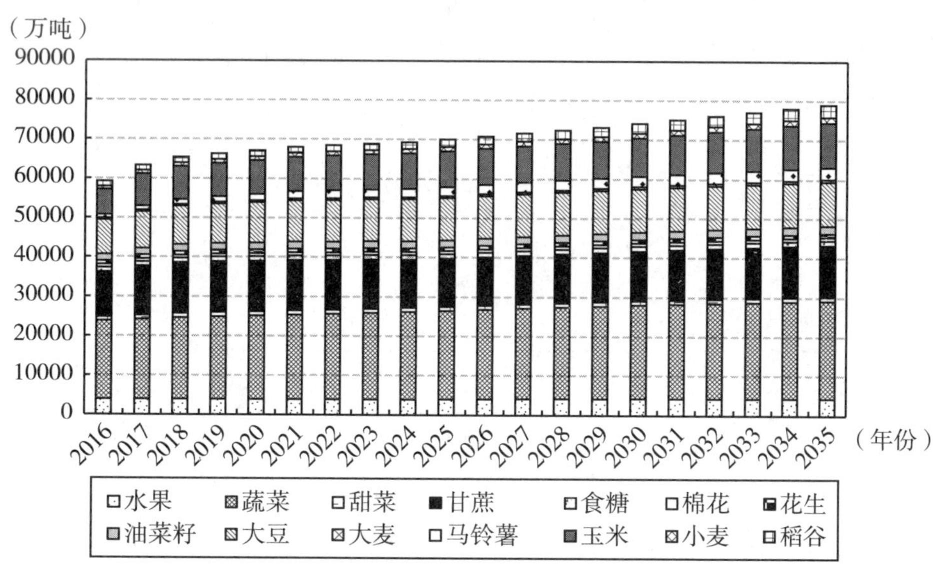

图 5－14 2016～2035 年中国主要种植业产品工业加工消费量变动趋势

资料来源：CASM 模型模拟结果。

4. 贸易结构①

（1）净进口结构。经济全球化和贸易自由化深入发展，国内与国际市场深度融合，资源要素和产品加速流动，中国农产品竞争优势不足，进口压力加大。未来稻谷、小麦口粮品种供求基本平衡；大豆仍将保持高位进口态势；玉米、花生粕、棉花和食糖净进口量仍将增长；大豆油净进口将呈快速下降趋势。由于近期去库存压力，稻谷和小麦的净进口量短期内有一定幅度的减少，之后基本保持增长态势；玉米是净进口增速最快的种植业产品，净进口量整体呈快速波动上涨态势；大豆净进口量持续增长。

稻谷和小麦的净进口量分别由 2016 年的 439.34 万吨和 339.95 万吨降至 2020 年的 291.27 万吨和 231.24 万吨，2035 年分别达到 534.89 万吨和 289.07 万吨，2020～2035 年年均增长率分别为 4.14% 和 1.5%；大豆是净进口量最大的农产品，未来仍将保持增长态势，其进口量由 2016 年的 9338.1 万吨涨至 2020 年的 1.08 亿吨，在 2035 年达到 1.15 亿吨，在 2016～2035 年年均增长率为 1.09%；玉米的净进口量由 2016 年的 238.3 万吨涨至 2020 年的 795.78 万吨，2035 年达到 1820.11 万吨，2016～2035 年年均增长率高达 11.29%；棉花和食糖净进口量也呈快速上涨态势，分别由 2016 年的 97.01 万吨和 215.5 万吨涨至 2035 年的 289.34 万吨和 535.59 万吨，年均增长率为 5.92% 和 4.91%（见图 5－15）。

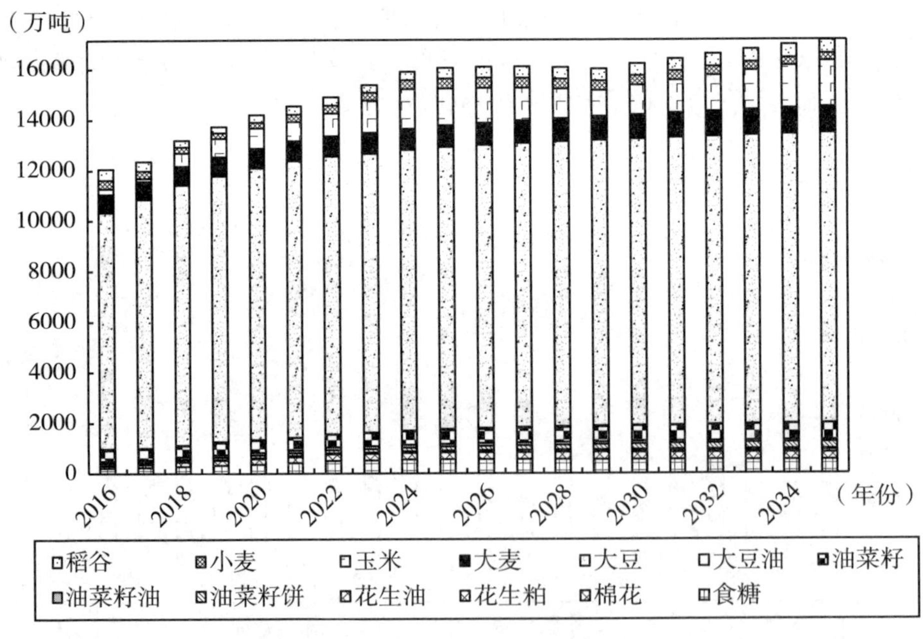

图 5－15　2016～2035 年中国种植业产品净进口量变动趋势

资料来源：CASM 模型模拟结果。

① 需要说明的是，本模型并未考虑进口关税配额等贸易管理政策。

（2）净出口结构。中国具有国际竞争力、可以净出口的农产品有马铃薯、花生、蔬菜和水果等。马铃薯和水果的净出口量整体呈波动上升趋势，花生净出口量整体呈下降趋势。马铃薯和水果的净出口量分别由2016年的23.73万吨和93.5万吨涨至2035年的92.44万吨和214.49万吨，2016～2035年年均增长率分别为7.42%和4.47%；短期内蔬菜净出口量呈现一定的下滑，由2016年的969.37万吨降至2020年的847.5万吨，后反弹至2026年的1034.07万吨，随后净出口量呈下降趋势，2035年为739.82万吨；花生净出口量整体呈下降趋势，2016年为35.1万吨，2035年净出口量仅为1.93万吨（见图5－16）。

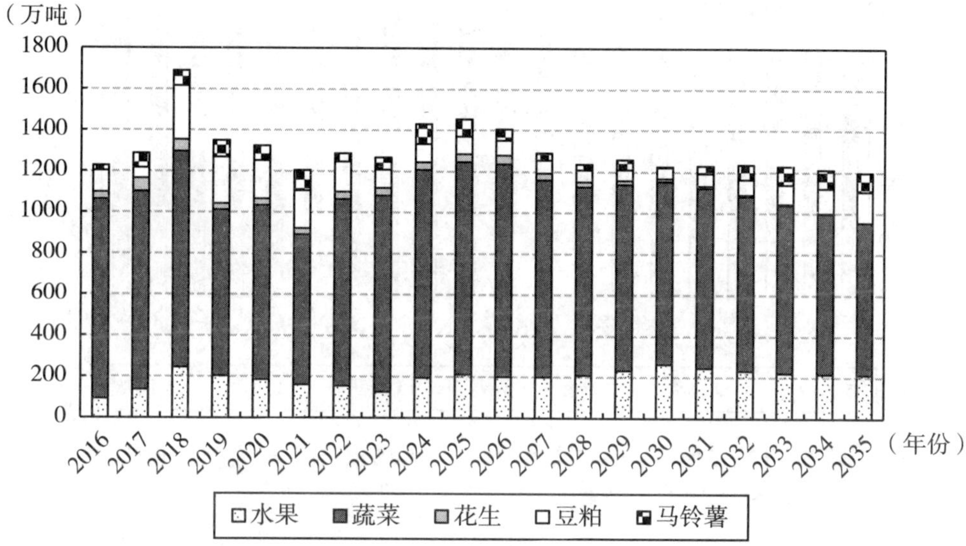

图5－16 2016～2035年中国种植业产品净出口量变动趋势

资料来源：CASM模型模拟结果。

5.3.2 畜牧水产业发展趋势

1. 供求形势：基本保证自给，奶类缺口较大，禽蛋少量出口

2016～2035年，中国主要畜产品和水产品的自给率大致保持在90%以上，但奶类自给率将继续下降。2020年，中国猪肉自给率将回升至97.49%，牛肉自给率将降至89.91%，奶类自给率将降至70.32%；猪肉、牛肉和奶类的净进口量将分别达到142万吨、85万吨和1603万吨。2035年，中国猪肉自给率将降至94.78%，牛肉自给率将回升至90.51%，奶类自给率将回升至72.52%；猪肉、牛肉和奶类的净进口量将分别达到346万吨、97万吨和1905万吨。

2. 供给结构：产量持续增长，结构发生变化

未来中国畜产品和水产品产量将持续增长，其中鸡肉、羊肉和奶类产量增速较快。猪肉、牛肉、羊肉、鸡肉分别由2016年的5299万吨、717万吨、459万吨和1272万吨，涨至2035年的6285万吨、929万吨、630万吨和2100万吨；禽蛋、奶类和水产品产量分别由2016年的3095万吨、3712万吨和6901万吨，增加至2035年的3757万吨、5027万吨和7906万吨，年均增长率分别为1.03%、1.61%和0.72%（见图5-17）。

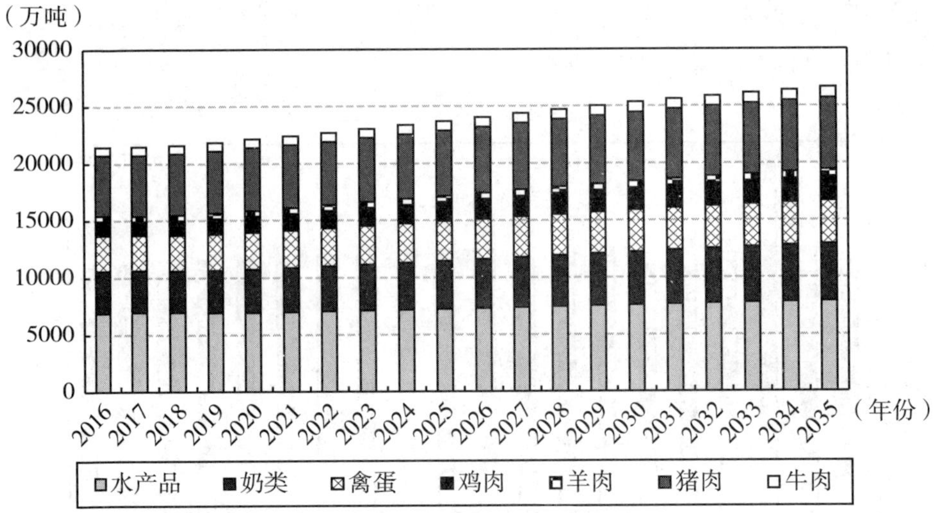

图5-17　2016~2035年中国畜产品和水产品产量变动趋势

资料来源：CASM模型模拟结果。

从肉类生产结构来看，未来也将发生较大变化，主要表现为猪肉比重大幅下降，禽肉和牛肉比重明显上升，羊肉比重基本保持稳定（见图5-18）。

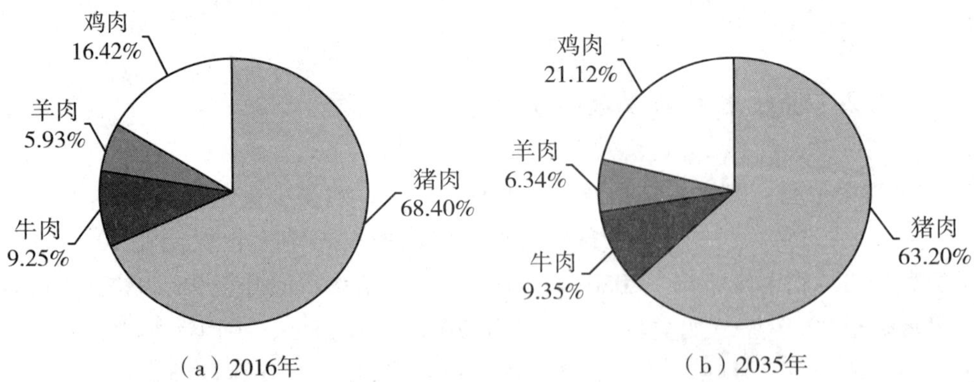

图5-18　2016年和2035年中国肉类生产结构

资料来源：CASM模型模拟结果。

3. 需求结构：人均食用消费量稳步增长

人均畜产品和水产品食用消费量将呈稳步增长趋势。与产量特征一致，鸡肉、羊肉和牛奶人均食用消费量增速较快。2016 年猪肉、牛肉、羊肉、鸡肉的人均食用消费量分别为 28.02 千克、5.11 千克、3.11 千克和 8.31 千克，2035 年达到 35.18 千克、6.78 千克、4.23 千克和 13.71 千克，年均增长率分别为 1.2%、1.5%、1.62% 和 2.67%；奶类和水产品的人均食用消费量增速较快，分别由 2016 年的 19.08 千克和 16.81 千克涨至 2035 年的 29.11 千克和 24.3 千克，年均增长率为 2.25% 和 1.96%（见图 5－19）。

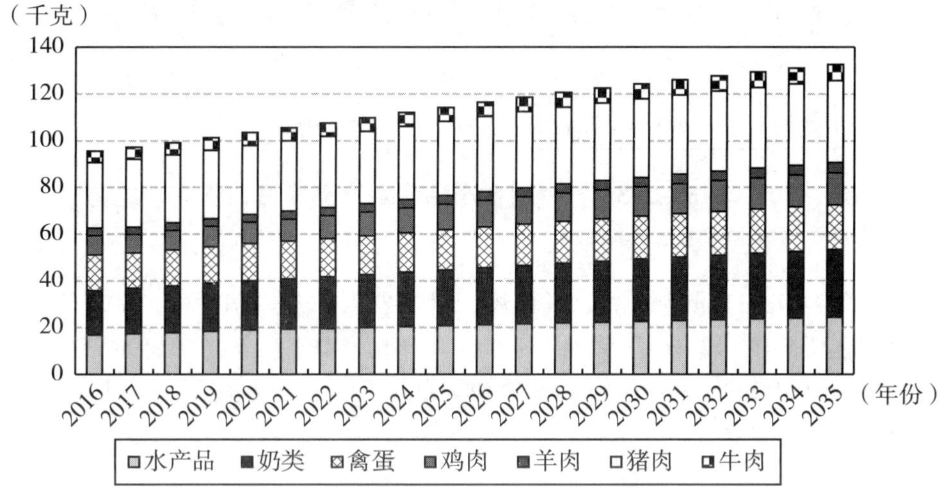

图 5－19　2016～2035 年中国人均畜产品和水产品食用消费量变动趋势

资料来源：CASM 模型模拟结果。

4. 贸易结构：除禽蛋外多数畜产品呈净进口态势

（1）净进口结构。在中国畜产品需求量不断扩大的背景下，中国畜产品市场和国际市场间的联系将日趋紧密，除禽蛋外的中国多数畜产品呈净进口态势。与 2016 年相比，2035 年猪肉、牛肉、羊肉、鸡肉的净进口量均有较大幅度的增加，分别由 2016 年的 157.18 万吨、57.91 万吨、21.64 万吨和 17.78 万吨涨至 2035 年的 345.99 万吨、97.43 万吨、24.4 万吨和 30.2 万吨，年均增长率分别为 2.76%、1.81%、0.42% 和 1.84%；受国际市场低迷、国内渔业资源保护工作力度大以及国内日常水产品消费需求日益增长等因素影响，水产品净进口量呈先增后减的趋势，2020 年净进口量为 177.46 万吨，2035 年减至 81.01 万吨，其间年均增长率为 －5.09%；奶类净进口量将呈增长趋势，由 2016 年的 1263.06 万吨涨至 2020 年和 2035 年的 1603.04 万吨和 1905.44 万吨，2016～2035 年年均增长率为 1.43%（见图 5－20）。

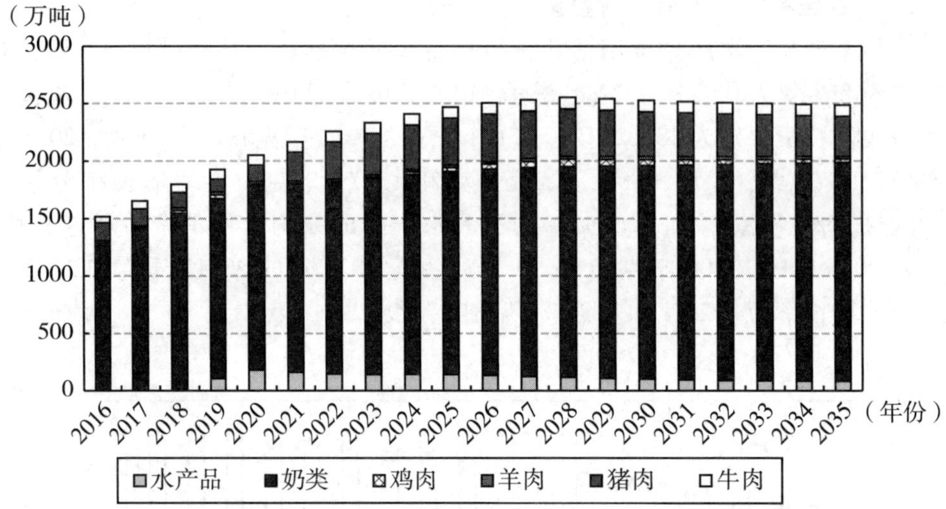

图5－20　2016～2035年中国畜产品和水产品净进口量变动趋势

资料来源：CASM模型模拟结果。

未来肉类净进口量整体呈上涨趋势，但随着人口从峰值下降，2028年后净进口规模有所降低。2016年猪肉、牛肉、羊肉、鸡肉总净进口量为254.52万吨，2020年达到268.25万吨，2028年增至600万吨后逐步减少，2035年净进口量为498万吨（见图5－21）。

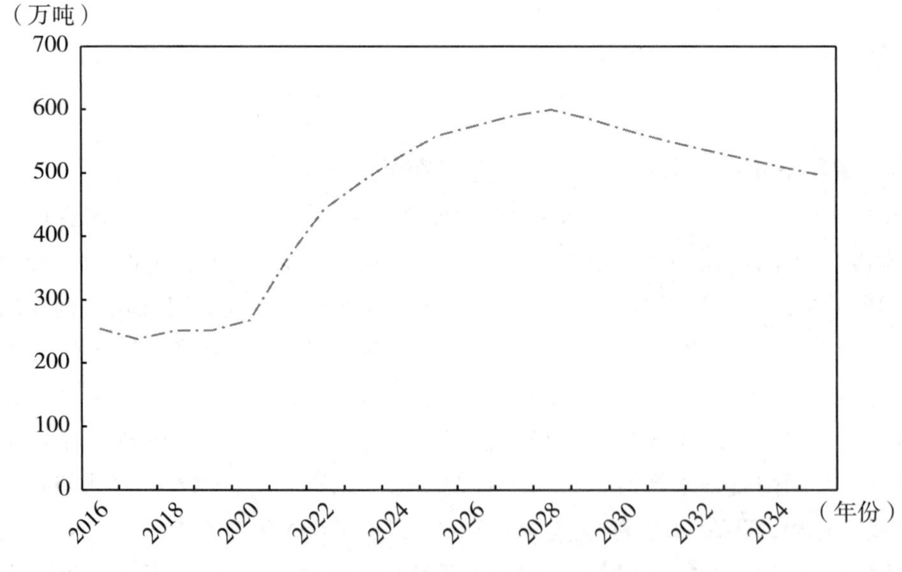

图5－21　2016～2035年中国肉类净进口量变动趋势

资料来源：CASM模型模拟结果。

（2）净出口结构。中国净出口畜产品仅有禽蛋一类。从净进口量的年际变动来看，规模变动较大，大多数年份净进口量分布在 9 万 ~ 12 万吨之间（见图 5 - 22）。

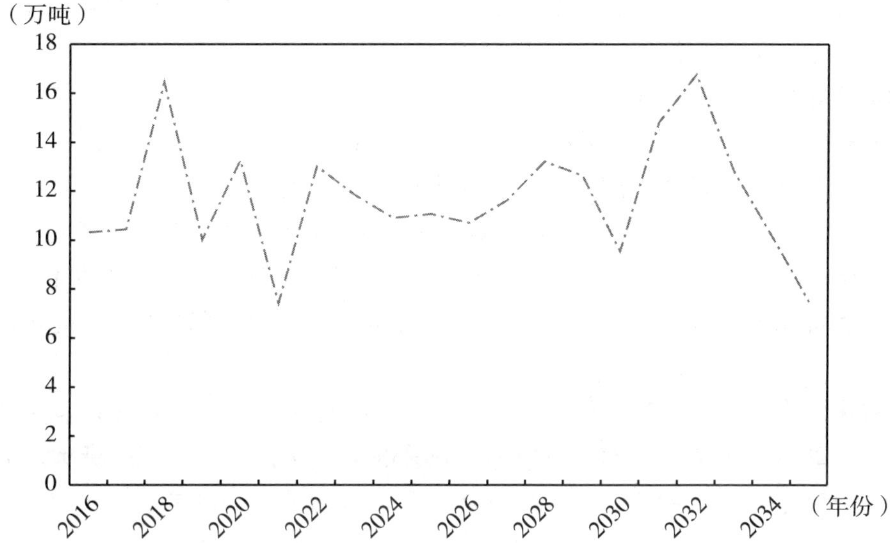

图 5 - 22　2016 ~ 2035 年中国禽蛋净进口量变动趋势

资料来源：CASM 模型模拟结果。

5.4　政策变化对农业产业发展影响的模拟分析

政策变化是影响农业产业发展的重要因素。粮食最低收购价格政策改革和玉米供给侧结构改革是目前讨论的热点话题。2018 年 1 月 1 日中国首部“绿色税法”——《中华人民共和国环境保护税法》开始正式实施，4 月 1 日开始征收环保税。畜禽养殖污染也面临征收环保税。那么，这些政策改革可能会对农业产业发展产生哪些影响？本书围绕稻谷和小麦最低收购价格改革、玉米供给侧结构改革和畜禽养殖污染环保税的问题展开讨论，介绍政策改革背景、设计政策模拟方案，应用中国农业产业模型分别模拟了这些政策改革对于各个农业产业发展可能产生的影响，为下一步政策改革提供决策参考。

5.4.1　稻谷和小麦最低收购价格政策改革的影响分析

1. 政策改革背景

近年来，随着中国农业发展环境和国内外农产品市场形势发生较大变化，稻谷和小麦的最低收购价一直呈上升趋势，高于国际市场价格，导致政策性收储规模过大和财政负担加重，而加工流通企业经营由于成本上涨而经营困难。我国最低收购价格政策处于改革的十字路口，相关部门和学者对保留稻谷和小麦最低收购价政策和增强政策灵活性的改革大方向达成基本共识，但对于具体的政策调整方案还在进一步的讨论之中。

2. 政策模拟方案设计

本书在坚持短期内继续保留最低收购价政策的基本方向下，依据“生产成本加合理利润”“弱化保增收功能”“保生产成本”的思路，同时考虑国际价格变动对最低收购价定价的影响，确定不同水平的稻谷和小麦最低收购价定价模拟方案，在开放市场条件下评估各种最低收购价格调整方案对稻谷和小麦生产、消费、价格和农民收入可能产生的影响，为最低收购价政策改革方案提供一定参考。

稻谷最低收购价格模拟方案。根据国家发改委全国农产品成本收益调查资料，估算 2014~2016 年实行最低收购价政策的 11 个稻谷主产省稻谷平均生产成本、生产者价格和净利润，并与 2016 年最低收购价格进行比较，设计了四种最低收购价格调整模拟方案。其中，方案 1 按照 2017 年国家稻谷最低收购价下调水平进行设定，比 2016 年最低收购价平均下调 2.22%；方案 2 将稻谷最低收购价格下调至“成本 + 净利润”，平均降幅为 4.62%；方案 3 继续剥离政策的“保利润”功能，参照 2018 年最新政策调整水平，将稻谷最低收购价格平均下调 11.62%；方案 4 将稻谷最低收购价格下调至保本价格水平，平均降幅为 21.37%（见表 5-2）。

表 5-2　稻谷和小麦最低收购价格调整模拟方案设计

农产品	方案 1	方案 2	方案 3	方案 4
稻谷	下调 2.22%（下降至 2017 年稻谷最低收购价格水平）	下调 4.62%（下降至总成本 + 净利润）	下调 11.62%（继续剥离保利润部分）	下调 21.37%（下降至保本价格水平）
小麦	下调 3%（下降至 2018 年小麦最低收购价格水平）	下调 4%（下降至总成本 + 净利润）	下调 10%（下降至保本价格水平）	—

小麦最低收购价格模拟方案。现行最低收购价格主要遵循“成本 + 合理利润”或“成本 + 基本收益”的原则来确定。利用 2015 年全国农产品成本收益调查数据估算了实行最低收购价政策的 6 个小麦主产省小麦的平均生产总成本和净

利润率，并与2015年最低收购价格进行比较，设计模拟方案。假设短期内政府将继续实施小麦最低收购价政策，但支持水平会下降，2018年小麦最低收购价格已经开始下调，将来有可能取消最低收购价政策，探索“市场定价、价补分离”的支持政策。设计了3种小麦最低收购价格调整模拟方案。方案1是小麦最低收购价格下调至2018年最低收购价格水平；方案2和方案3分别模拟将小麦最低收购价格下调至“总成本+净利润”和“总成本”即保本价格水平，分别下调4%和10%（见表5-2）。

3. 政策模拟结果分析

不同程度下调稻谷/小麦最低收购价政策，都会导致稻谷/小麦生产者价格下降，进而影响农户种植积极性，引发稻谷/小麦种植面积和单产减少，产量下降。市场收购价降低，有利于拉动国内消费，刺激大米/面粉加工收购企业工业、饲料企业和消费者大米/面粉消费的增长。国内稻谷/小麦产量下降，在假定库存不变的情况下，所产生的供需缺口需要通过增加进口来满足，进口增加。由于稻谷/小麦产量和生产者价格均下降，产值也会下降，进而会影响种粮农民的收入水平。如果假设进口不变，还可以通过消化库存来弥补由于下调最低收购价而导致国内生产减少带来的供给不足。

稻谷最低收购价格调整对稻谷市场及种植农户收入的影响分析。从模拟方案结果来看（见表5-3），方案1对稻谷市场供需的影响较小。当最低收购价下调2.22%时，种植面积和单产分别减少0.52%和0.44%，产量降低0.96%。稻谷产值即农户种植稻谷平均收益下降3.33%。国内稻谷消费总量增长0.33%，净进口增加56.73%。方案2对稻谷市场供需的影响较适中。当最低收购价下调4.62%时，种植面积减少1.10%，单产下降0.94%，产量降低2.03%，产值下降6.55%，稻谷消费总量增长0.72%，在假定短期库存不变的情况下，净出口增长1.2倍。方案3和方案4的模拟结果比较接近，当稻谷最低收购价下调11%以上至接近“保底”线时，对稻谷市场的影响非常显著，种植面积调减幅度达2.82%~3.48%，单产降幅为2.43%~2.99%，产量下降幅度高达5.2%~6.37%，进口量激增3~4倍。收购价下降也带动了大米消费量上涨1.89%~2.33%，尤其是食用消费和加工消费增长较快。按照方案3和方案4，稻谷生产价格和产值将大幅度降低，对种植农户收入的冲击非常大，稻谷生产者价格下降11.6%~14.08%，产值下降达16.2%~19.55%，主产区稻谷种植农户纯收入平均下降1.76%~2.13%。其中，黑龙江省农户纯收入下降10%以上，辽宁、吉林均下降4%以上，江西、湖南、安徽、湖北、江苏下降幅度在1.34%~2.22%，广西、河南农户纯收入下降不足1%。

表 5－3　　稻谷最低收购价调整模拟结果

变量	单位	实际值	变化率（%）			
		基准方案	方案 1	方案 2	方案 3	方案 4
种植面积	万公顷	3018.82	－0.52	－1.10	－2.84	－3.48
单产	千克/公顷	6861.74	－0.44	－0.94	－2.43	－2.99
产量	万吨	20714.35	－0.96	－2.03	－5.20	－6.37
净进口	万吨	413.99	56.73	120.56	311.59	382.24
国内消费量	万吨	18491.61	0.33	0.72	1.89	2.33
食用消费量	万吨	15697.41	0.43	0.92	2.42	2.99
种子消费量	万吨	131.04	－0.52	－1.10	－2.84	－3.48
饲料消费量	万吨	534.59	0.01	0.01	0.03	0.03
加工消费量	万吨	1300.00	0.22	0.47	1.24	1.53
损耗	万吨	828.57	－0.96	－2.03	－5.20	－6.37
库存变动	万吨	2636.72	－0.96	－2.03	－5.20	－6.37
生产者价格	元/吨	2735.80	－2.19	－4.62	11.60	14.08
产值	亿元	5667.03	－3.13	－6.55	16.20	19.55
主产区农户纯收入	元	—	－0.34	－0.71	－1.76	－2.13

资料来源：模型模拟结果。

小麦最低收购价格调整对小麦市场及种植农户收入的影响分析。从模拟方案结果来看（见图 5－4），当小麦最低收购价格小幅下调 3% 时（方案 1），小麦种植面积和单产分别下降 0.78% 和 0.61%，产量下降 1.39%，食用消费量增加 0.61%，净进口量增加 62.6%。当小麦最低收购价格下调 4% 时（方案 2），小麦种植面积和单产的下降幅度更大，分别下降 1.05% 和 0.82%，产量下降 1.86%，食用消费量增加 0.81%，净进口量增加 83.57%。当小麦最低收购价格下调 10% 时（方案 3），小麦市场受到的冲击较大，小麦种植面积下降 2.65%，单产下降 2.08%，产量下降幅度高达 4.68%，净进口量激增至 211.84%。同时，小麦最低收购价格下调导致主产区小麦种植农户纯收入平均减少幅度为 0.18%～0.61%。在主产省中，山东、河南和河北的小麦收入占农户纯收入的比重高一些，尤其是山东和河南两省，该比重均超过 5%；调整小麦最低收购价格对这些主产省小麦种植农户纯收入下降的影响高于全国平均水平，方案 1 导致这些省份农户纯收入降幅 0.22%～0.24%，方案 2 降幅 0.29%～0.32%，方案 3 降幅 0.71%～0.79%。

表5-4　　小麦最低收购价调整模拟结果

变量	单位	实际值	变化率（%）		
		基准方案	方案1	方案2	方案3
种植面积	万公顷	2419.10	-0.78	-1.05	-2.65
单产	千克/公顷	5327.24	-0.61	-0.82	-2.08
产量	万吨	12887.13	-1.39	-1.86	-4.68
净进口	万吨	315.21	62.60	83.57	211.84
食用消费量	万吨	8848.54	0.61	0.81	2.08
种子消费量	万吨	471.08	-0.78	-1.05	-2.65
饲料消费量	万吨	678.37	0.00	0.00	0.01
加工消费量	万吨	750.00	0.31	0.41	1.06
生产者价格	元/吨	2272.60	-3.03	-4.03	-9.98
产值	亿元	2928.73	-4.42	-5.89	-14.66
主产区农户纯收入	元	—	-0.18	-0.25	-0.61

资料来源：模型模拟结果。

5.4.2　玉米供给侧结构改革的影响分析

1. 政策背景

由于国际市场玉米价格低迷，国内受玉米临时收储政策的影响，临时收储价格逐年提高，国内玉米市场出现了产量、库存量和进口量“三量齐增”的现象。玉米库存高企，财政负担不堪重负。2016年，中国在东北三省和内蒙古自治区取消了实施了8年的玉米“托市收购”政策，调整为市场化收购加补贴的新机制，并且开始了去库存和调结构的玉米供给侧结构改革。近两年来，玉米的供给侧结构改革效果明显，未来如何去库存、去库存力度有多大是影响玉米市场和产业发展的重要因素之一。

2. 政策方案设计

为了分析去库存的供给侧结构改革对玉米市场及其相关行业畜牧业发展的影响，本书设计了不同幅度的去库存模拟方案，来模拟库存变化带来的综合影响。本书参考联合国粮农组织粮食安全警戒线最低为17%的标准，同时根据历年玉米的库存消费比来看，正常年份通常在20%~40%，为了反映不同程度的去库存力度对玉米市场的影响，本书设计了高、中、低三种去库存力度的模拟方案。其中，方案1假设2025年库存消费比达到20%；方案2假设2025年库存消费比达到30%；方案3假设2025年库存消费比达到40%（见表5-5）。

表 5-5　　玉米供给侧结构性改革模拟方案设计

项目	方案 1	方案 2	方案 3
去库存	2025 年库消比达到 20%	2025 年库消比达到 30%	2025 年库消比达到 40%

3. 政策模拟结果

为了反映去库存单一因素变化的影响，本书假设国际市场封闭，国内玉米价格由国内市场的供给和需求来决定。当实施去库存政策时，库存玉米投放到市场导致国内市场玉米供给增加，生产者价格显著下降，影响种粮农民积极性，玉米种植面积、单产下降明显，但受到价格下降的刺激，饲用消费量和加工消费量增加。由于不同年份库存变化对市场的影响有所差异，表 5-6 中列出了 2017~2025 年库存变化对玉米市场的平均影响。当 2025 年库存消费比达到 20% 时（方案 1），由于去库存，市场上的玉米供给增加，2017~2025 年，生产者价格平均下降 5%，导致玉米种植面积和单产分别下降 1.9% 和 1.0%，产量下降幅度高达 2.9%；由于玉米价格下降 5%，饲料消费量增加 1.9%，加工消费量增加 0.5%。当 2025 年库存消费比达到 30% 时（方案 2），玉米生产者价格下降 3.7%，玉米种植面积和单产的下降幅度相对小些，分别下降 1.4% 和 0.7%，产量下降 2.1%，饲料消费量增加 1.4%，加工消费量增加 0.4%。当 2025 年库存消费比达到 40% 时（方案 3），对玉米市场的冲击较小，玉米生产者价格下降 2.3%，玉米种植面积下降 0.9%，单产下降 0.5%，产量下降 1.3%。总之，库存消费比影响效果为：方案 1 > 方案 2 > 方案 3，当库存消费比为 20% 时影响最显著，库存消费比为 30%（方案 2）应该是较为适中的。从实际情况看，2014 年以前产的玉米库存量约占总库存的 47%，由于国家对超期库存采用定向销售的方式，近期看，去库存对市场价格的实际影响可能会小于预测结果。

表 5-6　　去库存对玉米市场影响的模拟结果

变量	单位	2016 年绝对值	2017~2025 年平均变化（%）		
		基准方案	方案 1	方案 2	方案 3
种植面积	万公顷	3677	-1.9	-1.4	-0.9
单产	千克/公顷	5971	-1.0	-0.7	-0.5
生产量	万吨	21955	-2.9	-2.1	-1.3
总需求	万吨	21955	-2.9	-2.1	-1.3
种子消费量	万吨	138	-1.9	-1.4	-0.9
饲料消费量	万吨	11212	1.9	1.4	0.8

续表

变量	单位	2016 年绝对值	2017～2025 年平均变化（%）		
		基准方案	方案 1	方案 2	方案 3
加工消费量	万吨	6400	0.5	0.4	0.2
食用消费量	万吨	1830	0.9	0.7	0.4
损耗量	万吨	649	－2.9	－2.1	－1.3
生产者价格	元/吨	1540	－5.0	－3.7	－2.3

资料来源：模型模拟结果。

作为重要的饲料粮，玉米市场的价格降低会使畜牧业的生产成本降低，有利于畜牧业的发展，图 5－23 为玉米去库存对畜产品生产的影响模拟结果。模拟结果显示，与对玉米市场的影响相反，玉米价格下降幅度越多，越有利于畜产品的生产。在方案 1 下，畜产品产量增长最为显著；其次是方案 2；最后是方案 3。其中，猪肉受到的影响最大；其次是牛肉；对鸡肉生产的影响相对小一些。例如，在方案 1 下，猪肉、牛肉和鸡肉产量分别增加 0.39%、0.2% 和 0.08%；而在方案 3 下，猪肉、牛肉和鸡肉分别增加 0.17%、0.08% 和 0.05%。

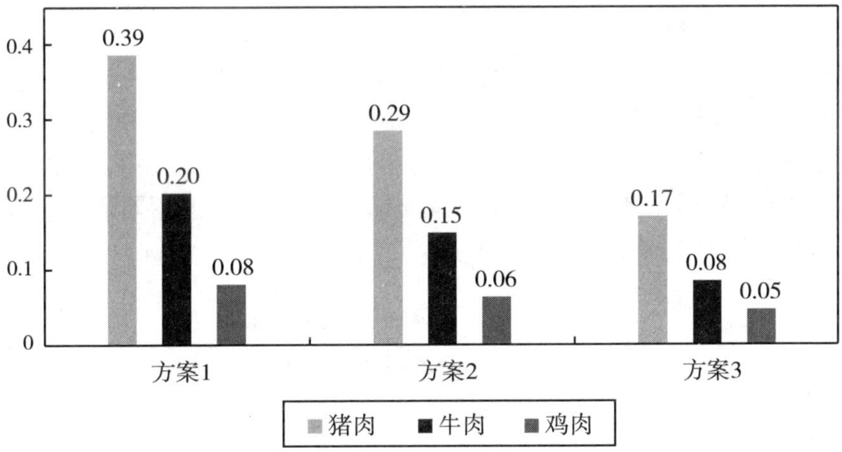

图 5－23　玉米去库存对畜产品生产影响的模拟结果

资料来源：模型模拟结果。

5.4.3　绿色环保政策对畜牧业发展的影响分析

1. 政策背景

环保政策密集出台，环保税涉及畜种多、范围广。近年来，国家陆续出台了畜牧业环保政策与法规。国务院于 2014 年 1 月 1 日起开始实施《畜禽规模养殖污染防治条例》。并于 2015 年相继发布实施《中华人民共和国环保法》《水污染的防治行动计划》。2016 年，国家环保部印发了《畜禽养殖禁养区划定技术指南》；同年 12 月国务院正式印发《“十三五”生态环境维护规划》，强调在 2017 年底前，各地域依法关闭或搬迁禁养区内的畜禽养殖场（小区）和养殖专业户。国务院于 2017 年印发了《关于加快推进畜禽养殖废弃物资源化利用的意见》；同年 7 月，农业农村部出台了《畜禽粪污资源化利用行动方案（2017～2020 年)》，提出实施畜禽粪污资源化利用，促进畜牧业的绿色发展。2018 年 1 月 1 日，中国首部“绿色税法”《中华人民共和国环境保护税法》开始正式实施，国家层面明显加强了对畜牧业生产发展迅猛所带来的环境承载压力增大、畜禽养殖污染问题的治理和管控力度。一系列政策法规的出台，对畜牧业生态环保要求明显提升，尤为重要的是，环保税的实施将对畜牧业产业发展具有明显影响。《环境保护税法》对大气污染物、水污染物、固体废物和噪声四类污染物征收环保税，征收对象为存栏规模大于 50 头牛、500 头猪、5000 羽鸡鸭等，达到规模标准且有污染物排放口的畜禽养殖场户。各省根据当地情况制定具体征税额，征税标准划分形式多样，包括不同区域、不同档次、不同年份（一般逐年递增)。环保税涉及中国主要的畜产品，包括生猪、奶牛、肉牛、家禽等，按照征收对象要求，将会涉及中国约 47% 的出栏肉牛、58% 的存栏奶牛、50% 的出栏生猪、70% 的出栏肉鸡中有污染物排放口的畜禽，并且将是全国性、长期性实施的一项政策。

2. 政策模拟方案设计

本书设计了生猪、肉鸡、肉牛、肉羊、奶牛、禽蛋的不同征税标准情景方案（见表 5－7)。针对生猪、肉鸡、肉牛、肉羊、奶牛，设置不同征税标准方案，模拟征收环保税对生猪等产业的影响。

表 5－7　畜牧养殖排污环保税征收方案　单位：%

项目	税率		
	方案 1	方案 2	方案 3
生猪	0.61	1.21	1.82
肉牛	1.00	3.00	5.00
肉羊	0.10	0.50	0.90
肉鸡	1.00	3.00	5.00
奶牛	0.83	1.66	3.32
禽蛋	1.00	1.50	2.00

（1）生猪产业模拟方案。环保税法实施后，每头生猪的环保成本平均增加

16元左右。保守估算，环保支出较低时，平均每头出栏生猪环保成本大约增加10元；随着规模化养殖水平的不断提升和环保政策越来越紧的情况下，平均每头出栏生猪环保成本有可能增加30元。据此，分别设定平均每头生猪环保成本增加10元、20元和30元，按生猪养殖头均成本1650元计算，对应的环保成本增长幅度分别为0.61%、1.21%和1.82%。

（2）肉鸡产业模拟方案。征收标准为鸡存栏量大于5000羽，污染当量值按30羽鸡1当量计算，5000羽肉鸡应该缴纳433元。按照畜禽污染防控对养殖成本提升5%、3%、1%，设置高、中、低三种方案。

（3）肉牛产业模拟方案。据相关资料显示，牛规模养殖场环保税头均纳税额为168～1680元/头/年不等，普遍在300元左右，由此表明肉牛养殖头均成本将增加300元，按2018年3月出栏头均总成本10500元计算，占养殖总成本的2.9%。按照环保税征收对肉牛养殖成本提升1%、3%、5%，设计了低、中、高三种方案。

（4）肉羊产业模拟方案。通过对环保税及环境治理成本进行估算，折合每只羊需要缴纳0.434元。将环保税征收及环境治理成本对总成本的影响设定为低、中、高三个方案，分别对总成本影响0.1%、0.5%和0.9%。

（5）奶牛产业模拟方案。按照2016年奶牛存栏1470万头、产量3712万吨，得出环保税使每千克原奶成本增加0.025～0.100元/千克。据此设计三个方案：第一，按照最低标准测算，每千克原奶成本增加0.025元/千克；第二，按照最低标准的2倍测算，每千克原奶成本增加0.050元/千克；第三，按照最高标准测算，每千克原奶成本增加0.100元/千克。三种方案下，原奶总成本分别上升0.83%、1.66%、3.32%，设计了低、中、高三种方案。

（6）禽蛋产业模拟方案。以规模蛋鸡2011～2016年的平均养殖成本153元/只为参照，计算出各种情形下环保政策实施对养殖成本的提升幅度分别约为1.3%、1.5%和1.9%。

3. 政策模拟结果

根据理论假设，短期来看，生猪、肉鸡、肉牛、肉羊、奶牛方面，征收环保税对其生产和贸易具有一定影响，消费需求和价格基本保持基准水平，供求格局不变，但净进口量不同程度增加；禽蛋方面，征收环保税对生产和消费具有一定影响。根据静态模拟分析，短期来看，养殖场户积极性受到一定影响，产能短期微幅调减。征收环保税，增加了畜禽养殖成本，养殖利润相应下降，养殖场户积极性受到影响，一定程度上会调整养殖规模，使得畜禽产量减少。

（1）生猪产业。环保政策会降低猪肉产量，大幅提升进口量，对需求的影响相对较小。在不同的方案下，随着征收税率越高，生猪养殖的利润下降越多，对猪肉生产的负面影响越大，进口量增加幅度也越大。当征收0.61%的环保税时，猪肉产量为5291万吨，下降0.15%；进口量为165万吨，提高4.87%，对市场的总体影响较小。当征收1.21%的环保税时，猪肉产量明显下降，降幅为0.3%；进口量相应增加，达到172万吨，增幅为9.62%。在方案3下，对生猪的影响更为显著（见图5－24）。

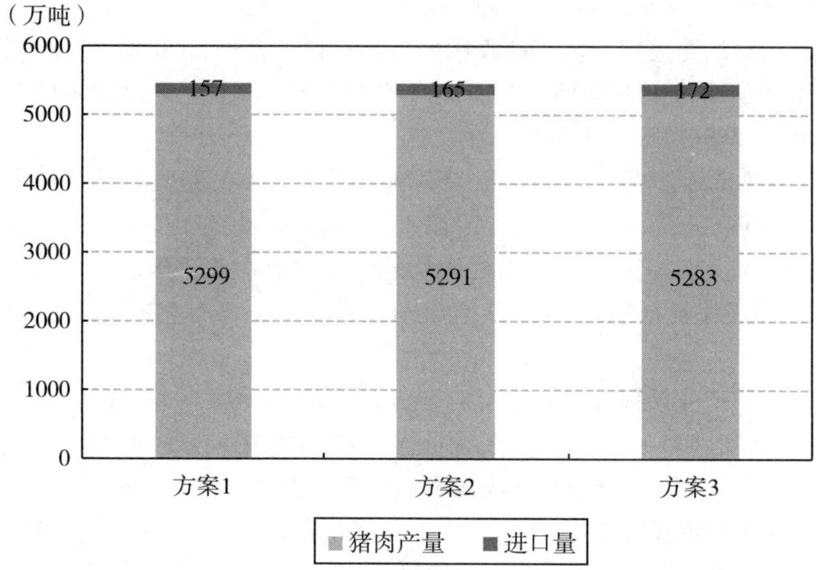

图5－24　环保税对猪肉产量和进口量的模拟影响结果

资料来源：模型模拟结果。

（2）肉牛产业。第一，牛肉生产者价格明显下降，消费者价格基本不变。根据模拟结果（见图5－25），环保约束下，将明显增加肉牛养殖的环保设施、设备、粪污处理成本，增加环保税使牛肉生产者可获得利润下降。当征收1%、3%和5%的环保税时，牛肉生产者价格分别下降0.99%、2.91%和4.76%，消费者价格基本不变。第二，牛肉产量小幅减少。牛肉生产者价格下降将使肉牛养殖场户积极性下降，养殖规模紧缩，牛肉产量下降。显然，征税越高，产量下降幅度越大：征税1%，牛肉产量下降0.23%；征税3%，牛肉产量下降0.68%；征税5%，牛肉产量下降1.12%。第三，牛肉进口明显增加。在牛肉产出减少的同时，为了满足国内需求，在中国牛肉贸易市场的逐步放开、国外牛肉市场竞争力优势凸显的格局下，牛肉进口量将有所增加，在征收1%、3%和5%的环保税的情况下，牛肉净进口量将分别增加到69.76万吨、72.63万吨和75.42万吨，增幅在2%～10%。第四，牛肉人均消费量保持稳定，牛肉总消费量略有减少。牛肉人均消费量基本保持在5.11千克/人，牛肉总消费量小幅减少，减幅小于0.1%，主要因为在牛肉产量减少的情况下，牛肉消费损耗下降。

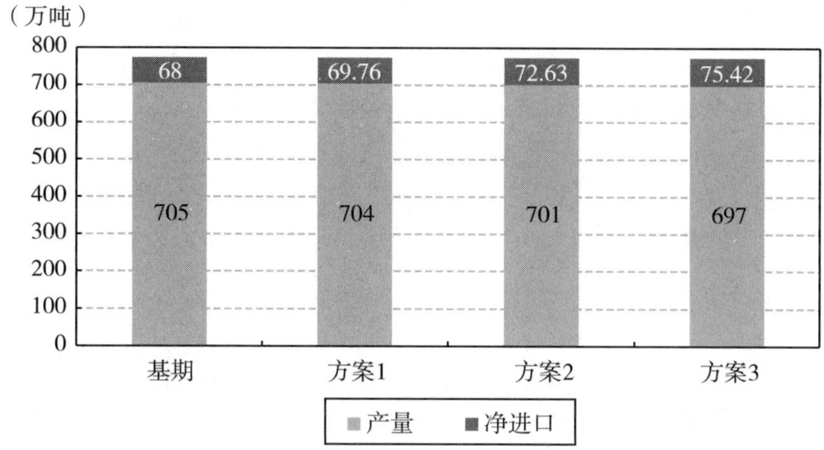

图5－25 环保税对牛肉产量和进口量的模拟影响结果

资料来源：模型模拟结果。

（3）肉羊产业。环保税对肉羊产业的影响较小。环保税的免征对象中包括非规模化生产的养殖户、已经对粪污进行综合利用的养殖场，以及非生产经营性质的养殖户。肉羊产业作为畜牧业中产量占比小、规模小的产业，无论是从生产还是消费角度来看，受到环保税征收以及严苛的环保治理成本的影响相对较小，肉羊的生产成本变化很小。根据模拟结果（见图5－26），在征收0.1%、0.5%和0.9%的环保税的情景下，通过静态模拟，产量变化不明显：征收0.1%的环保税带来的影响几乎可以忽略；在征收0.5%和0.9%的环保税方案中，羊肉产量有所下降，分别下降0.13%和0.23%。由于羊肉消费者价格几乎不变，对人均羊肉消费的影响几乎为零。而环保成本增加导致的产量下降最终由进口来弥补，在方案1、方案2、方案3中，羊肉进口量分别增加0.48%、2.41%、4.33%。

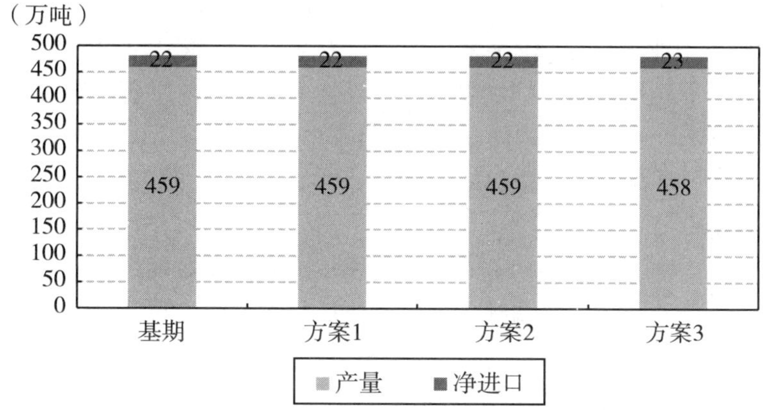

图5－26 环保税对羊肉产量和进口量的模拟影响结果

资料来源：模型模拟结果。

（4）肉鸡产业。畜禽污染防控对肉鸡产业的影响主要集中在生产和贸易方面，对需求的影响几近为零。根据模拟结果（见图 5－27），在畜禽污染防控提升养殖成本 1% 的情景设置下，肉鸡生产受到的影响较大，肉鸡产量会因畜禽污染防控降低 0.41%，降低 5.18 万吨；净进口量将会增加 29.22%，增加 5.18 万吨。在畜禽污染防控提升养殖成本 3% 的情景设置下，畜禽污染防控对肉鸡生产的影响开始凸显，肉鸡产量因畜禽污染防控降低 1.20%，降低 15.32 万吨；净进口量将会增加 86.45%，增加 15.32 万吨。在畜禽污染防控提升养殖成本 5% 的情景设置下，畜禽污染防控对肉鸡生产的影响较大，肉鸡产量因畜禽污染防控降低 1.98%，降低 25.19 万吨，净进口量将会增加 142.14%，增加 25.19 万吨。

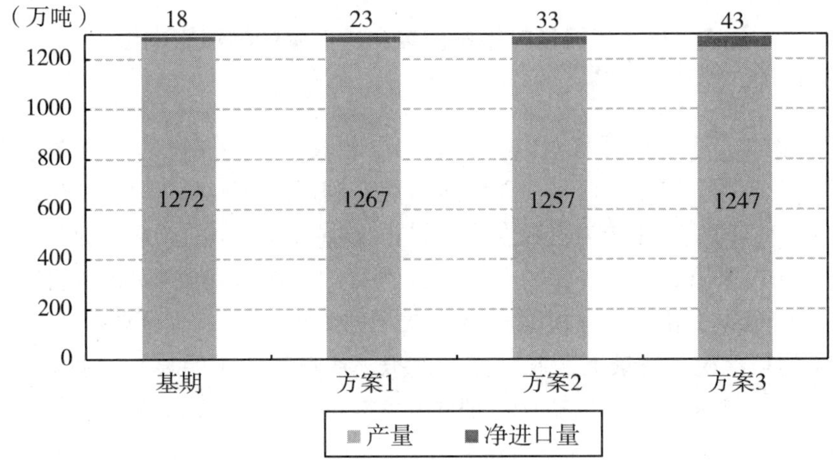

图 5－27　环保税对鸡肉产量和进口量的模拟影响结果

资料来源：模型模拟结果。

（5）奶牛产业。在征收环保税方案 1、方案 2、方案 3 下（见图 5－28），由于环保税挤占了养殖利润，奶牛生产者积极性下降，国内原奶产量将会分别降低 0.11%、0.22%、0.43%。国内原奶产量下降，导致进口增加。与对国内牛奶产量的影响相比，环保税对净进口的影响更大。在方案 1、方案 2、方案 3 下，净进口分别增加 0.29%、0.57%、1.13%，尤其是方案 3，净进口增长 14 万吨。从相对量上看，都不是很高，并非如有关媒体报道，环保税将是压死奶业的最后一根稻草。但是，同时也要看到，中国奶业运行情况并不平稳，很多养殖场处于亏损或者亏损的边缘，环保税的征收对经营者的打击可以说形式大于内容。对大型奶牛养殖场，如果没有粪污综合利用设施，将会带来沉重的负担。以 1000 头奶牛场为例，按照环保税法确定的最低限额征收每污染当量 1.4 元/月和 4 倍测算，需要分别缴纳 16.8 万元和 67.2 万元的环保税。

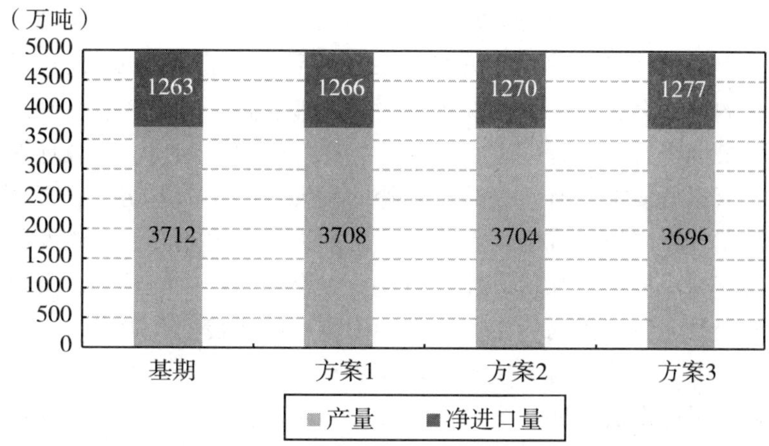

图5－28　环保税对原奶产量和进口量的模拟影响结果

资料来源：模型模拟结果。

环保政策对禽蛋产业的影响幅度较小，在三种情景设定下，环保政策的实施会增加生产者生产成本，并会由消费者共同来承担。根据模拟结果（见表5－8），三种方案下环保税对禽蛋产量和消费量的影响幅度均不到0.5%，征税越高，影响幅度越大。在畜禽污染防控提升养殖成本1%的情景设置下，环保政策实施对禽蛋生产和消费的影响很小。因生产者价格下跌，养殖户可获得的利润将下降0.38%；禽蛋产量将下降3.97万吨，降幅为0.13%；消费者价格将上涨0.61%；食物消费和加工消费则分别下降3.32万吨和0.56万吨，降幅分别为0.16%和0.06%。在畜禽污染防控提升养殖成本2%的情景设置下，环保政策实施对蛋鸡生产和消费的影响最大。养殖户可获得的利润将下降0.76%，禽蛋产量将下降7.90万吨，降幅0.26%；而消费者价格将上涨1.22%，食物消费和加工消费则分别下降0.31%和0.12%。

表5－8　　　　环保税对禽蛋产业影响的模拟结果

变量	绝对值				变化比例		
	基准方案	方案1（1%）	方案2（1.5%）	方案3（2%）	方案1（1%）	方案2（1.5%）	方案3（2%）
产量（万吨）	3095	3091	3089	3087	－0.1	－0.2	－0.3
食物消费量（万吨）	2103	2099	2098	2096	－0.2	－0.2	－0.3
加工消费（万吨）	916	915	915	914	－0.1	－0.1	－0.1
损耗（万吨）	77	76	76	76	－0.1	－0.2	－0.3
消费者价格（元/吨）	9361	9418	9447	9475	0.61	0.92	1.22
生产者价格（元/吨）	9361	9325	9307	9290	－0.4	－0.6	－0.8

资料来源：模型模拟结果。

总体来看，环保税的出台会对中国畜牧业的发展产生影响，尤其对畜牧业的生产产生一定的负面影响，并有可能带来畜产品进口的进一步增加。相对来说，对生猪的影响可能会比较大，其次是肉牛和肉鸡、奶，羊肉产业受到的冲击相对小一些。但长期来看，一是促进了畜牧业生产经营模式调整。征收环保税增加了养殖成本，探索低成本、有效吸纳废弃物的发展模式尤为迫切，草畜联营、农牧结合、生态循环发展模式成为新趋势。二是推进了畜牧业转型升级发展。环保税针对一定的存栏规模进行征税，伴随畜牧业生产经营模式的转变，畜牧生产将逐步重视单产提升、效率提高，由此将带动中国畜牧业转型升级发展。三是促进了畜牧业绿色发展。农牧结合、生态循环发展模式将有利于畜禽粪污资源化利用，促进畜牧业的绿色发展。四是实现产业发展与生态环保共赢。当前在逐步重视生态保护的背景下，环保税的推行将有利于畜牧业产业发展与生态环保的协调运行，实现生态可持续发展。

第6章

稻谷产业

主要观点：

● 在最低收购价政策引导和科技进步推动下，稻谷产业发展总体稳定。生产连续多年增长，消费稳中略增，进出口双向增加，稻谷年产能稳定在2亿吨以上，超过了1.85亿吨年总消费量，确保了国家“口粮绝对安全”。

● 稻谷产业持续稳定发展面临进口大米冲击力度较大、加工业亟待转型升级、收储政策市场化改革亟须推进、种植结构进一步调整等新情况和新问题。

● 国家稻谷收储制度市场化改革加快启动，政策模拟表明2017年最低收购价格下调对国内稻谷市场和农户收入的影响总体较小，但继续加大下调幅度至“保本”水平将对稻谷市场和农户收入造成较大冲击。

● 预测2018～2035年，稻谷产能总体稳定，消费小幅增长，进口仍保持一定数量但增速放缓，整体供需格局较为宽松。

● 未来稻谷产业发展要在稳定3.4亿亩水稻生产功能区、确保口粮绝对安全的前提下，以绿色化、优质化为导向，以调结构、优方式为目标，以品牌建设为核心，改革稻谷定价机制和收储政策，完善进出口调控措施，减轻农业资源和环境压力，提升产业供给质量和效益。

6.1 引言

进入新时代，实施“谷物基本自给、口粮绝对安全”的粮食安全新战略，党的十九大报告重申“把中国人的饭碗牢牢端在自己手中”，稻谷作为全国60%以上人口的主粮，必须保证“绝对安全”。“十二五”以来，稻谷产业发展总体稳定，为保障国家粮食安全发挥了重要的作用。2017年是稻谷产业供给侧结构性改革的关键之年，种植结构调整初见成效，稻谷总体种植面积与上年持平，产量达到 20856 万吨，创下历史高位；消费总量稳中有增，工业用粮增幅明显，饲料消费小幅下降；进出口双向增长，最低收购价全面下调，供需格局较为宽松，去库存压力仍然较大。稻谷产业持续稳定发展面临进口大米冲击力度较大、加工业亟待转型升级、收储政策市场化改革亟须推进、种植结构进一步调整等新情况和新问题。本书基于国家最低收购价政策改革加快启动的背景，设计了不同水平的稻谷最低收购价定价模拟方案，在开放市场条件下评估各方案对稻谷生产、消费、贸易、价格和农民收入可能产生的影响，并基于 2016 年稻谷产业基础数据，综合考虑短期和长期影响因素，预测了 2020 年和 2035 年两个关键时期稻谷生产、消费、贸易、供求及价格变化趋势，为产业发展和政策制定提供科学决策参考。

6.1.1 生产发展形势

全国稻谷生产发展较快。从图 6 - 1 可以看出，2011 ~ 2017 年，中国稻谷产量总体呈增长态势，2011 年稻谷产量突破 2 亿吨，2017 年达到 20856 万吨，创下历史高位，总增幅 3.76%，年均增长率 0.62%，为保障国家粮食安全，特别是口粮绝对安全发挥了十分重要的作用。稻谷种植面积总体增长但态势有所衰减，由 2011 年的 3005.7 万公顷增加到 2017 年的 3017.6 万公顷，增长 0.4%，年均增长率 0.07%；2013 年增加到该时期最大种植面积；其后 2014 ~ 2016 年连续三年有所下降；2017 年与上年基本持平。稻谷单产已经达到较高水平且不断增长，单产水平由 2011 年的 6687 千克/公顷提高到 2017 年的 6911 千克/公顷，

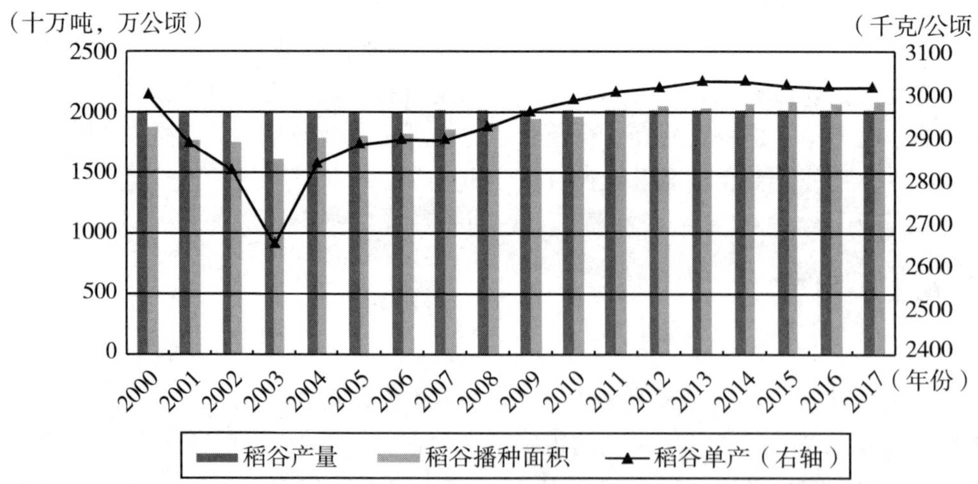

图 6 - 1　2000 ~ 2017 年中国稻谷产量、播种面积和单产的变化情况

资料来源：国家统计局历年数据。

增长3.35%，年均增长率0.55%；2017年稻谷单产达到历史最高水平。受稻谷继续执行托市收购政策及种植结构调整影响，2017年中国稻谷播种面积与上年基本持平，分品种呈“一减两增”态势，其中，受“双改单”及轮作休耕影响，早籼稻种植面积比上年减少2.8%；受南方“双改单”和东北地区“旱改水”影响，中晚籼稻及粳稻种植面积比上年增加0.6%。2017年稻谷总产量和单产水平比上年有所提高，其中，早籼稻产量和单产略有下降，分别比上年下降0.4%和3.2%，中晚籼稻和粳稻产量和单产分别提高1.4%和0.8%。

稻谷生产地域分布广泛。稻谷生产具有广域性，在全国范围形成了十分广泛的稻谷种植区域，全国31个省区市级行政单位共有29个地区种植水稻。稻谷优势产区主要集中在华中、华东、东北三大优势产区，产量分别占同期全国总产量的33.9%、27.7%、27.6%。2016年全国稻谷产量排名前十位的地区依次是湖南省、黑龙江省、江西省、江苏省、湖北省、四川省、安徽省、广西壮族自治区、广东省、云南省，其产量之和占全国稻谷总产量的78.96%，比2011年产量之和增长3.3%。早籼稻主要分布在长江以南的13个省区，其中湖南省、江西省、广西壮族自治区、广东省是全国早籼稻种植面积最大的4个省，产量都在500万吨以上，四省播种面积占全国的80%；中晚籼稻产量约占国内稻谷产量的一半，主要分布在南方，包括海南省、广东省、广西壮族自治区、湖南省、湖北省、云南省、贵州省、四川省、重庆市、福建省、江西省、浙江省、江苏省、安徽省、陕西省和河南省；粳稻主要分布在黑龙江——北方粳稻区、江苏——南方粳稻、云南——云贵高原粳稻区，其中黑龙江省、吉林省、辽宁省、江苏省、浙江省、安徽省、云南省7个省粳稻播种面积和产量约占全国粳稻的85%。

稻谷生产成本上升较快，种植效益有所下降。近年来，受人工成本、土地成本及生产资料成本上涨影响，全国稻谷生产成本普遍上升、种植效益下降。从图6-2可以看出，2016年全国稻谷亩均产值1343.77元，比2011年增加75.52元，增幅5.95%；亩均总成本1201.81元，比2011年增加304.83元，增幅33.98%；亩均净利润141.96元，比2011年减少229.31元，降幅61.76%；成本利润率降低29.58个百分点，已连续第三年下降。造成稻谷成本利润率连续降低的原因主要是生产成本居高不下。从总成本构成来看，人工成本快速上涨是推动稻谷成本上升的最主要因素。2016年人工成本495.34元，比2011年增加167.38元，增幅51.03%，人工成本上涨对稻谷总成本上涨的贡献率达到54.91%；土地成本随着土地流转和适度规模经营而持续上升，2016年土地成本221.94元，比2011年增加62.26元，增幅38.99%，土地机会成本上涨对稻谷总成本上涨的贡献率达到20.42%；物质与服务费用在总成本中所占比重较大但增长放缓，2016年物质与服务费用484.53元，与2011年相比增幅为18.37%，对稻谷总成本上涨的贡献率为24.67%，主要是化肥费有所降低，农药费、种子费等直接费用增长幅度较小。

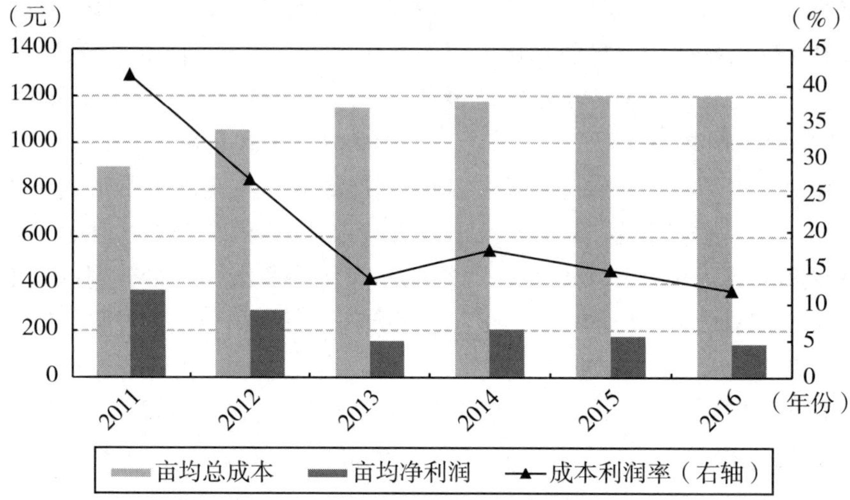

图6－2　2011～2016年中国稻谷亩均生产成本收益的变化情况

资料来源：《全国农产品成本收益资料汇编》历年数据。

6.1.2　消费发展形势

国内稻谷消费总体保持平稳。根据国家粮油信息中心提供数据，2011～2017年，国内稻谷消费总量总体平稳但年际间有所波动。从图6－3可以看出，2011～2014年，国内稻谷消费总量逐年下降，从2011年的消费最高峰值19714万吨，下降到2014年的消费最低谷18987万吨；2015年以后，稻谷消费总量开始出现恢复性增长，到2017年国内稻谷消费总量达到18560万吨。从消费结构变动看，食用消费占稻谷总消费的80%以上，近年来稻谷食用消费呈逐年递减趋势，由2011年的15970万吨下降到2017年的15700万吨；稻谷工业用粮和饲料用粮有所增加，主要是早籼稻，稻谷饲料用粮占稻谷总消费的6%～8%，工业、种子和损耗占稻谷总消费的7%～9%。

2017年稻谷消费稳中有增，工业用粮增幅明显。根据国家粮油信息中心2017年12月预测，2017/2018年度国内稻谷总消费为18560万吨，较上年度增加49万吨，增幅0.26%。从消费构成来看，由于居民收入水平提高以及全国城镇化比率提高，人均口粮消费下降，2017年全国稻谷食用消费总体平稳略减，食用消费约为15680万吨，较上年度略减20万吨，减幅0.12%；受到玉米价格

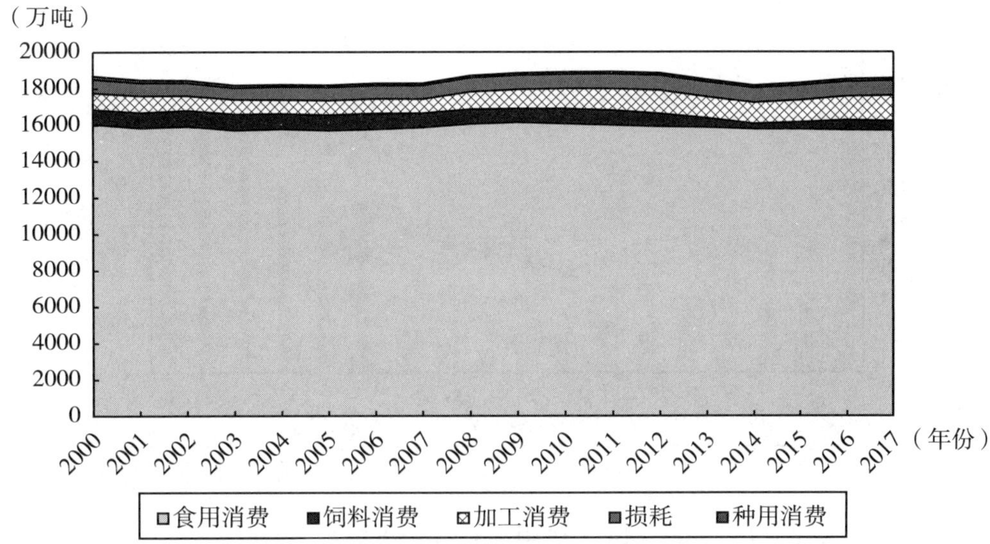

图6-3 2000~2017年中国稻谷消费量和消费结构的变化情况

资料来源：国家粮油信息中心历年数据。

下降冲击，稻谷比价较高，稻谷饲料用粮略减，饲料消费及损耗约为1350万吨，较上年度减少30万吨，减幅2.2%；稻谷工业用粮有所增加，工业消费约为1400万吨，较上年增加100万吨，增幅7.7%，由于近年部分超期储存稻谷预期进入深加工以及2017年新产中晚籼稻因部分地区受持续降雨影响，部分稻谷因不符合口粮加工标准转而用于工业加工用途；种用消费约为130万吨，与上年基本持平。

6.1.3 贸易发展形势

大米贸易总体呈现出口下降、进口增加态势。近年来，受到汇率、价格波动、世界宏观经济形势等多方因素的影响，中国大米进出口贸易总量呈现明显的波动性，大米出口量逐年降低，而进口量逐年增高，大米贸易逆差进一步加剧。从图6-4可以看出，进口方面，2010~2011年进口量持续较低，自2012年中国开始大规模进口大米，近五年来大米进口量以年均11%左右的幅度递增，2017年大米进口量达到历史最高值399.25万吨，比2010年增长9倍多。出口方面，自2000年到2010年，大米出口量持续高于进口量，但大米出口量总体呈现下降趋势，2011年大米出口量降至49万吨，自2000年以来首次低于进口量，大米贸易由净出口转为净进口，此后大米出口量一直低位徘徊，2017年大米出口量急剧增加至119.68万吨，比2010年增长93.03%。

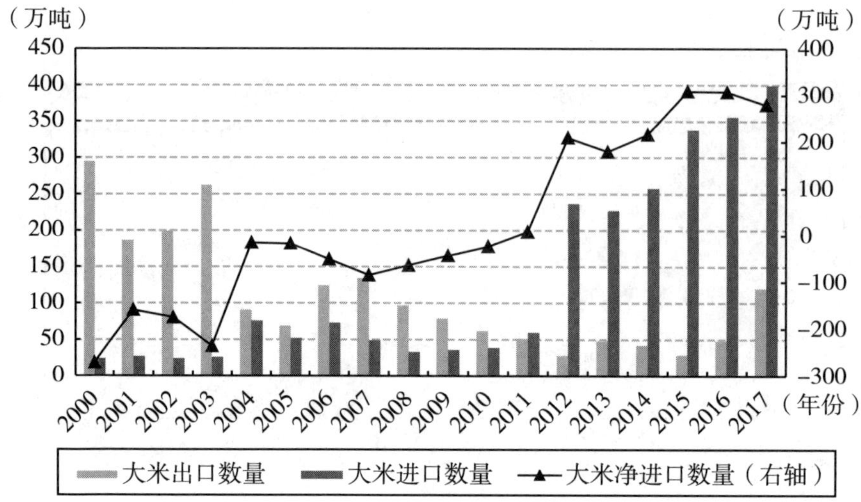

图 6－4　2000～2017 年中国稻谷进出口量的变化情况

资料来源：国家统计局历年数据。

2017 年大米进出口双向增长，创下历史最高。2017 年中国大米进出口量均达到自 2008 年以来的最高水平，呈现量价齐增趋势。从进口来看，2017 年中国稻谷、大米进口量为 399.25 万吨，同比增长 13%；进口金额为 182831 万美元，同比增长 15.3%。从出口来看，2017 年中国稻谷、大米出口量为 119.68 万吨，与 2016 年同期相比，增长了 203.01%；出口金额为 59679.9 万美元，同比增长 70.05%。2017 年出口量急剧增加主要受国内去库存政策影响，国家积极拓宽国产大米出口的销路和市场，将 2012 年产超期储存稻谷 27.2 亿斤统一包干销售给中粮，主要用于加工出口，使得出口量出现快速攀升。

大米进出口来源地相对集中。从进口结构来看，越南、泰国、巴基斯坦仍是大米进口的主要来源地。2017 年中国从越南进口大米 226.5 万吨，占进口总量的 56.72%；从泰国进口 111.7 万吨，占 22.98%，两国进口量合计占总进口量的 79.7%。另外，从巴基斯坦、柬埔寨、缅甸、老挝等东南亚国家的进口份额占 20%。中国大米出口目的地主要是韩国、朝鲜、日本，分别占出口量的 47.4%、13.3%、10.2%。

6.1.4　供需平衡及价格形势

国内稻谷市场总体保持供大于需格局，库存压力加大。从图 6－5 可以看出，从总体供需形势看，国内稻谷供需继续保持均衡有余的格局，除 2001～2006 年国内稻谷生产量低于消费量外，2007～2017 年各年度国内稻谷生产量均大于消费量。从供给看，2017年国内稻谷产量再创新高，与此同时，国内大米进口量亦创下历史新高，极大地增加了国内供应压力，产量高、进口高、库存高“三高”现象更加严重。另外，国家拍卖2013年产中晚稻，加之各省地储陈稻出库，稻谷市场供应压力仍然较大；从需求看，稻谷主要作为口粮，随着城镇化推进和饮食结构调整，消费量呈小幅下降，当前国内宏观经济形势及终端消费市场缺乏拉动稻谷消费的因素，稻谷市场消费将继续维持平稳态势。随着大米进口量增加，进口大米占国内大米总消费量的比重达3%以上。总体来看，国内稻谷市场供大于求，供需格局较为宽松，高库存矛盾仍然突出，预计2017/2018年度全国稻谷结余量2425万吨。

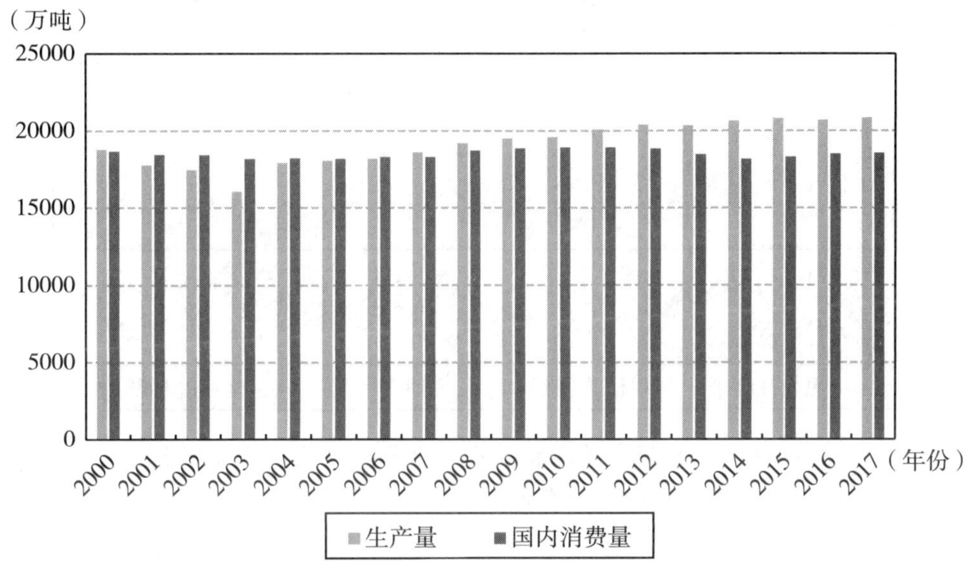

图6－5　2000～2017年国内稻谷生产量和消费量变化情况

资料来源：国家统计局、国家粮油信息中心历年数据。

稻谷价格总体呈上涨态势，政策市特征依然显著。从图6－6可以看出，2011～2017年，稻谷价格整体呈平稳上涨趋势，但一定时期内有波动，粳稻价格增速明显快于籼稻价格。2016年开始，受国家稻谷最低收购价政策下调影响，2016年、2017年连续两年稻谷价格稳中略降，政策市特征依然显著。2016年稻谷生产价格指数较上年下降1.2%，为13年来首次下降，2017年12月初稻谷生产价格指数又较上年下降0.6%。2017年全年批发均价黑龙江粳稻3320元/吨、江苏粳稻3000元/吨、江西早籼稻2600元/吨、江西晚籼稻2730元/吨，前三者分别比上年降低2.36%、0.17%、1.23%，晚籼稻比上年略涨0.34%。2017年12月中储粮全国稻谷收购价格指数为151.42，较年初跌0.04%，其中早籼稻收购价格指数140.84，较年初跌1.43%；中晚籼稻收购价格指数140.13，较年初跌 2.85%；粳稻收购价格指数 165.94，较上月涨 0.22%。从全年分时段价格走势来看，大体表现为 1～2 月平稳偏强运行，托市收购支撑市场；3～4 月震荡回落，地方粮集中投放市场；5～7 月稳中上扬，市场有效粮源紧缺；8～10 月弱势下降，低价政策性粮源大量投放市场；11～12 月平稳略涨，政策收购提振市场。

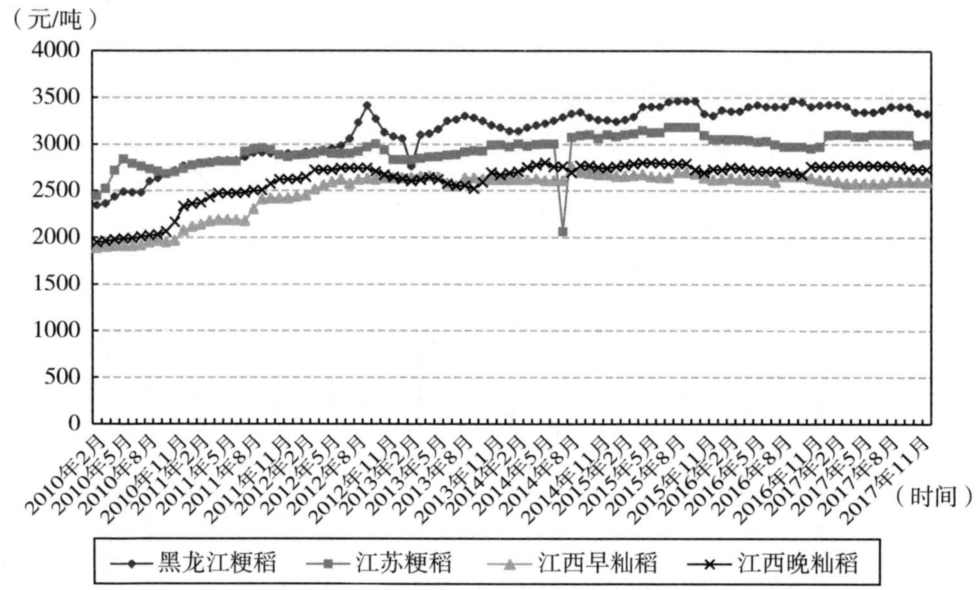

图 6－6　早籼稻、晚籼稻和粳稻全国批发价格变化情况

资料来源：国家粮油信息中心历年数据。

6.2　稻谷产业发展新情况及其影响分析

6.2.1　品种结构性短缺和国内外价差持续存在，进口大米冲击力度不减

中国大米进口结构呈现出两极化特点，一方面，由于国内大米品种结构性短缺，一般品种多，优质、专用品种少，泰国长粒香米、日本越光米等进口大米占领中国高端米市场，调剂多样化消费需求；另一方面，由于东南亚低端大米与国内大米价差居高不下，进口大米利润丰厚，刺激国内低端大米进口不断增加，对南方籼稻市场造成较大冲击。国家粮油信息中心监测显示，2017 年 12 月越南 5% 破碎率大米到中国南方港口理论完税均价为 3050 元/吨左右，国产早籼米南

方销售区批发价3760元/吨，二者价差710元/吨，加之人民币持续升值，国内外价差短期内很难缩小。此外，2017年中美双方在首轮全面经济对话期间就美国大米输华检验检疫要求达成一致，美国获准对华出口大米，这对国内大米市场特别是高端消费市场必将造成一定的竞争压力。

6.2.2 "稻强米弱"格局凸显，稻谷加工业亟待转型升级

由于国家对稻谷采取的是最低保护价托市收购政策，而终端大米价格受市场供需主导，粮食厂商收购的稻谷价格高出或持平销售的大米价格，稻谷与大米价格的双轨线运行，加之国内大米价格倒挂和进口大米冲击，导致"稻强米弱"格局逐渐形成并发展为常态。同时，中国大米加工企业普遍规模较小且布局分散，原料采购成本高，产业链条短，产品结构单一，精深加工水平低，资源综合利用效率低、品牌建设缺失，利润下滑严重，基本处于微利甚至亏损状态，部分企业采购进口低价米或走私米进行勾兑，进一步加剧了"稻强米弱"现象。

6.2.3 最低收购价全面下调，稻谷收储政策改革亟须推进

从2016年国家开始启动稻谷最低收购价下调，早籼稻最低收购价下调40元/吨，跌幅1.48%。2017年三大稻谷品种最低收购价首次全面下调，与2016年价格相比，早籼稻下调60元/吨，跌幅2.26%，中晚籼稻下调40元/吨，跌幅1.45%，粳稻下调100元/吨，跌幅3.23%。2018年国家继续加大稻谷最低收购价下调力度，早籼稻、中晚籼稻和粳稻最低收购价格分别为每50千克120元、126元和130元，比2017年分别下调7.69%、7.35%和13.33%，同时国家对有关稻谷主产省份给予适当补贴支持。稻谷最低收购价下调将直接导致稻谷种植农户的收入下降，一定程度上会影响稻农种植稻谷特别是早籼稻和粳稻的积极性。但也会弱化政策市影响，逐渐激发市场机制作用，对缓解"稻强米弱"的市场格局起到一定促进作用，有助于引导农户进行种植结构调整，遏制"旱改水"趋势，调减双季稻种植，从单一重数量向调优结构、调好方式转变。

6.2.4 减面积去库存步伐加快，稻谷种植结构进一步调整

由于产量持续增长和消费量稳定，2013年以来中国稻谷库存量不断攀升，2017年末，国内稻谷政策性库存达到1.4亿吨，库存消费比冲破86%。为了解

决当前稻谷库存较大的突出问题，农业部在《2018 年种植业工作要点》中明确指出，根据市场需求变化，适当调减水稻面积。东北地区重点压减寒地低产区粳稻面积，长江流域重点压减双季稻产区籼稻面积，力争水稻面积调减 1000 万亩以上。未来国家将通过开展一定规模的休耕轮作，调减稻谷无效供给，优化种植结构和生产方式。在东北黑土区遏制“旱改水”趋势，支持农民和新型经营主体把目前尚需井灌的水稻有序休耕、调整，改种雨热同季的玉米、马铃薯和耐旱的杂粮杂豆；在湖南长株潭等重金属超标的耕地重度污染区开展连续多年休耕，经检验达标前，禁止种植食用水稻；在长江中下游平原稻作区，加大补贴力度，开展整县推进，发展“油菜—水稻”“绿肥—水稻”等轮作模式，主动调减优化双季稻种植。

6.3 稻谷最低收购价政策改革对产业发展的影响

6.3.1 模拟方案设计

近年来，随着中国农业发展环境和国内外农产品市场形势发生较大变化，原有最低收购价政策面临市场机制作用弱化、政策性收储规模过大、财政负担加重、加工流通企业经营困难等突出问题。从 2016 年开始国家开始下调稻谷最低收购价，各方越来越关注最低收购价政策要不要改、怎么改的问题，相关部门和学者对保留稻谷最低收购价政策框架、增强政策灵活性的改革大方向达成基本共识，但对于改革路径是“一步到位”还是“循序渐进”存在较大分歧。为此，本章在坚持短期内继续保留最低收购价政策框架的基本方向下，依据“生产成本加合理利润”“弱化保增收功能”“保生产成本”的思路，同时考虑国际价格变动对最低收购价定价的影响，不同程度调节最低收购价政策的灵活性和弹性，确定了不同水平的稻谷最低收购价定价模拟方案，在开放市场条件下评估各种最低收购价格水平调整方案对粮食生产、消费、价格和农民收入可能产生的影响，最终为最低收购价政策改革方案提供一定参考。

根据国家发改委《全国农产品成本收益资料汇编》，估算 2014 ~ 2016 年实行最低收购价政策的 11 个稻谷主产省份稻谷的平均生产成本、生产者价格和净利润，并与最低收购价格进行比较，设计了四种最低收购价格调整模拟方案（见表 6 - 2）。其中，方案 1 按照 2017 年国家稻谷最低收购价下调水平进行设定，比 2016 年最低收购价平均下调 2.22%；方案 2 将稻谷最低收购价格下调至“成本 + 净利润”，平均降幅为 4.62%；方案 3 继续剥离政策的“保利润”功能，参照 2018 年最新政策调整水平，将稻谷最低收购价格平均下调 11.62%；方案 4

将稻谷最低收购价格下调至保本价格水平，平均降幅为21.37%。

表6－1　　稻谷最低收购价格与成本利润对比

	早籼稻	中籼稻	晚籼稻	粳稻	稻谷加权
平均出售价格	2.59	2.57	2.72	2.95	2.73
总成本	2.49	1.97	2.34	2.36	2.25
净利润	0.11	0.59	0.38	0.59	0.48
最低收购价格	2.66	2.76	2.76	3.1	2.86

注：上述数据来自全国11个实施稻谷最低收购价政策的主产省份的平均值。
资料来源：《全国农产品成本收益资料汇编》。

表6－2　　稻谷最低收购价格调整模拟方案设计

	方案1	方案2	方案3	方案4
方案内容	下调2.22%（下降至2017年稻谷最低收购价格水平）	下调4.62%（下降至总成本＋净利润）	下调11.62%（继续剥离保利润部分）	下调21.37%（下降至保本价格水平）

6.3.2 模拟结果分析

1. 稻谷最低收购价调整对稻谷市场的影响

从方案1至方案4的模拟结果看，无论采取“一步到位”还是“循序渐进”的改革方案，不同程度下调稻谷最低收购价政策，都会导致稻谷价格下降，进而影响农户种植积极性，引发稻谷种植面积和单产减少，产量下降。由于稻谷生产者价格下降，市场收购价随之降低，有利于拉动国内消费，刺激大米加工收购企业工业、饲料企业和消费者大米消费的增长。国内稻谷产量下降，在假定库存不变的情况下，所产生的供需缺口需要通过增加进口来满足，进口增加将推动国际市场价格上涨。由于稻谷产量和生产者价格均下降，产值也会下降，在其他因素不变的情况下，农户种植稻谷的收入也会相应减少。此外，下调最低收购价，国内生产减少，消费增加，在假定进出口不变的情况下，稻谷库存量将有所下降。

从模拟方案分析结果来看，如表6－3所示，方案1对稻谷市场供需的影响较小，最低收购价下调2.22%，种植面积和单产分别减少0.52%和0.44%，产量降低0.96%。国内稻谷消费总量增长0.33%，其中，食用消费量增长0.43%，加工消费量增长0.22%，饲用消费量增长0.01%。稻谷产值即农户种植稻谷的平均收益下降3.33%，净进口增加56.73%，库存变动下降0.96%。方案2对稻谷市场供需的影响较适中，最低收购价下调4.62%，种植面积减少1.1%，单产下降0.94%，产量降低2.03%，产值下降6.55%，稻谷消费总量增长0.72%，在假定短期库存不变的情况下，净出口增长1.2倍。方案3和方案4的模拟结果比较接近，当稻谷最低收购价下调11%以上至接近“保底”时，对稻谷市场的影响非常显著，种植面积调减幅度达2.82%~3.48%，单产降幅2.43%~2.99%，产量下降幅度高达5.2%~6.37%，进口量激增3~4倍。稻谷生产价格和产值大幅度降低，对农户种植收益的冲击非常大，生产者价格下降11.6%~14.08%，产值下降达16.2%~19.55%。同时市场收购价下降也带动了大米消费量上涨1.89%~2.33%，尤其是食用消费和加工消费增长较快，对缓解“稻强米弱”格局起到一定促进作用。

表6-3　　稻谷最低收购价调整对稻谷市场的影响

变量	单位	基准	方案1	方案2	方案3	方案4
		实际值	变化率（%）			
种植面积	万公顷	3018.82	-0.52	-1.10	-2.84	-3.48
单产	千克/公顷	6861.74	-0.44	-0.94	-2.43	-2.99
产量	万吨	20714.35	-0.96	-2.03	-5.20	-6.37
净进口	万吨	413.99	56.73	120.56	311.59	382.24
国内消费量	万吨	18491.61	0.33	0.72	1.89	2.33
食用消费量	万吨	15697.41	0.43	0.92	2.42	2.99
种子消费量	万吨	131.04	-0.52	-1.10	-2.84	-3.48
饲料消费量	万吨	534.59	0.01	0.01	0.03	0.03
加工消费量	万吨	1300.00	0.22	0.47	1.24	1.53
损耗	万吨	828.57	-0.96	-2.03	-5.20	-6.37
库存变动	万吨	2636.72	-0.96	-2.03	-5.20	-6.37
生产者价格	元/吨	2735.80	-2.19	-4.62	-11.60	-14.08
产值	亿元	5667.03	-3.13	-6.55	-16.20	-19.55

2. 稻谷最低收购价调整对小麦、玉米、马铃薯等市场的影响

小麦在口粮消费方面与稻谷有一定的替代作用，而玉米在某些地区（如东北地区）与稻谷是竞争性作物，随着马铃薯主粮化趋势发展，稻谷与马铃薯在食用消费方面也存在一定的替代关系。稻谷最低收购价格下调，使得小麦、玉米、马铃薯的比较收益提高，种植面积随之增加。从政策模拟结果来看，稻谷最低收购价下调的四种方案都会导致小麦、玉米、马铃薯种植面积不同程度增长，稻谷最低收购价格下调得越多，小麦、玉米、马铃薯种植面积就增加越多，其中，玉米和马铃薯种植面积增加幅度更大，在方案4中两者增幅最大，分别达到0.57%和0.71%。稻谷最低收购价格变化主要影响小麦消费，在方案4中，小麦国内消费量减少1.32%，其中稻谷和小麦在口粮消费上替代作用最大，小麦口粮消费量将下降1.63%，净进口下降54.42%。稻谷最低收购价格变化对马铃薯消费也产生一定影响，在方案4中，马铃薯食用消费下降1.02%。

3. 稻谷最低收购价格调整对主产区农户纯收入的影响

利用农业部农村固定观察点农户数据，借鉴曹慧、张玉梅、孙昊（2017）对2015年主产区稻谷种植收入占农户纯收入比重的估算结果，应用上述模型模拟结果，推算出不同稻谷最低收购价格调整方案对主产区稻谷种植户纯收入的影响。随着稻谷最低收购价下调幅度增大，对农户纯收入的影响也在增大，且由于不同地区间农户收入结构差异较大，政策调整对不同地区稻谷种植农户纯收入的影响程度也有所不同。2015年种植稻谷收入占稻谷主产区农户纯收入的比重为10.9%，按照2017年国家稻谷最低收购价，对农户纯收入的影响不大，全国主产区农户平均纯收入下降0.34%，东北三省农户纯收入中稻谷种植收入占比较大，特别是黑龙江稻谷种植收入占农户纯收入的比例达65.08%，黑龙江、辽宁、吉林三省农户纯收入分别下降2.04%、0.71%、0.65%，安徽、江苏、江西、湖北、湖南等省农户纯收入下降0.2%~0.35%，河南、广西农户纯收入受稻谷最低收购价下调的影响最小。如果参照2018年国家最新的稻谷最低收购价，甚至进一步下调至保本价，则对农户纯收入的影响非常显著，全国主产区农户纯收入平均下降1.76%~2.13%，其中，黑龙江农户纯收入下降10%以上，辽宁、吉林均下降4%以上，江西、湖南、安徽、湖北、江苏下降幅度在1.34%~2.22%，广西、河南农户纯收入下降不足1%（见表6-4）。

表6-4 稻谷最低收购价格调整对主产区农户纯收入的影响 单位：%

	稻谷种植收入占农户纯收入比重	方案1	方案2	方案3	方案4
全国	10.89	-0.34	-0.71	-1.76	-2.13
黑龙江	65.08	-2.04	-4.26	-10.54	-12.72
吉林	20.75	-0.65	-1.36	-3.36	-4.06

续表

	稻谷种植收入占农户纯收入比重	方案 1	方案 2	方案 3	方案 4
辽宁	22.62	-0.71	-1.48	-3.66	-4.42
河南	4.04	-0.13	-0.26	-0.65	-0.79
江苏	6.86	-0.21	-0.45	-1.11	-1.34
安徽	9.6	-0.30	-0.63	-1.55	-1.88
江西	11.34	-0.35	-0.74	-1.84	-2.22
湖北	7.34	-0.23	-0.48	-1.19	-1.43
湖南	10.68	-0.33	-0.70	-1.73	-2.09
广西	4.46	-0.14	-0.29	-0.72	-0.87

6.4 未来稻谷产业发展趋势预测

6.4.1 总体发展趋势判断

考虑了短期和长期影响因素，依据主要宏观经济变量作预测，本预测以 2016 年为基期，利用模型及其变量参数对 2017 ~ 2035 年中国稻谷生产、消费、贸易等进行了模拟预测。

中国稻谷产量将保持稳定。未来预测期间，稻谷种植面积小幅度减少，单产持续提高，总产量稳中呈先增后减趋势。在排除外部因素重大影响的情况下，总产量将稳定维持在 2 亿吨以上。预计到 2020 年，稻谷种植面积略减至 2979 万公顷，单产提高到 6869 千克/公顷，总产量稳定在 20464 万吨；到 2035 年，稻谷种植面积为 2938 万公顷，单产增至 6893 千克/公顷，总产量达到 20258 万吨。

中国稻谷消费将持续小幅增长。未来预测期间，稻谷食用消费将随着城乡居民人均口粮消费量减少而略有下降，加工消费较大幅度增长，饲用消费略有上升，种用消费和损耗出现一定幅度减少。按不同消费群体划分，农村居民稻谷总消费量逐年减少，而城镇居民稻谷总消费量有少量增加。预计到 2020 年，稻谷消费总量 18779 万吨；到 2035 年，稻谷消费总量增长到 19121 万吨，年均增长率 0.17%。消费结构发生显著变化，食用消费占总消费比重由 2016 年的 84.8% 下降至 2035 年的 75.6%，加工消费所占比重由 7.0% 增长至 16.1%，长期年均增长率为4.65%，其他消费占总消费的比重变化不大。

受全球市场价格、贸易政策和品种调剂的影响，中国稻谷进口将保持一定数量。由于国内农业供给侧结构性改革和“去库存”步伐加快，稻谷出口将会增加，随着国内外大米差价缩小，进口增长速度将有所放缓。预计到2020年，中国稻谷净进口为293万吨；到2035年，稻谷净进口增长至535万吨，比2016年增长了21.7%，长期年均增长率为1.04%。

进入新时代，在确保稳定3.4亿亩水稻生产功能区的基础上，中国稻谷供给绝对安全的底线有保障，未来稻谷产业发展将以绿色化、优质化为导向，以调结构、优方式为目标，以品牌建设为核心，改革完善稻谷定价机制和收储政策，进一步发挥市场机制作用，提升产业供给质量和效益。

6.4.2 短期产业发展形势分析（2018~2020年）

1. 生产趋势

稻谷种植面积有所减少。短期内，稻谷种植面积受国家政策影响持续减少，由2016年的3017万公顷下降到2018年的2989万公顷；到2020年，种植面积继续减少到2979万公顷，比2016年减少1.28%，短期内年均增长率为-0.32%。受国家水稻种植结构调整政策的影响，重点调减低产区部分低品质稻谷种植面积，2018年预计调减水稻面积1000万亩以上。在长江流域双季稻产区，部分早稻种植存在生产季节紧、成本高、产量低、品质差、销售难等问题，双季稻种植比较效益较低，未来“双改单”趋势将非常明显，籼稻面积将出现下降；在东北产区，粳稻面积近年来持续增加，稻谷库存压力进一步加大，未来“旱改水”趋势将受到遏制，寒地井灌稻种植面积将有所调减。此外，国家最低收购价持续下调，也对稻谷种植面积起到一定压减作用。

稻谷单产持续增加。短期内，稻谷单产稳定略增，预计2018年稻谷单产水平与2016年基本持平；到2020年，稻谷单产预计为6869千克/公顷，比2016年增产0.11%，短期内年均增长率为0.03%。品种改良、种植技术创新、技术推广与服务体系完善等都在一定程度上对提高单产水平起到推动作用。

稻谷总产量基本稳定。短期内，稻谷总产量将保持基本稳定，并可能出现小幅波动。2018年国家稻谷最低收购价较大幅度下调，将对稻谷种植农户的种植积极性产生一定抑制作用，稻谷产量在一定时间内减少的可能性较大。在排除外部自然因素的情况下，预测2018年，稻谷总产量稳定在20397万吨，比2016年下降1.5%；到2020年，稻谷总产量恢复性增长至20464万吨，短期内年均增长

率为 -0.3%。

2. 消费趋势

稻谷消费总量增加。短期内，稻谷消费总量稳中略增，预计到 2018 年稻谷总消费量为 18631 万吨，比 2016 年增长 0.65%；到 2020 年稻谷总消费约为 18778 万吨，比 2016 年增长 1.45%，短期内年均增长率为 0.36%。从消费结构方面看，增加的主要是食用、工业和饲料消费，其中加工消费有大幅度的增长，种用消费和稻谷损耗基本保持不变。食用消费占总消费比重由 2018 年的 84.4% 降至 2020 年的 83.9%，工业消费占总消费比重从 2018 年的 7.5% 增长至 2020 年的 8.0%，其他消费占稻谷总消费的比重变化不大。

食用消费平稳略增。预计 2018 年稻谷食用消费量为 15718 万吨，比 2016 年增长 0.12%；到 2020 年食用消费量为 15748 万吨，比 2016 年增长 0.3%，短期内年均增长率为 0.08%，其中农村居民稻谷食用消费量 7623 万吨，比 2016 年减少 7.08%，城镇居民稻谷食用消费量 8125 万吨，比 2016 年增加约 8.38%。近年来城镇化加速推进，农村居民人口数量大幅减少，导致农村居民稻谷食用需求量快速下降，而城镇人口迅速增加，使得城镇居民稻谷食用需求量呈现较快增加的趋势。

饲料消费和加工消费均呈现一定增长。短期内，稻谷饲用消费略有增加，加工消费增长速度较快。预计饲用消费在 2020 年达到 573 万吨，短期年均增长率为 0.97%；加工消费增幅较为明显，到 2020 年加工消费将达到 1509 万吨左右，比 2016 年增加约 16.12%，短期年均增长约为 3.81%。饲用和加工消费增长的主要原因是连续多年实施的托市收购政策促使稻谷进入高库存时代，部分超期储存稻谷进入饲料或工业加工用途。

种用消费和损耗比较稳定。稻谷种用消费和损耗量在短期内变化不大，预计 2018 年种用消费量约为 130 万吨；到 2020 年种用消费量为 129 万吨，种用消费占稻谷总消费的比重基本保持在 0.6% 左右。损耗也基本变化不大，在稻谷总消费中所占比重基本保持在 4% 左右。

3. 贸易趋势

稻谷进口将维持一定规模。短期内，中国稻谷还将存在大量的进口，一方面是粮食领域存在着结构性矛盾，高端优质稻米产品供给不足，加大了对优质稻谷进口的消费需求；另一方面主要受国内外价差影响，越南、巴基斯坦等国低端大米较中国南方籼米市场具有较大的价格比较优势。此外，关税政策也对稻谷进口产生一定刺激作用。随着国内“去库存”步伐加快，中国积极拓宽国产大米出口市场，稻谷出口量短期内将会较大幅度增加。预测到 2018 年稻谷净进口为 254 万吨；到 2020 年中国稻谷净进口为 293 万吨。

6.4.3 长期产业发展形势分析（2018～2035年）

1. 生产趋势

稻谷种植面积略有下降。如图6－7所示，长期内，中国稻谷种植面积持续的小幅度下降，预计在2035年种植面积减少到2939万公顷，比2016年减少约2.62%，长期年均增长率为－0.14%。在耕地面积不断减少、水资源约束日益突出的背景下，稻谷种植面积增加空间受限，同时受农业供给侧结构性改革深入推进，重金属污染区、地下水超采区和生态严重退化地区实施耕地轮作休耕试点等政策的综合影响，未来稻谷种植面积将有所调减。

稻谷单产稳步提高。长期内，随着技术不断进步，品种更新加快，基础设施建设日益完善，将会有效提高稻谷单产水平；但随着优质品种替代种植面积增加，在一定程度上也会限制单产增长空间。未来稻谷单产有持续提升的潜力，同时也面临着较大的科技创新压力。预测到2035年稻谷单产达到6894千克/公顷，比2016年提高0.47%，长期年均增长率为0.02%左右。

稻谷总产量基本稳定。长期内，在没有外部重大因素影响的情况下，稻谷总产量将稳定维持在2亿吨以上，但年际间略有下降波动，当稻谷单产提高对产量增加的贡献无法弥补种植面积减少带来的产量下降时，稻谷产量出现小幅度减少。预测到2035年稻谷总产量为20258万吨，比2016年略减2.17%，长期年均增长率为－0.12%，但波动幅度将逐渐减缓。

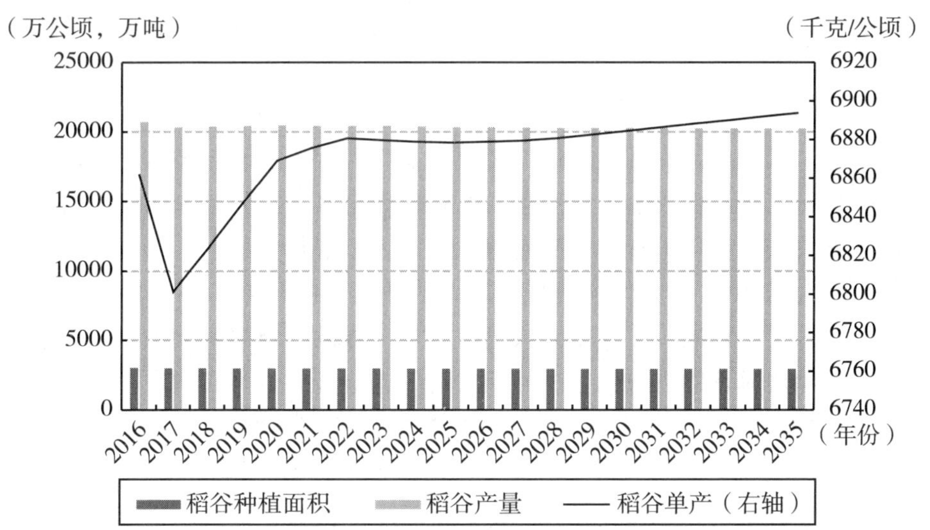

图6－7 2016～2035年中国稻谷种植面积、产量及单产趋势预测

资料来源：2016年数据来自国家统计局，2017～2035年资料来源于本章预测。

2. 消费趋势

稻谷消费持续增长。如图 6－8 所示，到 2035 年稻谷消费总量将增长至 19121 万吨，比 2016 年增加 3.3%，长期年均增长率为 0.17%。消费结构发生显著变化，食用消费随着城乡居民人均口粮消费量减少而略有下降，占总消费比重由 2016 年的 84.8% 下降至 2035 年的 75.6%；加工消费出现较大幅度增长，所占比重由 7.0% 增长至 16.1%；饲用消费略有上升，种用消费和损耗出现一定幅度减少。

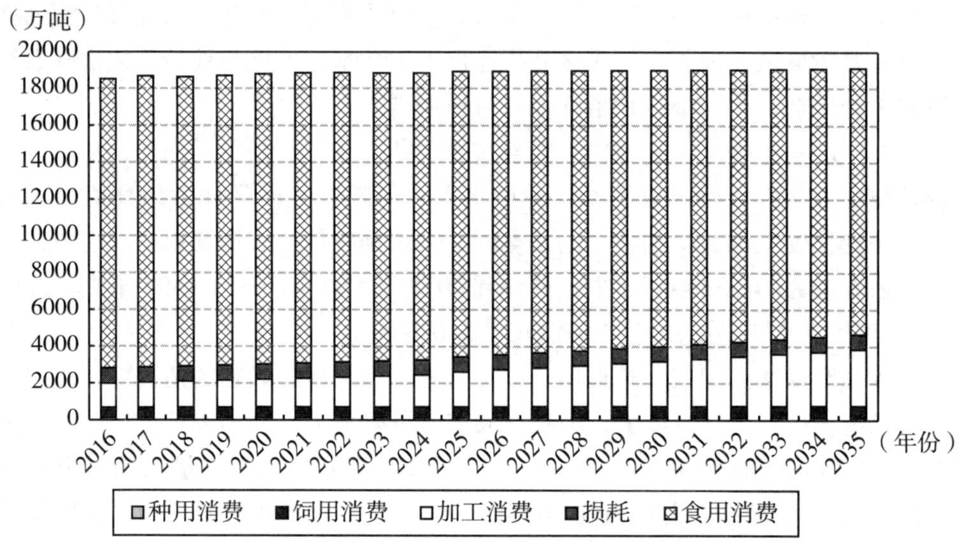

图 6－8　2016～2035 年中国稻谷消费趋势预测

资料来源：2016 年数据来自国家粮油信息中心，2017～2035 年资料来源于本章预测。

食用消费先增后降。长期内，稻谷食用消费量呈现先增后降趋势。预测 2035 年，稻谷食用消费总量为 14450 万吨，比 2016 年下降 7.96%，长期年均增长率 －0.44%。稻谷食用消费量变动的主要原因是农村人口及人均食用需求的减少。城乡居民人均食用消费呈递减趋势，长期来看农村居民人均消费量年均增长率为 －0.1%，城镇居民人均消费量年均增长率为 －0.12%；城镇化推进使得农村居民人口数量大幅减少，城镇人口迅速增加，导致农村居民大米食用需求量快速下降，城镇居民食用需求量呈现不断增加的趋势，并且将超过农村居民的食用消费总量，2035 年农村居民食用消费量约为 5101 万吨，比 2016 年下降 37.82%，城镇居民食用消费量约为 9350 万吨，比 2016 年增长 24.72%（见表 6－9）。但随着经济的发展，城市化率将在达到一定程度后增速放缓，居民食物消费结构日趋合理，动物性食品以及其他食品消费量增加，这也使城镇居民的大米食用需求量增长速度逐渐变慢。

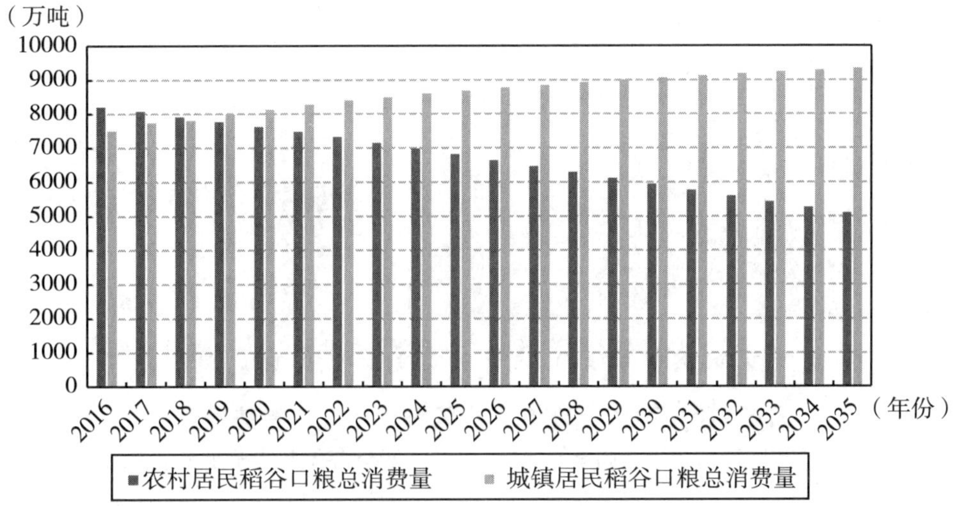

图 6－9　2016～2035 年中国农村、城镇居民稻谷口粮消费量

资料来源：2016 年数据来自国家粮油信息中心，2017～2035 年资料来源于本章预测。

饲料消费和加工消费量呈增长趋势。长期内，稻谷加工消费量增长速度快于饲料消费增长。饲用消费量的增长源自畜产品消费量的增加，但稻谷本身不是重要的饲料粮作物，预计在 2035 年稻谷饲用消费量将增加到 650 万吨，长期年均增长率为 0.86%。稻谷加工消费量则随着经济发展不断增大，未来稻谷精深加工产业发展潜力巨大，预计在 2035 年稻谷加工消费量将达到 3083 万吨左右，年均增长率为 4.65%，加工消费将成为稻谷的第二大消费来源。

种用消费和损耗略减。稻谷种用消费基本稳定略有减少，预计到 2035 年种用消费为 128 万吨，基本保持在总消费的 0.6% 左右。稻谷损耗也略有下降，从 2016 年的 828 万吨降至 2035 年的 810 万吨，基本保持在总消费的 4% 左右。

3. 贸易趋势

稻谷进口将维持一定规模。中国在拥有着稻谷高产量的同时还存在大量进口，主要源于进口稻谷成本远低于国内稻谷生产成本，刺激着稻谷进口增加。然而国际贸易有限，中国进口大幅增加会抬高国际价格，进而促使国内外差价缩小，从而降低稻谷进口幅度。中国推进粮食供给侧结构性改革，加快粮食“去库存”，同样也刺激稻谷出口，使短期内稻谷出口增加，净进口减少。长期来看，随着供给侧改革深入，“去库存”趋于稳定，稻谷出口量将会有所减少，但进口将会维持一定数量。预测 2035 年，中国稻谷净进口将持续提高，达到 534 万吨，比 2016 年增长 21.7%（见图 6－10）。

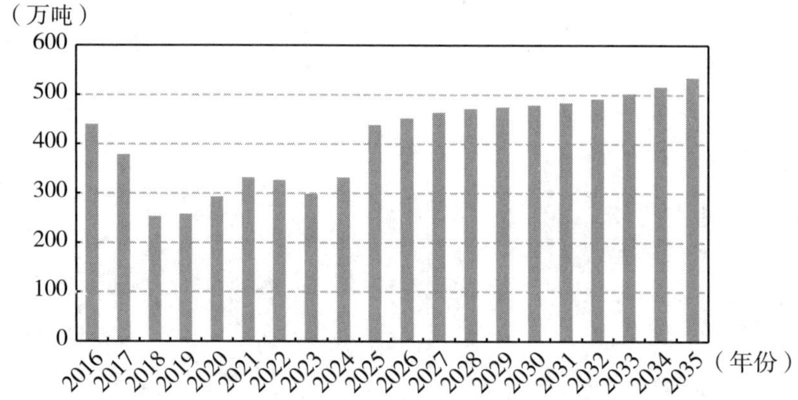

图 6－10　2016～2035 年中国稻谷净进口趋势预测

资料来源：2016 年数据来自国家统计局，2017～2035 年资料来源于本章预测。

4. 供需平衡总体形势

中国稻谷供需总体格局较为宽松。从总体供需形势预测，国内稻谷供需继续保持均衡有余的格局，供给略大于需求。长期内，中国稻谷生产发展平稳，稻谷年产能将稳定在 2 亿吨以上，即使完全不考虑国际市场和库存变化的情况下，单从狭义的国内供求来看，国内生产量也将超过总消费量，略有盈余。预测到 2035 年国内稻谷总消费量为 19121 万吨，稻谷产量高于国内消费量 1137 万吨，而净进口也将达到 534 万吨，供需形势将继续保持宽松格局（见图 6－11）。而就全球稻谷产需情况看，全球稻谷产大于消费，所以中国稻谷出口形势更为严峻，库存压力较大。

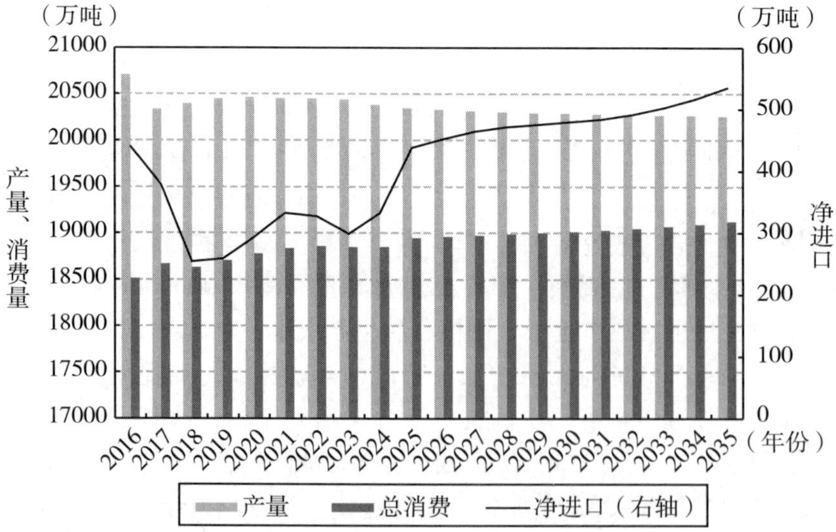

图 6－11　2016～2035 年中国稻谷产量、消费量和净进口量趋势预测

资料来源：2016 年数据来自国家统计局，2017～2035 年资料来源于本章预测。

6.5 结论与政策建议

6.5.1 主要结论

对产业发展形势及未来发展趋势分析表明，在稻谷最低价收购价政策引导和科技进步推动下，中国稻谷生产连续多年稳定增长，稻谷年产能已稳定在2亿吨以上，即使完全不进口，也已经超过1.85亿吨年总消费量。到2035年水稻功能区3.4亿亩耕地全部建成高标准农田，补贴政策能够保障全部种稻，稻谷产能将保持稳定，消费小幅增长，进口仍有一定数量但增速放缓，整体供需格局较为宽松，国家稻谷“绝对安全”有保障。

对稻谷最低收购价改革政策方案模拟分析表明，不同程度下调稻谷最低收购价政策，都会导致稻谷生产者价格下降，进而影响农户种植积极性，引发种植面积和单产减少，产量下降。2017年稻谷最低收购价下调对国内稻谷及粮食市场和农户收入的影响总体较小，但进一步较大幅度下调最低收购价11%以上至“保本”底线时，对稻谷产业冲击非常显著，种植面积调减幅度达2.82%~3.48%，产量下降幅度达5.2%~6.37%，且对主产区农民纯收入造成较大影响，导致主产区稻谷种植户纯收入平均下降1.76%~2.13%，黑龙江等省份农户纯收入降幅高达10%以上。因此，需要考虑采取生产者补贴等手段来有效保障农民种植积极性。

6.5.2 政策建议

以发挥市场机制作用为导向，积极探索稻谷定价机制、补贴政策和收储制度改革。按照循序渐进、审慎稳妥的原则，保持口粮品种最低收购价政策框架基本稳定，在此基础上适当增加政策弹性，更好地发挥市场的引导调节作用。分阶段、分步骤、分品种对政策适用范围进行调整，逐渐降低最低收购价水平，用3~5年的时间把最低收购价调整到一个“合理水平”。分期分批调整早籼稻、粳稻、中晚籼稻的实施范围，中晚籼稻调减幅度小于早籼稻和粳稻，同时探索建立水稻生产者补贴机制，保护农民种植收益，为未来实行“市场定价、价补分离”的价格形成机制奠定基础。

以确保口粮绝对安全为目标，建设水稻生产功能区。充分发挥粮食生产功能区的作用，划定3.4亿亩水稻生产功能区，作为稳定中国稻谷产能、确保口粮绝对安全底线的基本保障。同时，在重金属污染区、地下水超采区调减水稻种植，开展休耕轮作，优化种植结构和生产方式。在东北黑土区遏制“旱改水”趋势，支持农民和新型经营主体把目前尚需井灌的水稻有序休耕、调整；在湖南省长株潭等重金属超标的耕地重度污染区开展连续多年休耕；在长江中下游平原稻作区，发展“油菜—水稻”“绿肥—水稻”等轮作模式，主动调减优化双季稻种植。

以绿色优质为方向，加强稻谷科技创新能力。优先推进优质、稳产、轻简型稻谷新品种选育，大力研发节本省工、生态环保型生产技术，不断推进全过程农业机械研发与推广应用，加快肥水药减施技术的研发与推广应用，探索再生稻“一种两收”、稻田综合种养等“稻谷＋”绿色周年高效生产模式，提高稻谷科技供给能力，从根本上培育和提升稻谷科技竞争力和产业竞争力。

以品牌建设为核心，提升大米产业竞争力。要大力发展稻谷精深加工和综合利用，开发出满足消费者健康、营养、绿色需求的大米精深加工品。加强精品自主大米品牌创建和推广，扶持一批龙头企业，特别是稻米加工开发龙头企业，对优质稻实施产业化开发，积极鼓励企业创立自主大米品牌，在国内外市场开拓品牌知名度，提高国产大米的市场占有率和品牌竞争力。

完善稻谷进出口调控措施，推进稻谷“走出去”战略。确定切实可行的自给率目标和进口规模，管好用好大米进口关税配额，强化进口大米的检验检疫监管，通过非关税技术壁垒对大米进口进行调节、管理和控制，严厉打击大米走私，减轻国际市场的冲击影响。推进“走出去”和市场多元化战略，落实国家“一带一路”倡议，面向俄罗斯和中亚国家，推动粳稻科技“走出去”，面向东亚和欧洲，推动东北稻米市场“走出去”，积极实施大米援助，推动大米外交战略。

第 7 章

小麦产业

主要观点：

● 中国小麦生产稳定发展，布局总体稳定。中国小麦产量总体呈增长态势，生产成本上升较快，种麦效益持续下滑。

● 中国小麦消费总量继续呈下降趋势，进口量持续超过出口量，小麦供需在总量上保持宽松格局，但在质量与品种上存在结构性矛盾。

● 新时期中国小麦产业发展面临着最低收购价格下调、国际竞争力不断下降、优质小麦短缺、产业化组织模式难以适应新要求等新情况及新问题。

● 据预测，短期来看，中国小麦产量将呈微涨态势，需求将出现一定的回暖，2020 年小麦产量将达到 1.30 亿吨，需求量将达到 1.33 亿吨，小麦供需在总量上将仍然保持宽松格局，但在品种上依然存在结构性矛盾；长期来看，小麦产量整体较为稳定，需求量呈下降趋势，2035 年小麦产量为 1.28 亿吨，需求量为 1.31 亿吨，小麦供需平衡形势较为宽松。

● 最低收购价政策改革对小麦供需及主产区农民收入的影响政策模拟结果显示，小麦最低收购价格下调后小麦的播种面积、单产和产量均不同程度下降，净进口量增长幅度较大，主产区农户纯收入下降幅度为 0.18%~0.61%。

● 为促进中国小麦产业发展提出了加快发展适度规模经营，推进品种分类布局区域化，完善小麦收购政策，实时监控国际市场新动向，分散进口来源降低贸易风险等政策建议。

7.1 引言

小麦是中国口粮的重要品种之一，也是中国重要的商品粮和战略性储备粮。小麦产业的发展不仅对中国粮食安全具有十分重要的意义，而且对主产区的农业增效与农民增收也具有重要的意义。2011 ~ 2017 年，从生产状况来看，中国小麦生产稳定发展，布局总体稳定。中国小产量总体呈增长态势，生产成本上升较快，种植效益持续下滑。2017 年中国小麦在种植面积小幅下降的情况下，总产增产，单产再创历史新高。2017 年中国小麦种植面积比上年减少 0.8%，小麦总产量比上年增产 0.7%，单产比上年增长 1.6%。从消费状况来看，小麦消费总量呈减少趋势，从 2012 年消费高峰值的 1.35 亿吨，下降到 2017 年的 1.04 亿吨。从贸易状况看，自 2009 年以来，中国小麦进口量持续超过出口量，除了品种调剂的原因，主要是价差驱动的作用，国内小麦竞争优势下降。从供求状况来看，小麦供需在总量上保持宽松格局，但在质量与品种上存在结构性矛盾。同时，小麦产业发展也面临着最低收购价格下调、国际竞争力不断下降、优质小麦短缺、产业化组织模式难以适应新要求、生产面临资源和环境约束日益增强等新情况及新问题。本章在综合考虑短期和长期影响因素的基础上，对未来小麦产业发展趋势进行了预测分析，并对最低收购价政策改革对小麦供求及主产区农民收入的影响进行了政策模拟分析，最后为小麦产业发展提供了科学决策参考。

7.2 小麦产业发展形势

7.2.1 生产发展形势

全国小麦生产稳定发展。2011～2017 年，中国小麦产量总体呈增长态势，如图 7－1 所示，2011 年中国小麦产量 11740 万吨，2017 年达到 12977 万吨，总增幅 10.5%，年均增长 1.8%；小麦播种面积总体呈下降趋势，由 2011 年的 2427 万公顷下降至 2399 万公顷，下降 1.2%，年均下降 0.2%；小麦单产水平不断提高，由 2011 年的 4837 千克/公顷提高到了 2017 年的 5410 千克/公顷，增长 11.8%，年均增长 2%。2017 年中国小麦在种植面积小幅下降的情况下，总产增产，单产再创历史新高。2017 年中国小麦种植面积比上年减少 0.8%；小麦总产量略低于 2015 年历史最高产量 13019 万吨，比上年增产 0.7%；小麦单产比上年增长 1.6%。在总耕地面积不变或者下降的趋势下，小麦总产量的提高主要依赖于单产水平的提高。

小麦生产布局总体稳定。农业部发布的《全国优势农产品区域布局规划（2008～2015 年）》根据自然资源条件和小麦产业发展特点，把中国小麦产区划分为黄淮海、长江中下游、西南、西北和东北五个优势产区。其中，黄淮海小麦优势区包括河北、山东、北京、天津全部，河南中北部，江苏和安徽北部，山西中南部以及陕西关中等省份和地区，是中国发展优质强筋、中筋小麦

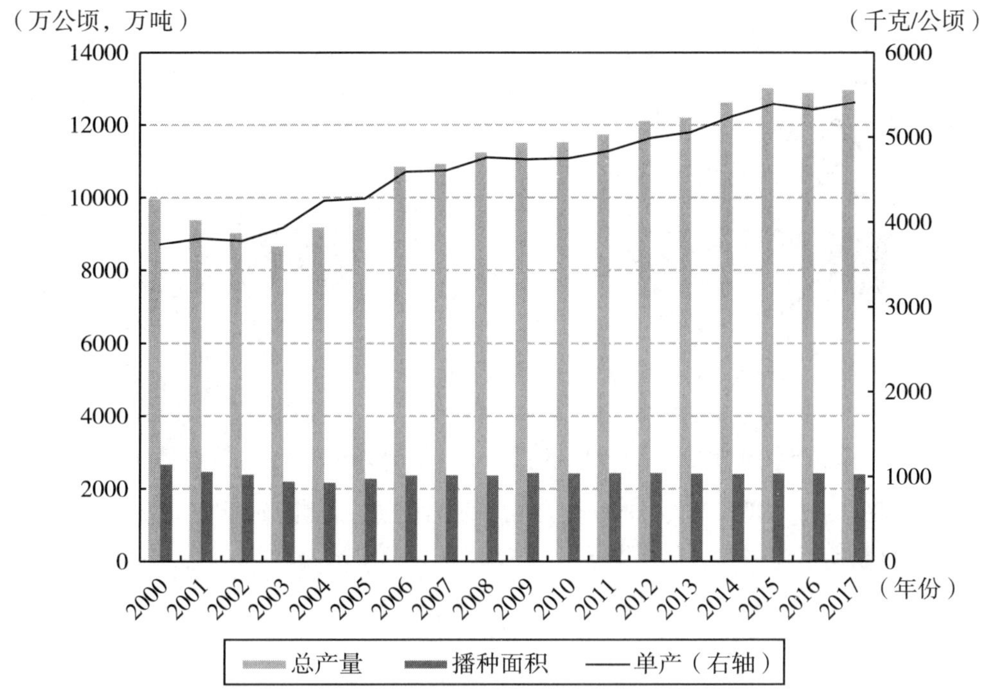

图7－1 2000～2017年中国小麦播种面积、总产量和单产变化情况

资料来源：国家统计局历年数据。

的最适宜地区之一。长江中下游小麦优势区包括江苏和安徽两省淮河以南、湖北北部以及河南南部，是中国发展优质弱筋小麦的最适宜地区。西南小麦优势区包括四川、重庆、云南、贵州、西藏等省（区、市），以生产中筋小麦为主，也可生产弱筋小麦。西北小麦优势区包括甘肃、宁夏、青海、新疆全部以及陕西、内蒙古部分地区等，适宜发展优质强筋、中筋小麦。东北小麦优势区包括黑龙江、吉林、辽宁全部及内蒙古东部，是中国重要的优质硬红春小麦产区，是中国优质强筋、中筋小麦的优势产区之一。中国小麦产量前十名的是河南、山东、安徽、河北、江苏、新疆、湖北、四川、陕西、甘肃十省区（见图7－2）。2016年小麦产量占全国小麦总产量的89.21%，比2011年上涨2.03%。

生产成本上升较快，种麦效益持续下滑。如图7－3所示，2016年小麦亩均产值930.36元，比2011年增加100.16元，增幅12.06%；亩均总成本1012.51元，比2011年增加300.23元，增幅42.15%；亩均净利润为－82.15元，比2011年减少200.07元，降幅169.67%；成本利润率降低24.67个百分点，已连续两年下降。造成小麦成本利润率连续降低的主要有两方面原因。一是生产成本不断上升，尤其是人工成本上升较快。2011～2016年，小麦生产成本中的人工

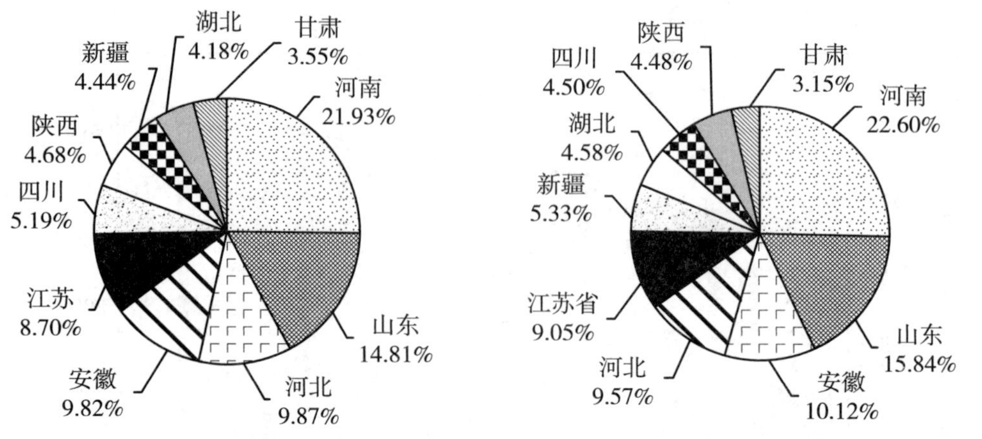

（a）2011年各省份小麦产量占全国的比重　（b）2016年各省份小麦产量占全国的比重

图 7－2　2011 年、2016 年各省份小麦产量占全国比重变化情况

资料来源：国家统计局历年数据。

成本从 225. 68 元/亩增加至 370. 99 元/亩，增长 64. 39%，对小麦总成本上涨的贡献达到 48. 40%；物质与服务费用从 583. 01 元/亩增加至 805. 59 元/亩，增长 38. 18%，对小麦总成本上涨的贡献为 25. 74%。其中，种子费用增长 32. 92%，机械作业费用增长 32. 62%，化肥费用增长 7. 33%。二是土地成本大幅提高。近年来随着土地流转的推进土地成本明显上升。2016 年，小麦亩均土地成本为 206. 92 元，比 2011 年增长 60. 07%，对小麦总成本上涨的贡献达到 25. 86%。

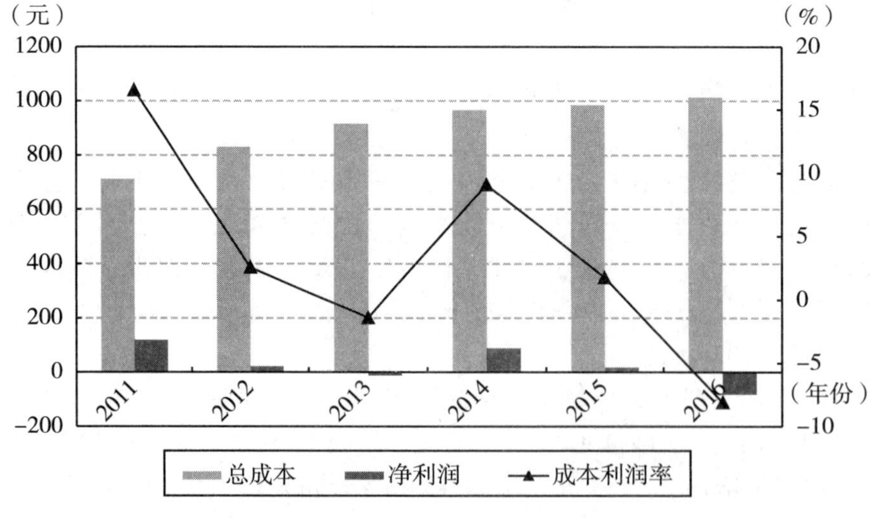

图 7－3　2011～2016 年中国小麦生产成本收益的变化情况

资料来源：历年《全国农产品成本收益资料汇编》。

7.2.2　消费发展形势

小麦消费总量继续呈减少趋势。国家粮油信息中心数据显示，2011～2017年，国内小麦消费总量总体呈下降趋势；国内小麦消费总量呈减少趋势，从2012年的消费高峰值13480万吨，下降到2017年的最低谷10370万吨。

2017年小麦工业消费和饲用消费均较上年度减幅较大。由于全国小麦平均价格大幅高于玉米价格，预计2017/2018年度二者价差仍然较大，小麦工业消费和饲用消费与上年度比较将会有所下降。据国家粮油信息中心预计，2017/2018年度国内小麦消费总量为1.04亿吨，较上年减少401万吨，下降3.7%。其中，食用消费8750万吨，较上年下降1.1%；饲料消费500万吨，较上年下降30.8%；工业消费650万吨，较上年下降11.7%（见图7－4）。

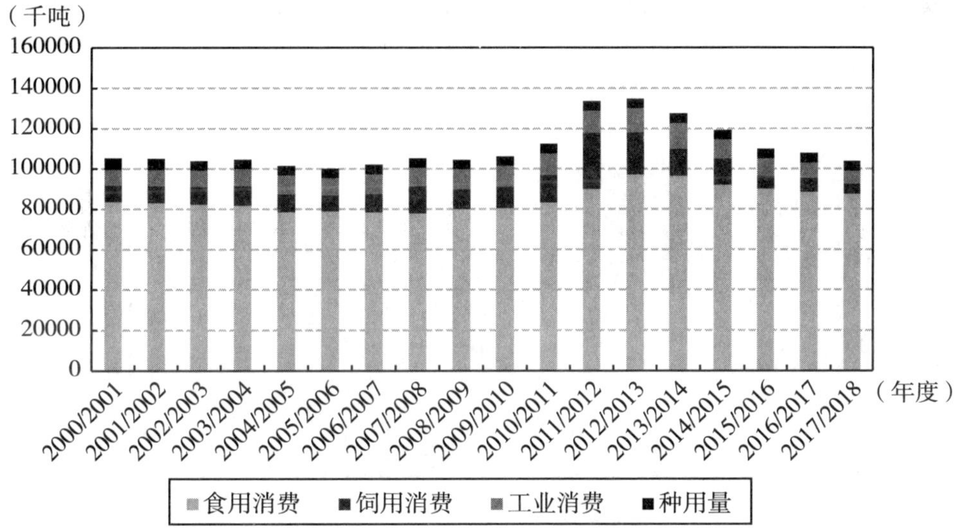

图7－4　小麦消费形势变化情况

资料来源：国家粮油信息中心历年数据。

7.2.3　贸易发展形势

2011～2017年中国小麦进口经历了上升—下降—再上升的过程。自2009年以来，中国小麦进口量持续超过出口量，除了品种调剂的原因，主要是价差驱动的作用，国内小麦竞争优势下降。据中国海关总署数据，小麦进口量由2011年的124.88万吨增加至2013年的550.67万吨。之后小麦进口量迅速下降，2014

年和 2015 年下降至 300 万吨、300.59 万吨。2016 年之后，小麦进口量明显增长。2017 年中国小麦进口 429.67 万吨，比 2011 年增长了 241.52%。中国小麦在大量进口的同时出口数量相对较少，2017 年中国小麦出口 1.2 万吨，比 2011 年减少 69.85%。

2017 年小麦进口保持旺盛局面，出口小幅下降。如图 7-5 所示，2017 年中国进口小麦 429.68 万吨，较 2016 年增加 26%。小麦进口增加的主要原因有：一是国内小麦价格居高不下，特别是优质小麦更是创下历史高点，在配额总量有限的情况下，有企业愿意承担配额外的高关税进口；二是国际小麦总体保持低位震荡局面，统计显示，2017 年全年小麦进口均价 240.03 美元/吨，较 2016 年基本持平；三是国内面粉市场竞争加剧，不少企业调整发展策略，朝专用粉、高档粉方向迈进，扩大了对进口小麦的需求。由于国内小麦价格较高，2017 年小麦出口量仅 1.2 万吨，略低于 2016 年。从进口结构看，2017 年中国小麦进口主要来自澳大利亚（占进口总量的 44.2%）、美国（占进口总量的 36.2%）、加拿大（占进口总量的 12.2%）。

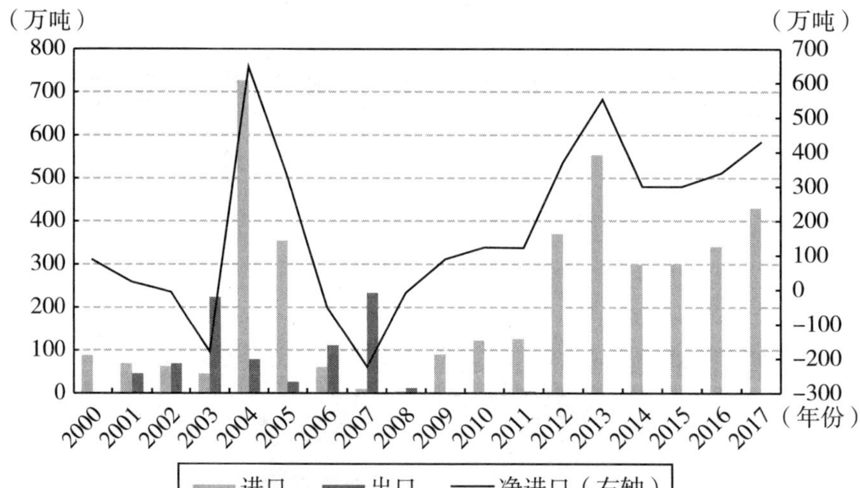

图 7-5 2000~2017 年中国小麦贸易变化情况

资料来源：中国海关历年数据。

7.2.4 供需平衡及价格形势

1. 供需平衡分析

小麦供需在总量上保持宽松格局，但在质量与品种上存在结构性矛盾。据国家粮油信息中心发布的中国小麦供需平衡表，小麦供需格局在总量上由原来的产不足需转变为供大于需的宽松格局。2016/2017 年小麦产量 1.2885 亿吨，消费量 1.0771 亿吨；2017/2018 年度小麦产量 1.302 亿吨，消费量 1.037 亿吨（见图 7-6）。小麦供需在总量上保持宽松格局，但在质量与品种上存在结构性矛盾，部分品种依赖进口。一方面，由于近几年小麦收获期主产区遭受持续降雨等不利天气，小麦不完善颗和霉变率明显增加，质量受到影响；另一方面，由于国内专用粉需求旺盛，加上对食品质量安全要求提高，面粉加工企业对小麦的品质要求提升，小麦供给与市场需求存在结构性矛盾。小麦强筋弱筋品种退化，且纯度不高，不能满足加工企业需求。

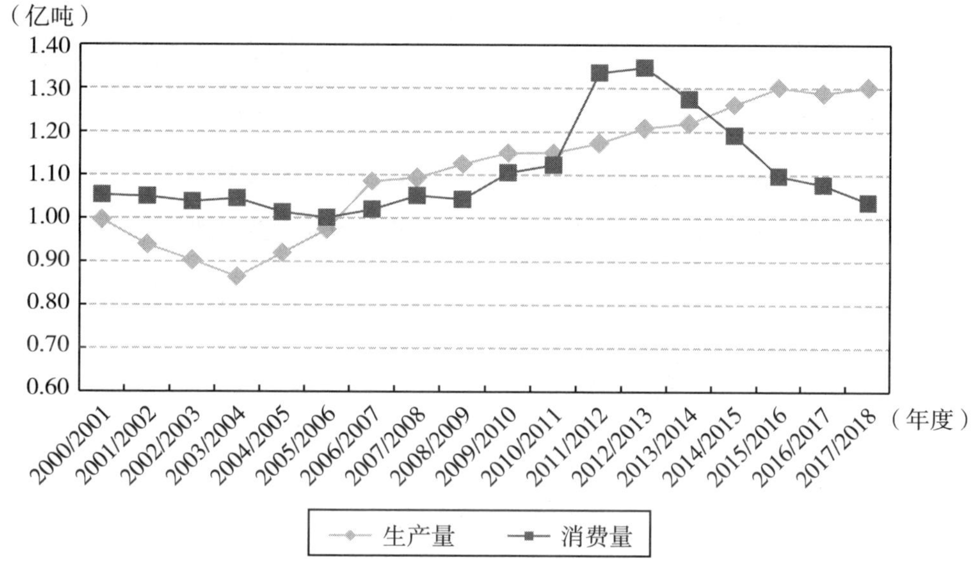

图 7-6 小麦供需形势变化情况

资料来源：国家粮油信息中心历年数据。

2. 市场价格变化分析

2017 年国内小麦行情阶段性特征明显。2017 年 1~4 月阶段性供需关系转换致小麦价格高位波动；5~7 月新粮集中上市，低价新小麦拖累行情短期跌落；进入 8 月，小麦规模性收购持续推进，市场上流通的小麦不断减少，在主产区供应偏紧的情况下小麦价格缓步提升。据市场信息，截至 2017 年 12 月底，主产区价格多在 2625~2631 元/吨区间小幅波动。2017 年小麦全年批发均价河北为 2586 元/吨、山东为 2576 元/吨、河南为 2535 元/吨，分别比上年增加了 5.07%、4.81%、5.32%（见图 7-7）。

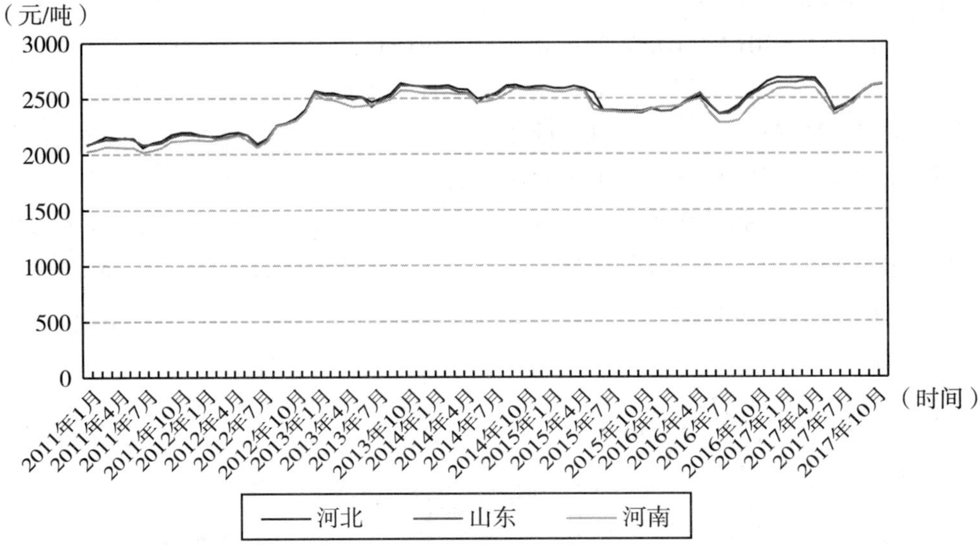

图 7-7　2011~2017 中国小麦批发市场价格变化情况

资料来源：国家粮油信息中心历年数据。

7.3　小麦产业发展新情况及其影响分析

1. 最低收购价首次下调，收储政策改革加快推进

2018 年国家继续在小麦主产区实行最低收购价政策。在综合考虑生产成本、市场供需、国内外市场价格以及产业发展等因素的基础上，国家发改委明确 2018 年的小麦（三等）最低收购价为每 50 千克 115 元，比 2017 年下调 3 元。这是自 2006 年开始执行小麦最低收购价政策以来首次下调最低收购价。一方面，小麦最低收购价下调将引导主产区农民进行种植结构调整，对产业结构的优化起到促进作用。另一方面，有利于引导农户重点发展优质小麦，并促进优质优价的机制形成。但小麦最低收购价的下调直接影响主产区农户收入下降，在一定程度上影响主产区农户种植小麦的积极性。

2. 小麦国际竞争力不断下降，优质小麦"短板效应"尤为突出

随着劳动力价格、土地租金等生产成本的不断提高，近年国内小麦市场价格一直处于上涨趋势，而同期国际小麦市场价格总体呈下滑趋势。若不考虑运费、关税等因素，国内外小麦价差在不断拉大，小麦国际竞争力逐渐减弱。2017 年除海上进口外，小麦经陆路口岸进口加速增长。中俄签署了《俄罗斯小麦输华植物检疫要求协议书》，中国每年将进口 100 万~120 万吨俄罗斯小麦，约占中国年小麦进口总量的 30%。此外，国内优质强筋和优质弱筋小麦较为缺乏，加上优质小麦较普通小麦产量低，价格也不具优势，农户种植积极性不高。而且，优质小麦存在混收、混贮的问题，国内实际可用的优质小麦数量有限，难以满足面粉和食品加工企业对小麦品质一致性的要求。

3. 小麦产业组织化程度低，难以适应市场化和贸易自由化的新要求

目前，国内小麦农户种植面积小而分散、组织化程度低、生产成本高、抗市场风险能力弱。虽然近年来家庭农场、专业合作社、种植大户等新型经营主体发展较快，但据调查，目前全国近百万农民合作社中属于真正规范的麦农合作社的数量较少，农户小规模分散经营仍是国内小麦生产的主要形式。目前，国内户均小麦种植规模仅4.5亩，生产规模较小大大限制了劳动生产率提高和先进生产技术的推广与应用。而且，中国小麦产业化经营起步较晚，大规模的小麦加工企业较少，对小麦产业化经营的带动能力不强，难以适应市场化和贸易自由化的新要求。

7.4 最低收购价政策改革对小麦供需及主产区农户收入的影响分析

1. 模拟方案设计

本部分利用《全国农产品成本收益资料汇编》的统计数据估算了实行最低收购价政策的6个小麦主产省份小麦的平均生产总成本和净利润率，并与2015年最低收购价格进行比较，设计模拟方案。

假设短期内小麦最低收购价政策将继续实施，但价格会逐步下调。2018年小麦最低收购价格已经开始下调，将来有可能取消小麦最低收购价政策，实施“市场定价、价补分离”的支持政策。最低收购价格主要是基于“总成本+合理利润”或“总成本+基本收益”的原则来确定。基于此本章设计了三种小麦最低收购价格调整模拟方案。其中，方案1是小麦最低收购价格下调至2018年最低收购价格水平，方案2是将小麦最低收购价格下调至“总成本+净利润”水平，方案3是将小麦最低收购价格下调至“总成本”即保本价格水平（见表7-1）。此外，分析最低收购价政策改革对小麦供需的影响时不仅要考虑国内生产成本及利润的影响，还要考虑国际价格变动的影响。

表7-1 小麦最低收购价格调整模拟方案设计

	方案1	方案2	方案3
方案内容	下调3%（下降至2018年小麦最低收购价格水平）	下调4%（下降至总成本+净利润）	下调10%（下降至保本价格水平）

2. 模拟结果分析

（1）小麦最低收购价格调整对供求的影响分析。如表 7－2 所示，小麦最低收购价格下调后，小麦种植面积、单产和产量均不同程度下降，消费量小幅上涨，净进口量增长幅度较大。其中，当小麦最低收购价格小幅下调 3% 时（方案 1），小麦种植面积和单产分别下降 0.78% 和 0.61%，产量下降 1.39%，食用消费量增加 0.61%，净进口量增加 62.6%。当小麦最低收购价格下调 4% 时（方案 2），小麦种植面积和单产的下降幅度加大，分别下降 1.05% 和 0.82%，产量下降 1.86%，食用消费量增加 0.81%，净进口量增加 83.57%。当小麦最低收购价格下调 10% 时（方案 3），小麦市场受到的冲击较大，小麦种植面积下降 2.65%，单产下降 2.08%，产量下降幅度高达 4.68%，净进口量激增至 211.84%。

表 7－2　　　　小麦最低收购价格调整的影响情况

变量	单位	基准实际值	变化率（%）		
			方案 1	方案 2	方案 3
小麦种植面积	万公顷	2419.099	－0.78	－1.05	－2.65
小麦单产	千克/公顷	5327.242	－0.61	－0.82	－2.08
小麦产量	万吨	12887.13	－1.39	－1.86	－4.68
小麦净进口	万吨	315.2067	62.60	83.57	211.84
小麦食用消费	万吨	8848.539	0.61	0.81	2.08
小麦种用消费量	万吨	471.0778	－0.78	－1.05	－2.65
小麦饲用消费量	万吨	678.366	0.00	0.00	0.01
小麦加工消费量	万吨	750	0.31	0.41	1.06
生产者价格	元/吨	2272.6	－3.03	－4.03	－9.98
小麦产值	亿元	2928.73	－4.42	－5.89	－14.66

（2）小麦最低收购价格调整对主产区农户纯收入的影响分析。利用农业部农村固定观察点 2015 年农户数据，主产区 2015 年种植小麦收入占农户纯收入比重的平均水平为 4.18%，河北为 4.87%、江苏为 2.37%、山东为 5.25%、河南为 5.36%、湖北为 1.51%（曹慧、张玉梅、孙昊，2017）。结合上述模拟结果，本章推算出不同小麦最低收购价格调整方案对主产区小麦种植户纯收入的影响。主产区小麦种植户纯收入下降幅度为 0.18%～0.61%。在主产省中，山东、河南和河北的小麦收入占农户纯收入的比重较高，尤其是山东和河南，该比重均超过了 5%。小麦最低收购价格调整对这些主产省农户纯收入的影响幅度要高于全国平均水平。方案 1 小麦种植户纯收入下降幅度为 0.22%～0.24%；方案 2 为 0.29%～0.32%；方案 3 为 0.71%～0.79%（见表 7－3）。

表7-3 小麦最低收购价格调整对主产区种植户纯收入的影响情况 单位：%

	种植小麦收入占农户纯收入的比例	方案1	方案2	方案3
主产区	4.18	-0.18	-0.25	-0.61
河北	4.87	-0.22	-0.29	-0.71
江苏	2.37	-0.10	-0.14	-0.35
山东	5.25	-0.23	-0.31	-0.77
河南	5.36	-0.24	-0.32	-0.79
湖北	1.51	-0.07	-0.09	-0.22

7.5 未来小麦产业发展趋势预测

1. 短期产业发展形势分析（2018~2020年）

短期来看，小麦供需在总量上将仍然保持宽松格局，但在品种上依然存在结构性矛盾。强筋弱筋品种退化、纯度不高，难以满足加工企业需求，导致结构性短缺，部分品种依赖进口。整体来看，小麦仍将保持较高自给率，2018~2020年小麦净进口量分别是245.45万吨、210.44万吨和231.24万吨。

在生产方面，中国小麦国内产量将呈微涨态势。2018~2020年小麦产量将分别达到12954.08万吨、13033.76万吨和13048.86万吨，年均增长率为0.37%，产量提高主要依赖于单产的提高。随着基础设施的改进、小麦栽培技术的提高和优质高产品种的研发应用，2018~2020年小麦单产将保持稳定增长态势，分别为5375.83千克/公顷、5401.04千克/公顷和5415.35千克/公顷，年均增长率为0.37%；小麦种植面积基本稳定，分别为2409.69万公顷、2413.2万公顷和2409.6公顷。

在消费方面，中国小麦国内需求将出现一定的回暖。2018~2020年小麦需求量为13199.53万吨、13244.2万吨和13280.09万吨，年均增长率为0.3%。从食用需求来看，随着居民生活水平的提高，消费者对肉蛋奶及蔬菜水果等食物摄入量的增加，对小麦的食用消费呈下降态势。食用需求的绝对量及其在总需求中的比重均在下降，2018年、2019年和2020年分别为8662.7万吨、8642.26万吨和8633.51万吨，占比65.63%、65.25%和65.01%，但城镇居民食用需求的绝对量呈上升趋势，其年均增长率为1.89%。从饲用需求来看，2018年小麦最低收购价格首次下调，而玉米随着国内种植面积调减，新增供应量减少，加上玉米价格跌幅较大，国内外价格也基本接轨，小麦与玉米比价将降低，从而使得小麦饲料消费增加。从工业需求来看，近年来随着小麦加工技术的不断进步，小麦深加工技术不断提高，深加工产品逐渐多样化和标准化，但与发达国家居民消费需求以及中国居民消费提升需求相比，仍存在较大差距，小麦工业消费仍处于增长阶段。据预测，小麦饲用需求和工业需求分别从 2018 年的 780.24 万吨和 916.34 万吨涨至 2020 年的 802.42 万吨和 972.31 万吨，年均增长率为 1.41% 和 3.01%；种用需求量维持在 469 万～470 万吨之间；此外，损耗和库存变动呈微涨趋势，2018～2020 年年均增长率分别为 0.37% 和 0.67%。

2. 长期产业发展形势分析（2018～2035 年）

长期来看，中国小麦供需平衡形势较为宽松，2018～2035 年自给率仍将保持在 97% 以上。国内产量和国内需求量均呈下降趋势，分别由 2018 年的 1.3 亿吨和 1.32 亿吨降至 2035 年的 1.28 亿吨和 1.31 亿吨。净进口量由 2018 年的 245.45 亿吨，涨至 2027 年的 400.23 亿吨，随后逐渐降至 2035 年的 289.07 亿吨（见图 7-8）。

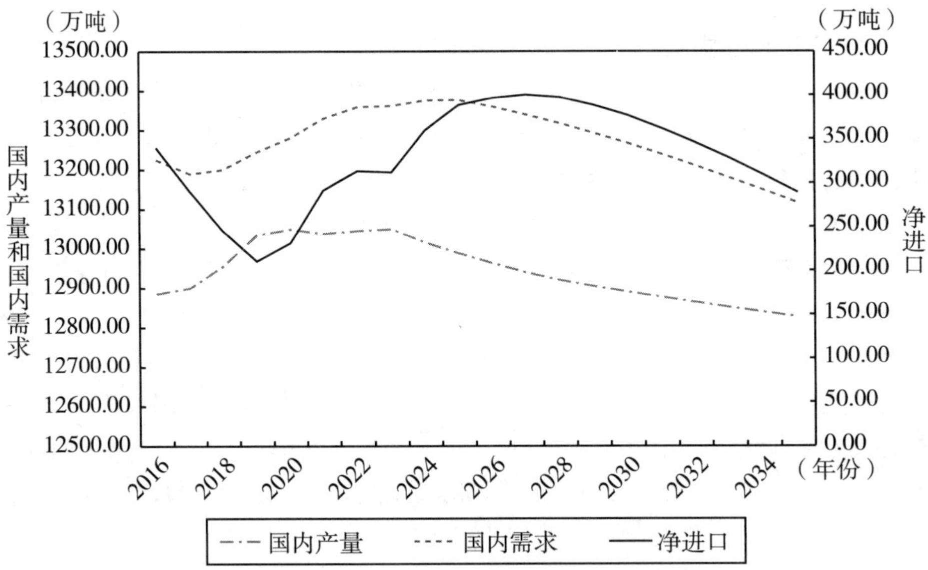

图 7-8　小麦的供给平衡预测结果

在生产方面，小麦产量整体较为稳定，由 2018 年的 1.3 亿吨降至 2035 年的 1.28 亿吨，年均增长率为 -0.06%。未来在技术水平进步的推动下，小麦的单产水平将会进一步提高，2035 年小麦单产将达到 5419 千克/公顷，比 2018 年的 5375.83 千克/公顷提高了 0.8%。随着种植业结构调整，适度调减华北地下水严重超采区和新疆塔里木河流域地下水超采区的小麦种植面积，以及适当调减西北条锈病菌源区和江淮赤霉病易发区的面积，小麦播种面积将小幅下降。2035 年小麦种植面积比 2018 年大约缩减 42.7 万公顷，降幅为 1.77%（见图 7-9）。

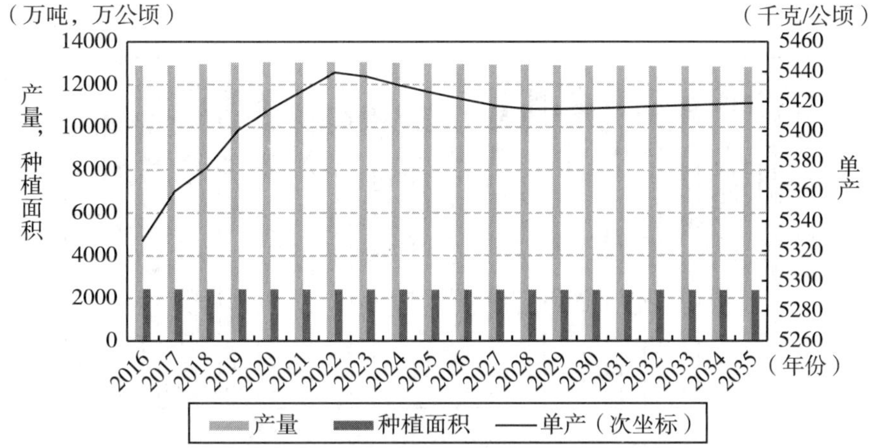

图7-9 小麦的生产预测结果

在消费方面，未来国内小麦需求量呈下降趋势，需求结构发生了较大变化。其中，饲料需求、工业需求、城镇居民食用需求和损耗均呈上涨趋势，农村居民食用需求呈下降趋势，种用需求较为稳定。如图7-11所示，食用需求是需求量最大的部分，由2018年的8662.7万吨降至2035年的7929.56万吨，年均增长率为-0.17%，食用需求占总需求的比重将从2018年的65.63%降至2035年的60.46%；工业需求是第二大需求来源且增速较快，由2018年的916.34万吨涨至2035年的1442.45万吨，年均增长率为3.01%，所占比重将从2018年的6.94%增长至2035年的11%；小麦饲料需求也有较快的增长，由2018年的780.24万吨，涨至2035年的940.12万吨，年均增长率为1.41%，所占比重由2018年的5.91%涨至2035年的7.17%。小麦损耗和种用消费在未来变化不大，基本保持在总需求的3.75%左右。

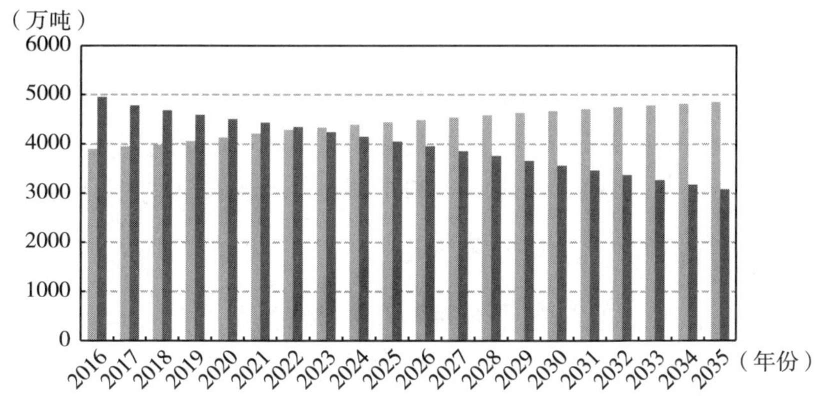

图7-10 2016~2035年中国城镇，农村居民小麦食用消费量预测结果

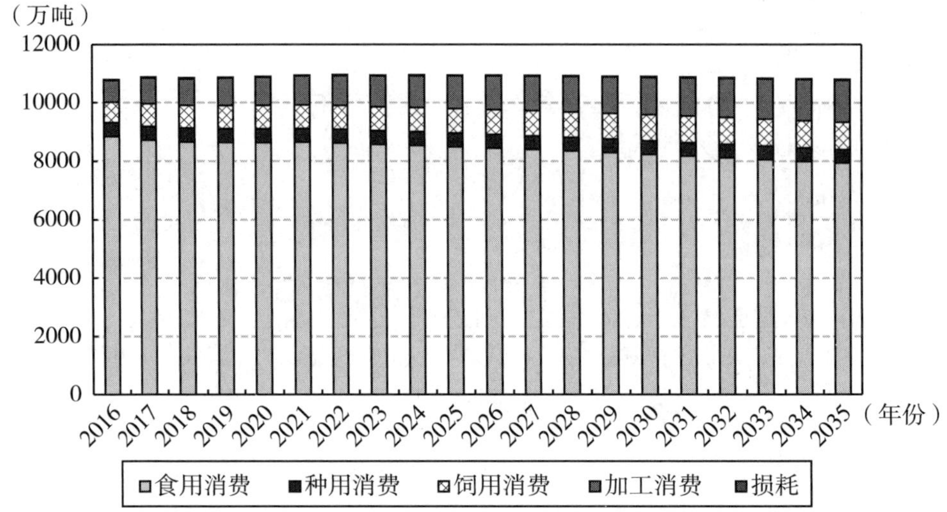

图 7－11　2016～2035 年中国小麦消费预测结果

7.6　结论与政策建议

1. 主要研究结论

一是中国小麦供需模型的基准模拟结果显示：短期来看，在生产方面，中国小麦国内产量将呈微涨态势；在消费方面，中国小麦国内需求将出现一定的回暖。长期来看，在生产方面，小麦产量整体较为稳定；在消费方面，未来国内小麦需求量呈下降趋势，需求结构发生了较大变化。其中，饲料需求、工业需求、城镇居民食用需求和损耗均呈上涨趋势，农村居民食用需求呈下降趋势，种用需求较为稳定。

二是小麦最低收购价格下调对小麦供需及主产区农户收入影响分析的结果显示：小麦最低收购价格下调后小麦的种植面积、单产和产量均不同程度下降，净进口量增长幅度较大；小麦最低收购价格下调对主产区农户纯收入的影响幅度为 0.07%～0.79%。

2. 政策建议

一是加快发展适度规模经营，促进小麦生产经营方式转变。实现小麦生产的适度规模经营，对通过技术集成有效提高单产以及稳定种粮主体队伍至关重要。随着中国农村劳动力不断转移，在一些小麦主产区推进适度规模经营已具备良好的客观条件。应根据各地的资源禀赋、农业生产传统、农业劳动力和人口转移等条件，因地制宜确定小麦生产经营规模，通过创新土地流转机制、完善社会化服务体系、培育规模经营管理人才、加强政策扶持等措施，积极引导小麦适度规模经营健康发展。

二是加快推进品种分类布局区域化，完善小麦收购政策。根据小麦品质区划布局，推进品种分类布局区域化，不断优化品种结构，逐步实现优质小麦品种研究、区域布局与市场需求的有效对接。进一步完善小麦最低收购价政策，逐步小幅下调最低收购价格水平，同时尽快探索保护种粮农民收益的长效机制。

三是密切关注国际市场新动向，为小麦产业保有必要的政策调控空间。国际小麦市场形势瞬息万变，应实时监控国际市场新动向，未雨绸缪，提前做好应对国际市场小麦供给紧缺、价格上涨的准备。同时，分散进口来源，降低贸易风险。充分抓住“一带一路”的契机，利用中俄、中哈和中欧铁路班列，扩大从中亚、中东欧等小麦出口国的进口，减少因进口来源过度集中导致的贸易风险。

第8章

玉米产业

主要观点：

● 玉米供给侧改革已对中国玉米的供需格局产生较大影响，受玉米供给减少、需求增加双重推动，预计近期中国玉米年度结余量总体呈逐年减少趋势，市场形势逐渐向均衡水平回归，未来三年玉米去库存进程依旧加快进行，后期将会保持平稳。

● 未来玉米加工需求增幅较大，玉米加工消费市场潜力较大。目前，中国针对玉米深加工行业实施的一系列政策，有利于玉米加工业的发展，未来玉米加工消费量增长将成为玉米消费增长的主力军。

● 随着玉米消费量的增加，未来玉米进口将常态化。据预测，未来中国玉米消费量还将快速增加，国内玉米将维持产不足需态势，玉米进口将成为补充玉米供给的有效调节手段，未来中国玉米会长期处于净进口状态。

● 未来如何去库存、去库存力度有多大是影响玉米市场和产业发展的重要因素之一。玉米去库存政策模拟结果表明，当去库存政策实施时，生产者价格显著下降，影响种粮农民积极性，玉米种植面积、单产下降明显，饲用消费量和加工消费量增加。根据三种不同去库存方案的比较，方案2（2025年库消比达到30%水平）较为适中。

● 为了保障国家粮食安全，促进中国玉米产业健康发展，根据研究结论，提出相应政策建议：一要不断完善玉米生产者补贴政策；二要不断优化玉米深加工企业补贴政策；三要不断完善玉米进出口调节机制。

8.1 引言

2016年来在“市场定价、价补分离、市场主体多元化”新机制以及对深加工、饲料企业的补贴等政策的引导下，受“供给减少、需求增加”双重推动，中国玉米市场年度结余量总体呈逐年减少趋势，市场形势逐渐向均衡水平回归。本书基于2000～2016年的玉米产业基础数据，综合考虑短期和长期影响因素，重点模拟预测了2020年和2035年两个关键时期的玉米生产、消费、贸易、供求及价格趋势，并设计了三种去库存政策模拟方案，对玉米产业的影响进行模拟，在研究基础上提出相应政策建议。

8.2 玉米产业发展形势

8.2.1 生产发展形势

1. 生产发展概况

自2003年以来中国玉米产量接连实现了十二连增，2016年国家取消了玉米临储政策，实行“市场定价、价补分离”的新机制，推进玉米生产结构调整等重大政策调整。政策引导使得农户玉米生产行为发生了转变，各地根据实际情况调减玉米种植面积，改种大豆、青储玉米、马铃薯、花生、杂粮、蔬菜等其他作物，2016年玉米种植面积为近13年来首次下降。2016年玉米种植面积3676万公顷，比上年减少136万公顷（减幅4.3%）；玉米产量2.1955亿吨，比上年减少2.24%。其中，东北地区玉米播种面积1434万公顷、产量9565.8万吨，分别比上年减少7.1%、4.4%；华北黄淮海地区玉米播种面积1294.4万公顷、产量7310.6万吨，分别比上年减少0.6%、0.4%。

2017年玉米生产继续下调。随着2017年中央一号文件的发布，关于玉米的政策对国内玉米市场颇为振奋。受“镰刀弯”地区种植结构继续调整及玉米种植比较收益下降影响，2017年国内玉米播种面积继续减少，据国家粮油信息中心预计，2017年玉米种植面积3544.5万公顷，比2016年减少132万公顷（减幅3.6%），其中东北地区玉米播种面积同比减少70.4万公顷（减幅4.9%），华北黄淮海地区玉米播种面积同比减33.8万公顷（减幅2.6%）。2017年全国玉米生长期间，气候条件良好，雨水充足，光照、积温也高于常年水平，有利于玉米生长，单产较上年增加已成定局。但由于面积调减幅度较大，2017年国内玉米总产仍为下降，玉米产量为2.159亿吨，比上年下降366万吨，降幅1.7%。其中东北地区玉米产量9284.6万吨、同比减281.2万吨（减幅2.9%），华北黄淮海地区玉米产量7310.9万吨、同比基本持平（见图8－1）。

2. 区域分布

世界上有三大“玉米黄金带”，中国东北平原—松辽平原玉米就是其中之一，中国种植玉米分布在全国31个省（区、市）。按照区域气候条件，可以分

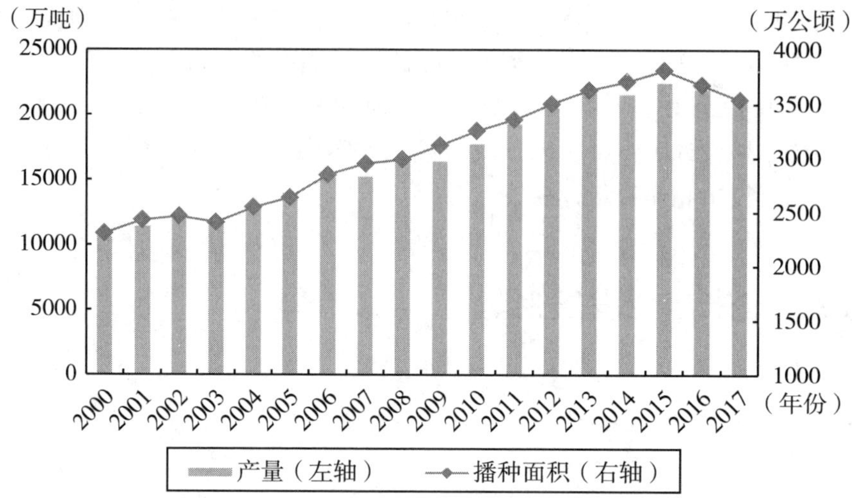

图 8－1　中国玉米播种面积与产量的变化情况

资料来源：国家粮油信息中心历年数据。

为以下四个玉米种植带：北方春播玉米带，以东北三省、内蒙古和宁夏为主，2017 年总产量 9504 万吨，占全国总产量的 44%；黄淮海平原夏播玉米带，以河北、山东、河南为主，2017 年总产量 8503 万吨，占全国总产量的 39%；西南山地玉米区，以四川、云南和贵州为主，2017 年总产量 2351 万吨，占全国的 11%；西北灌溉玉米区，包括新疆和甘肃一部分地区，2017 年总产量 1232 万吨，占全国的 6%。2017 年，中国玉米主产区主要集中在东北、黄淮海和西南三大片区，产量最多的前七个省份分别为黑龙江、吉林、内蒙古、山东、河南、河北、辽宁（见图 8－2）。

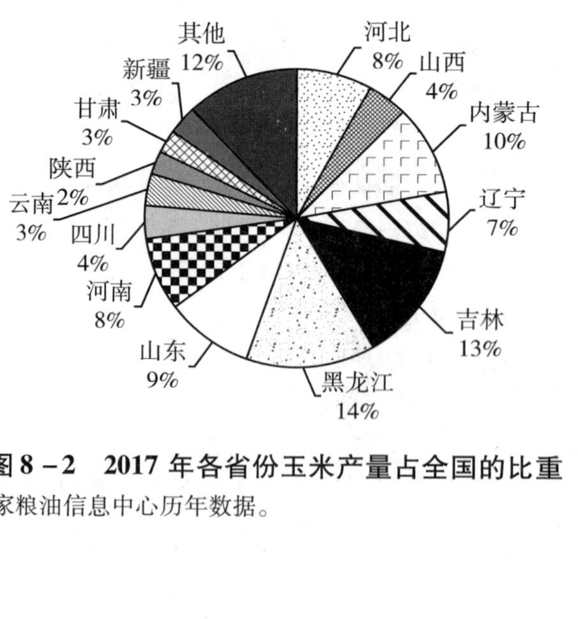

图 8－2　2017 年各省份玉米产量占全国的比重

资料来源：国家粮油信息中心历年数据。

3. 生产成本收益变化

中国与美国玉米生产总成本比较：中美两国玉米生产成本的变化具有明显差别，成本差距越来越大。如图8－3所示，2005年以来，中国玉米总成本呈急剧上升趋势，2016年玉米总成本为2142.4元/吨，比2005年的893元/吨增长了140%；美国玉米总成本呈先升后降趋势，总体变化不大，2016年美国玉米总成本为957.2元/吨，比2005年的837.2元/吨增长了14.3%，最高点在2012年的1376.6元/吨。中美玉米生产总成本差距越来越大，主要原因是中国玉米成本上升较快，而美国玉米生产成本变化幅度不大，2006年成本差距55.8元/吨，2016年成本差距1185.2元/吨，中国比美国高124%。

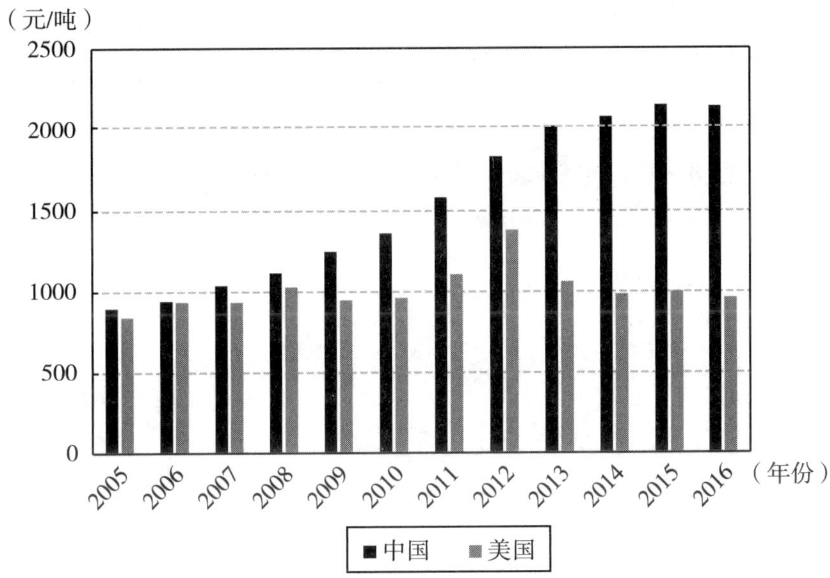

图8－3　2005～2016年中国与美国玉米生产总成本比较

资料来源：《全国农产品成本收益资料汇编》历年数据。

中美玉米生产收益比较：生产收益取决于产品的价格和成本。如图8－4所示，2005年以来中国的玉米单价水平总体来讲是上升的，自2014年呈下降趋势，2016年为1539.8元/吨。在价格的影响下，中国玉米净利润呈下降趋势，2014年以来呈极速下降趋势，2005年玉米净利润为217.6元/吨，2015年变为负值－266.4元/吨，2016年为－602.6元/吨。

如图8－5所示，从总体上看，美国的玉米单价波动较大，2005～2012年持续上升，之后呈下降趋势。2016年为868元/吨，比中国低43.6%。美国玉米的净利润自2011年开始下降，2014年以来都在负值，2016年净利润为－89.2元/吨。美国玉米净利润较低主要是由于没有将国家对农民补贴计算进去。

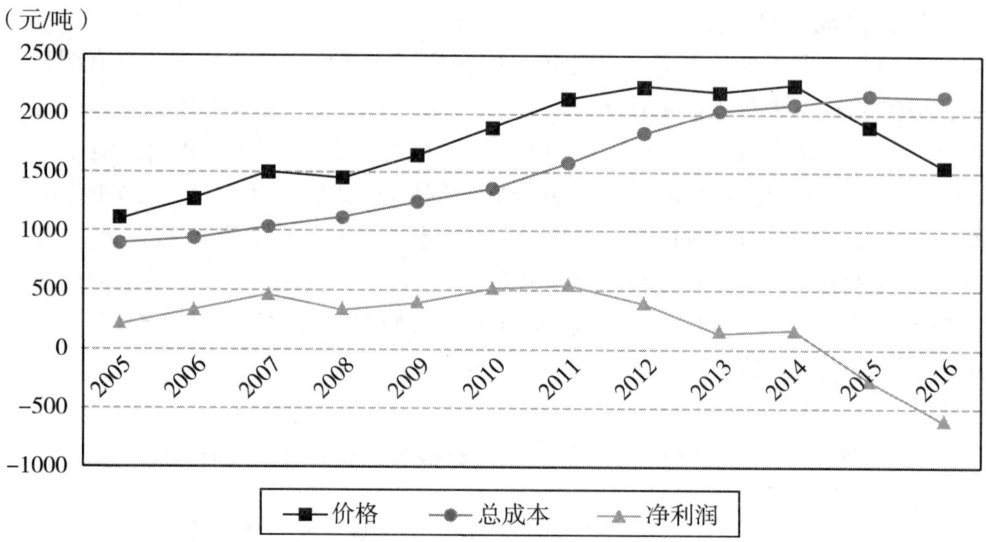

图 8－4　2005～2016 年中国玉米生产收益变化情况

资料来源：《全国农产品成本收益资料汇编》历年数据。

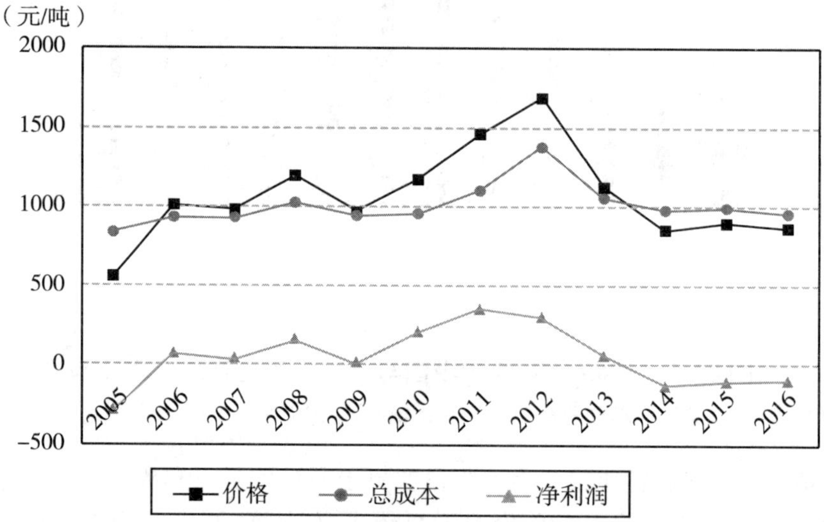

图 8－5　2005～2016 年美国玉米生产收益变化情况

资料来源：《全国农产品成本收益资料汇编》历年数据。

仅从观察数据可以看出，中国玉米生产收益总体高于美国，但国家对农民生产的补助并没有在成本和收益表中统计。美国对农产品生产实行直接补贴、反季节补贴、收购价保护等政策以提高国际竞争力。据有关资料显示，美国政府给玉米生产者的补贴每吨达 673 元，相比之下中国的农业保护仍处于较低水平，并且随着临储政策的取消，中国玉米生产的保护还将进一步被削弱。

8.2.2 消费发展形势

玉米产业链下游行业回暖，饲料消费量和工业消费量呈现双增长态势。2013年以来中国玉米消费持续低迷，2016年逐步走出低迷的状态，2016/2017年度消费总量达到2.0168亿吨，比上年增加14.2%，2017/2018年度消费量为2.2197亿吨，比上年增加8.4%。一是饲料消费总量增加，增长点仍来自于国内畜禽存栏的回升和进口高粱等替代品数量的下降。2016年饲料消费量1.18亿吨，比上年增加15.7%，2017/2018年度饲料消费为1.29亿吨，比上年度增加6.6%。一方面，主要是以畜禽为主的等其他养殖业成为带动玉米饲用消费量增长主导力量。2017年生猪养殖利润从2016年高点回落，畜禽养殖继续向好，提振玉米饲料消费需求。另一方面，玉米及其替代品进口减少使得国内玉米饲用需求增加。2016年中国玉米和高粱、大麦等进口总量为2544万吨，比上年减少1686万吨，相当于增加国内玉米消费约1500万吨。2017年畜禽养殖向好继续提振饲用需求，深加工企业开工率保持高位，增加深加工消费量。二是工业消费总量增加。近年来国内玉米深加工行业受整体经济疲软、行业产能过剩、需求不振等因素影响，开工率一直较低。2016年11月以来，由于玉米原料价格大幅下跌，用粮企业成本显著下降，深加工行业开工率大幅增加，东北地区尤为显著。2016年全国玉米淀粉加工企业平均开工率67.5%（比上年增加8.9个百分点），酒精行业平均开工率53.4%（比上年增加3.7个百分点），全年工业消费量为6400万吨（比上年增加16.4%）。预计2017/2018年度工业消费为7300万吨，比上年度增加900万吨，增幅14.1%。由于原料玉米价格的下降，淀粉价格处于2009年以来的低位，显著拉动传统淀粉需求，同时还衍生出淀粉在塑料制品厂、煤球制造厂甚至建筑行业等新领域的应用。另外，酒精及燃料乙醇行业也呈扩张趋势，2017年底国家发改委等十五部委联合下发文件，扩大生物燃料乙醇和推广车用乙醇汽油，这将增加玉米的工业需求。国内深加工行业产能持续扩张，在东北深加工补贴政策支持下，深加工行业开工率保持在近几年最高水平，2017年1~12月淀粉行业平均开工率为75%，酒精行业平均开工率为64%；截至2017年12月末，玉米淀粉行业开工率为82%，酒精行业开工率为78%，因此全年度深加工玉米消费量预计增长较快。三是食用消费、种用消费基本稳定。食用消费、种用消费在玉米总消费中占比相对较小，对玉米消费总量的影响不大。种用消费随玉米种植面积的调减略减，食用消费由于消费者对粗粮的偏爱而略增。

8.2.3 贸易发展形势

2010年以来，中国玉米进出口格局发生了根本变化，由净出口国变为净进口国。根据中国海关统计，2000 年玉米出口量达 1047 万吨，2003 年达到 1639 万吨的高峰，成为世界第二大玉米出口国。2006 年以来，由于国内玉米需求持续攀升，需求增长率高于生产增长率，供求关系发生逆转，2007 年中国玉米出口开始急剧下降，而进口逐年增加。至 2010 年中国玉米进口量激增达 157.2 万吨，同比增长 17.8 倍，改变了中国长期以来的玉米净出口状况，首次成为玉米净进口国。2011 年中国玉米进口量达到 175.3 万吨，2012 年 520.7 万吨，2015 年 473 万吨。在玉米进口量增长的同时玉米替代品进口量也呈爆发式增长，严重挤压了国产玉米消费市场。2013 年玉米替代品（高粱、大麦、木薯、干酒糟及其可溶物）总进口量 1465.08 万吨，按照计算系数折算可替代玉米 1336.37 万吨；2015 年玉米替代品总进口量达到 3757.3 万吨，可替代玉米 3396.31 万吨。

2016 年以来，由于国内玉米价格的下降，逐步缩小了国外玉米、高粱、大麦等替代品价格优势，2016 年玉米进口量与上年相比大幅减少，替代品进口也受到明显抑制。如图 8－6 所示，2016 年全年玉米进口量 316.66 万吨，比上年减少 67.6%。玉米进口国家主要有乌克兰、美国、老挝，分别占进口总量的 84%、7% 和 4.4%。玉米替代品进口方面，2016 年累计进口高粱 664.76 万吨，比上年减少 38%；大麦累计进口量 500.51 万吨，比上年减少 53.4%；干酒糟及其可溶物累计进口 306.66 万吨，比上年减少 55%；木薯累计进口 755 万吨，比上年减少 19.7%。4 种替代品进口量合计 2226.93 万吨，比上年减少 41%。

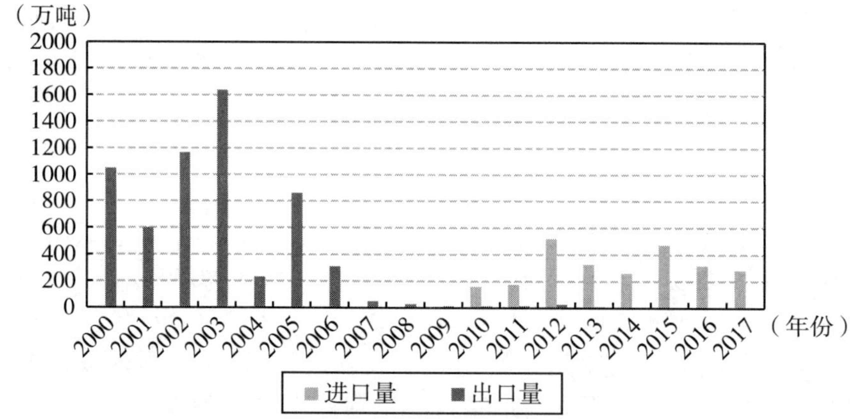

图 8－6　2000～2017 年中国玉米进出口量的变化情况

资料来源：中国海关统计历年数据。

2017 中国玉米进口量累计为 282.56 万吨，较 2018 年同期下降 10.77%。分国别来看，从老挝进口 15.06 万吨，美国进口 75.66 万吨，乌克兰进口 182.18 万吨，缅甸 9.31 万吨，俄罗斯 0.22 万吨。2017 年玉米替代品进口情况：2017 年中国大麦进口量累计高达 886.35 万吨，同比增加 77.1%；累计进口高粱 505.7 万吨，同比下降 24%；累计进口木薯 797.5 万吨，同比下降 5.6%；累计进口干酒糟及其可溶物 39.1 万吨，同比下降 87.3%。4 种替代品进口量合计 2228.65 万吨，与上年基本持平。2017 年除了大麦进口量增幅较大外，高粱、木薯、干酒糟及其可溶物进口量都明显减少。

8.2.4 供需平衡及价格形势

供需平衡分析。由于曾经实施的国家玉米临时收储政策，2003 年以来国内玉米产量连续实现“十连增”，国内玉米产量大于消费量，国内玉米供求在总量上处于较为宽松格局，玉米库存水平达到历史高位。2016 年中国开始大力推进农业供给侧改革，调结构、去库存是农产品供给侧改革的关键。目前来看，玉米供给侧改革已对中国玉米的供需格局产生较大影响。从供给端看，玉米种植面积和产量将连续两年下降，减少供给增量；国内玉米价格下降，进口玉米及替代品进口随之减少，有利于消化国内玉米库存。从需求端来看，受生猪养殖利润向好拉动，玉米饲用消费持续回暖；玉米深加工行业利润提高，产能扩张，提振玉米工业消费需求。受玉米供给减少、需求增加双重推动，近年中国玉米年度结余量总体呈逐年减少趋势，市场形势逐渐向均衡水平回归。国家粮油信息中心预计 2017/2018 年度中国玉米生产量与消费量为 2010/2011 年度以来首次出现缺口，市场结余量首次出现负值，为 -600 万吨，同比减少 2584 万吨，将加快玉米去库存进程（见图 8-7）。

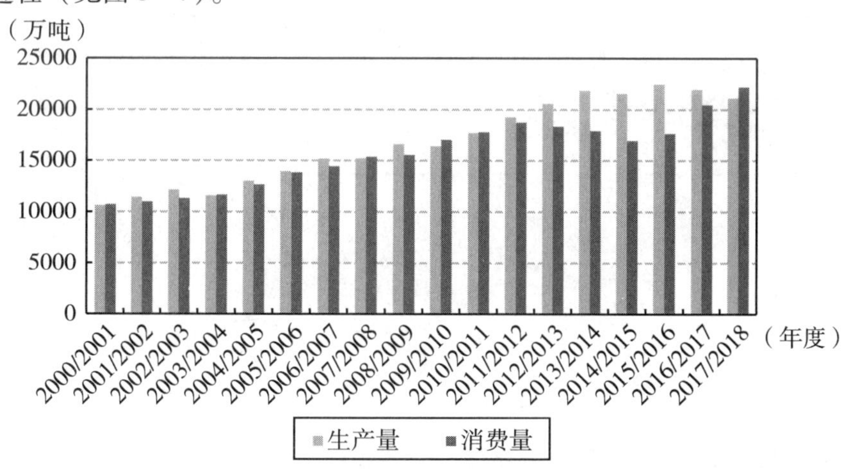

图 8-7 中国玉米产需形势变化情况

资料来源：国家粮油信息中心历年数据。

市场价格走势分析。2016 年以前，国内玉米市场价格总体较为平稳；而 2016 年国内玉米市场价格大幅下跌，国内外价差缩小；2017 年国内玉米市场价格总体呈现探底上涨走势，国内外价差重新拉大。

2016 年国家取消了玉米临储政策，实行市场定价，加上玉米库存压力大，玉米价格大幅下跌。截至 2016 年 12 月，全国玉米均价为 1725 元/吨，比上年同期下跌 15.8%。2016 年全年玉米市场平均批发价格吉林 1832 元/吨、山东 1816 元/吨、广东 1991 元/吨，分别比上年下跌 15.1%、15.2%、16.7%，为 2009 年以来的最低。国内外玉米差价大幅缩小，到 2016 年底国内外价差趋近于零，玉米及替代品进口得到明显抑制。

2017 年国内玉米市场价格总体呈现探底上涨走势，国内外价差重新拉大。在玉米价格市场形成机制改革和东北产区退出临储收购大背景下，一是国家及相关部门采取补贴等一系列措施，吸引多元主体入市收购，对玉米价格形成一定支撑；二是针对 2016 年玉米产量下降，国家及时投放政策性陈玉米，增加了市场供应，保障了国内玉米市场有序平稳运行；三是年初深加工及饲料企业的库存偏低，持续存在补库需求；四是年中由于出库问题、物流趋紧和天气等不利因素的叠加，东北玉米流入有限且优质玉米稀缺，导致优质玉米价格持续上涨，华北玉米价格领涨全国。据监测，2017 年 12 月玉米批发市场价格：吉林 1541 元/吨、山东 1723 元/吨、广东 1853 元/吨，比 2017 年初上涨 20.5%、-1.3%、15.6%。由于 2016 年国内玉米价格的大幅下跌，至 2017 年 1 月底国内外玉米价差开始出现反转。国家粮油信息中心监测显示，2017 年 1 月底国产玉米广东港口价约 1580 元/吨，美国玉米进口完税价约 1630 元/吨，国内玉米价格低于进口玉米价格约 50 元/吨。而随着 2017 年上半年国内玉米价格的回升，价差重新拉大，进口玉米利润重现，2017 年 7 月，国产玉米广东港口价 1850 元/吨，美国玉米进口完税价 1670 元/吨，价差 180 元/吨，创 2017 年以来新高。截至 2017 年底，国产玉米广东港口价 1940 元/吨，美国玉米进口完税价 1500 元/吨，价差 440 元/吨，国内外价差 29.3%（见图 8-8）。

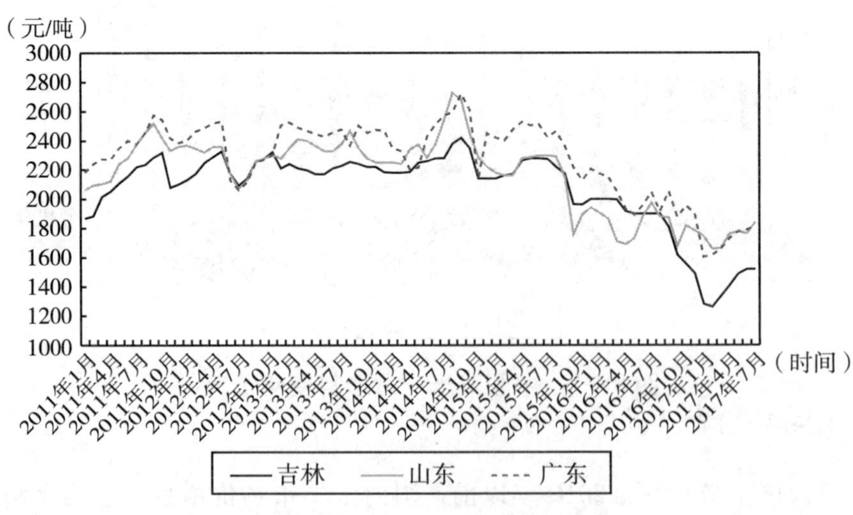

图 8-8 中国玉米市场价格变化情况

资料来源：国家粮油信息中心历年数据（数据截至 2017 年 12 月）。

8.3 玉米产业发展新情况及其影响分析

8.3.1 生产方面

国家取消了玉米临储收购，实行“市场化收购+补贴”新机制。自2016年下半年国家对东北三省和内蒙古自治区取消玉米临时收储政策，调整为“市场化收购+补贴”新机制。一方面，各类市场主体入市收购，生产者随行就市出售玉米。玉米价格由市场形成，反映市场供求关系，调节生产和需求。另一方面，建立玉米生产者补贴制度。中央财政补贴资金拨付到省区，由地方政府统筹补贴资金兑付到生产者，以保持优势产区玉米种植收益基本稳定。

对玉米生产来说，有利于缓解中国粮食供求结构矛盾，有力推动了种植结构调整，大豆种植面积明显增长。在政策引导下，各地主动优化粮食生产结构和区域布局，适当调减非优势产区玉米种植面积，采取玉米改大豆、粮改饲等措施调整粮食种植结构。统计数据显示，2016年中国三大谷物种植面积比上年减少91.7万公顷，其中玉米种植面积比上年减少136万公顷，相应地，大豆种植面积增加69.4万公顷（比上年增加10.7%）；据国家粮油信息中心预计，2017年三大谷物种植面积比上年减少206万公顷，其中玉米种植面积比上年减少136万公顷，相应地，大豆种植面积增加70万公顷（比上年增加9.7%）。玉米种植面积的下降和大豆种植面积的明显增长反映出农业供给侧结构性改革取得进展。

8.3.2 消费方面

实施玉米深加工补贴。东北三省对区域内年销售收入2000万元以上或年加工能力达10万吨以上的生产淀粉类或酒精类玉米深加工企业，在采购消耗省内2016年新产玉米时，可享受不同程度的补贴，其中内蒙古自治区200元/吨、黑龙江省300元/吨、吉林省200元/吨、辽宁省100元/吨。政策的实施极大改善了玉米深加工企业的盈利状况，提高了企业采购加工热情。

恢复玉米淀粉等深加工产品出口退税。自2016年9月1日起，将玉米淀粉、酒精等玉米深加工产品的增值税出口退税率恢复到13%。此政策的实施有效地刺激了玉米深加工产品出口，从而加大国内玉米去库存力度。

东北地区相继实施饲料企业玉米收购补贴。2017年2月，东北地区相继公布饲料企业玉米收购补贴标准。指出补贴对象为2015年实际饲料产量5万吨以上，就地采购、自建仓储设施的配合饲料企业，对企业收购入库且2017年6月底前加工 2016 年新产玉米，给予补贴，补贴标准与此前的深加工补贴标准一致。这一政策的实施能够起到刺激饲料企业短期内增加库存的目的，有利于饲料企业短期内增加备货，缓解春耕前农户集中售粮带来的压力。

国家关于生物燃料乙醇（E10）政策的出台。2017 年 9 月国家发布《关于扩大生物燃料乙醇生产和推广使用车用乙醇汽油的实施方案》，要求适度发展粮食燃料乙醇，科学合理地把握粮食燃料乙醇总量，大力发展纤维素燃料乙醇等先进生物液体燃料，满足持续增长的市场需求。政策的出台无疑为玉米燃料乙醇的发展迎来契机。据统计，截至 2016 年底，国家临储库存 2013 ~ 2015 年产的超期或即将超期的玉米库存量接近 2 亿吨。因此随着政策的出台，燃料乙醇将成为国家调控玉米产需平衡、消化陈化粮、减少玉米库存、减轻国家财政负担的有效手段。

对玉米消费产生的影响分析："三量齐增"格局打破、有利于国内玉米市场供需步入良性循环。在玉米"市场定价、价补分离、市场主体多元化"以及对深加工、饲料企业的补贴等政策的引导下，粮食产量、库存和进口"三量齐增"的格局被打破，近期内玉米供给减少，玉米及替代品进口逐步减少，玉米消费逐步增加，巨量库存开始逐步化解，有利于玉米市场进入良性循环。

8.4 未来玉米产业发展趋势预测

随着供给侧结构性改革的深入推进，中国玉米市场逐渐步入良性循环。本章通过对生产、消费、贸易等进行了模拟，对未来（2018 ~ 2035 年）产业发展趋势做了预测分析。

8.4.1 短期产业发展形势分析（2018 ~ 2020 年）

生产趋势。玉米实行结构调整后，2016 ~ 2017 年玉米种植面积减少，随着玉米供应减少，2017 年市场价格探底回升，受到种植利益影响，国内玉米种植面积将出现小幅增加。预计到 2020 年玉米种植面积将达到 3596 万公顷，玉米单产 6133 千克/公顷，玉米产量 22055 万吨。2018 ~ 2020 年间玉米种植面积小幅增长，单产水平不断提高，产量稳步增加，其增长主要是依靠单产。种植面积、单产、产量年均增长率分别为 0.34%、1.8%、1.45%。

消费趋势。由于国内畜禽存栏的回升和进口高粱等替代品数量下降的影响，玉米深加工业企业开工率保持较高水平，由于 E10 新政策的出台等多种因素影响，给玉米消费带来新的增长点。消费总量持续增长，饲用消费量和加工消费量占据玉米消费的主导地位。预计到 2020 年玉米消费总量为 24111 万吨。其中，种子消费量为135万吨，饲料消费量12680万吨，加工消费量8617万吨，食物消费量1787万吨，损耗量892万吨，分别占消费总量的0.6%、52.6%、35.7%、7.4%、3.7%。2018~2020年，玉米消费总量的年均增长率为1.4%，种子消费量、饲料消费量、加工消费量、食物消费量、损耗量的年均增长率分别为0.34%、1.8%、1.2%、-0.3%、1.8%。

贸易趋势。一方面，随着玉米需求量不断加大，短期内国内玉米市场将出现供不应求现象；另一方面，由于供求偏紧导致国内玉米价格走高，国外玉米价格优势重现。未来三年玉米净进口量将出现逐年增加态势，预计2018年玉米净进口量约为529万吨，到2020年净进口量增长为803万吨，年均增长率为23.2%。

供需平衡总体形势。总体来看未来三年国内玉米市场将维持供需偏紧态势。预计2018年玉米总供给约为21815万吨，其中国内总产量约为21286万吨，净进口量约为529万吨，总消费量约为23442万吨，玉米库存变化约-1627万吨。预计到2020年，玉米总供给量为22857万吨，年均增长率约为2.4%。其中国内总产量约为22055万吨，净进口量约为802万吨，总消费量约为24111万吨，玉米库存变化约-1254万吨。

8.4.2 长期产业发展形势分析（2018~2035年）

生产趋势。随着2035年中国农业现代化的基本实现，农业综合生产水平将有较大程度的提升。如图8-9所示，预计到2035年玉米种植面积3791万公顷，玉米单产7302千克/公顷，玉米产量27686万吨。据预计，2018年至2035年期间玉米种植面积共增加220万公顷，年均增长率0.35%；单产逐步提升，年均增长率1.2%；总产量稳步增加，年均增长率1.6%，产量增加主要依靠单产。与前面的短期形势相比，增长水平相差不大，增长较为平稳。

消费趋势。如图8-10所示，预计到2035年玉米总消费量29495万吨，其中，种子消费量约为142万吨，饲料消费量约为15307万吨，加工消费量约为11365万吨，食用消费量约为1562万吨，损耗量约1120万吨，分别约占总消费量的0.5%、52%、38.5%、5%、4%，2018~2035年，各类消费年均增长率分别为0.4%、1.3%、1.8%、-0.8%、1.4%。长期来看，加工消费量增幅较大，玉米加工消费具有较大市场潜力。

贸易趋势。受国内政策、价格、饲用需求和工业需求量持续增加等多重影响，国内玉米市场供不足需。长期来看，玉米净进口量呈现波动上涨，预计到2035年玉米净进口量约为1717万吨。2018~2035年，随着国内玉米市场逐步进入良性循环，净进口增长率也将趋于平稳，稳定在1%左右（见图8-11）。

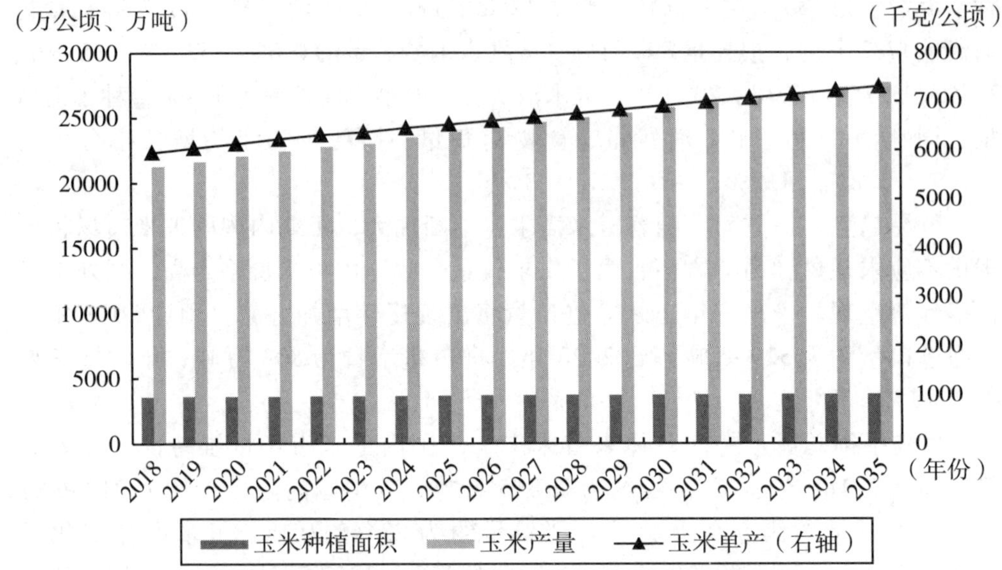

图 8－9　2018～2035 年中国玉米生产趋势预测

资料来源：模型预测结果。

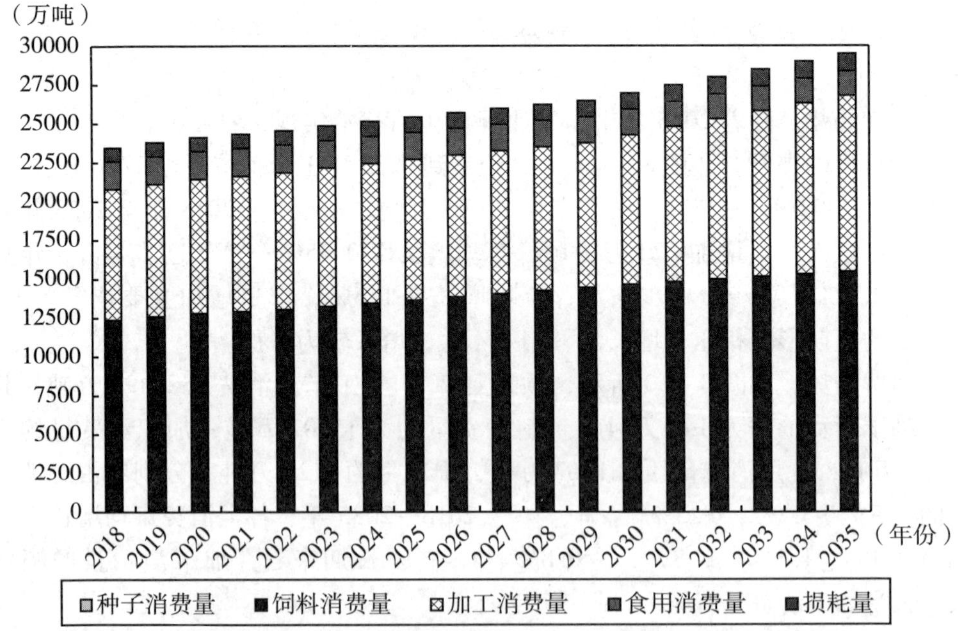

图 8－10　2018～2035 年中国玉米消费趋势预测

资料来源：模型预测结果。

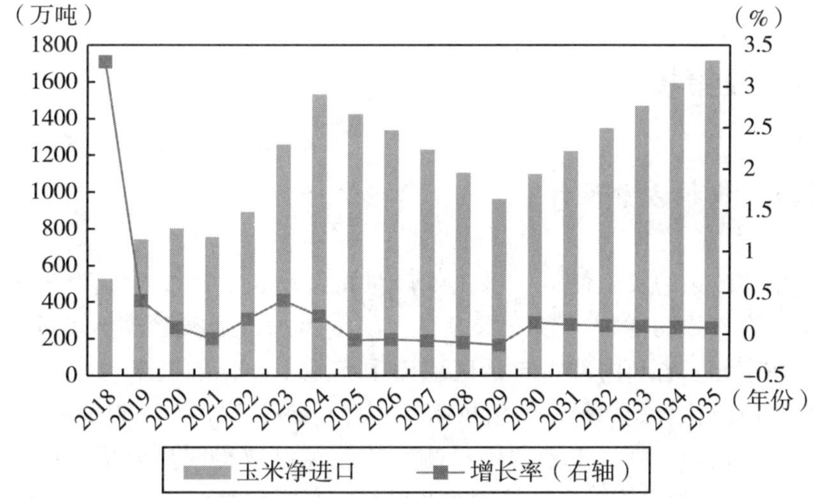

图8-11 2018~2035年中国玉米贸易趋势预测

资料来源：模型预测结果。

供需平衡总体形势。长期来看，2018~2035年，玉米总供给量稳步提升，消费总量持续增加，但由于消费量增长率高于生产量的增长率，国内玉米市场产不足需，产需缺口将逐步增大，供需偏紧现象还将持续。到预测后期，随着库存量的减少，后期国内玉米市场供给缺口主要依靠进口填补。预计到2035年玉米总供给量为29403万吨，与2018年相比年均增长率约为1.8%，其中，国内总产量约为27686万吨，净进口量约为1717万吨，总消费量约为29495万吨，玉米库存变化约-92万吨（见图8-12）。

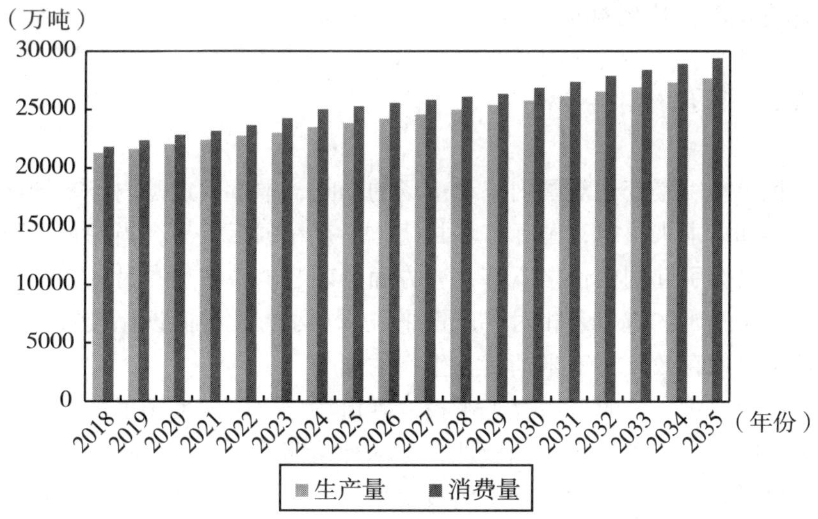

图8-12 2018~2035年中国玉米供需平衡趋势预测

资料来源：模型预测结果。

8.5 政策模拟

8.5.1 模拟方案设计

玉米临储政策的实施使得中国玉米产量持续增长，2011 年起由于玉米消费的低迷加上进口量的增加导致玉米库存大幅度增加，国家财政不堪重负。2016 年，中国在东北三省和内蒙古自治区取消了实施了 8 年的玉米“托市收购”政策，调整为市场化收购加补贴的新机制，并且开始了去库存和调结构的玉米供给侧结构改革。近两年来，玉米的供给侧结构改革已取得明显效果。据农业部报道，自 2016 年中国实施玉米供给侧改革以来，玉米种植面积连续两年大幅下降，两年累计调减面积已达到 5000 万亩。未来如何去库存、去库存力度有多大是影响玉米市场和产业发展的重要因素之一。

从中国玉米库存消费比的变化看，自 2013 年以来库存量的快速增长使得库存消费比超出了正常的水平，2016 年玉米库存消费比已达到 115%（2013 年库存消费比为 65%，2014 年为 99%，2015 年为 124%，2016 年为 115%）。为了反映不同程度的去库存力度对玉米市场的影响，参考联合国粮农组织粮食安全警戒线最低为 17% 的标准，同时根据历年玉米的库存消费比，正常年份通常在 20% ~ 40%，本章设计了高、中、低三种模拟方案：其中，方案 1 是按照 2025 年库存消费比达到 20%，方案 2 是按照 2025 年库存消费比达到 30%，方案 3 是按照 2025 年库存消费比达到 40% 而设计的。

8.5.2 模拟结果分析

为模拟单一因素变化对国内玉米市场的影响，本章假定国内玉米价格由国内市场的供给和需求来决定，国际市场封闭，不存在国际贸易，当库存下降，国内供给增加，将会引起国内价格下降，一方面会刺激消费增加，另一方面会导致产量下降。由于玉米的进口量相对于产量来说非常小，这种假设比较符合现实，而且能够模拟去库存政策对玉米消费和生产的影响。

当去库存政策实施时，库存玉米投放到市场导致国内市场玉米增多，生产者价格显著下降，影响种粮农民积极性，玉米种植面积、单产下降明显，但受到价格下降的刺激，饲用消费量和加工消费量增加。由于不同年份库存变化对市场的影响有所差异，表 8 - 1 中列出了 2017 ~ 2025 年期间对玉米市场的平均影响。当 2025 年库存消费比达到 20%（方案 1），由于去库存，市场上的玉米供给增加，

2017～2025年，生产者价格平均下降5%，导致玉米种植面积和单产分别下降1.9%和1.0%，产量下降幅度高达2.9%；由于玉米价格下降5%，饲料消费量增加1.9%，加工消费量增加0.5%。当2025年库存消费比达到30%（方案2），玉米生产者价格下降3.7%，玉米种植面积和单产的下降幅度相对小些，分别下降1.4%和0.7%，产量下降2.1%，饲料消费量增加1.4%，加工消费量增加0.4%。当2025年库存消费比达到40%（方案3），对玉米市场的冲击较小，玉米生产者价格下降2.3%，玉米种植面积下降0.9%，单产下降0.5%，产量下降1.3%。总之，库存消费比影响效果：方案1>方案2>方案3，当库存消费比为20%时影响最显著，库存消费比30%（方案2）应该是较为适中的（见表8－1）。从实际情况看，2014年以前产的玉米库存量约占总库存的47%，由于国家对超期库存采用定向销售的方式，近期看，去库存对市场价格的实际影响可能会小于预测结果。

表8－1　　　　去库存对玉米市场影响的模拟结果

		基准方案	方案1	方案2	方案3
		2016年绝对值	2017～2025年平均变化（%）		
种植面积	万公顷	3677	－1.9	－1.4	－0.9
单产	千克/公顷	5971	－1.0	－0.7	－0.5
生产量	万吨	21955	－2.9	－2.1	－1.3
总需求	万吨	21955	－2.9	－2.1	－1.3
种子消费量	万吨	138	－1.9	－1.4	－0.9
饲料消费量	万吨	11212	1.9	1.4	0.8
加工消费量	万吨	6400	0.5	0.4	0.2
食用消费量	万吨	1830	0.9	0.7	0.4
损耗量	万吨	649	－2.9	－2.1	－1.3
生产者价格	元/吨	1540	－5.0	－3.7	－2.3

资料来源：模型模拟结果。

8.6 结论与政策建议

8.6.1 研究结论

第一，玉米结构改革成效显著，市场供需逐步步入良性循环。玉米供给侧改革已对中国玉米的供需格局产生较大影响。受玉米供给减少、需求增加双重推动，近年中国玉米年度结余量总体呈逐年减少趋势，市场形势逐渐向均衡水平回归。预测数据显示，未来三年玉米去库存进程依旧加快进行，后期将会保持平稳。

第二，未来玉米加工需求增幅较大，玉米加工消费市场潜力较大。目前，中国针对玉米深加工行业实施玉米深加工补贴，恢复玉米淀粉等深加工产品出口退税，这些政策的实施有利于玉米加工业的发展。加之国家 E10 政策的出台也为玉米燃料乙醇的发展迎来契机。未来玉米加工消费量增长将成为玉米消费增长的主力军。

第三，随着玉米消费量的增加，未来玉米进口将常态化。据预测，未来中国玉米消费量还将快速增加，国内玉米将维持供不足需态势，玉米进口将成为补充玉米供给的有效调节手段。预测数据显示，未来十几年中国玉米会长期处于净进口状态。

第四，未来如何去库存、去库存力度有多大是影响玉米市场和产业发展的重要因素之一。玉米去库存政策模拟结果表明，当去库存政策实施时，生产者价格显著下降，影响种粮农民积极性，玉米种植面积、单产下降明显，饲用消费量和加工消费量增加。根据三种不同去库存方案的比较，方案2（2025 年库消比达到 30% 水平）较为适中。

8.6.2 政策建议

根据研究结论，为了保障国家粮食安全，促进中国玉米产业健康发展，提出以下政策建议：

第一，完善玉米生产者补贴政策，加强宏观调控。不断完善“市场定价、价补分离”政策体系，充分考虑农民的种植收益，不断完善玉米生产者补贴机制，保障农民种粮积极性。同时应加强政策引导，避免生产者对市场形势产生误判，盲目扩种玉米。

第二，优化玉米加工企业补贴政策，保障玉米深加工业健康可持续发展。不断优化玉米加工企业补贴政策，提高补贴资金的效率，使补贴政策更精准、更有效。在保障粮食安全和农产品有效供给的基础上，保障玉米深加工业健康可持续发展。

第三，完善玉米进出口调节机制，实施进口多元化战略。要善于利用国际市场，不断完善玉米进出口调节机制，来实现国内玉米市场供需平衡。由于玉米进口不可避免，加上国内玉米存在供需区域性不平衡，应考虑调整现有玉米贸易的区域布局。实施进口来源国多元化战略，分散进口市场风险，减少对美国玉米进口的依存度。

第9章

马铃薯产业

主要观点：

- 中国马铃薯产量和播种面积一直居世界首位，相比发达国家单产有很大的增长潜力。
- 中国马铃薯消费主要是以鲜食为主，在总消费中，食用消费比重高达66%，而饲料消费约占15%，加工消费约占9%，种用消费多年稳定在4%左右。
- 中国进口的马铃薯商品主要属于冷冻类和加工类，一定程度上弥补了当前深加工和冷链冷藏环节的不足，满足了不同行业的生产需求。中国出口的马铃薯商品主要属于粗加工冷冻类，出口量平稳增加，还具有很大的增长空间。中国对原产于欧盟的马铃薯淀粉继续征收5年的反补贴税，这对抑制过快进口和保护本国产业起到一定作用。
- 据预测，短期内中国马铃薯的产量和需求量都将呈现稳定增长的趋势，马铃薯单产水平也会有小幅增长。长期来看，马铃薯产量增速逐渐放缓，食用消费占总消费的比重持续缩小，加工消费逐年增加，净进口波动频繁。
- 中国应加强政策扶持力度，调动农户的种植积极性；加快产业链升级，补齐马铃薯产业的发展短板；培育新型经营主体，通过规模化、组织化、专业化路径发展马铃薯产业；强化宣传推广力度，生产满足各阶层喜好的马铃薯大众食品。

9.1 引言

马铃薯是一种广受喜爱的粮菜兼具作物，在中国分布较广，已有几百年种植历史，具有重要的战略地位。在过去，马铃薯种植多以小农户为主，由于受资源禀赋、劳动力和资金等条件制约，种植风险比较大、人工费用比较高、加工转化能力比较低，影响了产业升级和农民增收。“十二五”以来，随着马铃薯主食化战略的提出，在国家政策的推动下，一批新型农业经营主体进一步培育，专业化、规模化、组织化程度进一步提升，主食加工市场潜力进一步挖掘，马铃薯产业有了很大发展，面积扩大、产量增加、贸易量增长，越来越多的农民特别是贫困地区的农民得到了实惠，马铃薯产业对国家粮食安全的贡献、对人们生活水平的提高、对脱贫攻坚带动农民奔小康的作用越来越明显。按照中央一号文件关于积极推进马铃薯主食工业化、规模化生产的要求，以及国家《关于推进马铃薯产业开发的指导意见》精神，本章基于对马铃薯统计数据的分析，考虑了短期（2018～2020 年）和长期（2018～2035 年）影响因素，对未来产业供需平衡总体形势、生产趋势、消费趋势、贸易趋势等进行了模拟，作出了相应判断和提出了有关对策建议，为种植户生产决策和政府制定政策提供了理论价值的科学分析依据，以更好地推动马铃薯产业发展，实现脱贫攻坚和乡村振兴。

9.2 马铃薯产业发展形势

9.2.1 生产发展形势

1. 产量、面积、单产

随着中国马铃薯主食化战略的推行，2016 年中国马铃薯播种面积和总产量分别为 581.3 万公顷和 9907 万吨，位居世界首位。2011～2016 年，中国马铃薯的总产量从近 9000 万吨增长到 2016 年的接近 10000 万吨，播种面积从 542.4 万公顷扩大到 581 万公顷，单产从 2011 年的 16.3 吨/公顷稳步提升到了 2016 年的 17 吨/公顷（见图 9－1）。2016 年，世界马铃薯播种面积和总产量排名前列的分别是中国、印度、俄罗斯和乌克兰。印度马铃薯播种面积和总产量分别为 213 万公顷和 4377 万吨，位居世界第二。2016 年，美国作为马铃薯单产排名首位的国家，单产高达 49 吨/公顷，接近中国单产水平的 3 倍（表 9－1）。

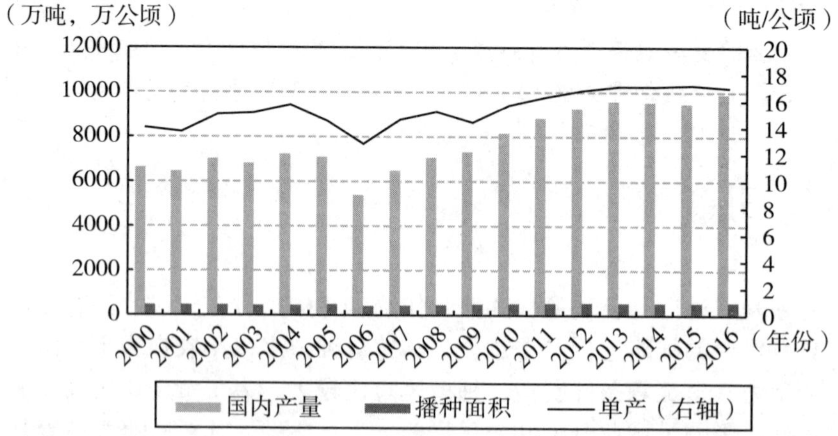

图 9－1　2000～2016 年中国马铃薯产量、播种面积和单产变化情况

资料来源：联合国粮食及农业组织历年数据。

表9－1　　2016年世界马铃薯产量、面积和单产排序

排序	国家	产量（万吨）	国家	面积（万公顷）	国家	单产（吨/公顷）
1	中国	9907	中国	581	美国	49
2	印度	4377	印度	213	新西兰	49
3	俄罗斯	3111	俄罗斯	203	德国	44
4	乌克兰	2175	乌克兰	131	丹麦	42
5	美国	1999	孟加拉国	48	荷兰	42

资料来源：联合国粮食及农业组织历年数据。

2. 区域分布

马铃薯属于冷凉性作物，喜欢生长在阴冷低温的环境下，其产区主要在中国四川、贵州、甘肃、云南、内蒙古。2015年，这5个省份的马铃薯总产量占全国的58%，四川、贵州和甘肃的马铃薯产量居前三位，占全国马铃薯产量的16%、13%和12%（见表9－2）。

表9－2　　2015年中国马铃薯主产省的产量和比重

排序	地区	产量（万吨）	占总产量的百分比（%）
1	四川	1538	16
2	贵州	1188	13
3	甘肃	1127	12
4	云南	852	9
5	内蒙古	732	8

资料来源：2016年《中国农村统计年鉴》。

3. 生产成本收益变化

全国农产品成本收益统计显示，2016年中国每亩露地马铃薯的产量是1510千克，产值1802元；总成本为1475元，其中生产成本1239元，土地成本236元；净利润为327元，成本收益率为122%。2011～2016年，每亩露地马铃薯的总成本呈现稳定增长的态势，主要原因是由于人工成本占生产成本的比重连年递增，从2011年的40%已趋向生产成本的50%左右。生产成本中的物质与服务费用保持了平稳的增长势头，从2011年的568元增加到2016年的631元，土地成本从2011年的每亩154元增长到了2016年的236元。净利润也由2011年的254元增加到了2016年的327元（见表9－3）。每50千克马铃薯也从2011年的平

均出售价格 44 元提高到了 2016 年的 60 元（见表 9－4）。

表 9－3　　2012～2016 年露地马铃薯成本收益变化情况

项目	单位	2011 年	2012 年	2013 年	2014 年	2015 年	2016 年
主产品产量	千克/亩	1528	1561	1500	1513	1472	1510
产值合计	元/亩	1347	1785	2247	1743	1794	1802
主产品产值	元/亩	1345	1784	2246	1742	1792	1800
副产品产值	元/亩	1	1	1	2	2	1
总成本	元/亩	1093	1299	1440	1390	1392	1475
生产成本	元/亩	939	1114	1230	1180	1165	1239
物质与服务费用	元/亩	568	597	645	605	592	631
人工成本	元/亩	371	517	585	575	572	607
家庭用工折价	元/亩	291	447	512	513	504	526
雇工费用	元/亩	80	70	73	62	69	82
土地成本	元/亩	154	185	210	210	227	236
流转地租金	元/亩	14	19	26	24	30	30
自营地折租	元/亩	140	165	184	186	198	206
净利润	元/亩	254	486	807	353	402	327
现金成本	元/亩	662	687	745	691	691	743
现金收益	元/亩	685	1099	1503	1052	1103	1059
成本利润率	%	23	37	56	25	29	22

表 9－4　　2011～2016 年每 50 千克主产品成本收益变化情况　　单位：元

项目	2011 年	2012 年	2013 年	2014 年	2015 年	2016 年
平均出售价格	44	57	75	58	61	60
总成本	36	42	48	46	47	49
生产成本	31	36	41	39	40	41
净利润	8	16	27	12	14	11
现金成本	22	22	25	23	23	25
现金收益	22	35	50	35	37	35

资料来源：2012～2017 年《全国农产品成本收益资料汇编》。

4. 经营方式变化

马铃薯主要生长于中国老少边穷地区，是当地居民脱贫致富的主要收入来源。从自然条件看，这类地区阴冷、土地贫瘠，具有发展马铃薯产业的天然优势。但目前由于生产经营方式相对落后，制约了马铃薯产业的发展。主要是一家一户粗放型的马铃薯种植模式，不具备全程机械化生产条件，使经营效率较低，人工成本不断增加。加之部分马铃薯主产区的生产方式落后，农户在种植马铃薯时缺乏科学种植指导，习惯自留薯种，极易引起马铃薯病虫害滋生。晚疫病是马铃薯常见病虫害之一，小农户抗风险意识低，往往会造成不可挽回的经济损失，种植风险大，严重挫伤了农户的种植积极性。要从根本上解决这个问题，就要创新马铃薯生产经营方式，提高马铃薯生产的集约化水平和组织化程度。要培育新型经营主体，通过发展种植大户、家庭农场、农业合作社、农业产业化龙头企业、各类农业服务组织，形成马铃薯产业的现代产业体系、生产体系、经营体系，促进马铃薯生产适度规模经营的形成，提高生产效益和竞争力；要提高马铃薯产业的科技水平，采取措施推动马铃薯种业的发展，大力培育有自主知识产权的新品种，加快促进脱毒种薯的普及，不断提高马铃薯的抗病性，以提升单产水平和抗灾能力；要加快马铃薯产业的机械化水平，研发实用的机具，扩大机播机收水平，加快冷链物流设施建设，提高贮藏保鲜水平，以抢占市场先机。

9.2.2 消费发展形势

2011～2016年，马铃薯的消费总量呈稳定增长趋势，从2011年的8842万吨，增加到2016年的9927万吨（见表9－5）。其中，食用消费是中国马铃薯最主要的消费方式，特别是随着马铃薯主食化战略的推进，食用消费占总消费比达到66%。饲料消费是仅次于食用的马铃薯消费方式，马铃薯作为饲料，具有产量大，成本低等优势，适用于猪、牛等牲畜食用，约占15%。随着马铃薯产业链的不断延伸，加工消费稳定增长，占总消费的9%左右，种用消费多年稳定在4%左右（见图9－2）。

表9－5　　2000～2016年中国马铃薯消费平衡表　　单位：万吨

年份	总消费	食用消费	饲料消费	加工消费	损耗	种用消费	库存变动	出口量
2000	6635	4267	1250	440	592	280	-200	5
2001	6464	4189	900	690	206	270	200	9
2002	7026	4640	1075	669	349	280	0	14

续表

年份	总消费	食用消费	饲料消费	加工消费	损耗	种用消费	库存变动	出口量
2003	6818	4637	890	664	339	270	0	18
2004	7231	5236	700	627	358	290	0	20
2005	7100	5192	550	624	684	200	-177	27
2006	5415	3942	450	590	-7	265	137	38
2007	6486	4699	500	649	295	270	30	43
2008	7085	5123	600	698	341	275	10	38
2009	7331	5166	670	800	369	284	0	42
2010	8175	5682	965	790	419	290	0	29
2011	8842	5736	1500	840	435	290	0	41
2012	9294	5723	1925	840	457	310	0	39
2013	9611	5738	2217	840	473	310	0	34
2014	9569	5419	2443	865	470	314	0	57
2015	9509	5941	1880	859	467	317	0	43
2016	9927	6474	1703	897	488	320	0	44

资料来源：联合国粮食及农业组织历年数据。

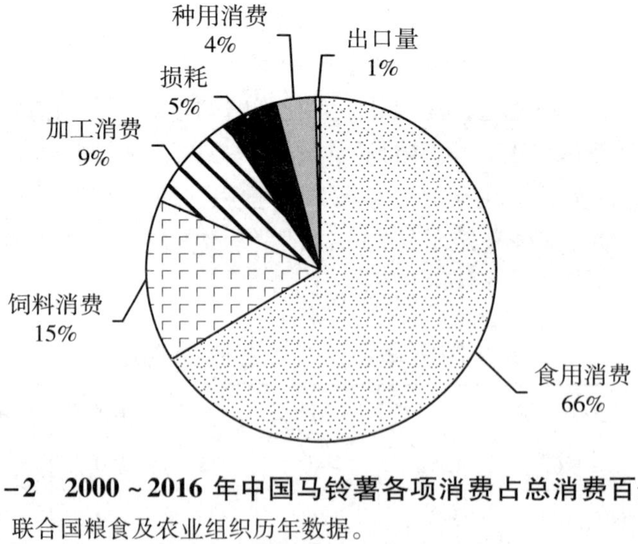

图 9-2 2000~2016 年中国马铃薯各项消费占总消费百分比

资料来源：联合国粮食及农业组织历年数据。

9.2.3 贸易发展形势

1. 进口发展形势

通过对2011～2016年Uncomtrade数据的统计分析，中国马铃薯进口量排在前三位的分别是非醋方法制作或保藏的冷冻马铃薯、马铃薯淀粉，以及马铃薯细粉及粗粉、粉末。2016年，世界非醋方法制作或保藏的冷冻马铃薯进口总量是645万吨，中国进口了14.30万吨，占世界进口总量的2%；2016年世界马铃薯淀粉的进口总量是95万吨，中国进口了4.21万吨，占进口总量的4%，位列第七位；2016年世界马铃薯细粉及粗粉、粉末总进口量是11万吨，中国进口了0.81万吨，近似总量的7%，排在第四位（见表9－6）。根据海关信息网对2015～2017年间马铃薯进口贸易分析，中国非醋方法制作或保藏的冷冻马铃薯集中在北美的美国和加拿大，以及欧洲的比利时、荷兰、土耳其，大洋洲的新西兰等国。这些国家都是传统的马铃薯生产、消费、出口贸易大国。美国作为中国最重要的非醋方法制作或保藏的冷冻马铃薯进口国，2017年从美国进口的数量占总进口量的61%以上（见表9－7）。同期，荷兰和德国是中国最主要的马铃薯淀粉来源国。2017年，中国从荷兰进口的马铃薯淀粉占总进口量的68%（见表9－8）。中国马铃薯进口量排在第三位的是马铃薯细粉及粗粉、粉末，美国、荷兰、波兰等为主要的产品来源地。2017年，荷兰终于超过美国成为中国第一大马铃薯细粉及粗粉、粉末进口来源地，荷兰和美国进口量分别占总进口量的39%和32%（见表9－9）。中国进口的马铃薯商品主要属于冷冻类（非醋方法制作或保藏的冷冻马铃薯）和加工类（马铃薯细粉及粗粉、粉末、马铃薯淀粉），一定程度上弥补了当前深加工和冷链冷藏环节的不足，满足了不同行业的生产需求。

表9－6　2010～2016年中国主要马铃薯产品进口量变化情况　单位：万吨

年份	种用马铃薯	鲜或冷藏的马铃薯，种用除外	冷冻马铃薯	马铃薯细粉及粗粉、粉末	马铃薯粉片、颗粒及团粒	马铃薯淀粉	非醋方法制作或保藏的冷冻马铃薯	非醋方法制作或保藏的未冷冻马铃薯
2000	0.01	0.10	1.15	0.17	0.00	2.82	2.17	0.66
2001	0.00	0.01	0.17	0.17	0.06	1.60	4.95	0.49
2002	0.00	0.00	0.00	0.17	0.02	2.00	5.20	0.09

续表

年份	种用马铃薯	鲜或冷藏的马铃薯，种用除外	冷冻马铃薯	马铃薯细粉及粗粉、粉末	马铃薯粉片、颗粒及团粒	马铃薯淀粉	非醋方法制作或保藏的冷冻马铃薯	非醋方法制作或保藏的未冷冻马铃薯
2003	0.00	0.00	0.00	0.11	0.04	2.54	5.54	0.02
2004	0.00	0.00	0.01	0.19	0.03	1.99	6.97	0.00
2005	0.00	0.00	0.01	0.16	0.07	7.56	5.64	0.01
2006	0.02	0.00	0.04	0.25	0.09	6.82	5.59	0.00
2007	0.00	0.00	0.01	0.04	0.05	1.00	5.54	0.02
2008	0.00	0.00	0.01	0.08	0.12	1.24	5.81	0.01
2009	0.00	0.00	0.01	0.07	0.09	3.50	4.09	0.01
2010	0.00	0.00	0.00	0.15	0.13	14.24	6.87	0.03
2011	0.01	0.01	0.00	0.82	0.22	2.31	9.51	0.02
2012	0.00	0.00	0.00	0.50	0.32	3.74	13.11	0.02
2013	0.00	0.00	0.00	0.67	0.35	3.67	12.04	0.05
2014	0.00	0.00	0.00	0.92	0.56	3.02	12.59	0.08
2015	0.00	0.00	0.01	0.87	0.81	6.56	14.51	0.14
2016	0.00	0.00	0.01	0.81	0.61	4.21	14.30	0.16

资料来源：联合国商品贸易统计数据库历年数据。

表 9－7　　2015～2017 年中国非醋方法制作或保藏的冷冻马铃薯主要进口国

排序	2015 年	2016 年	2017 年
1	美国	美国	美国
2	加拿大	加拿大	比利时
3	比利时	比利时	土耳其
4	荷兰	土耳其	荷兰
5	德国	荷兰	印度

资料来源：海关信息网历年数据。

表 9－8　　2015～2017 年中国马铃薯淀粉主要进口国

排序	2015 年	2016 年	2017 年
1	荷兰	荷兰	荷兰
2	德国	德国	德国
3	美国	朝鲜	波兰
4	朝鲜	白俄罗斯	丹麦
5	丹麦	波兰	朝鲜

资料来源：海关信息网历年数据。

表 9－9　　2015～2017 年中国马铃薯细粉及粗粉、粉末主要进口国

排序	2015 年	2016 年	2017 年
1	美国	美国	荷兰
2	波兰	荷兰	美国
3	荷兰	德国	德国
4	德国	澳大利亚	澳大利亚
5	澳大利亚	俄罗斯	丹麦

资料来源：海关信息网历年数据。

2. 出口发展形势

根据 uncomtrade 对中国马铃薯 2011～2016 年贸易量分析，中国出口量前三位的是鲜或冷藏的马铃薯（种用除外）、非醋方法制作或保藏的冷冻马铃薯，以及冷冻马铃薯。如表 9－10 所示，2016 年中国鲜或冷藏的马铃薯，种用除外出口量是 41 万吨。其中，马来西亚和越南作为中国最主要的鲜或冷藏的马铃薯（种用除外）重要的出口地，这两国的出口量达到了中国鲜或冷藏的马铃薯（种用除外）总量的 51% 以上。非醋方法制作或保藏的冷冻马铃薯贸易对象主要是周边的日本、韩国和中国香港。2016 年，中国出口到日本的非醋方法制作或保藏的冷冻马铃薯占总出口量的 68%。日本作为冷冻马铃薯最重要的出口地，贸易量占到总量的 88%。2016 年，世界鲜或冷藏的马铃薯（种用除外）出口总量是 1040 万吨，中国出口量列第八位，占世界出口总量的 4%。世界非醋方法制作或保藏的冷冻马铃薯的出口总量是 766 万吨，中国出口量不足总量的 1%。世界冷冻马铃薯出口量是 20 万吨，中国出口量排在第五位，近似总量的 7%。中国出口的马铃薯商品主要属于粗加工冷冻类如鲜或冷藏的马铃薯（种用除外），主要销往周边东盟国家（如马来西亚和越南）。总的来看，中国虽然马铃薯出口量在增加，但占市场份额还不大，仍具有一定潜力。

表 9－10　　2010～2016 年中国主要马铃薯产品出口量　　单位：万吨

年份	种用马铃薯	鲜或冷藏的马铃薯（种用除外）	冷冻马铃薯	马铃薯细粉及粗粉、粉末	马铃薯粉片、颗粒及团粒	马铃薯淀粉	非醋方法制作或保藏的冷冻马铃薯	非醋方法制作或保藏的未冷冻马铃薯
2000	0.15	4.09	0.17	0.02	0.02	0.34	0.40	0.04
2001	0.02	8.22	0.15	0.03	0.07	0.44	0.46	0.04
2002	0.02	12.36	0.16	0.04	0.05	0.56	0.47	0.04
2003	0.58	15.64	0.21	0.03	0.14	0.51	0.59	0.10
2004	0.45	17.74	0.35	0.04	0.08	0.76	0.82	0.18
2005	0.58	23.88	0.28	0.04	0.12	0.89	1.06	0.22
2006	0.49	34.86	0.32	0.08	0.16	1.01	1.13	0.34
2007	0.52	35.93	0.51	0.91	0.67	2.89	1.16	0.51
2008	0.00	34.16	0.60	0.23	0.19	1.96	0.99	0.35
2009	0.01	38.24	0.41	0.22	0.36	0.86	1.74	0.21
2010	0.04	25.83	0.34	0.30	0.24	0.58	1.88	0.28
2011	0.24	37.29	0.70	0.05	0.26	0.60	1.80	0.42
2012	0.10	35.70	0.93	0.09	0.26	0.52	1.42	0.43
2013	0.00	29.84	0.96	0.02	0.17	0.36	1.68	0.49
2014	0.01	54.01	0.88	0.02	0.15	0.26	1.52	0.50
2015	0.00	39.82	1.19	0.02	0.10	0.07	1.62	0.52
2016	0.00	40.98	1.19	0.04	0.03	0.06	1.09	0.46

资料来源：联合国商品贸易统计数据库历年数据。

9.2.4　供需平衡及价格形势

中国马铃薯的供给充足，呈增加趋势。如表 9－11 所示，2011～2016 年，国内总供给从 2011 年的 8842 万吨增加到 2016 年的 9927 万吨，年均增长率为 2%。国内产量从 2011 年的 9000 万吨以下，提高到了 2016 年的近 10000 万吨，年均增长率 2%；进口量从 13 万吨提高到了 20 万吨，呈现出稳定的增长趋势，年均增长率为 9%。总消费方面，从 2011 年的 8842 万吨增加到 2016 年的 9927 万吨，年均增长率 2%。其中，食用消费是最重要的马铃薯消费渠道，从 2011 年的 5736 万吨增加到 2016 年的 6474 万吨，年均增长率为 2%。马铃薯更广泛地应用于饲料，从 2011 年的 1500 万吨增长到 2016 年的 1703 万吨，年均增长率为 3%。随着人们生活水平的日益提高，马铃薯的加工消费量日益增加，已从单一的餐桌食品，变成了人们休闲时刻享用的零食，产品的加工链条不断延伸，附加值不断提升。从 2011 年的 840 万吨增加到 2016 年的 897 万吨，年均增长率为 1%。2011～2016 年，马铃薯的种用消费平稳增长，从 290 万吨增长到 320 万吨，年均增长率为 2%。马铃薯出口方面，从 2011 年的出口量 41 万吨缓慢增加到 2016 年的 44 万吨，年均增长率为 1%。出口近似进口量的 2 倍以上。由于马铃薯投入成本的不断增加，生产者价格从 2012 年的 1897 元/吨，持续提高到 2016 年的 2608 元/吨，同时对消费者价格也产生了冲击，导致消费者价格从 2012 年的 2031 元/吨增长到 2016 年的 2796 元/吨。受汇率和国家政策环境等的影响，马铃薯出口价格波动频繁，总的呈稳定上升趋势，从 2011 年的 455 美元/吨提高到 2016 年的 550 美元/吨。

表 9－11　　2011～2016 年马铃薯供需平衡表

	单位	2011 年	2012 年	2013 年	2014 年	2015 年	2016 年
总供给	万吨	8842	9294	9611	9569	9509	9927
国内产量	万吨	8829	9276	9594	9552	9486	9907
播种面积	千公顷	5426	5534	5617	5576	5520	5815
单产	千克/公顷	16278	16769	17088	17138	17190	17043
进口量	万吨	13	18	17	17	23	20
总消费	万吨	8842	9294	9611	9569	9509	9927
食用消费	万吨	5736	5723	5738	5419	5941	6474
城镇居民食用消费	万吨	2941	3008	3083	2968	3333	3713
农村居民食用消费	万吨	2795	2714	2655	2451	2608	2761
饲料消费	万吨	1500	1925	2217	2443	1880	1703
加工消费	万吨	840	840	840	865	859	897
损耗	万吨	435	457	473	470	467	488
种用需求	万吨	290	310	310	314	317	320
出口量	万吨	41	39	34	57	43	44
生产者价格	元/吨	2930	1897	2293	2342	2438	2608
消费者价格	元/吨	2245	2031	2659	2544	2490	2796
进口价格	美元/吨	887	774	791	873	706	745
出口价格	美元/吨	455	368	424	502	570	550

资料来源：联合国商品贸易统计数据库、联合国粮食及农业组织数据，以及《中国农业发展报告》和《中国物价年鉴》历年数据。

9.3 马铃薯产业发展新情况

9.3.1 生产布局进一步优化

中国马铃薯生产具有悠久的历史，产量大，播种面积广，几乎遍布全国各省份。虽然马铃薯的产量从 2011 年的 8829 万吨增长到 2016 年的 9907 万吨，单产从 16.3 吨/公顷上升到 17 吨/公顷，但是马铃薯生产效率同马铃薯强国比还有一定差距。全国优势农产品区域布局规划（2008 ~ 2015 年）提出，重点建设马铃薯东北、华北、西北、西南、南方 5 个优势区。这些区域大多属于中国偏远山区，由于传统的劳作方式必须依靠大量的人工采收，生产成本连年攀升，其中人工成本在总成本支出的比重接近一半，散户收益逐年下降。2015 年初，中国开始启动马铃薯主食化战略，马铃薯从人们餐桌上的蔬菜变成了继水稻、小麦、玉米之后的第四大主食作物。马铃薯主食化战略的实施和精准扶贫工作的深入开展，在种植结构调整中，许多地方根据市场需求和自然条件，牢固树立农业可持续发展理念，将冀北、晋北和内蒙古中部所属的“镰刀弯”玉米非优势产区，调整和发展为马铃薯生产区，生产布局进一步优化，既保障了中国的粮食安全，又满足了市场需求，增加了农民特别是贫困地区农民的收入。

9.3.2 消费种类更加丰富

中国马铃薯的主要消费方式是食用消费，食用消费量占马铃薯总消费量的 66%。排在其后的饲料消费占 15%，加工消费占 9%。同欧美国家相比，中国主要作为鲜食消费，食用消费的结构比较单一。随着人们从观念上对马铃薯的认知改变，马铃薯附加的营养价值、健康价值越来越多地被不同的消费人群认同，激发了大众的购买欲望。在科技支撑引领作用下，现有马铃薯品种不断改良，生产出了更多适合国人食用的马铃薯主食，消费种类更加丰富。

9.3.3 加工能力进一步提升

目前，中国马铃薯虽然产量大，但是适用于加工的马铃薯品种还很缺乏。据联合国粮食及农业组织统计数据显示，截至 2016 年，马铃薯的加工消费还不到总消费的 10%。2013 年，丹麦的马铃薯加工率已经达到 54%，韩国马铃薯已经实现 28% 的加工转换率。马铃薯产区由于缺乏马铃薯加工设施，现代经营体系也不健全，小农户不具备修建马铃薯贮藏室的条件，贮藏设施落后，制约了马铃薯加工业快速发展的步伐。在马铃薯主食化战略推动下，国家包括马铃薯在内的产地初加工补助资金从6亿元增加到10亿元，主要用于马铃薯的储藏保鲜，建立了一批马铃薯配套贮藏设施，改善了当地的马铃薯硬件设施和冷链物流条件，马铃薯产业提质增效效果明显。特别是随着“公司+合作社+农户”等现代农业经营体系的发展，加上科技创新对薯种的改良，马铃薯产业不断向深加工领域扩展，产品附加值不断递增，推动了马铃薯加工业的转型升级，一批适用于加工成马铃薯片、薯条等的马铃薯产量不断提高，满足了不同人群多样化的食用需求。

9.3.4 贸易出口迅速增加

自从中国加入世界贸易组织以来，农产品贸易量显著增长。通过对2000～2016年中国马铃薯出口量和进口量的对比，2000年出口量5.21万吨，落后于进口量的7.07万吨；2001年开始出口量超过进口量且持续扩大，2016年出口量近似为进口量的2倍多（见表9－12）。马铃薯淀粉作为中国主要的马铃薯进口产品，容易受市场环境的冲击，进口量波动显著。马铃薯淀粉的进口额在2004年是931万美元，2005年骤然激增到2958万美元，2010年达到这一阶段的峰值6455万美元，2011年跌落到2051万美元，经过周期震荡波动，2015年反弹到4627万美元（见表9－13）。作为中国马铃薯淀粉的主要来源地，欧盟等国家主动降低马铃薯淀粉价格，低价倾销到国内，国内外差价扩大，进口量保持较快增长势头，国内马铃薯淀粉企业的合法权益受到侵害，给马铃薯行业带来了挑战。中国政府在对外贸易过程中，坚决遵循并利用法律手段和世界贸易组织规则保护中国产品应有的权益。中国商务部自2010年8月30起对原产于欧盟的马铃薯淀粉展开了反补贴调查，并于2011年裁定从欧盟进口的产品存在补贴，征收反倾销税。2017年9月16日起，继续对原产于欧盟的马铃薯淀粉继续征收5年的反补贴税，这对抑制过快进口和保护本国产业起到一定作用。

表9－12　2000～2016年中国马铃薯进出口情况对比

年份	进口量（万吨）	进口额（万美元）	出口量（万吨）	出口额（万美元）
2000	7.07	5317	5.21	1116
2001	7.45	6221	9.43	1778
2002	7.49	4986	13.69	2242
2003	8.26	5107	17.80	3293
2004	9.20	6314	20.42	4556

续表

年份	进口量（万吨）	进口额（万美元）	出口量（万吨）	出口额（万美元）
2005	13.45	7363	27.07	6417
2006	12.81	7295	38.40	9105
2007	6.65	6188	43.10	14326
2008	7.26	6914	38.47	12772
2009	7.76	6339	42.06	15348
2010	21.42	14328	29.49	14662
2011	12.91	14222	41.37	22508
2012	17.69	19082	39.44	18683
2013	16.79	19160	33.52	18558
2014	17.18	20439	57.34	32387
2015	22.90	24287	43.33	28063
2016	20.11	22494	43.84	26869

资料来源：联合国商品贸易统计数据库历年数据。

表 9-13　　2000～2016 年中国马铃薯淀粉进口情况

年份	进口量（万吨）	进口额（万美元）
2000	2.82	1125
2001	1.60	756
2002	2.00	808
2003	2.54	979
2004	1.99	931
2005	7.56	2958
2006	6.82	2596
2007	1.00	616
2008	1.24	814
2009	3.50	1630
2010	14.24	6455
2011	2.31	2051
2012	3.74	2889
2013	3.67	2905
2014	3.02	2633
2015	6.56	4627
2016	4.21	3135

资料来源：联合国商品贸易统计数据库历年数据。

9.3.5 政府政策及其影响分析

国家高度重视马铃薯产业的发展，近些年采取了一系列重大政策措施加以扶持。中央一号文件多次要求发展马铃薯产业，2017 年中央一号文件又指出要积极推进马铃薯主食开发。根据党中央、国务院的要求，农业部及有关部门也先后出台了《关于推进马铃薯产业开发的指导意见》等政策文件，多措并举推动马铃薯产业发展。一是资金扶持。中央财政每年安排专项资金，对马铃薯种薯繁育基地建设进行专项支持，大幅度提高了马铃薯种薯质量，提升了马铃薯的亩产和品质，对马铃薯产业的提质增效起到了保障作用。中央财政每年还向马铃薯部分主产区和主食消费能力高的省份投入 1 亿元资金支持马铃薯主食开发试点。仅 2016 年中央财政就安排 4800 万元专项资金对 12 个马铃薯主产区实施绿色高产高效建设，着力提升马铃薯种植技术水平。2016 年，农业部也投入 2000 多万元资金对几个具有代表性的人口稠密的特大城市进行马铃薯主食的研发和推广，通过城市间的人口流动和加快城镇化进程，迅速拓宽了马铃薯主食化加工品在市场的销售范围，覆盖的消费人群也迅速增加。特别是针对长久以来农户种植水稻、小麦、玉米等可以享受粮食补贴，而种植马铃薯还没有补贴的问题，自 2016 年起，中央财政对传统小农户和新型农业经营主体实施了马铃薯脱毒种薯扩繁补贴，同时还施行马铃薯农机购置补贴，这些举措极大地调动了广大种植户的生产积极性。二是设施建设。大力支持马铃薯主食化的配套设施建设，出台政策明确马铃薯加工企业可获得建设用地、厂房租金等资金扶持和税收减免，以降低生产成本。建立马铃薯标准化生产基地，着力培育马铃薯脱毒种薯，增强贮藏能力，提高马铃薯运输效率，构建马铃薯信息化平台，推进马铃薯产业现代化进程。三是种植保险。这些年，随着马铃薯种植面积的扩大，晚疫病对马铃薯种植的严重影响显露了出来。加之粗放的种植方式更使病虫害没有了预见性，农户在种植期间所承担的风险不断增大，成为阻碍农户增收的一大挑战。为了解决好这个问题，有关部门和地方大胆探索，积极创新，引进了农作物保险机制。马铃薯已纳入中央财政保险保费补贴范围，有效提升了农户抵御风险的能力，对马铃薯产业产生了积极的推进作用。四是金融创新。通过创新农村金融服务模式，引进社会资本投入马铃薯产业，解决企业融资困境，推进马铃薯精准扶贫的开展。

9.4 未来马铃薯产业发展趋势预测

9.4.1 短期产业发展形势分析（2018～2020 年）

1. 供需平衡总体形势

2018～2020 年中国马铃薯产量会稳步攀升，2020 年总产量预计达到 10900

万吨，年均增长率为 2%。2018～2020 年，中国马铃薯的产量和需求都将呈现稳定增长的趋势。马铃薯在中国种植面积广且产量大，供需宽松，不但能满足国内马铃薯需求，净出口量也保持平稳态势，2020 年达到 71 万吨。

2. 生产发展趋势

随着中国种植业结构性调整以及马铃薯主食化战略推进，马铃薯作为玉米等作物的替代品，播种面积有了显著的增加。以 2016 年为基准模拟 2018～2020 年马铃薯的生产发展趋势预测，中国马铃薯播种面积在 2018 年将突破 612 万公顷，到 2020 年达到 625 万公顷，年均增长率为 1%。伴随着马铃薯脱毒种薯的普及和高产示范基地项目建设的推进，马铃薯单产水平会有小幅增长，预计到 2020 年单产达到近 17433 千克/公顷，年均增长率为 1%。受马铃薯播种面积逐年扩大和单产水平稳步提高等因素的激励，中国马铃薯产量将在 2020 年增加到 10900 万吨，年均增长率为 2%。

3. 消费趋势

以 2016 年的数据为基准预测，2018～2020 年中国马铃薯消费发展趋势显示，马铃薯总消费逐年增加，食用消费稳中有降，加工消费稳步增长，种用消费和饲料消费基本维持现状。马铃薯食用消费占总消费量预计到 2020 年降到 6584 万吨，但是仍旧占总消费的 60% 以上。随着 2020 年实现全面建设小康社会的目标，农村和城镇人口的流动将不断扩大，农村和城镇居民食用消费将呈现反向的增长趋势。农村马铃薯食用消费从 2018 年的 3664 万吨下降到 2020 年的 3532 万吨，以每年 2% 的速度下降。同期，城镇居民的食用消费从 2921 万吨增长到 3053 万吨，年均增长率为 2%。农村居民户内食用消费从 2018 年的 3102 万吨逐渐下降到 2989 万吨；户外食用消费从 562 万吨下降到 543 万吨，均以每年 2% 的速度下降。城镇居民户内食用消费从 2018 年的 1819 万吨稳步增加到 2020 年的 1898 万吨，年均增长率为 2%；城镇居民户外食用消费从 2018 年的 1102 万吨逐年增加到 2020 年的 1154 万吨，年均增长率为 2%。随着马铃薯主食化战略的深入推进，加工形成的马铃薯主食消费开始逐年增加，2020 年马铃薯加工消费达到 1578 万吨，占总消费的 14%，年均增长率为 14%。饲料消费在 2020 年达到 1784 万吨的消费量，占总消费的 16%，年均增长率为 2%。种用消费在 2020 年达到 344 万吨，占总需求的 3%，年均增长率为 1%。

4. 贸易发展趋势

马铃薯淀粉作为中国主要的马铃薯进口商品之一，随着对来自于欧盟的马铃薯淀粉继续征收反补贴税，马铃薯商品的净出口在 2020 年达到 71 万吨，以每年 1% 的速度下降。

9.4.2 长期产业发展形势分析（2018～2035年）

1. 供需平衡总体形势

以2016年马铃薯数据为基准对2018～2035年做长期模拟认为，2035年是中国基本实现现代化的重要时期，中国马铃薯主食化战略的推动作用更加显现，这一阶段产量将始终保持稳定的增长趋势，2035年产量增加到12164万吨，年均增长率为1%。2018～2035年，中国马铃薯的产量和市场需求结构总体平衡，不但能满足国内马铃薯需求，净出口在2035年可能激增到92万吨，年均增长率为1%（见图9-3）。

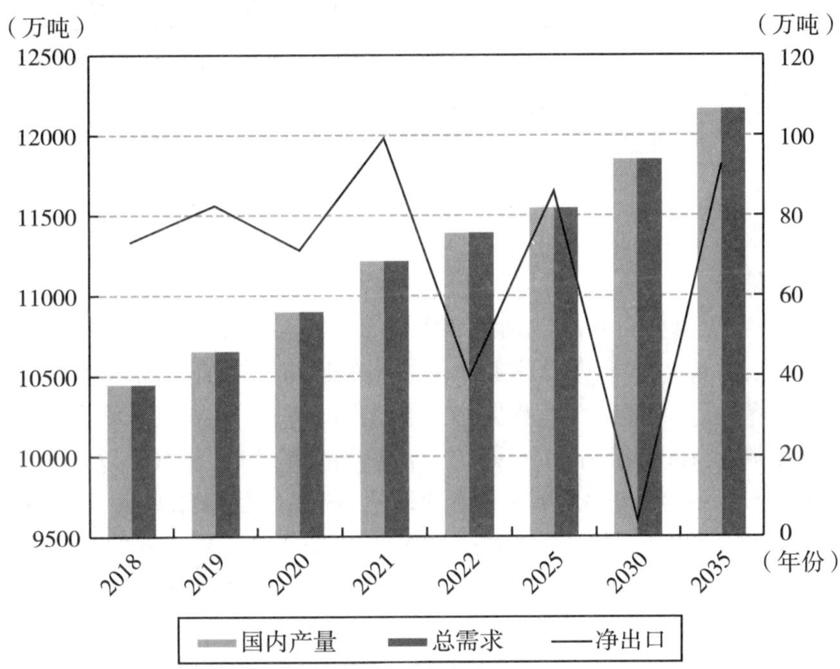

图9-3 2018～2035年中国马铃薯供需平衡总体形势

2. 生产发展趋势

受中国农业供给侧结构性改革和马铃薯主食化战略等的相互作用，中国马铃薯播种面积在2035年将突破663万公顷，年均增长率为0.5%。随着农业技术进步对农业生产的贡献不断提升，马铃薯脱毒技术不断完善，马铃薯单产水平预计到2035年达到近18356千克/公顷，年均增长率为0.4%。受马铃薯播种面积稳步增加和单产水平平稳增长因素影响，中国马铃薯国内产量将在2035年增至12164万吨，年均增长率为1%（见图9-4）。

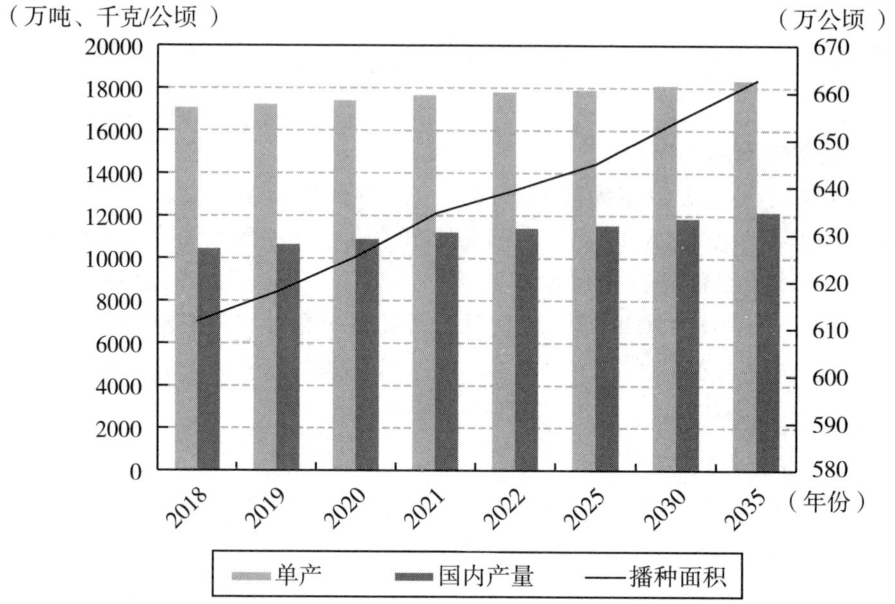

图 9－4　2018～2035 年中国马铃薯生产发展趋势

3. 消费趋势

以 2016 年的数据为基准，预测 2018～2035 年中国马铃薯消费发展趋势总体将保持稳定增长。随着马铃薯主食化战略的推进，除鲜食需求转为部分主食消费有所下降外，其余各项消费保持上扬走势。马铃薯食用消费从 2018 年的 6585 万吨下降到 2035 年到 5946 万吨，占总消费的 49% 左右，以每年 1% 的速度下降（见图 9－5）。2035 年是中国基本实现现代化的重要时期，城镇对农村居民的吸引力愈发加强，农村居民更愿意到城镇中享受便利的公共服务和基础设施，他们单向流向城镇的趋势导致农村居民食用消费下降，城镇居民食用消费增长。农村居民食用消费占总食用消费从 2018 年的 3664 万吨下降到 2035 年的 2357 万吨，以每年 3% 的速度下降。城镇居民的食用消费从 2018 年的 2921 万吨增长到 2035 年的 3588 万吨，年均增长率为 1%。农村居民户内食用消费从 2018 年的 3102 万吨逐渐下降到 2035 年的 1987 万吨，以每年 3% 的速度下降；农村户外食用消费从 562 万吨下降到 370 万吨，以每年 2% 的速度下降。城镇居民户内食用消费从 2018 年的 1819 万吨稳步增加到 2035 年的 2203 万吨，年均增长率为 1%；城镇居民户外食用消费从 2018 年的 1102 万吨逐年增加到 2035 年的 1385 万吨，年均增长率为 1%（见图 9－6）。随着人们生活水平的不断提高，马铃薯具有的高营养、高纤维等特性逐渐被人们认可，适应国人食用的马铃薯主食产品不断研发生产。马铃薯加工消费从 2018 年的 1215 万吨增加到 2035 年的 3011 万吨，从占总消费的 14% 扩大到占总消费的

25%，年均增长率为5%。饲料消费从2018年的1722万吨增加到2035年的2150万吨，从占总消费的16%扩大到占总消费的18%，年均增长率为1%。种用消费从2018年的337万吨增加到2035年的365万吨，始终保持占总消费的3%，年均增长率为0.5%。

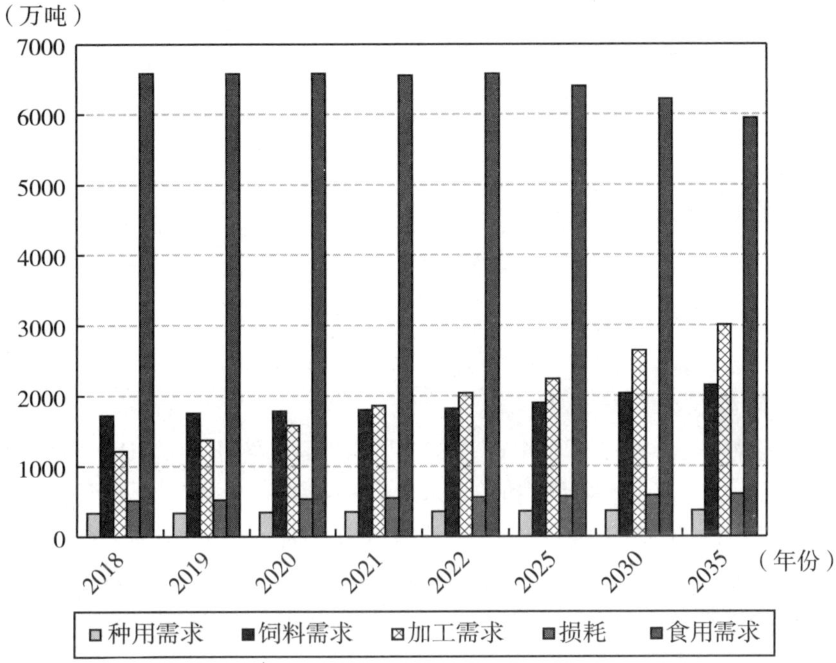

图9-5　2018~2035年中国马铃薯消费趋势

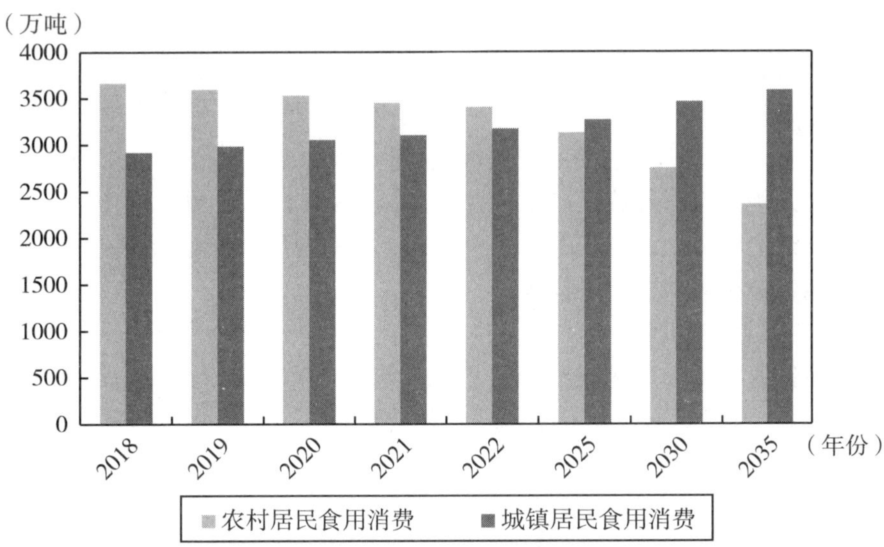

图9-6　2018~2035年农村和城镇居民马铃薯食用消费趋势

4. 贸易发展趋势

2018～2035 年来自国际市场的挑战不断加剧，马铃薯国际贸易量波动频繁。如果中国对来自于欧盟的马铃薯淀粉继续征收反补贴税，进口量将有缓慢下降；如果中国马铃薯产业做强做大，出口量将呈现逐渐递增的态势。随着中国马铃薯加工水平不断提高，主食加工品供给充足，进口的初级加工数量将不断下降，出口种类和规模将不断增加，2035 年净出口达到 92 万吨，净出口年均增长率为 1%。

9.5 结论与政策建议

9.5.1 研究结论

1. 生产趋势稳步增长

中国马铃薯在 2018～2020 年产量的年均增长率为 2%，2018～2035 年产量的年均增长率为 1%。播种面积和单产在 2018～2020 年的年均增长率都是 1%，播种面积在 2018～2035 年降到年均增长率为 0.5%，单产同期降到年均增长率为 0.4%。未来，中国马铃薯播种面积将稳步扩大，单产逐年提高，通过依靠增加播种面积和提高单产的双向驱动，确保中国马铃薯增产增收，推进贫困地区脱贫致富奔小康。

2. 消费趋势向多样性发展

马铃薯鲜食消费一直作为最主要的马铃薯消费方式，占马铃薯总消费的一半以上，加工消费占 10% 以下。马铃薯主食化的实施，将从初级消费升级为深加工消费，提升马铃薯商业价值。2018～2020 年马铃薯加工消费的年均增长率为 14%，2018～2035 年加工消费的年均增长率为 5%，表明马铃薯加工技术逐渐完善，专业化、规模化、市场化运作模式已经日趋成熟。人们基本适应了马铃薯可以作为主食消费的理念，市场供需结构平衡。同期食用消费显示了逐年下降的趋势，饲料消费和种用消费保持稳定。

3. 贸易挑战不断升级

中国马铃薯的国际贸易量在稳步增加，2018～2035 年马铃薯净出口的年均增长率为 1%。马铃薯国际贸易来源地都相对集中，进口国一直是欧美马铃薯贸易强国，贸易争端日渐升级。马铃薯商品的出口地一直是中国周边国家和地区，地缘政治因素日渐显著。伴随着中国马铃薯产业的升级改造，马铃薯加工产品的市场供给充足，将逐步替代进口加工品的市场份额，在确保本国消费需求的前提下合理调控出口量，满足市场多样性需求。

9.5.2 建议

1. 加强政策扶持力度

当前马铃薯已作为主食在推广，应同水稻、小麦、玉米等享受同样的粮食补贴，以调动农户的种植积极性。应针对马铃薯作为一种极容易受气候和病虫害等灾害影响的作物，运用保险等政策工具，尽量减轻马铃薯绝收、滞销和价格波动等情况影响，避免给小农户造成大量的经济损失。政府部门应加大马铃薯信息平台构建，推进马铃薯晚疫病数字化监测预警系统建设与应用，协助农户做好生产决策，增强农户抵御风险的能力。同时，积极引导社会资本进入马铃薯产业，带动农户增产增收，推进第一、第二、第三产业融合发展，做强做大马铃薯产业。

2. 加快产业链升级

虽然中国的马铃薯消费量巨大，但是主要是以马铃薯鲜食为主，同欧美国家的马铃薯薯条、薯片等的加工食用还有差距，马铃薯的经济价值还没有充分发挥出来。新时期，应通过科技创新，培育更多的优质马铃薯品种，改善马铃薯全粉技术，提高马铃薯的口感，升级马铃薯加工设备，降低马铃薯主食加工的成本。推进马铃薯储藏和项目的建设，实行标准化管理模式，减少马铃薯的损耗。提升马铃薯冷链物流水平，减少运输环节的损失，补齐马铃薯产业的发展短板。

3. 培育新型经营主体

虽然中国马铃薯的产量已居世界第一，但大多数栽种地区还处于边远山区，耕种技术落后，生产经营小而分散，缺乏规模化的生产条件。党的十九大提出实施乡村振兴战略，把产业兴旺摆在首位。应创新经营体制机制，将小而分散的农户聚集起来，积极培育马铃薯种植大户、专业合作社、龙头企业等新型经营主体，通过规模化、组织化、专业化路径发展马铃薯产业，实现马铃薯从小土豆成为脱贫致富的“金蛋蛋”。

4. 强化宣传推广力度

随着生活水平的不断提高，人们已经从最初的单纯追求温饱转变为营养健康，饮食消费观念发生了质的转变。马铃薯具有高纤维、低脂肪、低热量，是人们理想主食的选择。当前，马铃薯主食化的生产成本略高于同类型的食物，高知、白领和中产等人群，是接受这种绿色健康食品的潜在人群。应大力开展马铃薯主食化推广工作，多种形式宣传马铃薯主食化战略的意义，引导和培养健康营养的消费观念，根据南北不同地区，不同年龄层的饮食习惯，生产满足各阶层喜好的米粉、米线、面条等大众马铃薯食品。

第10章

棉花产业

主要观点：

- 中国棉花具有“生产消费两头在外”的产业特点，受国内外供求影响，近年来棉花产量保持在600万吨左右。
- 2014年中国取消了自2011年起实施的棉花临时收储政策，开始进行棉花目标价格补贴政策，新政策重新激发了市场活力，也缓解了一定的储备压力。
- 但从整体来看，国内棉花仍供大于求，受全球经济影响，棉花消费需求不旺，纺织行业经营形势仍然不乐观。
- 未来，受种植效益下降等因素影响，棉花生产将进一步向优势区域集中、向盐碱滩涂地和沙性旱地集中、向高效种植模式区集中。
- 由于棉花产量下降，中国未来仍需要以棉花进口来弥补供需缺口。
- 建议加大棉花科技投入、培育社会化组织、提升专业服务水平和建立贸易损害监测和补偿机制等综合措施促进棉花发展。

10.1 引言

全球有130多个国家和地区种植棉花，中国是最大的原棉生产国和消费国。棉花是中国种植农业生产中仅次于粮食的第二大农产品，也是中国农产品中产业链最长的经济作物，上游涉及1亿多棉农的收入来源，下游关系到棉纺织企业1800万员工的经济利益。

目前，新疆是中国最大的棉花主产区，根据国家棉花市场监测系统数据，2017年棉花实播面积206万公顷，占全国的64%，比上年增长8.7%；总产量408万吨，占全国的74%，比上年提高7.1个百分点。受植棉比较效益低和种植结构调整等因素影响，黄河流域棉区减少21.5万公顷，比2016年下降24.3%；长江流域棉区减少9.7万公顷，比2016年下降14.9%。

10.2　棉花产业发展形势回顾

中国棉花具有“生产消费两头在外”的产业特点，受国内外供求影响，近年来棉花产量保持在600万吨左右。2014年中国取消了自2011年起实施的棉花临时收储政策，开始进行棉花目标价格补贴政策，新政策重新激发了市场活力，也缓解了一定的储备压力。但从整体来看，国内棉花仍供大于求，受全球经济影响，棉花消费需求不旺，纺织行业经营形势仍然不乐观。

10.2.1　生产发展形势

棉花播种面积下降，总产量减少，单产水平提高。受到生产成本持续上涨、政策调整和植棉比较收益下降的直接影响，自2010年以来中国棉花播种面积在波动中整体呈下行趋势，相应地总产量也在下降。国家统计局公布的全国棉花生产数据显示，2017年全国棉花播种面积为322万公顷，比2016年下降4.3%；棉花产量549万吨，比2016年增长2.7%（见图10-1）。但单产水平不断提高，2017年全国棉花单位面积产量为1698.6千克/公顷，比上年增加116.1千克/公顷，增速为7.3%（见图10-2）。其中，新疆棉区每公顷棉花产量增加88.4千克，增速为4.4%；黄淮海流域棉区单产增加22.9千克，增速为2.1%；长江中下游棉区单产减少39.5千克，下降3.6%。

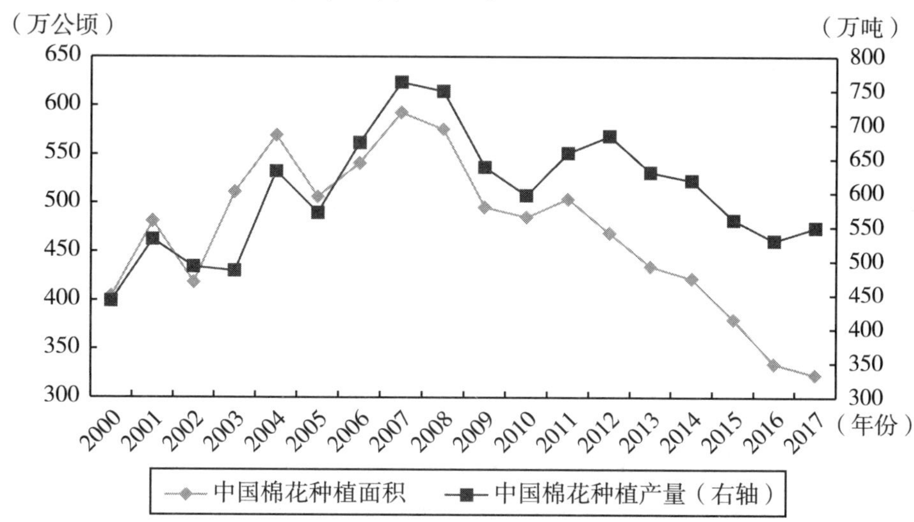

图10-1　2000~2017年中国棉花种植面积和产量变化情况

资料来源：《中国统计年鉴》历年数据。

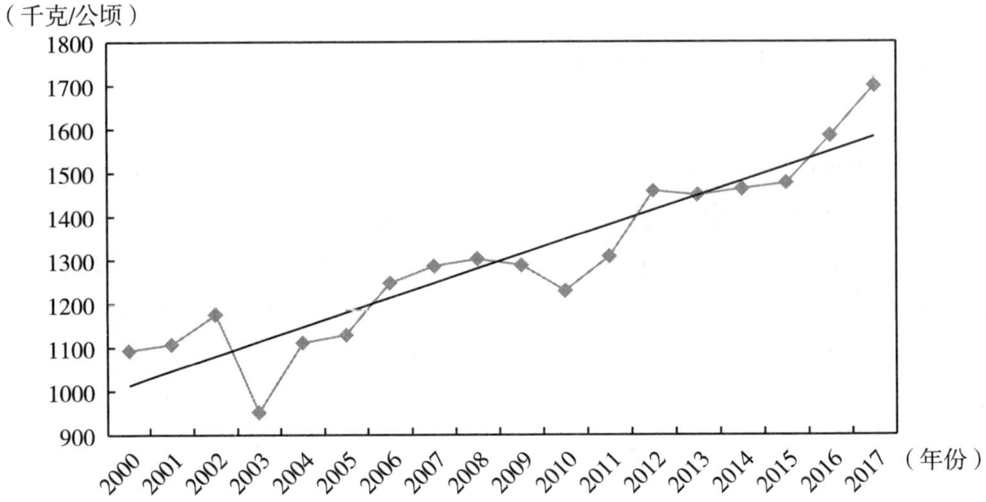

图 10－2　2000～2017 年中国棉花单产及趋势变化情况

资料来源：《中国统计年鉴》历年数据。

棉花生产向新疆集中，长江中下游和黄淮海流域棉花生产持续萎缩。中国棉花种植主要分布在长江中下游、黄河流域以及新疆产区，受规模化、机械化等因素的推动，长江中下游和黄淮海流域棉花生产持续萎缩。棉花生产近年来不断向新疆集中，自 2014 年实施的新疆棉花目标价格补贴政策更是加速了这一进程，目前新疆已成为全国棉花播面最大、总产最多、单产最高的地区，2017 年播面和总产量各占全国的 66%、80%，新疆棉花平均单产水平在 1800 千克/公顷。目前，新疆 50% 左右的农户从事棉花生产，收入中的 35% 来自棉花，主产区则在 60% 以上。促进棉花生产，对推动新疆农业发展、增加农民收入和民族地区民生改善尤为重要。根据农业农村部种植业结构调整规划，未来 10～20 年，黄河流域和长江流域棉区将逐步退出棉花优势产区，中国将形成包括北方盐碱地，华北西北旱地、新疆干旱盐碱地和沿海滩涂地在内的新的棉花带。

机采棉技术水平及质量有待提高。机采棉是实现棉花集约化、规模化生产的技术保障，也是中国棉花产业发展的方向。根据国家棉花市场监测系统数据，近年来，在农业机械化水平不断提高、机采棉技术逐渐成熟的推动下，中国机采棉水平不断提升，但目前主要集中在新疆棉区，平均机采率约为 31%，国内其他棉区机采棉水平较低。即使在新疆，兵团与自治区机采棉水平也存在较大差距，兵团机采率约为 69%，自治区机采率仅为 16%。目前国内机采棉质量也不高，高等级棉少、纤维长度短、强度低、杂质较多、品质较差，严重影响到国产棉的市场竞争力，相较之下，高档纺织品企业更愿意采购美棉、澳棉等。

10.2.2 消费发展形势

棉花既是重要的纤维作物，也可作为油料作物，同时又是纺织、精细化工原料和重要的战略物资。

1. 棉花消费以纺织工业消费为主

棉花生产的主产品是棉纤维，副产品为棉籽（约占籽棉产量的2/3），主副产品都具有较高的经济和利用价值。首先通过棉田生产得到棉花的初级产品籽棉，再通过轧花使棉纤维和棉籽分离，得到皮棉、棉短绒和棉籽。皮棉主要用于棉纺织工业，短绒根据不同工艺要求可作为造纸业（如钱币用纸）、化工业原料（如生产电影胶片、军用无烟火药等），棉籽经过加工可得到棉籽油、棉籽壳、棉籽饼粕或棉仁粉、棉籽蛋白。棉籽油可作为食用油，国际上棉籽油的供应量仅次于大豆油，位居五大植物油的第二位；棉籽壳主要用于做粗饲料以及食用菌培养基；棉籽饼粕是由整个棉籽榨油而成（不脱壳），可用作有机肥料；脱壳后榨油的棉仁饼粕或棉仁粉可用作动物饲料；棉籽蛋白是棉仁粉经过脱除有毒物质——棉酚后制成的一种高蛋白产品，可作为奶牛饲料中的蛋白原料，能显著提高奶牛产奶量，改善乳品品质，节约饲养成本。

根据对棉花主副产品的不同消费划分，棉花消费可分为纺织工业消费、农民自留棉和絮棉、食用消费及饲用消费、损耗等。中国棉花消费结构与消费总量一样是一个动态变化的过程，目前在中国，纺织工业消费是棉花需求的主体，94%的棉花用于工业纺纱，军需民用（农民自留棉）絮棉占总需求的比例不到3%，其他副产品的食用消费和饲用消费以及损耗①的比例不到5%，可见，纺织工业用棉需求是决定棉花消费总量的主要因素。

2. 国内棉花消费在地域分布上相对集中

国内棉花消费主要由纺纱量来体现，从区域来看，全国纺纱量较高的省份仍集中在长江流域和黄河流域，其中山东、河南、江苏三个省份的纺纱量位居全国前列。根据国家棉花市场监测系统数据，2016 年三省纱产量为 868 万吨、629 万吨和 537 万吨，分别占全国总量的 21%、16% 和 13%。棉花主产省新疆的纱产量为 108 万吨，占全国总量的 3%。为促进劳动力转移就业和稳定发展，近年来新疆大力发展纺织服装业，其中新疆 30% 的棉花产量可以就地消化。2018 年初《新疆纺织服装产业发展规划（2018 ~ 2023 年）》印发实施，到

① 棉花消费中的损耗是指收购籽棉的衣分率与实际加工所获得的衣分率之差。棉花损耗每年占全国棉花总消费量的 2.9%，基本是个常量。

2023 年，新疆将达到棉纺产能 2000 万锭规模，届时全产业链就业容量将达到 100 万人。

3. 受到宏观经济环境和替代品的影响，国内棉花消费量持续下降

受国内外经济增长放缓、全球棉纺织产业转移等影响，中国纺织服装行业整体需求疲软，纺织服装产品出口降低。在纺织工业中，由于价格仅为棉花价格的一半，化纤对棉花的替代作用逐年增加，其中涤纶增加尤为显著，产量从 2011 年的 2800 万吨，增加到了现在的 3200 万吨。从整个纺织行业用棉消费量来看，在经过 2000 ~2007 年的高速增长后，随着国内棉花生产成本增长、国内外价差增大、库存高企和进口棉冲击，棉花消费量总体呈下降趋势，从 2010 年的 926 万吨下降到 2017 年的 739 万吨（见图 10 –3）。

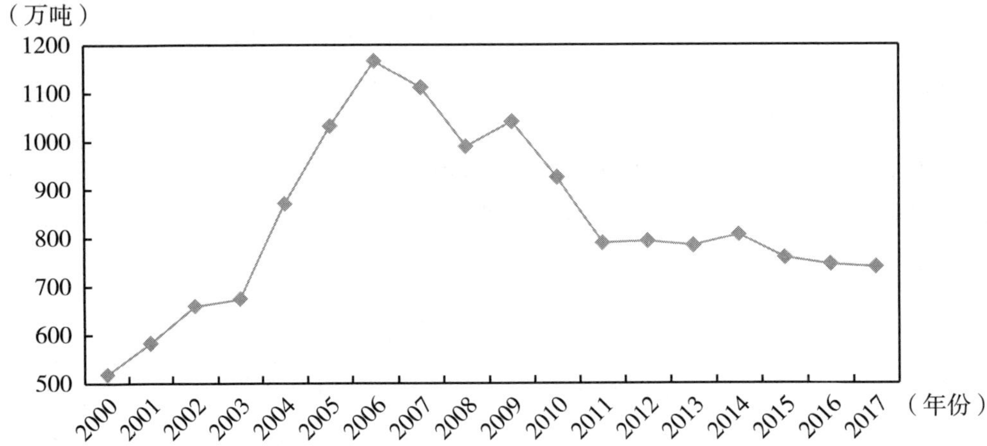

图 10 –3　2000 ~2017 年中国棉花消费变化情况

资料来源：《中国统计年鉴》历年数据。

10.2.3　贸易发展形势

棉花贸易处于净进口状态，对外依存度较高。除个别年份外，中国棉花供给不能满足消费的需求，2017 年棉花消费缺口为 236 万吨，巨大的供需缺口有赖于棉花进口。统计数据显示，自 2000 年以来的 17 年间，中国棉花贸易一直处于净进口状态，在 2011 年棉花进口量一度高达 544 万吨，2017 年中国棉花进口量为 91. 31 万吨，出口量 1. 44 万吨，棉花对外依存度较高，从 2000 年的 1% 上升到 2017 年的 15%（见图 10 –4、图 10 –5）。

棉花进口来源地相对集中。根据中国海关总署数据显示，2016 年中国棉花进口量最多的 3 个国家依次为澳大利亚、美国和乌兹别克斯坦，进口量分别为 27 万吨、19 万吨和 13 万吨，占总进口量的比重分别为 28%、20% 和 14%（见图 10－6）。

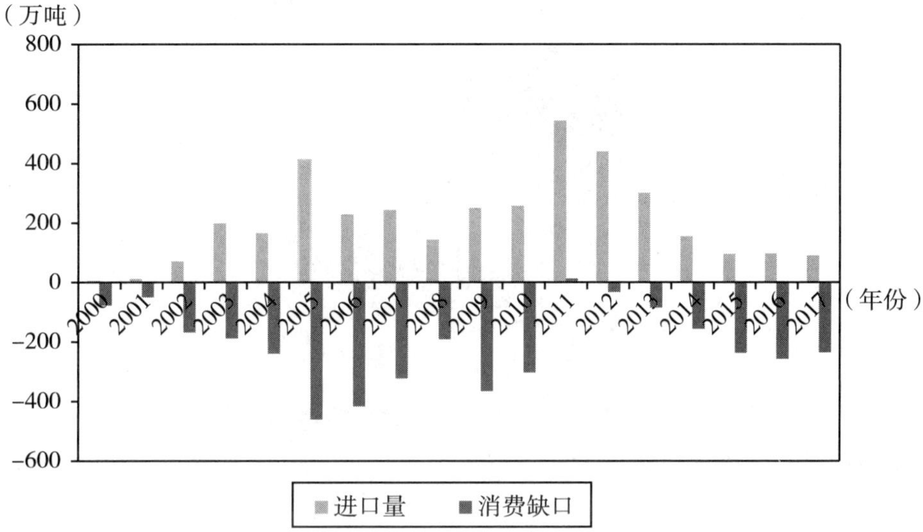

图 10－4　2000～2017 年中国棉花进口量及消费缺口情况

资料来源：《中国统计年鉴》历年数据。

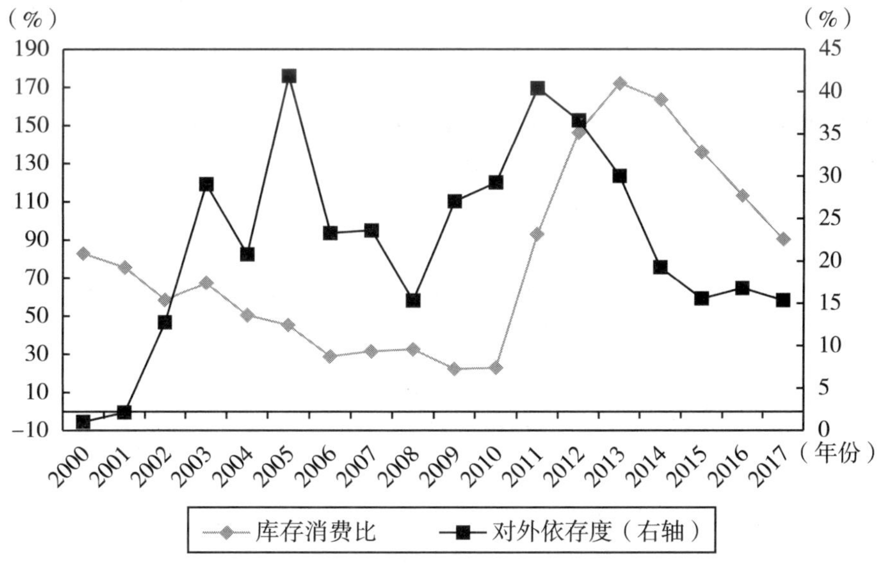

图 10－5　2000～2017 年中国棉花库存消费比及对外依存度情况

资料来源：《中国统计年鉴》历年数据。

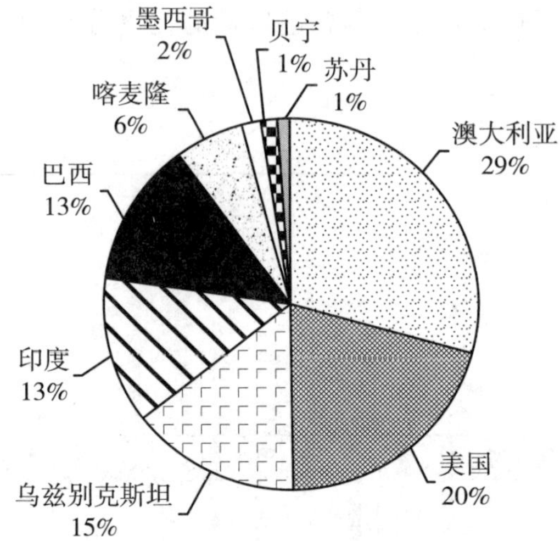

图 10－6　2000～2017 年中国棉花进口来源地

资料来源：《中国统计年鉴》历年数据。

10.2.4　供需平衡及价格形势

在供需平衡方面，2017 年，中国棉花加工量 740 万吨，主要是国内消费和出口产品用量。从生产能力上分析，中国棉花消费量虽然呈持续下降趋势，但供给仍不能满足需求，一直存在消费缺口。而且由于 2011 年棉花临储政策的实施，导致国内棉花价格大幅高出进口棉花，当时国内纺织企业一半以上的棉花原料来自进口，国产棉花不能被市场消化，只能转化为库存，库存消费比在 2013 年一度高达 172%，2017 年下降到 90%，棉花"去库存"的压力在一定时期内仍将存在。

在价格方面，由于生产资料价格和人工成本节节攀升，国内植棉成本持续上升，据测算，近十年国内植棉成本在消除物价变动因素后以年均 8% 的高速度持续增长。2011～2014 年棉花临时收储时期，国内棉花价格持续上涨，国内外差价一度接近 5000 元/吨。2014 年实施目标价格补贴政策后，国内外棉价联动增强，国内棉花价格回归市场，国内外棉花价差持续缩小，总体而言，国内棉价略高于国外棉价，2016 年平均价差水平维持在 1000～1200 元/吨。

10.3　棉花产业发展新情况及其影响分析

10.3.1　棉花单产受诸多因素影响

棉花单位面积产量主要取决于劳动力投入以及化肥、灌溉、地膜等物质投入的数量，同时，与其他农作物相比，棉花更易受到气候和病虫害的影响。如1992~1993年黄河流域大面积爆发棉铃虫灾害，1998年长江流域棉区发生洪灾，及2003年黄河流域棉区发生黄萎病灾害，这些灾害的发生导致期间棉花单产大幅度下降。此外，棉花品种、机械化水平、生产技术水平也是影响棉花单产的重要因素。

10.3.2 国家棉花补贴政策棉花生产的重要影响因素

中国棉花的补贴政策分为两大类，一是生产领域的补贴，二是流通领域的补贴。2002年加入WTO后，一些不符合WTO农业协定的补贴措施被取消，目前实施的直接涉及棉花的补贴主要是良种补贴和新疆棉移库补贴，以及2014年开始实施的新疆目标价格补贴。

为进一步完善农产品价格形成机制，更加注重发挥市场形成价格的作用，根据党的十八大、十八届三中全会以及2014年中央一号文件的精神和国务院有关部署，从2014年起中国取消棉花临时收储政策，启动新疆（含新疆生产建设兵团）棉花目标价格改革试点。棉花（皮棉）目标价格为19800元/吨，如果市场价低于此目标价格，农民仍按市场价格随行就市出售，二者之间的差价由政策根据其种植面积（60%）和产量（40%）进行补贴，同时，考虑到政策衔接，对长江流域、黄河流域等内地棉花每吨补贴2000元。2015~2017年新疆棉花目标价格水平分别为19100元/吨、18600元/吨和18600元/吨。与最低收购和临时收储政策不同，目标价格政策不直接对市场价格产生影响，主要对生产者起到价格引导作用。目标价格政策的实施标志着中国在探索推进农产品价格形成机制与政府补贴脱钩的改革方面，迈出了关键性的一步。2016年新疆棉花目标价格改革试点工作结束，目前棉花目标价格补贴成为新疆棉花产业一项长期稳定的补贴政策。经过改革试点，目前新疆棉花价格与国际棉价基本实现接轨，企业产品在国际市场的影响力和竞争力有了大幅提升。

10.3.3 国产棉花质量影响棉花消费和市场价格

以往重数量、轻质量的粗放增长意识根深蒂固，使得国内原棉质量存在缺陷。目前，中国参与棉花种子经营的企业增多，竞争激烈，新疆部分县市棉花种植品种一地就多达10个，造成品种混杂、一致性差、质量下降。而且在收购和加工环节的管理上还存在很多薄弱环节，如籽棉存放保管不善，含三丝等杂质较多；一些加工厂在手采棉中混掺机采棉，或在皮棉中掺入回收棉、精梳后的落棉等。从纺织企业反馈的意见，国内皮棉质量有下降的趋势，尤其是皮棉长度和强力不够。

10. 3. 4 植棉成本不断攀升，挤占农户收益

近年来，农户收入年际间波动较大，国家扶持政策带来的收益被逐年攀升的成本部分抵销。化肥、农药、农膜、柴油等生产资料价格上涨较快，此外，与大豆、小麦、玉米等农产品相比，种植棉花更加费工，棉花平均用工数量约是大豆的 6. 3 倍，小麦的 3. 6 倍，是玉米的 2. 8 倍。棉花用工量最多的环节是采收，人工采收耗时耗力。据国家棉花市场监测系统数据显示，2015/2016 年新疆棉农租地费用平均 5700 元/公顷，除租地费用外，新疆地方手摘棉种植成本 27075 元/公顷，机采棉种植成本 20010 元/公顷，人工采摘费用平均每公顷比机械采收高出 7000 元左右。在棉花生产成本中人工成本占 50% 以上，人工采收推高了棉花种植成本，而且近年来陕西等地进疆摘棉民工数量陡减，本地用工价格一路上涨。

10. 3. 5 农户植棉比较效益下降，影响棉花生产积极性

区域性棉花生产布局变迁源于微观主体——农户种植选择行为的变化。家庭联产承包责任制的实施，赋予了农民在生产经营决策上很大的自主权，作为理性的经济人，棉农同样以追求利润最大化为目标。因此，农民主要根据农作物的比较收益来确定种不种棉花及种多少棉花。在中国棉花主产区，粮食是与棉花形成主要替代关系的大田作物，因此粮棉比价被认为是衡量粮食与棉花比较效益的重要指标，是影响农户植棉积极性的重要因素。一般情况下，1∶8 的粮棉比价是农户安排粮棉茬口的决策点，如果低于该水平，农户就会增加棉花种植，反之会减少。20 世纪 80 年代初期，由于棉花收购价格的持续提高，农民植棉比较效益不断增加，粮棉比价近 1∶9，到了 90 年代粮棉比价一度超过 1∶10。随着棉花流通体制改革，棉花市场价格放开，劳动力成本和物化成本持续上涨，农民植棉比较效益不断下降，粮棉比价不断缩小，2014 年长江流域稻棉比价为1∶6. 7，黄河流域麦棉比价为 1∶6. 6，玉米与棉花的比价也由持续多年的 1∶12 缩小至1∶8. 6。在这种情况下，农户会选择种植粮食来替代棉花。

10. 4 未来棉花产业发展趋势预测

10. 4. 1 短期产业发展形势分析（2018 ~ 2020 年）

1. 生产形势

根据 2018 年 3 月国家棉花市场监测系统对全国范围棉花种植意向的调查，

2018年中国棉花种植意向面积为333.2万公顷，同比增加1.2万公顷，增幅为0.4%。其中，黄河流域植棉意向面积为57.6万公顷，同比下降4%；长江中下游棉花主产区植棉意向面积为38.7万公顷，同比下降5.4%；西北内陆棉区植棉意向面积为233.6万公顷，新疆为231.2万公顷，同比增加2.6%。短期来看，未来三年棉花种植面积基本会维持目前水平，西北内陆尤其是新疆的棉花种植面积受棉花目标价格补贴政策的影响，短期内不会有较大的变动。2017年继续实施的棉花目标价格水平目前确定为三年一定，2017~2019年目标价格为18600元/吨，棉农种植收益预期较稳定，生产积极性较高，相较之下内地棉区——黄河流域和长江中下游地区的棉花种植面积会持续萎缩。

从产量来看，2018~2020年棉花产量稳中略升，预计到2020年中国棉花总产将达到513万吨，这主要得益于棉花单产的提高，2020年中国棉花单产将达到1514千克/公顷，处于世界较高水平。

2. 消费趋势

近年来，受国内外经济增长放缓、全球棉纺织产业转移等影响，中国纺织服装行业整体需求疲软，纺织服装产品出口降低，再加上涤纶、再生纤维等对棉花的替代作用逐年增加，短期内国内棉花消费快速增长的可能性不大。2018年预计国内棉花加工消费量为781万吨，2020年为789万吨。

3. 贸易趋势

国内棉花生产满足不了国内棉花需求，中国仍是棉花净进口大国，2018年预计进口176万吨，2020年为215万吨。从进口结构来看，高品质棉花进口将呈上升趋势。进口来源地短期内也以澳大利亚、美国、乌兹别克斯坦等国为主。

10.4.2 长期产业发展形势分析（2018~2035年）

1. 生产形势

受种植效益下降等因素影响，棉花生产将进一步向优势区域集中、向盐碱滩涂地和沙性旱地集中、向高效种植模式区集中。到2035年，预计棉花种植面积为339万公顷，基本维持目前水平（见图10-7）。从区域来看，长江中下游和黄河流域棉花面积将进一步萎缩，国内棉花种植向新疆地区集聚。从发展方向来看，未来国内棉花生产将从供给侧入手，更注重质量，着力提高单产、提升品质、增加效益。选育耐盐碱、抗性强、宜机收的高产棉花品种，集成配套棉花生产机械移栽收获等技术。同时，着力解决棉花“三丝”等异性纤维，以及机收杂质、纤维长度和强度降低等品质问题。到2035年，单产水平将提升到1628千克/公顷，产量为553万吨。

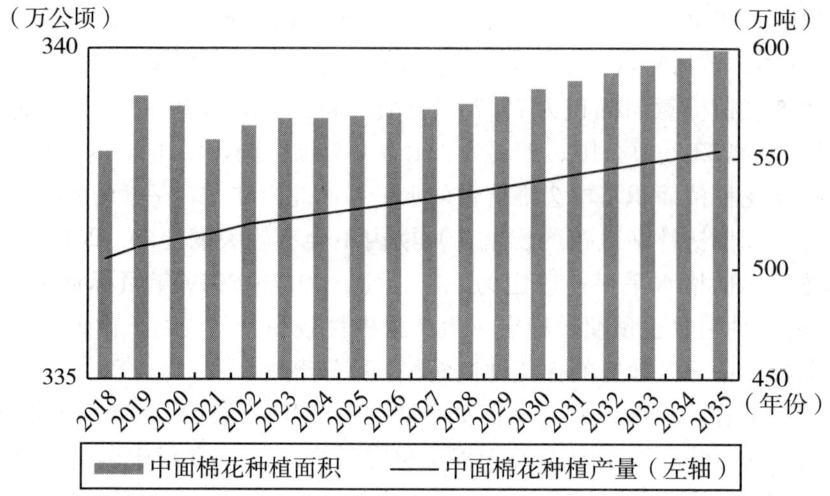

图 10－7　2018～2035 年中国棉花种植面积和产量预测

2. 消费趋势

未来全球纺织品市场竞争更加激烈，受劳动力成本、贸易条件等影响，中国纺织品在国际市场的份额一定程度上会受到印度、越南、老挝等国家的挤占。但另一方面，随着中国城镇化进程加快，消费结构升级，国内纺织品市场对棉花消费具有一定支撑作用。2035 年中国棉花加工消费量将达到 851 万吨。国内棉花库存在未来将进一步释放。

3. 贸易趋势

考虑到国内棉花产量下降，未来很长一段时期内，中国仍需要以棉花进口来弥补供需缺口。预计到 2035 年，中国棉花净进口量为 290 万吨（见图 10－8）。在“一带一路”发展倡议的推动下，包括哈萨克斯坦、乌兹别克斯坦、塔吉克斯坦、吉尔吉斯斯坦、土库曼斯坦在内的中亚五国，无论从地缘特征，还是从产业基础来看，都是中国棉花产能合作的良好对象，未来中国棉花进口来源地会更加丰富。

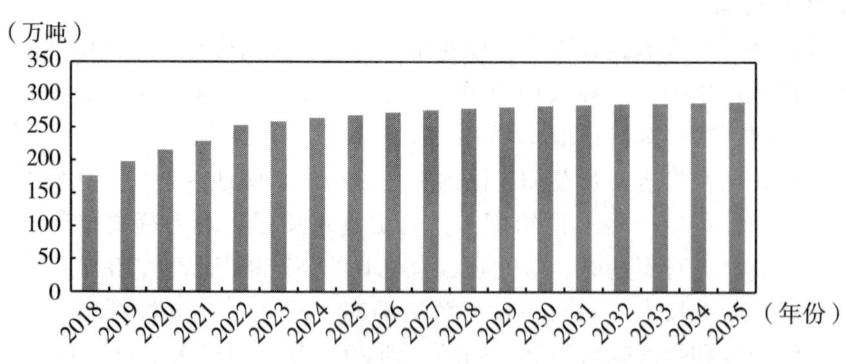

图 10－8　2018～2035 年中国棉花净进口量预测

10.5 结论与政策建议

长期来看，受资源环境约束、种植比较收益偏低、劳动力和土地成本不断上升等因素的影响，中国棉花生产大幅度增长的可能性较小，棉花供需仍然存在缺口，尤其对高等级棉花的进口需求较大。从稳定发展国内棉花市场角度来看，应从以下几个方面入手：

一是加大棉花科技投入。科技投入和创新是棉花生产的强大支撑。因此，要加大对棉花科技创新的投入，大力支持高等院校和科研院所在棉花种子、生产、加工等环节的技术研发，培育新、优、抗病品种，提高棉花良种繁育水平，并加强管理和积极进行市场推广；推进标准化、机械化、规模化种植，建立优质棉花生产基地，促进产业集聚。建议以新疆为试点，建立机采棉标准化生产示范基地，创建现代机采棉产业技术体系。

二是培育社会化组织，提升专业服务水平。随着农民工非农就业转移加快，种棉劳动力缺乏和素质下降问题突显，亟须建立社会化服务体系。建议设立财政专项资金，加大扶持棉农合作社、棉花协会等开展病虫防治、收购、储运、质量认证等环节的公益性服务；对棉农、农场及其合作社利用期货、期权套期保值实行保证金全免补贴，构建市场风险防范机制；鼓励龙头企业在优势区建立棉花生产基地，给予技术改造、配套升级等中长期基本建设贷款支持，降低其自筹资金和风险保证金比例，扩大订单生产，提高棉花产加销一体化水平。

三是建立贸易损害监测和补偿机制。在棉花进出口贸易中，与国内棉花政策有效衔接，实时对贸易损害现象进行监测，并制定相应的补偿机制，做到在保障国家棉花产业安全的同时，也要保障国内棉农尤其是新疆少数民族地区植棉地区农户的收益。

第11章

大豆产业

主要观点：

- 大豆收储与补贴政策改革刺激短期大豆生产，改革初见成效。
- 中国大豆消费将持续上涨，大豆消费仍将长期高度依赖国际市场，应充分利用两个市场和两种资源保障大豆供给。
- 中国大豆进口来源国更加多样化，应积极拓展其他大豆生产国家，应对逆全球化思潮导致的贸易风险。
- 加强大豆种质资源搜集，增加大豆科研投入，加强良种培育与技术推广。
- 优化大豆产业布局，实现国产大豆与进口大豆错位竞争。

11.1 引言

大豆是中国第一大进口农产品，对其产业形势的分析不仅关系着中国粮食安全，对中国贸易安全也具有十分重要的意义，同时对大豆主产区的种植业结构调整与农民增收也具有举足轻重的意义。从生产状况来看，中国大豆总产呈长期下降趋势，“十二五”期间大豆生产加速萎缩，但近两年生产有所回升；近年来全国大豆生产并未出现向主产区或主产省集中的趋势。从消费状况来看，受大豆工业消费迅速增加影响，中国大豆总消费量连创新高。从贸易状况看，中国自2000年开始大规模进口大豆，大豆进口量连年大幅增加；大豆进口来源国从以美国为主转向以巴西为主，同时来源地更加多样化。从供求状况来看，近年来大豆供需缺口持续加大，对外依存度高；国内市场大豆批发价格长期高于进口价格，且在“十二五”期间国内外价差进一步扩大，近两年国内外价差有缩小趋势。同时，国内大豆产业发展也面临着大豆收储和补贴政策改革、逆全球化导致大豆贸易不确定性增加等新情况。本章在综合考虑短期和长期影响因素的基础上，对未来大豆生产、消费和贸易均衡等产业发展趋势作了预测分析，为产业发展提供科学决策参考。

11.2　大豆产业发展形势回顾

11.2.1　生产发展形势

2000年以来，全国大豆总产呈下降趋势，"十二五"期间大豆生产加速萎缩，但近两年生产有所回升。尽管2000～2017年大豆单产增加了13%，但因大豆播种面积下降16%（从931万公顷降至778万公顷），大豆总产整体趋减（见图11－1）。"十二五"期间，大豆生产加速萎缩，播种面积下降24%，大豆总产下降22%，2015年大豆播种面积降至历史最低点，仅651万公顷，总产仅1179万吨。近两年大豆生产大幅回升，2016年、2017年大豆种植面积持续增加，2017年大豆总产达1455万吨，恢复至2011年的水平。

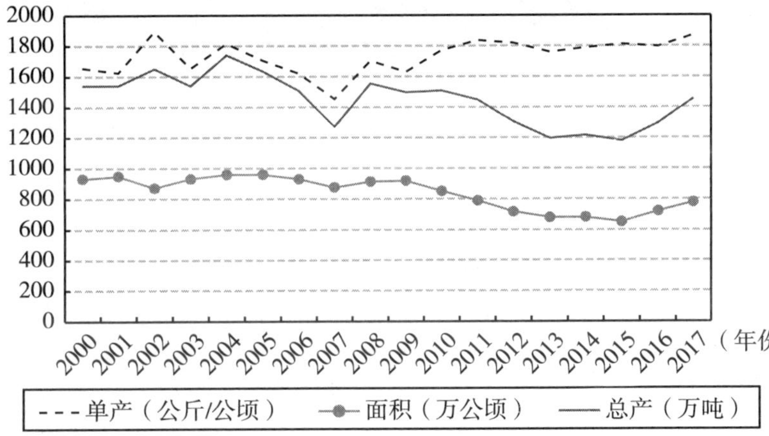

图11－1　2000～2017年中国大豆生产情况

资料来源：2000～2016年数据来自农业部，2017年数据来自国家粮油中心4月生产形势预测。

2000～2016年，三大大豆生产区域大豆播种面积总体均呈下降趋势，近年来全国大豆生产并未出现向主产区或主产省集中的趋势。按照生产地缘分类，中国大豆产区主要包括北方春作大豆区、黄淮海夏作大豆区和南方多作大豆区，其中北方春作大豆区所占份额最大（杨树果和何秀荣，2014）。2000～2016年北方春作大豆区、黄淮海夏作大豆区和南方多作大豆区大豆播种面积分别下降15%、34%和24%（见图11－2）。其中，北方春作大豆区播种面积波动较大，呈现先增后减再回升的趋势，黄淮海夏作大豆区播种面积呈持续下降趋势，南方多作大豆区播种面积先减后缓慢回升。2011年北方春作大豆区、黄淮海夏作大豆区和南方多作大豆区大豆总产分别占全国大豆总产的56.5%、27.6%和15.9%，

2016 年三产区产量分别占同期全国总产量的 53.1%、26.5% 和 20.4%，大豆生产并未呈现向北方春作大豆区集中的趋势（见表 11－1）。同时，2011 年全国大豆产量排名前十位的省份大豆总产之和占全国大豆总产量的 78%，2016 年该比例降为 75%，表明近年来中国大豆生产亦未呈现向主产省集中的趋势。

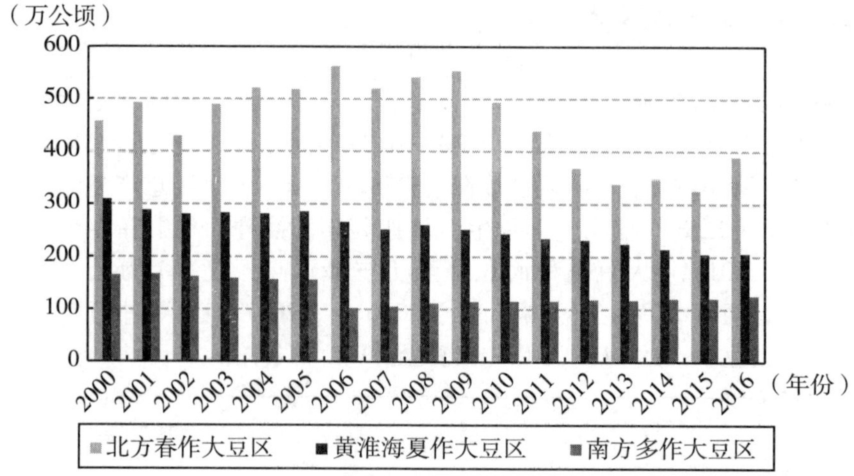

图 11－2　2000～2016 年中国各大豆生产区域大豆种植面积变化情况

资料来源：农业部历年数据。

表 11－1　　2011 年和 2016 年中国各省大豆生产情况

	种植面积				总产			
	面积（万公顷）		占全国比例（%）		总产（万吨）		占全国比例（%）	
	2011 年	2016 年	2011 年	2016 年	2011 年	2016 年	2011 年	2016 年
北方春作大豆区	**439.2**	**389.1**	**55.7**	**54.0**	**819**	**687**	**56.5**	**53.1**
黑龙江	320.2	288.4	40.6	40.0	541.3	503.6	37.4	38.9
内蒙古	68.8	61.6	8.7	8.5	137.2	100.5	9.5	7.8
吉林	30.5	20.0	3.9	2.8	78.8	39.9	5.4	3.1
辽宁	12.0	13.2	1.5	1.8	34.1	28.2	2.4	2.2
新疆	7.8	5.8	1.0	0.8	27.1	15.2	1.9	1.2
黄淮海夏作大豆区	**234.1**	**205.6**	**29.7**	**28.5**	**400**	**343**	**27.6**	**26.5**
安徽	88.6	83.0	11.2	11.5	107.5	125.3	7.4	9.7
河南	44.6	36.8	5.6	5.1	88.0	50.6	6.1	3.9
江苏	22.0	20.2	2.8	2.8	57.6	47.1	4.0	3.6
山西	19.8	19.2	2.5	2.7	16.2	23.9	1.1	1.8
陕西	17.4	11.1	2.2	1.5	37.7	35.7	2.6	1.4
山东	15.6	13.3	2.0	1.8	40.6	17.9	2.8	2.8
河北	13.6	10.6	1.7	1.5	29.5	24.7	2.0	1.9
甘肃	9.1	8.9	1.2	1.2	15.8	13.6	1.1	1.1

续表

	种植面积				总产			
	面积（万公顷）		占全国比例（%）		总产（万吨）		占全国比例（%）	
	2011年	2016年	2011年	2016年	2011年	2016年	2011年	2016年
宁夏	1.3	1.7	0.2	0.2	3.2	2.2	0.2	0.2
天津	1.2	0.5	0.2	0.1	1.7	1.1	0.1	0.1
北京	0.5	0.2	0.1	0.0	1.1	0.4	0.1	0.0
上海	0.3	0.1	0.0	0.0	0.9	0.3	0.1	0.0
南方多作大豆区	**115.5**	**125.6**	**14.6**	**17.4**	**230**	**264**	**15.9**	**20.4**
四川	22.5	23.2	2.9	3.2	48.0	53.3	3.3	4.1
贵州	13.1	14.0	1.7	1.9	7.1	17.8	0.5	1.4
云南	12.5	12.5	1.6	1.7	24.3	20.9	1.7	2.4
广西	11.2	9.7	1.4	1.4	20.1	31.5	1.4	1.2
湖北	10.2	13.5	1.3	1.9	23.9	21.2	1.6	1.6
重庆	9.5	10.6	1.2	1.5	18.7	24.9	1.3	1.6
江西	9.5	10.5	1.2	1.5	20.7	14.9	1.4	1.9
湖南	9.2	9.2	1.2	1.3	23.5	21.2	1.6	1.6
福建	6.3	6.9	0.8	1.0	15.3	21.7	1.1	1.4
广东	6.0	6.4	0.8	0.9	13.5	18.5	0.9	1.3
浙江	5.1	8.9	0.6	1.2	14.0	17.0	1.0	1.7
海南	0.4	0.2	0.0	0.0	0.9	0.6	0.1	0.0
西藏	0.0	0.0	0.0	0.0	0.1	0.0	0.0	0.0

资料来源：农业部。

大豆生产成本上升较快，大豆种植效益急剧下降。2016年大豆亩均产值468元，相较于2011年的731元/亩减少263元，减幅达56.19%；亩均总成本678元，比2011年的580元/亩增加98元，增幅16.90%（见图11－3）。自2012年以来大豆的净利润已连续四年下降，2015年净利润首次为负。从总成本构成来看，土地成本和人工成本快速上涨是推动大豆成本上升的最主要因素。2016年土地成本为259元/亩，比2011年增加20.9%，人工成本比2011年上涨25.7%，而物质与服务费用近年有所下降。

11.2.2 消费发展形势

受大豆工业消费迅速增加影响，大豆总消费量连创新高。大豆消费主要由工业消费、食用消费、种用消费、饲用消费和损耗等构成。随着中国城镇化率增加和居民收入水平提高，人们对食用植物油的需求增加，使得大豆工业消费量迅速增长，不断拉动大豆总消费连创新高。2000～2017年大豆总消费翻了两番，其中工业消费增加近 4 倍，豆油和豆粕消费量则分别增加 2.9 倍和 3.4 倍。2017 年中国大豆总消费 11173 万吨，较上年度增加 780 万吨，增幅 7.51%；较 2011 年增加 4235 万吨，增幅 61.04%（见图 11－4）。其中，大豆工业消费 8447 万吨，占当年全国大豆总消费量的 76%，大豆饲用消费和损耗、食用消费及种用消费分别占总消费量的 18%、6% 和 1%。

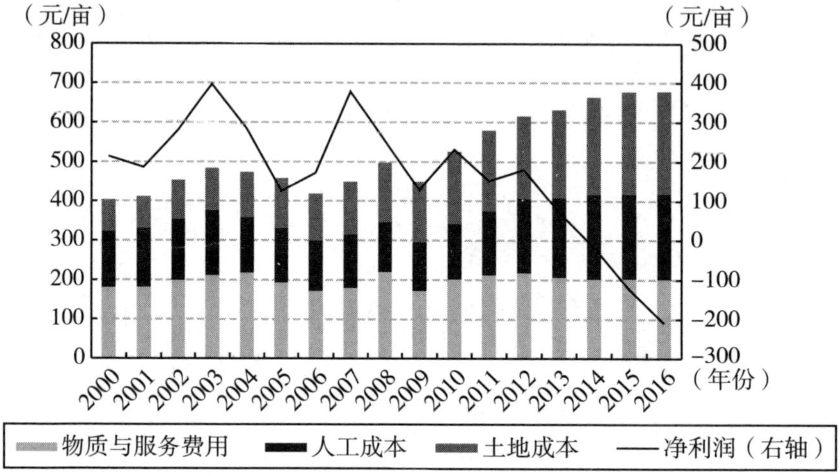

图 11－3　2000～2016 年中国大豆生产成本收益变化情况（按 2016 年价格平减）

资料来源：发改委历年数据。

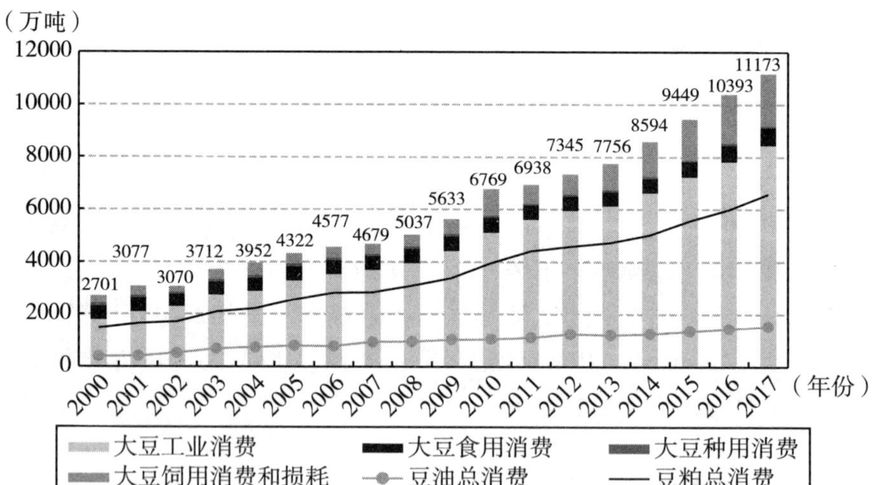

图 11－4　2000～2017 年中国大豆、豆油和豆粕消费量变化情况

资料来源：2000～2013 年大豆和豆油消费量数据来自联合国粮食以及农业组织，2014～2017 年大豆工业消费、大豆食用消费、大豆饲用消费和损耗数据和豆油总消费数据根据 USDA 相应数据增长率折算，2014～2017 年大豆种用消费按每公顷 0.1 吨的消费量折算。豆粕消费量数据根据（豆粕产量＋进口量－出口量）公式计算，其中进出口数据来自中国海关，豆粕产量按（大豆工业消费量×0.8）计算。

11.2.3 贸易发展形势

中国自2000年开始大规模进口大豆，大豆进口量连年大幅增加。20世纪末，随着国内对食用植物油的需求增加，加之政府取消大豆贸易限制、降低大豆进口关税，中国大豆进口量开始迅速增加，并在2000年首次突破1000万吨，随后以年均16%的速度增长，2017年中国大豆进口量逼近1亿吨（见图11-5）。相比之下，中国大豆出口量则呈现先增后减的趋势，从2000年的21万吨增至2008年的47万吨，随后呈断崖式下降，近年来大豆出口量下降速度趋缓，2017年大豆出口量11万吨。中国豆油进口量波动幅度较大，总体呈现先增后减的趋势，从2000年的31万吨增至2008年的282万吨，之后下降，2017年中国累计进口豆油65万吨（见图11-6）。中国豆粕出口量总体呈增加趋势，从2000年的3万吨增至2017年的97万吨，这与近年来国内油脂加工企业产能过剩不无关系（见图11-6）。

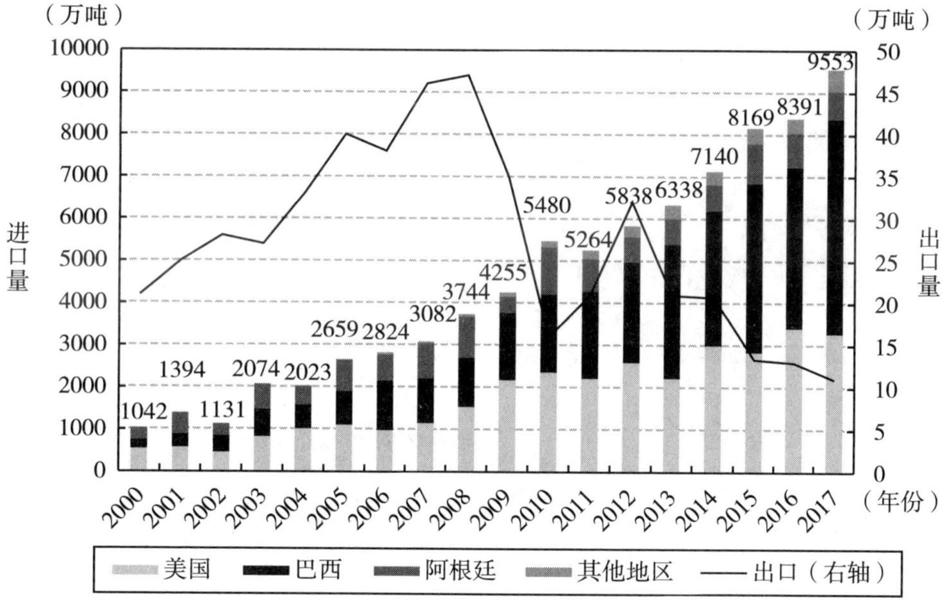

图11-5 2000~2017年中国大豆进出口贸易量变化情况

资料来源：国家统计局历年数据。

2000年以来，中国大豆进口来源国从以美国为主转向以巴西为主，同时来源地更加多样化。美国、巴西和阿根廷是中国大豆进口的主要来源国。中国每年有超过1/3的进口大豆来自美国，且在2013年以前该比例在中国所有大豆进口来源国中最大（见图11-5）。自2013年起，中国从巴西进口的大豆数量超过了

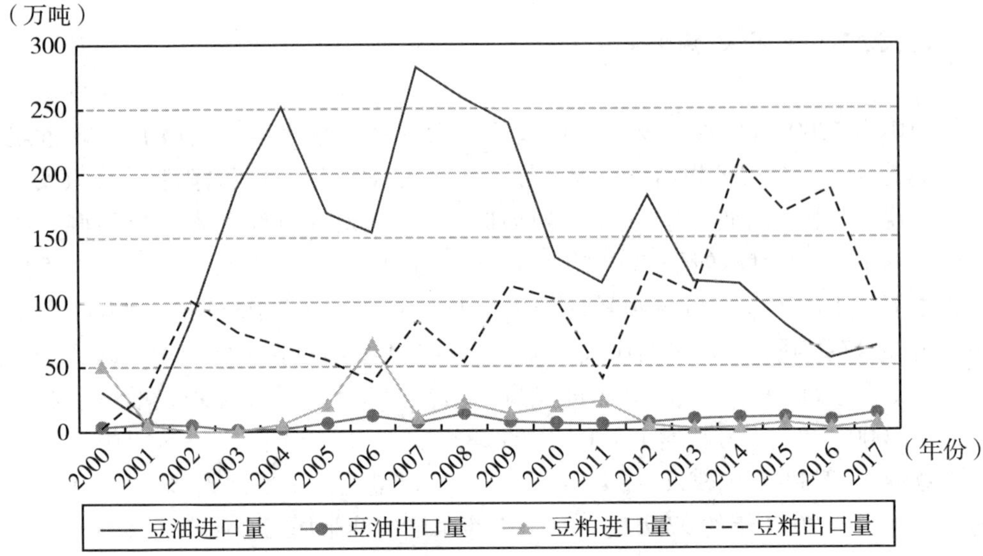

图 11－6　2000～2017 年中国豆油和豆粕进出口贸易量变化情况

资料来源：海关总署历年数据。

来自美国的大豆进口量，2017 年中国大豆总进口量中来自巴西的份额达 53%，而来自美国的份额仅 34%。相比之下，阿根廷大豆在中国大豆进口量中的比例不断下降，2017 年中国仅有 7% 的进口大豆来自阿根廷。同时，中国也增加了来自俄罗斯、乌拉圭、加拿大等其他地区的大豆进口数量，2006 年以前，中国仅有不足 1% 的进口大豆来自美国、巴西和阿根廷以外的地区，2017 年该比例增至 5%。

11.2.4　供需平衡及价格形势

近年来，大豆供需缺口持续加大，对外依存度高。2000～2017 年国内大豆年产量不足 2000 万吨，而国内大豆表观消费量（国内产量＋净进口量）却大幅上涨，从 2000 年的 2562 万吨增至 2017 年的 11003 万吨，对外依存度从 40% 增至 87%（见图 11－7）。尽管近年来国内大豆生产有所回升，但由于消费量增加，大豆供需缺口持续加大，2015～2017 年中国大豆对外依存度高达 87%。

2000 年以来，国内市场大豆批发价和进口价总体呈先增后减趋势，出口价格则长期上扬。若按 2016 年价格计算，国内市场大豆批发价从 2000 年 3213 元/吨增至 2008 年的 5767 元/吨，随后几年均维持在 4500 元/吨左右（见图 11－8）。大豆进口价格从 2000 年的 2274 元/吨增至 2008 年的 3245 元/吨，2015 年价格降至 21 世纪初的水平，仅 2372 元/吨。大豆出口价格则呈现长期稳定增长的趋势，从 2000 年的 2547 元/吨增至 2013 年的 5969 元/吨，之后略有下降。

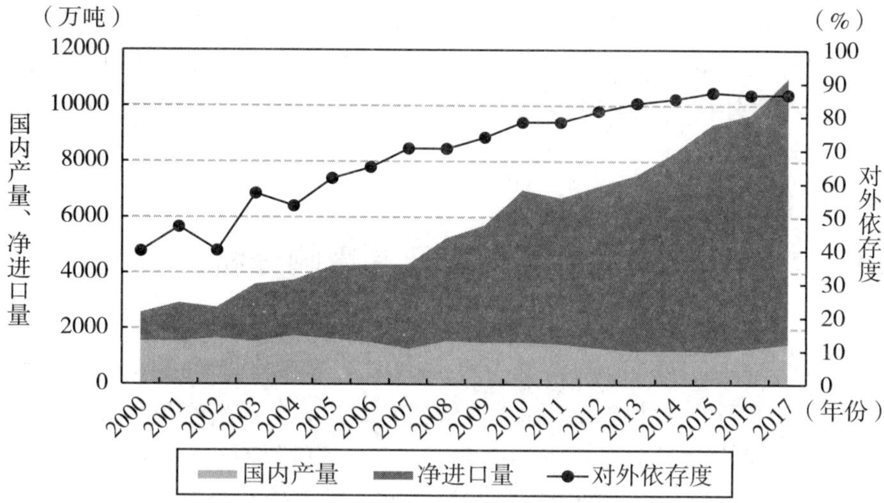

图 11－7　2000～2017 年中国大豆供需形势变化情况

注：对外依存度＝净进口量/(国内产量＋净进口量)

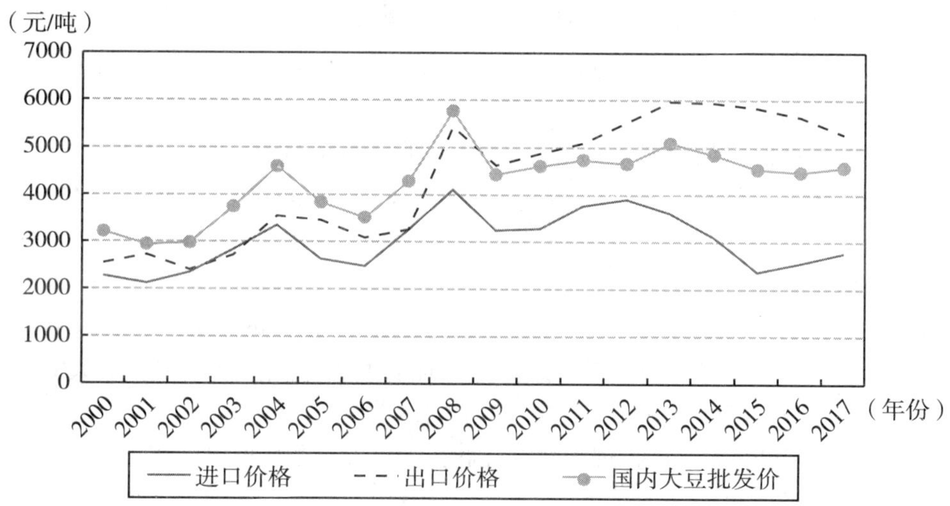

图 11－8　2000～2017 年中国大豆批发价和进出口价格变化情况

注：价格已按 2017 年价格平减。

资料来源：进出口价格来自海关总署；2000～2016 年国内批发价格来自《中国农业发展报告》，2017 年批发价格根据国家统计局大豆市场价格增长率计算。

国内市场大豆批发价格长期高于进口价格，且在“十二五”期间国内外价差进一步扩大，近两年国内外价差有缩小趋势。2000～2017 年国内市场大豆批发价平均比大豆进口价格高约 44%（见图 11－8）。值得注意的是，尽管国家在 2014 年启动了新疆、内蒙古及东北三省的大豆目标价格改革试点，试图实现价补分离、缩小国内外大豆价差，但国内外价差却在 2014 年、2015 年表现出进一步扩大的趋势，2014 年、2015 年国内市场大豆批发价分别比进口价格高 56% 和 92%。随着补贴政策的进一步完善，加之 2017 年大豆生产者补贴政策的执行，近两年大豆国内外价差呈现逐渐回缩趋势，但 2017 年国内市场大豆批发价仍比大豆进口价格高 65%。

11.3 大豆产业发展新情况及其影响分析

大豆收储与补贴政策改革初见成效。2008 年开始实施的大豆临储政策，推高了国产大豆市场价，使之与国际大豆价格差距拉大，市场竞争力显著下降。为此，2014 年国家启动了东北三省和内蒙古地区大豆目标价格改革试点，将通过价格实现的补贴改为对大豆种植者的直接补贴，实现价补分离，充分发挥市场在配置粮食资源中的基础性调节作用。2017 年又将东北三省及内蒙古地区实施的大豆目标价格补贴改成大豆生产者补贴。同时，为提高农业生产的综合效益和土地的耕作质量，农业部在东北三省开始试点“粮豆轮作”补贴项目，玉米临时收储政策也调整为“市场化收购 + 补贴”新机制。目前来看，改革对国内大豆生产产生一定刺激作用，近年大豆生产有所回升，播种面积和产量出现双增。同时，国内外大豆价差相比“十二五”时期有明显缩小趋势，国内大豆市场价格更真实地反映供求关系。

逆全球化思潮导致的大豆贸易不确定性增加。近年来贸易保护主义开始抬头，逆全球化思潮给全球大豆贸易增加了不确定性。尽管现行大豆补贴政策对国内大豆生产起到了一定提振作用，但仍无法改变产不抵需的趋势，中国大豆消费仍将长期高度依赖国际市场。贸易风险的增加易使大豆成为国际贸易摩擦中谈判的筹码，也给制定国内农业衔接政策带来困难。2018 年 3 月美国对华贸易战后又息战，目前中美已就贸易摩擦展开数次磋商，国际大豆市场价格亦随之不断反转。

11.4 未来大豆产业发展趋势预测

11.4.1 短期产业发展形势分析（2018～2020 年）

1. 供需平衡总体形势

未来三年国内大豆产量与需求缺口将持续拉大，对外依存度增加。预计 2018～2020 年国内大豆表观消费量将以年均 2.9% 的速度增长，而产量仅以年均 1.6% 的速度增长，供需缺口继续增大。预计 2020 年国内大豆产量 1452 万吨，而全国大豆表观消费总量达12207万吨，对外依存度增至88.1%。

2. 生产形势

大豆种植面积先升后降。受近两年支持政策影响，预计大豆种植面积继续回升，但增长空间有限，年增长率持续下滑，2018年、2019年和2020年的年增长率分别为0.34%、0.19%和-0.22%，预计2020年全国大豆种植面积为772万公顷。

大豆单产持续增长，但增速趋于下降。预计大豆单产年增长率将从2018年的1.97%降至2020年的1.14%。预计2020年全国大豆平均单产达1882千克/公顷。

大豆总产持续增长，但增速显著下滑。预计大豆总产的年增长速度将由2018年的2.33%减至2020年0.92%，年平均增长率1.61%。

3. 消费形势

大豆消费总量持续上涨，其中工业消费占比进一步增加。由于国内城乡居民收入稳定增加，消费和食物结构发生变化，对高蛋白的食物的需求量更高，大豆消费总量将稳定增加，预计2018~2020年大豆消费总量将以年均3.1%的速度增长，2020年全国大豆消费总量11889万吨。其中工业消费量稳步上涨，且在大豆总消费中的比例持续增加，预计2020年该比例达86.9%。

大豆油和豆粕消费总量持续增长。预计2018~2020年大豆油和豆粕消费总量分别以年均3%和2.9%的速度增长，2020年全国豆油消费量将达1877万吨，豆粕消费量7991万吨。

4. 贸易形势

大豆进口量将持续增长。因国内生产无法满足激增的大豆需求量，且进口大豆在价格方面较国产大豆具有很大优势，故短期内大豆进口量不会发生大的逆转。预计2018年大豆净进口量将开始突破亿吨，至2020年大豆净进口量达10755万吨，2018~2020年年增长率3.1%。

大豆油进口波动较大，豆粕出口将呈先增后减趋势。预计2018~2020年大豆油净进口呈先减后增再减的态势，年均增长率12.7%，预计2020年大豆油净进口29万吨。随着国内大豆加工业产能过剩，短期内豆粕出口将显著增加，预计2018年豆粕净出口253万吨；随后随着国内畜牧业发展加快，豆粕饲用消费将显著增长，预计2019~2020年豆粕净出口量降至200万吨左右。

11.4.2　长期产业发展形势分析（2018~2035年）

1. 供需平衡总体形势

中国大豆供需缺口将持续增大，但长期趋于稳定。长期来看，预计中国大豆表观消费量将继续增加，但增速逐渐放缓，平均年增长率将从 21 世纪 20 年代的 0.77% 降至 30 年代的 0.33%，且不敌国内大豆产量增长速度，大豆对外依存度小幅下降，从 20 年代的 88% 降至 30 年代中期的 87%。预计 2035 年全国大豆表观消费量 13159 万吨，净进口 11475 万吨，对外依存度 87.2%（见图 11－9）。

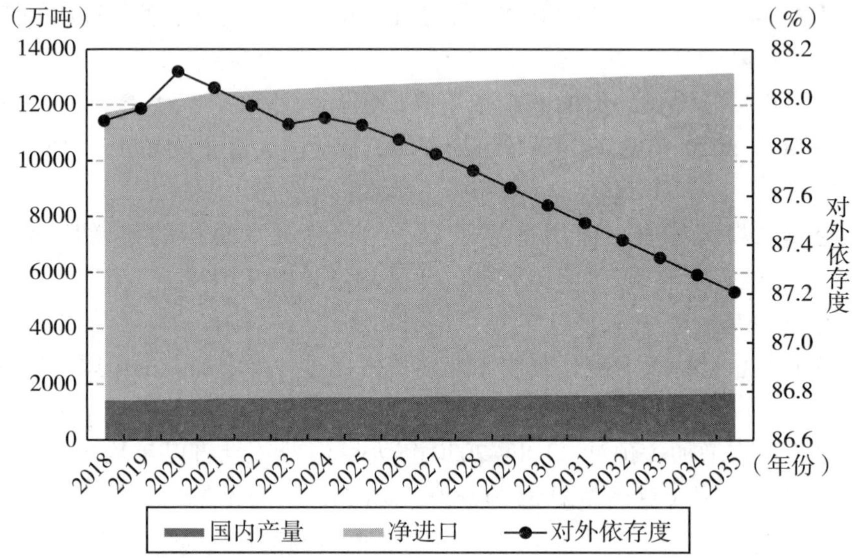

图 11－9　2018～2035 年大豆供需趋势预测

2. 生产形势

大豆种植面积先升后降，而后长期趋于稳定。受近年来大豆支持政策影响，预计大豆种植面积将短期回升，并在 21 世纪 20 年代初达至最大。其后，随着大豆种植比较效益的持续下降，全国大豆种植面积将长期稳定在 773 万～774 万公顷左右。

大豆单产持续增长，但增速趋于稳定。随着大豆科研投入增加，品种更新速度加快，预计 2018～2035 年期间大豆单产将以年均 1.1% 的速度增长，并从 21 世纪 20 年代末开始大豆单产年增长率将长期保持在 0.9% 左右。

大豆总产持续增长，增速长期趋于平稳。受大豆种植面积长期趋于稳定，大豆单产长期稳定增长影响，预计大豆总产稳步增长，2018～2035 年增长速度为 1.1%，并自 21 世纪 20 年代末起大豆总产年增长率将长期保持在 0.9% 左右（见图 11－10）。

3. 消费形势

大豆消费总量持续上涨，但增速逐步放缓。随着中国经济增长速度逐步放缓并长期趋于稳定，预计大豆消费量增长速度也将逐步减小，年增长率从“十三五”期末的 3.5% 减至 21 世纪 20 年代的 0.9%，后又减至 30 年代的 0.4%。预计 2035 年大豆总消费 12945 万吨，同时大豆工业消费占比长期保持在 87% 左右（见图 11－11）。

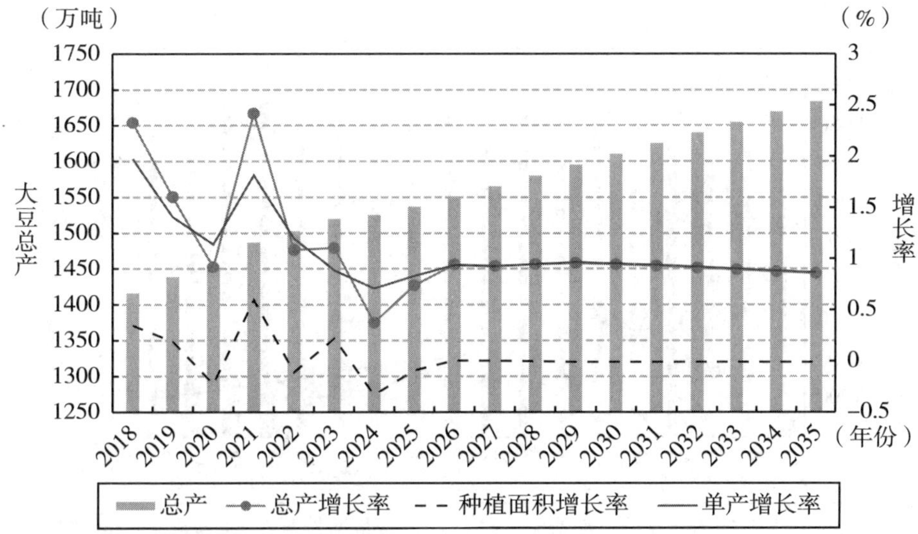

图 11－10 2018～2035 年大豆生产情况预测

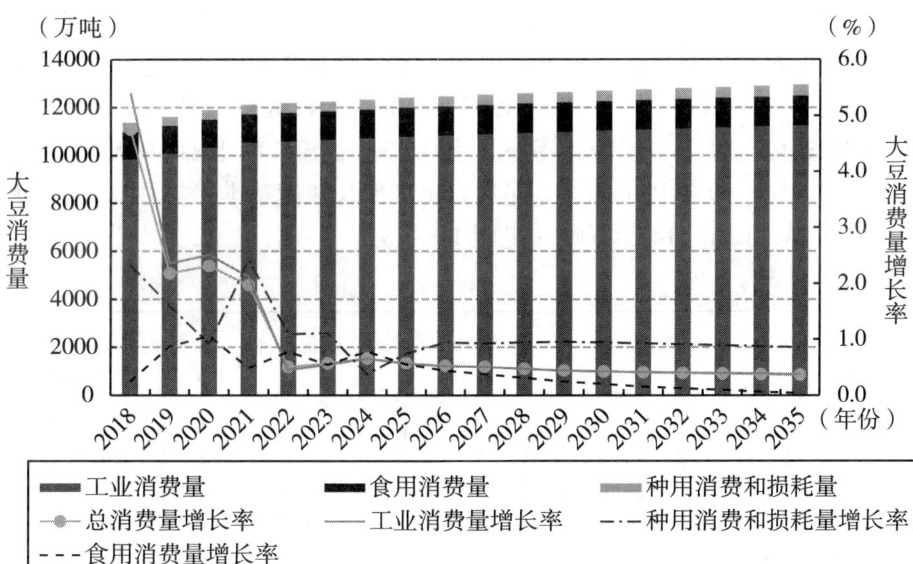

图 11－11 2018～2035 年大豆消费趋势预测

大豆油和豆粕消费总量持续增长，长期增速趋于平稳。预计大豆油消费年均增长速度从“十三五”期末的3%降至21世纪20年代的0.8%，而后长期稳定在0.2%左右，预计2035年豆油总消费2024万吨。豆粕消费量年均增长率则从“十三五”期末的2.8%降至21世纪20年代的1%，至30年代中期豆粕消费量基本保持在8680万吨左右（见图11－12）。

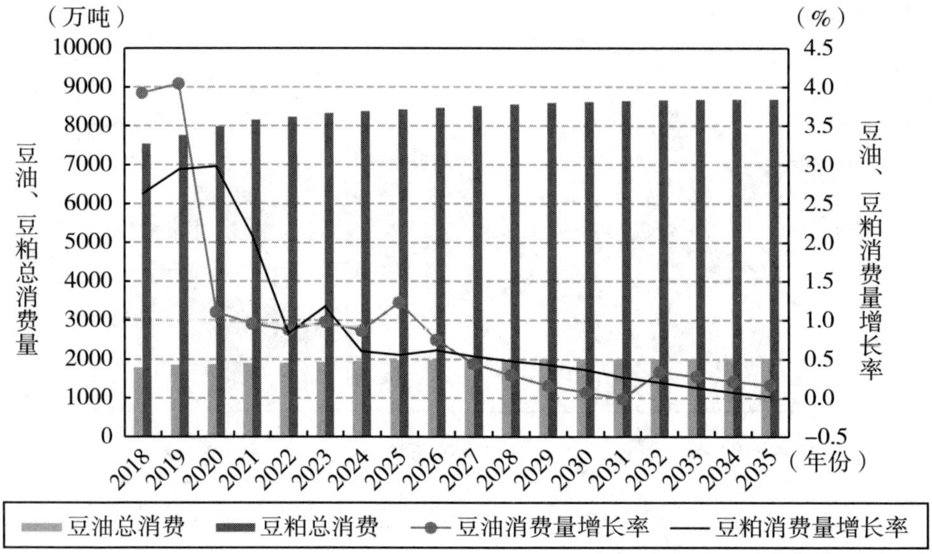

图 11-12　2018～2035 年豆油、豆粕消费趋势预测

4. 贸易形势

大豆进口量将持续增长，但增速逐步放缓。预计大豆净进口量将在 2018 年突破 1 亿吨，并在 2024 年突破 1.1 亿吨。但随着国内大豆消费趋于稳定，大豆净进口增长速度也将逐步放缓，年增长率从“十三五”期末的 3% 减至 21 世纪 20 年代的 0.7%，30 年代中期大豆净进口量年增长速度基本保持在 0.2%，预计 2035 年大豆净进口量 11475 万吨（见图 11-13）。

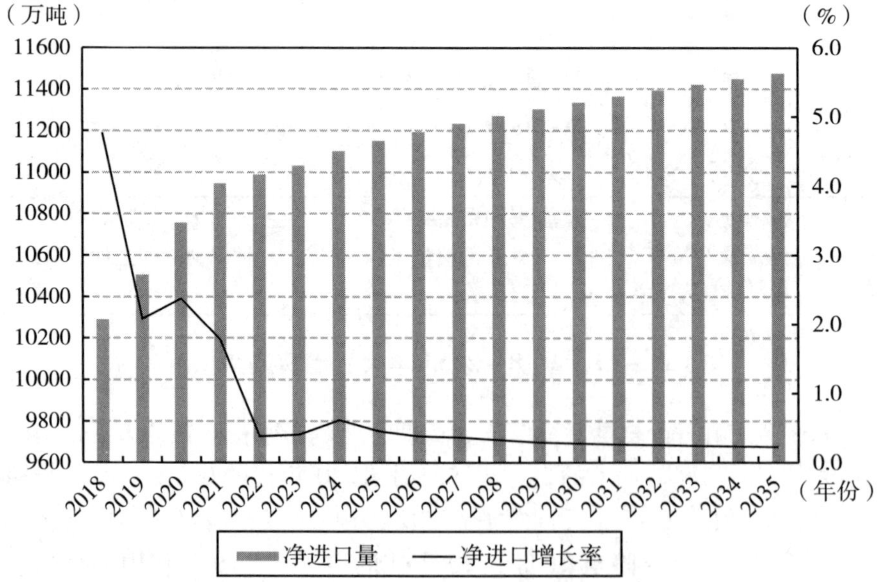

图 11-13　2018～2035 年大豆贸易趋势预测

大豆油净进口长期呈先增后减，豆粕净出口呈先减后增趋势。2018～2035年大豆油进口数量波动较大，总体呈先增后减态势，年均增长率3.3%，至21世纪30年代中期大豆油年净进口数量降至20万吨以下，预计2035年全年大豆油净进口量仅9万吨（见图11－14）。豆粕净出口量则从21世纪30年代初开始以年均15.2%的速度稳步增长。

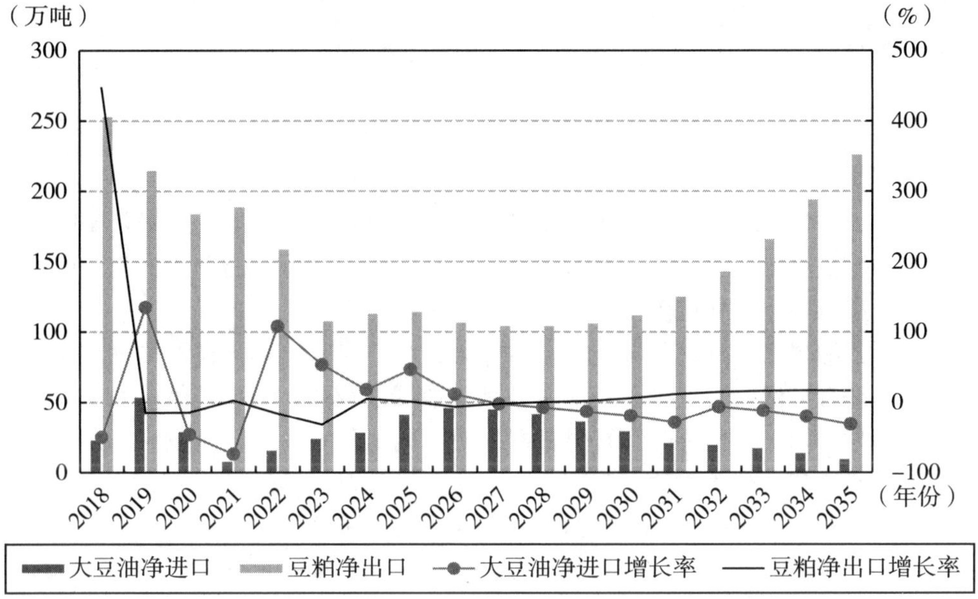

图11－14　2018～2035年大豆油和豆粕贸易趋势预测

11.5　结论与政策建议

11.5.1　研究结论

第一，大豆收储与补贴政策改革初见成效。大豆改革对中国大豆的供需格局产生一定影响。近年来大豆生产有所回升，播种面积和产量出现双增。同时国内外大豆价差相比"十二五"时期有明显缩小趋势，国内大豆市场价格更真实地反映出供求关系。

第二，中国大豆消费仍将持续上涨。对食用植物油的需求增加，使大豆工业消费量迅速增长，不断拉动大豆总消费持续增加。预计至21世纪30年代大豆消费量仍将以年均0.4%的速度增长。

第三，中国大豆进口仍将持续增长，对外依存度高。大豆改革无法改变中国大豆长期高度依赖国际市场的趋势。2017 年中国大豆进口量已逼近 1 亿吨，预计大豆净进口量将在 2018 年突破 1 亿吨，并在 2024 年突破 1.1 亿吨，大豆对外依存度将长期稳定在 87% 左右。

第四，中国大豆进口来源国更加多样化。除巴西、美国和阿根廷外，中国也增加了来自俄罗斯、乌拉圭、加拿大等其他地区的大豆进口数量。2006 年以前，中国仅有不足 1% 的进口大豆来自美国、巴西和阿根廷以外的地区，2017 年该比例增至 5%。

11.5.2 政策建议

第一，完善生产者补贴，进一步推进大豆市场定价。大豆生产者补贴既减少了销售环节核算的行政成本，提升了补贴的经济效率，同时有利于推进国内大豆机制进一步市场化，促进内陆地区国产大豆加工业发展。

第二，加强大豆种质资源搜集，增加大豆科研投入，加强良种培育与技术推广。中国具有宝贵的大豆种质资源，且品种地域性较强，应加强优质种质资源搜集，从而为中国大豆良种培育提供良好支撑。同时增加大豆科研投入，强化大豆良种的示范推广，统一供种、提高良种的覆盖率以及品种的优质率。

第三，充分利用两个市场和两种资源保障大豆供给。尽管现行大豆补贴政策对国内大豆生产起到了一定的提振作用，但仍无法改变产不抵需的趋势，中国大豆消费仍将长期高度依赖国际市场。在国内有限的水土资源刚性约束下，应充分有效地利用国际市场和国际资源，同时加强对利用两个市场和两种资源的统筹，确保国内农业产业安全，特别是粮食安全以及大宗农产品的基本供给能力（农业部农业贸易促进中心课题组，2013）。

第四，积极拓展其他大豆生产国进口，应对逆全球化思潮导致的大豆贸易不确定性增加。近年来贸易保护主义开始抬头，逆全球化思潮给全球大豆贸易增加了不确定性。尽管中国近年增加了来自俄罗斯、乌拉圭、加拿大等其他地区的大豆进口数量，但比例仍偏低，应进一步积极拓宽国际市场，加强与“一带一路”沿线国家的贸易往来，扩大这些国家的大豆进口，满足国内供需缺口。

第五，优化产业布局，实现国产大豆与进口大豆错位竞争。国产大豆和进口大豆已经不是同一个商品，它们分属于两个不同的市场。国产大豆蛋白含量高，在食用大豆（豆腐、豆浆、豆芽、发酵类大豆、分离蛋白等）市场有优势，而进口大豆主要补充食用植物油和饲料蛋白的缺口。除了东北高油大豆产区外，也应加大对中南部兼用大豆和高蛋白大豆产区的支持，优化大豆生产区域布局，形成国产大豆与进口大豆错位竞争、相互补充的格局。

第12章

油菜和花生产业

主要观点：

● 稳定油料面积，保障油料市场供应是油料产业发展的重点。受临储政策取消、生产成本提高等多种因素影响，国内油料供应能力增长缓慢，产需缺口扩大，进口增加，对外依存度上升。中国已成为世界上最大的食用植物油进口国，需立足国内稳定油料播种面积和市场价格，挖掘增产潜力，维持一定的自给水平。

● 机械化是油料作物生产的薄弱环节。油料作物机械化水平不高，严重制约了油料生产，尤其是油料机械化收获技术未取得突破性进展，油菜、花生精量化、轻简化、机械化生产技术研究和推广滞后，机械性能不高，作业效率较低、损耗率较高。机械化水平制约了中国油料产业发展。

● 食用植物油消费将稳步增加，消费结构发生明显改变。随着中国居民收入水平的提高，居民食用植物油消费比重将明显增长，并且农村居民人均消费量增长较快。随着城镇化水平的不断提升，农村人口逐步向城镇转移，农村居民植物油的总消费量将逐步减少，城镇居民食用植物油总需求量将稳步提高。

● 油料产业发展方式逐步转变。油料市场逐步从政府托市向市场定价转变，完善了油料市场价格形成机制；从以手工生产为主向机械化转变、从单一重视高产向注重绿色高产高效转变、从传统的混合加工被动消费向专用品种绿色高效加工个性化健康消费转变、从单一的油用向多元化开发转变等。

● 油料产业发展应强调优化调整油料产业结构和产业布局，加大油料新品种研发力度，加快新品种、新技术推广，大力提升油料产业机械化水平，降低油料生产成本，提高油料生产效率和竞争力，健全油料市场体系建设，实现油料产业化经营。

12.1 引言

油料是中国重要的农作物，在中国有着悠久的栽培历史，是食用植物油脂的主要来源。增加植物油摄入对改善居民膳食结构，增加居民营养、保障居民健康等起到重要作用。就全球范围来看，中国是世界油料生产和消费大国，国内市场的供需变化会对国际油料市场产生重大影响。因此，稳定发展油料产业既有利于保障中国食用油安全，也有利于维护国际油料市场的稳定。随着中国经济的快速发展和生活水平日益提高，居民对植物性油脂的消费需求不断增长，考虑到中国人口众多这一基本国情，满足国内植物油需求需主要依靠国内市场供给。受多种因素影响，国内油料生产能力增长缓慢，产需缺口扩大，进口增加，对外依存度上升，中国已成为世界上最大的食用植物油进口国，当前迫切需要提高国内油料生产能力，挖掘增产潜力，保持一定的自给水平。

本章中油料包括油菜籽、花生、向日葵、芝麻等，不含大豆及木本油料。油料产量是指所涉全部油料作物的生产量总和。油料中油菜籽和花生的市场占用量约为90%，是中国最重要的两种油料作物，在分析油料市场消费、进出口时，仅对油菜籽和花生两种油料作物作研究分析。

12.2 油料产业发展现状

12.2.1 生产形势

1. 油料播种面积在经历持续大幅下滑后，近年来保持稳定

2000～2005年，中国油料播种面积出现持续缓慢下降趋势，从最初的1540.03万公顷下降到1431.8万公顷，净减少108.3万公顷，降幅为7.0%；受油料价格低迷影响，2006～2007年油料播种面积出现大幅下滑，于2007年达到历史低位1131.6万公顷，较2005年减少300.2万公顷，降幅达21%；随着市场价格的回升，2008年开始油料播种面积开始逐步提升，于2016年恢复到1413.8万公顷。总体上，2000～2016年中国油料产量也经历了先降后升并趋于稳定的趋势，和播种面积变化趋同；21世纪初开始逐步下降，并于2007年达到历史低点2568.7万吨；2008年以后出现逐步恢复性增长，于2016年达到3629.5万吨，较2007年的历史地位增加了1060.8万吨，增幅为41.3%，高出2000年产量水平674.7万吨。总体来看，油料播种面积变化和油料产量变化表现出了高度的相关性，稳定油料播种面积仍然是保障中国油料供应的主要途径。2009年以后，中国油料播种面积较为平稳，油料产量的增加主要得益于油料单产水平的提高（见图12－1）。

虽然近年来国产油菜籽收购价格逐年提高，但油菜种植效益仍然低下，加之油菜种植费时费力，在目前农村劳动力较为缺乏的情况下，长江中下游主产区油菜播种面积依然在低位徘徊，2017年油菜籽产量继续下降。据国家粮油信息中心预计，2017年中国油菜播种面积为718万公顷，比上年下降2.1%；总产量为

1430万吨，比上年下降1.7%。尽管油菜籽前期市场表现疲软将带来油菜籽的减产，但由于花生价格前期的高位运行和“改玉米种花生”的潜在利好，预计2017年中国油料增幅将达到2.4%左右。

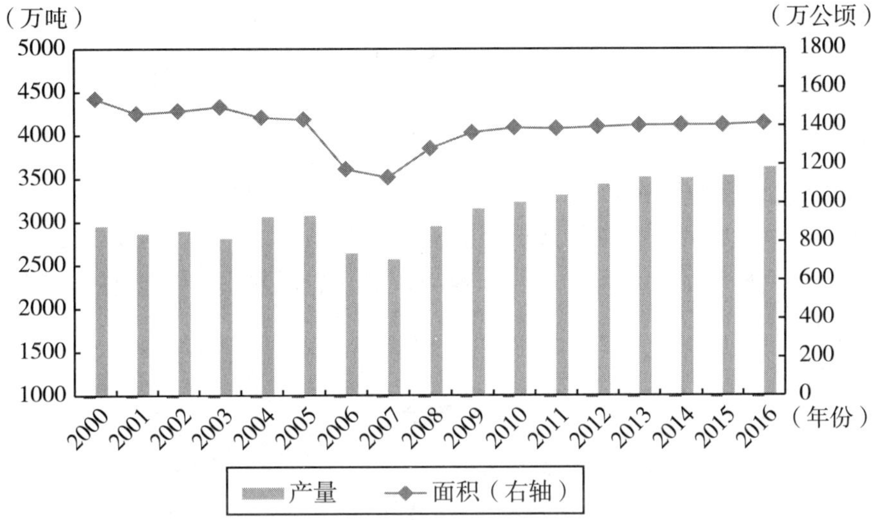

图12－1　2000～2016年中国油料播种面积、单产及产量变化情况

资料来源：国家统计局历年数据。

2. 油料单产水平保持明显的增长态势

中国油料单产水平基本上保持明显的增长态势。2011年两种油料平均单产水平为2.39吨/公顷，2016年增加到2.57吨/公顷，5年间提高了0.18吨/公顷，增幅7.5%，年均增长率为1.5%（见图12－2）。

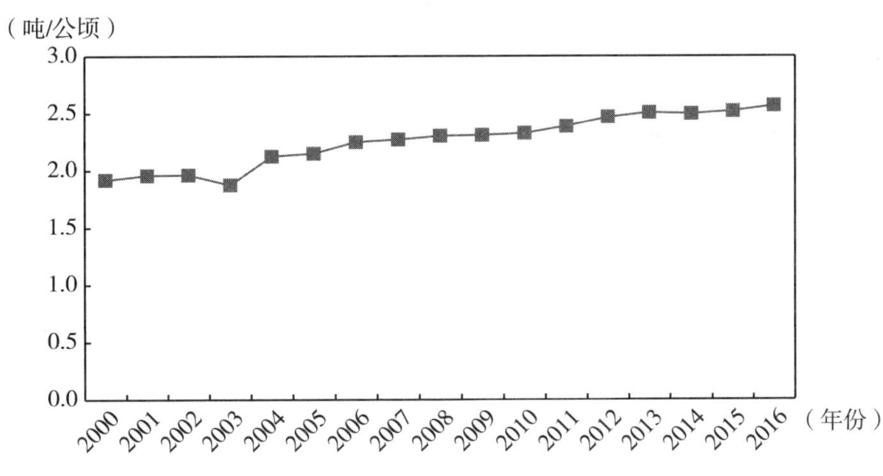

图12－2　2000～2016年中国油料单产水平变化情况

资料来源：国家统计局历年数据。

3. 价格市场价格趋于平稳

2009 年以前，中国油料价格市场波动幅度较大，2003 年和 2004 年油料价格较上年增长均超过了 15%，分别达到 19.4% 和 16.6%；2007 年和 2008 年两年价格较上年增幅更为突出，分别达到 33.4% 和 28%。油料价格的快速增长不利于整体产业发展，2008 年中国出台了油菜籽临时收储价格政策，意在稳定油料市场价格，避免油料价格出现大起大落，给油料种植户和油料产业带来巨大冲击。此后，油料价格步入低速平稳增长阶段（见图 12－3）。近年来在国家取消托市收购政策支持等不利情况下，中国油菜生产依然保持了稳中有升的良好势头。2017 年国内油菜籽市场收购价低开高走，均价达 2600 元/吨左右，较 2016 年增长 12%，有效保障和提升了油农收益，农民种植油菜的积极性进一步得到提高。

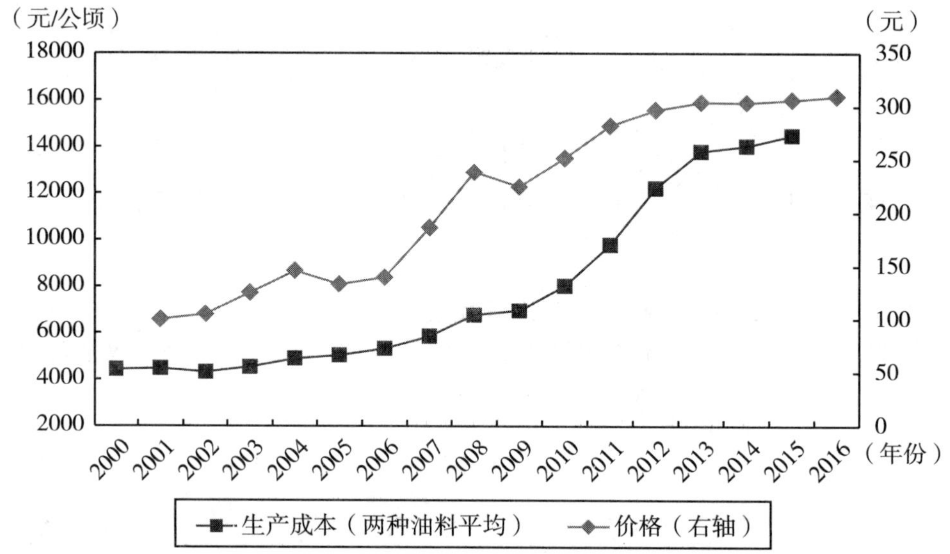

图 12－3　2000～2016 年中国油料价格及生产成本变化情况

注：油料价格变化参照右轴，2001 年为 100。

资料来源：国家统计局历年数据。

4. 生产成本快速攀升

十余年间，中国两种油料（油菜籽、花生）的平均生产成本变化明显表现出两种变化趋势：2000～2007 年是油料生产成本（两种油料平均生产成本，下同）平稳阶段，2000 年油料生产成本为 4419 元/公顷，2007 年为 5846 元/公顷，7 年间提高了 1426.5 元/公顷，年均增长率为 4.1%；2008～2013 年则是生产成本快速攀升阶段，2008 年油料生产成本为 6763.5 元/公顷，较上年增长 15.7%，2013 年成本迅速攀升至 13797 元/公顷，短短 5 年间油料生产成本提高了 2 倍余；2014 年以后油料生产成本增速明显放缓，但仍然保持在13500元/公顷以上（见图12－2）。

12.2.2　消费形势

油料作物主要用于压榨提取植物性油脂，而花生还是人们餐桌上的常见食品，兼具一定的食用功能。因此，油料的消费需求大致可分为压榨需要、食用需求和饲用及损耗需求。油菜籽主要用于压榨，压榨需求比重占到95%以上；花生压榨需求比重约占50%以上，食用需求比重约占40%。

2010～2016年，国内油菜籽总需求量经历了先增后降的变化趋势。需求量从2010年的1472万吨增加到2013年的峰值1910万吨，4年中增加了438万吨，增幅为29.8%；从2014年油菜籽需求量开始持续下滑，2016年的需求量为1870万吨，比2013年的高位水平下降150万吨，下降了7.8%；2017年预计约为1810万吨，较上年减少60万吨（见图12－4）。

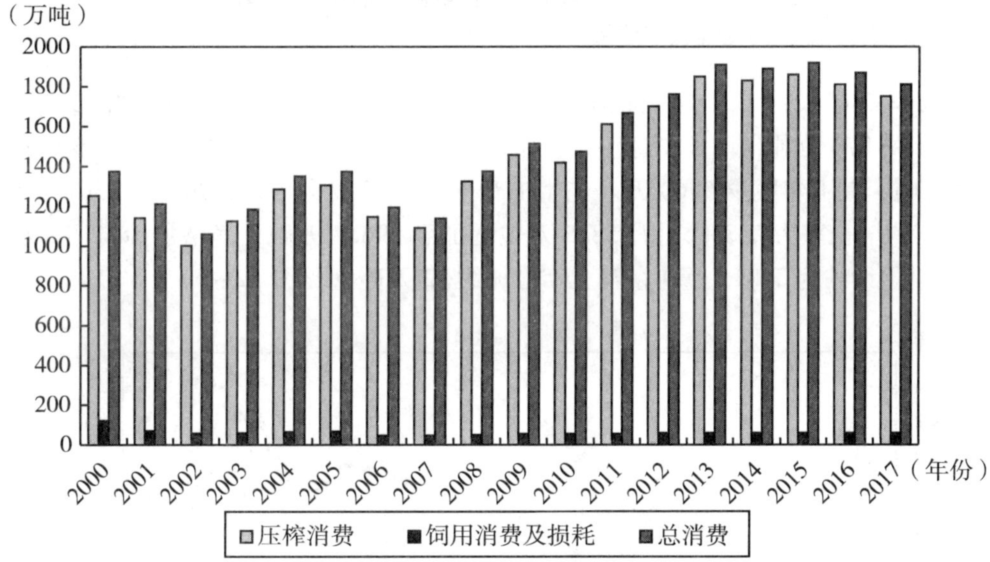

图12－4　2000～2017年中国油菜籽消费变化情况

资料来源：美国农业部历年数据。

2010～2017年，花生的消费总量从2010年的1511.2万吨增加到2013年的1645.7万吨，增加134.5万吨，增长了8.9%；2014年花生消费量开始出现下降，降至1610.2万吨，比上年减少35.5万吨；2016年花生消费量为1664.9万吨，较上年增加32.4万吨，较2014年增加54.7万吨；2017年花生消费量预计约为1720万吨，比上年增加约55万吨，近几年来花生消费需求量整体上保持较为平稳的增长（见图12－5）。

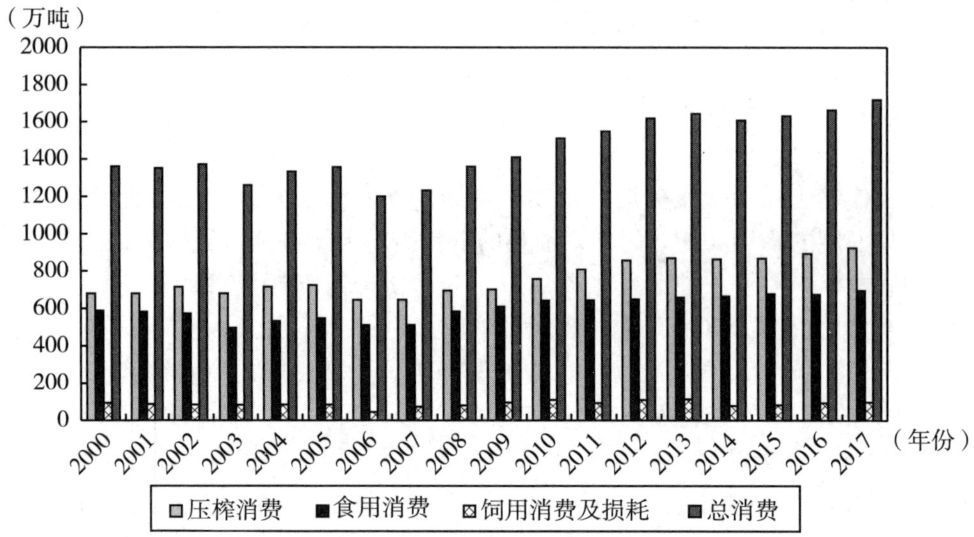

图 12－5　2000～2017 年中国花生消费变化情况

资料来源：美国农业部历年数据。

2008 年以来，中国菜籽油消费量快速增长，由 2007 年的 445 万吨增长到 2016 年的 870 万吨，增长了近一倍；2017 年消费量出现小幅下滑，预计下降至 810 万吨，较上年减少约 60 万。花生油消费量增长较为平缓，2011～2016 年 5 年间年均增长率为 2.8%，由 258.5 万吨增加到 296.7 万吨，净增加 38.2 万吨；2017 年预计约为 308.5 万吨，较上年增加约 12 万吨（见图 12－6）。

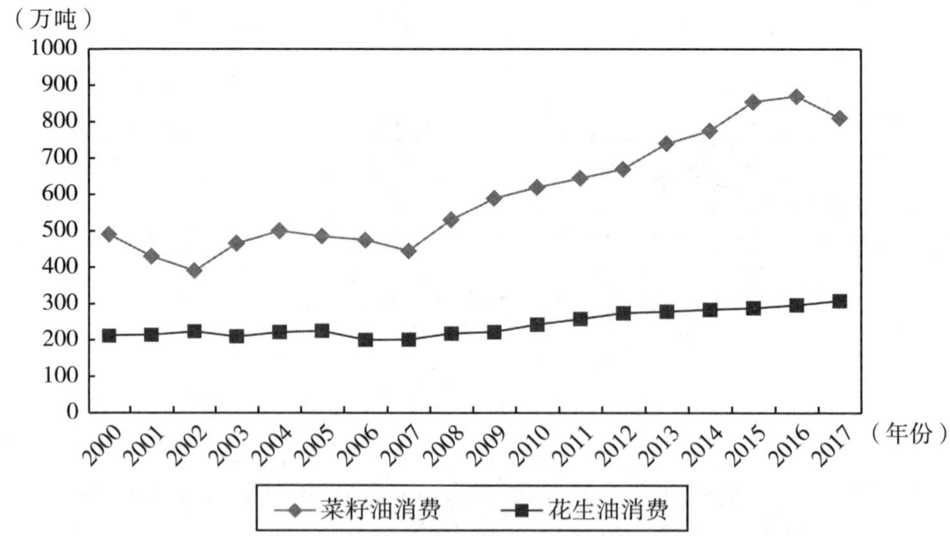

图 12－6　2000～2017 年中国菜籽油和花生油消费变化情况

资料来源：美国农业部历年数据。

12. 2. 3　贸易形势

1. 中国是油菜籽净进口国

中国是油菜籽净进口国，油菜籽出口量很少。2010～2013 年油菜籽进口量逐年迅速攀升，从 2010 年的 93 万吨增加到 2013 年的 504. 6 万吨，3 年间进口量增长了 5 倍多，这一大幅增长与国内高企的油料价格有关，较高的国内市场价格迫使油菜籽加工企业转向国际市场进口较多的油菜籽；2014 年开始油菜籽进口量趋于回落，但仍然维持在 400 万吨以上；2016 年，中国油菜籽进口量约为 426 万吨，占世界总进口量的 11. 0%；2017 年，菜籽油进口量为 80. 2 万吨，占世界总进口量的 20. 3%（见图 12－7）。

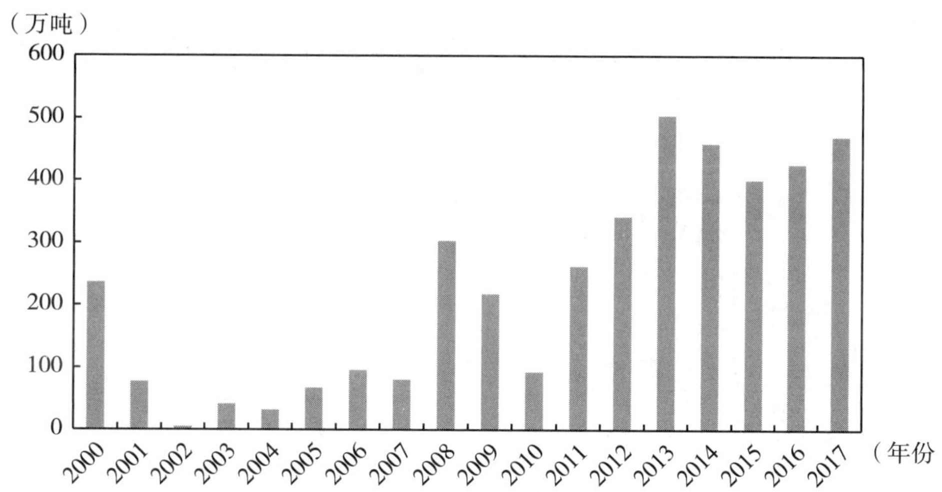

图 12－7　2000～2017 年中国油菜籽进出口变化情况

资料来源：美国农业部历年数据。

2. 中国是花生净出口国

中国是花生净出口国，但近年花生出口有减少的趋势，进口则出现增加的趋势，净出口的规模在缩小。花生进口从 2010 年的 7. 2 万吨增长至 2016 年的 29. 5 万吨，净增加 22. 3 万吨；近五年来花生出口量相对稳定，每年维持在 60 万吨左右（见图 12－8）。

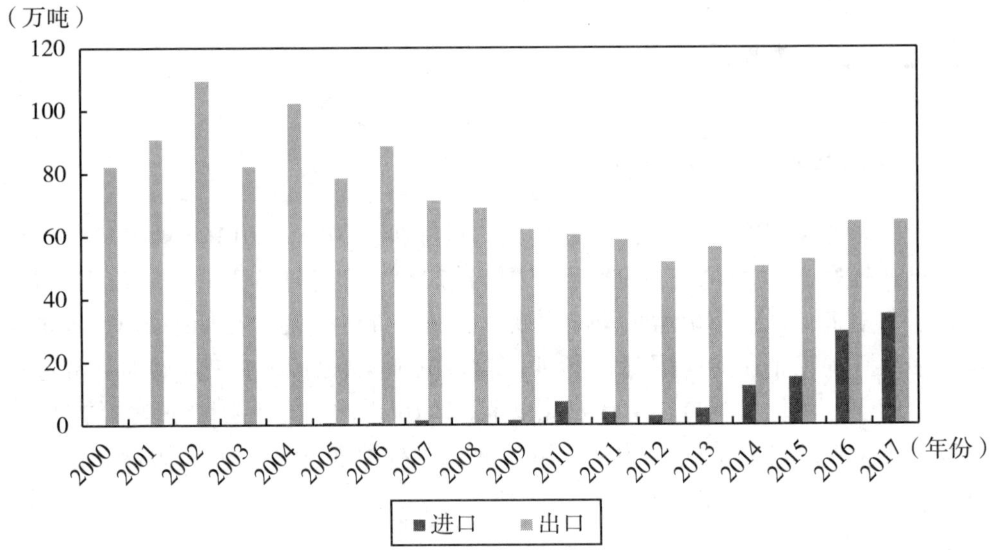

图 12－8　2000～2017 年中国花生进出口变化情况

资料来源：美国农业部历年数据。

12.3　油料产业发展新形势及分析

当前中国油料产业整体状况向好，播种面积趋于稳定，单产水平稳步提高，植物油市场供需结构发生明显变化，油料产业发展方式得到转变。

12.3.1　播种面积稳中有升

受国家取消油菜籽临时收储政策影响，油菜籽市场价格一度低迷，近几年虽然油菜籽价格有所回升，但油菜籽生产劳动强度较大，种植收益仍然较低，难以调动农民生产积极性，预计油菜籽播种面积将保持稳中有降态势。花生市场价格虽然有所下降，但收益情况较好，农民种植积极性依然较高，而且花生种植受天气影响较弱，花生播种面积将进一步增加。花生播种面积增加的幅度仍将大于油菜播种面积的减少幅度，因此整体上油料播种面积将稳中有升。

12.3.2　机械化水平较低，生产成本快速攀升

中国油料生产综合机械化水平普遍较低，尤其是油料收获的机械化程度很低，收获技术一直未取得突破性进展。如油菜的移栽和收获仍需投入大量人工，

既耗时耗力，又增加生产成本。已有机械总体上停留在模仿和组装阶段，机械性能不高，作业效率较低、损耗率较高，功能比较单一。油料生产机械化程度低下和生产成本较高已成为制约中国油料产业发展的主要因素。

12.3.3　优良新品种选育，助推油料单产水平提高

按照产业需求导向，选育出一系列高产、高效、高抗油菜新品种。以油菜为例，根据中国农业科学院油料作物研究所数据，“中油杂 19”作为全产业链绿色高产高效关键技术集成模式核心技术之一，在沅江示范区平均亩产 186.98 千克，比对照组增产 63.56%。菌核病发生率和病指分别比当地对照组降低 51.34% 和 48.35%。含油量超过 50%，现场物理压榨每百千克菜籽实际产油 42.67 千克，比当地品种 34.8 千克增产 22.61%。示范区单位面积实际产油量比当地对照组翻了一番，比较效益十分突出。同时育成了国内首批具有应有价值的抗根肿病油菜品种“华双 5R”和“华油杂 62R”，2017 年在湖北、四川等地进行了示范推广，为中国有效抗击油菜根肿病的蔓延提供了一条重要途径。

12.3.4　油脂需求结构发生变化，植物油消费比重增加

随着经济发展水平的提高，加之年轻一代人群成为消费主力，植物性油脂消费逐步扩大。豆油、菜籽油和花生油是中国主要的食用植物油，三类食用油产量水平正在逐步发生变化。豆油的比重逐步下降，已从 20 世纪 90 年代中期的近 30% 的市场占有额下降至当前的 20% 以下；花生油、菜籽油产量比重则逐步增加，特别是花生油的产量份额增加较快，已从 20 世纪 90 年代的 20% 左右增长到当前的 30% 水平，菜籽油产量的比重份额也从当时的 20% 左右的水平增加到目前的 25% 左右。

12.3.5　油料产业发展方式发生转变

围绕“优质、高产、高抗、高效”的发展目标，通过实施产业安全维护、产业竞争力提升、健康食油推介、产地加工升级、多元化开发深化、合理轮作促进、岗站与企业对接的“七大行动”，推动实现了从政府托市向市场定价转变，完善了油料市场价格形成机制；从以手工生产为主向机械化转变、从单一重视高产向注重绿色高产高效转变、从传统的混合加工被动消费向专用品种绿色高效加工个性化健康消费转变、从单一的油用向多元化开发转变、从主要服务生产向服务生产和服务消费者并重转变，从政策、市场和技术等层面推动油料产业供给侧

结构性改革。

12.4 油菜籽产业发展趋势预测

12.4.1 短期产业发展形势分析（2018～2020 年）

1. 油料及其产品市场价格

近期油菜籽价格有上升趋势，但幅度较小，预计 2018 年价格为 4609.1 元/吨左右，比 2016 年上升 2%；2020 年预计约为 4664.0 元/吨，较 2016 年上涨 3.2%；花生价格预计为 19367 元/吨，较 2016 年提高 7.5%。

2. 油料及其产品供应

2015 年 6 月，国家取消了执行 7 年的油菜籽托市收购政策以后，油菜种植面积开始下降，未来中国油菜面积将基本趋于稳定，并略有下降。油菜产量受天气影响较大，机械化程度低，种植较为费时费力，整体上农民种植意愿不高。从各省油菜分布情况看，随着国家政策的变化，油菜分布也出现较明显的调整，部分油菜优势产区播种面积逐渐萎缩，而西南地区油菜种植面积有所上升。

到 2020 年，油菜籽面积将减少到 71.8 万公顷，油菜籽和菜籽油产量将分别为 1336 万吨和 682.6 万吨；油菜籽产量将减少，随着品种出油率的提高，菜籽油产量将逐步提高，2020 年菜籽油产量约为 1035.6 万吨，较 2016 年增加 15.7 万吨。花生及其产品产量将稳步增长，到 2020 年花生面积、花生产量和花生油产量将分别达到 480.2 万公顷、1791 万吨和 297 万吨。

3. 油料及其产品需求

菜籽油是中国传统油料作物，拥有较为稳定的消费群体和区域，在食用油供应体系中占有重要位置。随着人口的不断增长和居民收入水平的提高，油料及食用植物油需求量将稳步攀升，市场需求旺盛。随着城镇化水平的提高，农村和城镇居食用植物油需求结构将进一步改变，农村需求量将逐步减小，城镇消费需求量将快速增加。随着农村生活质量的改善，农村居民人均菜籽油消费量逐年提高。随着城镇化水平的提高，农村人口逐步向城镇转移，农村居民家庭和在外菜籽油消费总量逐步下降。

到 2020 年，油菜籽和菜籽油总需求量将增加 1814 万吨和 784 万吨，农村菜籽油总需求量将减少到 316 万吨，城市居民菜籽油总需求量将增加到 560 万吨；农村和城镇居民菜籽油人均年消费量分别为 5.8 千克/人和 6.5 千克/人；农村居民家庭菜籽油消费量将达 252.6 万吨，农村居民在外菜籽油消费量将达

63.9 万吨。到 2020 年，花生和花生油总需求量将增加 1791 万吨和 311 万吨，农村花生油总需求量将减少到 311 万吨，城市居民花生油总需求量将增加到 198 万吨，农村和城镇居民花生油人均年消费量分别为 2.1 千克/人和 2.3 千克/人。

4. 油料及其产品贸易

由于国产菜籽产不足需，菜籽和菜籽油消费都需要大量的进口来满足，而且在 2018 年随着临储油菜籽全部抛售完毕，油菜籽供需缺口加大，油菜籽进口量将稳步上升，未来油菜籽对外依赖度将增加。有专家认为未来菜籽的进口可能会沿袭大豆的贸易思路。油菜籽净进口将稳步提高，以满足国内市场日趋增长的消费需求，而菜籽油净进口将逐步减少。

到 2020 年，油菜籽、菜籽油的净进口量将达到 478 万吨和 102 万吨，油菜籽净进口将持续增加，而菜籽油净进口量将逐步缩小。花生净进口量很少，未来将进一步缩减，而花生油净进口量将保持平稳增长。到 2020 年，花生净出口量预计为 32 万吨，花生油净进口量为 16.8 万吨。

12.4.2　长期产业发展形势分析（2018～2035 年）

1. 油菜籽及其产品市场价格

到 2035 年，油菜籽价格依然较为平稳，约维持在 4500 元/吨左右。菜籽油变化趋势大体上与油菜籽价格相同，维持在 9700 元/吨左右。油菜籽和菜籽油的市场价格变化如图 12－9 所示。

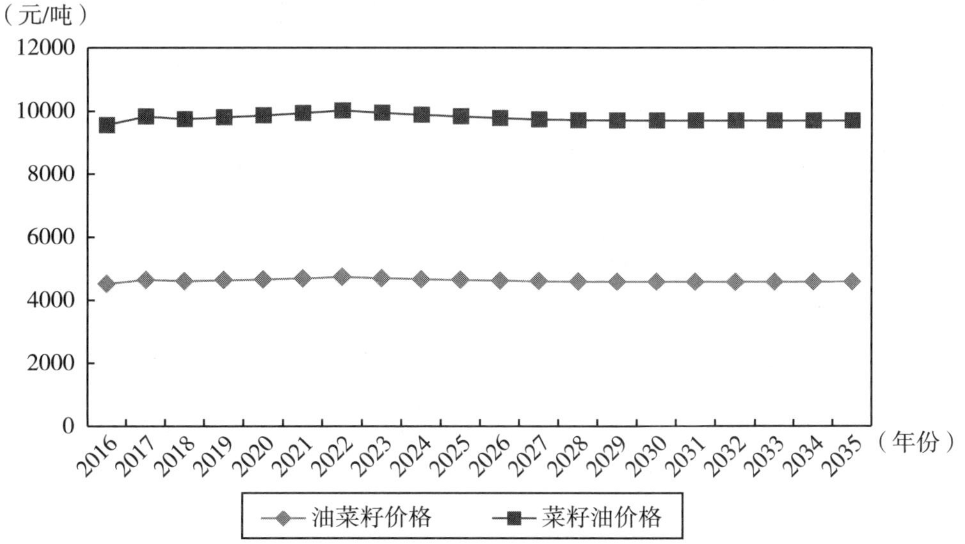

图 12－9　2016～2035 年油菜籽和菜籽油市场价格预测

2. 油菜籽及其产品生产

长期来看，油菜面积下滑明显，到 2035 年油菜籽面积将减少到 70.17 万公顷，比 2018 年减少 3.3%。随着科技水平的进步，优良油料新品种将不断被研发并推广，油菜单产水平将不断提升，到 2035 年油菜籽单产将达到 1980 千克/公顷（见图 12－10）。

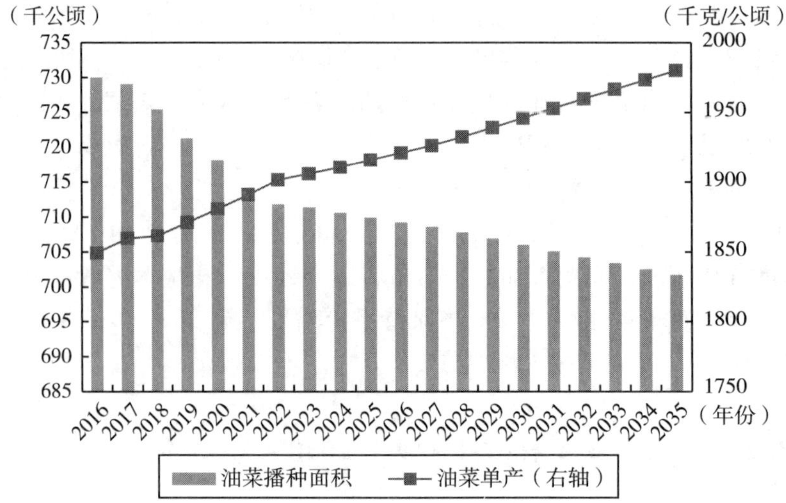

图 12－10　2016～2035 年油菜籽播种面积和单产预测

长期来看，油菜籽产量稳中有降，而菜籽油产量将持续增加。到 2035 年油菜籽产量将下降到 1300 万吨左右，约比 2018 年产量减少 45 万吨；菜籽油产量将上升到 740 万吨，比 2018 年菜籽油产量增加约 65 万吨，增幅为 9.6%（见图 12－11）。

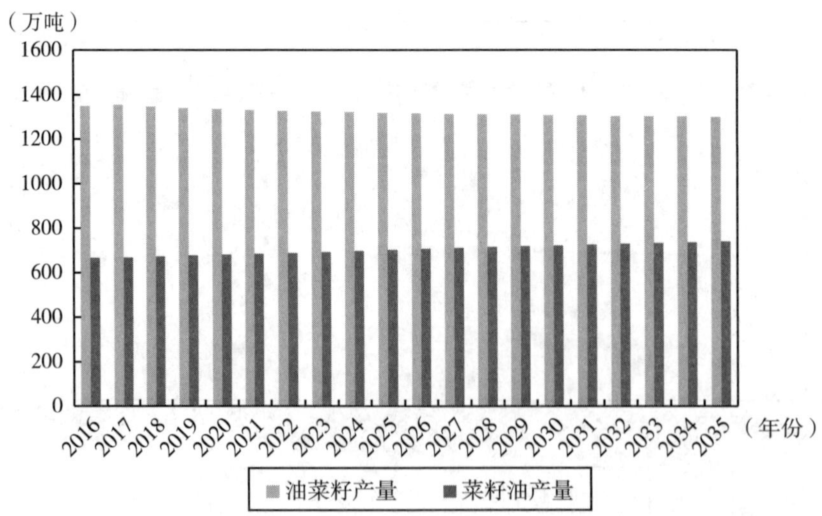

图 12－11　2016～2035 年油菜籽和菜籽油产量预测

3. 油菜籽及其产品需求

油料及食用植物油需求量增长将明显扩大，同时，农村需求量将进一步减少，城镇消费需求量将进一步增加。根据模型分析测算，2018～2035年油菜籽、菜籽油和菜籽粕市场总需求量分别以每年0.5%、0.4%和1.3%的速度增长。

到2035年，油菜籽和菜籽油总需求量将增加1952万吨和825万吨，农村菜籽油总需求量将进一步减少到230万吨，城镇居民菜籽油总需求量将增加到690万吨，农村和城镇居民人均消费量分别提高到6.2千克/人和6.8千克/人（见图12－12）。

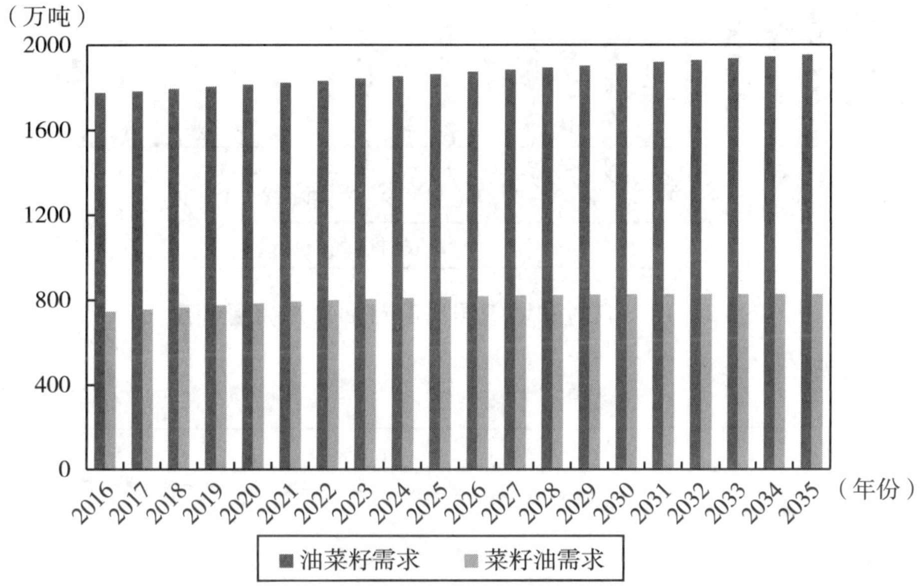

图12－12 油菜籽和菜籽油总需求量预测

根据模型预测，2018～2035年农村居民和城镇居民菜籽油总消费量年均增长率分别约为－2.0%、1.5%（见图12－13）。

到2035年农村居民家庭菜籽油消费量约182.8万吨，比2018年下降21.4%；农村居民在外菜籽油消费量将达48.0万吨，比2018年下降19.5%（见图12－14）。

随着人民生活水平的提升，城镇居民人均菜籽油消费量逐年提高，2018年预计为6.48千克/人，到2035年将达到6.83千克/人，比2018年提高5.4%，其增长幅度低于农村人口增长。随着城镇居民数量的扩大和人均消费量的提高，城镇居民家庭和在外菜籽油消费总量不断上升，预计2035家庭菜籽油消费总量达548.8万吨，比2018年增加28.6%；预计2035家庭菜籽油消费总量达142.0万吨，比2018年增加33.2%（见图12－15）。

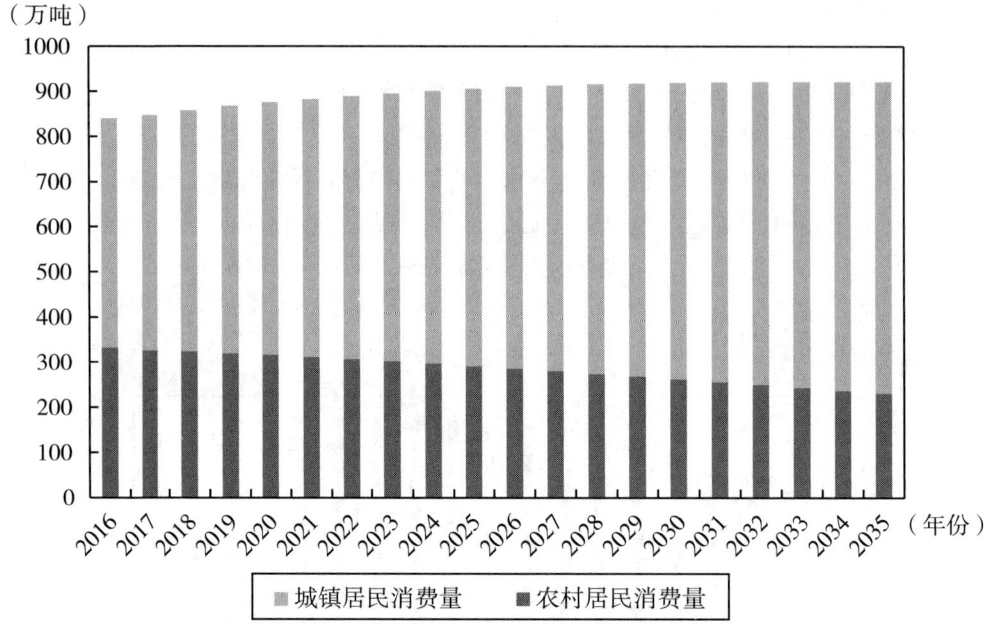

图 12－13　农村和城镇居民菜籽油总消费量预测

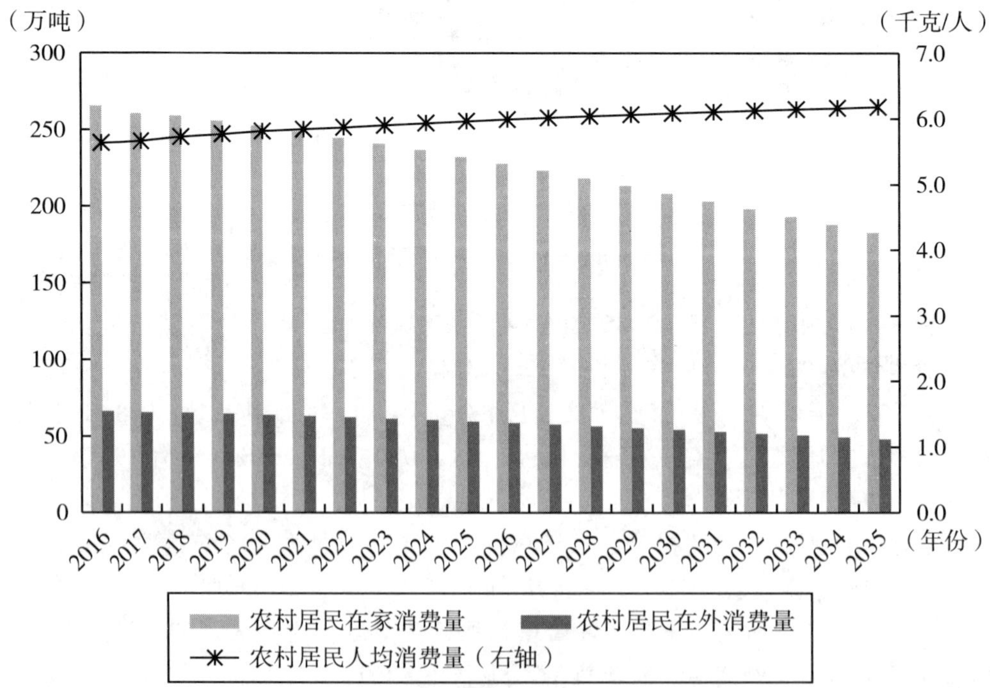

图 12－14　农村居民菜籽油消费预测

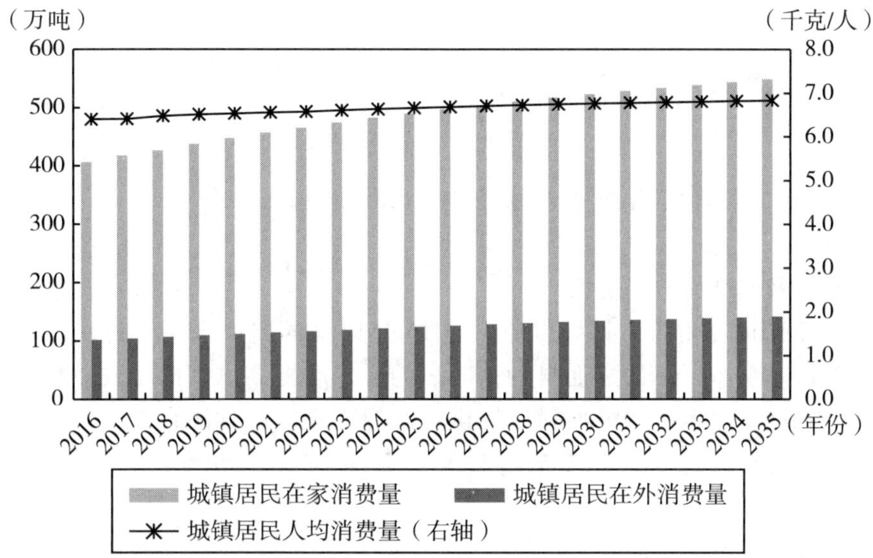

图 12－15 城镇居民菜籽油消费预测

4. 油菜籽及其产品贸易

根据模型分析测算，油菜籽净进口量将由 2018 年的 447.9 万吨增加到 2020 年的 478.4 万吨和 2035 年的 651.8 万吨，增幅分别为 6.8% 和 45.5%；菜籽油净进口量将经历由升到降的变化趋势，2020 年为 101.8 万吨，较 2018 年上升 13.2%，2035 年将下降到 84.3 万吨，较 2018 年下降 6%；菜籽粕净进口量将逐年上升，由 2018 年的 87 万吨上升到 2020 年的 113.6 万吨和 2035 年的 255.5 万吨，分别较 2018 年上升 30.5% 和 193.5%（见图 12－16）。

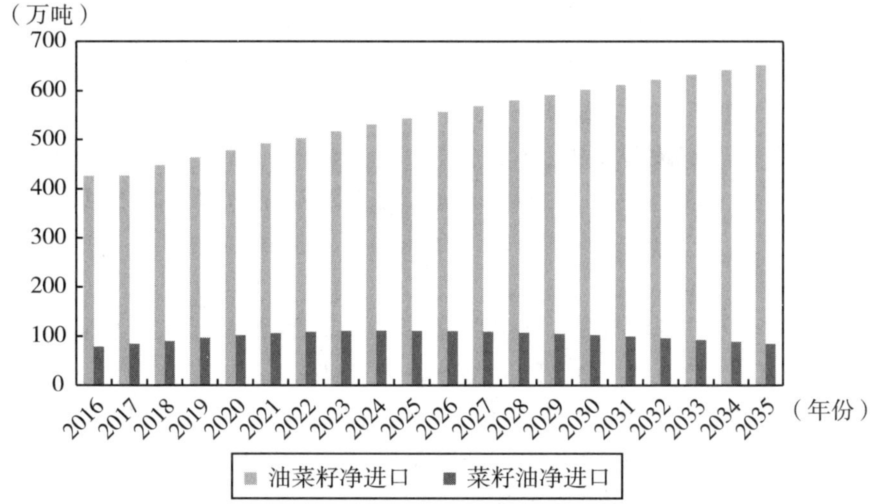

图 12－16 油菜籽和菜籽油贸易量预测

12.5 花生产业形势预测

12.5.1 短期花生产业形势预测（2018～2020 年）

1. 花生及其产品市场价格

2016 年国内花生价格持续保持在 2015 年以来的高位水平，农民种植花生收益好于其他农产品，加之油料种植面积的稳定和提高也是国家农业供给侧结构性改革的重要内容，保障油料市场供应，提高食用植物油自给率是农业发展的重点任务之一。到 2020 年，花生价格预计为 6912.9 元/吨，花生油价格将为 19367 元/吨。

2. 花生及其产品生产

花生播种面积将继续扩大，2018 年预计达到 480 万公顷，预计 2035 年将达到 500 万公顷，比 2018 年增加 20 万公顷，约增加 4.2%。随着科技水平的日益进步，花生单产水平将持续稳定提高，2018 年花生单产预计为 3684.9 千克/公顷，预计至 2020 年将达到 3729.8 千克/公顷，比 2018 年单产水平提高 1.2%。未来花生及花生油产量也将逐步提高并趋于稳定。根据模型分析测算，2018 年花生、花生油产量预计分别为 1768.9 万吨、292.4 万吨；到 2020 年，花生、花生油产量预计分别达到 1791.2 万吨和 296.8 万吨，预计较 2018 年水平分别提高 1.3% 和 1.5%。

3. 花生及其产品需求

到 2020 年，花生和花生油总需求量将增加 1791 万吨和 311 万吨，农村和城镇居民花生油人均年消费量分别为 2.1 千克/人和 2.3 千克/人。随着城镇化水平的提高，农村人口逐步向城镇转移，城乡花生油总需求结构将发生变化，城镇居民总消费需求逐步上升，农村居民总消费也则逐步下降。2018 年，农村和城镇居民花生油总消费量预计分别为 114.3 万吨和 187.2 万吨；到 2020 年，农村居民总消费量将下降到 113 万吨，城镇居民总销量将上升到 198.3 万吨。

随着农村生活质量的改善，农村居民人均花生油消费量将逐步提高。2018 年预计为 2.02 千克/人，2020 年将达到 2.07 千克/人，比 2018 年提高 2.5%。农村居民家庭和在外花生油消费总量逐步下降。到 2020 年，农村居民家庭花生油消费量将为 90 万吨，比 2018 年下降 1.3%；农村居民在外花生油消费量将下降到 22.9 万吨，比 2018 年分别下降 0.3%。

随着经济水平的发展，城镇居民人均花生油消费量也将稳步提高。2018 年预计为2.28千克/人，2020年将达到2.32千克/人，比2018年提高1.8%，该增长幅度低于农村居民人均消费量的增长。随着城镇居民数量的扩大和人均消费量的提高，城镇居民家庭和在外花生油消费总量不断上升，预计2020年家庭花生油消费总量达158.1万吨，比2018年提高5.7%；预计2020年在外花生油消费总量将达40.2万吨，比2018年提高6.6%。

4. 花生及其产品贸易

是花生净出口国，但净出口数量将不断减少，2018年花生净出口量预计为58.9万吨，到2020年将下降为32万吨，比2018年减少45.7%。花生油净进口量则不断上升，2018年花生油净进口量为9.1万吨，到2020年将增加到14.5万吨，比2018年提高5.4万吨。

12.5.2 长期花生产业形势预测（2018～2035年）

1. 花生及其产品市场价格

预计未来花生及其产品价格基本稳定，市场波动幅度较小，长期趋势还是相对稳定的，花生价格维持在6800元/吨左右，花生油的市场价格基本维持在19000元/吨左右（见图12－17）。

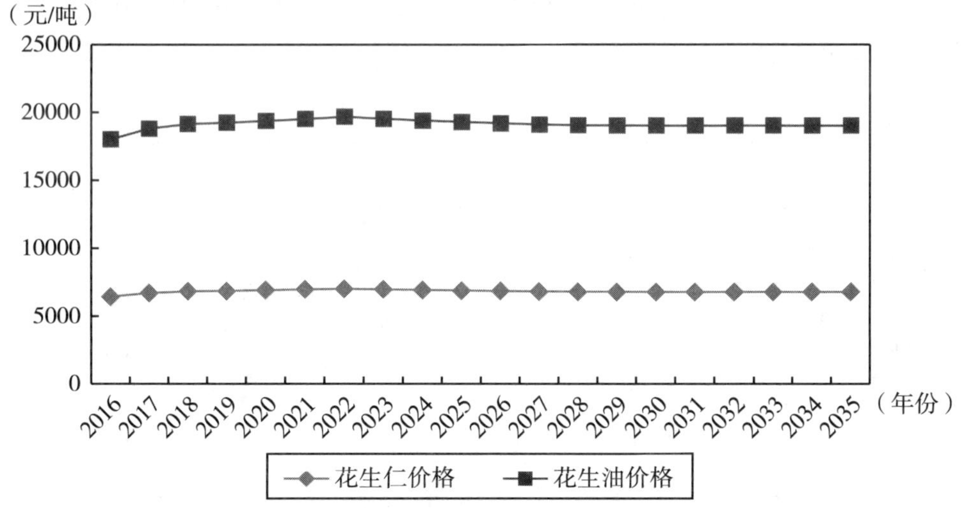

图12－17 2016～2035年花生和花生油市场价格预测

2. 花生及其产品生产

长期来看，花生播种面积将进一步扩大，花生及花生油产量将稳步提高，到2020年，花生播种面积、花生产量和花生油产量将分别达到480.2万公顷、1791万吨和297万吨（见图12－18）。

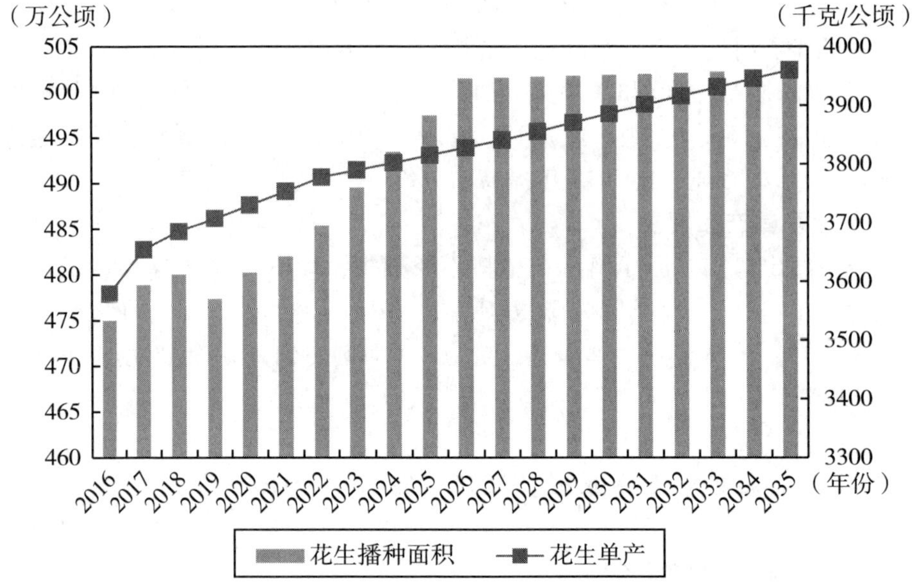

图 12－18　2016～2035 年花生播种面积和单产预测

长期来看，花生、花生油产量也将呈增长趋势，但增长幅度较小。到 2035 年，花生、花生油产量预计达 1990.2 万吨和 300.0 万吨，分别较 2018 年增加 12.5% 和 2.6%（见图 12－19）。

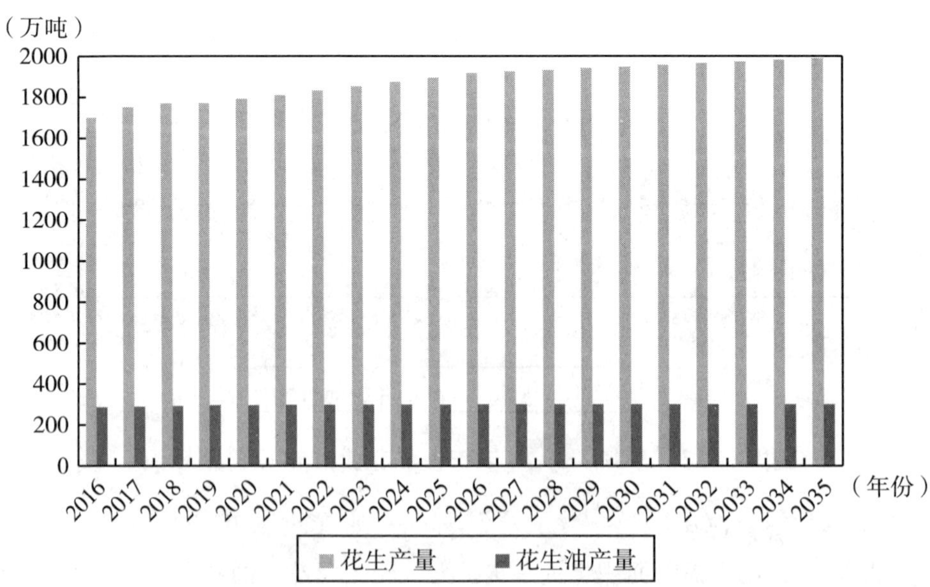

图 12－19　2016～2035 年花生和花生油产量预测

3. 花生及其产品需求

未来中国对花生及其产品的需求将保持逐年上升的趋势。根据模型分析测算，未来中国花生、花生油的需求年均增长率分别为 0.7% 和 0.9%，到 2035 年，分别达到 1990 万吨和 348.9 万吨（见图 12 – 20）。

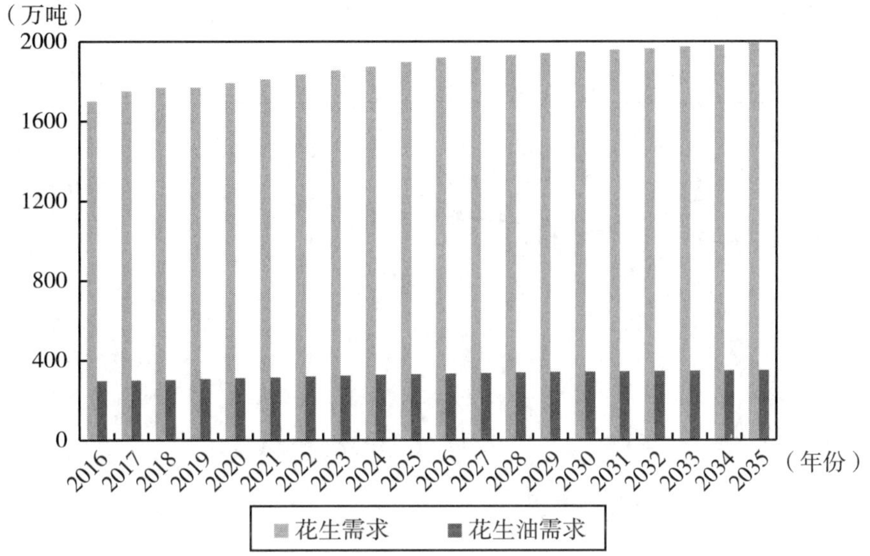

图 12 – 20　2016 ~ 2035 年花生和花生油总需求预测

长期来看，到 2035 年，农村总消费量将下降到 90 万吨左右，城镇总消费量将上升到 260 万吨左右，城镇消费量约是农村消费量的 3 倍（见图 12 – 21）。

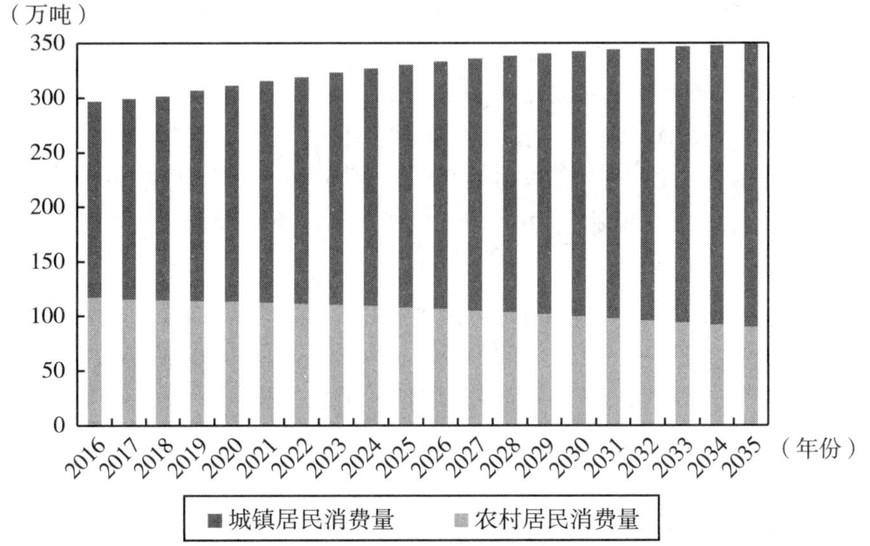

图 12 – 21　2016 ~ 2035 年农村和城镇居民花生油消费量预测

随着农村生活质量的改善，农村居民人均花生油消费量将逐步提高。2018年预计为2.02千克/人，2035年将达到2.40千克/人，比2018年提高18.8%。农村居民家庭和在外花生油消费总量出现明显下降，到2035年，农村居民家庭花生油消费量将下降到70.4万吨，比2018年减少22.9%；农村居民在外花生油消费量将下降到19.4万吨，比2018年水平下降15.9%（见图12－22）。

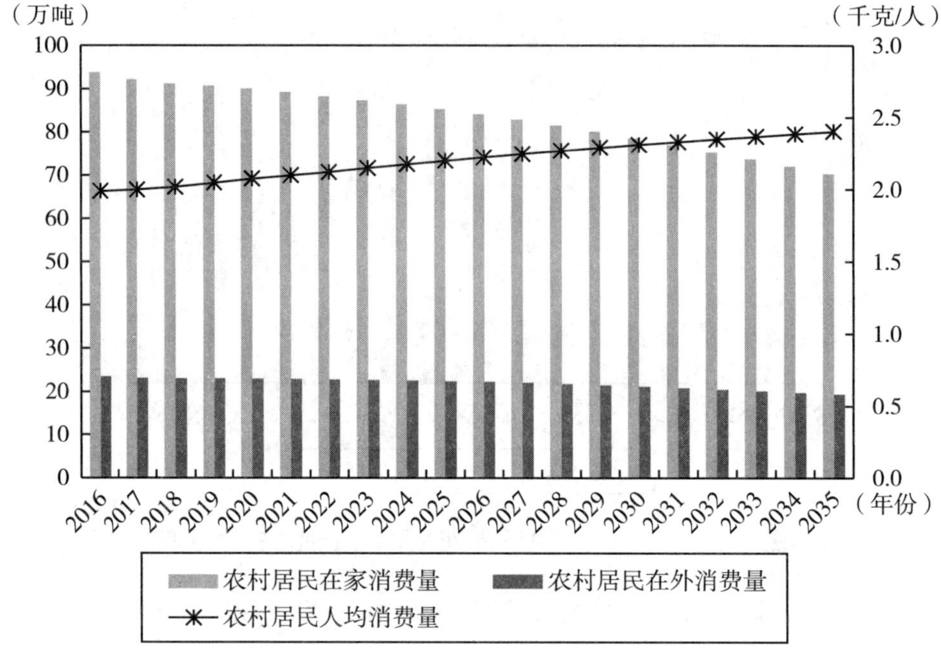

图12－22　2016～2035年农村居民花生油消费预测

到2035年，城镇居民人均花生油消费量将提高到2.56千克/人，比2018年的2.28千克/人提高12.6%。城镇居民家庭和在外花生油消费总量将迅速上升，预计2035家庭花生油油消费总量将达204.3万吨，比2018年增加36.6%；预计2035家庭花生油消费总量达54.8万吨，比2018年增加45.6%（见图12－23）。

4. 花生及其产品贸易

长期来看，由于没有价格优势及国内需求增加，更多的原出口型企业开始加强国内市场开拓，中国花生国际市场份额不断降低，仅中国特有的大粒花生在国际市场上仍占有一席之地。随着人口的增长，消费结构的升级，未来对花生、花生油的需求会出现大幅增加，进口量会逐年上升，并且进口花生出油率高、价格低，具有竞争优势。预计到2035年，花生净出口量将下降到1.8万吨；花生油净进口量将上升到48.8万吨（见图12－24）。

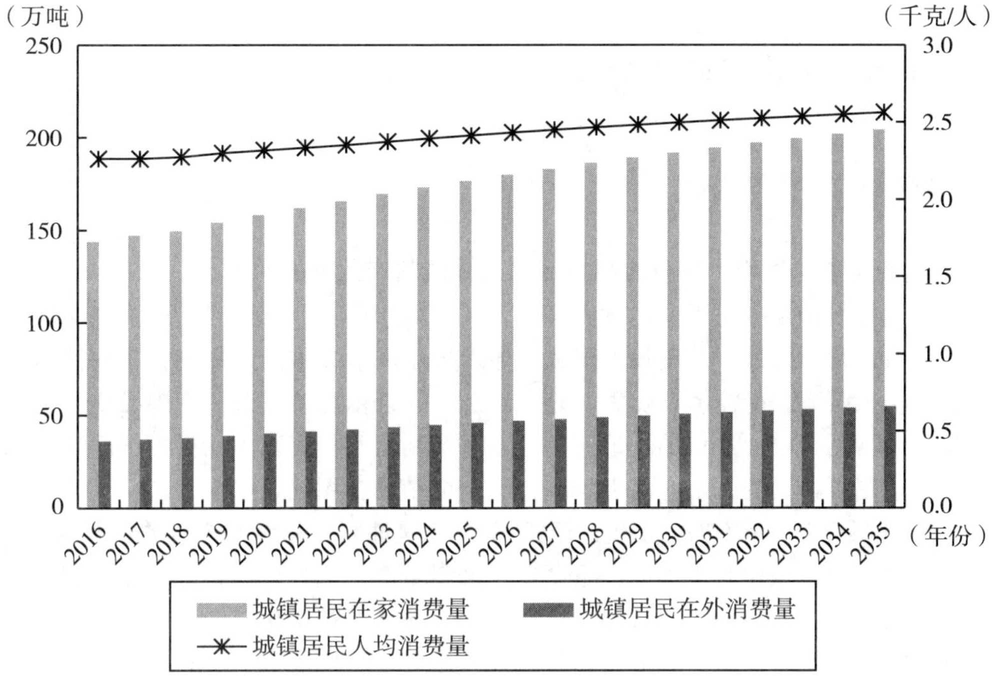

图 12 -23　2016 ~2035 年城镇居民花生油消费预测

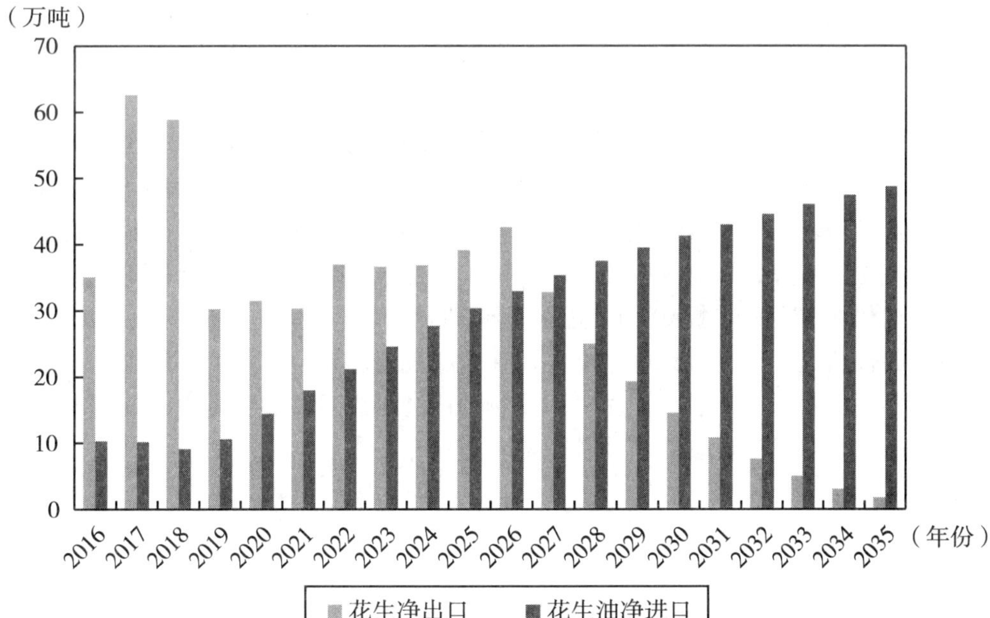

图 12 -24　2016 ~2035 年花生和花生油贸易量预测

12.6 结论与政策建议

12.6.1 研究结论

1. 稳定油料面积，保障油料市场供应是油料产业发展的重点

食用植物油是居民重要的营养来源，关系到中国食品安全。受取消临储价格政策、机械化程度低、劳动投入量大、生产成本高等多种因素影响，国内油料供应能力增长缓慢，产需缺口扩大，进口增加，对外依存度上升。中国已成为世界上最大的食用植物油进口国，迫切需要进一步稳定和提高国内油料种植面积，稳定油料市场价格，挖掘增产潜力，维持一定的植物食用油自给水平。

2. 机械化是油料作物生产的薄弱环节，也是油料作物增产挖潜的重要路径

油料作物机械化水平不高严重制约了油料生产，尤其是油料机械化收获是短板，油料收获技术未取得突破性进展，油菜、花生的精量化、轻简化、机械化生产技术研究和推广滞后。如油菜移栽仍以人工为主，用工多、成本高，机械化移栽技术还处于试验阶段。收获机械总体仍停留在模仿和组装阶段，机械性能不高，作业效率较低、损耗率较高，功能比较单一。受适宜品种培育缓慢、机械性能落后和农艺农机融合不够等因素影响，主要油料作物耕种收综合机械化水平远低于大宗粮食作物。油茶大多种在山高坡陡地区，没有专业机械，采收成本较高。

3. 食用植物油消费将稳步增加，消费结构也将发生明显改变

随着中国居民收入水平的提高，居民改善型消费需求将逐步增加。出于健康营养角度的考虑，居民食用植物油消费比重将明显增长，并且农村居民人均消费增长速度更为明显，未来中国食用植物油消费需求量将不断增加，需确保国内食用植物油供应能力稳步提高，以满足社会不断增加的需求量。就农村和城镇居民消费总量而言，消费总量结构也将发生变化。随着城镇化水平的不断提升，农村人口逐步向城镇转移，农村居民食用植物油的总消费量将逐步减少；而随着城镇人口的增加，城镇居民食用植物油总需求量将稳步增长。

12.6.2 政策建议

1. 调整油料产业结构，优化产业发展布局

着力打造长江上游、中游、下游和北方四个油菜优势产区。在长江上游地区着力加大高油、耐湿、抗病“双低”油菜品种推广规模；长江中游油菜优势区着力发展早熟、多抗、高含油量的“双低”优质油菜；长江下游油菜优势区着力发展高含油量、抗病、中早熟、耐裂角和耐渍优质油菜；北方油菜优势区着力发展抗旱、抗冻的优质甘蓝型特早熟春油菜。因地制宜，发挥地域优势，提升油料产业生产能力和竞争力，确保油料产业安全。

2. 加大油料新品种研发力度

增加油料作物新品种研发项目资金投入，积极推进国家油料作物改良中心建设，加大油料新品种研发力度，研发培育油料新品种，改善油料品质，提高出油率。择优支持油料品种培育与产业化，推动优质油料新品种繁育及其产业化示范工程建设。加快高产、优质、高效、多抗的新品种培育，加强相关配套技术集成创新，加快建设油料作物育种技术平台和新品种产业化基地。

3. 加快新品种、新技术推广，提升油料产业机械化水平

积极推广油料生产先进技术和优良品种，加大对油料主产区新品种推广的支持力度。重点推广“双低”油菜、高产花生新品种，积极推广油菜轻简栽培、花生地膜覆盖等技术，分品种建立高产示范展示区，实现良种良法相配套。加强田间管理技术培训，组织专家深入田间地头，开展巡回指导。加大油料生产机械的研发和推广力度，重点研发油料收获机械，稳步提升油料产业的机械化水平。

4. 促进油料产业化经营

积极引导一批生产规模较大、效益较好的油脂加工企业，在主产区建立原料生产基地和仓储物流设施，与农户建立长期稳定的购销合作关系，引导农民开展标准化和专业化种植。积极支持“企业 + 基地 + 农户”的农业产业化经营模式，继续扶持各种形式的产销衔接活动，大力推进农民专业合作经济组织建设，努力提高油料生产组织化程度。积极培育跨地区经营、产供销一体化的木本食用油龙头企业，鼓励企业通过联合、兼并和重组等方式做大做强。鼓励企业利用新技术、新工艺开展精深加工和副产品开发，发展循环经济，实现资源综合利用。

5. 健全油料市场体系建设

积极培育统一开放、竞争有序的油料产品专业市场。加快建设市场需求信息公共服务平台，健全流通网络，引导产销衔接，降低流通成本，帮助农民规避市场风险。完善油脂产品和相关副产品质量标准及其检测方法。规范食用植物油包装标识管理，保障消费者的知情权和选择权。推动企业提高质量安全管控水平，确保产品绿色、健康、安全。

第13章

糖料和食糖产业

主要观点：

• 中国糖料种植规模波动变化，生产技术进步对产量提升有较大贡献，但近年来国内糖价持续走低，影响了糖农的种植积极性和糖料产量，糖料作物种植不断向优势产区集中，形成了“南蔗北菜”和“甘蔗为主、甜菜为辅”的格局。

• 食糖生产竞争力先天不足，主要表现为种植规模远低于主要食糖出口国，不适合大规模机械作业，土地整理难度大、投入高，糖料种植劳动力和土地等生产成本趋高，不断挤压糖料种植利润空间。

• 中国人均食糖消费远低于世界平均水平，但经济发展和居民收入水平的快速增长让中国食糖消费市场具有极大的拓展空间，且食糖消费增速快于产量增速，使中国成为世界食糖消费增长的重要来源和食糖出口的重要目的地。

• 受国内食糖生产成本攀升，国际市场食糖价格走低影响，国内外糖价严重倒挂，但中国食糖除15%的配额内关税和50%的配额外关税外，没有其他贸易保护手段，在利益的驱使下出现大量配额外进口。

• 从供需平衡状况来看，国内食糖需求不断增加刺激食糖产量和进口量不断增加，特别是价格倒挂形成的进口利润，助推了食糖进口量的过度增长。

• 短期来看，中国糖料生产成本仍将继续保持上涨趋势，与其他食糖助产国的食糖生产成本仍将保持较大差距，国内糖农、榨糖企业收益无法得到较大提高，糖料种植面积和食糖生产不会出现明显增长，食糖总体上仍处于严重供需偏紧的状况，食糖进口将继续呈增长趋势。

• 长期来看，中国食糖产业经过多年发展以后，虽然仍将保持国内生产与进口两个供给来源的整体形势，但产业生产能力和自给能力将得到加强，进口量将维持在一定水平，实现稳定的供给平衡关系。

• 要在加强食糖产业生产能力建设，加大糖业的国内支持力度，合理调控食糖供需平衡，稳定国内食糖市场上实施更有力的政策措施，切实维护国内食糖产业健康发展和产业安全。

13.1　引言

食糖是重要战略性农产品之一，是各国争夺的重要资源，食糖产业稳定不仅关乎国家经济稳定，是居民日常生活的保障，更是关乎数千万糖农生计和主产区地方政府经济发展（刘燕群等，2015；赵一夫等，2015；李亮科，2017）。同时，食糖产业也是农产品国际贸易中最敏感的产业之一，按照“入世”承诺，中国食糖市场进一步开放，在贸易上只采取关税配额管理政策，成为世界上食糖贸易开放程度最高的国家之一，食糖产业的国际市场竞争日益激烈。受国内农业小规模生产，劳动力、土地成本不断上涨，产品品质较差、单产低等因素影响，同时也缺乏有效的关税保护措施和国内支持政策，对维护产业安全的能力和水平有限，中国食糖产业国际竞争力日趋下降。特别是近年来，随着国内生产成本上调，国际食糖价格进入低谷，国内外食糖价格严重倒挂，配额外食糖进口税后价仍高于国内食糖生产成本价，价差推动企业大量进口食糖（吴志刚等，2015），从 2012 年开始连续多年食糖进口超过配额。中国食糖产业受到国内生产成本“地板”和国外进口价格“天花板”的双重挤压，国内食糖产业、食糖从业者、食糖价格都受到重大影响，制糖企业连续亏损，糖农收入持续下降，糖料种植面积萎缩，中国食糖产业安全问题日益突出（徐雪等，2013；李亮科，2017）。如何保障食糖产业安全，成为人们关注的焦点问题。

所以，本章将从中国糖料生产情况、食糖消费发展形势、贸易发展形势、供需平衡情况等方面进行研究，分析了食糖产业发展的新情况和影响因素，并对产业发展的趋势进行预测，以分析中国食糖产业发展和存在的问题，并提出提高中国食糖产业竞争力以实现供需平衡的政策措施。

13.2　食糖产业发展形势回顾

13.2.1　生产发展形势

1. 糖料种植面积与产量

自 2011 年以来，受糖价下降影响，中国糖料种植面积和产量在达到历史最高点后持续下降（见图 13－1）。其中，糖料种植面积以及产量分别在 2012 年、2013 年达到了 21 世纪以来的高点，原因在于 2011 年以及 2012 年上半年中国食糖价格处于高位，推动了糖料种植规模的增加，带动了糖料产量的提升。2012/

2013 年榨季以后，国内糖价持续走低，严重影响糖农种植积极性，糖料种植面积和产量呈现下降趋势。2016 年，糖料种植面积 169.6 万公顷，糖料产量 12340.7 万吨，比 2011 年分别下降 25.2 万公顷和 176.0 万吨，降幅为 12.7% 和 1.4%，虽然还处于下降趋势，但下降幅度有所缓和，原因在于糖料生产的比较收益提升以及气候适宜，有利于糖料的种植（刘晓雪等，2016）。

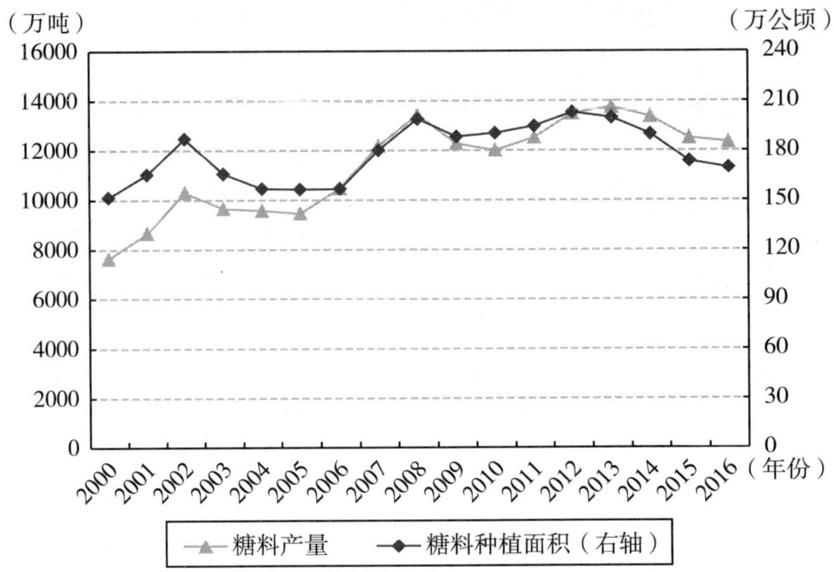

图 13－1　2000～2016 年中国糖料种植面积和产量变化情况

资料来源：国家统计局历年数据。

从糖料种植区域分布来看，中国糖料作物种植的区域分布特征非常突出，种植区域不断向优势产区集中，形成了"南蔗北菜"的大格局，主产区集中在东北、西北和西南的沿边境地区。其中，甘蔗主要分布在广西、云南、广东、海南及临近省区，甜菜主要分布在新疆、河北、内蒙古及临近省份（钟文干等，2015；高云等，2016）。

从糖料作物面积变化来看，改革开放初期，中国甜菜种植面积为 74.5 万公顷，甘蔗种植面积为 54.9 万公顷，糖料生产以甜菜为主。此后，甘蔗种植面积不断攀升，2016 年已达到 152.7 万公顷，占糖料种植面积约 90%。而甜菜种植面积经过长期的波动徘徊，特别是在 20 世纪 90 年代中期后，由于受到北方主要种植区棉花、番茄等经济作物竞争的影响，种植面积开始大幅萎缩，2016 年降为 16.6 万公顷，糖料品种形成了"甘蔗为主、甜菜为辅"的格局（见图 13－2）。仅从"十二五"期间的种植面积变动情况看，甘蔗种植面积呈下降趋势，而甜菜种植面积呈"先下降、后上升"的变动趋势，这与两种不同糖料作物的比较收益以及种植地区的气候有关。

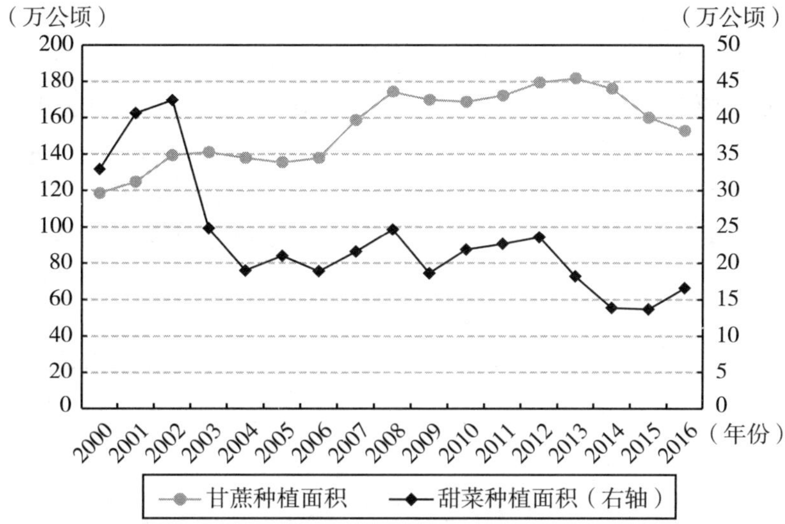

图13－2　2000～2016年中国甘蔗、甜菜两大类糖料作物种植面积变化情况

资料来源：国家统计局历年数据。

从糖料作物产量变化来看，2016年甜菜产量为956.7万吨，虽然与2000年相比略有增长，但与2011年相比，仍有显著下降。而同期甘蔗产量却呈现平稳增长的态势，2016年产量达到11382.5万吨，“十二五”期间甘蔗产量相对平稳，2013年达到近10年的最高点（见图13－3）。两种糖料作物比较来看，甘蔗产量要比甜菜产量约高10倍，且从未来趋势判断，甘蔗产量和比重还有进一步扩大的趋势。

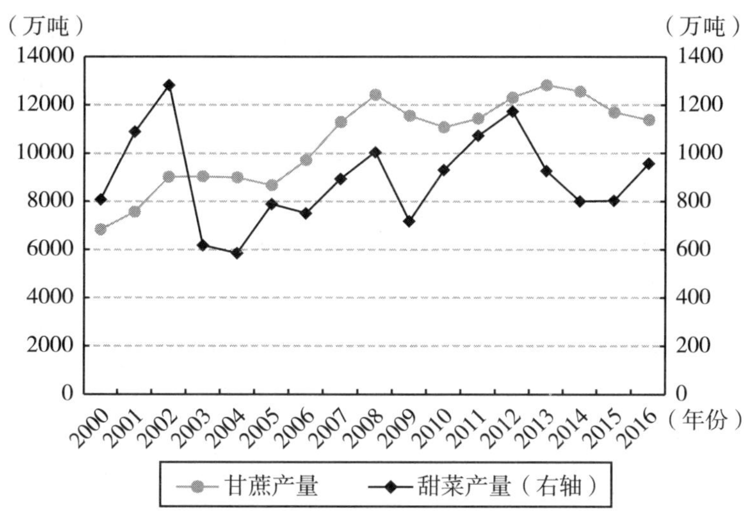

图13－3　2000～2016年中国甘蔗、甜菜两大类糖料作物产量变化情况

资料来源：国家统计局历年数据。

2. 糖料生产成本收益

中国糖料作物的生产成本长期以来呈现波动增长的变化态势。从不同糖料作物来看，甘蔗的亩均收入和净利润波动更加明显，波动幅度也相对较大。根据《全国农产品成本收益资料汇编》统计，甘蔗 2016 年的亩均产量 5.4 吨，亩均总成本 2248.0 元，每亩净利润 410.5 元，相比较 2011 年每亩 700.5 元下降 290.0 元，降幅为 41.4%（见图 13-4）。甜菜 2016 年的亩均产量 3.8 吨，亩均总成本 1698.0 元，每亩净利润 83.1 元，比 2011 年每亩 575.4 元下降 492.3 元，降幅为 85.6%（见图 13-5）。

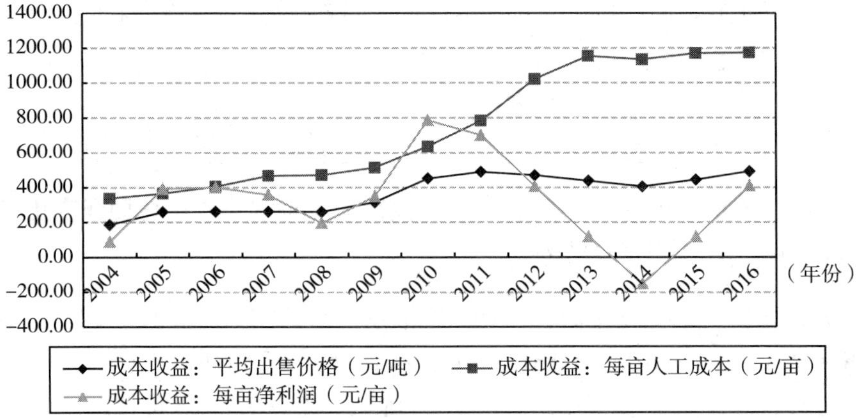

图 13-4　2004~2016 年中国甘蔗亩均纯收益与销售价格、人工成本的变动关系

资料来源：历年《全国农产品成本收益资料汇编》。

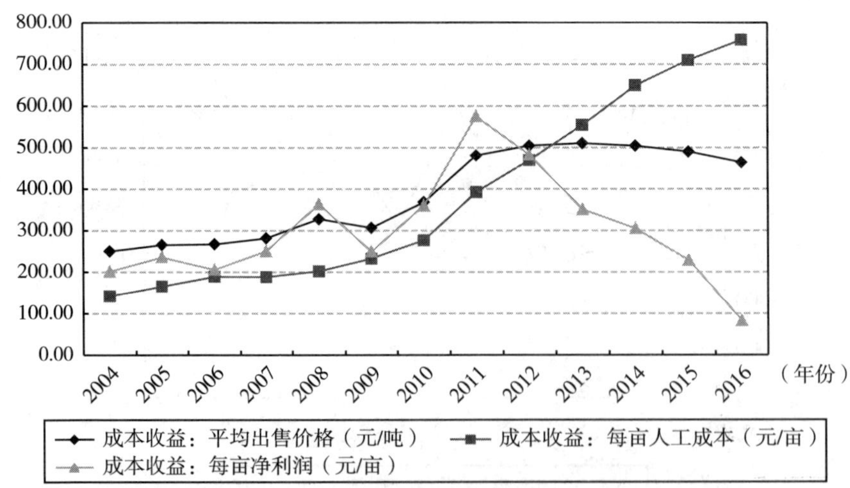

图 13-5　2004~2016 年中国甜菜亩均纯收益与销售价格、人工成本的变动关系

资料来源：历年《全国农产品成本收益资料汇编》。

从糖料作物种植收益构成来看，收益变化主要受到销售收入和成本投入两方面因素影响。由于糖料单产增长基本稳定，销售收入的变化主要因为糖料价格的波动；糖料成本变化相对较小，其中土地成本和化肥投入基本呈稳定增长的态势，而人工成本在大幅增长的同时波动明显，应是净利润波动的主要成因之一。

自 2011 年以来，中国两大糖料作物的销售价格和人工成本投入呈现相似的波动增长趋势，亩均净利润则呈现大幅波动的变化特征。观察具体的波动关系可以看出，销售价格与亩均净利润的波动趋势基本一致，而人工成本投入与亩均净利润呈现相悖的波动趋势，尤其在近年来人工成本投入大幅提升的情况下，对亩均净利润下降造成显著影响。

13.2.2 消费发展形势

2011 年以前，中国食糖消费总量快速增长后有所回落。其中，2000～2007 年消费快速增长，到 2007 年食糖年消费量达到 1350 万吨，年均增长率达到 7.6%；2008～2011 年消费回落，2011 年下降为 1260 万吨，比 2008 年减少了 100 万吨。2011 年以后，食糖消费进入恢复阶段，其中 2012 年比 2011 年食糖消费量增加 130 万吨，增幅为 10.3%，是 2000 年以来的第二大增幅，并将中国食糖消费增长至历史高位，并在 2015 年达到年消费 1470 万吨的最高水平。2016 年食糖消费量为 1450.0 万吨，较上年略有下降，降幅为 1.4%（见图 13－6）。从世界范围来看，目前中国人均年消费食糖量仅约为 11.1 千克，仍是世界人均食糖消费最少的国家之一，远低于世界人均年消费食糖 23.65 千克的水平，约为世界人均年消费食糖量的 1/3（刘晓雪，2016；马凯，2017）。随着中国人民生活水平的迅速提高，中国的食糖消费市场还有着极大的拓展空间。

食糖既是人民生活的重要食品和调味品，也是重要的工业加工原料，因此食糖消费分为居民直接消费（或称民用消费）和工业间接消费（或称工业消费）。2000 年以来，中国食糖消费以工业消费为主，且一直保持增长趋势。尤其是 2011 年以来工业消费食糖的比例持续增加，并仍有进一步提高的趋势，这也是世界食糖消费市场低迷的状况下，中国食糖需求快速增长的主要原因。根据布瑞克（BRIC）提供的数据资料，进入 21 世纪以来，中国以食糖为原料的饼干、糕点、罐头、果汁饮料、碳酸饮料、乳制品、糖果、速冻食品和冷饮九大食品加工业产量均有较大幅度提升，经计算，九大含糖加工食品 2000～2016 年的产量年均增长率分别达到 25.2%、29.2%、18.0%、35.8%、12.0%、38.9%、17.2%、8.5% 和 14.7%；以 2010 年的加工工艺口径计算，各类食品相应的含糖量比例分别为 20.0%、25.0%、5.0%、8.5%、16.9%、3.0%、45.0%、15.0% 和 15.0%。

含糖食品消费的快速增长显著带动了食糖工业消费增长，其中以饼干、糕点类食品的产量高增长和含糖高比例带动尤为显著（见图 13－7）。

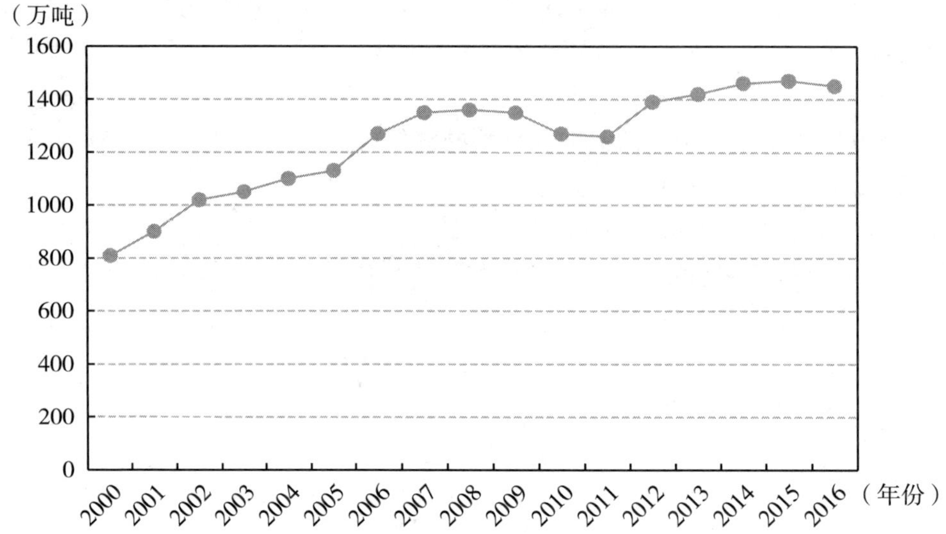

图 13－6　2000～2016 年中国食糖消费总量变化情况

资料来源：布瑞克大宗农产品数据库。

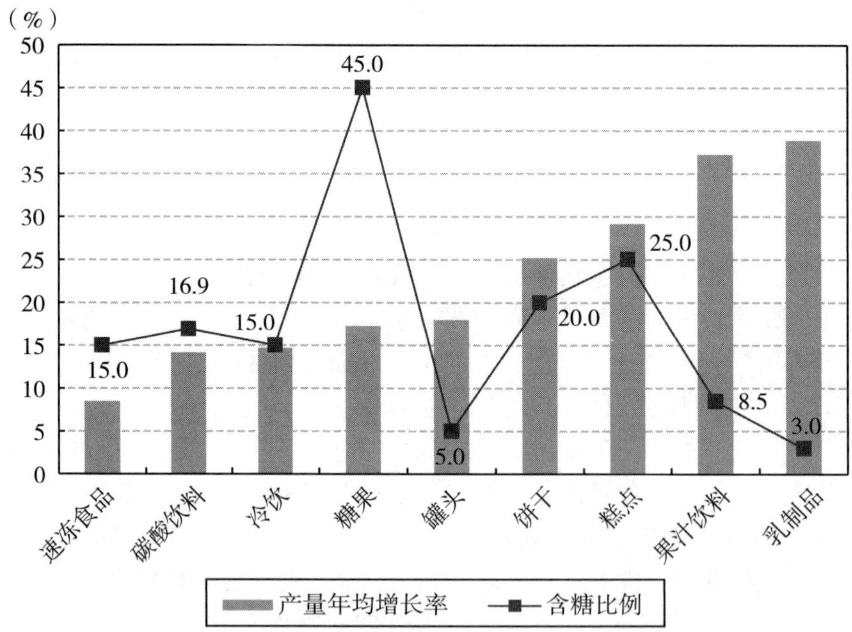

图 13－7　2000～2016 年含糖加工食品产量年均增长率及用糖比例变化情况

资料来源：根据布瑞克数据资料计算。

13.2.3　贸易发展形势

中国食糖进口实行配额制度，每年配额量为 194.5 万吨，配额内进口关税税率为 15%，配额外进口关税税率只有 50%，远低于 WTO 成员方 97% 的食糖平均进口关税税率。随着国内食品加工业的快速发展，国内食糖消费的增速明显快于产量增长速度，食糖供需缺口不断扩大，净进口的规模不断增长。在 2010 年以前，中国食糖进口数量一直都没有超过配额数量，但是中国食糖生产成本攀升，国际市场食糖价格持续走低，国内外食糖价格形成较大价差。在 2010 年以后，不但配额内进口食糖成本低于国内食糖价格，配额外食糖的进口成本也大幅低于国内食糖价格，国内外糖价严重倒挂，进口压力不断增大，2011～2016 年食糖出现大量配额外进口。根据布瑞克大宗农产品数据库显示，2011～2016 年中国食糖配额外进口量分别为 231.2 万吨、171.6 万吨、207.9 万吨、285.2 万吨、177.9 万吨和 33.5 万吨（见表 13－1）。

表 13－1　　2000～2016 年中国食糖贸易情况　　单位：万吨

年份	食糖进口	食糖出口	净进口
2000	104.0	10.6	93.4
2005	119.0	20.9	98.1
2010	206.0	7.1	198.9
2011	425.7	4.8	420.9
2012	366.1	4.6	361.5
2013	402.4	4.4	398.0
2014	479.7	5.9	473.8
2015	372.4	15.4	357.0
2016	228.0	12.5	215.5

资料来源：布瑞克大宗农产品数据库。

中国食糖在国际市场上的贸易地位取决于竞争力水平，作为世界食糖净进口大国，进口规模有持续扩大的趋势，对国内食糖业造成巨大压力，一定程度上也反映出中国糖业竞争力较弱的现状。为更直观地测度中国糖业的国际贸易竞争力，选择世界上其他主要的食糖生产、出口和消费大国（地区），如巴西、泰国、澳大利亚、美国、印度及欧盟等（张跃彬，2017），采用贸易竞争力指数（trade competitiveness，TC）与中国进行对比分析（见表 13－2）。从 TC 指数的测算结果来看，巴西和泰国的食糖贸易竞争力指数基本保持为 1，基本上只出口食糖而不进口或少量进口食糖，其食糖行业显示了极强的国际竞争力。澳大利亚的食糖生产长期以来都是出口导向型行业，其甘蔗品质和吨糖耗蔗量等指标都显示出其生产水准是全球最好的。印度的食糖贸易竞争力指数波动幅度非常大，经常在 -1 ~1 之间摆动，原因是产量变化较大，而并非竞争力较差。美国食糖贸易以进口为主，其食糖出口并不具有国际竞争力，贸易竞争力指数接近 -1。欧盟的食糖贸易在 2006 年实行糖业改革以后发生了显著的逆转，在降低食糖生产配额及补贴金额后，贸易竞争力明显下降，完全成为食糖净进口地区。从国际对比的角度来看，中国的食糖竞争力相对较弱，尤其在近年来国内供需缺口不断加大，净进口规模的持续扩大也逐渐成为常态，贸易竞争力指数几乎达到 -1。

表 13-2　2000~2016 年中国与其他各国（地区）食糖 TC 指数对比

年份	中国	巴西	泰国	澳大利亚	印度	美国	欧盟
2000	-0.16	1.00	1.00	0.93	0.17	-0.87	0.10
2001	-0.70	1.00	1.00	0.83	0.95	-0.83	0.13
2002	-0.50	1.00	1.00	0.86	0.95	-0.84	-0.08
2003	-0.71	1.00	1.00	0.73	0.98	-0.88	-0.16
2004	-0.83	1.00	1.00	0.72	-0.49	-0.80	-0.26
2005	-0.55	1.00	1.00	0.88	-0.70	-0.82	0.01
2006	-0.80	1.00	0.99	0.91	1.00	-0.80	0.14
2007	-0.77	1.00	1.00	0.84	1.00	-0.65	-0.43
2008	-0.84	1.00	1.00	0.79	0.96	-0.80	-0.52
2009	-0.84	1.00	1.00	0.48	-0.93	-0.85	-0.37
2010	-0.87	1.00	0.99	0.46	-0.07	-0.84	-0.12
2011	-0.95	1.00	1.00	0.12	0.95	-0.86	-0.51
2012	-0.96	1.00	1.00	0.19	0.67	-0.85	-0.34
2013	-0.96	1.00	1.00	0.25	0.44	-0.80	-0.55
2014	-0.96	1.00	1.00	0.26	0.41	-0.83	-0.52
2015	-0.95	1.00	1.00	0.23	0.39	-0.85	-0.54
2016	-0.94	1.00	1.00	0.25	0.37	-0.84	-0.57

资料来源：根据联合国贸易数据库（UN Comtrade）数据计算。

13.2.4　供需平衡及价格形势

就供需平衡状况来看，2011 年以来，中国食糖供给和需求呈现先上升、后下降的变动趋势。在2013年以前，国内食糖需求不断增加，刺激食糖产量和进口量不断增加，在2013年中国食糖供给量达到1732.4万吨的最高点，随后食糖供给和需求出现了大幅度的下降，这与产业发展不稳定有直接关系。就进出口的情况看，食糖的进口明显高于出口，主要是因为国内消费需求量大于国内食糖的产量，需要进口食糖以满足人们的需求，而且由于国内外食糖价格倒挂，刺激了企业大规模进口，以获取利润，在一定程度上助推了食糖进口量的增长。

就食糖的价格走势来看，2011年之前，食糖价格波动上升，在2011年达到历史最高点，为每吨7332.0元。2011年以后，受国际市场食糖价格走低影响，国内食糖价格也快速下降，到2014年降为每吨4630.3元，跌破了国内食糖的生产成本。2014年以后，食糖原料出现了恢复性生产，短期内造成国内食糖供给相对充足，从而呈现出食糖价格下降的情况（见表13－3）。

表13－3　　2000～2016年中国食糖供需平衡情况

年份	总供给（万吨）	国内产量（万吨）	进口量（万吨）	食用需求（万吨）	库存变动（万吨）	出口量（万吨）	生产者价格（元/吨）
2000	724.0	620.0	104.0	810.0	－96.6	10.6	3539.4
2001	981.7	849.7	132.0	900.0	38.7	43.0	3975.9
2002	1143.7	1063.7	80.0	1020.0	111.9	11.8	2829.8
2003	1120.3	1002.3	118.0	1050.0	64.1	6.2	2469.0
2004	1046.0	917.0	129.0	1100.0	－86.5	32.5	2924.4
2005	1001.0	882.0	119.0	1130.0	－149.9	20.9	3520.0
2006	1339.0	1199.0	140.0	1270.0	57.5	11.5	4672.6
2007	1576.0	1484.0	92.0	1350.0	220.7	5.3	3834.3
2008	1344.9	1242.9	102.0	1360.0	－22.1	7.0	3338.3
2009	1221.0	1073.0	148.0	1350.0	－137.7	8.7	3983.9
2010	1251.4	1045.4	206.0	1270.0	－25.7	7.1	5795.2
2011	1600.7	1175.0	425.7	1260.0	335.9	4.8	7332.0
2012	1676.1	1310.0	366.1	1390.0	281.5	4.6	6289.0
2013	1732.4	1330.0	402.4	1420.0	308.0	4.4	5510.0
2014	1529.7	1050.0	479.7	1460.0	63.8	5.9	4630.3
2015	1242.6	870.2	372.4	1470.0	－242.8	15.4	5258.6
2016	1158.0	930.0	228.0	1450.0	－304.5	12.5	5974.6

资料来源：布瑞克大宗农产品数据库。

13.3 食糖产业发展新情况及其影响分析

食糖产业稳定不仅关乎国家经济稳定，居民日常生活的保障，更关乎数千万糖农生计和主产区地方政府经济发展。而目前中国食糖产业的发展所面临的问题或挑战一定程度上制约了食糖的有效供给以及产业的可持续发展。

13.3.1 原料生产成本超高

中国食糖的生产成本较高，尤其体现在原料生产成本的增加，主要原因在于甘蔗种植多为山地、坡地，在劳动力、土地、环境保护、质量安全成本的显性化和不断提高的背景下，甘蔗生产成本逐年上涨。与甘蔗主产国对比来看，中国食糖生产成本是巴西、印度和泰国的 2.9 倍、2.5 倍和 1.9 倍，其中地租成本差距最大，分别是巴西、印度和泰国的 3.5 倍、4.5 倍和 5.6 倍；收割运输成本分别是巴西、印度和泰国的 2.7 倍、4.0 倍和 2.8 倍。此外，在食糖加工方面，中国食糖生产成本分别是巴西、泰国和澳大利亚的 2.2 倍、2.2 倍和 2.3 倍，其中原料成本的相差最大，中国基本为三个主要食糖生产国的 2.4 倍；在加工成本上，与三个国家差距缩小，但仍分别是 1.2 倍、1.4 倍和 1.4 倍（徐锐钊，2012；李亮科，2017）。

13.3.2 原料生产规模小，竞争力先天不足

农业是高度依赖自然资源的产业，自然资源条件的优劣决定了农业生产规模和基础竞争力，中国人口基数大，自然资源有限。中国甘蔗生产排名第一位的广西，甘蔗主要种植在丘陵旱坡地，地块小而分散，户均甘蔗种植面积仅有 4 亩，远低于巴西、澳大利亚等主产国，土地整理难度大、投入高，甘蔗耕种机械化水平不到 50%，有效灌溉率不足 10%，与主要出口国的差距较大，难以与主要出口国进行有效竞争（覃泽林，2015；徐雪，2015；李亮科，2017）。

13.2.3 国内成本上升和国际市场价格下降压缩了产业生存空间

国内食糖产业的利润非常有限，产业效益不断被挤压。一方面，国内成本不断上升。随着劳动力、土地及物质成本的上涨和显性化，中国糖料生产成本和价

格与主要食糖出口国差距逐步扩大。另一方面，国际市场价格下降不断打压国内食糖价格，削弱国内食糖政策效果。在成本高速上涨的同时，价格却由于国际价格一路下滑，但中国食糖进口实行关税配额管理，除配额外无其他贸易保护措施，且食糖关税水平有限。2011 年 1 月进口配额内食糖价格突破国产食糖价格，2013 年 7 月至 11 月和 2014 年 12 月以后进口配额外食糖价格也突破国产食糖价格，虽然国家从 2012 年起多次启动食糖临时收储政策，但国内糖价一直徘徊在成本线以下，国内糖企出现破产倒闭，农民收入减少，主产区蔗地已开始改种桉树或其他经济作物，糖产业规模不断缩小。

13.2.4　食糖关税水平较低，后天保护不足

关税是开放条件下确保国内市场价格保持合理水平的最有效，最重要的手段。在具有关税保护的情况下，国内农产品市场价格则取决于进口税后价，进口关税直接影响进口税后价格水平，决定着价格“天花板”的高低。与食糖主产国的高关税税率相比，中国食糖关税税率较低，主要是因为在加入 WTO 时，中国食糖的市场准入方面做出巨大让步，承诺配额内关税从 20% 降为 15%，配额外关税从 75% 降为 50%，远低于 WTO 成员方平均进口关税水平，而且国内支持政策也非常缺乏，对食糖产业的调控手段非常有限，食糖产业保护力度不够。虽然为稳定和提振食糖市场价格，国家对食糖实施临时收储政策，但由于关税保护不足，配额外进口食糖税后价远低于收储价，造成“边收储，边进口”的现象，收储政策效果有限且因收储成本高而难以为继（徐雪等，2015）。

13.4　未来食糖产业发展趋势预测

综合考虑中国人口、经济、政策等内外部条件，对未来中国食糖产业发展进行预测，分析食糖供求各环节可能发生的变化，了解食糖产业发展的趋势，厘清生产、消费、贸易在食糖供求平衡中的关系，有助于我们正确判断中国食糖产业未来政策的方向和重点。

13.4.1　短期产业发展形势分析（2018～2020 年）

短期来看，中国糖料生产受自然资源禀赋、生产资料价格、用工价格、土地价格上涨等因素的影响，糖料生产成本仍将继续保持上涨趋势，与其他食糖助产

国的食糖生产成本仍将保持较大差距，国内糖农、榨糖企业收益无法较大提高，糖料种植面积和食糖生产不会出现明显增长，到 2020 年中国食糖总体上仍处于严重供需偏紧的状况，食糖进口将继续呈增长趋势。

1. 短期生产趋势

为满足不断增长的食糖需求和提高中国食糖自给能力，保障榨糖企业利益和行业安全，短期内，中国将重点从提高甘蔗主产区基础设施建设、甘蔗品种繁育水平、甘蔗收获机械化率、对榨糖企业的金融支持等方面提高中国糖料生产能力和生产成本，以提高糖农糖料种植积极性和糖料种植面积，实现糖料和食糖生产提高。通过模型模拟计算，到 2020 年中国食糖产量仍将处于波动上升的总体趋势，2018 年、2019 年和 2020 年中国食糖产量将分别达到 1050. 2 万吨、1054. 7 万吨和 1044. 7 万吨，分别比 2016 年增长 12. 9%、13. 4% 和 12. 3%，到 2020 年的年均增长率为 3. 4%。

2. 短期消费趋势

食糖作为人类生活必需品，全球的食糖消费量一直保持较为平稳的增长态势，主要原因：一是人口和经济发展推动全球食糖消费需求持续增加；二是作为生活必需品，虽然随着经济水平发展食糖消费量会有所增加，但消费者的饮食习惯并不会随着其他因素的变化而有较快的变动。自改革开放以来，中国居民食糖消费总量和人均消费量始终保持增长趋势，尤其是在改革开放初期，食糖消费总量和人均消费量的增长速度分别高达 8. 25% 和 6. 97%。21 世纪以来，中国居民的食糖消费总量和人均消费量在食品工业发展的带动下仍保持快速增长，到 2016 年的年均增速仍有 3. 89% 和 3. 87%，远超世界平均增长水平。目前，中国食糖消费总量超过世界食糖消费量的 9%，仅次于印度，排名世界第二位，但人均年消费食糖量仅为 11. 1 千克，是世界人均食糖消费最少的国家之一，远低于世界人均年消费食糖 23. 7 千克的水平。但在经济和人口增长的双重因素驱动下，中国食糖消费增长有较大提升空间，是世界最具增长潜力的食糖市场。

通过模型模拟，短期内中国食糖总需求将继续保持增长趋势。到 2018 年、2019 年和 2020 年，食糖总需求量将分别增长到 1343. 0 万吨、1389. 8 万吨和 1412. 3 万吨，分别比 2016 年增长 17. 2%、21. 3% 和 23. 3%，年均增长率约为 8. 7%。因为中国城市和农村消费结构与人口结构的不同，在食糖消费总量变化上有所差异。其中，城镇居民食糖直接消费量将分别增长到 250. 2 万吨、255. 8 万吨和 261. 2 万吨，分别比 2016 年增长 3. 7%、6. 1% 和 8. 3%，年均增长率约为 1. 4%。农村居民食糖直接消费量将分别增长到 104. 9 万吨、103. 3 万吨和 101. 7 万吨，分别比 2016 年增长 -3. 6%、-5. 2% 和 -6. 6%，年均增长率约

为 -9.6%。

3. 短期贸易趋势

未来，中国国内食糖产量和消费量都呈上升趋势，但国产糖供不足需的现象在长期内仍将是中国食糖供给的主要特点，需要依靠进口进行适当补充。特别是中国糖料种植和食糖生产成本上涨，远高于巴西、泰国、澳大利亚、印度等主要食糖生产国，再加上中国食糖进口除了 194.5 万吨的关税配额以外，没有长期有效的贸易保护措施，中国食糖进口增长趋势难以扭转。

通过模型模拟，中国食糖净进口量将会继续增长，到 2018 年、2019 年和 2020 年，食糖净进口量将分别增长到 292.8 万吨、335.1 万吨和 367.6 万吨，分别比 2016 年增长 35.9%、55.5% 和 70.6%，年均增长率约为 25.6%。主要进口来源仍将是巴西、泰国、澳大利亚、印度等主要食糖出口国，这些进口糖将继续对国内食糖产业造成冲击。

13.4.2　长期产业发展形势分析（2018 ~ 2035 年）

长期来看，中国食糖产业经过多年发展以后，虽然仍将保持国内生产与进口两个供给来源的整体形势，但产业生产能力和自给能力将得到加强，进口量将维持在一定水平，实现稳定的供给平衡关系。

1. 长期生产趋势

食糖立足国内是中国食糖产业的一项基本政策方针，保障食糖有效供应、保障国民用糖安全，始终是国家食糖产业发展的最终目的。长期来看，在食糖产量逐步提升后，随着食糖产业结构调整，糖料种植将逐步向优势区、比较效益强的地区转移集中，在淘汰落后产能和削减非优势区域糖料种植以后，中国长期食糖产业将逐步加强，食糖产量将出现先上升、后下降、再回升的过程。通过模型模拟，中国食糖产量在短期内快速增加，在 2019 ~ 2025 年期间进入产能调整期，落后、非优势产能将被逐步淘汰；在 2025 年以后开始逐步恢复，特别是糖料品种改良以后，中国糖料单产将明显提高，优势区糖料生产机械化水平明显改善；至 2035 年，中国食糖产量将恢复至 1065 万吨，国产食糖的自给率达到 66.5%（见图 13 -8）。将 2018 ~ 2035 年中国食糖生产划分为两个阶段：在 2018 ~ 2025 年均增长率为 -1.0%，在 2026 ~ 2035 年均增长率为 0.7%。

2. 长期消费趋势

长期来看，受城镇居民人口数量增加和居民在外饮食增加的影响，城镇居民人均食糖消费量保持增长趋势（见图 13 -9），农村居民人均食糖消费量保持增长趋势（见图 13 -10），但由于受农村居民人口向城市转移导致人口数量减少的影响，农村居民食糖消费总量出现下降。据预测，到 2035 年城镇居民食糖消费总量为 316.8 万吨，比 2016 年增加 75.7 万吨，年均增长率为 1.4%；农村居民食糖消费总量为 72.8 万吨，比 2016 年减少 36.1 万吨，年均增长率为 -2.1%。在家消费在长期内都是居民食糖消费的主要场所，但居民在外食糖消费的增长会随着收入增加、人口流动性加强和在外饮食增加而增长。

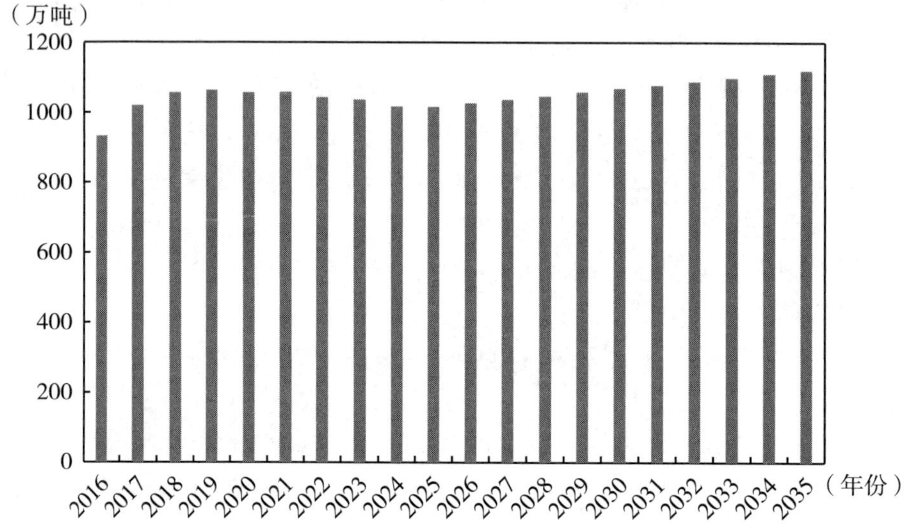

图 13－8　2016～2035 年中国食糖产量趋势预测

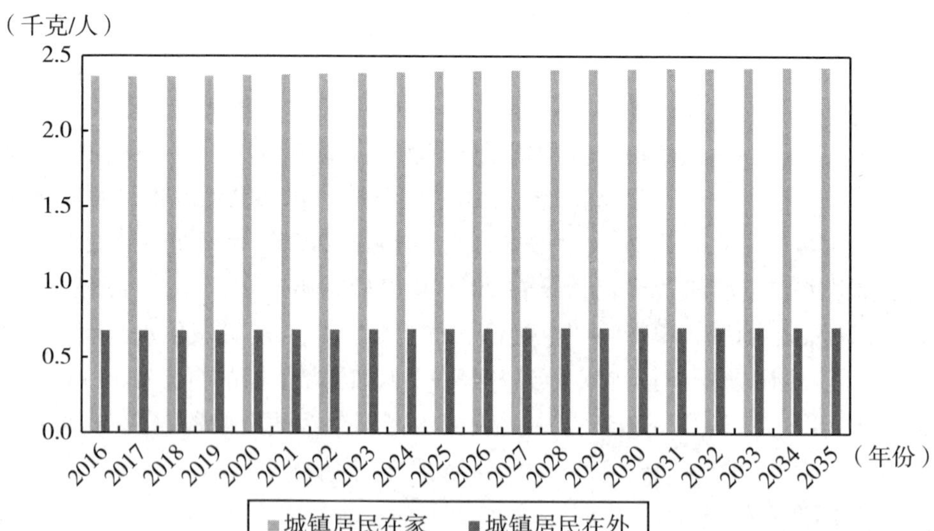

图 13－9　2016～2035 年城镇居民人均食糖消费量趋势预测

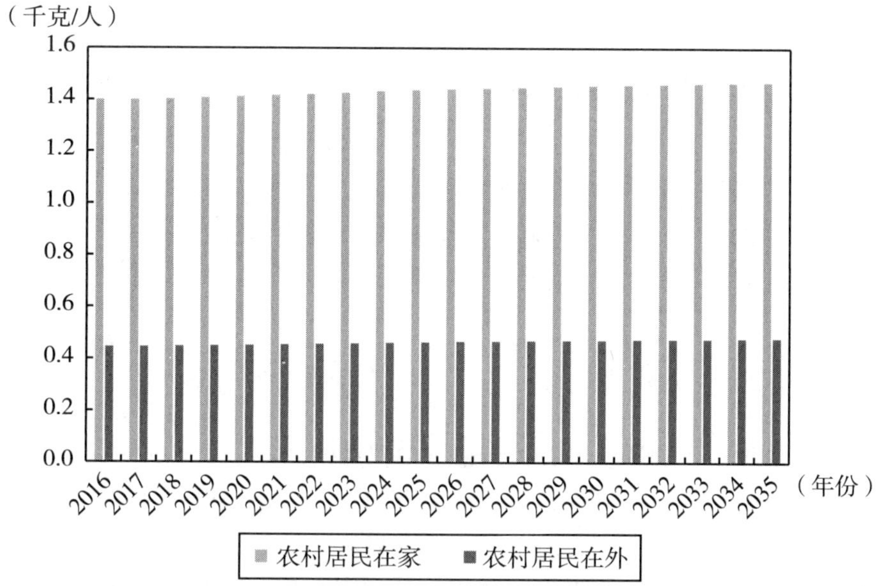

图 13－10　2016～2035 年农村居民人均食糖消费量趋势预测

3. 长期贸易趋势

通过模拟，中国将长期处于食糖依靠大量进口以满足国内食糖产不足需的状况，并且食糖进口量长期呈上升趋势。至 2025 年食糖净进口量增至 561.1 万吨，2020～2035 年增长率为 8.8%，随后食糖进口量将趋于稳定，并且有所下降，2026～2035 年食糖年均净进口量为 535.7 万吨，2025～2035 年食糖进口量的年变化率为－0.5%（见图 13－11）。

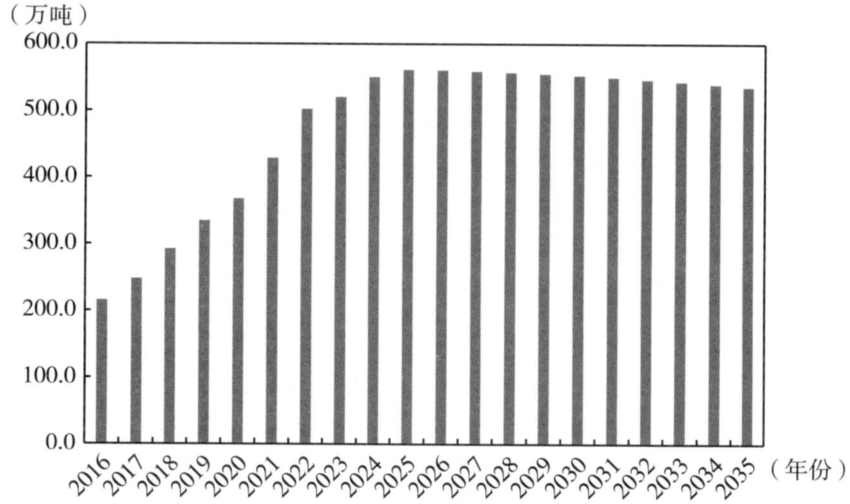

图 13－11　2016～2035 年中国食糖净进口量趋势预测

13.5 结论与政策建议

本章从中国糖料生产情况、食糖消费发展形势、贸易发展形势、供需平衡情况等方面进行研究，并分析了食糖产业发展的新情况和影响因素，并对产业发展的趋势进行了预测，形成以下的结论和建议。

13.5.1 结论

1. 中国食糖产业持续发展，但大量进口已成常态

21 世纪以来，中国糖料种植和食糖产量波动上升，糖料种植断向优势产区集中，形成了“南蔗北菜”的大格局，但在糖料生产人工成本投入大幅提升的状况下，对亩均净利润下降造成显著影响。同时，中国食糖消费进入快速增长期，年均增速达到 3.71%，工业消费食糖的比例持续增加，成为世界食糖消费增长的重要地区。国内食糖消费的增速明显快于产量增长速度，食糖供需缺口不断扩大，加上近年来中国食糖生产成本攀升，国际市场食糖价格持续走低，国内外食糖价格形成较大价差。而中国除了有限的关税配额以外，食糖没有有效贸易保护措施，导致净进口的规模不断增长，自 2010 年开始，中国长期存在大量配额外食糖进口。长期来看，中国食糖进口量将继续增长，并在 2025 年达到净进口量的最高值，随后缓慢下降。

2. 中国糖业生产先天竞争力不足，后天缺乏有力保护手段

受地块小而分散，土地整理难度大、投入高，不利于机械化运营等客观因素制约，中国糖料产业基础设施、技术运用和机械化方面与主要出口国的差距较大，食糖生产成本逐年上涨，已远超主要食糖生产和出口国，难以与其进行有效竞争。国内外食糖价格长期倒挂，价差刺激企业大规模进口。在关税配额管理制度下，进口食糖价格连续突破两层“天花板”，企业食糖进口都能获得利润，进口积极性大增，国内食糖产业受到进口产品严重冲击。国内食糖产业的利润非常有限，产业效益不断受国内成本“地板”上升和国际市场价格“天花板”的双重挤压，产业受到严重影响。

3. 未来中国食糖需求仍在不断增长，增强国内糖业竞争力势在必行

食糖产业是中国发展经济、消除贫困、改善人民生活的支柱产业之一，中国一直坚持食糖立足国内的战略方针。作为生活必需品，中国食糖消费将随着经济增长和饮食习惯改变而增长。从城乡消费结构来看，城镇居民食糖消费趋势的特点是食糖消费总量保持上涨，在外饮食食糖消费增长速度要高于户内饮食食糖消费增长速度；农村居民食糖消费总量将减少，但人均消费的增长速度要高于城镇居民，与城镇居民相同。虽然中国食糖国内生产呈上涨趋势，但增长速度低于消费增长速度，国产糖供不足需的现象在长期内仍将是中国食糖供给的主要特点，需要依靠进口进行适当补充，食糖价格也将随着消费需求的增长而保持增长。

13.5.2　建议

1. 加强食糖产业生产能力建设

中国食糖产业竞争力差的原因主要在于糖料基础设施差、生产成本高，要通过改善主产区农业生产条件、改良生产方式等降低糖料的生产成本。一是改良品种，加大糖料育种经费投入和糖料品种结构调整力度，选育适合各地推广的糖料良种；加大对良种科研成果的奖励力度，确保劳有所得，提高科研人员的科研积极性；加大良种繁育示范基地建设，引导鼓励合作社、企业推进糖料良种产业化推广；加强对优良加价品种的市场管理，增加技术培训，带动糖农认识新品种、使用新品种，使高产高质优良加价品种得到及时推广；推进“双高”基地建设，提高糖料单产和糖分。二是提升机械化水平，解决糖料人工支出大，劳动力老龄化严重，请工难、“用工荒”问题，加大国产糖料作物耕、种、收全程机械研发投入，发展适宜坡地、小地块作业的糖料机械，加快国内糖料机械化水平发展；完善农机购置补贴政策，加大对糖料生产全程机械化所需机具的补贴力度；鼓励有实力的农技服务公司和农民专业合作社开展糖料全程机械化服务，增加糖料农机作业补贴；推广适应小规模糖料生产特点的农业机械，逐步实现农户从甘蔗种植、护理、砍运等环节使用机械作业的新模式，减少对劳动力的依赖程度，降低甘蔗生产人工成本，提高种蔗效益。三是加强基础设施建设，扩大优势区域糖料基地建设范围，加快糖料作物主产区在水、电、路等为主要内容的农田基础设施建设。

2. 加大糖业的国内支持力度

在不违反 WTO 规则的前提下，制定切实可行的支持政策，加大支持力度。一是用足“黄箱”，根据成本增加幅度，继续提高糖料保护价；依托税收及加工企业的农户监测系统，按照入榨原料蔗数量实施主产区蔗农收入直补；加大主产区甘蔗良种补贴力度，向普适性强、出糖率高、适宜机收的品种倾斜；加大甘蔗农机特别是砍蔗机械的补贴力度，根据主产区自然条件，向中小型机械倾斜。二是用好“绿箱”，扩大优势区域糖料基地建设范围；强化以土地平整、水利设施为主要内容的农田基础设施建设；集中力量研发适合主产区地形地貌和种植习惯的砍蔗机械；加大糖料蔗新品种研发力度；通过减免榨糖企业的增值税和所得税，为糖料生产提供优惠生产信贷、投资信贷和营销援助信贷，加强对生产与加工环节的支持；对购买大中型甘蔗机械的企业和个人给予奖励或贴息贷款。

3. 合理调控食糖供需平衡，稳定国内食糖市场

按照食糖市场供求平衡的目标，对国内糖料种植及食糖生产、加工、进出口、收储等进行合理调控，特别是要将食糖进口量控制在合理范围之内，防止国际市场低价糖大量进口，冲击中国食糖市场，降低食糖市场价格，减少糖农糖料种植收益和榨糖厂利润。加强行业管控，对进口和加工企业进行引导，增强行业协作和糖业协会对会员企业的领导能力，合理调控市场供需，防止国内食糖价格受国际市场冲击而剧烈波动。更加注重国内食糖产业受损程度监测，加强食糖产业预警，密切跟踪食糖国内外价差供需走势和进口情况，及时评估进口产品数量与严重损害之间的因果关系，制订相应的应急预案，利用反倾销、反补贴保障措施等手段有效实施贸易救济，利用技术措施阻止低价糖进口激增，切实维护国内食糖产业健康发展，确保国内产业安全。

第14章

蔬菜产业

主要观点：

- 经过计划经济、改革开放的发展，在质量兴农、绿色兴农的背景下，中国蔬菜产业也迎来了新时代。
- 蔬菜产业仍然面临很多问题，蔬菜价格波动频繁、产区转向与集中、流通中间环节多、加工发展滞后、科技支撑力度不足、生产成本总体增加等现象突出。
- 蔬菜产业规模不断增长扩大，成为乡村产业兴旺、促进农民增收的重要产业，2017年蔬菜总产值超过2万亿元。而从需求上来看，城乡居民对蔬菜的消费量呈下降趋势。
- 中国蔬菜贸易出口额超过进口额，呈现盈余状态。长期来看，未来净出口有所下降，出口市场主要集中在东盟、日本、韩国等国家和地区。
- 中国蔬菜供需在长期（2018～2035年）处于宽松状态，长期蔬菜生产更符合市场预期，政府对蔬菜价格波动的宏观调控能力增加，产业发展更加平稳。短期内（2018～2020年），蔬菜供需关系较宽松。
- 中国蔬菜产业发展应着力从四个方面加以改善：一是继续落实“菜篮子”市长负责制，稳定蔬菜市场供给；二是实施质量兴农战略，促进蔬菜质量全面提升；三是扩大设施蔬菜比重，提高蔬菜产业抵御自然风险和市场风险能力；四是改善蔬菜市场流通渠道，形成价格合理传导机制。

14.1 引言

蔬菜是满足城乡居民生活需要、健康膳食的重要农产品之一，蔬菜产业的健康发展，直接关系到城乡居民对美好生活向往的质量和效果。同时，蔬菜产业是乡村振兴中主要产业之一，对带动农民就业增收发挥良好的作用。经过计划经济、改革开放的发展，中国蔬菜产业也迎来了新时代，农业科技创新的力度比过去突飞猛进，一些新的技术应用到蔬菜产业发展。同时，蔬菜产业与第一、二、三产业融合发展的趋势正在不断强化。当然，中国蔬菜产业还面临一些新的问题，例如，价格的平稳性、农户与大市场关联、蔬菜产品质量提升等。本章通过对中国蔬菜产业供需关系及展望来对中国蔬菜产业过去的发展成效和未来走势进行分析和研判。

14.2 蔬菜产业发展形势

14.2.1 生产发展形势

（1）总产量及单产变化。近年来，中国蔬菜产业快速发展，不仅满足了城乡居民膳食结构需要，也成为农民收入增加的重要产业。2011 年中国蔬菜播种面积达到 1963.9 万公顷，从 2012 年起蔬菜播种面积稳步提高到 2000 万公顷以上，到 2017 年达到 2226.13 万公顷，比 2011 年上升 13.35%（见图 14－1）。与此同时，中国蔬菜产量随播种面积的扩大提高，从 2011 年的 67929.67 万吨上升到 2017 年的 81135.97 万吨，上升幅度 19.44%，每年产量的平均增长率为 3.01%（见图 14－2）。蔬菜单产水平在科技等因素作用下保持持续增长趋势，从 2011 年的 34588.89 千克/公顷上升到 2017 年的 36447.10 千克/公顷，单产的年均增长率为 0.88%（见图 14－3）。

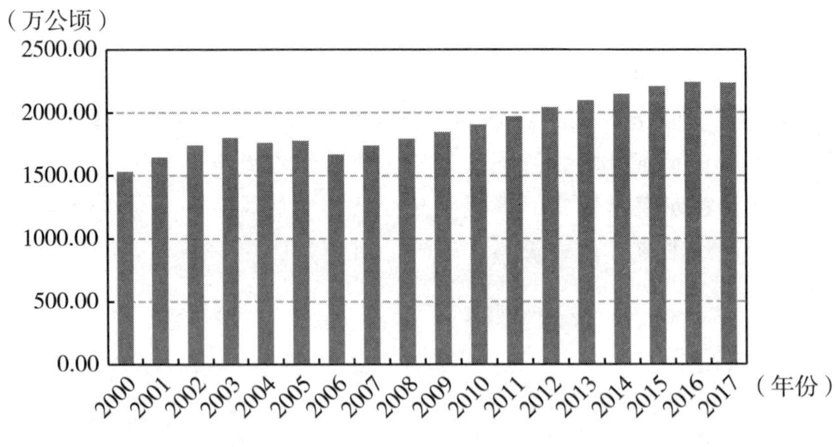

图 14－1 2000～2017 年中国蔬菜播种面积变化情况

注：2017 年数据系国家统计局 2018 年 1 月 19 日初步统计。

资料来源：国家统计局，http：//data. stats. gov. cn/index。

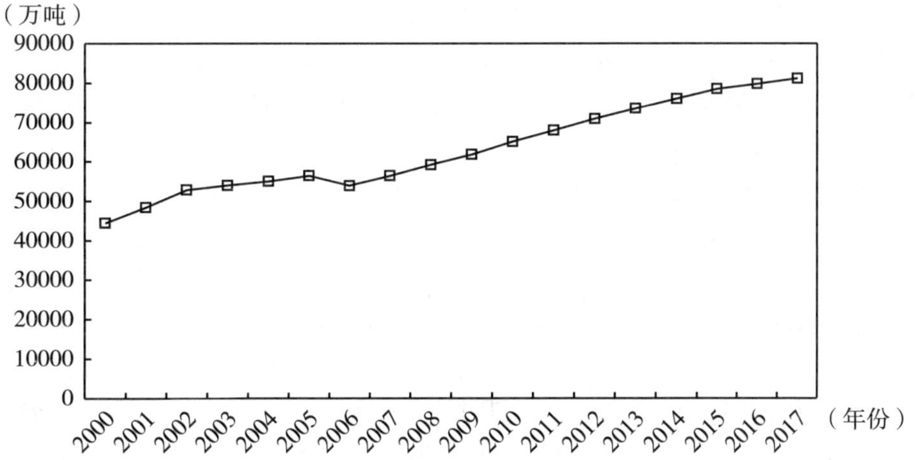

图 14－2　2011～2017 年中国蔬菜产量变化情况

资料来源：国家统计局，http：//data. stats. gov. cn/index。

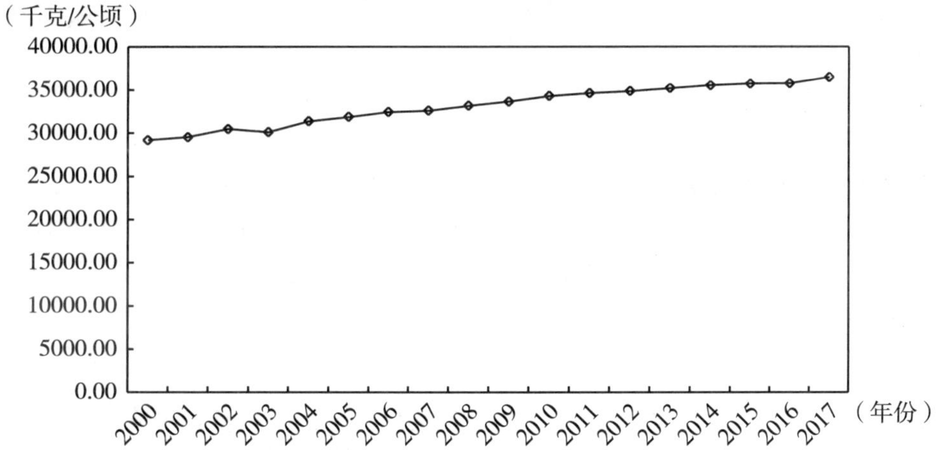

图 14－3　2000～2017 年中国蔬菜单产变化情况

资料来源：国家统计局，http：//data. stats. gov. cn/index。

与 2016 年相比，2017 年中国蔬菜播种面积略下降 0. 30%，但在单产持续上升的作用下，蔬菜产量仍然保持增长态势，并突破 80000 万吨。受蔬菜产量增加影响，大部分蔬菜主产区蔬菜价格呈下降趋势，蔬菜平均价格低于 2016 年总体水平。根据农业部预测，2017 年全国蔬菜总产值预计超过 2 万亿元，蔬菜总产值约占种植业总产值的 35%，居第一位，亩均净利润 2000 多元，成为带动农民增收的重要渠道。①

① 中国蔬菜网：《2017 年全国蔬菜总产值或超 2 万亿元》，http：//www. vegnet. com. cn/News/1181698. html，2017 年 12 月 24 日。

（2）蔬菜产业的区域分布。根据国家发展改革委、农业部等部门制定的《全国蔬菜产业发展规划（2011～2020年）》，基于综合考虑行政区划、各地区主要时节调出品种等因素，将全国蔬菜产区划分为华南区、长江区、西南区、西北区、东北区和黄淮海与环渤海区六大区。

根据国家统计局数据，长江区蔬菜播种面积占比重最高。2011年蔬菜播种面积742.575万公顷，占全国蔬菜播种面积的37.81%，2016年上升到849.321万公顷，占比例略上升，达到38.04%。其中，黄淮海与环渤海区蔬菜播种面积所占比例也较高，从2011年的26.93%略下降到24.31%；华南区蔬菜播种面积所占比例从2011年的16.06%略上升到2016年的16.66%；西南区蔬菜播种面积所占比例从2011年的7.35%略上升到2016年的9.36%；西北区蔬菜播种面积所占比例从2011年的8.13%略上升到2016年的8.35%；东北区蔬菜播种面积所占比例从2011年的3.72%略下降到2016年的3.28%。

黄淮海与环渤海区蔬菜产量所占比例最高，2011年为39.51%，2016年略下降到36.63%。其次为长江区蔬菜，所占比例从2011年的32.19%略上升到2016年的33.15%。

从变化趋势来看，西南区蔬菜播种面积上升的幅度最大，从2011年的144.365万公顷上升到2016年的209.058万公顷，上升幅度达到44.81%。西南区蔬菜产量的上升幅度也是最大，2016年比2011年增长48.53%。华南区蔬菜播种面积上升的幅度也较大，2016年比2011年增长17.94%；西北区蔬菜产量上升幅度也较大，2016年比2011年增长27.19%。西北区蔬菜单位产量2016年比2011年上升了8.98%。

具体见表14－1。

表14－1　　2011年、2016年中国蔬菜生产区域分布及变化情况

地区	2011年			2016年		
	蔬菜播种面积（万公顷）	蔬菜产量（万吨）	单位面积产量（千克/公顷）	蔬菜播种面积（万公顷）	蔬菜产量（万吨）	单位面积产量（千克/公顷）
华南区	315.385	7189.86	22797.09	371.976	9029.30	24273.88
长江区	742.575	21868.09	29449.00	849.321	26449.89	31142.39
西南区	144.365	2590.05	17940.98	209.058	3847.09	18402.02
西北区	159.661	6244.54	39111.24	186.337	7942.45	42624.12
东北区	73.082	3201.48	43806.68	73.337	3291.53	44882.26
黄淮海与环渤海区	528.848	26835.65	50743.60	542.801	29219.45	53830.87
合计	1963.916	67929.67	34588.89	2232.830	79779.71	35730.31

资料来源：《中国统计年鉴》历年数据。

（3）生产成本收益变化。根据全国农产品成本收益资料汇编的数据，中国蔬菜生产的总成本不断攀升，从 2011 年的 2979.48 元/亩上升到 2016 年的 5084.54 元/亩；人工成本上涨的幅度最大，从 2011 年的 1497.12 元/亩上升到 2016 年的 2818.95 元/亩，上涨幅度达到 88.29%。除了自家工之外，雇工费用上涨是推高人工成本重要因素。2016 年雇工费用上升到 662.66 元/亩，比 2011 年上涨 1.8 倍。除此之外，物质与服务费用不断攀升，2016 年达到每亩 4707.96 元，比 2011 年提高 53.42%。其他成本项也均有增长，但增长幅度均低于 50%。从每亩蔬菜种植的收益来看，2016 年每亩蔬菜产值达到 7107.07 元，比 2011 年增长 28.35%。但数据表明，受成本攀升的负面因素影响，蔬菜种植的净利润呈现下降趋势，净利润从 2011 年的 2557.67 元，下降到 2016 年的 2022.53 元，下降幅度为 20.92%。具体见表 14-2。

表 14-2　　2011~2016 年中国蔬菜成本收益变化情况　　单位：元/亩

年份	产值合计	总成本	生产成本	物质与服务费用	人工成本	家庭用工折价	雇工费用	土地成本	流转地租金	自营地折租	净利润
2011	5537.15	2979.48	2728.41	1231.29	1497.12	1259.56	237.56	251.07	72.12	178.95	2557.67
2012	6099.72	3644.72	3332.64	1365.49	1967.15	1543.42	423.73	312.08	94.03	218.05	2455.00
2013	6903.21	4050.94	3698.25	1421.51	2276.74	1857.01	419.73	352.69	127.78	224.91	2852.27
2014	6203.66	4133.88	3788.70	1403.65	2385.05	1923.69	461.36	345.18	133.43	211.75	2069.78
2015	6533.19	4345.30	3999.29	1402.55	2596.74	1879.49	717.25	346.01	147.00	199.01	2187.89
2016	7107.07	5084.54	4707.96	1889.01	2818.95	2156.29	662.66	376.58	106.19	270.39	2022.53

资料来源：国家发改委历年《全国农产品成本资料汇编》。

14.2.2 消费发展形势

从表 14-3 的数据可以看出，从 2011 年起，中国城镇居民人均蔬菜消费量呈波动下降趋势。20 世纪 80 年代，中国城镇居民人均蔬菜消费量平均为 149.43 千克。2011 年城镇居民人均蔬菜消费量已经下降到 114.60 千克，到 2016 年进一步下降到 107.5 千克，比 2011 年减少 6.20%。城镇居民人均蔬菜消费之所以呈现如此情形，主要是因为随着城镇居民可支配收入的增加，城镇居民的饮食结构不断调整，城镇居民购买肉、蛋、奶、水产品、水果的数量不断增长，城镇居民家庭人均牛羊肉、猪肉、禽类、鲜蛋、水产品、鲜奶、鲜瓜果的数量均呈明显增长趋势。

表 14－3　　　2011～2016 年中国城镇居民蔬菜消费量变化情况

年份	城镇居民人口数（万人）	较上年增幅（%）	城镇居民人均可支配收入（元）	较上年增幅（%）	城镇居民人均蔬菜消费量（千克）	较上年增幅（%）
2011	69079	3. 14	21809. 80	14. 13	114. 60	－1. 29
2012	71182	3. 04	24564. 70	12. 63	112. 30	－2. 01
2013	73111	2. 71	26955. 10	9. 73	103. 8	－7. 57
2014	74916	2. 47	28843. 85	9. 0	104. 0	0. 19
2015	77116	2. 94	31194. 83	8. 2	104. 4	0. 38
2016	79298	2. 83	33616. 25	7. 8	107. 5	2. 97

资料来源：《中国统计年鉴》历年数据。

从表 14－4 的数据可以看出，从 2011 年起，中国农村居民人均蔬菜消费量呈略上升的趋势。20 世纪 80 年代，中国农村居民人均蔬菜消费量平均为 132. 28 千克，20 世纪 90 年代中国农村居民蔬菜人均消费量出现明显下滑趋势。进入 2011 年，中国农村居民蔬菜人均消费量下降到 89. 40 千克，2012 年下降到 84. 70 千克。从 2013 年开始人均消费量波动回升，到 2016 年回升到 91. 50 千克。农村居民人均蔬菜消费量略上升的主要原因是农村居民纯收入的增加，农村居民的饮食结构不断变化，对蔬菜的消费数量增长。

表 14－4　　　2011～2016 年中国农村居民人均蔬菜消费量变化情况

年份	农村居民人口数（万人）	较上年增幅（%）	农村居民纯收入（元）	较上年增幅（%）	农村居民人均蔬菜消费量（千克）	较上年增幅（%）
2011	65656	－2. 17	6977. 30	17. 88	89. 40	－4. 18
2012	64222	－2. 18	7916. 60	13. 46	84. 70	－5. 26
2013	62961	－1. 96	8895. 90	12. 37	90. 60	6. 97
2014	61866	－1. 74	10488. 90	17. 91	88. 90	－1. 88
2015	60346	－2. 46	11421. 70	8. 89	90. 30	1. 57
2016	58973	－2. 28	12363. 40	8. 24	91. 50	1. 33

资料来源：《中国统计年鉴》历年数据。

随着中国农产品加工业的蓬勃发展，蔬菜加工需求也呈现不断增长的态势。蔬菜加工的目标市场既包括国内市场，也包括国际市场。根据统计数据，中国蔬菜加工业发展迅速，特色优势明显，促进了出口贸易。据农业部不完全统计，

2016 年中国蔬菜加工行业规模以上企业数量达 2274 家，中国蔬菜加工行业总资产规模达到 1721.15 亿元，行业销售收入为 3736.39 亿元；蔬菜加工行业利润总额为 278.37 亿元。2009 年，中国蔬菜加工业消耗鲜菜原料 9200 万吨，加工率达到 14.9%（国家发展改革委、农业部，2012）。

14.2.3　贸易发展形势

蔬菜是中国重要的出口农产品之一，为农民增收、出口创汇发挥了积极作用。近年来，中国在蔬菜产业技术方面进步较快，新品种、设施栽培以及无公害生产模式的普及，提高了蔬菜的质量和品种类型，增强了出口的竞争力（章棋、张明杨等，2013 年）。中国蔬菜的出口量保持上升态势，从 2011 年的 969.50 万吨波动上升到 1009.77 万吨，上升幅度为 4.15%（见表 14－5）。随着人们生活水平的日益提高，人们对蔬菜及制品的需求不断多样，蔬菜进口量呈现明显的增长趋势，从 2011 年的 117.15 万吨波动上升到 2016 年的 147.23 万吨，上升幅度达到 25.67%。

中国蔬菜额在出口量和出口价格不断上升的基础上呈现出较快的增长趋势，出口额从 2011 年的 167318.6 万美元，上升到 2016 年的 249252 万美元，上升幅度为 48.97%。进口额从 2011 年的 32566.1 万美元，波动上升到 2016 年的 52917.7 万美元，上升幅度为 62.49%。

出口蔬菜价格呈现增长趋势，从 0.17 美元/千克上升到 0.25 美元/千克。但是出口蔬菜价格仍然明显低于进口蔬菜价格，进口价格同样呈现增长趋势，蔬菜进口价格从 2011 年的 0.28 美元/千克波动上升到 2016 年的 0.36 美元/千克。

具体见表 14－5。

表 14－5　　2011～2016 年中国蔬菜出口情况

年份	出口量（吨）	出口额（万美元）	出口价格（美元/千克）	进口量（吨）	进口额（万美元）	进口价格（美元/千克）
2011	9695009.6	167318.6	0.17	1171510.5	32566.1	0.28
2012	9310339.8	222121.9	0.24	997272.3	41487.8	0.42
2013	9612077.9	208368.6	0.22	1158492.4	42231.2	0.36
2014	9760010.9	221957.4	0.23	1249519.4	51410.3	0.41
2015	10179879.1	244309.1	0.24	1326603.3	53982.8	0.41
2016	10097748	249252	0.25	1472264.8	52917.7	0.36

资料来源：农业部贸易促进中心，《国际农产品贸易统计年鉴 2016》，中国农业出版社 2017 年版。

分国家和地区来看，中国内地蔬菜出口主要集中在中国香港、欧盟、东盟及日本、韩国、俄罗斯等国家和地区。对联合国商品贸易统计数据库（UNcomtrade）2016 年数据进行整理发现，中国对东盟蔬菜出口额最大，达到 41.51 亿美元，占中国对世界蔬菜出口额的 1/4 强。其次，对日本出口额也非常大，达到 21.79 亿美元，占 15.17%。中国内地对中国香港、韩国、欧盟的蔬菜出口额分别为 15.49 亿美元、12.34 亿美元、11.90 亿美元，分别占 10.78%、8.59%、8.28%。从表 14－6 可以看出，中国对表中前 20 个国家和地区的出口额累计达到 133.13 亿美元，占中国对世界蔬菜出口额的 92.64%，在一定程度上表明中国蔬菜出口市场相对比较集中的态势。

表 14－6　　2016 年中国蔬菜出口额排名前 20 位的国家和地区

国家和地区	出口额（亿美元）	占比（%）
东盟	41.51	28.89
日本	21.79	15.17
中国香港	15.49	10.78
韩国	12.34	8.59
欧盟	11.90	8.28
美国	9.51	6.62
俄罗斯	5.55	3.86
巴西	3.27	2.28
阿拉伯联合酋长国	2.00	1.39
加拿大	1.57	1.09
沙特阿拉伯	1.22	0.85
巴基斯坦	1.14	0.80
中国台湾	1.13	0.79
澳大利亚	1.11	0.77
贝宁	0.70	0.48
印度	0.68	0.48
南非	0.60	0.42
孟加拉	0.55	0.38
尼日利亚	0.55	0.38
斯里兰卡	0.51	0.35
合　计	133.13	92.64

资料来源：联合国商品贸易统计数据库（UNcomtrade）。

从进口量来看，中国蔬菜进口主要集中在东盟、加拿大、印度、美国（见表14－7）。2016年的联合国商品贸易统计数据显示，中国从东盟进口蔬菜773.96万吨，进口额达到14.32亿美元，占中国对世界蔬菜进口量和进口额的86.10%、67.77%。东盟是中国蔬菜贸易最主要的伙伴。其次，中国从加拿大进口93.12万吨蔬菜，进口额达到3.43亿美元，分别占中国蔬菜进口量和进口额的10.36%、16.48%，排名第二。中国从美国进口蔬菜18.52万吨，进口数量排名第三，进口额为1.75亿美元，也排名第三。中国从欧盟进口蔬菜5.60万吨，进口额0.50亿美元，进口量和进口额排名均为第四。从合计情况来看，进口量前10名的国家和地区占中国蔬菜进口量的99.93%，进口额前10名的国家和地区的占中国蔬菜进口额的99.22%。由此表明，中国蔬菜进口更加集中在特定国家和地区。

表14－7　　2016年中国蔬菜进口量前20位的国家和地区

序号	国家和地区	进口量（万吨）	占比（%）
1	东盟	773.961	86.10
2	加拿大	93.117	10.36
3	美国	18.518	2.06
4	欧盟	5.597	0.62
5	印度	3.247	0.36
6	澳大利亚	1.299	0.14
7	新西兰	1.037	0.12
8	朝鲜	0.745	0.08
9	土耳其	0.402	0.04
10	巴基斯坦	0.381	0.04
	合　计	898.30	99.93

资料来源：联合国商品贸易统计数据库（UNcomtrade）。

14.2.4　价格形势

根据国家统计局50个城市食品价格数据，2017年蔬菜价格波动呈现明显的季节性特征，蔬菜平均价格在春节前后（2017年2月上旬）达到历史最高，此后随着季节变化、蔬菜供应量逐渐大幅度增加，蔬菜价格逐渐回落（见图14－4）。

大白菜、豆角、黄瓜、芹菜的价格分别从2017 年2 月上旬的3. 02 元、12. 85 元、9. 05 元、6. 49 元下降到 2017 年 6 月上旬的 2. 80 元、8. 05 元、4. 60 元和 5. 80 元，土豆、西红柿、油菜的价格分别从 2017 年 2 月上旬的 4. 73 元、9. 35 元、5. 63 元下降到 2017 年 6 月上旬的 4. 16 元、6. 09 元、4. 79 元，其中，黄瓜价格下降幅度最大，达到 49. 17%，其次为豆角和西红柿，下降幅度分别达到 37. 35%、34. 87%。从 2017 年蔬菜价格变化来看，除了大白菜、土豆价格呈现下降趋势之外，其他蔬菜价格均呈现上升趋势。大白菜、土豆的价格分别从 2017 年 6 月上旬的 2. 8 元、4. 16 元下降到 2017 年 12 月下旬的 2. 42 元、4. 05 元，分别下降了 13. 57%、2. 64%。豆角、黄瓜、芹菜的价格分别从 2017 年 6 月上旬的 8. 05 元、4. 6 元、5. 8 元，上升到 2017 年 12 月下旬的 12. 05 元、6. 61 元、6. 43 元，分别上升了 49. 69%、43. 70%、10. 86%。西红柿、油菜价格分别从 2017 年 6 月上旬的 6. 09 元、4. 79 元上升到 2017 年 12 月下旬的 6. 33 元、5. 62 元，分别上升了 3. 94%、17. 33%。

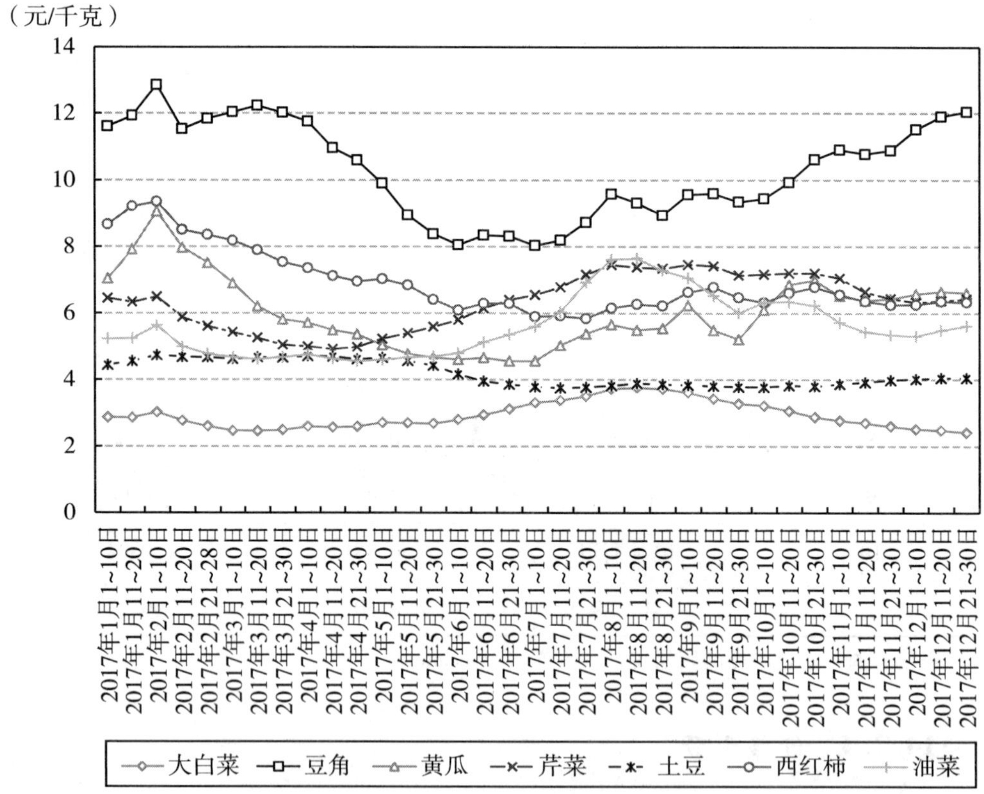

图 14－4　2017 年 50 个城市主要食品平均价格变动情况

资料来源：国家统计局相关数据（http：//www. stats. gov. cn）。

14.3 蔬菜产业发展新情况及其影响分析

尽管中国蔬菜产业发展取得显著成效，实现了播种面积与产量的双提升，带动了广大菜农收入的增长，但也应清醒认识到，中国蔬菜产业发展还存在很多问题亟待解决。具体来说，包括以下六个方面。

14.3.1 蔬菜价格波动频繁影响消费者福利和生产者种植积极性

近年来，中国蔬菜价格波动较为频繁且波动幅度较大，给大多数消费者带来不必要的福利损失，对城乡低收入消费者群体产生负面影响，给部分菜农带来经济利益的损失（李崇光，肖小勇等，2015年）。导致蔬菜价格波动的原因主要可以分成三个方面。一是蔬菜向产地生产集中的趋势加强，生产成本的上涨更加直接传导到蔬菜产地价格上，特别是近年来人工成本的上涨直接推高了蔬菜的平均价格。二是极端天气对蔬菜价格的波动产生明显的不利影响。寒冻、暴雨等恶劣天气直接导致蔬菜产量减产，减少了蔬菜的有效供给，在需求不变的情况下拉高价格。三是蔬菜产销信息不对称导致的局部蔬菜品种卖难或价高。中国蔬菜产业总体上以农户分散经营为主，分散的生产决策导致部分蔬菜品种的产量短期扩大并超过需求，呈现卖难、价格过低现象，也导致部分品种蔬菜供给量大幅度下降导致价格短期内大幅度上升。四是中国蔬菜产品生产集中度提高的同时，城市周边区域蔬菜生产减少，依靠运输调节市场供需的经营模式已经形成，运输条件短暂的变化也可以引起蔬菜供需的矛盾，带来价格波动风险。当前，宏观调控部门对蔬菜产业的信息监管、调控与紧急预案等制度保障仍然需要进一步完善，长期来看对稳定蔬菜价格波动将产生积极作用。

14.3.2 蔬菜产区转向与集中增加了蔬菜的运输成本

传统蔬菜生产格局中，大中城市市郊蔬菜生产基地承担了重要的供给调节作用，对城市蔬菜消费需求发挥了良好的稳定器功能。但随着城市扩张，以及市郊农民从事蔬菜生产的机会成本增加，市郊生产基地规模大幅度减少，同时中国农村道路、高速公路、铁路等交通运输条件的不断完善，通过从蔬菜主产地运输到主销地的产业组织方式成为主流，交通物流成本是蔬菜零售价格的重要组成。近年来，城镇化快速发展，大部分国内大中城市处于扩张状态，蔬菜的批发市场被重新规划建设，批发市场的空间分布更趋于分散，增加了城市内蔬菜物流运输的成本和费用。蔬菜产地价格与零售销售价格之间的差价拉大幅度比过去更高，不利于蔬菜产业持续发展。

14.3.3 蔬菜流通中间环节多，不利于质量管理

中国蔬菜流通要经过生产者—合作社或经纪人——级产地批发商—二级销地批发商—零售商等各类环节，蔬菜流通中间环节多，不同流通主体对蔬菜的运销没有统一标准，蔬菜的质量管控缺少必要的指导和规范。对于菜农生产者，他们的蔬菜生产方式总体上仍然比较粗放，在下游流通过程中，采收环节必要的预冷设施缺乏，冷链运输等配套不足，蔬菜批发市场、零售市场、蔬菜销售商店等建设相对简陋，增加了蔬菜质量的管理和维护水平。当前，中国蔬菜的损耗较大，根据有关部门统计，果蔬流通腐损率高达 20%～30%，每年损失 1000 多亿元。虽然近年来中国大力推动“农超”方式直销蔬菜，但该方式占市场份额的比例仍然相对不高。

14.3.4 中国蔬菜加工发展滞后

蔬菜与小麦、稻米等其他粮食作物相比，平均储藏时间短、损耗大，如果需要储藏时间较长，需要必要的冷藏设施。随着消费习惯的改变，消费者购买净菜的比例上升，但中国绝大部分地区蔬菜重生产、轻初级加工。蔬菜的初级加工是在产地进行必要的商品化处理（席利卿，2013）。从现实情况来看，导致初级加工比例较低的主要原因在于田间预冷处理设施和技术存在“瓶颈”：一是设施和技术需要进一步提高完善，促使商品化处理的成本降低，效果更好；二是预冷设施的数量需要增加，应按照蔬菜种植面积配置预冷、冷藏、清洗、分级等设施。

14.3.5 蔬菜产业的科技支撑力度有待提高

中国是蔬菜大国，蔬菜产业规模大、产量高，满足了城乡居民的日常需求，但中国还不是蔬菜产业强国，究其原因在于蔬菜产业发展的科技支撑力度不够（刘丽红等，2015），导致产业发展的总体质量不高。从蔬菜品种的培育上来看，中国种植的很多蔬菜品种种子均采购自进口制种公司和企业的种子产品，大部分大宗蔬菜的良种不是通过中国本土科研机构和大学完成，严重制约了蔬菜产业发展的综合实力。一方面，大量进口国外企业种子，增加了蔬菜产业的生产成本；另一方面，对本土特色蔬菜品种开发不足，经济价值没有得到有效利用。在蔬菜的田间生产管理、化肥施用量管控、冷藏保鲜、冷链运输、仓储、加工等方面的

科技投入也不足，“互联网 +”、大数据、信息化、电子结算等新兴技术的应用还不够广泛，蔬菜产业的发展潜力没有得到充分开发利用。

14.3.6 蔬菜出口企业面临提高竞争力的压力

长期以来，中国蔬菜出口的竞争力主要来自劳动力成本较低的优势，向日韩、欧洲等国家和地区出口蔬菜产品，实现了出口创汇的目标。近年来，随着农村劳动力的外流，中国劳动力成本不断增加，蔬菜产业的生产成本总体增加，蔬菜出口的竞争力受到抑制。在中国蔬菜主要生产地区，为了鼓励蔬菜出口，增加菜农收入，实施了出口退税政策（李崇光等，2015）。但从 2012 年 3 月 1 日起，中国对指定蔬菜产品由原先的出口退税政策改为统一执行出口免税政策。在短期内，该政策明显提高了蔬菜出口企业的经营成本，蔬菜出口价格大幅度上升，必然导致出口需求呈下降趋势。例如，江苏、山东等地企业长期从事洋葱出口业务，但因无法继续获得出口补贴，不得不向海外市场调高出口价格，洋葱出口在 2013 年出现订单减少迹象。然而，依靠低廉价格优势，扩大蔬菜出口的发展模式难以为继，必须要通过改进中国蔬菜产品的质量，实现优质优价才能够在长期内保持出口的竞争力。这就要求中国蔬菜产业改变过去粗放式发展模式，向高质量迈进，细化经营，突出特色，打造优势品牌和形象。

14.4 未来蔬菜产业发展趋势预测

从短期来看，中国蔬菜产业发展保持良好的态势，蔬菜产业的现代化水平不断提高，对中国农村居民的增收起到了良好的支撑作用，保证了国内城乡居民对蔬菜消费的需要。从长期来看，今后一段时间中国大力推动实施乡村振兴战略将有效活跃农村地区的经济发展，蔬菜产业将成为支撑乡村产业兴旺的重要产业之一。与此同时，蔬菜生产方式将发生一系列变化，生产能力和效率均会保持较快提高，逐渐接近农业发达国家水平。到 2035 年在农业总体上能够实现现代化的情况下，蔬菜产业可能率先实现现代化。

到 2020 年中国蔬菜产业的综合生产能力将得到进一步提高，科技在蔬菜产业中的运用更加广泛，以智慧农业为代表的生产方式逐步替代过去传统的生产方式，通过信息化手段和大数据，可以实现蔬菜生产的精准调控，改善蔬菜生产对气候环境变化的适应性。蔬菜的生产空间布局得到优化，地区特色优势蔬菜品种的生产更加持续，并逐步增加市场份额。从蔬菜产业的需求端来看，随着城乡居民收入的提高，蔬菜在人均食品消费量的份额稳中有降，人们对奶类、肉类、蛋类的消费量逐步提升，居民的饮食多样化更加明显。与此同时，城乡居民对蔬菜等农产品的质量安全认知程度提高，对绿色、有机、健康、营养的蔬菜产品的需求稳步增长。蔬菜生产和加工流通应适应新的市场需要与变化，在逐步提高单位产出的情况下，逐步增加高质量蔬菜产品的供给和流通。

14.4.1 短期产业发展形势分析（2018～2020 年）

1. 供需平衡总体形势

未来 2～3 年，蔬菜产业将呈现较快速的发展态势。在国家实施乡村振兴战略的背景下，蔬菜产业在经济效益相对较好的情况下，能够实现兴旺发展，蔬菜总产量略有上升，通过质量提高的方式，不断优化蔬菜种植品种结构，逐步增加绿色有机蔬菜产量。从消费需求来看，城乡居民在家人均消费略有下降，但在外消费有所提高，肉、蛋、奶等其他食物消费量均有提高，对蔬菜产品产生一定替代作用，但中国城乡居民饮食习惯倾向于蔬菜的消费，所以，城乡人均蔬菜消费量没有大幅度下降。在人口增长、城镇化影响下，城乡居民蔬菜消费总量保持一定上升，蔬菜制品的产量增加，带动了加工消费量快速提高。总体上，未来 2～3 年，蔬菜供需关系较为宽松。近年来，中国对国外蔬菜需求提高，蔬菜出口企业出口量有所下降，净进口略有下降。

2. 生产趋势

根据模型的预测，2018～2020 年中国蔬菜的种植面积将保持小幅度下降的趋势，从 2018 年的 2232.8 万公顷，调整到 2020 年的 2239.22 万公顷，上升幅度为 0.47%。主要原因是蔬菜的产地集中度进一步增长，蔬菜主产区的产量对蔬菜总产量的作用更加明显。受消费需求总量增长趋缓的影响，蔬菜的价格和经济效益会受到影响，少数农户对蔬菜这种经济作物的种植意愿会出现一定下降，从而蔬菜种植面积略有下降，但总体上下降幅度较小。就蔬菜的单位面积产量来看，2020 年比 2018 年提高 1.4%，从 2018 年的每公顷 36.03 万吨上升到 2020 年的 36.54 万吨。主要原因是设施蔬菜种植方式所占比例继续提高，克服蔬菜产量波动不稳定的风险因素的能力继续强化，蔬菜的物质投入增长，以及蔬菜品种改良等科技手段的运用，提高了蔬菜单位面积生产效率。蔬菜总产量在单产提高、面积略下降的情况下仍然呈现增长的趋势，从 2018 年的 81064.45 万吨上升到 2020 年的 81810.73 万吨，2020 年比 2018 年上涨了 0.92%。

3. 消费趋势

蔬菜的总需求呈现温和增长趋势，从 2018 年的 80014.01 万吨增长到 2020 年的 80967.00 万吨，增长幅度为 1.19%。蔬菜总需求增长的原因是在于人口增长以及城镇化。

按不同地区居民进行划分，农村居民在家、在外人均蔬菜消费量均呈下降趋势，导致人均蔬菜消费量呈下降趋势。农村居民人均蔬菜消费量从 2018 年的 183.83 千克/人下降到 2020 年的 183.47 千克/人，下降幅度为 0.20%。其中，农村居民在家人均蔬菜消费量从 2018 年的 119.45 千克/人下降到 2020 年的 119.34 千克/人，下降幅度为 0.09%。农村居民在外人均蔬菜消费量从 2018 年的 64.39 千克/人下降到 2020 年的 64.12 千克/人，下降幅度为 0.41%。

城镇居民在家、在外人均蔬菜消费量均呈下降趋势，导致人均蔬菜消费量呈下降趋势。城镇居民人均蔬菜消费量从 2018 年的 252.26 千克/人下降到 2020 年的 251.82 千克/人，下降幅度为 0.17%。其中，城镇居民在家人均蔬菜消费量从 2018 年的 161.94 千克/人下降到 2020 年的 161.83 千克/人，下降幅度为 0.06%。城镇居民在外人均蔬菜消费量从 2018 年的 90.32 千克/人下降到 2020 年的 89.98 千克/人，下降幅度为 0.37%。

随着现代社会快节奏的加快，即食蔬菜、初级加工蔬菜和蔬菜制品的消费需求上升较快，推动了蔬菜加工消费量的增长。根据预测，中国蔬菜加工消费量从 2018 年的 20724.71 万吨增长到 2020 年的 21247.84 万吨，增长幅度为 2.52%。城镇化加快，城市就业人口增加，超市、蔬菜便利店等流通方式占比提高，以及居民对净菜的需求上升，导致蔬菜损耗量呈增加趋势。根据预测，中国蔬菜损耗量从 2018 年的 28116.40 万吨增加到 2020 年的 28176.38 万吨，增加幅度为 0.21%。

4. 贸易趋势

短期来看，中国部分优势蔬菜产地仍然会继续保持一定的出口量，但受出口税减免、取消出口补贴等政策影响以及产地劳动力成本的大幅度提高，加之中国城乡居民消费需求多样化发展，对国外蔬菜制品的需求量上升，中国蔬菜的净出口会呈下降趋势。根据预测，中国蔬菜净出口量从 2018 年的 1050.43 万吨下降到 2020 年的 843.73 万吨，下降幅度为 19.68%，年均下降率为 10.38%。

14.4.2　长期产业发展形势分析（2018 ~ 2035 年）

1. 供需平衡总体形势

从长期来看，科技因素将继续推动蔬菜产业快速发展，改变生产方式，对绿色、有机等高质量蔬菜产品生产支撑能力更强，蔬菜产业不仅产量呈总体上升态势，高质量蔬菜产品的产量也在稳步提升，占总产量的比重提高。蔬菜加工技术的研发和创新，不仅延长了蔬菜产业链，还开发了更多精深加工产品、休闲蔬菜食品、即时蔬菜产品，不断满足人们对美好生活的需要。总体来看，蔬菜供需宽松，长期的蔬菜生产投入更加符合市场预期，政府对蔬菜价格波动的宏观调控能力逐步增强，蔬菜产业发展更加平稳。长期来看，国内加工需求有所增长，国内城乡居民消费总量也有所提高，受出口创汇传统影响，蔬菜产业还将呈现净出口状态，但预计出口量呈现略有下降趋势。

2. 生产趋势

根据模型的预测，2018～2035 年中国蔬菜的单产水平继续持续增长。中国蔬菜的科技进步贡献大幅度上升，国内外蔬菜优良品种的推广应用更加广泛，蔬菜的物质投入持续增加，设施农业、智慧农业渗透到蔬菜产业发展领域。2018 年蔬菜单产水平为 36031. 96 千克/公顷，到 2035 年中国蔬菜单产将提高到 38692. 48 千克/公顷，中国蔬菜单产将保持年均 0. 42% 的增长（见图 14 －5）。

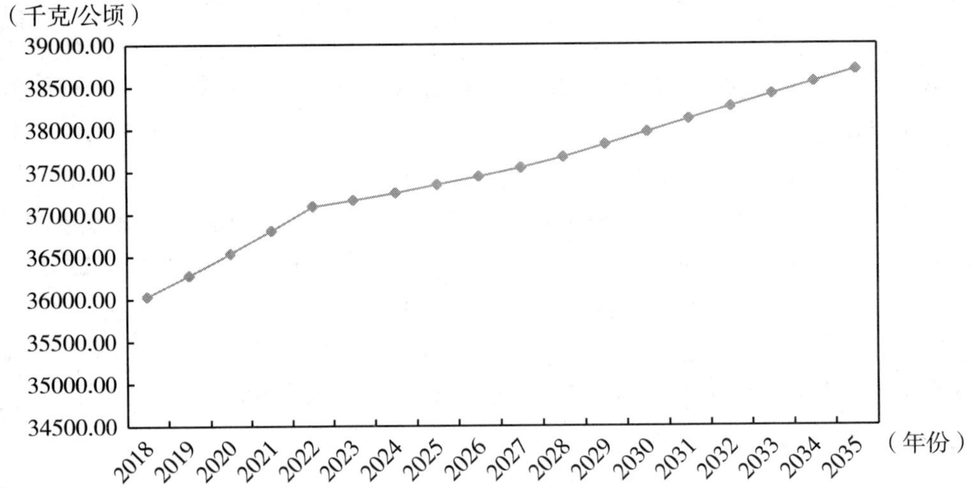

图 14 －5　2018～2035 年中国蔬菜单产水平趋势预测

从图 14 －6 可以看出，中国蔬菜种植面积从 2018 年之后波动下降，由 2018 年的 2219. 51 万公顷波动下降到 2035 年的 2191. 31 万公顷，17 年间中国蔬菜种植面积将保持 0. 15% 的速度递减。导致中国蔬菜长期面积调减的原因，主要是中国蔬菜的综合生产能力得到进一步巩固和发展，蔬菜产业向优势主产区的集中趋势进一步被强化，设施蔬菜产量的比重提高更加明显，有利克服了自然灾害等风险，与此同时，长期蔬菜生产者价格温和下降，对生产者扩大种植面积的影响不够突出。虽然种植面积有所下降，但是蔬菜的总产量没有因为种植面积呈现下降趋势，而是在单产提高的带动下大幅度提高。2018 年中国蔬菜产量达到 81064. 45 万吨，到 2035 年蔬菜的总产量达到 84787. 32 万吨，2018～2035 年中国蔬菜产量年均增长 0. 26%。

3. 消费趋势

从图 14 －7 可以看出，随着农民收入的增长，农村居民在家人均蔬菜消费量

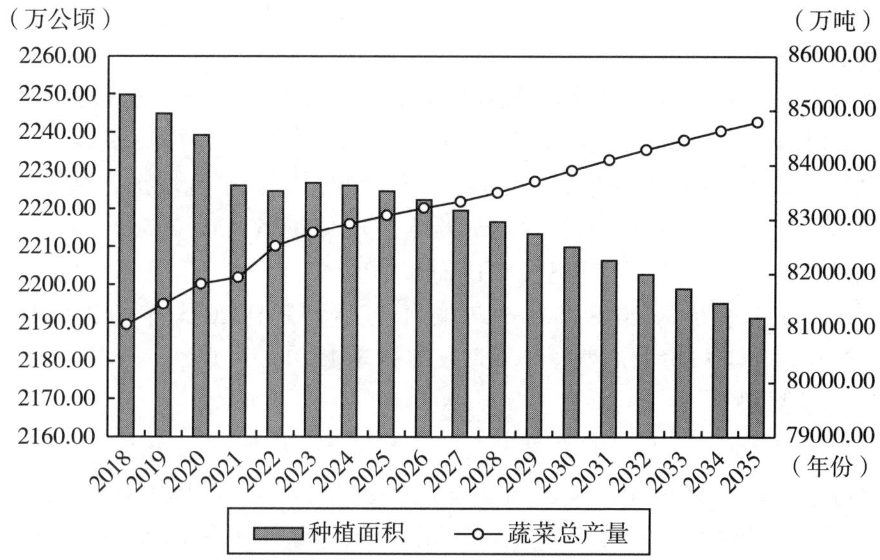

图 14－6　2018～2035 年中国蔬菜种植面积和总产量趋势预测

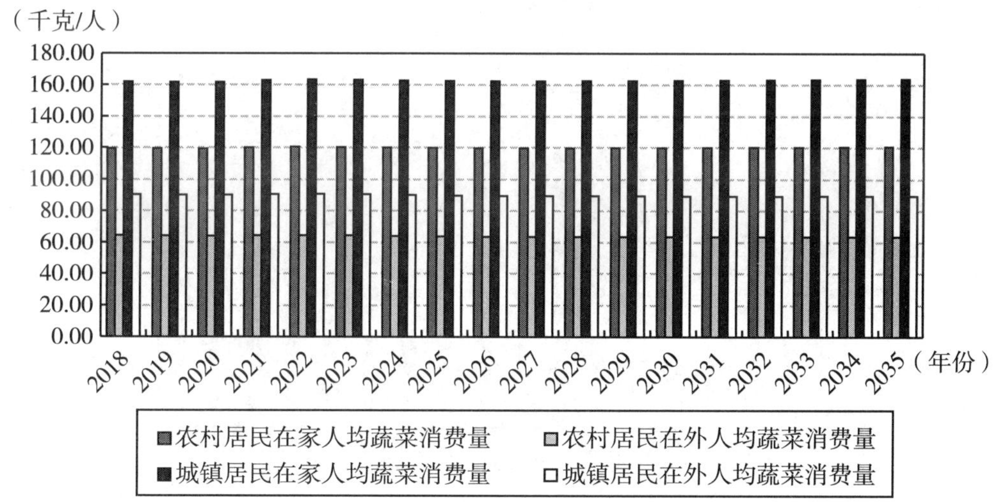

图 14－7　2018～2035 年中国城乡居民蔬菜消费量趋势预测

从 2018 年的 119.34 千克/人增长到 2035 年的 120.61 千克/人，2018～2035 年均增长率 0.06%。但农民外出务工就业比例较高，在农村居住的居民在外消费量没有出现增长的趋势，农村居民在外人均蔬菜消费量从 2018 年的 64.12 千克/人减少到 2035 年的 63.59 千克/人，2018～2035 年保持年均 0.07% 的速度降低。城镇居民在家人均蔬菜消费量从 2018 年的 161.83 千克/人增长到 2035 年的 163.77 千克/人，2018～2035 年年均增长率 0.07%。城镇居民在外人均蔬菜消费量从 2018 年的 89.98 千克/人减少到 2035 年的 89.41 千克/人，2018～2035 年的年均增长率为 -0.06%。

受城镇化加快，农村总人口规模减小的影响，农村居民蔬菜总消费量从 2018 年的 10414.24 万吨下降到 2035 年的 6879.26 万吨，农村居民蔬菜口粮总消费量以每年 2.41%的速度递减。随着城镇人口的快速大幅度增加，城镇居民蔬菜口粮总消费量从 2018 年的 20758.67 万吨上升到 2035 年的 25600.30 万吨，城镇居民蔬菜口粮总消费量年均增长率达到 1.24%。

蔬菜加工消费量从 2018 年的 20724.71 万吨上升到 2035 年的 25600.30 万吨，城镇居民蔬菜口粮总消费量年均增长率达到 1.24%。

4. 贸易趋势

就贸易趋势而言，随着中国蔬菜总需求的增加，中国蔬菜净出口数量呈现一定的下降趋势。根据预测，中国蔬菜净出口从 2018 年的 1050.43 万吨下降到 2035 年的 709.85 万吨，2018～2035 年保持年均 2.28%的速度下降（见图 14-8）。主要原因是中国蔬菜属于典型的劳动力密集农业产业，随着国内经济快速发展，城镇化加速，农业劳动力的成本上升也较为迅速，蔬菜的比较优势会呈现逐步下降的趋势，是导致蔬菜产品出口减少的重要诱因。

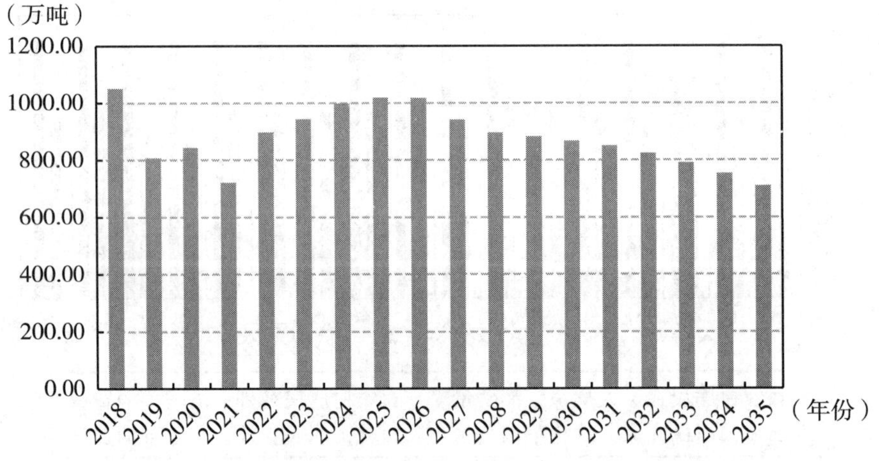

图 14-8　2018～2035 年中国蔬菜净出口数量预测

14.5　结论与政策建议

14.5.1　结论

通过本章对中国蔬菜产业发展历程的回顾，以及对 2018～2035 年的展望和预测，可以得出以下四点结论：（1）中国蔬菜产业规模不断扩大，成为乡村产业兴旺、促进农民增收的重要产业，2017 年中国蔬菜总产值超过 2 万亿元，蔬菜总产值约占种植业总产值的 35%，居第一位，亩均净利润 2000 多元，有力带动了农民增收。（2）从区域产量来看，黄淮海与环渤海区蔬菜产量所占比例最高，其次为长江区；从成本收益变化来看，中国蔬菜成本不断上升，人口成本增长幅度最大。（3）虽然居民在外蔬菜人均消费量略有提高，但城乡居民对蔬菜的消费量总体呈现下降趋势。（4）中国蔬菜贸易出口额超过进口额，呈盈余状态，长期来看，未来净出口有所下降，出口市场主要集中在东盟、日本、韩国等国家和地区。

14.5.2　政策建议

结合中国蔬菜产业发展现状、蔬菜产品的供需关系、贸易结构、产业发展存在的问题以及未来发展趋势，本章提出以下政策建议。

（1）继续落实“菜篮子”市长负责制，稳定蔬菜市场供给。加强构建蔬菜供需优化的框架和方案，稳定市场调控，提高蔬菜市场价格预期，调动供给端农户、合作社、企业在蔬菜生产上的积极性。提高智慧农业发展水平，加强信息化技术手段在蔬菜生产上的运用和推广，提高蔬菜产业的生产面积监测，科学提供蔬菜产业发展预警，提高蔬菜产业宏观调控能力。

（2）实施质量兴农战略，促进蔬菜质量全面提升。推动蔬菜产业生产的标准化体系，完善无公害、绿色、有机蔬菜生产体系、经营体系，逐步提高质量安全、营养健康的蔬菜产品。推动蔬菜产业有机肥替代，减少蔬菜的化肥施用量，减少农药施用量。提高优质蔬菜及制品的市场供给比例，满足居民对优质蔬菜产品的需求。

（3）扩大设施蔬菜比重，提高蔬菜产业抵御自然风险和市场风险的能力。进一步提高设施蔬菜种植面积，扩大塑料大中棚及日光温室数量和面积，有序推动设施蔬菜在蔬菜总体生产中的份额。促进设施蔬菜的单位面积产量继续提高，到 2020 年率先实现提高 20% 的目标，到 2035 年实现提高 50% 的目标。

（4）改善蔬菜市场流通渠道，形成合理价格传导机制。逐步有序调节蔬菜价格波动趋势，让蔬菜供需关系基本处于平衡状态，保持市场稳定发展，避免蔬菜价格波动对农户、消费者产生的双面负面影响。优化蔬菜市场流通渠道，探索建立专卖店、农超对接、电商平台等形式多样的城市蔬菜流通模式，针对绿色、有机等高质量蔬菜产品建立更加适应现代生活需要、符合电商交易的流通模式，促进蔬菜流通规范的管理，节约市场流通成本，提高流通效率。

第15章

水果产业

主要观点：

● "十二五"期间，中国水果总产量以年均5%的幅度稳步增加，呈供给略大于需求格局。

● 水果生产布局仍待优化；小农经济的分散式和粗放式经营限制了中国水果产业的快速持续发展，也制约了水果产业竞争力提高；水果出口和消费市场有待开拓；水果品质整体不高，缺乏行业品牌。

● 短期来看，城乡人均消费差距因快速城镇化并未明显缩小。城镇居民水果消费主要体现在结构优化和品质提高，即"质"的提高，农村居民水果消费仍较多体现为"量"的增加。2020年全国水果直接消费量预计将达到1.38亿吨。

● 长期来看，由于水果产业属于劳动密集型产业，其价格将处于长期增长的态势。2035年，全国水果总产量将达到3.13亿吨，产量增速明显放缓，直接消费和加工消费将分别达到1.4亿吨及0.43亿吨，与2016年相比，年均增速分别为0.51%和0.47%。

● 应着重打通水果供需信息渠道，发挥政府在市场信息搜集、共享机制等方面的主导作用。鼓励合作社、企业创新营销模式，积极探索网上直销、团购、农业旅游销售等新型营销模式。扶持识别度高，竞争优势明显的具有地域特色的品种的生产。

● 采取灵活多样的农业技术服务方式。推进信息化平台建设，创新苹果生产技术服务方式，积极探索"互联网+"农技推广信息化服务。

15.1 引言

中国地跨寒、温、热三带，自然条件极其复杂，植物种类繁多，果树资源尤为丰富。中国水果总产量稳居世界各国之首，苹果、柑橘和梨的产量居世界第一位。进入 21 世纪，中国水果产业作为劳动密集型产业已成为种植业中仅次于粮食、蔬菜的第三大支柱产业。相比其他产业，水果生产劳动力投入大，是中国传统优势产业，是区域经济发展不可或缺的支柱产业，也是农民增收的主要来源以及劳动就业的重要渠道，在促进城乡经济发展中发挥着越来越重要的作用。从“十二五”以来的水果供需形势来看，中国水果业出现了三大转变：一是果园面积增长速度由高速扩张转为缓慢增长；二是水果产量经历了平衡增长和高速增长后趋于平稳，受土地资源的限制，水果种植面积扩大难度越来越大，但是随着农业基础设施的改善，一些滩涂、山地、丘陵地区的生产潜力还在持续开发，平原地区果园面积小幅下降，因此水果产量增长主要依赖于单产水平的提高而非种植面积的扩大；三是水果供求形势已由卖方市场转为买方市场，消费者对水果品种和品质的选择范围越来越大，加剧了水果行业内竞争。目前，中国水果生产和消费增速放缓，供需结构调整优化，对外贸易量呈上升趋势，市场价格波动大，进口水果对国产水果的价格冲击大，因此，水果生产节本增效将是未来果业发展的重点。此外，水果市场的供需矛盾一直存在，尤其是供给对价格变动的滞后响应，给果农的收入增长带来了很大的不确定性。因此，把握水果市场的供需关系，保障果农收入，推进农村经济健康发展，有着十分重要的意义。

15.2 水果产业发展形势

15.2.1 生产发展形势

据联合国粮农数据库统计，目前中国栽培的果树分属 60 多科，全世界水果品种中有 1/4 原产于中国。中国水果总产量稳居世界各国之首，苹果、柑橘和梨的产量居世界第一位。“十二五”期间，中国水果总产量以年均 5% 的幅度稳步提高。2017 年中国水果总产量 28351.1 万吨，其中，苹果在园林水果总产量（18119 万吨）中占比 24.2%。三大水果苹果、柑橘和梨分别占水果总产量的 15.5%、13.3% 和 6.6%，其他小宗品种香蕉、桃子、西瓜、甜瓜、红枣、葡萄的产量也呈稳步增长的态势。从水果的品种结构来看，“十二五”期末，苹果、香蕉、草莓、桃子、菠萝、荔枝占水果总产量的比例基本与“十二五”初期保持一致；柑橘、猕猴桃、龙眼较期初比例有小幅增长；红枣和柿子比例下降较多，期末比期初分别下降了 2.3 个和 0.7 个百分点；梨、葡萄和甜瓜占比明显下降（见表 15－1）。

表 15 -1　　2010 年与 2016 年水果品种结构比较　　单位：%

水果品种	苹果	柑橘	梨	葡萄	香蕉	草莓	猕猴桃
2010 年产量占比	15.54	12.36	7.03	3.99	4.47	1.09	0.50
2016 年产量占比	15.48	13.28	6.60	2.86	4.58	1.13	0.83
水果品种	桃子	西瓜	甜瓜	红枣	菠萝	荔枝	龙眼
2010 年产量占比	4.88	31.85	5.73	0.61	0.50	0.83	0.29
2016 年产量占比	5.04	27.21	5.39	2.91	0.56	0.81	0.65

资料来源：《中国农业年鉴》（2010 年、2016 年）、《全国农业统计提要》（农业部市场与经济信息司，2017）。

从 2007 年至今，苹果栽植面积年均增加 60 万亩，年均增长率 2.0%；产量年均增加 180 万吨（超过了欧洲主产国意大利 2013 年的总产量），年均增长率 5.6%。受技术进步、管理水平提高等因素促进，产量增速总体上高于面积扩大的速度。2016 年，苹果栽植面积 3485.7 万亩，出现近 10 年来首次种植面积减少，但降幅甚微，仅下降 0.2%，同比减少 6.7 万亩；产量 4388.2 万吨，同比增加 3%，增量 126.9 万吨（见图 15 -1）。

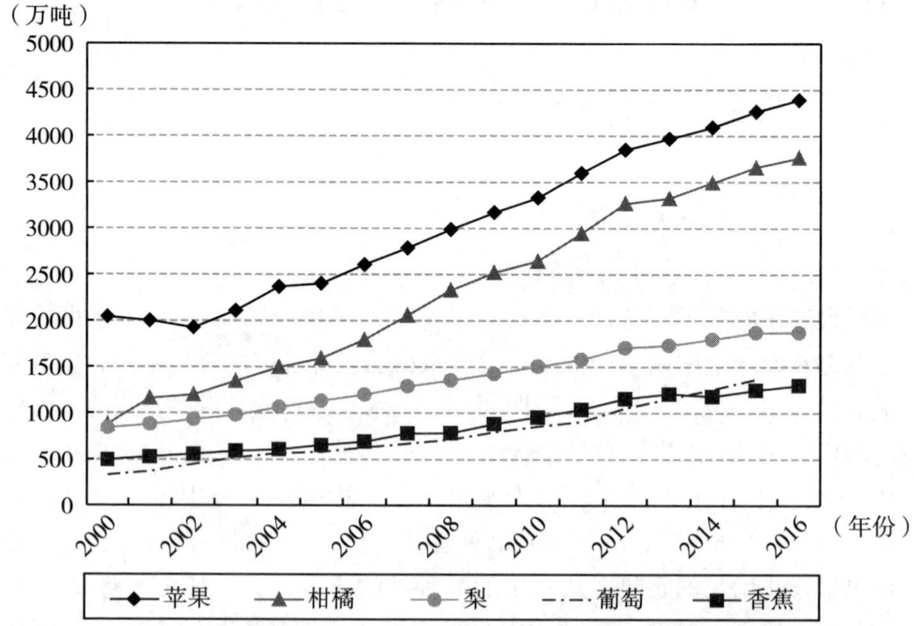

图 15 -1　2000 ~ 2016 年中国五大主要水果产量变化情况

资料来源：历年《中国农业年鉴》、全国农业统计提要（农业部市场与经济信息司，2017）。

从成本收益来看，成本的快速上升导致利润率持续下降，苹果、柑橘的成本利润率都下降至“十二五”期初甚至更低的水平。以苹果为例，亩均生产成本从2004~2006年的1000多元升至2007~2008年的2000多元，到2014年已经突破5000元，达到5431.47元/亩。2014年后，苹果种植成本虽变化不大，但净利润大幅下降，从2010年的5031.68元/亩，快速下降到2016年的896.8元/亩，还不及10年前的水平（2005年为1533.9元/亩）（见图15－2）。水果为劳动密集型产品，多数品种的水果人工成本占生产成本的比例约为50%，水果贮销期间的劳动力成本也占到10%以上。

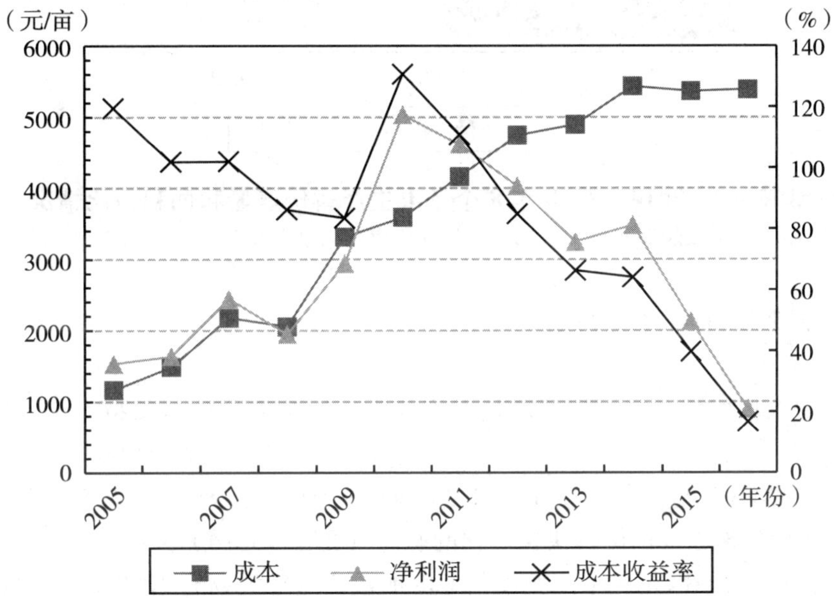

图15－2　2005~2016年中国苹果成本收益变化情况

资料来源：《全国农产品成本收益资料汇编》（2006~2017年）。

中国的苹果生产主要集中在渤海湾、西北黄土高原、黄河故道和西南冷凉高地四大产区。数据表明，苹果生产区域覆盖了全国20多个省、自治区和直辖市，苹果产量排名前8位的主产区主要包括陕西、山东、河南、山西、河北、甘肃、辽宁、新疆，2016年，这8个省份的苹果种植面积和产量分别占全国的89%和93%。

按照2016年苹果栽植面积和总产量可将苹果生产区域划分为四个区间。第1区间为特大苹果主产省份（产量超过500万吨或面积超过500万亩），包括陕西和山东。其中，陕西在2015年栽植面积突破千万亩并且产量突破千万吨后，2016年栽植面积和产量继续提高，分别达到1057.2万亩和1100万吨，分别占全国的30%和25%，两项指标均列全国首位。山东栽植面积449.5万亩，产量

978.1 万吨，两项指标均列全国第二位。但山东栽植面积较往年略有下降，产量略有增加。两省产量总和接近全国总产量的一半（47%）。

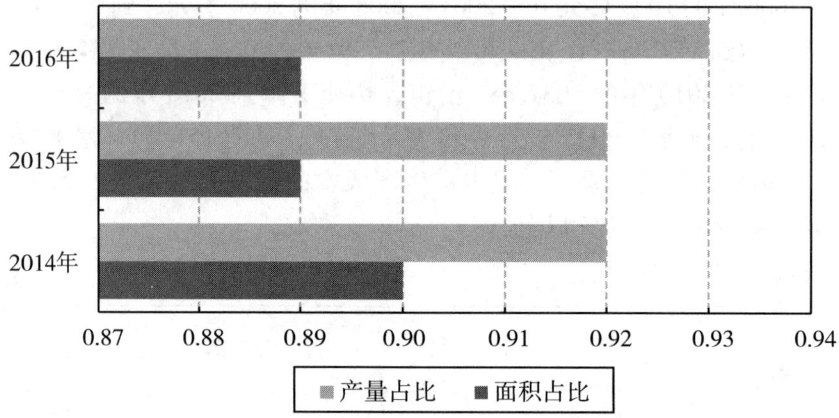

图 15－3　2014～2016 年 8 个苹果主产省份产量和面积占比情况

资料来源：中国农业年鉴、全国农业统计提要（农业部市场与经济信息司，2017）。

15.2.2　消费发展形势

进入 21 世纪后，水果消费增长速度放缓，城镇人均消费保持稳定，农村人均消费快速增长。“十二五”以来，城镇居民家庭人均消费量保持在 55 千克的水平，农村居民家庭人均消费量从期初的 18.3 千克增长到期末的 36.8 千克，年增长率为 4.75%，且仍保持快速增长的态势（见图 15－4）。城镇居民人均消费增长停滞的主要原因是：中国城镇化速度加快，每年大约有 1000 万～1800 万人由农村居民转变为城镇居民，他们的消费水平抵消了部分城镇居民人均消费的增长。

相对于其他大宗农产品，水果消费易受到多方因素的综合影响。特别是近年来整体价格的不断上涨影响了中低收入人群的水果消费。另外，电子商务、水果超市和便利店快速发展，水果购买的便利性和可选性提高。同时，中国近年来与许多国家签订了对外贸易协定，优化了对外贸易环境，增加了特色水果和进口水果的供给数量，一些平时很少消费的特色水果（如蓝莓、车厘子、牛油果）价格降低，拉动了消费，优化了消费结构。水果储存运输能力加强，不同地区的居民水果消费选择多样。国内生产技术不断提高，新品种层出不穷，随着运输、保鲜能力的提高，水果中的高档精品水果以及地域性消费特征逐渐消失，许多生产量不大但又有明显地域和时令特色的水果供给数量与质量都有所提高，草莓、葡萄、枣、柚子、猕猴桃、火龙果、柑橘类等小品种水果消费量明显增加。

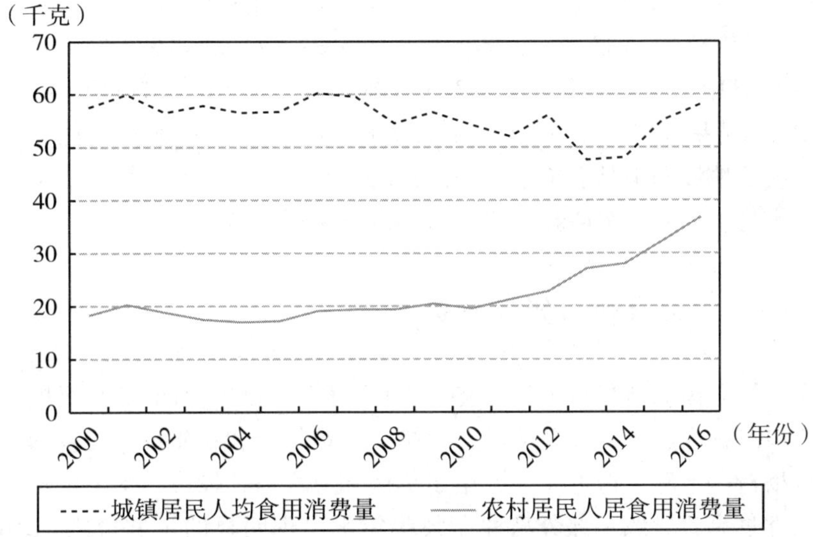

图 15－4 2000～2016 年城乡居民人均瓜果消费变化情况

资料来源：《中国统计年鉴》历年数据。

水果加工消费增速放缓。受国际市场需求萎缩影响，果汁和水果罐头的出口量减少，降低了国内加工消费需求。国内市场水果罐头、果汁及果汁饮料消费小幅上升，但受消费习惯的影响，水果加工品消费潜力不大。

15.2.3 贸易发展形势

虽然中国是水果生产大国，也不乏竞争对手。以苹果为例，生产面积超过 40 万公顷的国家有中国、俄罗斯，超过 10 万公顷的国家有波兰、澳大利亚、白俄罗斯、土耳其、智利，超过 5 万公顷的国家有德国、法国、巴基斯坦、朝鲜、阿塞拜疆、巴西、日本等；年产量超过 100 万吨的主要有中国、美国、土耳其、意大利、法国、波兰、德国、俄罗斯、智利、阿根廷、日本、巴西等国家，其产量合计占全球苹果总产量的 90% 以上。自 1990 年以来，全世界主要水果的产量产值均呈现增长态势，20 个主要生产国占据了总生产量的 90% 左右。世界第二大水果生产国印度，2015 年产季水果出口额为 3524.5 亿卢比，约合 54.86 亿美元。杧果、核桃、葡萄、香蕉、石榴是其主要出口品种，出口目的地集中在南亚和非洲市场。虽然印度水果出口在全球市场占有率很低，但近年来其注重加快建设冷链、运输等基础设施，其果品在市场上的接受度和出口量不断增长。①

---

① FAO 数据库。

根据商务部进出口公报数据，2017 年中国水果出口额 70.8 亿美元，同比下降0.9%；进口额 62.6 亿美元，同比增长 7.6%；贸易顺差 8.2 亿美元，同比下降 38.3%。其中，鲜苹果出口量 133.5 万吨、增长 1.0%，出口额 14.6 亿美元、增长 0.2%；苹果汁出口量 65.6 万吨、增长 29.2%，出口额 6.5 亿美元、增长 18.5%。由于地域和果品上市季节和品种的互补性，东南亚市场仍是中国果品出口的主要市场，上升趋势明显，出口果品以苹果、柑橘和梨为主。

15.2.4 供需平衡及价格形势

水果价格总体保持稳步上行趋势，“十二五”期间，水果生产面积增加的约束加大、单产提高放缓，以及劳动力价格、土地租金和物质投入成本的提高都支撑水果价格持续上涨。但近年来，由于单产和总产增长较快，水果供给出现区域性、结构性过剩，导致了部分品种在某些年份出现明显的量增价跌。2014 年和 2015 年水果全面丰收，苹果、香蕉等许多品种价格大幅下跌（见图 15－5）。特别是 2015 年，全国苹果产地收购价格高开低走，呈现出库存量大、果农自存量增加、销售价格下滑、销售进度迟缓等现象。因此，果农陷入了供给侧成本提高，而需求侧供给增多、品种多样、国内外季节和品种差异带来的需求市场价格上涨乏力的双重压力。

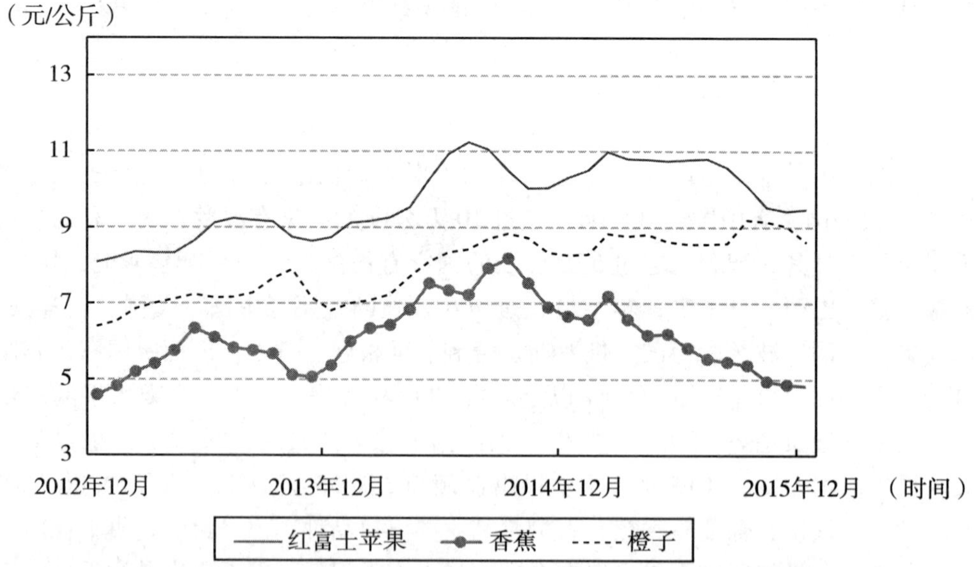

图 15－5　2012 年 12 月至 2015 年 12 月部分果品集贸市场价格走势

资料来源：《国家统计局》历年数据。

一方面，质量品质提升将推动价格上涨。随着果品市场的成熟和消费结构的细分化，将促进果品生产的标准化和果品质量的提高，优质优价将更为明显。生产的无公害化和有计划、采后商品化处理及冷链贮运等是提高果品质量的主要环节，也往往以投入的增加或产量的降低为代价，相应推高市场价格。另一方面，新型经营模式有利于减少中间环节，抑制价格过高上涨。目前，现代流通业和电子商务逐渐介入果品产销对接环节，电商、农超对接，“直销”和“直采”等经营模式的介入，减少了水果销售的中间环节，降低了流通成本，在一定程度上抑制了价格的过高上涨。

价格上涨幅度受供需整体平衡的约束。水果消费价格弹性高于粮食等其他农产品，价格过高的涨幅将抑制消费需求的扩大，由此对价格上涨形成牵制。国外特色水果、热带水果，以其与中国水果产季有时间差的原因，对中国果品生产形成了强有力竞争。在水果供给充足，人们水果消费选择性增加的情况下，不同品种水果受消费偏好、季节、水果品质、供需关系等影响出现价格差异和波动，这种现象已成常态。

15.3 水果产业发展新情况及其影响分析

15.3.1 水果生产布局仍待优化

从中国水果生产来看，在未来十几年内，水果总产量基本保持稳步发展，应该把重点放在提高水果质量和调整品种结构等方面。适当减少苹果、柑橘、梨等需求空间增长不大的水果品种，根据“物以稀为贵”的市场规律，更新一个好品种，是获得高效益的捷径。政府应研究制定水果种苗生产管理办法，督促种苗生产单位和个人办理生产许可证，着力抓好种苗市场管理，切实推行种苗市场准入制度，严禁带有检疫性病虫的种苗进入市场；严厉打击假冒伪劣种苗导致坑农、害农事件，促进果农生产的积极性。有关部门要加大科技、人才、信息、政策、资金等方面的扶持力度，形成科研开发、技术推广、品种改良、种苗繁育、生产加工等各环节紧密连接的体系，大幅度提高中国水果的生产能力和质量水平。

逐步淘汰不适宜地区的水果生产，重点发展最适宜地区的水果生产。《优势农产品区域布局规划》在陕西、山东等水果大省已经开始实施，并且效果显著。其他地区应该效仿和学习，使果树区域分布由不适宜区、次适宜区向最佳适宜区集中，充分发挥气候和生态优势，不断提高优质果品的比率。在西南地区要发展优质柑橘、南方梨等热带水果，在西北地区发展猕猴桃、苹果、梨和葡萄等优质水果，重点扶持四川、渭北高原及陇北地区优质果品基地，新疆、云贵高原和河西走廊特色瓜果基地，并且根据市场对水果质量的要求，研究制定配套的果树修剪与管理的技术策略和程序，通过技术培训和技术服务，提高果农的管理技术水平，树立绿色水果名牌。通过采取“公司+基地+农户”、订单农业等方式，提高水果质量，生产出符合国内国际市场需要的高质量水果。

15.3.2 规模化水平低

小农经济的分散式和粗放式经营限制了中国水果产业的健康持续发展。中国果园种植面积与美国果园面积相差不大，但美国水果单产是中国的2倍多。在美国是由公司或家庭来管理一个农场或果园，对果园实行集约化种植和管理，果树的施肥、除虫、浇灌等全都是自动化，通常少数几人能够管理几千亩的果园，并且有统一的种植标准和管理标准。而在中国，单个果园的种植规模很小，大多属于小农户所有，甚至有的家庭只有几棵树，对果树都是单棵进行打理，浇灌采用传统方式，分散经营使果树生长标准很难达到统一，果实的品质和成色也相差较大。当前，各地区热衷于引进大企业，把果园流转在一起搞规模经营，果园的现代化水平在国际上确实已经不落后。但经营主体的主流仍然是小农户，进入现代农业发展轨道仍然需要体制机制创新。市场化的农业服务企业正在萌芽和起步，但目前发挥的作用还比较小。

15.3.3 出口和消费市场有待开拓

水果出口是解决国内水果剩余的有效途径之一。国际水果市场竞争日益激烈，很多国家都在不断加强以政府部门牵头为主的对外市场开发活动。政府应当重视水果的出口，尽快制定扩大中国水果出口的具体措施。例如，20世纪90年代初期，美国蛇果刚进入中国市场时，美国果商在上海举办“美丽的果园”绘画大赛，其费用来自美国政府的法律支持和财政补贴。美国有专门的法案协助水果协会监督收取推广税，如每箱苹果收取27美分，收取的费用专门作为水果的广告费用。在出口方面成立水果出口协会（联合会），不仅在贸易中发挥重要作用，在生产中也举足轻重。另外，通过互联网缩短果农与国际市场的距离，将电子商务平台将交易中的空间制约因素降低到最低程度，一方面使中国的水果产品走向世界，另一方面也会使世界各国的水果和果业科技公司更好地进入中国市场，促进中国水果业的对外开放，发展外向型水果经济。

水果消费在近年增长缓慢，主要原因是加工品品种单一，不适应中国民众的传统消费习惯，可以增加一些水果菜肴、果干、果脯等产品的开发。在质量、档次、品种、功能以及包装等各方面根据各种消费群体和不同消费层次的需求研发多样化的水果深加工产品，拓展水果深加工空间。开展果业加工无弃开发，增加水果附加值，利用好风落果、不合格果以及大量的果皮、果核、种子、叶、茎、花、根等“下脚料”，变废为宝。

15.3.4 水果品质整体不高，缺乏行业品牌

水果消费除常规的批发市场、经纪人、农超对接的方式，大部分果品主产区也非常重视推介、展览、营销等促销手段。相关部门和主产区政府花钱打广告、打品牌、搞博览会，绞尽脑汁为当地水果卖个好价钱。在需求端市场，创新步伐也非常快，一些新业态、新模式层出不穷。例如，农产品电商、线上线下O2O、新零售连锁水果超市（百果园）、期货市场发展（苹果期货）、互联网营销品牌打造（褚橙、柳桃、潘苹果）等，中国水果市场呈现出品牌层出不穷，卖点五花八门的现象。

但中国苹果品质在国际上特点不突出、不鲜明，没有能打入国际市场的响亮品牌。近两年市场显示，即使在水果行情整体低迷、价格走低的时候，优质果、特色果仍然供不应求，且价格坚挺。中国水果总体品质尚不能满足消费者要求，品质亟待提高。受到栽培模式、机械装备、社会化服务等方面的限制，一级果和商品果比例不高，品质的整齐稳定性较差。无论是外观、色泽、口感等感官指标，还是营养安全等理化指标都尚未达到高水平、稳定、统一标准的要求，优质水果产区与国际上发达产区在生产力水平、机械化程度、果农组织、政策支持体系等方面还有很大差距。

15.4 未来水果产业发展趋势预测

总体来看，预计到2035年中国水果产量将稳定增长，但受水土资源限制等因素的影响，中国水果产量增长将主要依赖于单产水平的提高。在消费需求拉动和种植效益引导下，水果品种结构优化和质量提升愈加受到生产者重视，区域生产结构进一步调整，并带来水果供给结构的优化。

水果消费需求持续小幅稳步增长。随着中国经济水平提高和居民膳食结构改善，中国水果消费需求仍将持续扩大。农村居民人均水果消费增速将显著高于城镇居民，同时人口增加和城镇化水平提高，推动水果直接消费量的增加。由于中国的饮食习惯和东方人的食物消费特征，加工水果消费增长仍然不明显。预计2035年水果直接消费和加工消费将分别达到1.4亿吨及0.43亿吨，与2016年相比，年均增速分别为0.51%和0.47%。

水果价格继续小幅上涨。水果生产和产后贮销环节劳动力成本的不断上涨将推动水果价格持续高位运行，产量增速放缓、果品质量改善也将助推价格上涨。由于国内水果供给总体均衡，电子商务等新型市场渠道的发展和壮大将有效减少水果产销中的加价环节，预计到 2020 年水果价格上涨幅度不会太大。但从长期来看，由于水果产业属于劳动密集型产业，存在价格大幅上涨的可能。

15.4.1 短期产业发展形势分析（2018 ~ 2020 年）

预计 2020 年农村居民家庭人均水果消费量将升至 71.9 千克，城镇居民家庭人均水果消费量将升至 110.9 千克（包括在家和在外消费），农村与城镇居民人均消费量年均增速分别为 1.9% 和 1.3%。但城乡人均消费差距因快速城镇化并未明显缩小。城镇居民水果消费主要体现在结构优化和品质提高，即“质”的提高，农村居民水果消费仍较多体现为“量”的增加。但总体来说，城镇化水平提高将显著提高水果直接消费总量，2020 年全国水果直接消费量预计将达到 1.38 亿吨。

伴随消费量的小幅增长，水果消费的产品结构和区域结构也将产生明显改变。一是消费者水果需求品种结构和品质结构的改变。到 2020 年，除苹果、柑橘、香蕉、梨等主流大宗水果外，消费者对热带和亚热带水果及地方特色水果品种的需求将继续增长，对安全、绿色、有机和品牌果品的消费需求也将持续扩大，需求结构愈加呈现多元化。二是消费需求区域结构的改变。随着欠发达地区收入水平的提高，其水果消费需求也呈扩大趋势，如香蕉的消费区域已由传统的一线、二线城市逐渐向三线城市及边远区域扩展，现代流通方式的发展提高了不同区域水果互通的可能性，进而促进了消费。

现代流通业的发展促进了水果消费方式的改变，并有利于推动水果消费量增加。“十二五”初期，销售主要依赖集贸市场、批发市场和超市等，“十二五”期末“农超对接”、电商、水果连锁超市、线上订购等新兴蔬果流通业态方兴未艾。2018 ~ 2020 年，电子商务平台和现代物流业的加速发展，将推动水果消费方式的改变，促进水果实现从果园到餐桌的无缝对接，促进边远地区果品生产和广泛市场的对接，从而促进消费量的增加。

随着果品储藏水平的提高和贮运冷链系统的完善，预测期内水果损耗率将有所降低，采后损失的减少相当于增加了供给。提高规模化生产水平和采后商品化处理水平、发展现代化贮存加工设施设备和冷链物流、减少流通环节是降低果品损耗率的重要途径。

对外贸易增速放慢。中国主要出口果品（如苹果、梨、柑橘属水果等水果制品）具有较强的出口竞争优势，如能全面提升果品整体质量，预计出口量将在波动中增长。国内收入水平提高将推动特色果品的消费需求，水果及制品进口需求也将扩大。2018～2020 年，水果及制品贸易总量将持续扩大，但净出口增速放慢，不排除个别年份会出现贸易逆差。

15.4.2　长期产业发展形势分析（2018～2035 年）

中国水果产业将进入平稳的转型期，产量增速放缓（见图 15－6）。近年来，水果产业转型升级态势已逐渐显现，部分地区，如山东和陕西苹果主产区正在加紧进行果园升级，改善树龄老化等问题。与苹果生产类似，全国水果生产也已经开始或正处于"调结构、转方式"等升级改造过程中，推动不同熟期、品种、品质结构水果的生产。同时受到 2015 年至今水果市场价格整体走低影响，预计 2018～2020 年水果产量增速放缓，2020～2035 年水果产量增长主要依赖科技进步和规模化效率的提高。2016 年全国园林水果产量为 1.65 亿吨，瓜类水果产量为 0.95 亿吨，水果总产量为 2.58 亿吨。到 2035 年全国水果总产量将比 2016 年增加 10.17%，达到 3.13 亿吨，年均增速 0.54%。其中，园林水果产量预计达到 1.81 亿吨，比基期增加 16.45%；瓜果类产量将达到近 1 亿吨，比 2016 年增加 8.27%。增速放缓的主要原因：一是土地资源和水资源短缺，园林水果面积难以持续扩大，而瓜果类还与其他作物存在竞争问题，种植面积很难扩大；二是受需求结构调整影响，小宗水果品种或不同熟期、特定品质的水果品种在水果中的占比提高，并且随消费需求升级，消费者对水果的口感、品质、质量安全等提出了更高要求，使生产环节单产大幅增加的难度变大。

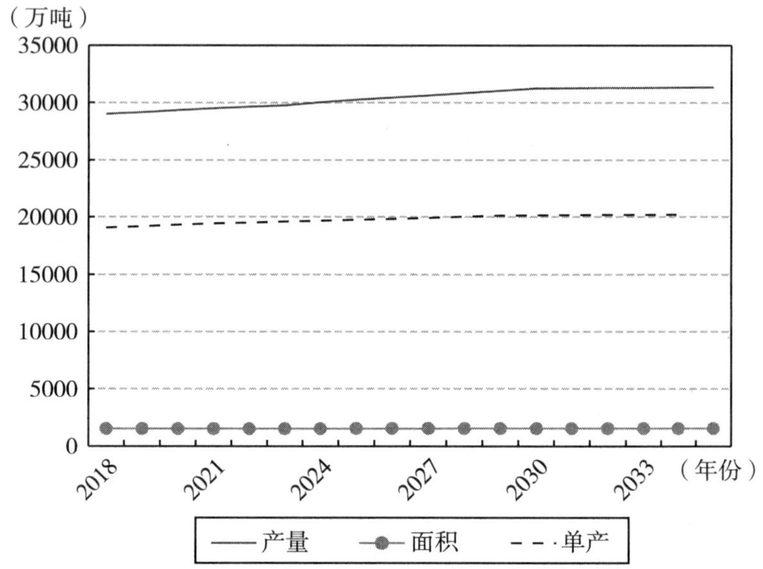

图 15－6　2018～2035 年水果长期生产预测

生活水平的提高推动果汁、果汁饮料、果酒等产品的需求较快增长，加工专用水果品种生产规模的扩大和果品深加工技术水平的提高也将有助于提高水果加工率，预计 2020 ~2035 年水果加工消费量有较快增长。由于城镇化进程，农村居民平均消费虽然增加，但农民人口数量下降，所以城镇总消费量增加，而农村则减少（见图 15 -7）。

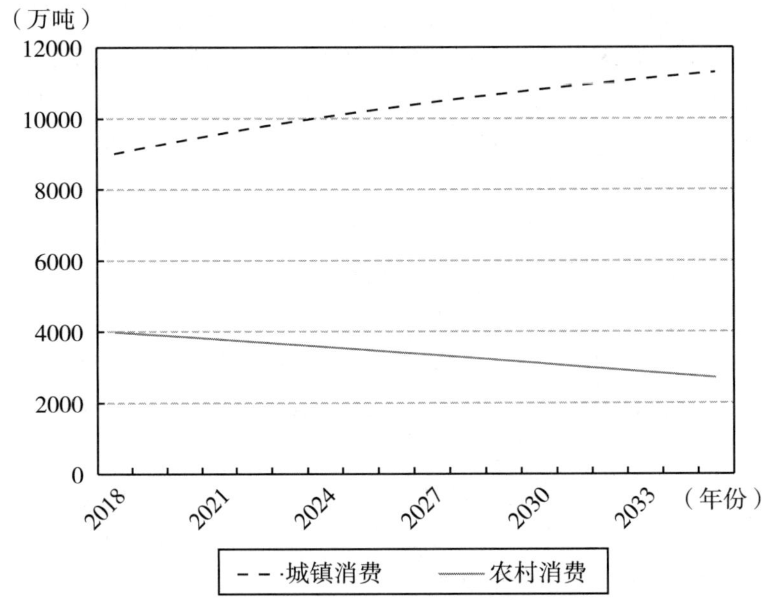

图 15 -7　2018 ~2035 年水果长期消费预测

水果产业的发展将从数量扩展型向质量效益型转变，在稳定面积的同时，调整区域布局、优化品种结构、提升产品品质成为生产环节升级改造的关键。预计到 2035 年，大宗品种，如苹果、柑橘属水果、梨、葡萄、香蕉、西瓜、甜瓜等，其熟期结构和品种结构将持续改善；小宗水果品种生产多样化水平将提高，特别是在水热资源较为丰富的南方地区，热带和亚热带水果会得到较快发展，在总产量中的比例预计将有所提高。

15.5　结论与政策建议

15.5.1　结论

居民收入水平的不断提高使得水果消费量稳步增长。随着农业技术进步及设施农业水平的提高，一些原本不适宜种植水果的区域也可以发展水果种植，因此提高了水果种植业的适宜范围，使水果种植业成为很多地区农业产业转型、农民增收的重要途径。但水果市场的供需矛盾一直存在，尤其是供给对价格变动的滞后响应，给果农的收入增长带来了很大的不确定性。因此，把握水果市场的供需关系，保障果农收入，推进农村经济健康发展，有着十分重要的意义。

果农老龄化和劳动力短缺是中国水果生产面临的突出问题之一。目前在许多水果主产区，50% 以上的果农在 50 岁以上，在集中用工时期很难雇用到临时劳动力，且成本很高。2018 ~ 2035 年，果农年龄结构老化，劳动力不足愈加凸显。与大田作物相比，水果生产的劳动密集程度和技术含量较高，加之部分果园地处偏僻山区或林地，目前的很多生产环节很难利用农业机械设备提高生产效率。水果生产机械化和规模化程度的提高是解决劳动力老龄化的重要途径，但其发展速度和规模尚难以估测，如果不能妥善解决果农老龄化和劳动力短缺问题，则生产结构调整优化、提质增效以及生产标准化的总体目标难以顺利实现，进而对水果供需平衡产生影响。

15.5.2 政策建议

1. 打通供需信息渠道

发挥政府在市场信息搜集、共享机制等方面的主导作用。中国果业的发展“瓶颈”已由改革开放前供需数量不匹配向改革开放后产销不衔接转化，因此，“水果总量过剩，果农卖果难”的状况与“水果价格攀升”貌似矛盾的情况在同一生产季中交替出现将是水果市场的常态。如针对陕西省苹果生产集中、总体规模大的特点，基层政府和相关农业部门应在搜集市场信息、市场预测中起主导作用，帮助果农规避风险。对农产品物流发展给予优惠政策，为农产品物流业发展营造宽松的外部条件，加强与专业的第三方物流合作。鼓励合作社、企业创新营销模式，积极探索网上直销、团购、农业旅游销售等新型营销模式。

2. 发展水果精深加工

提升水果加工技术，开发水果深加工产品。鉴于人均鲜果消费量的增长潜力有限，应积极开发果汁、果酱、水果罐头、果维素、果醋等深加工新产品，不仅能够有效促进消费量增加，消化库存，调节丰欠年市场价格，还可以提高水果附加值，延长水果消费周期。

3. 多行业配合，形成产业发展合力

营造良好的产业外部环境，形成发展合力。水果产业向集约化、规模化、产业化发展迫在眉睫。在这个过程中，不仅要防止农业要素外流，还要积极吸纳资本、技术和人力资源投入水果产业研发和产业整合中，同时需要整个农业经济发展环境、信贷机制等协同发展，形成产业发展合力。

4. 统筹科研力量，推动科研推广体制改革

按照党的十九大报告和2018年中央一号文件要求，深化农业科技成果转化和推广应用改革，建立以企业为主体、市场为导向、产学研深度融合的技术创新体系，加强对中小企业创新的支持，促进科技成果转化。支持发展惠及普通果农的市场化产业服务，充分利用市场机制活力，将专家和果农结成利益共同体，用市场机制促进果品品质提升，倒逼和激励研发创新，提升技术推广效率。进一步拓展全方位的技术、金融、农机、保险、农资等服务，有效解决“谁来种地”问题，实现小农户和现代农业的有机衔接。

5. 采取灵活多样的农业技术服务方式

农技服务部门应与农业科研单位、高等院校相结合，采用果农比较愿意接受的服务方式，如现场讲解和实地指导、举办培训班、专家讲课等，对果农进行培训和指导。推进信息化平台建设，创新水果生产技术服务方式，积极探索“互联网+”农技推广信息化服务，可通过微信公众号、远程培训、网络视频教学、专题网站等手段开展农业技术服务，拓宽果农技术信息获取渠道，加速水果生产技术信息的传播和扩散。值得注意的是，调查发现，部分种植户的学习能力有限，上网查询及网络视频教学等信息化服务方式存在一定的障碍，这类技术服务方式需求意愿低。因此，应针对种植户的特点采用不同的技术服务方式。对于年龄大、受教育程度低的小规模种植户，避免采用专家讲课、发放资料自学、网络视频教学等服务方式；对于年轻、受教育程度高的种植大户，在配合传统技术服务方式的基础上可多采用信息化方法。

6. 完善水果产业专业合作社技术服务功能

水果产业专业合作社在农业技术服务过程中起到了良好的中介作用，入社种植户更倾向于接受技术服务。但当前最主要的问题是，果农可加入合作社的备选数量不多，其次是对合作社不了解、不够信任以及收入提高不明显等。因此，应积极培育水果产业专业合作社，改善合作社技术服务功能，建立“技术服务机构—专业合作社—种植户”模式；同时，应为合作社创造有利的发展环境，提供财政补贴、银行低息贷款等各种优惠政策，促进合作社健康发展。

第16章

生猪产业

主要观点：

● 生猪生产水平快速提高，产量增幅有所放缓；生猪养殖北移西进，区域布局发生明显变化；散养户刚性退出，规模企业快速扩张；生猪养殖效率仍然偏低，产业发展长期面临国际市场压力。

● 猪肉在中国肉类消费中长期占据主导地位；居民家庭猪肉消费总体呈增加趋势，但增幅较前期明显下降，部分年份还有所下降；近几年城乡消费差距逐渐缩小。

● 近几年中国猪肉出口量保持在较低水平；进口量大幅增加，2016年进口量创历史新高，进口来源国越来越多元化。

● 预测表明，短期内环保政策的影响逐渐减弱，新一轮产业周期开启，生猪产能将有所增长，进口总量将高位回落，居民消费总体呈增加趋势。长期来看，受资源环境约束趋紧等因素影响，中国生猪生产增长压力将越来越大；经济增长对猪肉消费的拉动作用减弱，人口总量增速及人口结构的变化也将导致猪肉消费增幅下降，猪肉需求增长潜力变小；中国开放的步伐将越来越快，猪肉净进口数量将有所增加。

未来，中国生猪产业应大力推进标准化规模养殖以提高饲养管理水平，实行反周期调控策略以缓解生猪价格波动，推进产业化经营以降低经营成本，采取综合措施构建生猪产业发展的长效机制。

16.1 引言

中国是农业大国，生猪生产是农业的重要组成部分，猪肉是大多数城乡居民的重要食品。中国既是养猪大国，也是猪肉消费大国，生猪饲养量和猪肉消费量均占世界总量的一半左右。养猪业在中国有着六七千年之久的历史，猪为“六畜之首”，是中国居民的主要肉食，其占肉类总消费量的比重长期保持在 60% 以上，高峰时曾达 90%。发展生猪生产，对稳定市场供应、满足消费需求、增加农民收入、促进经济社会稳定发展具有重要意义。改革开放以来，中国生猪生产稳定发展，标准化规模养殖持续推进，生产方式转变步伐加快，综合生产能力显著增强。“十二五”前期，生猪生产保持较快增长势头，受周期性波动及环保政策的影响，2014 年以来生猪生产有所下滑。

16.2 生猪产业发展形势

16.2.1 生产发展形势

1. 生产水平快速提高

“十二五”以来，中国生猪生产呈现先升后降的态势（见图 16－1）。从表 16－1 可以看出，生猪存栏最高的年份为 2012 年，存栏量达 47592 万头；出栏和猪肉产量最高的年份均为 2014 年，分别达 73510 万头和 5671 万吨。2017 年，全国生猪存栏 43325 万头、出栏 68861 万头、猪肉产量 5340 万吨；与 2011 年相比，存栏下降 7.36%，出栏和猪肉产量分别增长 3.77%、5.68%。生猪出栏率由 2011 年的 143% 增加到 2017 年的 158%，胴体重由 2011 年的 76.36 千克提高到 2017 年的 77.55 千克左右，育肥猪出栏活重由 2011 年的 112.49 千克增加到 2017 年的 121.82 千克。2017 年全国共有种猪场 5711 个，年末存栏 2137.7 万头。

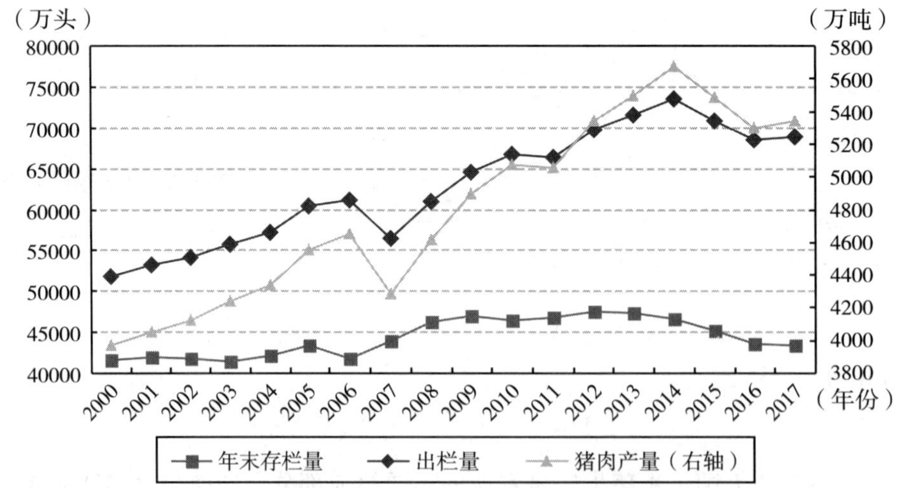

图 16－1 2000～2017 年中国生猪存栏、出栏量与猪肉产量变动趋势

资料来源：《中国畜牧业统计》历年数据。

表16-1　2011~2017年中国生猪生产水平变化情况

年份	存栏量（万头）	出栏量（万头）	猪肉产量（万吨）	出栏率（%）	胴体重（千克/头）
2011	46767	66170	5053	143	76.36
2012	47592	69628	5343	149	76.62
2013	47411	71557	5493	150	76.76
2014	46583	73510	5671	155	77.15
2015	45113	70825	5487	152	77.47
2016	43504	68502	5299	152	77.36
2017	43325	68861	5340	158	77.55

资料来源：《中国畜牧业统计》历年数据。

2. 区域差异较为明显

四川盆地、黄淮流域和长江中下游地区是中国三大生猪生产集中区。2016年，全国生猪存栏43503.7万头，排名前十位的省份分别是四川（10.7%）、河南（9.8%）、湖南（9.0%）、山东（6.4%）、云南（5.9%）、湖北（5.6%）、广西（5.1%）、广东（4.8%）、河北（4.2%）和江苏（3.9%）①，10个省份生猪存栏合计占全国存栏总量的65.4%（见表16-2）。江西、贵州、安徽、辽宁、重庆、黑龙江6个省份存栏量也都在1000万头以上，这6个省份存栏合计约占全国存栏总量的20%。四川是中国生猪出栏最多的省份，2017年出栏6925万头，占全国的10.1%。

表16-2　2016年生猪存栏量全国排名前十位的省份

序号	省份	存栏量（万头）	占全国比重（%）
1	四川	4675.90	10.7
2	河南	4284.10	9.8
3	湖南	3936.60	9.0
4	山东	2764.10	6.4
5	云南	2575.40	5.9
6	湖北	2432.20	5.6
7	广西	2216.10	5.1
8	广东	2076.10	4.8
9	河北	1819.00	4.2
10	江苏	1690.60	3.9

资料来源：2016年《中国畜牧业统计》。

① 括号内数字表示相应省份生猪存栏占全国的比重。

3. 养殖集中度有所增加

2017 年，全国生猪出栏量排名前十位的省份生猪出栏量占全国出栏总量的 65.17%，较 2011 年明显提高；560 个养殖大县生猪出栏量占全国总量的 80% 以上。随着生猪产业化进程的加快，一大批产业化企业集团相继涌现。网络数据显示，2017 年中国前十大养猪企业生猪出栏超过 4500 万头，占全国的 6%～7%。其中，温氏集团年出栏生猪已达 1900 万头，牧原集团达到 724 万头。按照这些企业的生产计划，2018 年温氏集团生猪出栏量将达到 2300 万头，牧原集团也将突破 1000 万头，排名第三的正大集团也将接近 1000 万头，增幅较前几年明显加快。

4. 散养户刚性退出

2010 年 1 月至 2017 年 12 月的七年时间内，生猪养殖户比重累计下降 10.02 个百分点。即使在生猪价格不断上涨、养殖盈利保持高位的 2011 年和 2016 年，生猪养殖户比重仍在下滑。从农业部定点监测数据来看，2013～2017 年生猪养殖户比重平均每年下降约 2 个百分点。在行情较上年明显下滑的背景下，2017 年生猪养殖户比重虽然较 2016 年下降，但降幅较前几年明显缩小（不足 1.2 个百分点），表明散养户快速退出的阶段基本结束（见图 16－2）。预计后期养殖户比重将继续减少，散养户的退出还将持续，但退出速度将越来越缓。

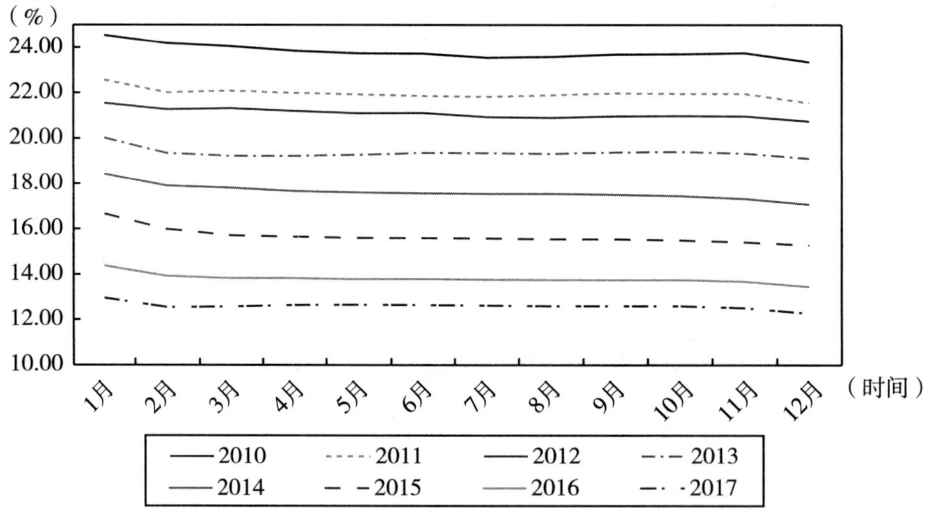

图 16－2 2010～2017 年养猪户比重变动趋势

资料来源：农业农村部定点监测数据。

5. 规模养殖比重持续提升

长期以来，中国生猪养殖规模化水平较低，但总体呈增长态势。2016 年，年出栏量在 500 头以下的小散养殖户出栏量占全国总出栏量的比重为 55.10%，比2011年下降8.3个百分点；年出栏量500头以上的规模养殖场户出栏量占全国总出栏量的44.90%，不足一半（见图16－3）。年出栏量在500～999头和1000～2999头的规模养殖场户是生猪规模养殖的主体，二者的比重合计达到23.70%。年出栏3000～9999头的规模养殖场比重合计为10.50%，10000头以上的比重较小，约为10.70%（见表16－3）。可以看出，虽然生猪规模化养殖水平有很大提高，但与发达国家相比，仍有较大差距。

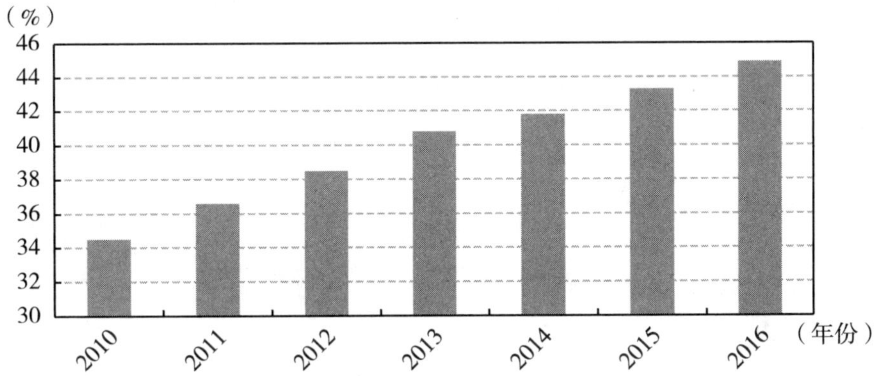

图16－3 2010～2016年规模养殖（年出栏500头以上）发展情况

资料来源：《中国畜牧业统计》历年数据。

表16－3 2011～2016年中国生猪生产规模发展情况 单位：%

项目	2011年	2012年	2013年	2014年	2015年	2016年
年出栏1～49头	33.2	32.0	30.1	29.2	28.0	26.2
年出栏50～99头	12.5	12.0	11.3	11.0	10.7	10.8
年出栏100～499头	17.7	17.6	17.8	18.0	18.0	18.1
年出栏500～999头	10.8	11.1	11.8	11.9	12.3	12.3
年出栏1000～2999头	9.5	10.0	10.4	10.8	11.0	11.4
年出栏3000～4999头	4.7	4.8	5.0	5.1	5.2	5.4
年出栏5000～9999头	4.3	4.6	4.8	4.9	5.0	5.1
年出栏10000～49999头	6.1	6.7	7.1	7.1	7.4	7.7
年出栏50000头以上	1.2	1.4	1.7	2.0	2.4	3.0

资料来源：《中国畜牧业统计》历年数据。

6. 养殖盈利波动较大

如图16－4所示，2009年、2010年生猪产能不断下调，加之2011年春节期间疫情较重，导致2011年生猪供给较为短缺，生猪价格出现暴涨，全年头均养殖盈利达到 520 元。2012 ~2014 连续三年不景气，尤其是 2014 年生猪养殖户出栏生猪平均每头亏损 100 元，创下了历史罕见的亏损纪录，导致生猪产能大幅下调。2015 年 3 月以来生猪价格再次出现大幅上涨，截至 2016 年 5 月，累计涨幅超过 80%。2015 年 6 月到 2017 年 4 月，生猪价格总体处于高位，生猪养殖连续 22 个月保持在三位数以上的较好盈利水平。2015 年 6 月以来，只有 2017 年 6 月略有亏损，其他月份均有盈利，实现了历史上少有的超长盈利周期。按加权平均计算，2017 年出栏活猪每头平均盈利为 180 元，处于正常盈利范围。

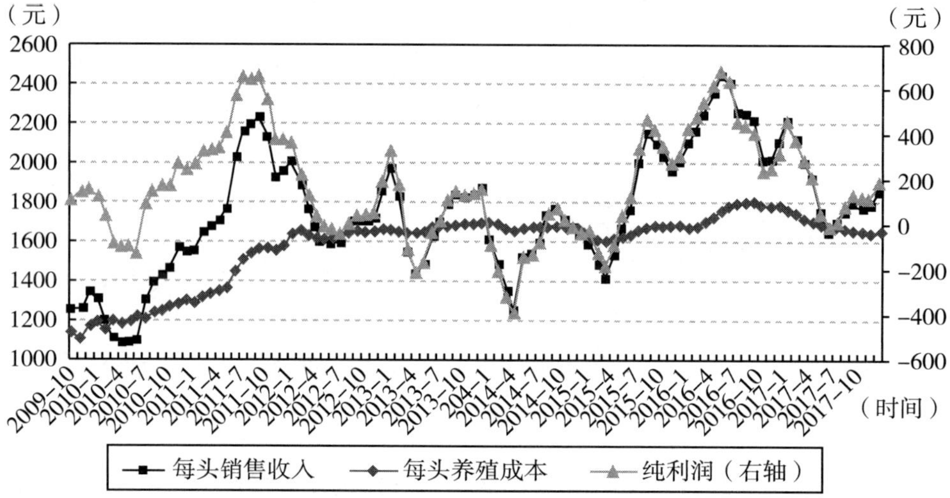

图 16 −4　2009 年 10 月至 2017 年 10 月生猪养殖成本收益变动情况

资料来源：农业农村部定点监测数据。

表 16 −4　　2017 年生猪养殖成本收益情况

月份	每头销售收入（元）	每头养殖成本（元）	纯利润（元）	出栏活重（千克）	每百千克盈利（元）
1 月	2216	1751	465	122.27	380
2 月	2124	1744	380	120.61	315
3 月	1998	1711	287	121.01	237
4 月	1922	1706	216	121.62	177
5 月	1751	1701	50	121.64	41
6 月	1665	1674	−9	121.75	−7
7 月	1695	1682	13	121.83	11
8 月	1754	1664	90	121.47	74

续表

月份	每头销售收入（元）	每头养殖成本（元）	纯利润（元）	出栏活重（千克）	每百千克盈利（元）
9月	1789	1656	133	121.68	109
10月	1777	1648	129	122.34	105
11月	1767	1646	121	122.49	99
12月	1849	1656	193	123.15	157

资料来源：农业农村部定点监测数据。

16.2.2 消费发展形势

1. 猪肉在中国肉类消费中占据主导地位

长期以来，猪肉一直是中国居民肉类消费的主体。近些年，随着肉类消费的多样化发展，尽管居民猪肉消费比重有所下降，但其消费量仍在不断增加。2016年，居民肉类人均占有量中，猪肉占比62%以上，禽肉占比为22%，牛肉占比为8%，羊肉占比为5%，其他肉类占比为2%（见图16－5）。2010年以来，猪肉人均占有量在肉类人均占有量中的比重保持在62%～65%之间，相对比较稳定。2017年全国猪肉产量5340万吨，人均猪肉占有量41.5千克。

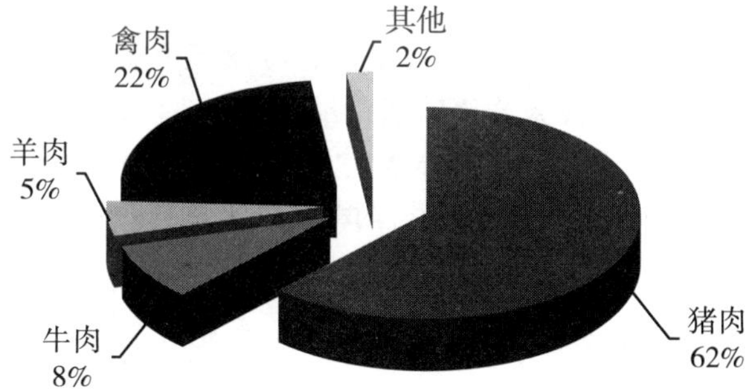

图16－5 2016年不同肉类人均占有量结构

资料来源：2016年《中国畜牧业统计》。

2. 猪肉消费总体增加

如图16－6所示，2011年以来居民家庭猪肉消费总体呈增加趋势，但增幅较前期明显下降，部分年份还有所下降。2016年全国居民家庭人均猪肉消费量为18.1千克。其中，城镇居民家庭人均猪肉消费量为21.0千克，农村居民家庭人均猪肉消费量为14.2千克，分别较2011年的17.6千克、20.6千克和14.4千克增长 2.90%、1.79% 和 -1.39%。居民家庭人均猪肉消费量最高的年份出现在 2013 年，全国平均水平为 18.5 千克，城镇居民家庭人均消费量为 22.0 千克，农村居民家庭人均消费量为 14.5 千克。

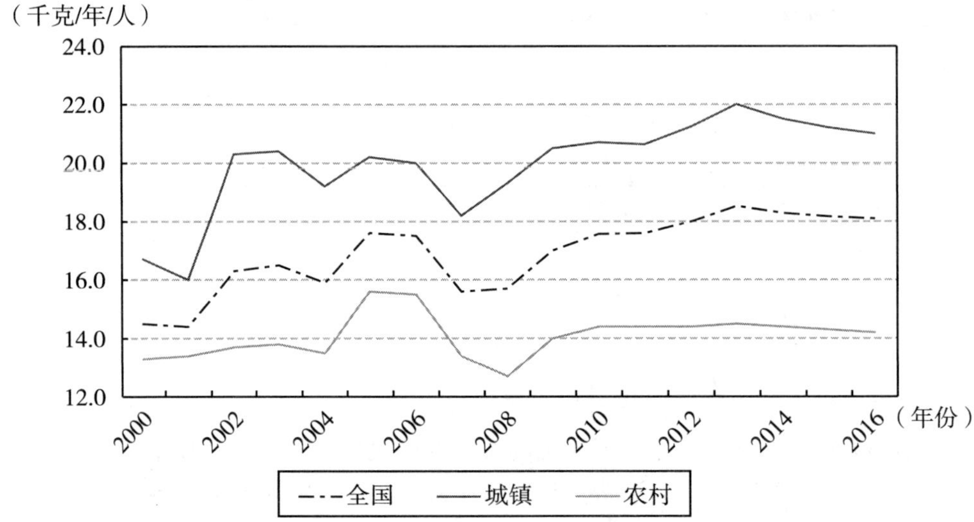

图 16-6　2000～2016 年居民家庭人均猪肉消费量变化情况

资料来源：《中国城镇居民生活与价格年鉴》《中国农村住户调查年鉴》历年数据及作者整理。

3. 猪肉消费城乡差距较为明显

猪肉消费受到收入、政策、替代品和生活习惯等因素影响，存在着明显的城乡差异。总体来说，城镇居民人均猪肉消费量一直高于农村。随着农村经济发展和农民收入的提高，农村猪肉消费量快速增加，而城市居民猪肉消费增长趋缓，近几年城乡消费差距逐渐缩小。2011 年城乡居民猪肉消费差距为 6.2 千克，2013 年扩大到 7.5 千克。2014 年以来差距逐年缩小。2016 年城镇居民人均消费 21.0 千克，农村人均 14.2 千克，城乡之间的差距缩小到 6.8 千克（见图 16-7）。

16.2.3　贸易发展形势

中国生猪产品贸易包括生猪和猪肉产品两大部分。中国生猪产品贸易量较小，占国内生产量的比重较低，在世界生猪贸易中的份额也不大。

1. 猪肉出口量保持在较低水平

如图 16-8 所示，加入 WTO 后中国猪肉出口量持续快速增加，从 2002 年的 16.2 万吨增加到 2006 年的 26.9 万吨，位列世界猪肉十大出口国。2007 年，由于国内猪肉产量下降而使出口量减少到 13.3 万吨，之后便保持较低水平。2011

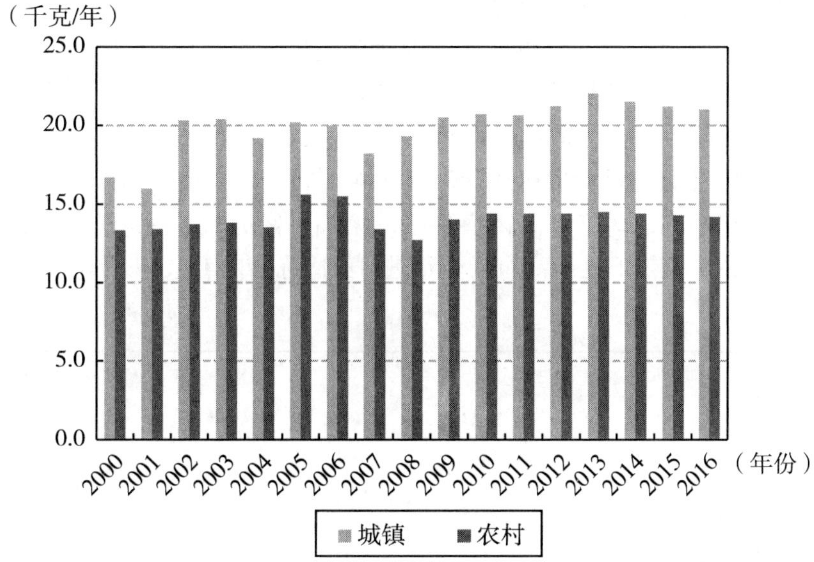

图16-7　2000～2016年城乡居民家庭人均猪肉消费量对比

资料来源：《中国统计年鉴》《中国农村统计年鉴》历年数据。

年以来，中国猪肉出口量总体保持在10万吨以下。2017年出口量为5万吨，较2011年减少36.43%。目前，中国猪肉绝大部分出口到中国港澳地区及俄罗斯、新加坡等地，四个地区占到猪肉出口贸易总量的90%以上，猪肉出口以鲜、冷、冻猪肉及猪肉罐头和火腿为主。

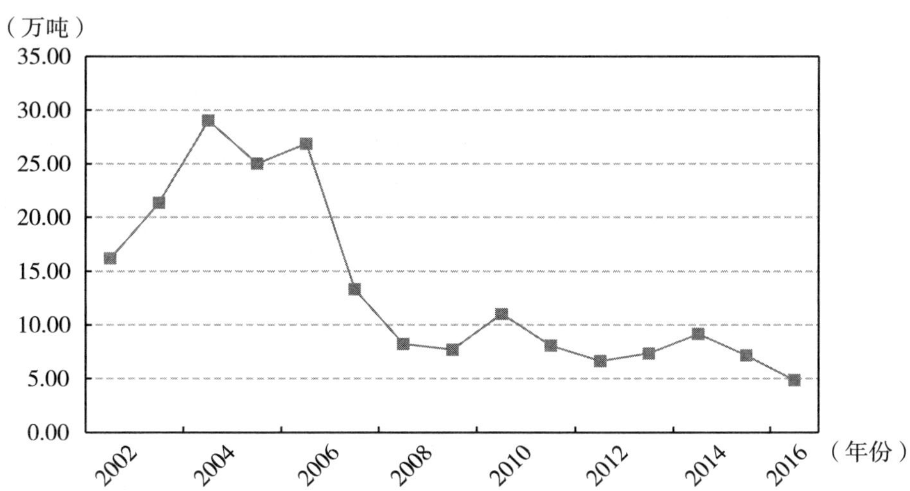

图16-8　2002～2017年中国猪肉出口量变动趋势

资料来源：中国海关历年数据。

2. 猪肉进口量总体呈增加趋势

如图 16 -9 所示，2006 年以前，中国猪肉进口量长期保持在较低水平。2007 年开始，中国猪肉进口量尤其是鲜冻猪肉进口量大幅增加。2015 年，受中国猪肉价格持续上涨影响，国内外猪肉产品价差不断拉大，刺激中国猪肉及其他生猪产品进口激增，2016 年猪肉进口量达到 162.02 万吨，折合成生猪来算，相当于 1350 万头生猪，创历史新高。2017 年，随着供给的增加、猪价的下滑，进口猪肉数量也出现了明显下滑，但依旧处于高位，全年进口鲜冷冻猪肉 121.68 万吨。

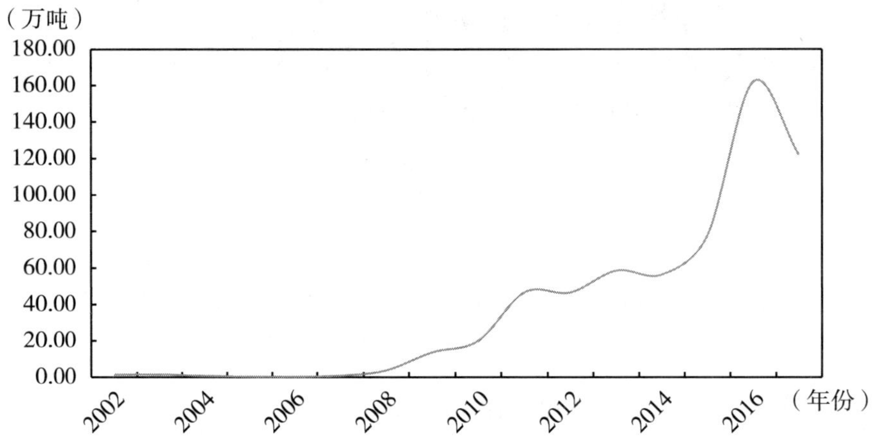

图 16 -9　2002 ~2017 年中国猪肉进口量变动趋势

资料来源：中国海关数据。

3. 猪杂碎进口量普遍高于猪肉进口量

由于饮食差异，西方国家一般不食用猪杂碎，而且处理杂碎等残余需要一笔不菲的费用，因此出口中国成为他们一个很好的选择。在美国、欧盟等国家和地区，鲜冷冻猪肉具备一定的价格优势，尽管涉及运输成本以及产品检验检疫等严格且繁琐的环节，鲜冷冻猪肉出口仍有收益上的优势，故而近几年，许多国家都以猪杂碎和鲜冷冻猪肉一定比例配套的方式出口中国。2017 年中国生猪产品进口量 249.85 万吨，鲜冷冻猪肉和猪杂碎进口量分别为 121.68 万吨和 128.17 万吨，占总进口量的比例分别为 47.8% 和 51.3%。纵观近十年在中国猪肉类产品进口商品结构中，猪杂碎普遍高于鲜冷冻猪肉。

4. 进口来源越来越多元化

整体上看，2011 ~2017 年中国猪肉产品进口来源更加多元化。2011 年，中国从美国、丹麦、德国这三个国家进口比重最高，达到 78.6%。随后几年间，中国生猪产品从美国进口比重有所下降，到 2016 年，西班牙超过丹麦成为生猪产品三大进口国之一，加拿大、荷兰、法国等新兴市场的份额也相应提升。2017 年，中国从美国、德国、西班牙这三国进口之和只占总进口量的 52.8%。单以美国为例，

2011年美国是中国生猪产品第一来源国，中国从美国进口所占比重高达59.3%；到2017年美国仍是第一来源国，但进口比重已降至23.4%。在鲜冷冻猪肉进口方面，欧盟超过美国成为最主要的进口来源地。2011年从美国进口的猪肉总量超过了中国进口总量的一半以上，2017年欧盟进口总量超过60%，德国、西班牙涨幅明显，超过美国。近几年，智利、巴西等国也开始进军中国鲜冷冻猪肉市场。

16.2.4 供需平衡及价格形势

1. 猪肉供需总体平衡

改革开放以来，中国猪肉消费需求总体增长，但受宏观经济增速放缓及人口结构变化等因素影响，近年来猪肉消费增速有所回落，部分年份还有下降；2004年以来，居民人均猪肉消费年均增量约为0.2千克，与1990~2004年相比（年均增量1.2千克），年均增量下降了83%。“十二五”期间，中国猪肉产量总体保持增长，年均增速2.38%；“十三五”前几年猪肉生产波动较大，部分年份生产有所下降。为缓解国内阶段性供需失衡，2016年等个别年份猪肉进口增加较多，但总体进口量占国内消费量的比重较低。当前，中国生猪产业正处在转型升级的关键时期，正在从以数量增长为主逐步向提高质量、优化结构和增加效益为主转变，猪肉产量及消费量增长速度进一步下降成为必然。

2. 价格波动风险加大

如图16-10所示，2003年以来，中国生猪产业经历了四轮价格的大涨大跌，特别是2006年以来的三轮波动，波动幅度大、周期长，价格低谷期养殖场

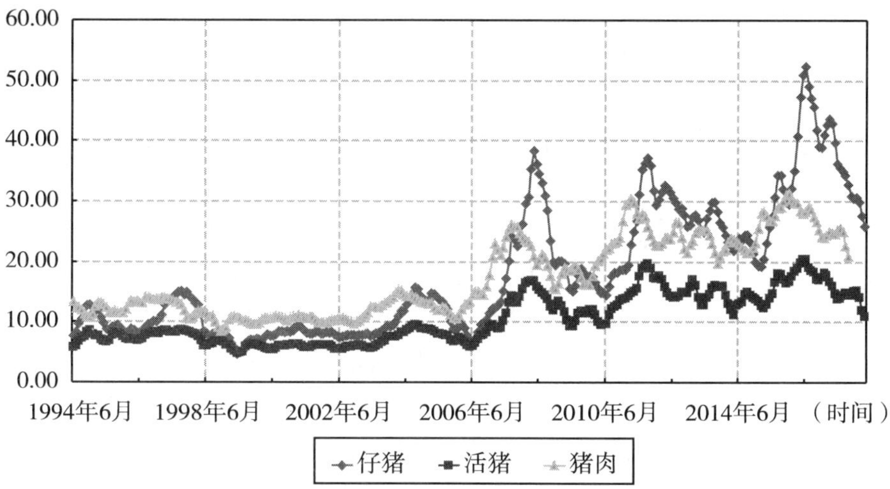

图16-10 1994~2014年中国生猪及猪肉价格变动趋势

资料来源：农业农村部数据。

户出栏一头商品猪亏损超过400元。生猪价格的大涨大跌，对许多中小养殖场户养殖信心带来了较大影响，近几年很多养殖场（户）因无法抵御价格波动风险而退出生猪养殖业。为防止生猪价格出现大起大落，国家发布实施了《缓解生猪市场价格周期性波动调控预案》，通过加大冻猪肉收储等手段调控生猪价格。但是，当前生猪产业发展面临的不确定因素仍然较多、价格波动风险仍然较大，现有的调控手段单一，难以适应新时期生猪产业平稳发展的要求。

16.3 生猪产业发展新情况及其影响分析

16.3.1 生猪养殖北移西进，区域布局发生变化

近年来，国家及地方有关畜禽养殖的环境保护政策的变化，尤其是《畜禽规模养殖污染防治条例》《水污染防治行动计划》，以及新修订的《中华人民共和国环境保护法》和《“十三五”生态环境保护规划的通知》，对生猪养殖业产生了重大影响。2015年，农业部发布了《关于促进南方水网地区养殖布局调整优化的指导意见》；2016年，农业部印发了《全国生猪生产发展规划（2016～2020年）》，对生猪产业的布局进行了调整。受此影响，生猪养殖产业格局发生了明显变化。一是经济发达的京津沪、珠三角、长三角等地区逐渐退出生猪养殖，传统农区生猪养殖区域集中度进一步增强；二是生态环境脆弱的近水网区域生猪养殖数量不断下降，环境承载能力较强的远水网区域和丘陵山区养殖数量有所增加；三是养殖设施简陋、管理水平不高的生猪散养户大量退出，现代化水平较高的规模养殖场快速发展。

16.3.2 散养户刚性退出，中小规模养殖户补栏更为谨慎

在最近一轮周期调整中，能繁母猪存栏量下降持续的时间超过预期，也是有数据以来最长的一次。2016年生猪养殖盈利可观，2017年也有正常盈利，但与以往不同的是，生猪产能并未随着生猪价格的不断冲高而迅速恢复，能繁母猪存栏反而在高盈利周期内稳中趋降。业内专家总结，本轮生猪产能变化表现为淘汰积极，补栏谨慎。究其原因：一是环保压力导致的禁养限养使得大量养殖户减产或退出；二是过去几年的反复行情，使得养殖户在猪价出现调整时，表现出担忧情绪，对后市信心不足；三是农民对生活环境改善的需求增强，很多散养户甚至小规模养殖户退出生猪养殖。预计后期散养户在环保压力下将继续退出，中小规模养殖户补栏将更为谨慎。

16.3.3 规模企业快速扩张，产能逐渐释放

2016年的“金猪”行情，加上环保风暴的来袭，使得近两年规模生猪养殖企业甚至是饲料企业开始快速布局生猪养殖业务。据业内人员估算，2016年26家上市农牧企业投资养猪的资金达到400亿元，若加上未上市的企业（“双胞胎”、安佑、环山等），以及在国外上市的企业，如正大，投资资金总量至少超过500亿元。以大北农集团为例，网络信息显示，大北农2017年的养猪扩张动作频频，大多是以亿为单位的投资，据不完全统计，加上荣昌育种，2017年来大北农在养猪方面的投资超过38亿元。这个速度相当快，大部分投资都能在2018年投产，两年后大北农的生猪出栏量将会是一个庞大的数字。2016年、2017年布局的生猪产能，将在2018年开始有实质性释放，若小散户的退出速度减缓，后期生猪价格存在大幅下跌的风险。

16.3.4 消费提档升级，消费者更加注重质量

猪肉需求增长主要归因于城乡居民可支配收入及生活水平的不断提高、城镇化进程的不断推进、中产阶级的扩大及对优质安全产品的需求不断增加。改革开放以来，中国猪肉消费需求保持了较快的增长速度。随着中国经济由高速增长转变为中高速增长，猪肉消费需求增速也将放缓，但高品质猪肉需求将明显增加。根据屠宰后所采用的不同冷却工艺标准，猪肉包括三大类，即热鲜肉、冷鲜肉及冷冻肉。受传统消费习惯的影响，中国热鲜肉产品占猪肉消费的大部分。然而，由于消费者对安全及高质量的猪肉产品需求提高，越来越偏好在现代零售商购物。统计数据显示，近年来冷鲜肉消费快速增长，2015年近1100万公吨，占猪肉总消费量的比例由2005年的2%增至2015年的20%。同时，热鲜肉消费量占猪肉总消费量的比例由2005年的近89%降至2015年的60%。预计2018年会延续类似趋势，冷鲜肉占整体猪肉消费量的比例将不断增加。

16.3.5 养殖效率偏低，产业发展长期面临国际市场压力

目前，中国生猪总体生产效率与养猪发达国家还存在较大差距，养殖成本比美国高40%以上（见表16-5、表16-6）；料肉比平均在3.0以上，与发达国家2.5左右的水平相差较远；每千克增重比美国和欧盟多消耗饲料0.5千克左右；母猪年提供商品猪比国外先进水平少8~10头。联合国粮农组织数据显示，全球猪肉出口量约800万吨，其中美国、欧盟和加拿大稳居世界前三位。由于中

国生猪产业竞争力明显低于发达国家，近几年猪肉进口数量逐步增加，尽管占国内消费比重低，但仍给中国生猪产业发展带来了一定压力。今后一段时期，中国生猪生产水平与发达国家的差距仍将存在，生猪生产成本将持续处于高位，猪肉进口数量可能继续增加，产业发展必将长期面临国际市场竞争的压力。

表 16-5　　2015 年中美生猪养殖成本收益及其比较

项　目	中国	美国	中国—美国	中国比美国高（%）
百千克出栏销售收入（元）	1531	840	690	82.19
百千克出栏成本（元）	1432	998	434	43.53
仔猪费用	385	340	45	13.34
饲料总费用	861	437	425	97.19
防疫治疗费	35	26	9	34.30
雇工费	23	30	-6	-21.40
水电费	10	20	-10	-48.38
其他费用	117	146	-29	-19.86
百千克出栏纯收入（元）	98	-158	256	162.43
成本价（元/千克）	14.32	9.98	4.34	43.53

资料来源：USDA、中国农业农村部数据。

表 16-6　　2016 年中美生猪养殖成本收益及其比较

项　目	中国	美国	中国—美国	中国比美国高（%）
百千克出栏销售收入（元）	1858	791	1066	134.75
百千克出栏成本（元）	1525	1013	512	50.50
仔猪费用	497	335	162	48.47
饲料总费用	841	444	397	89.35
防疫治疗费	39	28	11	39.49
雇工费	22	32	-10	-31.45
水电费	10	18	-8	-46.19
其他费用	116	156	-40	-25.64
百千克出栏纯收入（元）	332	-222	554	249.53
成本价（元/千克）	15.25	10.13	5.12	50.50

资料来源：USDA、中国农业农村部数据。

16.3.6　环保的影响将长期存在，但影响较前几年减弱

近几年，随着一系列环保相关文件的出台，环保对生猪养殖的影响日渐加大，多地划定禁、限养区并开启大力度的猪场拆迁潮，尤其是浙江、福建、广东等南方地区。2015 年 4 月，国务院发布《水污染防治行动计划》（以下简称“水十条”），明确要求，要科学划定畜禽养殖禁养区，2017 年底前依法关闭或搬迁禁养区内的畜禽养殖场（小区）和养殖专业户，京津冀、长三角、珠三角等区域提前一年完成。2016 年 12 月，国务院印发《“十三五”生态环境保护规划》，再次强调 2017 年底前各地区依法关闭或搬迁禁养区内的畜禽养殖场（小区）和养殖专业户。2017 年环保对生猪产业的影响已经显现。目前来看，环境治理并非到 2017 年截止，这将是一项长抓不懈的工作，环保对生猪产业的影响也将继续。但与前几年相比，后续的影响将相对较弱。

16.4　开征环保税对中国生猪产业的影响

16.4.1　环保税征收背景

2016 年 12 月 25 日，走过六年立法之路、历经两次审议，《中华人民共和国环境保护税法》在十二届全国人大常委会第二十五次会议上获表决通过，并于 2018 年 1 月 1 日起施行。这是中国第一部专门体现“绿色税制”的单行税法，同时也是“营改增”后第一个依法新增的地方税种。环保税法规定，直接向环境排放应税污染物的单位和生产经营者都要缴纳环境保护税，养殖也在纳税范围之内。但有两类养殖不需要缴纳环保税：第一类是养殖规模比较小的，如养猪规模小于 500 头，牛小于 50 头，鸡、鸭小于 5000 羽的小养殖场户；第二类是规模比较大，但如果对养殖废弃物进行综合利用和无害化处理后，对环境没有造成污染，也不需要缴纳环保税。

16.4.2　环保成本计算方法

规模猪场主要排放的污染物有固体污染物和液体污染物两种，环保税法规定，水污染物排放 1 个当量需要缴纳环保税 1.4 元，固体污染物（其他固体废物，含半固态、液态废物）排放则按照 25 元/吨的价格收取环保税。此外，环保税也有一些减免措施，如排放的污染物浓度低于排放标准的 50% 以上，且未

超过污染物排放总量控制的企业，一定时期内再缴纳环保税可享受减半优惠。

16.4.3 模拟方案设定

环保税开征后，规模猪场环保成本将有所增加。增加的成本分两个方面：一是直接缴纳的环保税，二是环保趋严带来的粪污处理设施投入增加所需的折旧分摊费用和粪污处理费用。就直接缴纳的环保税而言，根据生猪养殖相关排放指标可计算出污染当量值，依据污染当量值和环保税征收标准计算可得，环保税法实施后，出栏每头生猪支出直接环保费用约为 11 元。就间接环保费用而言，根据一般规模养殖场环保设施折旧和粪污处理费用估算，出栏每头生猪需要分摊的间接环保费用约为 5 元。综合评估，环保税法实施后，规模养殖场每头生猪环保成本平均增加 16 元左右。

《中华人民共和国环境保护税法》规定，年出栏 500 头以下的小散养殖户不需缴纳环保税，而这些养殖户出栏总量占全国总出栏量的比重约为 55%；规模比较大，但如果对养殖废弃物进行综合利用和无害化处理后，对环境没有造成污染的养殖场也不需要缴纳环保税。这些养殖场虽然不需要缴纳环保税，但在当前环保政策规定下，环保设施投入以及粪污处理费用为必要支出。保守估算，环保支出较低时，平均每头出栏生猪环保成本大约增加 10 元；随着规模化养殖水平的不断提升和环保政策越来越紧的情况下，平均每头出栏生猪环保成本有可能增加 30 元。据此，本章分别设定平均每头生猪环保成本增加 10 元、20 元和 30 元，按生猪养殖头均成本 1650 元计算，对应的环保成本增长幅度分别为 0.61%、1.21% 和 1.82%（见表 16－7）。

表 16－7　　模拟方案设定

项目	方案 1	方案 2	方案 3
环保成本（元）	10.00	20.00	30.00
对应环保成本增长幅度（%）	0.61	1.21	1.82

16.4.4 模拟结果分析

根据以上设定方案进行情景模拟，结果如表 16－8 所示：

当环保成本增加 10 元、增长幅度为 0.61% 时，猪肉市场供需总量为 5456 万吨，猪肉产量为 5291 万吨，净进口 165 万吨，猪肉损耗为 265 万吨，各指标变动幅度分别为 －0.01%、－0.15%、4.87% 和 －0.15%。

当环保成本增加20元、增长幅度为1.21%时，猪肉市场供需总量为5455万吨，猪肉产量为5283万吨，净进口172万吨，猪肉损耗为264万吨，各指标变动幅度分别为-0.01%、-0.30%、9.62%和-0.30%。

当环保成本增加30元、增长幅度为1.82%时，猪肉市场供需总量为5455万吨，猪肉产量为5275万吨，净进口180万吨，猪肉损耗为264万吨，各指标变动幅度分别为-0.02%、-0.45%、14.41%和-0.45%。

表16-8　　开征环保税对猪肉市场的影响

指标	基准年	方案1（低）	方案2（中）	方案3（高）
	基准 0.00%	成本增幅 0.61%	成本增幅 1.21%	成本增幅 1.82%
绝对值（万吨）				
猪肉总供给	5456	5456	5455	5455
猪肉产量	5299	5291	5283	5275
猪肉净进口	157	165	172	180
猪肉总需求	5456	5456	5455	5455
猪肉损耗量	265	265	264	264
变化百分比（%）				
猪肉总供给	—	-0.01	-0.01	-0.02
猪肉产量	—	-0.15	-0.30	-0.45
猪肉净进口	—	4.87	9.62	14.41
猪肉总需求	—	-0.01	-0.01	-0.02
猪肉损耗量	—	-0.15	-0.30	-0.45

16.5　未来生猪产业发展趋势预测

综合分析生产增长潜力和消费增长空间，考虑产业发展短期和长期影响因素，本书运用中国产业模型对生猪市场供需情况进行了模拟。结果表明，今后一段时期中国猪肉产品供需可以保持基本平衡。

16.5.1 短期产业发展形势分析（2018～2020年）

短期来看，本轮生猪产业波动基本结束，产能已下调至相对较低水平。未来几年，环保政策的影响逐渐减弱，新一轮产业周期开启，生猪产能将有所增长，进口总量将高位回落，居民消费总体仍呈增加趋势（见表16－9）。

表16－9 未来产业发展趋势预测

指标		2018年	2019年	2020年	2035年
生产	猪肉产量（万吨）	5431	5519	5598	6286
需求	猪肉总需求（万吨）	5519	5574	5663	6572
	猪肉加工消费量（万吨）	1217	1229	1244	1446
	猪肉损耗量（万吨）	272	276	280	314
	猪肉食物总需求（万吨）	4030	4069	4139	4812
	猪肉人均消费量（千克/人）	29	29	30	35
	农村居民在家人均猪肉消费量（千克/人）	18	18	18	22
	农村居民在外人均猪肉消费量（千克/人）	6	6	6	8
	城镇居民在家人均猪肉消费量（千克/人）	21	21	22	24
	城镇居民在外人均猪肉消费量（千克/人）	11	11	11	13
贸易	猪肉净进口	87	55	65	286

生产趋势。2020年中国猪肉产量将达到5598万吨，较2018年的5431万吨增长257万吨，年均增长1.52%。

需求趋势。2020年中国猪肉总需求量将达到5663万吨，较2018年的5519万吨增长144万吨，年均增长1.30%。2018～2020年，中国居民人均猪肉消费量由29千克上升到30千克，增加1千克，年均增长0.95%。其中，城镇居民人均猪肉消费量由32千克上升到33千克，增加1千克，年均增长0.53%；农村居民人均猪肉消费量由24千克上升到25千克，增加1千克，年均增长1.01%。

贸易趋势。2020年中国猪肉净进口量为65万吨，较2018年的87万吨下降22万吨，年均降幅为13.69%。

16.5.2 长期产业发展形势分析（2018～2035年）

长期来看，受资源环境约束趋紧等因素影响，中国生猪生产增长压力将越来越大；经济增长对猪肉消费的拉动作用减弱，人口总量增速及人口结构的变化也将导致猪肉消费增幅下降，猪肉需求增长潜力变小；中国改革开放的步伐将越来越快，猪肉净进口数量将有所增加（见表16－9）。

生产趋势。2035年中国猪肉产量将达到6286万吨，较2018年的5431万吨增长855万吨，年均增长0.86%。长期来看，中国生猪生产将从“十二五”期间2%以上的年均增长率，下降为后期的1%以下，生产呈缓慢增长态势。

需求趋势。2035年中国猪肉总需求量将达到6572万吨，较2018年的5519万吨增长1053万吨，年均增长1.03%。2018～2035年，中国居民人均猪肉消费量由29千克上升到35千克，增加6千克，年均增长1.07%。其中，城镇居民人均猪肉消费量由33千克上升到37千克，增加4千克，年均增长0.73%；农村居民人均猪肉消费量由24千克上升到30千克，增加6千克，年均增长1.23%。农村居民人均猪肉消费量增长速度快于城镇居民。长期来看，中国猪肉总需求将从“十二五”期间2%以上的年均增长率，下降为后期的1%左右，消费需求增速放缓。

贸易趋势。2035年中国猪肉净进口量为286万吨，较2018年的87万吨增长199万吨，年均增长7.23%。可以看出，长期来看中国猪肉净进口量将总体呈增加趋势。

16.6　结论与政策建议

16.6.1　结论

从生产的角度看，中国生猪养殖呈现以下特点：一是生猪生产水平快速提高；二是区域差异较为明显；三是养殖集中度有所增加；四是散养户刚性退出；五是规模养殖比重持续提升；六是养殖盈利波动较大。

从消费的角度看，中国猪肉消费呈现以下特点：一是猪肉消费在中国肉类消费中占据主导地位；二是猪肉消费快速增加；三是猪肉消费城乡差距较为明显。

从贸易的角度看，中国猪肉贸易呈现以下特点：一是猪肉出口量保持在较低水平；二是猪肉进口量总体呈增加趋势；三是猪杂碎进口量普遍高于猪肉进口量；四是进口来源国越来越多元化。

当前，中国生猪养殖出现了一些新的情况：一是生猪养殖北移西进，区域布局发生变化；二是散养户刚性退出，中小规模养殖户补栏将为谨慎；三是规模企业快速扩张，产能逐渐释放；四是消费提档升级，消费者更加注重质量；五是养殖效率偏低，产业发展长期面临国际市场压力；六是环保的影响将长期存在，但影响较前几年弱。

未来，受资源环境约束趋紧等因素影响，中国生猪生产增长压力将越来越大。从消费方面看，经济增长对猪肉消费的拉动作用减弱，人口总量增速及人口结构的变化导致猪肉消费增幅下降，中国猪肉需求增长潜力变小。综合分析生产增长潜力和消费增长空间，考虑产业发展短期和长期影响因素，本章运用中国产业模型对生猪市场供需情况进行了模拟。结果表明，今后一段时期中国生猪生产缓慢增长、猪肉消费增速放缓、猪肉进口总体增加，猪肉产品供需总体可以保持基本平衡。

开征环保税模型模拟结果表明，不同环保成本增长幅度对猪肉生产和消费需求影响不大，对猪肉净进口量影响相对较大。按 0.61%、1.21% 和 1.82% 的环保成本增长幅度模拟，猪肉净进口量将分别增加 4.87%、9.62% 和 14.41%。

16.6.2 建议

第一，推进标准化规模养殖，提高饲养管理水平。继续实施生猪标准化规模养殖场（小区）建设项目和标准化养殖扶持项目，完善生猪调出大县奖励政策，大力发展生猪适度规模养殖，支持养殖场基础设施改造，改进养殖工艺，应用先进养殖技术，提高生猪综合生产能力。深入开展生猪养殖标准化示范创建活动，完善生猪规模养殖标准，推进人工授精、猪舍环境控制、自动饲喂等高效适用生产技术的集成创新与推广，切实发挥示范场的辐射带动作用。通过标准化规模养殖，实现节本增效。

第二，实行反周期调控策略，减小生猪价格波动幅度。根据生猪生产和市场波动的周期性规律以及国内外应对生猪波动的经验，要想使生猪波动控制在一定的范围内，就必须对生猪波动实行反周期逆向调控政策。具体做法是，建立生猪收购保护价制度，在生猪价格处于低谷时，及时按保护价实行收购；在生猪价格处于高位时，适度抛出库存平抑市场价格。保护价的制定以生猪养殖盈亏平衡时的猪粮比为标准，当猪粮比低于此标准时，政府及时入市，收购生猪，扶持养殖户渡过难关。

第三，推进产业化经营，降低经营成本。以提高产业效益为核心，着力培育新型经营主体，理顺产业链利益联结机制，加快构建多种形式的产业化经营模式，加强市场体系建设，促进一、二、三产业融合发展。加大对新型经营主体的扶持力度，现有生猪产业发展扶持政策向新型经营主体倾斜，引导建立以大型企业为龙头、农民专业合作组织和社会化服务组织为纽带，以适度规模养殖场为主体的产业体系。发挥龙头企业资金、技术优势，发展订单养殖，建立股份合作等经营形式，促进企业与养殖场户建立紧密的利益联结机制。

第四，采取综合措施，构建生猪产业发展的长效机制。首先，加快生产方式转变，推动规模养殖场和养殖小区的标准化改造，扩大规模养殖场的生产能力。其次，大幅度提高生猪疫病防控能力，强化对生猪高致病性蓝耳病、猪瘟和口蹄疫等主要生猪疫病的基础免疫工作，提高疫苗免疫覆盖率。最后，对养殖业采取扶持政策，尽快对生猪业全面实行政策性保险制度，对养猪业，特别是规模化养殖场提供贴息贷款，适时推出生猪期货，实现稳定增产增收。

第17章

肉鸡产业

主要观点：

● 消费低迷、产能过剩，供给大于需求，产品价格大起大落。

● 环保政策对肉鸡产业的影响主要集中在生产和贸易方面，对需求的影响几近为零。

● 短期来看，受中国经济增速换挡、环保压力加大、消费市场低迷，以及动物疫病不可预期性冲击等多重因素叠加影响，中国肉鸡产业走出低迷期尚需一定时间。

● 长期来看，未来随着城乡居民收入水平的持续增长，以及城镇化水平的进一步推进，肉鸡产品消费仍有较大提升空间。在消费增长的带动下，中国肉鸡产业仍将有较大发展潜力。

● 在当前中国肉鸡产业发展的调整期，中国肉鸡产业发展需要以质量强农、品牌兴农、绿色发展为导向，深入推进肉鸡产业供给侧结构性改革，实现肉鸡产业发展提质增效，从而增强应对市场波动的能力，保障肉鸡产业有序、健康、持续发展。

17.1 引言

肉鸡产业具有饲料转化率高、产品蛋白含量高、市场化程度高、产业化水平高、节能减排效果好等显著优势。“十二五”以来，中国肉鸡产业受H7N9流感疫情、食品安全事件等影响，消费持续低迷，生产反复受挫，价格大起大落。2017年，中国肉鸡产业产能控制取得实效，产业有序发展的良性机制建设逐步推进，但消费市场景气度仍旧不高，产业尚未走出低迷期。本章基于历史基础数据，模拟了环保政策对肉鸡产业发展的影响，并综合考虑短期和长期影响因素，重点预测了2020年和2035年两个关键节点期的肉鸡供需形势。短期内，在中国经济增速换挡、环保压力加大、消费市场低迷，以及动物疫病不可预期性冲击的背景下，中国肉鸡产业发展仍面临来自消费和生产的双重压力，以质量强农、品牌兴农、绿色发展为导向，深入推进肉鸡产业供给侧结构性改革的任务依然紧迫而艰巨。长期来看，随着城乡居民收入水平的持续增长，以及城镇化水平的进一步推进，在消费增长的带动下，中国肉鸡产业仍将有较大发展潜力。

17.2　肉鸡产业发展形势

17.2.1　生产发展形势

1. 种鸡规模逐渐趋稳

进入“十二五”以来，中国肉种鸡规模持续高位，直至2013年国内H7N9流感疫情多次出现使中国肉鸡产业发展受挫，以及2014年以来国际禽流感持续暴发导致白羽肉鸡引种受阻，种鸡规模逐渐下降趋稳。

白羽肉鸡方面，2014年11月以来国际禽流感持续爆发，中国在2015～2017年相继对美国、法国和波兰的禽类及相关产品进口采取封关措施，引种严重受阻，前几年引种量连续扩张所导致的产能过剩问题也因此有所缓解（见表17－1）。2016年11月曾祖代白羽肉种鸡的引进使得国内白羽肉鸡种源供应受国际禽流感的威胁大幅降低。2017年因祖代肉种鸡可国内自主供种，祖代肉种鸡更新总量远超上年同期。根据中国畜牧业协会监测数据，2017年全年更新总量达到68.71万套，较2016年增加7.6%。祖代白羽肉种鸡平均存栏量为119.6万套，相比2016年上升7.3%。其中，在产存栏79.4万套，后备存栏40.2万套。父母代种鸡供应稳定，平均规模为4148.3万套。其中，在产2929.0万套，相比2016年下降5.9%；但由于2017年市场需求疲软，父母代肉种鸡在4月和10月进行了两次产能调整，在产存栏量从年初的3500万套降至年末的2184.7万套。

表17－1　　2010～2017年中国白羽祖代肉种鸡国外引种数量

年份	进口数量（万套）	进口金额（万美元）
2010	96.95	3138.30
2011	118.18	4224.92
2012	138.20	4261.01
2013	154.16	5070.03

续表

年份	进口数量（万套）	进口金额（万美元）
2014	118.08	3815.55
2015	72.02	2196.32
2016	63.86	2895.92
2017	48.33	1865.32

资料来源：中国畜牧业协会、中国海关相关数据。

黄羽肉鸡方面，受 2016 年行业产能快速扩张以及 2017 年初 H7N9 疫情导致消费大幅下滑两方面因素的影响，2017 年上半年连续 6 个月持续亏损和产品滞销，龙头企业被迫再启减产行动。2017 年黄羽祖代肉种鸡存栏水平从年初高峰逐渐回落，根据中国畜牧业协会监测数据，2017 年全国在产祖代种鸡平均存栏量为 121.0 万套，相比 2016 年减少 6.0%；在产父母代种鸡平均存栏量约为 3491.5 万套，相比 2016 年减少 5.0%，且呈全年逐步减少趋势。

总体来看，白羽和黄羽祖代、父母代种鸡在产存栏均保持在均衡线以上，种源供应有保障。

2. 肉鸡生产反复受挫

1978～2010 年，中国肉鸡生产一直呈现总体持续上升的趋势，进入“十二五”后，中国肉鸡生产呈现出明显“M 形”波动。2013 年以来人感染 H7N9 流感疫情多次发生，是影响肉鸡生产波动的主要因素。此外，2014 年《畜禽规模养殖污染防治条例》实施以来，环保力度不断增强，2017 年又是《水污染防治行动计划》实施后各地禁养区划定及禁养区内养殖场拆迁的最后期限，也是禁养区内养殖场关闭拆迁较为集中的一年，多因素叠加，养殖户持续大量退出。根据农业农村部对 60 个生产大县（市、区）的 300 个行政村 1460 户肉鸡养殖户月度定点监测数据分析，2017 年监测肉鸡累计出栏数相比 2016 年下降 7.07%，但由于出栏肉鸡体重增加，2017 年肉鸡产量下降幅度不及出栏量，下降 5.39%，2017 年中国肉鸡产量为 1208.53 万吨（见图 17－1）。

3. 规模化程度不断提高

如图 17－2 所示，2000～2010 年是中国肉鸡养殖规模化发展速度最快的 10 年，按规模养殖场肉鸡出栏数量占总出栏数量的比例计算，年出栏 10000 只以上比例从 23.92% 上升到 67.91%，年出栏 50000 只以上比例从 9.49% 上升到 33.22%，分别增长 44.00 个百分点和 23.72 个百分点。进入“十二五”后，肉鸡养殖规模化程度不断提高，但发展速度有所放缓。2017 年，年出栏 10000 只以上比例超过 75%，年出栏 50000 只以上比例超过 45%。

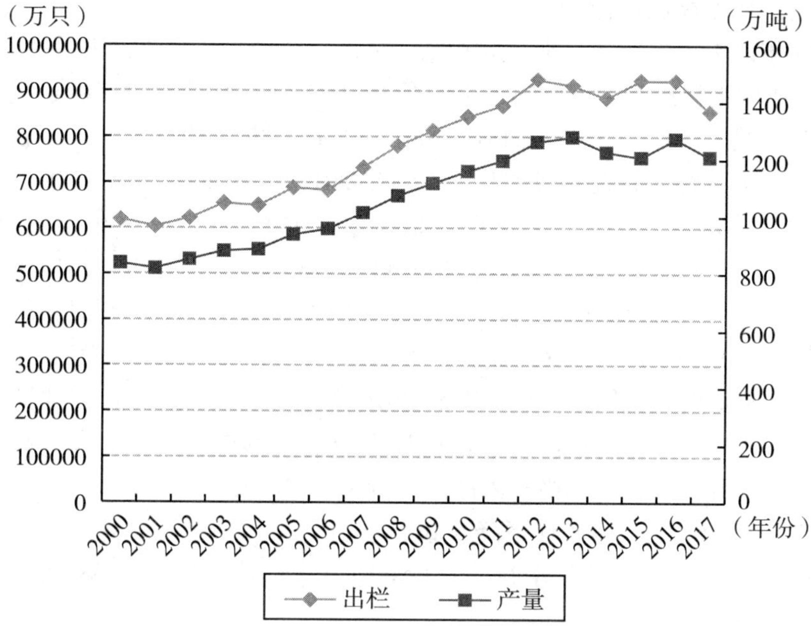

图17-1　2000~2017年肉鸡出栏数量和产量变化情况

资料来源：《中国畜牧业统计》历年数据。

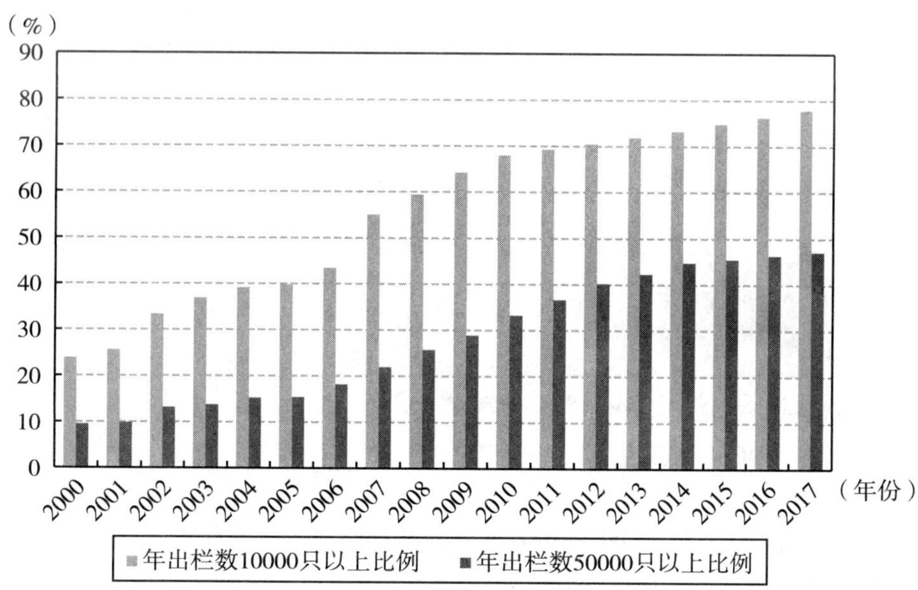

图17-2　2000~2017年中国肉鸡规模化出栏比例变化情况

资料来源：《中国畜牧业统计》历年数据。

4. 生产成本高位运行

1978年以来，中国肉鸡生产成本总体呈现持续增长的趋势，进入“十二五”以来，增速放缓且有波动，但肉鸡生产成本总体处于1978年以来的最高位（见图17-3）。肉鸡生产成本中，饲料费用和人工成本约占80%。“十二五”以来，饲料成本变动不大；但人工成本增长较快，2017年较2011年增长了78.57%。2017年肉鸡养殖生产成本整体下降。根据农业农村部对60个生产大县（市、区）的300个行政村1460户肉鸡养殖户月度定点监测数据分析，2017年肉鸡生产饲料转化率相比2016年提升约2.1%。其中，白羽肉鸡养殖饲料转化率为1.74，相比2016年的1.79继续减少，中国白羽肉鸡养殖生产效率已经接近国际先进水平；黄羽肉鸡整体为3.02，相比2016年的2.81虽有升高，但剔除年初产品滞押和慢速型占比提升这两个因素后计算养殖饲料转化率为2.78，相比2016年还是略有降低。受饲料价格整体低位运行及饲料转化率提升两方面利好因素影响，2017年肉鸡养殖成本整体下降6.61%。其中，白羽肉鸡养殖成本平均6.75元/千克，相比2016年下降18.11%；黄羽肉鸡养殖成本平均11.38元/千克，相比2016年增加2.70%。

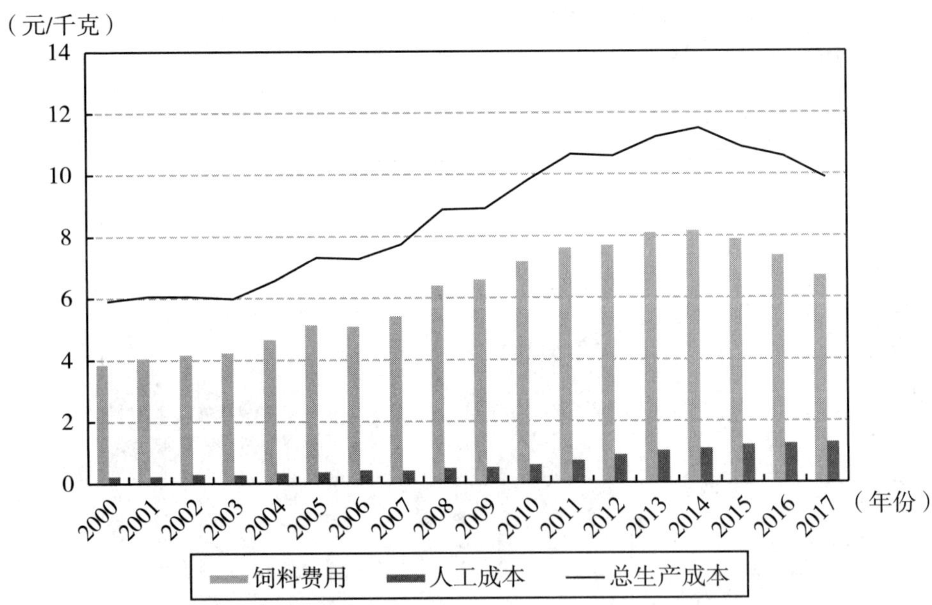

图17-3 2000~2017年中国肉鸡生产成本变化情况

注：2017年为根据农业农村部监测情况推算数据。

资料来源：《全国农产品成本收益资料汇编》历年数据。

17.2.2 消费发展形势

1. 消费增长几近停滞

改革开放后，特别是1984～1985年的畜牧业流通体制改革，使得中国畜牧业快速发展，畜产品供给迅速增加，再加之居民收入水平的提高，中国城乡居民对肉类产品的消费明显增加，其中家禽产品，尤其是鸡肉消费的增长最为明显，鸡肉已经成为仅次于猪肉的第二大肉类消费品。2013年人均鸡肉消费达到最高点9.48千克。2013年以来，受H7N9流感疫情、食品安全事件、国民经济下行等因素影响，肉鸡消费持续低迷，消费增长几近停滞，甚至负增长。2017年人均消费8.69千克，较上年下降6.86%，接近2011年水平（见图17－4）。

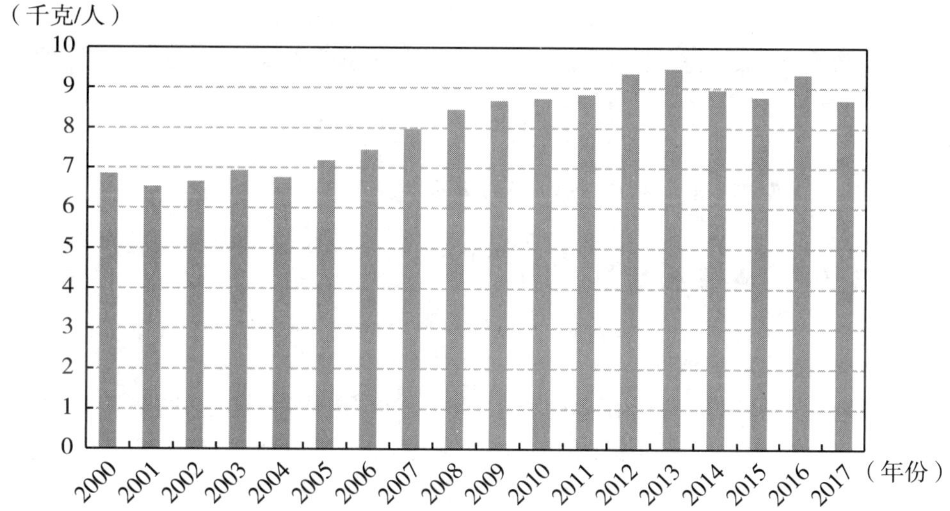

图17－4 2000～2017年中国肉鸡人均消费量变化情况

资料来源：《中国统计年鉴》历年数据及作者整理。

2. 城乡消费差距显著

改革开放以来，城乡居民人均鸡肉消费差距呈现出先增后减的趋势。2011年以前，由于城镇居民人均鸡肉消费水平增长快于农村居民，城乡居民人均消费差距总体呈扩大趋势；2012年以来，城乡居民人均鸡肉消费差距明显缩小。2017年城乡居民人均鸡肉消费差距从2011年的8.16千克缩小到2.53千克。差距缩小的主要原因是，近几年H7N9流感疫情、食品安全事件以及宏观经济增速减挡等外界因素对城镇居民鸡肉消费影响尤为显著。2012～2013年城镇居民人均鸡肉消费水平近乎断崖式下降，且后期恢复非常缓慢，而农村居民鸡肉消费受上述因素影响相对较小，农村居民人均鸡肉消费水平总体上保持小幅上升趋势

（见图 17－5）。

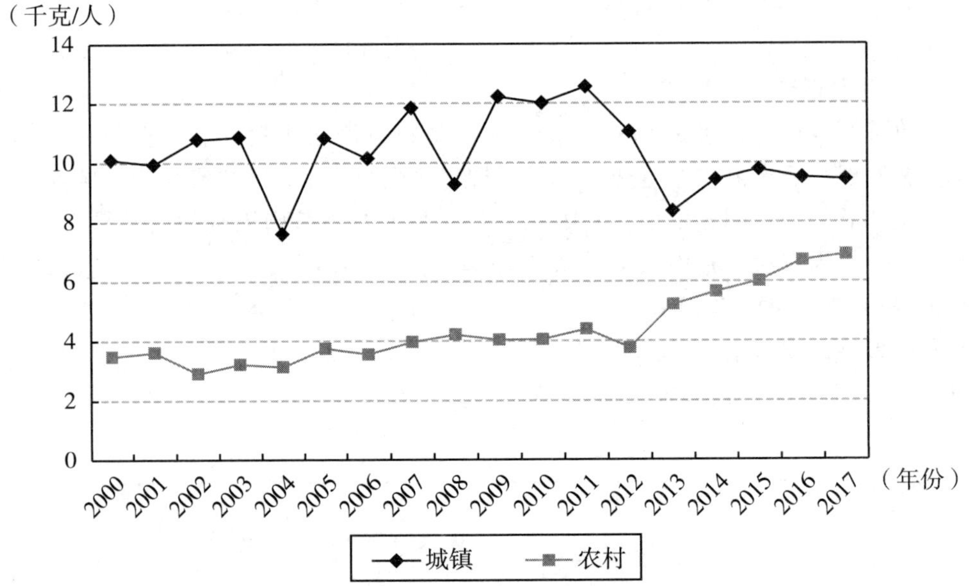

图 17－5　2000～2017 年中国城乡居民人均鸡肉消费量变化情况

17.2.3　贸易发展形势

1. 贸易量逆差为常态

中国肉鸡产品出口数量在 20 世纪 90 年代经历了一个迅速增长阶段，2000 年以来一直保持相对稳定（见图 17－6）。中国肉鸡进口数量在 1999 年实现大幅度突增，进口量从明显低于出口量转为明显大于出口量，自此，除个别年份外，肉鸡产品贸易量逆差成为常态。2010 年以后，由于中国对进口美国肉鸡产品实行反倾销、反补贴“双反”措施，进口量有所减少。2017 年中国肉鸡产品进口数量 45.05 万吨，出口数量 43.07 万吨。但由于进出口结构不同，中国肉鸡产品贸易进口金额明显低于出口金额。2017 年，中国肉鸡产品进口金额 102825.63 万美元，出口金额 145664.71 万美元（见图 17－7）。

2. 进出口结构差异显著

肉鸡产品出口方面，出口产品结构在不同年份虽有变动，但冻鸡块、肉鸡加工品一直是中国肉鸡出口的主要产品。2017 年，其他制作或保藏的鸡腿肉所占比重最大，占肉鸡出口总量的 27.71%，其他冻鸡块占比为 23.73%。肉鸡产品进口方面，2005 年以前主要以冻鸡块、鸡杂碎为主，从 2005 年起以冻鸡爪和冻鸡翼为主。2017 年，冻鸡翼（不包括翼尖）所占比重最大，占肉鸡进口总量的 43.37%，其次是冻鸡爪，占比 31.05%（见表 17－2）。

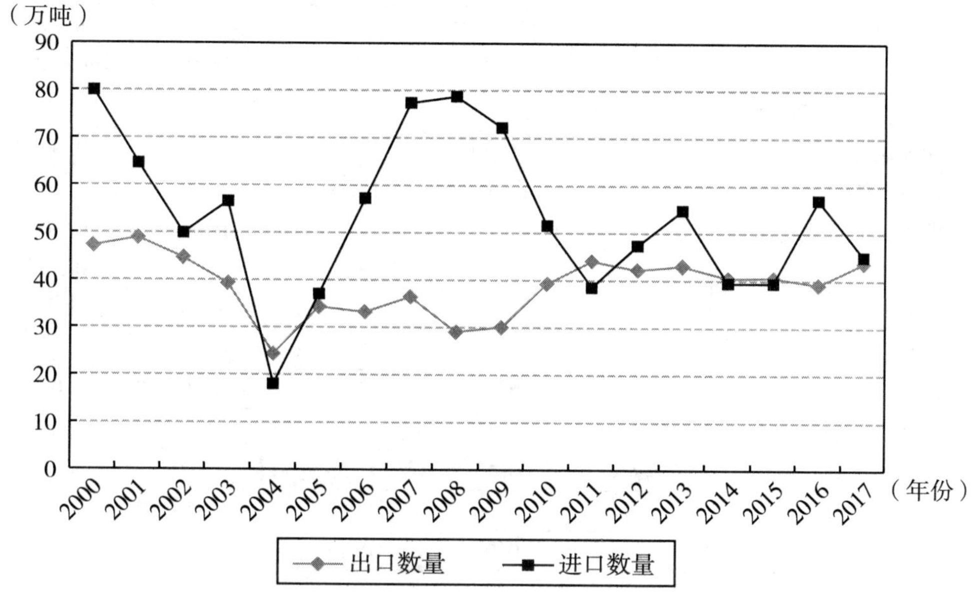

图17-6　2000~2017年中国鸡肉进出口数量变化情况

资料来源：中国海关数据。

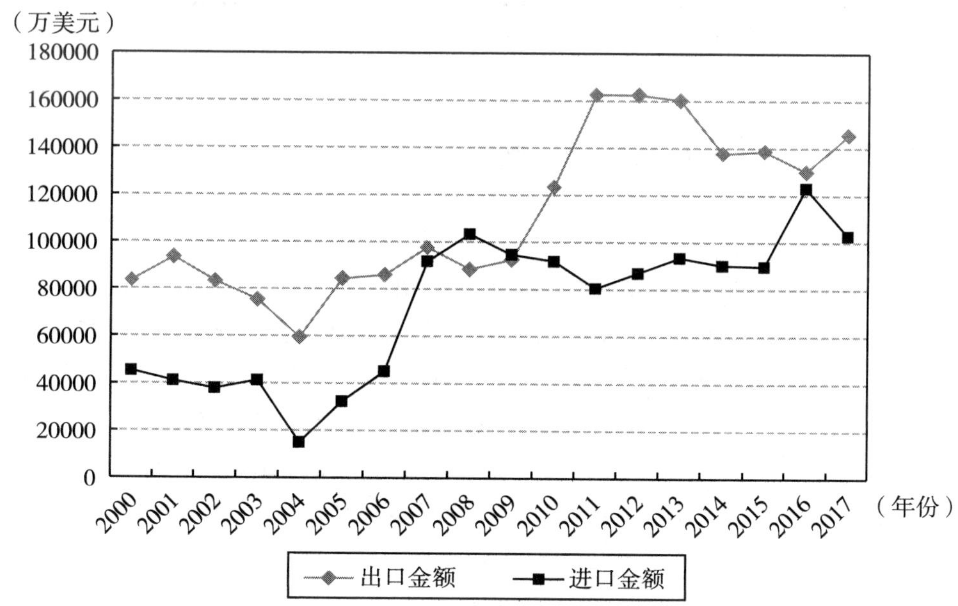

图17-7　2000~2017年中国鸡肉进出口金额变化情况

资料来源：中国海关数据。

表 17－2　　2017 年中国肉鸡产品进出口结构

	出口数量（万吨）	出口占比（%）	进口数量（万吨）	进口占比（%）
其他制作或保藏的鸡腿肉	12.11	27.71	0.01	0.02
其他冻鸡块	10.37	23.73	0.03	0.06
整只鸡，鲜或冷的	6.51	14.90	0.00	0.00
其他制作或保藏的鸡胸肉	6.19	14.17	0.00	0.00
其他制作或保藏的鸡肉及食用杂碎	5.71	13.08	0.00	0.01
冻的带骨鸡块	1.90	4.36	7.36	16.33
整只鸡，冻的	0.28	0.64	0.11	0.23
鸡罐头	0.17	0.38	0.00	0.00
冻鸡翼（不包括翼尖）	0.16	0.37	19.54	43.37
其他冻鸡杂碎	0.15	0.35	4.02	8.91
鲜或冷的带骨鸡块	0.06	0.13	0.00	0.00
其他鸡，改良种用除外	0.05	0.13	0.00	0.00
鲜或冷的其他鸡杂碎	0.01	0.03	0.00	0.00
其他鸡，重量≤185 克	0.01	0.02	0.00	0.00
冻鸡爪	0.00	0.00	13.99	31.05
鸡及产品	43.70	100	45.05	100

注：种鸡不包括在内。

资料来源：中国海关数据。

17.2.4　供需平衡及价格形势

1. 消费低迷产能过剩

经历了改革开放前期约 35 年的高速发展期，中国肉鸡产业持续向集团化发展，大企业集团在产业中所占比重不断加大。大企业为了自身能够快速扩张，在缺乏全行业系统研究和协调的背景下，不断扩大生产能力，再加之小养殖场（户）因有利可图更是盲目跟进，结果导致供给增长大大快于消费增长。这一矛盾在 2013 年 H7N9 流感疫情第一次出现之后明显的表现出来，从种鸡到商品鸡，产能过剩问题都较为突出。近两年国内肉鸡产业在产能控制上取得实效，产业有序发展的良性机制建设逐步推进，但受消费市场景气度不高影响，供大于需的状况仍将持续一段时间。

2. 产品价格大起大落

近几年受 H7N9 流感疫情、食品安全事件等因素影响，肉鸡价格大起大落的情况表现尤为突出。2017 年受年初 H7N9 流感疫情影响，活鸡和白条鸡价格没有延续 2016 年整体高位运行的较好态势，上半年市场行情直线下跌；下半年随着 H7N9 流感疫情影响的逐渐消退，产品价格逐渐回升。根据农业农村部集贸市场监测数据，2017 年活鸡和白条鸡价格变动趋势保持了高度的一致性，全年价格走势呈“U 形”，年末基本回升到年初 19 元/千克的水平（见图 17－8）。白条鸡和活鸡年度最高与最低价格差距分别达到 2. 47 元/千克和 3. 45 元/千克，年中较年初最大降幅分别达到 12. 95% 和 18. 06%。与往年价格比较，2017 年白条鸡和活鸡价格处于近三年最低位，且需要注意的是，在消费受 H7N9 流感疫情严重影响的 2017 年，这一价格水平也是靠养殖户大量退出、总体养殖规模大幅缩减支撑起来的。此外，白羽肉鸡和黄羽肉鸡价格波动趋势存在差异。根据交易市场固定跟踪监测数据，2017 年白羽肉鸡生产者价格（成鸡出栏价格）总体上明显低于 2012～2016 年的价格水平；2017 年黄羽肉鸡生产者价格（成鸡出栏价格）波动幅度非常大，年度最低价格在 3 月，价格水平接近 2012 年以来的历史最低点，年度最高点在年末，价格水平接近于 2012 年以来的历史最高点（见图 17－9）。黄羽肉鸡快、中、慢价格变动趋势基本一致（见图 17－10）。出栏价格反映的是养殖户面对的销售价格，集贸市场价格反映的是消费者面对的购买价格，上面的数据也反映出肉鸡价格波动趋势在产业链的生产和消费两端存在差异，意味着产业链中加工和销售获利在进一步加大，这一特点在 2015 年开始较为明显地显现，并一直持续到 2017 年。

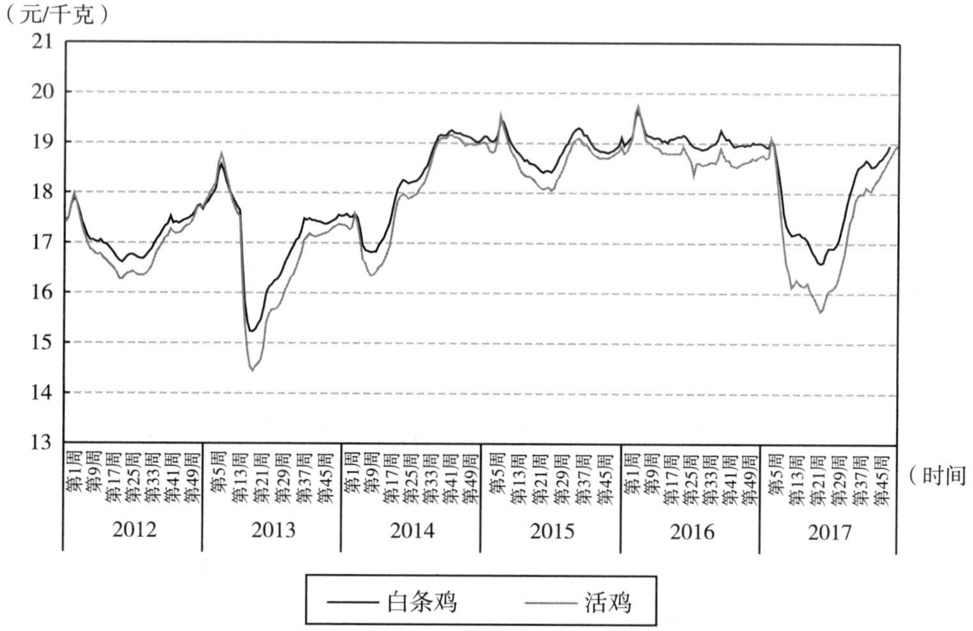

图 17－8　2012～2017 年集贸市场活鸡和白条鸡价格变动趋势

资料来源：农业农村部“畜产品和饲料集贸市场价格情况（周报）”。

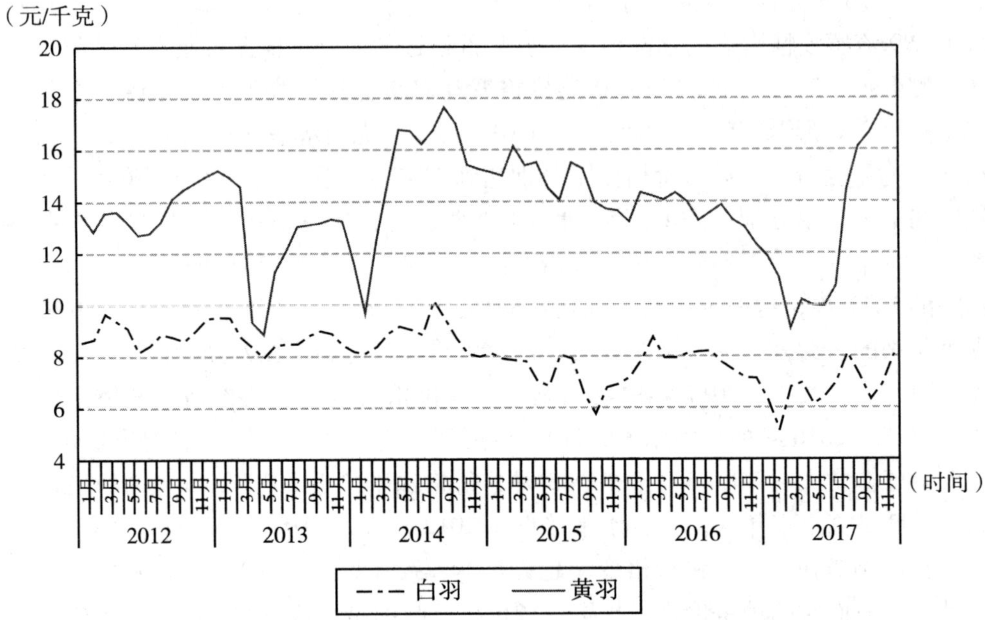

图 17 –9　2012 ~2017 年养殖户出栏肉鸡价格变动趋势

资料来源：农业农村部定点监测数据。

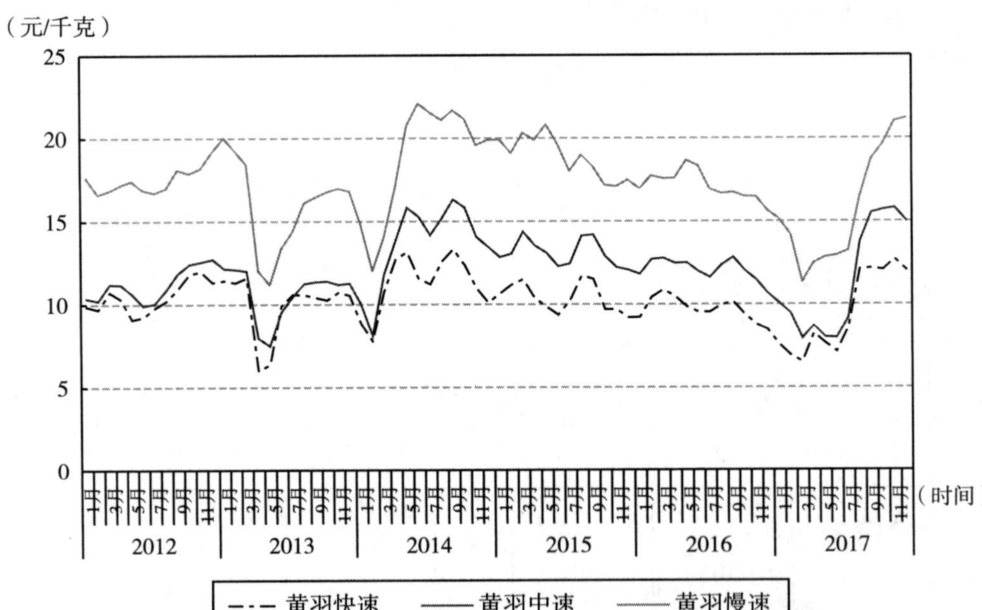

图 17 –10　2012 ~2017 年黄羽肉鸡活鸡价格变动趋势

资料来源：农业农村部定点监测数据。

17.3　肉鸡产业发展新情况及其影响分析

17.3.1　肉鸡产业地位与贡献不匹配

经过改革开放四十年的持续发展，中国已成为仅次于美国的第二大肉鸡生产国，鸡肉在中国也已经成为仅次于猪肉的第二大畜禽生产和消费品。肉鸡产业已成为中国农业和农村经济中的支柱产业，在解决农村劳动力就业、增加农民收入、保障重要农产品供给、提高人民营养水平和生活水平等方面，发挥了巨大作用。尤其是肉鸡相对于生猪、肉牛、肉羊等其他畜产品在饲料转化率等方面具有明显优势，肉鸡生产和消费在肉类生产和消费中比重的提升有助于粮食节约，有助于保障国家粮食安全；同时，由于养殖周期短、销售价格低等优势，肉鸡在缓解中国畜产品供给压力方面发挥着越来越重要的作用。多年来，虽然国家和地方政府对肉鸡产业发展的重视程度在不断提高，但仍然与肉鸡产业在畜牧业发展中的重要地位不相匹配。进入“十三五”阶段，《全国生猪生产发展规划（2016～2020 年）》和《全国草食畜牧业发展规划（2016～2020 年）》先后发布，从国家层面为生猪、肉牛、肉羊发展做出规划指导，但肉鸡产业发展规划一直处于缺失状态。

17.3.2　供给侧改革的紧迫感和行动力不足

现阶段，中国已经进入了中等收入国家行列，国民的消费观念、消费能力、消费需求都较之以前发生了显著变化，但肉鸡产业在产品供给端仍然存在着与需求端明显不相适应的问题，尤其是在保障产品质量安全、打造优质品牌和产品适合国人消费喜好等方面，都存在较大差距。这些问题都亟须通过供给侧改革加以解决，而目前肉鸡产业领域对供给侧改革的重大意义和迫切性的认识明显不够到位，改革的行动力不足。

17.3.3　缺乏保持肉鸡产业良性发展的有效机制

随着中国肉鸡产业从弱到强的迅速发展，产业规模盲目扩张的特点逐渐凸显，尤其是引种规模的急剧膨胀导致产业产能严重过剩，整个行业效益下滑。2015～2017 年来，白羽肉鸡联盟成立后充分发挥引导和协调作用，加之因国际禽流感“封关”，引种量大幅减少，产能压缩逐步见到成效。但是，随着鸡苗供应，尤其是父母代鸡苗供应开始向卖方市场倾斜，鸡苗价格多次出现非理性上涨的苗头。目前，肉鸡产业在引种和规模发展上尚缺乏有效的调控机制。如果促进行业持续、有序、健康发展的良性机制不尽早建立，未来在对世界主要种源输出国"封关"措施取消之后，行业无序发展的状况恐将难以避免。

17.3.4 H7N9 流感疫情冲击产业发展

疫病疫情是养殖业最大的不确定因素，给整个产业带来巨大的经济损失。2013 年和 2014 年的人感染 H7N9 流感疫情给家禽产业带来巨大损失，2015 年和 2016 年 H7N9 流感疫情逐渐消退，产业发展逐步回归正轨。但在产业恢复仍然没有完全到位之时，2017 年初 H7N9 流感疫情再次出现，又一次复制了 2013 ~ 2014 年家禽产业的损失和萧条。一方面，由于 H7N9 本身的影响，疫情发生当时和之后相当长的一段时期内，来自生产扑杀和消费低迷的两方面损失并存，导致全国整个肉鸡养殖行业亏损高达上千亿元；另一方面，尽管卫计委、农业农村部已经不再将 H7N9 命名为"禽流感"，而是定名为"H7N9 流感"或者"H7N9 病毒"，但是部分媒体仍然以"禽流感"之名进行报道，矛头直指家禽，造成消费者恐慌，导致肉鸡消费市场长期反复受挫，带来的损失更是难以估量。长期来看，H7N9 流感疫情的不可预测性仍为肉鸡产业的稳定持续发展带来极大的隐患。

17.3.5 白羽肉鸡种源依存度过高

全球主要有罗斯、科宝、哈伯德、爱拔益加、印第安河等几大白羽肉鸡品种，这些优质品种是科学家历经百年的科研成果，体现了现代遗传育种科技发展的先进性。目前，中国还没有培育出生产性能优良的白羽肉鸡品种，白羽肉种鸡全部依靠进口。一方面，从短期来看，依靠进口种源可以降低中国自身的育种成本和压力，引种企业可以从中赚取巨大利润；但从长期来看，一旦肉种鸡主要供给国发生禽流感，中国白羽肉种鸡引种就会受到限制，产业发展受到严重阻碍。另一方面，种源是畜牧业价值链的高端，2010 ~ 2014 年中国每年在引种方面支付给国外白羽肉鸡育种公司的费用均在 3000 万美元以上，其中 2013 年甚至超过 5000 万美元，并且对国外种源百分之百的进口依赖极易加剧父母代、商品代的价格波动。无论是从产业稳定发展考量，还是从国家长远战略考量，都需要大力推动白羽肉鸡育种工作。

17.3.6 环保治理影响大

近几年养殖污染治理和管控力度逐步加大，但在资源化实际利用过程中，畜禽粪便等优质肥料资源利用率较低；再者，随着环保减排目标的推进，各地政府相继出台“煤改气”政策，这些因素都提升了畜禽养殖成本，使得养殖场（户）利润空间大幅缩减。此外，2016年12月国务院正式印发《“十三五”生态环境保护规划》，强调在2017年底前，各地域依法关闭或搬迁禁养区内的畜禽养殖场（小区）和养殖专业户，相当一部分养殖场（户）不得不因此关闭。环保政策密集出台，养殖业压力持续加大。

17.3.7 标准化规模养殖设施和技术落后

虽然随着中国肉鸡产业的持续发展，肉鸡标准化规模养殖已经有了很大程度的提高，但是标准化养殖设施不配套，养殖技术凭经验的情况普遍存在于中国肉鸡养殖业中，造成商品肉鸡的养殖水平较为低下，进而导致养殖效益低下。美国、欧洲、日本等发达国家肉鸡养殖中相关的鸡舍尺寸、自动通风和湿度控制等关键饲养技术都是通过大量的实验验证，从而得到的最佳解决方案，而中国肉鸡饲养设施设备和关键参数大都没有经过严谨有效的实验检验。标准化规模养殖设施和技术落后已经成为阻碍中国肉鸡生产水平和生产效益提升的重要因素。

17.3.8 鸡肉产品消费疲软

2013~2014年畜禽产品消费持续低迷，2015年畜禽产品消费市场开始逐步回归正常增长轨道，但2016~2017年消费再次进入低迷期。根据农业农村部对全国50家重点批发市场监测数据，2016年畜禽产品周交易量较2015年下降24.50%，2017年又较2016年下降11.97%（见图17-11）。中国每年有600万~700万的新增人口，每年还有1000万的城镇化人口，这对肉鸡消费有正面刺激作用。但是，一方面，国民经济增速逐步趋缓，GDP增速减挡，经济下行压力不断加大，肉鸡需求受到很大影响；另一方面，2013年以来中央提倡的崇尚节俭使社会风气好转，但客观上对包括肉鸡在内的整个畜禽产品消费也形成了一定影响；此外，H7N9疫情、食品安全事件的发生，以及消费者对鸡肉产品不科学的认识和媒体不恰当的宣传，均是制约消费的重要因素。上述多重因素的综合作用，造成近几年来中国鸡肉产品的受欢迎度一直提升缓慢。消费市场不景气对肉鸡产业的繁荣发展形成较大阻力。

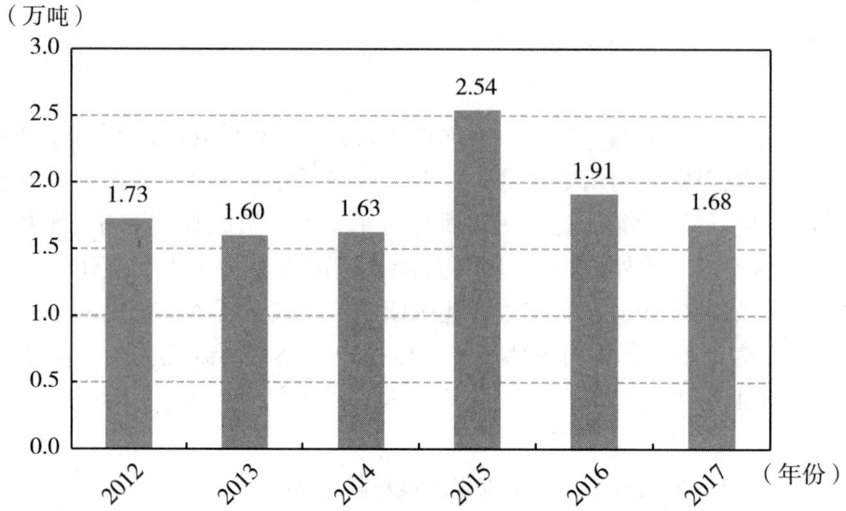

图 17-11　2012～2017 年全国 50 家重点批发市场畜禽产品周交易量变化情况

资料来源：农业农村部“国内外农产品市场动态（周报）”。

17.4　环保政策对肉鸡产业发展影响的模拟分析

17.4.1　模拟的政策背景

环保政策密集出台。由于长期以来环境保护滞后，畜牧业在大规模发展的同时，给养殖场周围环境造成了不同程度的污染。国务院于 2014 年 1 月 1 日起开始实施《畜禽规模养殖污染防治条例》，这是国家第一部专门针对畜禽养殖污染防治的法规性文件；随后，国务院于 2015 年相继发布实施《环保法》《水污染防治行动计划》；2016 年 12 月国务院正式印发《“十三五”生态环境保护规划》，强调在 2017 年底前，各地域依法关闭或搬迁禁养区内的畜禽养殖场（小区）和养殖专业户；2018 年 1 月 1 日，中国首部“绿色税法”《中华人民共和国环境保护税法》正式实施。国家层面明显加强了对畜牧业生产发展迅猛所带来的环境承载压力增大、畜禽养殖污染问题的治理和管控力度。

环保政策加大养殖成本。在资源化实际利用过程中，由于畜禽粪便等废弃物资源密度低，收集、处理、利用等环节增值空间小；制造、购买、使用以畜禽粪便为原料的有机肥优惠政策不足，生产者和使用者盈利空间小，甚至可能亏钱，生产者和使用者效益通常明显低于长期享受更多政策优惠和扶持的化肥。上述因素直接导致畜禽粪便等优质的肥料资源无法得到充分利用，畜禽养殖成本明显抬升，养殖场户利润空间大幅缩减。再者，由于相关条例明确了禁养区划分标准，并明确要求 2017 年底前依法关闭或搬迁禁养区内的畜禽养殖场（小区）和养殖专业户，故近几年，尤其是 2017 年，有相当一部分养殖场（户）因此退出。此外，出于治理大气污染的需要，多地已相继出台规定，养殖取暖必须由燃煤改为燃气，煤改气导致养殖取暖成本明显上升，同时许多养殖场（户）因所在位置不具备通气条件，灌装燃气的运输成本和恶劣天气下的燃气及时供应都给养殖场（户）增加了压力。除了上述几方面的直接影响外，环保治理所带来的间接成本也在大量增加。例如，广西地区 2016 年以来鸡苗纸箱价格就因纸箱生产企业环保成本提高而增长了 1 倍以上。这些因素大幅增加了养殖成本，缩减了养殖利润空间。

17.4.2 模拟方案设计

环保政策对肉鸡养殖场（户）的影响有直接和间接两大方面：直接影响主要是环保税征收、粪污处理设备购置、煤改气成本上升等；间接影响主要是因生产要素供应方因环保治理成本增加而导致的生产要素投入价格上涨。

《环境保护税法》对大气污染物、水污染物、固体废物和噪声四类污染物征收环保税。大气污染税额为每当量 1.2 ~ 12 元，水污染税额为每当量 1.4 ~ 14 元，固体废物污染税额为每吨 5 ~ 1000 元，噪音污染按超标分贝数税额为每月 350 ~ 11200 元。对肉鸡产业来讲，征收标准为鸡存栏量大于 5000 羽，污染当量值按 30 羽 1 当量计算，5000 羽肉鸡应该缴纳金额 5000/30 ×（1.2 + 1.4）= 433 元。环保税并不是所有养殖场都需要缴纳，符合以下四种情况的养殖场将予以免税。一是非生产经营行为的养殖场，即不对外经营（也就是不以赚钱为目的）的养殖场，例如用于科研、个人或单位食用等。二是非规模化养殖场。没有达到征收标准的非规模化养殖场，可以不用缴纳环保税，这也是对农村小型养殖场的一种变相扶持。三是对粪污进行综合利用的规模化养殖场。已经达到征收标准的规模化养殖场，可对粪污进行综合处理利用，这种情况下可申请进行免税。四是不直接向环境排放污染物的养殖场。养殖场可自行对污染物进行处理，或者将污染物排放到污水、垃圾集中处理中心等，同样可免除环保税。从实际执行情况来看，免征环保税的养殖场（户）占绝大部分比例。因此，就环保税征收本身来讲，对肉鸡产业的影响并不显著。但是，从环保政策所有直接和间接影响来考虑，其对肉鸡养殖的影响是不可忽略的。

本章以 2016 年为基准方案，按照环保政策对养殖成本提升 5%、3%、1%，即高、中、低三种方案，设置环保政策对养殖成本的影响程度，模拟环保政策对肉鸡产业供需的影响。

17.4.3 模拟结果分析

从模拟结果来看，环保政策对肉鸡产业的影响主要集中在生产和贸易方面，对需求的影响几近为零（见表 17－3）。

表 17－3 环保政策对肉鸡产业发展影响的模拟结果

指标	基准	征税 1%	征税 3%	征税 5%
总产量（万吨）	1272.20	1267.02 （－0.41）	1256.88 （－1.20）	1247.01 （－1.98）
净进口量（万吨）	17.72	22.90 （29.22）	33.04 （86.45）	42.91 （142.14）
总消费量（万吨）	1289.92	1289.92 （0.00）	1289.92 （0.00）	1289.92 （0.00）
人均消费量（千克/人）	8.31	8.31 （0.00）	8.31 （0.00）	8.31 （0.00）

注：括号内为不同冲击方案设置下环保政策对肉鸡供需影响的比例（单位：%）。

在环保政策提升养殖成本 1% 的情景设置下，肉鸡生产受到的影响较小，肉鸡产量会因环保政策降低 0.41%，降低 5.18 万吨，净进口量将会增加 29.22%，增加 5.18 万吨。

在环保政策提升养殖成本 3% 的情景设置下，环保政策对肉鸡生产的影响开始凸显，肉鸡产量因环保政策降低 1.20%，降低 15.32 万吨，净进口量将会增加 86.45%，增加 15.32 万吨。

在环保政策提升养殖成本 5% 的情景设置下，环保政策对肉鸡生产的影响较大，肉鸡产量因环保政策降低 1.98%，降低 25.19 万吨，净进口量将会增加 142.14%，增加 25.19 万吨。

17.5 未来肉鸡产业发展趋势预测

综合考虑了短期和长期影响因素两个方面，本章对未来产业发展趋势做了预测分析，对生产、消费、贸易等进行了模拟（见表 17－4）。

表 17－4　　肉鸡产业发展趋势预测

指标	2018 年	2019 年	2020 年	2035 年
肉鸡总产量（万吨）	1284.01	1344.21	1407.27	2020.26
肉鸡净进口量（万吨）	25.04	30.25	25.67	111.62
肉鸡总消费量（万吨）	1309.06	1374.46	1432.94	2131.88
肉鸡人均消费量（千克/人）	8.40	8.79	9.12	13.78

17.5.1　短期产业发展形势分析（2018～2020 年）

受中国经济增速换挡、环保压力加大、消费市场低迷以及 H7N9 流感疫情不可预期性冲击等多重因素叠加影响，中国肉鸡产业发展势必仍将面临来自消费和生产的双重压力，产业走出低迷期尚需一定时间。

2018～2020 年，由于消费市场回暖步伐缓慢，肉鸡供需将保持相对宽松的状态。2018～2020 年，肉鸡产量将实现 4.69% 的年均增长速度，2020 年肉鸡产量将达到 1407.27 万吨；肉鸡消费将与生产保持基本同步增长速度，年均增长 4.62%，2020 年肉鸡消费量将达到 1432.94 万吨，人均消费水平达到 9.12 千克；肉鸡净进口量基本稳定，2020 年基本与 2018 年持平，达到 25.67 万吨。

17.5.2　长期产业发展形势分析（2018～2035 年）

长期来看，由于国内与国际肉类消费水平及肉鸡产品消费水平相比还有较大差距，未来随着城乡居民收入水平的持续增长，以及城镇化水平的进一步推进，肉鸡产品消费仍有较大提升空间，在消费增长的带动下，中国肉鸡产业仍将有较大发展潜力。

2018～2035 年，虽然肉鸡消费会有较大幅度的增长，但由于肉鸡生产亦会及时跟进，肉鸡供需仍将保持相对宽松的状态。由于国外肉鸡出口大国具有明显的价格优势，且国内外肉鸡产品消费偏好差异进一步加大了国外肉鸡出口大国的价格优势，肉鸡进口会有一定幅度增长。2018～2035 年，肉鸡产量将以 2.70% 的年均增长率保持缓慢增长趋势，2035 年肉鸡产量将达到 2020.26 万吨；肉鸡消费将与生产保持基本同步增长速度，年均增长 2.91%，2035 年肉鸡消费量将达到 2131.88 万吨，人均消费水平达到 13.78 千克；肉鸡净进口量将会有较大幅度的增长，年均增长率将达到 9.19%，2035 年净进口量达到 111.62 万吨。

17.6 结论与政策建议

17.6.1 结论

短期来看，伴随着宏观经济环境进入新常态，受环保压力加大、消费市场低迷，以及动物疫病不可预期性冲击等因素影响，肉鸡产业走出低迷期尚需一定时间。2020 年，肉鸡产量将达到 1407.27 万吨，肉鸡消费量将达到 1432.94 万吨，人均消费水平达到 9.12 千克，肉鸡净进口量 25.67 万吨。

长期来看，未来随着城乡居民收入水平的持续增长，以及城镇化水平的进一步推进，在消费增长的带动下，中国肉鸡产业仍将有较大发展潜力。同时，由于国外肉鸡出口大国具有明显的价格优势，且国内外肉鸡产品消费差异进一步加大了国外肉鸡出口大国的价格优势，肉鸡进口会有一定幅度增长。2035 年，肉鸡产量将达到 2020.26 万吨，肉鸡消费量将达到 2131.88 万吨，人均消费水平达到 13.78 千克，肉鸡净进口量 111.62 万吨。

17.6.2 政策建议

在当前中国肉鸡产业发展的调整期，中国肉鸡产业发展需要以质量强农、品牌兴农、绿色发展为导向，深入推进肉鸡产业供给侧结构性改革，实现肉鸡产业发展提质增效，从而增强应对市场波动的能力，保障肉鸡产业有序、健康、持续发展。

1. 提高肉鸡产业地位

相对于生猪、肉牛和肉羊而言，肉鸡饲料转化率更高，养殖环节更加低碳，是畜牧业中的“高效率、低污染”产业。肉鸡产业持续上升是一个世界性的发展趋势，在农业供给侧改革背景下，大力发展肉鸡产业，既符合世界畜牧业发展规律，也符合中国国情，是提升畜牧业生产效率的有效途径。建议国家从国计民生的战略高度重视肉鸡产业发展，对肉鸡产业与生猪产业、草食畜牧业一视同仁，加强对肉鸡产业发展的顶层设计，完善产业发展政策支撑体系，加大政策支持力度。

2. 完善重大流行疫病监测防控管理机制

动物疫病是造成养殖业高风险的重要因素，完善重大流行疫病监测防控管理的长效机制是应对疫病冲击的有效举措。一是对 H7N9 疫病进行仔细清查，准确把握疫病基本情况、流行规律，对疫病疫情信息报告制度和防控时间进行总结、反思和完善，建立H7N9疫病预防与防控的长效机制，依法、科学、规范防控，杜绝简单化甚至随意性地滥用行政权力禁销肉鸡产品。二是对H5N1强制免疫退出可行性和退出机制进行研究。中国家禽业从2004年开始遭受到H5N1高致病性禽流感重大打击，从2005年底开始对境内所有鸡、鸭、鹅等主要家禽实行全面强制免疫措施，虽然取得了明显防控效果，但也付出了巨额成本，国家财政长期背负沉重负担。同时，强制免疫力度的不断加大，也加速了H5亚型病毒不断变异，进而导致H5亚型禽流感疫情复杂性增强，加大了防控难度。基于此，有必要启动对于H5N1采取“全面强制免疫+扑杀”与“不强制免疫+扑杀”措施的政策效果评估，从经济成本和防控效果两方面对H5N1疫苗强制免疫退出可行性进行研判。

3. 启动肉鸡遗传育种重点研发计划

育种业作为肉鸡产业发展的物质基础，事关产业发展战略安全的保障和产业可持续发展的实现。中国肉鸡产业发展模式正在从数量增长型向质量效益型转变，目前正是加快中国白羽肉鸡育种本土化进程和黄羽肉鸡遗传改良进程的战略机遇期。面对当前中国白羽肉种鸡种源受制于人的现状，实现白羽肉鸡育种的本土化，有利于降低企业引种成本，有利于摆脱种鸡受制于人的困境；面对当前活鸡交易受限，冰鲜鸡销售将成为未来主流趋势，对现有黄羽肉鸡育种方向重新进行分析论证，进一步做好黄羽肉鸡等本土肉鸡品种的遗传改良，有利于推进肉鸡产业的供给侧改革。国家应启动白羽肉鸡遗传育种重点研发计划，加快推进实施2014年制定的《全国肉鸡遗传改良计划（2014~2025）》，鼓励科研机构和相关企业充分利用国内丰富的遗传资源，立足本土消费市场，实行差异化战略，助推适合中国消费特色的肉鸡品种的育种工作，形成多品种互补的肉鸡生产格局。

4. 推进养殖废弃物资源化利用

坚持绿色发展导向，推进养殖废弃物资源化利用，是国家环境保护战略的需要，也是实现肉鸡产业健康可持续发展的需要。要正确处理好生产生态两者之间的关系，坚持“疏堵结合、以疏为主”，绝不搞“一刀切”。既不能无视养殖污染而单纯追求生产发展，也不能不顾历史发展阶段和基本条件，因噎废食，不切实际地禁养限养，忘记畜牧业发展的“初心”。用好环境保护对畜牧业发展的倒逼作用，加快推动中国畜禽养殖业发展转型升级和提质增效，努力实现保供给和保生态的协调平衡，推动中国畜牧业走上产出高效、产品安全、资源节约、环境友好的可持续发展道路。整合现有资金，综合运用价格、财税和金融等政策，对肥、气、电等资源化产品进行价格支持和使用补贴，降低肉鸡企业环保成本，减轻企业压力，提升资源化利用企业和产品的市场竞争力。

5. 注重产品质量提升及品牌建设

保障产品质量是实现肉鸡产业可持续发展的必然要求，打造产品品牌是实现肉鸡产业不断壮大的重要举措。第一，启动肉鸡产业药残监控计划，在完善肉鸡产品和饲料产品质量安全卫生标准的基础上，建立饲料、饲料添加剂及兽药等投入品和肉鸡产品质量监测及监管体系，构建低抗甚至无抗肉鸡饲养模式，严格保障肉鸡产品质量。第二，高度重视动物福利问题，将提高动物福利纳入肉鸡产品质量提升行动日程。第三，把品牌建设作为振兴肉鸡产业的重要着力点，努力创建一批质量信得过、消费者欢迎度高的优质品牌，国家应对龙头企业的品牌创建工作给予相应政策支持，行业协会可在企业自愿的基础上，协调组成品牌联盟，由多个企业共同享有同一品牌，以减轻企业创建和维系品牌的成本。

6. 强化肉鸡生产和消费科普宣传

消费水平持续增长是实现肉鸡产业持续增长的首要动力，强化肉鸡生产和消费科普宣传是促进消费的重要途径。推广鸡肉产品有利健康的饮食理念，尤其是加大推广鸡肉“一高三低”营养特点、营养价值的宣传；普及肉鸡养殖的科学知识，尤其是加大普及消费者对于肉鸡良好的生长特性来源于遗传性能、饲料营养和饲养技术等各方面改进提升的认知，引导消费者用正确的态度认识和消费鸡肉产品。针对消费者对肉鸡产品的担心和误解，在有效开展肉鸡科普公益宣传的同时，依法加强监督、保障产品质量安全，打击恶意谣言，让消费者透明消费、放心消费，提振消费者信心。

第18章

禽蛋产业

主要观点：

● 中国禽蛋产业结构调整步伐加快，处于行业整合、转型升级阶段，养殖区域布局较为稳定，养殖规模化程度持续提升，禽蛋产量呈上升之势。

● 蛋鸡养殖成本高位运行，但养殖收益波动下滑，养殖利润波动幅度增大，利润空间变窄。

● 中国禽蛋以国内消费为主，禽蛋总消费量呈现增长态势。其中，家庭消费比重最大，而加工消费增长最快；城乡居民家庭人均消费差距明显缩小。

● 中国禽蛋市场供需形势总体较为宽松，禽蛋贸易以出口为主，长期处于顺差地位，且顺差幅度有扩大之势，进出口贸易结构和贸易对象差别显著。

● 鸡蛋价格总体呈上涨之势，供过于求的市场状态导致蛋价于2014年创历史高位后连续三年下跌；蛋价周期性和季节性波动显著，但波动周期有拉长的趋势。

● 中国禽蛋产业发展面临市场和疫病风险影响加剧，蛋鸡养殖规模化、专业化、本地化以及“西扩南下”的趋势愈加明显，“互联网+”和鸡蛋期货的影响逐渐加深，蛋品出口竞争力有待提升，环保政策约束不断强化等。

● 环保政策对禽蛋产业的影响幅度较小，主要表现为：生产者利润下降，推动产量下降；但消费者价格上涨，导致消费下降；且与加工消费相比，对食物消费的影响更加明显。

● 据预测，不论从短期还是长期来看，中国禽蛋产业供需形势总体较为宽松，仍然以净出口为主；禽蛋产量和总消费量持续增长，短期增速加快，长期增速放缓；城乡人均消费比持续下降。

● 中国禽蛋产业发展应不断增强养殖主体风险防范能力，完善风险规避机制；坚持质量兴农、绿色发展、健康养殖，提升蛋品质量安全水平；强化品牌建设，推进蛋品质量体系认证；支持发展蛋品贸易，提高蛋品国际竞争力；积极应对环保要求，有效解决粪污和病死禽无害化处理等环保问题。

18.1 引言

21 世纪后，随着消费者食品安全意识的不断提高、环保政策压力的逐步强化以及流感疫情的频繁发生，高速发展的禽蛋产业进入行业整合、转型升级阶段，产业结构调整步伐加快，行业发展形势悄然变化。“十二五”以来，中国禽蛋产业发展平稳，总体供需形势较为宽松，每年都有 10 万吨左右的净出口。中国禽蛋产量和国内总消费量均延续了前期的增长态势，但增速明显减缓；只鸡单产水平继续稳步上升，而蛋鸡养殖料蛋比则在波动中显著降低；养殖区域布局较为稳定，但养殖规模化程度持续提升；蛋鸡养殖成本高位运行，2015 年后随着饲料价格的下降有所回调；养殖收益波动下滑，利润空间变窄；农村居民家庭人均蛋品消费量增速明显加快，城乡居民家庭人均蛋品消费量差距显著缩小。2017 年，受前期产能持续过剩以及年初人感染 H7N9 疫情的严重影响，上半年蛋价断崖式下跌，加之环保政策力度加强，大量淘汰过剩及落后产能，鸡蛋产量因此略有回调。中国禽蛋产业市场和疫病风险影响加剧，蛋鸡规模化、专业化、本地化以及“西扩南下”的养殖趋势愈加明显，“互联网 +”和鸡蛋期货的影响逐渐加深，蛋品出口竞争力仍有待提升，环保政策约束不断强化。本章基于 2016 年的禽蛋产业基础数据，设计并模拟了三种环保政策冲击方案对禽蛋产业的影响，并在综合考虑短期和长期影响因素的基础上，分别就禽蛋产业生产、消费、贸易等方面的短期（2018 ~ 2020 年）和长期（2018 ~ 2035 年）发展趋势进行了预测，最后提出推动中国禽蛋产业健康有序发展的政策建议，为产业发展提供决策参考。

18.2 禽蛋产业发展形势

18.2.1 生产发展形势

1. 禽蛋产量持续增长

“十二五”以来，中国禽蛋产量保持了前期的增长态势，但增长速度明显减缓（见表 18 – 1）。2011 ~ 2017 年禽蛋产量由 2811 万吨增至 3070 万吨，累计增长 9.2%，年均增幅 1.5%，明显低于“十一五”期间（2006 ~ 2010 年）3.3%

的年均增幅，与 2000 年以前 10% 以上的年均增幅更是相去甚远。其中，2011 ~ 2016 年禽蛋产量均小幅上升，而 2017 年略有下降。主要是因为 2015 年下半年和 2016 年上半年补栏量较大，造成这两年鸡蛋产量激增，增幅均在 3% 以上，为“十二五”以来增长最快的时期；然而，受前期产能持续过剩以及 2017 年初人感染 H7N9 疫情的严重影响，2017 年上半年蛋价断崖式下跌，加之环保政策力度加强，推动蛋鸡产业迅速调整，大幅压缩过剩及落后产能，鸡蛋产量亦因此回调，降幅约为 0.8%。

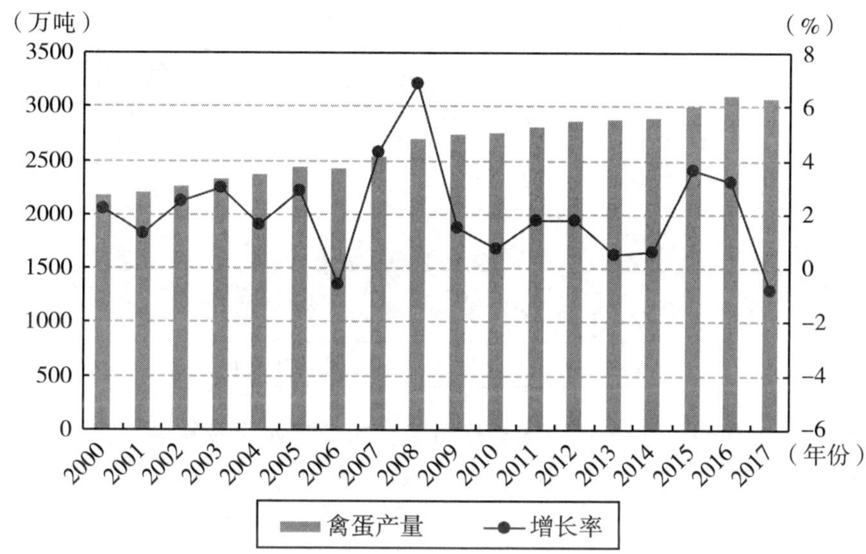

图 18 - 1　2000 ~ 2017 年中国禽蛋产量及其增长率变动趋势

资料来源：2000 ~ 2016 年数据来自国家统计局网站，2017 年数据来自《中华人民共和国 2017 年国民经济和社会发展统计公报》。

2. 单产水平不断提升

“十二五”以来，中国蛋鸡养殖单产水平继续稳步提升，但增速有所下降；而蛋鸡养殖料蛋比则在波动中显著降低（见图 18 - 2）。2011 ~ 2016 年只鸡年产蛋量由 17.2 千克升至 17.6 千克，累计增长 2.5%，年均增幅 0.5%。虽略低于“十一五”期间 0.8% 的年均增幅，但与“十五”和“十一五”期间 15.7 千克和 16.7 千克的平均单产水平相比，却已稳定跃居 17 千克以上，创历史新高，比 20 世纪 90 年代初 12 千克左右的单产水平提高了 40% 多。相比单产的平稳上升，蛋鸡养殖料蛋比波动幅度则相对较大。延续“十一五”后两年的回调之势，2011 年料蛋比曾反弹至 2.40∶1 的阶段高点，但其后又波动下滑，2016 年已降至 2.29∶1，比 2011 年下降了 4.4%，更显著低于本世纪初 2.50∶1 和 20 世纪 90 年代初 2.84∶1 的水平，创历史新低。这主要是由于育种技术、养殖技术和疾病防控技术的进步以及设施设备的更新、管理能力的提升、养殖方式的转变，不但使蛋鸡死淘率明显下降，而且推动蛋鸡饲养周期不断延长，且能够保持高产稳产。

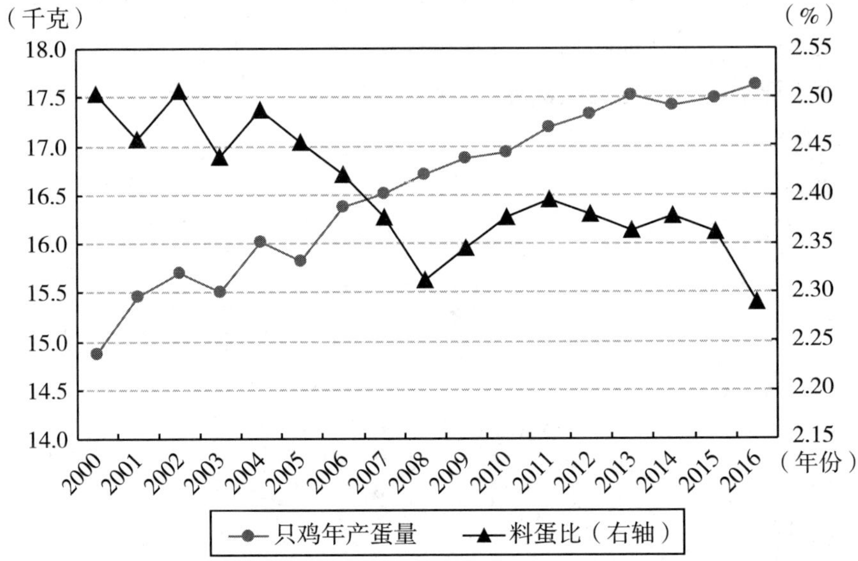

图 18 – 2　2000 ~ 2016 年中国规模蛋鸡养殖单产水平及料蛋比变动趋势

资料来源：《全国农产品成本收益资料汇编》（2001 ~ 2017 年），只鸡年产蛋量根据“主产品产量”计算得到，料蛋比根据“精饲料数量”和“主产品产量”计算得到（未包括青粗饲料量）。

3. 区域布局较为稳定

“十二五”以来，中国蛋鸡养殖主产区及其养殖集中度变化不大，但养殖区域间的结构调整亦在不断加深。据《中国畜牧业统计》的数据显示，2016 年中国禽蛋产量排在前 10 位的地区分别是山东、河南、河北、辽宁、江苏、湖北、四川、安徽、吉林和黑龙江，其禽蛋产量均在 100 万吨以上，产量合计占全国禽蛋总产量的 78%。与“十一五”期间相比，禽蛋产量居于前 10 位的省份基本没有变化，只是前后排序略有升降（2009 年后河北从禽蛋产量第一大省降至第 3 位、山东和河南两省交替居首，2014 年后湖北赶超四川、吉林赶超黑龙江分别提前了 1 个位次），其产量合计占比始终在 77% 以上，是中国主要的禽蛋产区。但从变动趋势来看，蛋鸡养殖集中度略有下降，2016 年前 10 位省份的产量合计占比分别比“十一五”初期和“十二五”初期下降了 1.7 个百分点和 0.5 个百分点，正是区域间结构调整的结果。具体见表 18 – 1。

表18-1　2000~2016年中国禽蛋产量前10位的地区分布情况

序号	2000年			2006年			2011年			2016年		
	地区	产量（万吨）	占比（%）	地区	产量（万吨）	占比（%）	地区	产量（万吨）	占比（%）	地区	产量（万吨）	占比（%）
1	山东	366.2	16.3	河北	465.1	15.8	山东	401.2	14.3	山东	440.6	14.2
2	河北	357.0	15.9	山东	430.5	14.6	河南	390.5	13.9	河南	422.5	13.7
3	河南	270.0	12.0	河南	400.8	13.6	河北	339.8	12.1	河北	388.5	12.6
4	江苏	181.4	8.1	辽宁	237.4	8.1	辽宁	277.4	9.9	辽宁	287.6	9.3
5	辽宁	140.3	6.3	江苏	185.5	6.3	江苏	194.9	6.9	江苏	198.5	6.4
6	安徽	107.4	4.8	四川	171.7	5.8	四川	144.8	5.2	湖北	167.8	5.4
7	湖北	102.6	4.6	湖北	124.8	4.2	湖北	137.0	4.9	四川	148.1	4.8
8	四川	99.7	4.4	安徽	123.6	4.2	安徽	119.7	4.3	安徽	139.5	4.5
9	吉林	80.0	3.6	黑龙江	107.6	3.7	黑龙江	105.4	3.7	吉林	114.4	3.7
10	黑龙江	75.3	3.4	吉林	101.0	3.4	吉林	95.3	3.4	黑龙江	106.3	3.4
11	其他	463.4	20.7	其他	597.6	20.3	其他	605.4	21.5	其他	680.8	22.0
12	全国	2243.3	100.0	全国	2945.6	100.0	全国	2811.4	100.0	全国	3094.6	100.0

资料来源：《中国畜牧业统计》（2000年、2006年、2011年、2016年）。

4. 规模结构逐步优化

“十二五”以来，中国蛋鸡养殖规模化程度继续提升，但规模化发展速度有所减缓。据《中国畜牧业统计》的数据显示，2011~2016年，万只以下中小规模蛋鸡养殖场户数减少了31.6%，其年存栏量占全国蛋鸡总存栏量的比重亦由70.8%降至59.3%，下降了11.5个百分点；同期，万只以上大规模蛋鸡养殖场户数增加了15.2%，其存栏比重亦显著上升，尤以年存栏量在10000~49999只的规模养殖场存栏比重提升幅度最大，由2011年的21.4%升至2016年的27.3%，提高了5.9个百分点，50万只以上的超大规模蛋鸡养殖场存栏比重亦上升了1个百分点。总体而言，“十二五”时期各规模蛋鸡养殖场户数和存栏比重的变动延续了前期的趋势，但其变动幅度呈缩小之势，蛋鸡养殖规模结构调整速度放缓。“十二五”以来，2000只以下小规模蛋鸡养殖场户数和存栏比重分别下降了31.7%和7.1个百分点，显著低于2002~2010年64.6%和35.3个百分点的降幅；而万只以上大规模蛋鸡养殖场户数和存栏比重则分别上升了15.2%和11.5个百分点，亦明显低于2002~2010年3.9倍和21.7个百分点的增幅。只有年存栏量在2000~9999只的中等规模养殖场的场户数和存栏比重变动趋势略有不同，呈现先升后降的态势，2002~2010年分别上升了71.8%和13.6个百分点，而“十二五”时期又逐年下降，分别累计下降 25.5% 和 4.4 个百分点。具体见图 18－3。

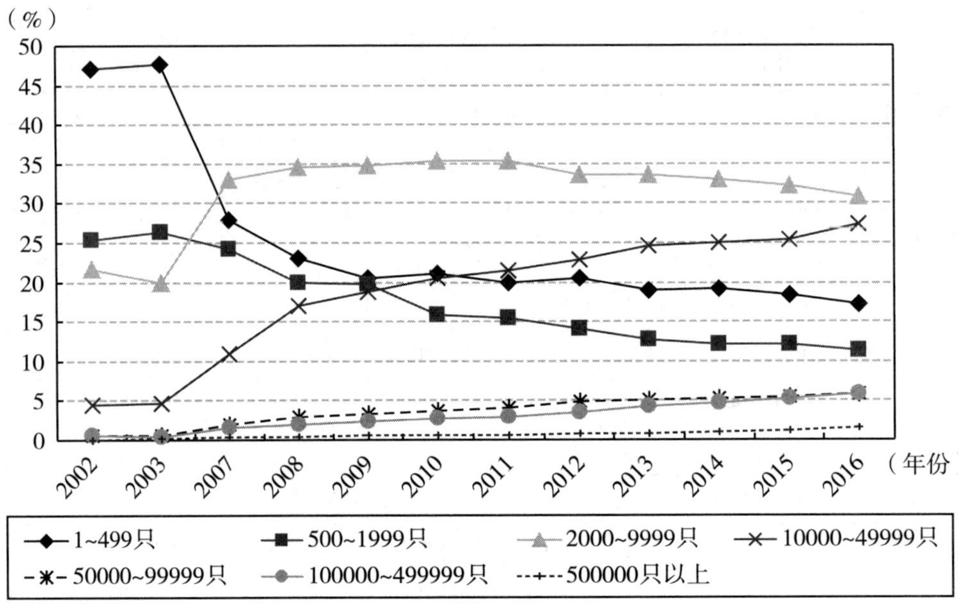

图 18－3　2002～2016 年中国蛋鸡养殖分规模年存栏数占比变动趋势

资料来源：《中国畜牧业统计》（2002～2003 年、2007～2016 年）。

总体来看，受畜禽标准化规模养殖的推进措施和防治畜禽环境污染的环保措施等养殖政策调整的影响，中国蛋鸡养殖规模化进程不断加快，但有研究表明，中国蛋鸡养殖整体综合效率及规模效率还存在提升空间（赵一夫、秦富，2015）。在现有生产技术条件下，3000 只以下的小规模养殖户规模效率明显偏低，而 5 万只左右的专业化养殖规模是目前规模效率和劳动生产率较高的最优规模。因此，中国蛋鸡养殖现有规模结构与最优规模间仍有较大差距。

5. 养殖成本高位运行

“十二五”以来，中国蛋鸡养殖成本延续了前期的上升态势，但增速明显下降。在饲料价格上涨和人工费用增加等因素的共同推动下，蛋鸡养殖成本持续上升，尤其是 2006 年后增速明显加快，“十一五”期间年均增幅达 10.8%，是成本增长最快的时期；“十二五”前四年养殖成本继续缓慢上升，年均增幅 4.6%，至 2014 年创 164 元/只的历史高位，比“十一五”初期增长了 90.5%，比 21 世纪初增长了 1.5 倍；其后随着饲料价格的下降，养殖成本逐年回调，2015 年和 2016 年分别下降 7.8% 和 3.9%，2016 年降至 145 元/只，回到“十二五”初期的水平，但与“十一五”初期相比，仍然增长了 68.9%。

虽然蛋鸡养殖总成本的变动趋势在很大程度上取决于占其 70% 份额的饲料

成本，但人工成本变动所带来的影响正逐渐增大。与饲料成本不同，十多年来，蛋鸡养殖人工成本呈持续上升之势，2006 年后增长尤为显著，“十一五”期间年均增幅达 14.3%，“十二五”以来仍维持 10.6% 的年均增幅，至 2016 年已达 13 元/只的历史高位，比 2011 年增长 65.5%，比“十一五”初期和 21 世纪初则分别增长了 2.5 倍和 4.1 倍；其在总成本中的占比亦由 21 世纪初的 3.8% 升至 2016 年的 8.8%，是蛋鸡养殖总成本中上涨最快的要素。

具体见图 18－4。

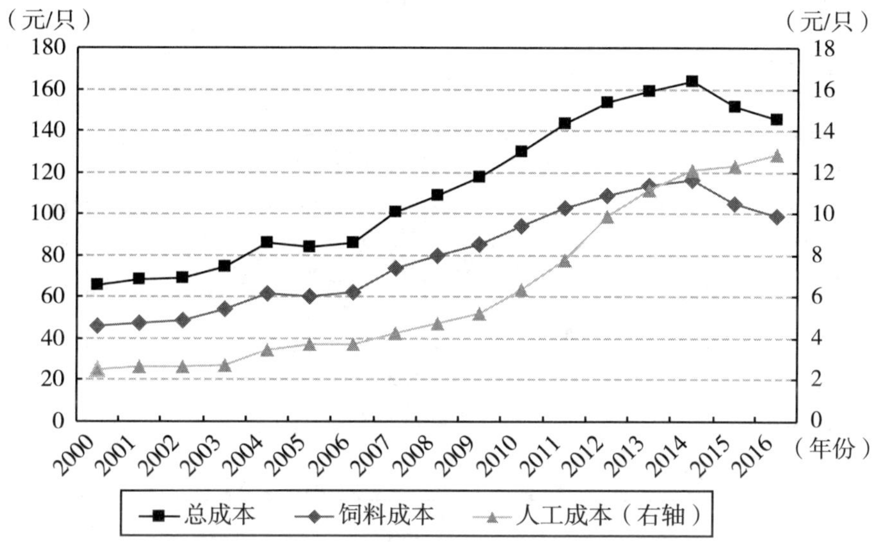

图 18－4　2000～2016 年中国规模蛋鸡养殖成本变动趋势

资料来源：《全国农产品成本收益资料汇编》（2001～2017 年）。

6. 养殖效益波动下滑

“十二五”以来，中国蛋鸡养殖收益未能延续前期的增长态势，而是在波动中略有下降。与养殖成本相类似，“十一五”期间也是蛋鸡养殖收益持续快速增长的时期，只鸡产值年均增幅达 10.6%；但“十二五”以来则呈现“增一年降两年”的态势，仅 2011 年和 2014 年有较大增长，同样是在 2014 年达到 181 元/只的历史峰值，其后两年亦连续下降，降幅分别为 11.7% 和 6.5%，2016 年降至 149 元/只，比“十二五”初期累计下降 7.7%，年均降幅 1.6%，但仍比“十一五”初期增长了 56.6%。

“十二五”以来，中国蛋鸡养殖利润波动幅度增大，且利润空间变窄。“十一五”期间，只鸡净利润在 7～15 元之间震荡；“十二五”以来则扩大到 －0.4～18.4 元之间。与效益不同，利润峰值出现在“十二五”初期的 2011 年。虽然 2014 年利润也达到 16.6 元/只的高位，但因成本涨幅比产值涨幅更大，故利润未能超过 2011 年的水平。2015 年、2016 年也是连续大幅下降，降幅分别为 50.0% 和 54.9%，2016 年降至 3.7 元/只，比“十二五”初期累计下降 79.6%，年均降幅 27.3%，处于 21 世纪以来较低水平。总体而言，“十一五”期间年均只鸡净利润为本世纪以来的最好水平，达到 10.5 元；而“十二五”以来因年际波动变大，年均只鸡净利润只有 8.7 元，比“十一五”时期下降了 17.1%。与此相应，蛋鸡养殖成本利润率的年际变动也较大，且总体呈下降趋势。“十一五”期间年均利润率为 9.8%，“十二五”以来降至 5.7%，利润空间收窄 41.7%。

具体见图 18-5。

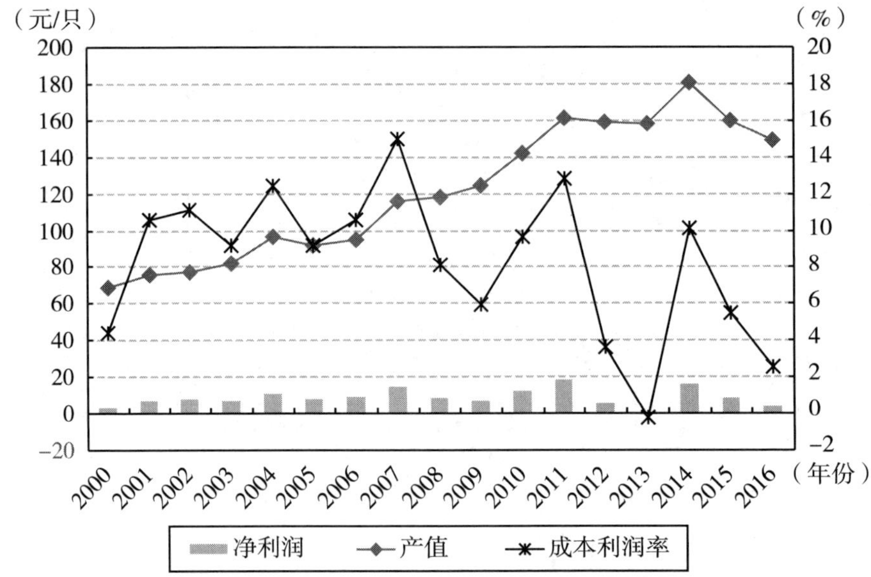

图 18-5 2000~2016 年中国规模蛋鸡养殖收益变动趋势

资料来源：《全国农产品成本收益资料汇编》（2001~2017 年）。

18.2.2 消费发展形势

1. 禽蛋总消费量继续增加

“十二五”以来，中国禽蛋国内总消费量延续了前期的增长态势，但增速有所放缓。2011~2017 年，禽蛋国内总消费量由 2801 万吨增至 3059 万吨，累计增长 9.2%，年均增幅 1.5%，低于“十一五”时期 3.2% 的年均增幅。长期以来，中国禽蛋以国内消费为主，国内消费量占禽蛋产量的 99% 以上，故禽蛋国内消费量的变动趋势与禽蛋产量基本一致。2017 年，由于禽蛋产量的下降和出口量的增加，导致禽蛋国内消费量下降 0.8%，其余年份消费均有小幅增长。

在禽蛋国内总消费中占比最大的是家庭消费。与总消费量的变动趋势不同，中国禽蛋家庭消费量在波动中持续上升，且“十二五”以来增幅加快。2011～2017 年，禽蛋家庭消费量由 1052 万吨升至 1389 万吨，累计增长 32%，年均增幅 4.7%，明显高于“十一五”期间 1.0% 的年均增幅。相对应的，禽蛋家庭消费量在总消费量中的占比呈现先降后升的态势。受加工消费和户外消费大幅增长的挤压，禽蛋家庭消费量占比由 21 世纪初的 41.5% 降至“十一五”末 36.8% 的低位；“十二五”以来，尤其是 2013 年后，户外消费和家庭消费此消彼长，使得禽蛋家庭消费量占比随之回升，至 2017 年底反弹至 45.4%，已高于 21 世纪初的水平。

此外，禽蛋加工消费量也是持续上升，且增长最快；而禽蛋户外消费量于 2013 年后明显下降，二者在总消费量中的占比一升一降。与 21 世纪初相比，禽蛋加工消费量占比由 10.1% 升至 2017 年的 29.4%，而禽蛋户外消费量占比则由 24.5% 降至 2017 年的 22.9%。

具体见图 18－6。

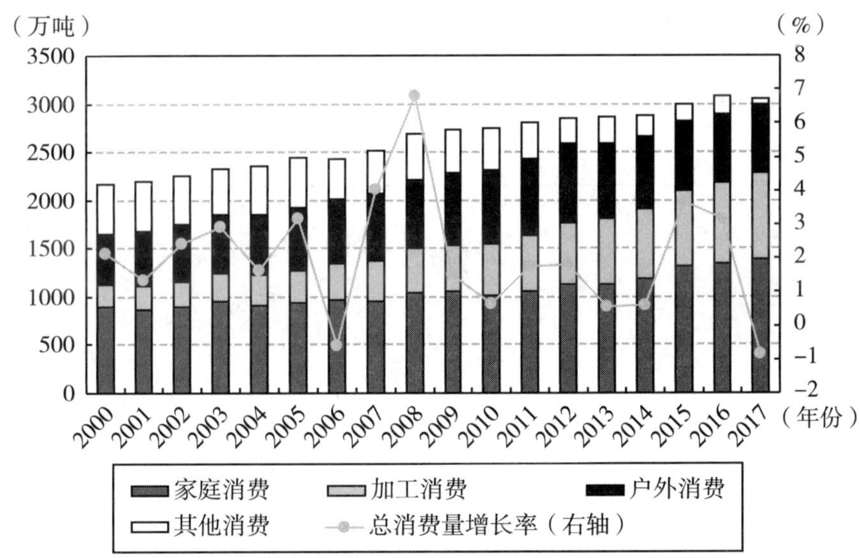

图 18－6　2000～2017 年中国禽蛋国内总消费量及其增长率变动趋势

资料来源：“家庭消费”2000～2016 年数据根据《中国统计年鉴》（2001～2017 年）中的“城镇人口”“乡村人口”“城镇居民家庭人均购买鲜蛋数量”“农村居民家庭平均每人蛋及制品消费量”等指标计算得到；2017 年“城镇人口”和“乡村人口”数据来自《中华人民共和国 2017 年国民经济和社会发展统计公报》，城乡居民家庭人均禽蛋消费量数据是根据相应指标 2016 年的数值及其增长率推算得到，即假设 2017 年与 2016 年有相同的增长率；“加工消费”和“户外消费”是以相关文献中 2010 年禽蛋各类消费比例为基准，利用文献中的年均增长率推算得到。

2. 城乡人均消费差距缩小

“十二五”以来，与前期的下降趋势不同，中国城镇居民家庭人均鲜蛋购买量在波动中有所反弹。“十一五”期间城镇居民家庭人均鲜蛋购买量由 10.4 千克降至 10 千克，年均降幅 1.0%；“十二五”以来虽然波动变大，但总体呈上升趋势，由 2011 年的 10.1 千克增至 2017 年的 10.9 千克，累计增长 8.0%，年均增幅 1.3%。但从阶段年度均值来看，21 世纪初以来，城镇居民家庭人均鲜蛋购买量持续下降，由“十五”期间的 10.6 千克降至“十一五”期间的 10.4 千克，“十二五”期间继续降至 10.1 千克，2014 年后才又现回升之势。

21 世纪初以来，中国农村居民家庭人均蛋品消费量在波动中持续增长，尤其是进入“十二五”后，增速明显加快。2011 ~ 2017 年，农村居民家庭人均蛋品消费量由 5.4 千克升至 8.7 千克，累计增长 61.2%，年均增幅 8.3%，显著高于“十一五”期间 0.5% 的年均增幅，亦明显高于同期城镇居民家庭人均鲜蛋购买量增速。由此，推动城乡居民家庭人均蛋品消费量比值大幅下降，由 21 世纪初的 2.33∶1 降至 2011 年的 1.87∶1，再到 2017 年的 1.25∶1，城乡差距显著缩小。尽管如此，农村居民家庭人均蛋品消费量仍比城镇居民低 20%，还有很大提升空间。

具体见图 18 – 7。

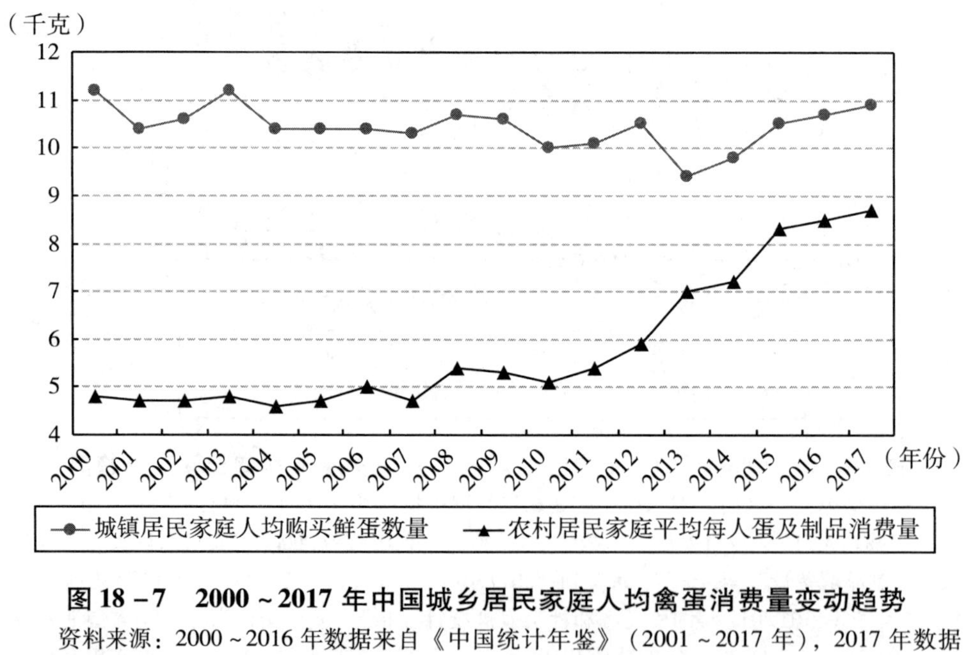

图 18 – 7　2000 ~ 2017 年中国城乡居民家庭人均禽蛋消费量变动趋势

资料来源：2000 ~ 2016 年数据来自《中国统计年鉴》（2001 ~ 2017 年），2017 年数据是根据相应指标 2016 年的数值及其增长率推算得到，即假设 2017 年与 2016 年有相同的增长率。

18.2.3 贸易发展形势

1. 禽蛋贸易始终以出口为主

据联合国商品和贸易数据库（UNComtrade）① 的统计数据显示，中国禽蛋贸易以出口为主，禽蛋出口量值远远大于进口量值，长期处于贸易顺差地位，且顺差幅度有扩大之势。21 世纪初，禽蛋出口量约为进口量的 228 倍，禽蛋出口额约为进口额的 57 倍。而近几年，因出口量的大幅增长和进口量的萎缩，禽蛋进出口差距进一步加大，进出口量值已无可比性。

“十二五”以来，中国禽蛋出口量值延续了前期的增长之势，但增速明显减缓。其中，禽蛋出口量先降后升，由 2011 年的 10.4 万吨降至 2013 年的 9.3 万吨，其后又缓慢回升至2017 年的11.3 万吨，创历史最高水平，累计增长7.9%，年均增幅 1.3%，但远不及“十一五”期间 98.7% 的年均增幅；而禽蛋出口额波动相对平缓，上升趋势更加显著，由 2011 年的 17345 万美元增至 2017 年的 18630 万美元，累计增长 7.4%，年均增幅 1.2%，但仍明显低于“十一五”期间 17.0% 的年均增幅。

“十二五”以来，中国禽蛋进口量值总体呈下降趋势，未能延续“十一五”时期的回升态势。其中，禽蛋进口量也是先降后升，受 2015 年后种蛋进口“封关”措施的影响，由 2011 年的 68.3 吨持续下降至 2016 年的 32 吨，创历史新低，2017 年才又有所反弹，回升至 64.6 吨，累计下降 5.5%，年均降幅 0.9%，与“十一五”期间 53.6% 的年均增幅相去甚远；禽蛋进口额降幅更大，由 2011 年的 120 万美元降至 2017 年的 11 万美元，累计下降 90.5%，年均降幅 32.4%，而“十一五”期间禽蛋进口额虽然波动较大，但总体有所增长，年均增幅 2.7%。

具体见图 18－8、图 18－9。

2. 进出口贸易结构差异显著

长期以来，位居中国禽蛋出口量前 4 位的产品一直是鲜鸡蛋、咸蛋、皮蛋和其他去壳禽蛋，其出口量合计占比基本在 98% 以上。“十二五”以来，鲜鸡蛋出口量占比始终维持在 70% 以上，是禽蛋出口主导产品；位居第二的咸蛋出口量，占比在 14% 左右；皮蛋出口量占比在 6%～8%；其他去壳禽蛋的出口量占比在 3%～4%（见图 18－10）。但 2017 年情况略有变动，其他去壳禽蛋出口量大幅增长，其出口量占比升至 7.2%，超过皮蛋出口量，位居第三。

---

① 查询数据为 HS 编码系统下的 0407（带壳禽蛋，鲜、腌制或煮过的）和 0408（去壳禽蛋及蛋黄，鲜、干、冻、蒸过或水煮、制成型或用其他方法保藏的，不论是否加糖或其他甜物质）两类产品。

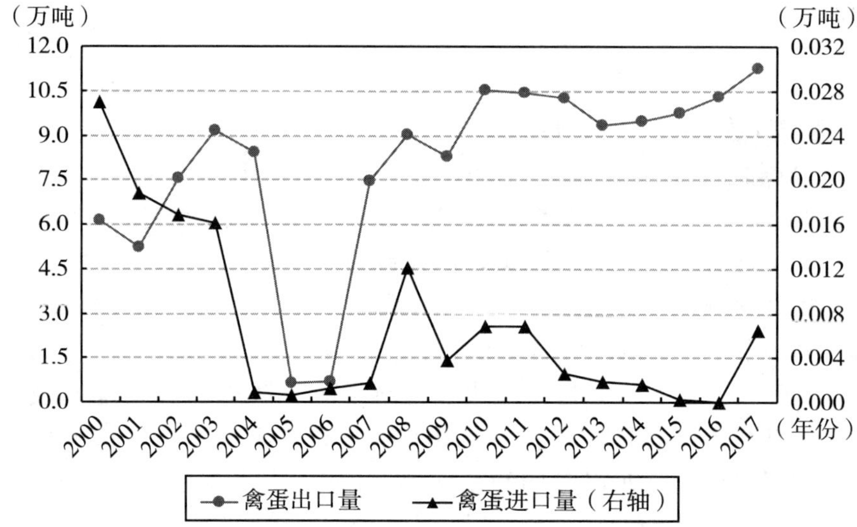

图 18-8　2000~2017 年中国禽蛋进出口量变动趋势

资料来源：2000~2016 年数据来自联合国商品和贸易数据库（UNComtrade），2017 年数据来自商务部对外贸易司的贸易数据分析系统。

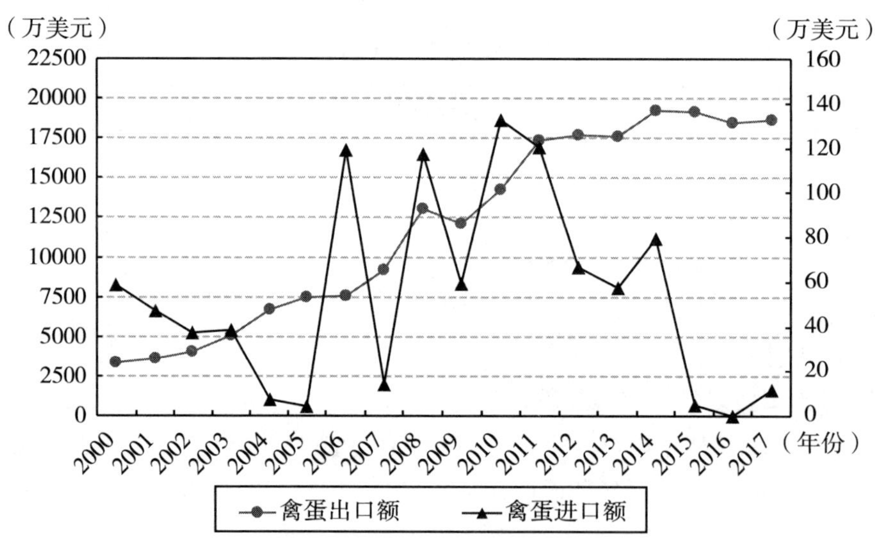

图 18-9　2000~2017 年中国禽蛋进出口额变动趋势

资料来源：2000~2016 年数据来自联合国商品和贸易数据库（UNComtrade），2017 年数据来自商务部对外贸易司的贸易数据分析系统。

"十二五"以来，与出口结构相比，中国禽蛋进口结构不太稳定，鲜鸡蛋、干蛋黄、干去壳禽蛋、其他去壳禽蛋分别于不同年份居于禽蛋进口量首

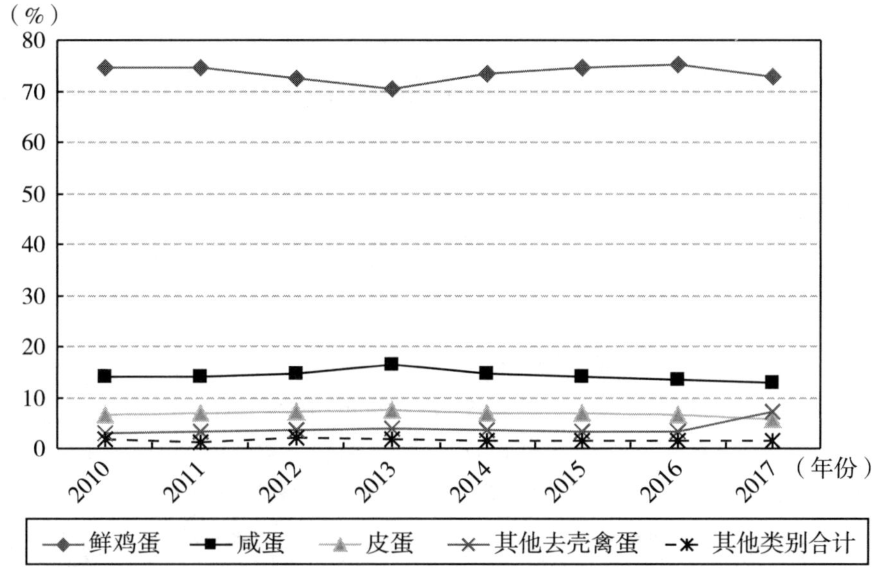

图 18－10　2010～2017 年中国禽蛋分类别出口量占比变动趋势

资料来源：商务部对外贸易司的贸易数据分析系统。

位，但总体来看，2016 年之前孵化用受精鸡蛋的进口量一直处于较高水平。其中，2010～2014 年孵化用受精鸡蛋进口量占比始终在 12% 以上；2015 年，由于其他类别的禽蛋产品进口量锐减，虽然孵化用受精鸡蛋的进口量亦明显下降，但却占当年禽蛋进口总量的 72%，位居首位；而 2016 年和 2017 年，随着中国种蛋进口“封关”国别的不断扩大，种用禽蛋进口几近停滞，尤其是 2016 年，仅有其他去壳禽蛋有 32 千克的极少量进口，2017 年也是其他去壳禽蛋进口量最多（见表 18－2）。

表 18－2　2010～2017 年中国禽蛋分类别进口量占比变动情况　　单位：%

商品名称	2010年	2011年	2012年	2013年	2014年	2015年	2016年	2017年
孵化用受精鸡蛋	17.53	12.35	17.41	13.05	14.70	71.49	0.00	0.38
鲜鸡蛋	5.52	11.62	55.02	66.90	59.71	12.87	0.00	0.00
其他鲜蛋	1.83	0.01	1.16	0.00	0.00	0.00	0.00	0.00
咸蛋	0.04	1.76	1.52	7.52	8.59	0.00	0.00	0.00
皮蛋	2.94	7.27	1.83	7.52	8.59	0.00	0.00	0.00
未列名腌制或煮过的带壳禽蛋	0.54	0.06	0.00	0.02	0.04	0.00	0.00	0.00
干蛋黄	31.62	1.20	19.05	2.74	0.00	0.00	0.00	0.00

续表

商品名称	2010年	2011年	2012年	2013年	2014年	2015年	2016年	2017年
其他蛋黄	5.57	0.04	0.02	0.40	0.00	0.00	0.00	0.55
干去壳禽蛋	31.52	56.30	0.97	1.85	8.29	10.01	0.00	0.00
其他去壳禽蛋	2.90	9.42	3.02	0.00	0.07	5.64	100.00	99.07
合计	100	100	100	100	100	100	100	100

资料来源：商务部对外贸易司贸易数据分析系统。

3. 进出口贸易伙伴区别明显

中国禽蛋出口目的地较多，多数年份在40个地区左右；但禽蛋出口集中度较高，香港地区一直是内地最主要的蛋品出口市场。2010年以来，中国内地对香港地区的禽蛋出口量份额始终维持在76%以上；澳门地区则位居第二，其出口份额在7.5%以上；2016年（含）之前，日本、新加坡和美国分居第三、四、五位，其出口份额均在1.5%以上；但2017年略有变化，中国对韩国的禽蛋出口量激增，使其出口份额由原来的不足1%升至4.7%，从而超过日本，成为中国大陆第三大禽蛋出口目的地（见表18－3）。

表18－3　2010～2017年中国禽蛋出口份额前五位的国家和地区

单位：%

国家（地区）	2010年	2011年	2012年	2013年	2014年	2015年	2016年	2017年
香港	79.6	78.9	77.4	77.3	78.9	79.1	79.6	76.9
澳门	7.5	8.3	8.7	9.7	9.6	9.7	9.4	8.8
日本	3.7	3.9	4.3	4.7	4.1	3.7	3.6	4.7
新加坡	2.0	2.3	2.5	2.6	2.1	2.2	2.6	3.7
美国	1.5	1.7	1.6	1.5	1.6	1.7	1.7	2.2
其他合计	5.7	5.0	5.4	4.2	3.8	3.6	3.1	3.7

注：统计口径不仅包含HS编码系统下的0407和0408两大类蛋品产品，还包括35021100（干的卵清蛋白）和35021900（其他卵清蛋白）两类蛋类产品。

资料来源：商务部对外贸易司贸易数据分析系统。

中国禽蛋进口来源地较少，通常在10个地区左右，禽蛋进口集中度也较高，但主要进口来源地不太稳定。2010年以来，以美、法两国为主，但不同年份乌克兰、丹麦、比利时、澳大利亚和中国台湾等国家和地区也在前三位之列。2010～2014年是美国居首，其进口份额在50%～70%之间；2015～2016年因对美种蛋进口"封关"，法国成为中国大陆最主要的禽蛋进口来源地，其进口份额在70%以上；2017 年情况比较特殊，基本没有进口禽蛋产品（见表 18－4）。

表 18－4　　2010～2017 年中国禽蛋进口份额前五位的国家和地区

单位：%

年份							
2010 年	国家（地区）	美国	乌克兰	法国	匈牙利	中国台湾	其他合计
	占比	67.8	15.0	11.6	3.2	1.2	1.2
2011 年	国家（地区）	美国	丹麦	法国	中国台湾	中国	其他合计
	占比	58.4	21.6	10.6	5.7	2.1	1.6
2012 年	国家（地区）	美国	丹麦	比利时	法国	中国台湾	其他合计
	占比	61.5	15.5	9.5	6.5	5.2	1.8
2013 年	国家（地区）	美国	法国	中国台湾	瑞典	日本	其他合计
	占比	53.0	37.3	9.0	0.4	0.2	0.1
2014 年	国家（地区）	美国	法国	中国台湾	波兰	以色列	其他合计
	占比	55.1	32.3	12.5	0.0	0.0	0.0
2015 年	国家（地区）	法国	美国	比利时	中国台湾	韩国	其他合计
	占比	71.8	15.8	11.3	0.8	0.3	0.0
2016 年	国家（地区）	法国	澳大利亚	美国	日本	以色列	其他合计
	占比	82.9	15.9	0.6	0.6	0.0	0.0
2017 年	国家（地区）	中国	法国	美国	加拿大	中国台湾	其他合计
	占比	95.0	3.7	0.7	0.4	0.3	0.0

注：①统计口径不仅包含 HS 编码系统下的 0407 和 0408 两大类蛋品产品，还包括 35021100（干的卵清蛋白）和 35021900（其他卵清蛋白）两类蛋类产品。②表中来自“中国”的进口份额均为“再进口”（re－import），是指在中国生产并已实际出口离境的原产于中国的禽蛋产品，在未进行加工改变货物状态的情况下，因某些原因需要中转复运进境的情况。

资料来源：商务部对外贸易司贸易数据分析系统。

18.2.4　供需平衡及价格形势

1. 禽蛋市场供需形势良好

“十二五”以来，中国禽蛋产业供需形势总体较为宽松，每年都有 10 万吨左右的净出口量，禽蛋产量能够满足国内居民的家庭消费、户外消费以及加工消费的需求（见图 18－11）。

一方面，近年来蛋种鸡产能一直处于过剩状态，种源供应充足。虽然由于 2014 年底美国中西部爆发大规模高致病性禽流感疫情，从 2015 年 1 月起，中国对美国祖代鸡及种蛋进口“封关”，随后又禁止从法国、英国、德国、澳大利亚

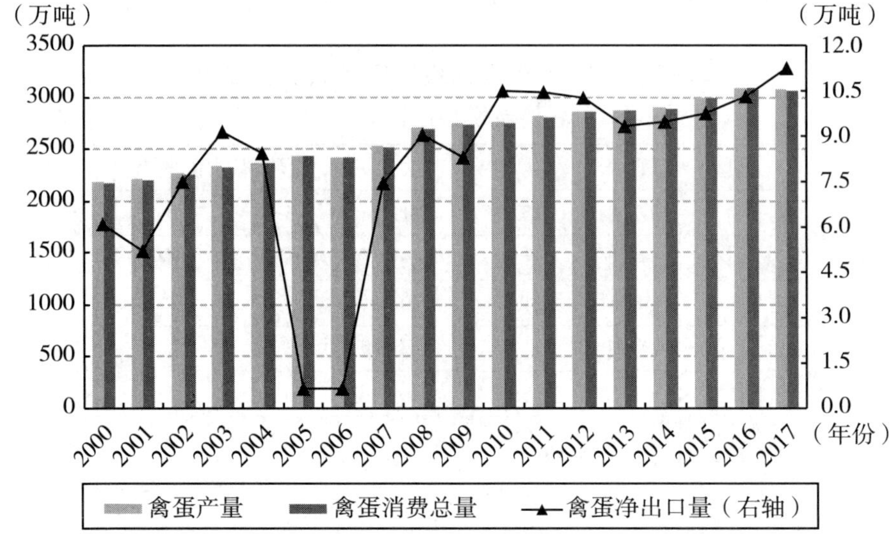

图 18-11　2000～2017 年中国禽蛋供需总体形势变动趋势

资料来源：根据国家统计局网站、《中华人民共和国 2017 年国民经济和社会发展统计公报》《中国统计年鉴》、联合国商品和贸易数据库（UNComtrade）、商务部对外贸易司贸易数据分析系统以及相关文献数据整理得到。

等国进口海兰、罗曼等系列祖代蛋种鸡，祖代鸡引种受到较大影响；但国内自主育种的京红、京粉、大午等系列蛋鸡品种，在生产性能、适应能力及养殖效益方面均已达到较高水平，能够保障蛋鸡良种供应数量和质量，从而使得在产祖代蛋种鸡存栏数量仍然比实际需要量高出 2/3 左右，故蛋种鸡产能继续保持过剩状态（刘平，2015）。

另一方面，虽然环保政策的强力推进使得原有落后产能相继淘汰，但政府对产业扶贫的大力支持以及大型养殖集团的布局扩张，使得蛋鸡产业供给能力仍然保持在较高水平。蛋鸡养殖具有区域普适性强、进入门槛低、见效快的特点，是政府和企业都青睐的产业投资领域。发展蛋鸡养殖项目是产业扶贫的重要方式之一，近年来各地纷纷上马蛋鸡养殖扶贫项目，地方政府对于蛋鸡扶贫养殖企业在用地、税费和各种补贴方面都有大力支持，而对贫困户也有特殊的扶持政策，从而大大降低了养殖成本，增强了养殖户和养殖企业抵抗低蛋价的能力。同时，近两年虽然蛋价有所回调，但许多大型养殖集团上市公司借此良机逆势扩张、占领市场，不但推动了行业的整合重组，也进一步提升了蛋鸡产业的规模化程度。例如，2016 年正大集团在河南、浙江、重庆、海南等地的百万级蛋鸡养殖场纷纷启动，2017 年投资 5 亿元建设昆明东川 300 万蛋鸡全产业链扶贫项目。正大集团在未来 5 年内将以平谷项目为模板，在中国布局和兴建 20 个 300 万蛋鸡项目，成为在中国和亚洲的“蛋王”。[①]

2. 鸡蛋价格近年高位回调

从阶段年度均价来看，“十二五”以来鸡蛋价格总体呈上涨趋势，年均价格明显高于“十一五”时期。2011～2017 年，鸡蛋年均价格为 9.73 元/千克，比“十一五”期间 7.58 元/千克的年均价格上涨 28.4%。但从年际变动来看，“十一五”期间鸡蛋价格上涨明显，但“十二五”以来鸡蛋价格有所下降。2006～2010 年，鸡蛋价格由 6.24 元/千克涨至 8.38 元/千克，年均涨幅 7.7%。其后，分别于 2011 年和 2014 年跃上 10 元/千克大关，并于 2014 年创 10.82 元/千克的历史最高水平。而 2015 年后连续 3 年大幅下跌，跌幅分别为 8.0%、6.0% 和 8.6%，至 2017 年蛋价已降至 8.56 元/千克，导致“十二五”期间鸡蛋价格累计下降 14.9%，年均降幅 2.6%，已接近“十一五”末期的水平（见图 18－12）。

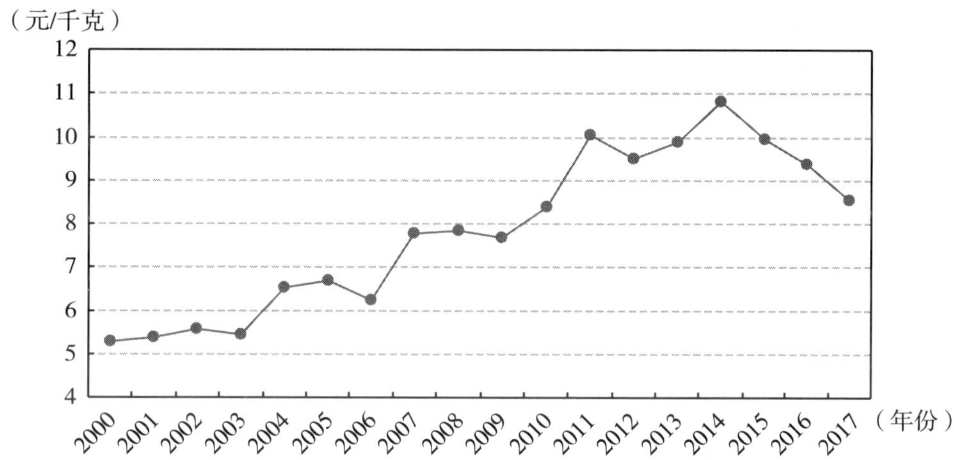

图 18－12　2000～2017 年中国鸡蛋价格年度变动趋势

资料来源：根据农业农村部网站“畜产品和饲料集贸市场价格情况（周报）”数据整理得到。

分析来看，由于 2012 年和 2013 年蛋鸡存栏量持续下降，市场供给趋紧，推动 2014 年鸡蛋价格大幅提升，从而刺激了养殖户补栏积极性，尤其是 2015 年下半年和 2016 年上半年新增雏鸡数量大幅增加，2015 年和 2016 年产蛋鸡存栏和鸡蛋产量持续攀升，造成蛋鸡产能过剩，由此导致鸡蛋价格连续下跌；尤其是 2017 年上半年，在产蛋鸡存栏量仍然较多、种蛋转商蛋以及人感染 H7N9 事件持续发酵的影响下，鸡蛋价格呈断崖式下跌，2017 年下半年才又逐渐回升。

① 布瑞克农业咨询：《蛋鸡产业扶贫对蛋鸡行业周期性调整带来哪些影响?》，搜狐网，2017 年 6 月 30 日。

3. 蛋价周期性和季节性波动显著

对于中国鸡蛋价格周期性波动的特点，学界已有较充分的研究。武玉环和秦富（2017）、赵一夫和秦富（2013）、周红和李华（2012）、宋淑婷（2012）等学者采用季节调整法和 H－P 滤波法对鸡蛋价格波动特点和规律进行了较为详细的分析，结果均指出，中国鸡蛋价格表现为长期持续增长、短期周期性波动的趋势。只是不同学者对波动周期的阶段划分有所不同。

从过去十多年的蛋价走势来看，中国鸡蛋价格的上涨并非是持续性的，而是呈现出周期性波动上扬的态势，波动周期约为 3 年。从 2001 年开始，已经经历了 5 个周期，分别是 2001～2003 年、2004～2006 年、2007～2009 年、2010～2012 年和 2013～2015 年。在每个周期中，鸡蛋价格都是涨 2 年、跌 1 年。而 2016 年和 2017 年蛋价继续走低，则主要是由于上一个周期中蛋价持续高位运行（基本都在 10 元/千克上下浮动，最高时甚至超过 12 元/千克），推动养殖户养殖热情不断攀升，补栏量明显增加，蛋鸡产能严重过剩，供过于求的市场状态导致鸡蛋价格持续低迷，蛋价波动周期有拉长的趋势。

进一步分析显示，鸡蛋价格波动还带有明显的季节性规律。就年度数据而言，鸡蛋价格往往呈现出上半年低、下半年高的态势，其中，三季度上升的规律尤其明显。具体到月度数据，鸡蛋价格通常是在每年的 9 月（国庆节和中秋节前夕）达到峰值，此时节日消费和集团消费增多，推动鸡蛋价格攀升；而在每年的 1 月、2 月（春节过后）通常会进入下降行情（见图 18－13）。

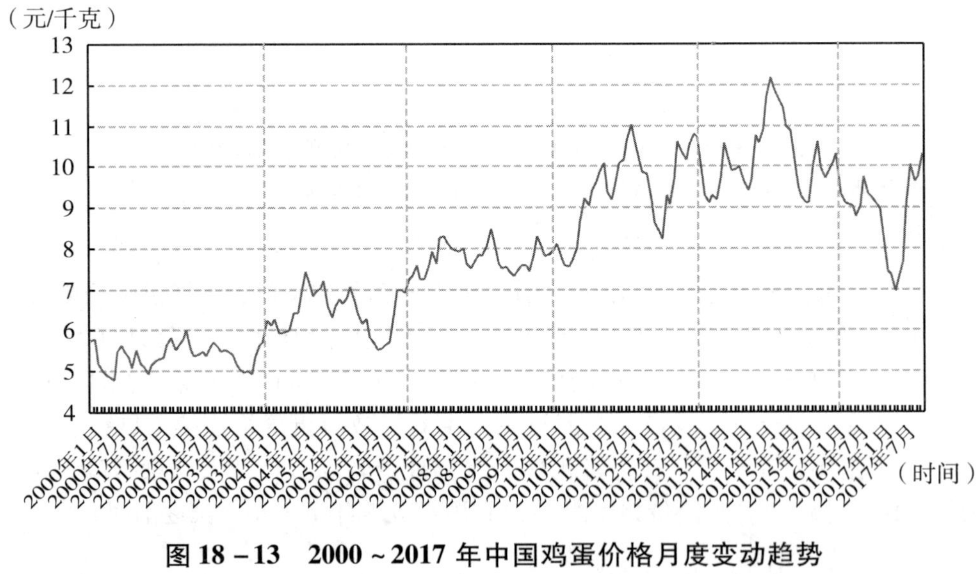

图 18－13　2000～2017 年中国鸡蛋价格月度变动趋势

资料来源：根据农业农村部网站“畜产品和饲料集贸市场价格情况（周报）”数据整理得到。

18.3 禽蛋产业发展新情况及其影响分析

18.3.1 市场和疫病风险影响加剧

目前，蛋鸡养殖既面临着产业转型升级带来的市场波动风险，也承受着突发疫病带来的巨大冲击（孙从佼、秦富、杨宁，2018）。目前，中国2000只以下的小规模养殖户存栏占比仍接近30%，由于其对市场信息的掌握不够全面，对市场风险的判断和应对能力较弱，更容易受到产业周期性波动的影响和突发事件的冲击，导致无可挽回的损失。此外，疫情对产业的影响也较大。以2017年为例，因人感染H7N9事件的持续发酵报道，导致蛋价断崖式持续下跌，广大养殖场户损失惨重。初步匡算，2016年冬季至2017年春季，H7N9事件导致的总损失约为230亿元（秦富，2017）。这在一定程度上反映出蛋鸡产业链条脆弱、风险防范机制缺失等问题。

18.3.2 规模化发展趋势有待引导

近几年，随着蛋鸡产业整合速度加快，蛋鸡规模化比重逐年提升。蛋鸡养殖具有“投资少、周期短、见效快”的特点，故受到不少农户甚至投资商的青睐。一方面，受环保政策实施和市场自发调节的影响，部分中小规模养殖户逐步退出蛋鸡养殖行业；另一方面，由于近年行情利好，出现了“各方资金涌入，养殖规模加速，百万蛋鸡频频来袭”的现象。此外，中国地域广阔，情况复杂，目前仍是多种经营方式、饲养模式、软硬件设备、环境条件等共存的局面。因此，着眼于蛋鸡产业的长远发展，要从行业层面对养殖规模加以引导，朝着适度规模化的方向发展。

18.3.3 专业化育成趋势愈加明显

近年来，随着蛋鸡产业标准化、规模化的迅猛发展，推动了行业的专业化分工，催生出一批专业的育成鸡生产和销售队伍。虽然育成鸡行业发展时间较短，但发展速度很快，预计2017年出栏育成鸡2.5亿只，到2020年可年出栏育成鸡3亿只。为规范育成鸡行业发展，维护下游养殖户利益，2016年1月《中国商品代育成鸡行业标准》在中国第二届育成鸡行业发展与趋势高峰论坛会议上获得通过，该标准的主要内容包括育成鸡出售基本标准和服务事项，适应于育成鸡生产、销售的企业与个人。研究发现：专业化育成的蛋鸡规模养殖效率要比自行育成的高，且差异主要集中在纯技术效率；专业化育成对农户蛋鸡规模养殖效率具有显著的、持续的正向影响，说明专业化育成能够显著提高蛋鸡规模养殖水平（秦富，2017）。

18.3.4 养殖区域格局调整步伐加快

近年来，受养殖用地限制、环保要求提高以及传统密集养殖区疾病发生概率增加、壳蛋长途运输破损率与运输成本较高等因素的影响，蛋鸡养殖区域结构调整不断加深与优化，呈现出“西扩南下”以及本地化养殖的趋势。东北三省及河北、山东、河南、江苏等传统主产区的供应半径逐渐缩小，东部沿海地区的蛋鸡产能扩大空间有限，而西部环境承载容量大的地区更具发展潜力，南方长距离调运鸡蛋的情况也在逐步改善①。行业统计数据显示，与2006年相比，2016年传统密集养殖区——河北和黑龙江禽蛋产量分别下降了16.5%和1.2%，上海、福建、浙江、天津、广东等东部沿海地区分别下降了48.5%、38.1%、26.7%、10.8%、4.0%；而非传统主产区的海南、山西、西藏、青海、宁夏、贵州等地的禽蛋产量大幅增长，十年间增幅均在50%以上，新疆、湖北、云南、重庆、广西、辽宁、北京等地禽蛋产量增长超过20%，江西、陕西、内蒙古、吉林、安徽等地增幅也在10%以上。随着市场流通的便利和饲养成本的降低，传统的产销区界限将不断弱化，传统主产区、非主产区都将以本地化为主，形成以京津冀、长三角、珠三角三大主销区为核心的养殖布局，销区在整个鸡蛋流通和价格上的风向标作用将会更明显（王忠强，2016）。

18.3.5 “互联网+”促进产业转型升级

传统行业与互联网的结合已成中国经济发展大势所趋，蛋鸡行业中不少企业已率先将蛋鸡产业与“互联网+”深度融合，积极探索产业转型升级的新路。江苏鸿轩集团已成为“互联网+”时代中国鸡蛋行业领跑者，并与海尔融资租赁开启“互联网+生态农业+产业金融”模式；北农大集团创建了“蛋e网”鸡蛋交易平台；北京伟嘉集团推出了“嘉农在线”和“蛋鸡管家”互联网平台；峪口禽业提出了智慧蛋鸡养殖理念；德清源推出了云养殖项目；山东新四维首次推出国内第一个蛋鸡全产业链大数据平台——“蛋道”。这些新兴行业形态的出现，必将为蛋鸡产业生产与销售带来更大的发展空间。

---

① 《蛋鸡养殖区域分化趋势逐渐消除》，畜牧人才网，2017年12月20日。

18.3.6 鸡蛋期货影响力逐渐增强

在2017年上半年鸡蛋价格大幅跳水的市场行情中，鸡蛋期货功能得到了充分显现，部分养殖企业利用期货市场的套期保值，很好地规避了价格波动风险。目前，蛋鸡养殖产业中较大规模的企业对期货的关注度和认知度均有较大提升，很多大型企业已经意识到了期货工具对于稳定经营和产业发展的重要性，认识到期货对于实体企业来说是一个很好的风险管理工具，能够起到平抑现货市场价格波动的作用。此外，由于鸡苗价格与鸡蛋价格相关性较强，以河北华裕农业科技公司、石家庄乐丰牧业公司等为代表的育种企业也开始在利用鸡蛋期货对冲鸡苗价格波动风险方面积极进行探索和尝试。①

18.3.7 蛋品出口竞争力有待提升

中国蛋品的主要出口市场在亚洲，尤其是东亚地区，而对亚洲以外的市场开拓不足，没有有效获得世界蛋品市场份额。除至关重要的技术性贸易壁垒措施（除传统的壁垒外，还包括拓展的壁垒，如道德壁垒、绿色壁垒等）外，还受制于技术条件，尤其是跟蛋品有关的物流技术及保鲜技术，距离是一个重要因素。由于鲜鸡蛋在运输过程中极易破损，且长途运输对鲜鸡蛋的冷藏保鲜技术也提出了更高要求，故鲜鸡蛋不便于长距离运输，这是限制中国蛋品出口到亚洲以外市场的一个重要原因。另外，中国蛋品加工率远低于欧美日等发达国家和地区，也抑制了中国蛋品的出口能力和利润空间。中国蛋品加工率只有2%左右，而欧美则达到20%以上；中国加工蛋品出口额仅占蛋品出口总额的36%。从2017年中国蛋品出口价格来看，每千克咸蛋/皮蛋的价格是鲜蛋的1.6～1.7倍，而干去壳禽蛋和干蛋黄的出口价格则为鲜蛋的5.3倍左右。此外，政府对蛋品出口企业的政策支持力度不足，亦不利于鼓励其拓宽海外市场。

18.3.8 环保政策约束不断强化

随着环保法律法规的相继出台、“禁限适”三区划定工作的持续推进和中央环保督查力度的不断加强，禽蛋产业面临的环保要求越来越高，对行业发展影响深远。2014年1月1日《畜禽规模养殖污染防治条例》正式实施，这是国家层面上第一部专门的农业环境保护类法律法规；2015年1月1日修订后的《中华

① 姚宜兵：《期货让蛋鸡养殖产业飞得更稳》，和讯网，2017年7月6日。

人民共和国环境保护法》正式施行；2015 年 4 月 2 日国务院发布《水污染防治行动计划》（“水十条”）；2016 年 5 月 28 日国务院印发《土壤污染防治行动计划》；2016 年 10 月 28 日环保部、农业部制定《畜禽养殖禁养区划定技术指南》，明确提出畜禽禁养区划定范围包括饮用水水源保护区、自然保护区、风景名胜区、城镇居民区和文化教育科学研究区及法律法规规定的其他应当划定的区域；2016 年 12 月 5 日国务院正式印发《“十三五”生态环境保护规划》，要求在 2017 年底前，各地区依法关闭或搬迁禁养区内的畜禽养殖场（小区）和养殖专业户；2018 年 1 月 1 日《中华人民共和国环境保护税法》正式施行，以法律的形式确定了“污染者付费”的原则。环保政策约束的不断强化，可能会在短期内导致养殖户成本上升，部分养殖场户关停、转产或搬迁，给禽蛋产业带来阵痛；但长期来看，则有利于禽蛋产业转型升级，加强污染防控和治理能力，提升废弃物资源化利用水平，推动生态循环农业和农牧结合发展，进一步提升禽蛋规模化、标准化、生态化养殖程度。

18.4 环保政策对禽蛋产业发展影响的模拟分析

18.4.1 模拟的政策背景、内容

2016 年底公布的《中华人民共和国环境保护税法》（以下简称《环境保护税法》）和 2017 年底公布的《中华人民共和国环境保护税法实施条例》于 2018 年 1 月 1 日起正式同步施行，2003 年 1 月 2 日国务院公布的《排污费征收使用管理条例》同时废止。《环境保护税法》要求，对存栏规模大于 5000 羽的鸡鸭等家禽规模化养殖场户征收环境保护税，每 30 羽为一个污染当量。《环境保护税法实施条例》进一步明确，“达到省级人民政府确定的规模标准并且有污染物排放口的畜禽养殖场，应当依法缴纳环境保护税；依法对畜禽养殖废弃物进行综合利用和无害化处理的，不属于直接向环境排放污染物，不缴纳环境保护税”。2018 年初，财政部、国家发展改革委、环境保护部、国家海洋局四部委又联合发布了《关于停征排污费等行政事业性收费有关事项的通知》，要求为做好排污费改税政策衔接工作，自 2018 年 1 月 1 日起在全国范围内统一停征排污费。从此，运行多年的排污费制度成为历史，而环保税这一“绿色税制”正式开征。环保税法的出台将以前由环保部门征收的排污费上升到法律层面，有利于提高纳税人的环保意识和责任意识，解决排污费制度存在的执法刚性不强等问题。通过税收杠杆调节，加大节能减排优惠力度、规范环保税收行为，进一步鼓励和引导养殖场户加快转型升级，提高环保投入，推进绿色发展。

依照税费平移原则，环保税的税目和税额标准与以前排污费规定的基本相同，征税范围也基本一致；环保税实行定额税率，即多排多缴、少排少缴，以“优胜劣汰”倒逼养殖场户主动减排，履行环保责任。[①] 从本质上讲，环保税对养殖业的约束内容，在征收排污费时期就已经存在，是排污费的升级和强化，只是多种环境保护和治理政策的其中一环，将与养殖区域划定、环保审查等政策共同发挥作用。

18.4.2 模拟方案设计

环保政策对蛋禽养殖场户的影响主要来自两个方面，一是环保税的征收会直接增加养殖场户的短期可变生产成本，二是粪污处理设备设施的购置和使用会增加养殖场户的长期固定生产成本。本章正是基于上述两点，按照《环境保护税法》中的环保税征收标准和课题组调研所得治污设备费用分摊情况计算养殖成本上升幅度，以此设定蛋禽养殖环保税率，模拟分析环保政策对禽蛋产业生产、消费和利润等方面的影响。此外，由于禽蛋贸易量非常小，故假定价格由国内生产和需求决定，征收环保税不会对禽蛋贸易产生影响。

具体计算方法如下（以产蛋鸡为例）：

大气污染税额按每当量1.2元计算，1只产蛋鸡1年因大气污染应缴税：1（当量）×1.2（元/月）×12（月）÷30（羽）=0.48（元）；

水污染税额按每当量1.4元计算，1只产蛋鸡1年因水污染应缴税：1（当量）×1.4（元/月）×12（月）÷30（羽）=0.56（元）；

固体废物税额按每吨25元计算，假定1只产蛋鸡1天产0.1千克粪便，1只产蛋鸡1年因固体废物应缴税[②]：0.1（千克/日）÷1000×25（元/吨）×30（日）×12（月）=0.90（元）；

粪污处理设施设备成本分摊：对粪污低水平处理时，为0.3元/只；对粪污高水平处理时，为1元/只。

将环保政策影响的情景设定为：对粪污不作处理、对粪污低水平处理和对粪污高水平处理三种情形，以《全国农产品成本收益资料汇编》中规模蛋鸡2011～2016年的平均养殖成本153元/只为参照，计算出各种情形下环保政策实施对养殖成本的提升幅度分别约为1.3%、1.5%和1.9%。

本章以2016年为基准方案，按照环保政策对养殖成本提升1%、1.5%、

---

① 《“排污费”变“环保税”对企业有何影响?》，载于《每日商报》2017年12月9日。

② 在此，直接以当期应税固体废物的产生量作为固体废物的排放量，没有减去当期应税固体废物的贮存量、处置量和综合利用量，此种计算方法仅在非法倾倒应税固体废物的情形下适用，是固体废物应缴税额的最高限。

2%，即低、中、高三种方案，设置环保政策对蛋禽养殖成本的影响程度，模拟环保政策对禽蛋产业供需的影响（见表 18－5）。

表 18－5　　环保政策对禽蛋产业发展影响的模拟结果

指标	基准值	方案 1（1%）	方案 2（1.5%）	方案 3（2%）
禽蛋产量（万吨）	3095	3091	3089	3087
		（－3.97，－0.13%）	（－5.94，－0.19%）	（－7.90，－0.26%）
食物消费（万吨）	2103	2099	2098	2096
		（－3.32，－0.16%）	（－4.96，－0.24%）	（－6.60，－0.31%）
加工消费（万吨）	916	915	915	914
		（－0.56，－0.06%）	（－0.83，－0.09%）	（－1.11，－0.12%）
消费者价格（元/吨）	9361	9418	9447	9475
		（57.24，0.61%）	（85.78，0.92%）	（114.27，1.22%）
生产者价格（元/吨）	9361	9325	9307	9290
		（－36.01，－0.38%）	（－53.83，－0.58%）	（－71.53，－0.76%）
人均消费量（千克/人）	15.21	15.18	15.17	15.16
		（－0.02，－0.16%）	（－0.04，－0.24%）	（－0.05，－0.31%）

注：括号内为不同模拟方案设置下环保政策对禽蛋供需影响的绝对值变化量与变化比例。

18.4.3 模型模拟结果分析

从模拟结果来看，环保政策实施对禽蛋产业的影响集中在生产和消费方面，主要表现为：生产者利润下降，推动产量下降；但消费者价格上涨，导致总消费下降，且与加工消费相比，对食物消费（包括家庭消费和户外消费）的影响更加明显。总体而言，环保政策对禽蛋产业的影响幅度较小，在三种情景设定下，环保政策实施对禽蛋产量和消费量的影响幅度均不到 0.5%；且税率越高，影响幅度越大。

在环保政策提升养殖成本 1% 的情景设置下，环保政策实施对禽蛋生产和消费的影响很小。因生产者价格下跌，养殖户可获得的利润将下降 0.38%，禽蛋产量将下降 3.97 万吨，降幅 0.13%；而消费者价格将上涨 0.61%，食物消费和加工消费则分别下降 3.32 万吨和 0.56 万吨，降幅分别为 0.16% 和 0.06%。

在环保政策提升养殖成本 1.5% 的情景设置下，养殖户可获得的利润将下降 0.58%，禽蛋产量将下降 5.94 万吨，降幅 0.19%；而消费者价格将上涨 0.92%，食物消费和加工消费则分别下降4.96万吨和0.83万吨，降幅分别为0.24%和0.09%。

在环保政策提升养殖成本2%的情景设置下，环保政策实施对蛋鸡生产和消费的影响最大。养殖户可获得的利润将下降0.76%，禽蛋产量将下降7.90万吨，降幅0.26%；而消费者价格将上涨1.22%，食物消费和加工消费则分别下降6.60万吨和1.11万吨，降幅分别为0.31%和0.12%。

18.5 未来禽蛋产业发展趋势预测

本章考虑了短期和长期影响因素，对未来禽蛋产业生产、消费、贸易等方面的发展趋势进行预测，并就其短期（2018~2020年）和长期（2018~2035年）发展形势分别做以简要分析。

18.5.1 短期产业发展形势分析（2018~2020年）

1. 短期禽蛋供需总体形势

短期来看，在没有大规模严重疫情和重大政策调整的情况下，中国禽蛋产业供需形势总体较为乐观，供给宽松，2018~2020年净出口量在10万~16万吨之间。

2. 短期禽蛋生产趋势

2017年上半年，受蛋价持续下跌、疫情以及环保政策等的影响，蛋鸡产业结构加速调整，产蛋鸡存栏迅速下调，降至近年来较低水平；而随着2017年下半年市场行情的回暖，养殖户补栏积极性升高，加之禁养区畜禽养殖调整已基本完成，推动2018年产蛋鸡存栏和鸡蛋产量逐步回升。预计2018~2020年禽蛋产量将持续增长，由3102万吨增至3205万吨，年均增幅1.6%，比2017年累计增长4.4%；且产量增速逐年加快，2018年、2019年和2020年环比增长率分别为1.0%、1.4%和1.9%。

3. 短期禽蛋消费趋势

2018~2020年禽蛋总消费量也是持续增加，由3086万吨增至3190万吨，年均增幅1.7%，比2017年累计增长4.3%。消费增速也是逐年加快，2018年、2019年和2020年环比增长率分别为0.9%、1.6%和1.8%。分类别来看，禽蛋户外消费增幅最大、比重上升，加工消费增幅最小、比重下降，而家庭消费比重较为稳定。2018~2020年，禽蛋家庭消费量将由1401万吨增至1447万吨，年均增幅1.6%，在总消费中始终占45.4%；禽蛋加工消费量将由906万吨增至928

万吨，年均增幅 1.2%，在总消费中的比重由 29.4% 降至 29.1%；禽蛋户外消费量将由 712 万吨增至 745 万吨，年均增幅 2.3%，在总消费中的比重由 23.1% 升至 23.4%。分城乡来看，城乡居民家庭人均禽蛋消费量均有所增长，农村增幅远高于城镇。2018～2020 年，农村居民家庭人均禽蛋消费量将由 8.9 千克升至 9.2 千克，年均增幅 1.7%；城镇居民家庭人均禽蛋消费量将由 10.9 千克升至 11.1 千克，年均增幅 0.7%。

4. 短期禽蛋贸易趋势

2018～2020 年，禽蛋贸易仍以出口为主，禽蛋净出口量总体呈下降趋势，由 16 万吨降至 14 万吨，年均降幅 6.0%，但仍比 2017 年高出 26.2%。

18.5.2 长期产业发展形势分析（2018～2035 年）

1. 长期禽蛋供需总体形势

长期来看，在没有大规模严重疫情和重大政策调整的情况下，中国禽蛋产业供需总体形势仍然较为宽松，每年均有 15 万吨左右的净出口（见图 18－14）。

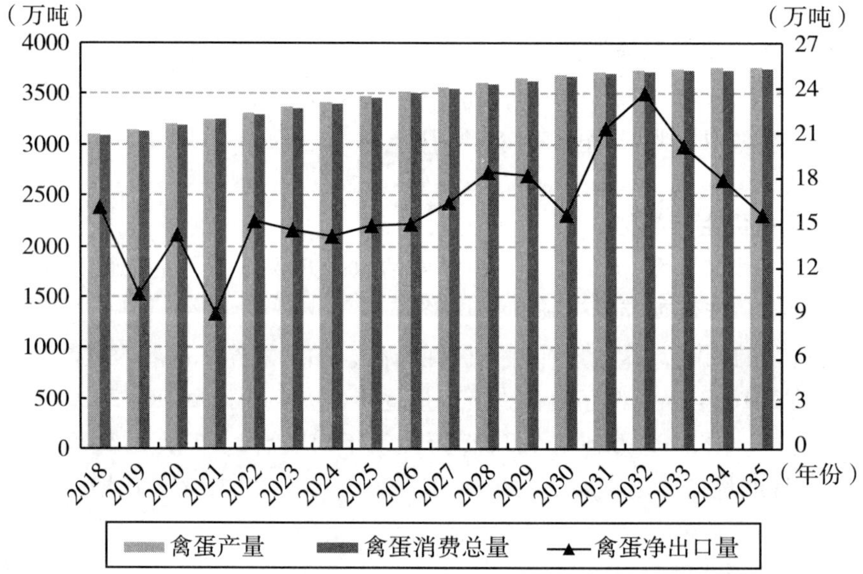

图 18－14　2018～2035 年中国禽蛋供需总体形势预测

2. 长期禽蛋生产趋势

随着蛋鸡品种生产性能的逐步改良、养殖技术和管理水平的不断提高以及大企业集团的加速进入，养殖规模化标准化程度和对各类风险的控制能力亦将随之提升，从而推动禽蛋产量持续增长，预计 2018～2035 年年均增幅 1.1%，至

2035 年将达到 3757 万吨，比 2017 年累计增长 22.4%。但长期来看，受环境承载总量的限制以及伴随规模结构调整的逐步深化，禽蛋产量增速将逐渐放缓，由 2020 年的 1.9% 最高增速降至 2035 年的 0.1%，禽蛋产量将逐渐趋于稳定（见图 18－15）。

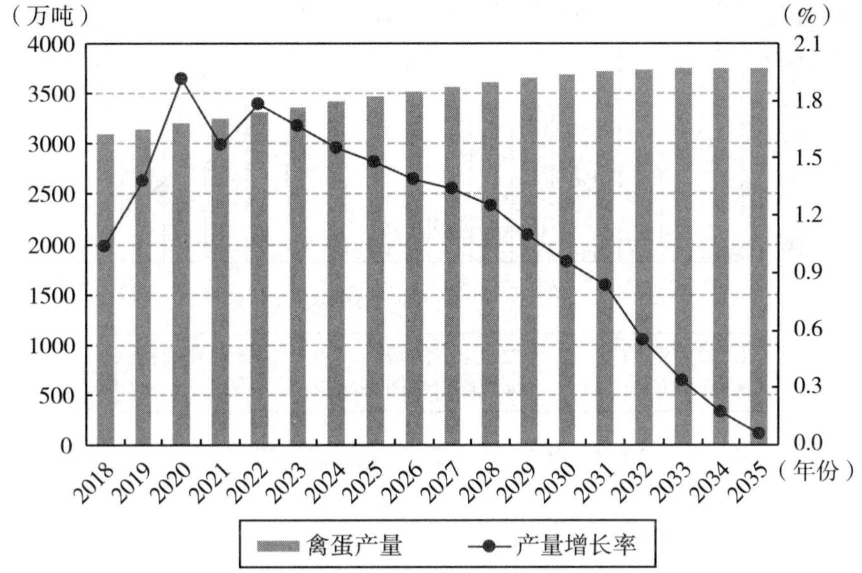

图 18－15　2018～2035 年中国禽蛋产量及其增长率预测

3. 长期禽蛋消费趋势

随着人口增长以及消费水平的提升，禽蛋总消费量将持续增长，预计 2018～2035 年年均增幅 1.1%（与禽蛋产量的增长同步），至 2035 年将达到 3741 万吨，比 2017 年累计增长 22.3%。但长期来看，随着人们对合理膳食搭配及营养均衡要求的提高，禽蛋人均食物消费量上升空间逐渐变窄，禽蛋总消费量的增速将逐年放缓，由 2020 年的 1.8% 最高增速降至 2035 年的 0.1%，禽蛋总消费量也将逐渐趋于稳定。

分类别来看，禽蛋户外消费增幅最大、比重上升，加工消费增幅最小、比重下降，而家庭消费比重稳中略降。2018～2035 年禽蛋家庭消费量年均增幅 1.1%，至 2035 年将达到 1681 万吨，在总消费中占 44.9%，比 2018 年减少 0.5 个百分点；禽蛋加工消费量年均增幅 0.8%，至 2035 年将达到 1037 万吨，在总消费中占 27.7%，比 2018 年减少 1.6 个百分点；禽蛋户外消费量年均增幅 1.6%，至 2035 年将达到 928 万吨，在各类消费中增长最为显著，故其在总消费量中的比重呈上升之势，2035 年将达到 24.8%，比 2018 年上升 1.7 个百分点（见图 18－16）。

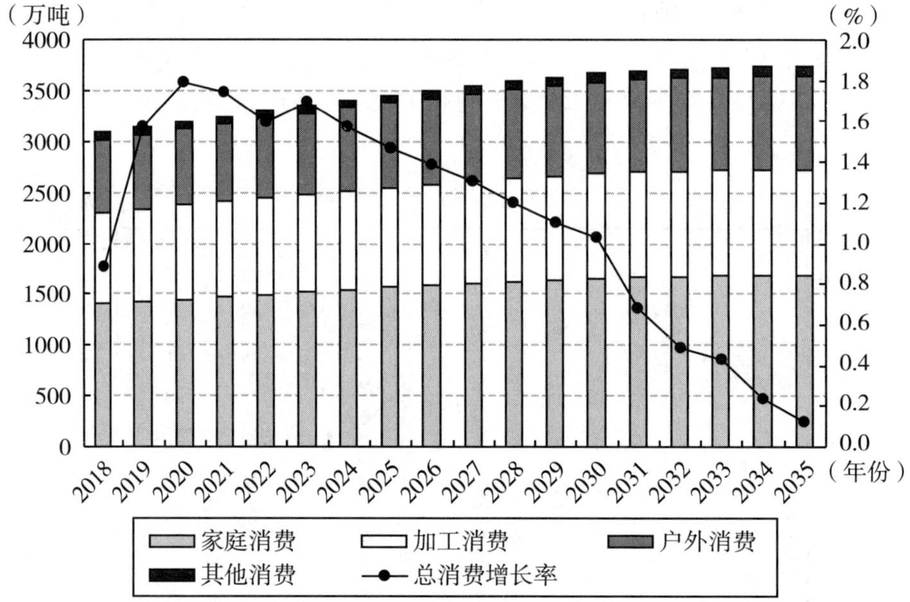

图 18－16　2018～2035 年中国禽蛋消费量及其增长率预测

分城乡来看，城乡居民家庭人均禽蛋消费量持续增长，农村增幅高于城镇，城乡消费比持续下降。2018～2035 年，农村居民家庭人均禽蛋消费量年均增幅 1.6%，至 2035 年将达到 11.5 千克；城镇居民家庭人均禽蛋消费量年均增幅 0.7%，至 2035 年将达到 12.4 千克；城乡居民家庭人均禽蛋消费量比值由 2018 年的 1.23∶1 降至 2035 年的 1.07∶1，城乡居民家庭人均禽蛋消费水平将越来越接近。

4. 长期禽蛋贸易趋势

2018～2035 年，禽蛋贸易仍以出口为主，禽蛋净出口量波动频繁，但总体变动幅度不大，多数年份在 15 万吨左右震荡（见图 18－17）。因禽蛋出口受到运输条件及贸易壁垒等因素的限制，长期来看，亦不会有大幅增长。

18.6　结论与政策建议

18.6.1　结论

从禽蛋生产角度来看：禽蛋产量持续增长，单产水平不断提升，区域布局较为稳定，规模结构逐步优化，养殖成本高位运行，养殖效益波动下滑。

从蛋品消费角度来看：禽蛋总消费量继续增加，城乡人均消费差距缩小。

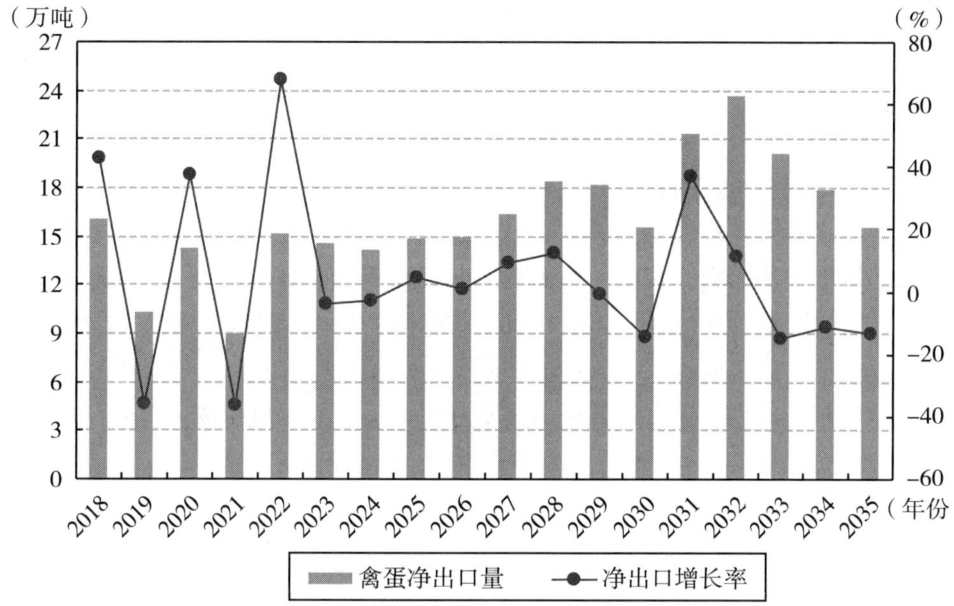

图18－17　2018～2035年中国禽蛋净出口量及其增长率预测

从蛋品贸易角度来看：禽蛋贸易始终以出口为主，进出口贸易结构差异显著，进出口贸易伙伴区别明显。

从禽蛋产业供需平衡来看：中国禽蛋产业供需形势总体较为宽松，每年都有10万吨左右的净出口。一方面，蛋种鸡产能过剩，种源供应充足；另一方面，虽然环保政策的强力推进使得原有落后产能相继淘汰，但政府对产业扶贫的大力支持以及大型养殖集团的布局扩张，使得蛋鸡产业供给能力仍然保持在较高水平。

从鸡蛋价格走势来看：鸡蛋价格总体呈上涨趋势，但“十二五”以来蛋价小幅下降，主要因为供过于求的市场状态导致蛋价于2014年创历史高位后连续3年下跌；蛋价周期性和季节性波动显著，但波动周期有拉长的趋势。

禽蛋产业发展面临的新情况新问题主要有：市场和疫病风险影响加剧，规模化发展趋势有待引导，专业化育成趋势愈加明显，养殖区域格局调整步伐加快，“互联网＋”促进产业转型升级，鸡蛋期货影响力逐渐增强，蛋品出口竞争力有待提升，环保政策约束不断强化。

环保政策对禽蛋产业发展影响的模拟分析显示：环保政策实施对禽蛋产业的影响集中在生产和消费方面。主要表现为：生产者利润下降，推动产量下降；但消费者价格上涨，导致消费下降，且与加工消费相比，对食物消费（包括家庭消费和户外消费）的影响更加明显。总体而言，环保政策对禽蛋产业的影响幅度较小，在畜禽污染防控对养殖成本提升1%、1.5%、2%三种情景设定下，环保政策实施对禽蛋产量和消费量的影响幅度均不到 0.5%；且税率越高，影响幅度越大。

对禽蛋产业未来发展趋势的预测显示：不论从短期还是长期来看，在没有大规模严重疫情和重大政策调整的情况下，中国禽蛋产业供需总体形势仍然较为宽松，每年均有 15 万吨左右的净出口。禽蛋产量和禽蛋总消费量都将持续增加，短期增速逐年加快，长期增速则逐渐放缓、趋于稳定。而且，不论短期还是长期，都是禽蛋户外消费增幅最大、比重上升，工业消费增幅最小、比重下降，而家庭消费短期比重较为稳定、长期比重稳中略降。分城乡来看，城乡居民家庭人均禽蛋消费量均持续增长，且农村增幅高于城镇，城乡消费比持续下降。禽蛋贸易仍以出口为主，禽蛋净出口量波动频繁，但总体变动幅度不大。

18.6.2 建议

1. 增强风险防范能力

针对养殖户面临的市场风险和疫病风险，构建风险管理体系，完善风险规避机制，促进行业平稳运行。一是加快禽蛋行业信息化建设，健全和完善生产、价格、疫病等监测体系，客观、及时、准确地跟踪监测和整合发布相关信息，增强信息透明度。二是建立禽蛋养殖风险基金，尤其是在大规模疫病发生引致大范围扑杀后，对养殖户遭受的巨大损失给予补偿，帮助养殖户尽快恢复生产能力（赵一夫、薛莉、秦富，2010）。三是增强养殖户风险防范意识，通过报纸杂志、广播电视、手机网络、远程教育、现场观摩等多种方式加强培训，培养收集信息、分析行情、抓住商机、合理决策的能力（周荣柱、秦富，2016）。

2. 严保蛋品质量安全

坚持质量兴农、绿色发展、健康养殖，提升蛋品质量安全水平。一是构建从养殖场到餐桌的全程监管体系，从品种、饲料、技术、管理、流通等各个方面和环节严格把控，建立蛋品质量安全追溯系统，完善蛋品质量安全监督管理机制，切实保障人民群众“舌尖上的安全”。二是继续推进蛋禽标准化规模养殖，依据环境承载力、疫病防控成本和管理技术水平等发展适度规模养殖，推行标准化、专业化生产模式，严格控制饲料添加剂、药物残留、粪便污染等问题，在实现规模效益的同时，尽可能消除生物安全隐患。三是加快培育禽蛋产业新型经营主体，充分发挥蛋禽养殖、禽蛋产品加工等产业化龙头企业的示范带动作用，组建蛋鸡养殖协会、养殖专业合作社等互助组织，为养殖户提供产前、产中、产后全程技术和信息服务，通过新型经营主体素质、能力以及组织化程度的提高，进一步提升行业整体发展水平，确保蛋品质量安全。

3. 不断强化品牌建设

坚持品牌强农，是提升养殖效益、增加养殖户收入的重要手段，也是提高蛋品国际竞争力的迫切要求。一是推进蛋品质量体系认证，引导蛋禽养殖和蛋品加工企业积极申请 ISO、HACCP 等质量/环境管理体系、食品安全体系以及 GAP（良好农业规范）、绿色、有机、地理标志产品等相关认证，鼓励企业打造地方性、全国性甚至国际性品牌，提升消费者对品牌的信任，扩大品牌效应。二是采用媒体宣传、入场参观等多种方式，引导大众关注蛋品行业，树立品牌意识，在消费者和生产者之间搭建互相信任的桥梁，培养和扩大蛋品品牌消费群体。三是制定统一标准，严格检验程序，定期对市场上的品牌鸡蛋进行抽查，防止假冒伪劣蛋品以次充好，保障消费者利益（薛莉、赵一夫、秦富，2015）。

4. 支持发展蛋品贸易

贸易环境、贸易政策以及蛋品品质、营销手段等都会对蛋品贸易产生影响，可从以下几方面提升蛋品贸易水平。一是提升蛋品生产技术和深加工水平，创新蛋品加工形式，不断开发出各种新型的蛋品深加工品类，提升蛋品的附加值，而不是主要靠出口鲜鸡蛋这种初级产品来抢占国际市场份额。二是借鉴发达国家成功经验（如美国成立专门的海外农业局与海外贸易促进委员会，推出农产品出口促销计划，对农产品贸易给予法律和政策支撑等），对蛋品贸易给予一定的财政支持，尤其是在蛋品出口方面，鼓励国内优质蛋品出口到海外，拓展海外市场，提升蛋品国际竞争力。三是针对蛋品出口到海外可能会遇到的贸易摩擦等问题给予支持，在海外设立相关的贸易促进委员会，帮助企业解决贸易争端，更好地维护中国蛋品出口企业的合法权益。

5. 积极应对环保要求

随着养殖环保政策约束的逐步强化，养殖主体面临的生产压力日益加大，蛋禽养殖中粪污和病死禽无害化处理等环保问题亟待解决。一是加强宣传，使养殖主体准确理解国家的环保政策，引导养殖户自觉转变思想观念。可通过广播、电视、报刊、网络、发放宣传资料等形式宣传蛋鸡养殖污染的危害，发放养殖业治污技术资料，提高养殖户的环保意识（朱宁、秦富，2016）。二是创新粪污处理方式，以政府为主导，建设区域性的有机肥厂和病死畜禽无害化集中处理中心，创造粪污资源化利用条件。三是引导有条件的养殖主体采用种养结合的循环养殖模式，积极推行茶、桑、竹、果等林下以及草地种养结合生态循环养殖，因地制宜、以地定量、适度规模，实现蛋鸡产业可持续良性发展。

第19章

肉牛产业

主要观点：

● 肉牛产业处于转型升级关键期，养殖规模结构、生产经营方式、产品类型及市场销售等正逐步转变，“两个”市场充分开拓，逐步利用海外上游资源，国际间资源整合发展肉牛生产。

● 中国牛肉产量保持小幅增加，生产技术水平逐步提升，粮改饲试点区、产业扶贫区肉牛养殖保持增长，奶牛肉用资源给予有效补充。

● 中国牛肉消费总量保持增长，城镇居民消费占比、城乡居民户外消费占比均保持增加，牛肉消费逐步向全年消费、全国消费、全民消费转变，消费水平与国际相比仍有很大空间。

● 牛肉贸易呈净进口，贸易国际市场化及“一带一路”倡议下，进口贸易国增加，进口产品多元化（冻肉、鲜冷肉、活牛），运输渠道拓宽（海运、陆运、空运），跨境肉牛检疫屠宰项目启动。

● 农业供给侧改革、粮改饲试点、草牧业试点、产业扶贫成为推动肉牛业发展，同时面临基础母牛扩群增量项目逐步取消，仍需稳定母牛养殖发展，提升肉牛产业竞争力。

● 肉牛业发展面临的环保要求提升，环保税对其影响相对较小。征收环保税，增加了肉牛养殖成本，影响养殖场户积极性，牛肉产量将小幅减少，但贸易净进口会增加以补充国内市场。

● 未来，在草牧业、粮改饲和产业扶贫等政策的拉动下，中国肉牛养殖保持稳定增长，但面临环保要求提升，牛肉产量增幅较小，牛肉需求量持续增长，牛肉供求仍呈趋紧格局。

● 中国肉牛业发展以稳定母牛养殖为前提，提升市场竞争力为核心，提高生产技术水平和效率，优化生产经营模式，推进粪污资源化利用，完善社会化服务组织，促进产业转型升级发展。

19.1　引言

中国肉牛业逐步形成了集育种、繁育、育肥、加工、销售、餐饮等为一体的产业。“十二五”以来，中国牛肉供求保持趋紧格局。中国牛肉产量总体保持小幅增长，出栏肉牛单产水平、养殖规模化程度逐步提升，受居民消费行为变化影响，牛肉需求量略有小幅波动，但是随着国外牛肉价格优势的凸显，牛肉进口量持续增加，呈净进口格局，牛肉供求格局呈趋紧态势。2017年，中国肉牛业运行总体平稳，牛肉供求略显偏紧。牛肉产能小幅增加，奶牛肉用资源给予有效补充，粮改饲试点产业扶贫区母牛养殖发展潜力大。肉牛养殖散养继续退出，规模化程度继续提升。屠宰行业仍面临提升竞争力压力，跨境肉牛检疫屠宰项目启动。牛肉消费方式多元化，商超、电商平台销售快速增加。中国牛肉进口量继续快速增加，进口渠道进一步多元化。活牛和牛肉价格均有所上涨，养殖效益利好。本章基于2016年的肉牛产业基础数据，综合考虑短期和长期影响因素，重点模拟预测2020年和2035年两个关键时期的肉牛生产、消费、贸易、供求及价格趋势，并设计和模拟了各种征收环保税情景方案对肉牛产业的影响，为产业发展提供科学决策参考。

19.2　肉牛产业发展形势

19.2.1　生产发展形势

1. 牛存栏保持小幅增长，牛肉产量持续增加

“十二五”以来，中国肉牛产业保持较稳发展态势。牛存栏由2011年的10360.46万头增加到2016年的10667.9万头。2016年，肉牛存栏7441.0万头，奶牛存栏1425.4万头，役用牛存栏1801.5万头，2017年牛存栏持平略增。牛肉产量由2011年的647.5万吨增加到2017年的726.0万吨（见图19-1）。

2. 肉牛养殖单产水平提升，规模化进程逐步加快

伴随肉牛养殖技术的提升，牛出栏胴体重由2011年的220.39千克/头增加到2016年的230.88千克/头，2017年牛出栏胴体重继续小幅增长，约为235.87千克/头（见图19-2）。近年来，由于城镇化的快速推进，农民就业渠道多样化发展，农村肉牛养殖散户退出明显。肉牛养殖散户退出趋势明显，生产规模化程度有所提升，肉牛年出栏50头以上比重由2011年的24.7%增加到2016年的28.0%，2017年将增加到29.0%。

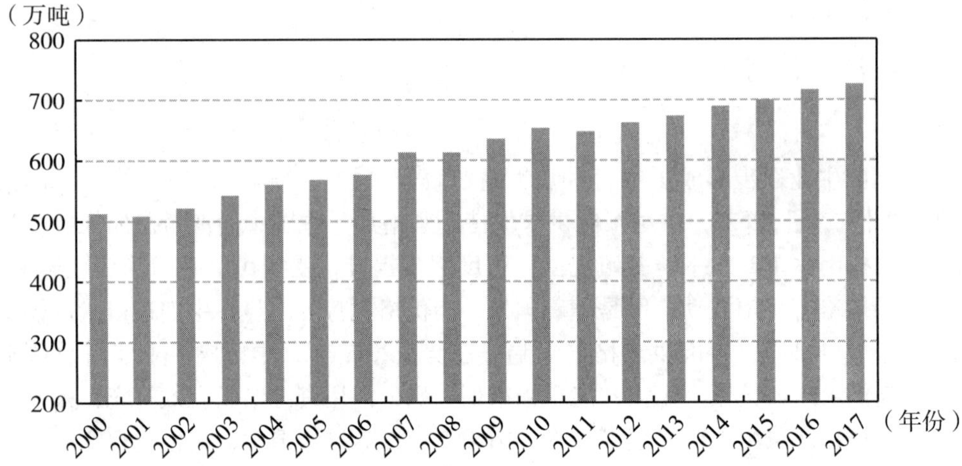

图 19－1　2000～2017 年中国牛肉产量变化情况

资料来源：历年《中国统计年鉴》。

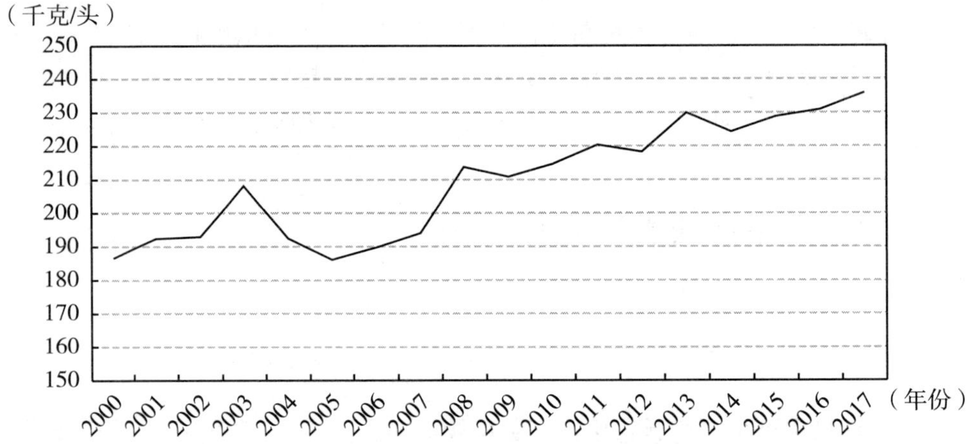

图 19－2　2000～2017 年中国牛出栏胴体重变化情况

资料来源：历年《中国统计年鉴》。

3. 粮改饲试点区、产业扶贫区肉牛养殖保持增长，肉用奶牛保持增加

近年来，中国实施的粮改饲试点、产业扶贫对肉牛养殖的带动作用明显。据农业农村部相关数据显示，2017 年跟踪的粮改饲试点区肉牛存栏同比增长 4.5%，能繁母牛存栏同比增长 0.4%，跟踪的贫困县肉牛存栏同比增长 4.2%，能繁母牛存栏同比增长 3.9%。与此同时，近年来，中国的奶牛资源有力补充了肉牛数量的不足。一是奶公牛犊育肥有效补充了牛源；二是淘汰奶牛作为肉用育肥。此外，受奶业市场持续低迷的影响，一些奶牛场户直接用肉牛冻精进行配种，转向肉牛养殖。

4. 肉牛养殖成本总体居于高位，养殖效益保持增长

育肥出栏肉牛头均总成本由2011年的7003.65元/头增加到2017年的10127.72元/头，其中仔畜费用由2011年的5342.21元/头增加到2017年的8799.99元/头，2017年仔畜费用占比达86.9%。出栏肉牛头均纯收益保持增长，由2011年的1038.96元/头增加到2017年的1279.23元/头。2017年，牛肉生产经营企业盈利状况总体较好，部分肉牛生产经营企业营业收入同比增幅超过20%，净利润同比增幅超过10%。

5. “两个”市场充分开拓，跨国整合发展成为新趋势

受各国资源条件制约，国际间资源整合发展肉牛生产成为新趋势。近年来，中国肉牛生产资源、劳动等成本高于国际水平，充分利用国外资源和市场，发展国内肉牛生产成为企业的新选择，上海梅林收购新西兰牛肉企业获批，利用海外上游资源发展肉牛产业，增加国内市场供给成为新的趋势。

19.2.2 消费发展形势

1. 牛肉总消费量保持增长，城镇居民牛肉消费量占比保持增加

中国牛肉消费量由2011年的647.32万吨增加到2016年的774.71万吨。与此同时，随着城镇化进程加快，城镇居民牛肉消费量占比呈增加态势，由2011年的69.41%增加到2016年的73.26%，农村居民牛肉消费量占比由2011年的21.06%减少到2016年的17.93%（见图19－3）。2017年中国牛肉总消费量将继续保持增长。

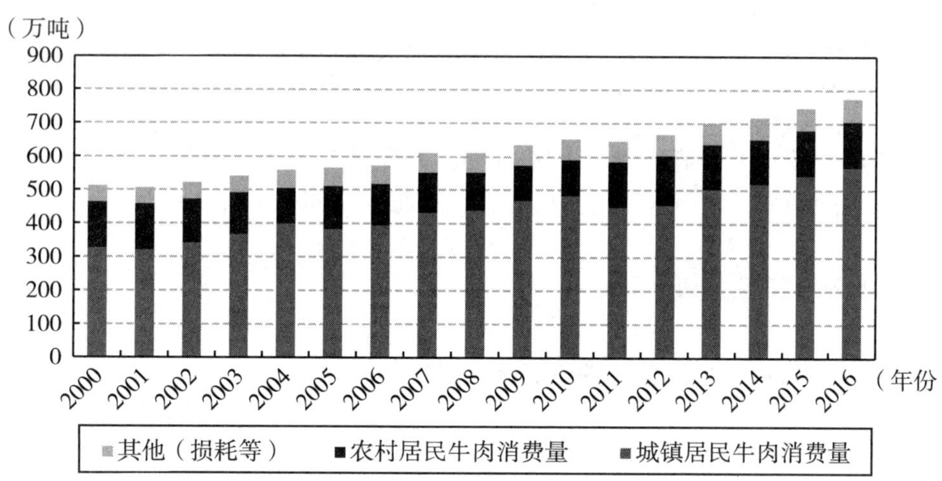

图19－3 2000～2016年中国牛肉消费量变化情况

资料来源：结合历年《中国统计年鉴》及相关研究整理。

2. 城乡居民人均牛肉消费量差距显著，户外消费占比均保持增长

城镇居民年家庭、户外人均牛肉消费量明显高于农村。中国城镇居民家庭年人均牛肉消费量由 2011 年的 4.82 千克/人增加到 2016 年的 5.26 千克/人，城镇居民户外年人均牛肉消费量由 2011 年的 1.69 千克/人增加到 2016 年的 1.89 千克/人；农村居民家庭年人均牛肉消费量由 2011 年的 1.70 千克/人增加到 2016 年的 1.86 千克/人，农村居民户外年人均牛肉消费量由 2011 年的 0.37 千克/人增加到 2016 年的 0.50 千克/人（见图 19-4）。城镇居民户外年人均牛肉消费占比由 2011 年的 25.91% 增加到 2016 年的 26.48%；农村居民户外年人均牛肉消费占比由 2011 年的 17.91% 增加到 2016 年的 21.63%。2017 年城乡居民人均牛肉消费量均有小幅增长。

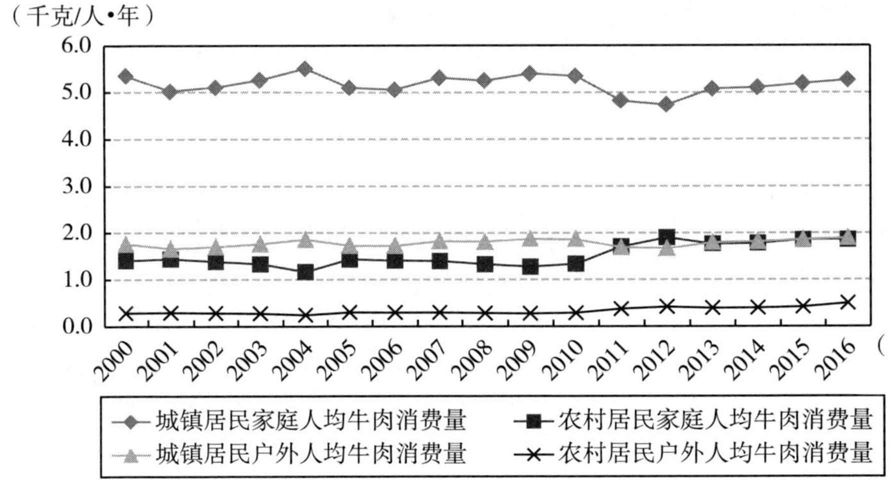

图 19-4　2000~2016 年中国城乡居民人均牛肉消费量变化情况

资料来源：结合历年《中国统计年鉴》及相关研究整理。

牛肉消费逐步由季节消费、地区消费、少数民族消费向全年消费、全国消费、全民消费转变，消费水平与国际相比仍有很大空间。

19.2.3　贸易发展形势

1. 牛肉进口量大幅增加，进口贸易国逐步扩大

中国牛肉进口量由 2011 年的 2.02 万吨逐步增加到 2017 年的 70.00 万吨（见图 19-5）。在贸易全球化、"一带一路"政策等带动下，牛肉进口贸易国逐步扩大。2017 年，中国牛肉进口新增南非和墨西哥两个来源国。牛肉进口运输渠道进一步拓宽，在原有陆运和空运的基础上，开拓了澳洲牛肉和美国牛肉海运贸易。

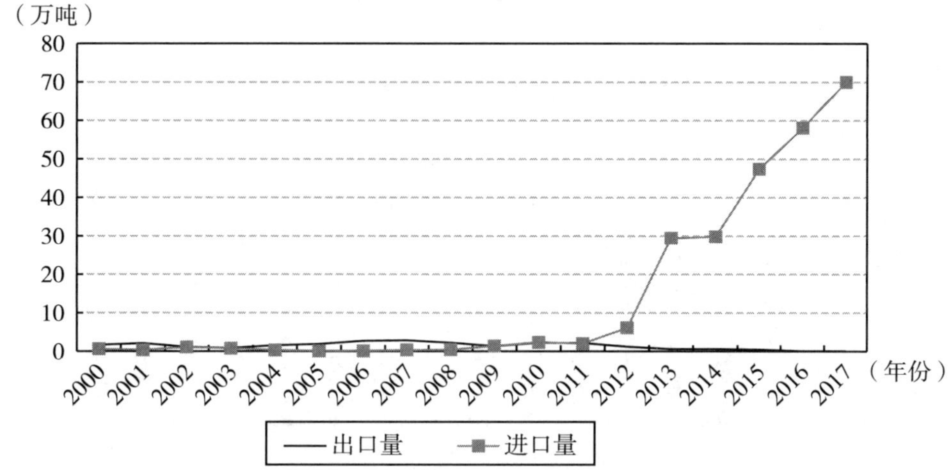

图 19－5 2000～2017 年中国牛肉进出口情况

资料来源：海关信息网。

2. 牛肉出口量持续大幅下滑，主要出口到香港地区、朝鲜

中国牛肉出口量由 2011 年的 2.20 万吨逐步减少到 2017 年的 0.09 万吨。主要出口到中国香港及朝鲜、巴勒斯坦、乌拉圭等地。2012 年以来，牛肉贸易格局呈净进口态势，净进口量由 2012 年的 4.92 万吨增加到 2017 年的 69.91 万吨。

19.2.4 供需平衡及价格形势

1. 牛肉供求格局经历了“供给略大于需求——供求趋紧”的变动

2000～2008 年，中国牛肉供求呈供给略大于需求的状态，牛肉产量除了满足国内消费需求，还有部分剩余，贸易呈净出口格局，牛肉产量与牛肉消费量相比增加 0.07 万～2.63 万吨。2009 年以来，随着消费需求的增加，牛肉进口量明显增加，贸易呈净进口格局，除 2011 年外，中国牛肉供求呈趋紧的态势，牛肉产量与牛肉消费量的缺口在 0.08 万～57.91 万吨之间（见图 19－6）。

2. 牛肉产品价格经历了“基本稳定—大幅上涨—高位趋稳”的变动

伴随牛肉供求格局的变动，牛肉产品价格经历了“基本稳定—大幅上涨—高位趋稳”的变动。据农业农村部数据显示，全国牛肉平均价格在 2000～2007 年初基本保持在 12～20 元/千克的水平；2008～2014 年，随着牛肉供求格局趋紧，价格呈大幅上涨态势，全国牛肉平均价格由 2008 年 1 月的 29.11 元/千克上涨至 2014 年 1 月的 63.87 元/千克；之后随着肉牛养殖规模逐步增加，消费增速放缓，供求趋紧格局略有缓解，价格保持趋稳高位运行态势。2017 年全国牛肉平均价格为 62.73 元/千克，比上年上涨 0.1%（0.04 元/千克）（见图 19－7）。

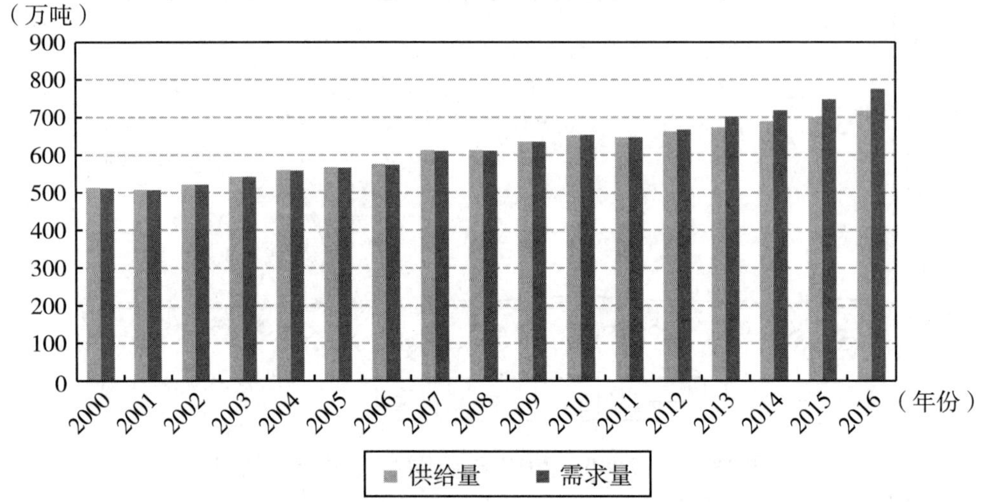

图 19－6　2000～2016 年中国牛肉供求变化情况

资料来源：历年《中国统计年鉴》。

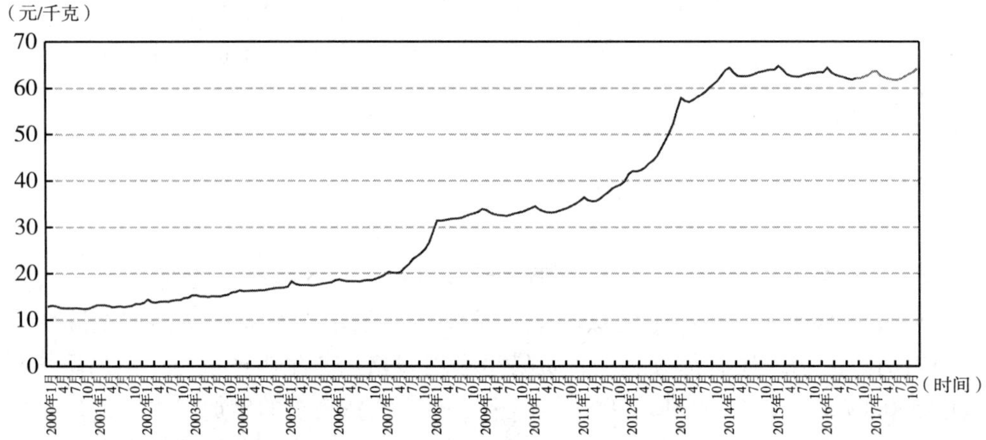

图 19－7　全国牛肉平均价格情况

资料来源：农业农村部。

3. 上游市场牛源供应趋紧，活牛市场价格止跌回涨

2017 年后半年养殖场户均反映市场牛源有趋紧态势，部分区域犊牛价格比上年上涨了 500 元/头。与此同时，活牛市场价格有所上涨。2017 年育肥出栏肉牛平均价格为 25.35 元/千克，同比上涨 1.3%；繁育出售架子牛平均价格为 26.61 元/千克，同比上涨 6.6%。

4. 下游牛肉产品价格同步上涨，结束同比持续为负的格局

牛肉产品价格从2017年第32周开始结束了2015年第20周以来的同比持续为负的格局，截至2017年底，除2017年第40周外，牛肉产品价格同比均为正。2017年全年牛肉产品平均价格为每千克62.73元，同比上涨0.1%。

19.3 肉牛产业发展新情况及其影响分析

1. 农业供给侧改革、粮改饲试点、草牧业试点、产业扶贫推动肉牛业发展

近年来，国家逐步实施了农业供给侧改革、粮改饲试点、草牧业试点、产业扶贫，由此带动了中国肉牛养殖发展，生产经营模式逐步创新。自2015年以来，农业农村部提出了“镰刀弯”地区玉米结构调整，2017年，继续调减玉米种植面积（较2015年调减2000多万亩）；积极推进草牧业发展实验试点项目，确定了具体的草牧业试点县；通过发展肉牛养殖成为部分区域开展产业扶贫的主要途径，山东阳信县探索了土地流转、订单种植、企业务工、合同养殖、买牛托管和合作养牛六种产业扶贫模式。

2. 基础母牛扩群增量项目逐步取消，一定程度上影响母牛养殖发展

针对近年来中国牛肉供求格局趋紧，价格持续大幅上涨的情况，农业农村部于2014年启动了基础母牛扩群增量项目，主要在15个省份实施，2014年安排资金9.4亿元，每头母牛补贴最高达1300元。但是，受农业财政项目实施方式变动及创新“大专项+任务清单”模式影响，国家层面的基础母牛扩群增量项目在2017年将逐步取消或融合到其他项目中。基础母牛扩群增量项目的实施对于提高养殖场户母牛养殖积极性、提升母牛养殖技术水平、带动规模养殖场户发展母牛养殖、增加基础母牛养殖规模具有重要作用，该项目的逐步取消或削弱，对母牛养殖也有一定影响，尤其是大型规模养殖场户，同时受到环保约束影响，存在养殖场户停养、转养（繁育改育肥为主）的情况。

3. 屠宰行业仍面临提升竞争力压力，跨境肉牛检疫屠宰项目启动

一直以来，大型肉牛屠宰企业仍面临开工不足的问题，去产能、调结构、提升竞争力的压力仍比较大；小规模屠宰企业开工率总体比大型屠宰企业要好，但仍存在技术水平低、监管不严、产品品质难以保障等问题。总体来看，中国肉牛屠宰加工企业竞争力较弱。2017年农业农村部、商务部、海关总署、质检总局四部委联合发文，支持云南省瑞丽市开展跨境动物疫病区域化管理试点工作。云南省德宏州瑞丽市、西双版纳傣族自治州景洪市和勐腊县为试点区域，瑞丽口岸弄岛通道、勐腊磨憨口岸和景洪勐龙240通道为进口屠宰用肉牛试点口岸（通道），将对国内屠宰企业补充一定的牛源。

4. 商超和电商平台等销售渠道快速拓展，“80 后”“90 后”群体逐步成为新型、时尚、高档消费主力军

随着移动互联网的普及和电商的发展，以及居民对优质牛肉产品需求偏好的增加，通过商超和电商平台销售的牛肉比例明显增加。据中国肉禽网资料显示，京东计划在未来 3 年内采购 20 亿美元的美国商品，含牛肉和猪肉；京东成内蒙古线上最大渠道，年销售 200 吨风干牛肉；科尔沁牛业 2017 年全年通过电商平台销售收入达到 2 亿元，仅“双十一”一天，销售额达到 2100 万元。随着移动互联网的普及和电商的发展，以及在西方文化的影响下，中国“80 后”“90 后”群体正逐步成为新型、时尚、高档消费主力军，对牛肉消费的需求也逐步增加，特别是对牛肉产品的需求呈多元化，包括深加工牛肉产品、休闲牛肉产品、牛排、肥牛等；更加注重休闲、时尚、简便、文化等元素。

5. 美国牛肉重返中国市场，对国内市场影响有限

继 2016 年中国小量进口美国牛肉后，2017 年开始进一步设立进口标准，加大美国牛肉进口，包括冻牛肉和鲜冷牛肉。2017 年，中国进口美国鲜冷牛肉 267.94 吨，进口价格为 18.88 美元/千克；进口冻牛肉 1936.85 吨，进口价格为 10.30 美元/千克。中国为进入中国市场的美牛在莱克多巴胺即“瘦肉精”方面设立了较为严格的标准，所以美国符合标准的牛肉并不多。此外，美国中高档牛肉价格也比较高，而中国市场恰好是中高档牛肉较为短缺。目前来看，放开美国牛肉进口，短期内进口量不会大幅增加，竞争将主要在出口国之间展开，对中国总体牛肉市场的冲击有限。

6. 环境保护要求明显提升，草畜结合、农牧循环、“互联网 +”等模式和新业态涌现

伴随社会经济的逐步发展，国家对生态保护的重视程度明显提升。2016 年，国家环保部印发了《畜禽养殖禁养区划定技术指南》。国务院于 2017 年印发了《关于加快推进畜禽养殖废弃物资源化利用的意见》（以下简称《意见》），《意见》指出，到 2020 年全国的畜禽粪污综合利用率将实现 75% 以上；同年 7 月，农业部出台了《畜禽粪污资源化利用行动方案（2017 ~ 2020 年）》，提出实施畜禽粪污资源化利用，促进畜牧业的绿色发展；8 月，国家发展改革委、农业部出台《全国畜禽粪污资源化利用整县推进项目工作方案（2018 ~ 2020 年）》。2018 年 1 月 1 日起，《中华人民共和国环境保护税法》正式实施，对存栏规模大于 50 头牛、500 头猪、5000 羽鸡鸭等的规模养殖场户征收环保税。面对禁养区划定、环保税征收，草畜结合模式、家庭牧场模式将有效减少废弃物排放，肉牛行业全面植入互联网将推动肉牛产业的转型和升级。

7. 节本增效提升竞争力将成为肉牛业发展的关键

伴随中国牛肉贸易市场的逐步放开，中国肉牛产业将面临越来越开放的国际市场竞争。与此同时，中国牛肉产品与国外相比价格偏高，生产成本偏高，质量参差不齐，竞争力较弱，提升肉牛业市场竞争力显得尤为重要。2017 年 10 月，农业农村部监测的中国牛肉产品市场价格为 63.28 元/千克，美国白条牛肉批发价格为 34.23 元/千克，欧盟白条牛肉批发价格为 31.03 元/千克，巴西白条牛肉批发价格为 18.87 元/千克，澳大利亚白条牛肉批发价格为 26.57 元/千克，价格差非常明显。2017 年 6 月，美国育肥出栏肉牛头均成本为 8543.38 元，中国育肥出栏肉牛头均成本为 9416.42 元，尤其是头均犊牛费用，相差约 1000 多元。① 此外，国内牛肉生产和市场监管还有待加强，注水肉、生产过程中非法添加等现象还有发生，影响着消费者对国产牛肉的消费信心。

19.4 环保税对肉牛产业的模拟分析

1.《环境保护税法》实施

2018 年开始实施的《环境保护税法》，坚持“谁污染谁付费”原则，对存栏规模大于 50 头牛，达到规模标准且有污染物排放口的畜禽养殖场户征收环保税。各省份根据当地情况制定具体征税额，据相关资料显示，牛规模养殖场环保税头均纳税额为 168 ~1680 元/头·年不等。各省份征税标准划分形式多样，包括不同区域、不同档次、不同年份（一般逐年递增）。其中，北京、河北、江苏、河南征税标准偏高，北京牛头均纳税额为 1680 元/头·年；河北牛头均纳税额分为三档，分别为 1344 元/头·年、840 元/头·年、672 元/头·年；江苏南京牛头均纳税额为 1008 元/头·年，标准为 672 元/头·年；河南牛头均纳税额为 672 元/头·年。2018 年、2019 年、2020 年内蒙古牛头均纳税额分别为 168 元/头·年、252 元/头·年、336 元/头·年，2018 年、2019 年云南牛头均纳税额分别为 168 元/头·年、420 元/头·年。东北三省、西北地区、华东地区牛头均纳税额普遍在 168 元/头·年；华南、华中、西南地区牛头均纳税额普遍在 336 元/头·年。综合来看，征税标准普遍在 300 元左右，由此表明，肉牛养殖头均成本将增加 300 元，按 2018 年 3 月出栏头均总成本 10500 元计算，占养殖总成本的 2.9%。当前，肉牛养殖存栏规模大于 50 头牛的出栏比例约为 47%，如果肉牛规模养殖场户粪污资源化利用比例按 10% 计算，那么需要征税的肉牛出栏规模比例约为 42%。

2. 模拟方案设计

本章应用中国农业科学院农业经济与发展研究所开发的中国农业产业模型

---

① 根据美国农业部、欧洲统计局、巴西农牧科学院、澳大利亚肉类和畜产品联合会数据整理。

（CASM），以 2016 年为基准方案，按照环保税对养殖成本提升 5%、3%、1%，即高、中、低三种方案，设置环保税对养殖成本的影响程度，模拟环保税对肉牛产业供需的影响（见表 19－1）。

表 19－1　　环保税对肉牛产业发展影响的模拟结果

指标		基准	征税 1%	征税 3%	征税 5%
生产	总产量（万吨）	705.32	703.70	700.54	697.45
			－0.23%	－0.68%	－1.12%
需求	牛肉总需求（万吨）	773.62	773.46	773.16	772.87
			－0.02%	－0.06%	－0.10%
	城镇居民牛肉总消费量（万吨）	417.30	417.30	417.30	417.30
	农村居民牛肉总消费量（万吨）	150.27	150.27	150.27	150.27
	其他（损耗等）（万吨）	67.15	66.99	66.69	66.40
	人均消费量（千克/人）	5.11	5.11	5.11	5.11
			0.00%	0.00%	0.00%
贸易	净进口量（万吨）	68.30	69.76	72.63	75.42
			2.14%	6.33%	10.43%
价格	居民消费价格（元/千克）	62.69	62.69	62.69	62.69
			0.00%	0.00%	0.00%

注：表中百分数为不同冲击方案设置下环保税对不同指标影响与基准水平相比的增减比例。

3. 模拟结果分析

环保税征收，增加了肉牛养殖成本，影响养殖场户积极性，一定程度上会使得牛肉产量减少，与此同时，随着贸易市场的开放及价格优势，牛肉进口增加会迅速补充产能的减少，由此使得市场牛肉供给基本稳定，价格保持基准水平，消费保持稳定。

供需平衡总体形势。征税 1%、征税 3%、征税 5% 的情景下，中国牛肉产量与需求量缺口分别为 69.76 万吨、72.63 万吨、75.42 万吨，牛肉供求基本保持基准水平格局，价格并没有明显变动，居民消费价格保持在基准水平的 62.69 元/千克。

生产趋势。征收环保税将一定程度上增加肉牛养殖成本，影响肉牛养殖场户积极性，养殖规模预计会有一定的紧缩，由此使得中国牛肉产量下降。征税 1%，中国牛肉产量下降 0.23%，为 703.70 万吨；征税 3%，中国牛肉产量下降 0.68%，为 700.54 万吨；征税 5%，中国牛肉产量下降 1.12%，为 697.45 万吨。

需求趋势。中国牛肉人均消费量基本保持在5.11千克/人，牛肉总需求量小幅减少，牛肉总需求量减少到773.46万吨（征税1%）、773.16万吨（征税3%）、772.87万吨（征税5%），与基准水平相比减幅在1万吨以内。

贸易趋势。在牛肉产出减少的同时，随着中国牛肉贸易市场的逐步放开，国外牛肉市场竞争力优势凸显，牛肉进口量将有所增加，中国牛肉净进口量将增加到69.76万吨（征税1%）、72.63万吨（征税3%）、75.42万吨（征税5%）。

19.5 未来肉牛产业发展趋势预测

综合考虑短期和长期影响因素，本章对未来肉牛产业发展趋势做了预测分析，包括对生产、消费、贸易等进行了模拟。

19.5.1 短期产业发展形势分析（2018～2020年）

短期分析，在草牧业试点、粮改饲试点项目、产业扶贫的带动下，粮改饲试点区、贫困区肉牛养殖保持稳定增长，养殖规模化程度逐步提升，与此同时仍面临环保约束等，中国牛肉产量保持小幅增长；居民消费需求保持增加，牛肉需求量持续增长；伴随贸易市场逐步放开，牛肉进口量持续增加，贸易呈净进口格局。牛肉产量增速小于需求增速，牛肉供求仍呈趋紧格局，价格小幅上涨（见表19－2）。

表19－2　　中国肉牛产业发展趋势预测

指标		2018年	2019年	2020年	2035年
生产	总产量（万吨）	741.60	746.58	761.63	928.28
需求	牛肉总需求（万吨）	812.70	831.83	847.31	1026.97
	城镇居民牛肉总消费量（万吨）	562.11	580.70	595.75	788.87
	农村居民牛肉总消费量（万吨）	179.99	180.06	179.06	149.72
	其他（损耗等）（万吨）	70.60	71.07	72.51	88.37
	人均消费量（千克/人）	5.34	5.45	5.53	6.78
	城镇居民家庭人均牛肉消费量（千克/人）	5.39	5.45	5.48	6.05
	城镇居民户外人均牛肉消费量（千克/人）	1.44	1.46	1.48	1.75
	农村居民家庭人均牛肉消费量（千克/人）	2.65	2.70	2.73	3.27
	农村居民户外人均牛肉消费量（千克/人）	0.53	0.54	0.55	0.74
贸易	净进口量（万吨）	71.10	85.25	85.68	98.69
价格	居民消费价格（元/千克）	63.29	64.06	65.76	79.18

供需平衡总体形势。2018～2020 年，牛肉产能增长仍未能赶上消费需求增长，牛肉供求仍保持趋紧格局，2018 年、2019 年、2020 年中国牛肉产量与需求量的缺口分别为 71.1 万吨、85.25 万吨、85.68 万吨，居民消费价格上涨至 2020 年的 65.76 元/千克。

生产趋势。2018～2020 年，中国牛肉产量年均增长速度为 1.34%，到 2020 年牛肉产量达到 761.63 万吨。

需求趋势。2018～2020 年，中国牛肉总需求量年均增长速度为 2.11%，到 2020 年牛肉总需求量达到 847.31 万吨，人均消费水平达到 5.53 千克。需求结构来看，城镇居民牛肉总消费量占比持续增加，到 2020 年占比达到 70.31%，农村居民牛肉总消费量占比为 21.13%，其他（损耗等）占比为 8.56%。城乡户内外人均消费来看，城镇居民人均家庭消费占比继续减少，户外消费占比持续增加，到 2020 年城镇居民人均家庭消费占比为 78.74%，户外消费占比为 21.26%；农村居民人均家庭消费占比继续减少，户外消费占比持续增加，到 2020 年农村居民人均家庭消费占比为 83.23%，户外消费占比为 16.77%。

贸易趋势。2018～2020 年，中国牛肉净进口量仍保持较快增长态势，年均增长速度为 9.78%，2020 年达到 85.68 万吨。

19.5.2 长期产业发展形势分析（2018～2035 年）

长期来看，随着农业供给侧改革的持续推进，牛肉产品供给结构优化，供给能力逐步提升，产能和单产水平保持增加。消费方面，随着居民对绿色产品消费偏好增加，“90 后”群体正逐步成为新型、时尚、高档消费的主力军，对牛肉的消费需求也逐步增加。特别是对牛肉产品的需求呈多元化，中国牛肉消费需求将保持增长，但产能增长仍未能赶上消费需求增长，牛肉贸易格局保持净进口，牛肉供求呈趋紧格局，价格持续上涨。

供需平衡总体形势。2018～2035 年，中国牛肉产能增长仍未能赶上消费需求增长，牛肉供求仍保持趋紧格局，到 2035 年中国牛肉产量与需求量缺口为 98.69 万吨，居民消费价格上涨至 79.18 元/千克。

生产趋势。2018～2035 年，中国牛肉产量年均增长速度为 1.33%，到 2035 年牛肉产量达到 928.28 万吨。

需求趋势。中国牛肉总需求量年均增长速度为 1.39%，到 2035 年中国牛肉需求量达到 1026.97 万吨，人均消费水平达到 6.78 千克。从需求结构来看，城镇居民牛肉总消费量占比持续增加，到 2035 年占比达到 76.82%，农村居民牛肉总消费量占比为 14.58%，其他（损耗等）占比为 8.60%。从城乡户内外人均消费来看，城镇居民人均家庭消费占比继续减少，户外消费占比持续增加，到

2035 年城镇居民人均家庭消费占比为 77.56%，户外消费占比为 22.44%；农村居民人均家庭消费占比继续减少，户外消费占比持续增加，到 2035 年农村居民人均家庭消费占比为 81.55%，户外消费占比为 18.45%。

贸易趋势。2018~2035 年，中国牛肉净进口量仍保持增长态势，年均增长速度为 1.95%，2035 年达到 98.69 万吨。

19.6 结论与政策建议

19.6.1 结论

第一，“十二五”以来，中国牛肉供求保持趋紧格局。中国牛肉产量总体保持小幅增长，出栏肉牛单产水平、养殖规模化程度逐步提升，受居民消费行为变化影响，牛肉需求量略有小幅波动，但是随着国外牛肉价格优势的凸显，牛肉进口量持续增加，呈净进口格局，牛肉供求格局呈趋紧态势。

第二，当前，中国肉牛业运行总体平稳，牛肉供求略显偏紧。2017 年，牛肉产能小幅增加，奶牛肉用资源给予有效补充，粮改饲试点产业扶贫区母牛养殖发展潜力大。肉牛养殖散养继续退出，规模化程度继续提升。屠宰行业仍面临提升竞争力压力，跨境肉牛检疫屠宰项目启动。牛肉消费方式多元化，商超、电商平台销售快速增加。中国牛肉进口量继续快速增加，进口渠道进一步多元化。活牛和牛肉价格均有所上涨，养殖效益利好。

第三，短期来看，中国牛肉产量、需求量均保持小幅增长态势，牛肉供求仍呈趋紧格局。到 2020 年牛肉产量将达到 761.63 万吨，牛肉消费量为 847.31 万吨，牛肉净进口量为 85.68 万吨，牛肉产量与消费量的缺口为 85.68 万吨。

第四，长期来看，牛肉产量小幅增加，需求保持增长，但需求增速略有放缓，产量与需求量缺口仍在逐步拉大。到 2035 年牛肉产量将达到 928.28 万吨，牛肉消费量为 1026.97 万吨，牛肉净进口量为 98.69 万吨，牛肉产量与消费量的缺口为 98.69 万吨。

第五，征收环保税，一定程度上减少了牛肉产量，但贸易净进口会增加，对需求及价格影响较小。环保税征收增加了肉牛养殖成本，影响养殖场户积极性，一定程度上减少了牛肉产量。与此同时，随着贸易市场的开放及价格优势，牛肉进口增加会迅速补充产能的减少，使市场牛肉供给基本稳定，价格保持基准水平，消费保持稳定。以征税 3% 为例，牛肉产量将下降 0.68%，为 700.54 万吨，牛肉净进口量增加到 72.63 万吨，牛肉人均消费量基本保持在 5.11 千克/人。

19.6.2 政策建议

1. 加大基础母牛发展，提升技术水平和效率

近几年，中国肉牛业虽然取得很大进展，但仍然存在牛源萎缩、技术设备落后、大型养殖场少等问题，供给少于需求情况尤为突出。解决这一难题还是在于加大基础母牛发展，重视种牛质量。中国繁育牛犊不重视种牛质量，国内市场牛肉质量参差不齐，所以选择良好种牛品种、开展杂交生产、建设多元化牛源基地等措施很有必要。另外，需要同时充分发挥粮改饲试点区、贫困区母牛养殖潜力，提高母牛繁育能力，增加基础母牛。

2. 注重节本增效，提升肉牛业市场竞争力

国内牛肉市场价格竞争力低下，关键因素是肉牛养殖成本居高不下。建议未来肉牛业发展要注重节本增效，提升肉牛产业竞争力。一是加大母牛养殖技术、肉牛养殖技术的研发和示范推广，提高肉牛养殖技术水平；二是通过发展基础母牛基地，增加牛源供应，降低犊牛费用；三是规范肉牛管理模式，降低管理成本，提升肉牛养殖效率；四是结合粮改饲、草牧业、“互联网 +”等项目推动草畜结合，家庭牧场等模式，增加青贮玉米在肉牛养殖中的利用，降低养殖成本；五是推行发展适度规模肉牛养殖，提高肉牛养殖规模化程度，发挥最优规模效率；六是推动牛肉品牌建设，提升产品品质。

3. 完善中国的肉牛分级体系，保证牛肉产品质量

中国肉牛分级体系不完善，企业品牌意识不强，容易造成牛肉价格紊乱，总体质量下降，缺乏市场竞争力。根据消费者需求实行牛肉分级，在一定程度上反映牛肉质量差异，“优质优价”的传导机制将提高市场效率，给消费者提供理性消费的借鉴。因此，应尽快完善肉牛分级体系，保证市场上的肉牛质量，加强对牛肉生产过程的控制，鼓励品牌牛肉的开发，让市场牛肉买卖处于信息透明的状态，使消费者对牛肉的交易实现最大限度的满意度。

4. 探索草畜有效结合模式，推进粪污资源化利用

2017 年，粮改饲试点面积进一步扩大到 1000 万亩，未来还将继续扩展，极大程度地保证饲草料供应量。结合国家实施的粮改饲和草牧业试点，中国应积极探索草畜结合典型模式，并进行有效区域规划，因地制宜，实现可持续发展的资源配置，确保粗饲料来源和粪污消纳。同时进行示范推广，减少饲草流通环节，促进粪污资源化利用，加大青贮玉米饲喂推广，推进肉牛草畜结合的发展。另外，结合国家实施的精准扶贫和环保税的实施，在以肉牛为产业扶贫的区域，积极示范推广草畜结合典型模式，推进粪污资源化利用。

5. 优化产业发展模式，完善社会化服务组织

强化政策扶持力度并发挥肉牛龙头企业带动作用，促进产业化联合体发展。加大对肉牛养殖企业的用地、资金等政策支持，充分发挥肉牛养殖龙头企业示范带头作用，逐步规范企业与农户的利益联结机制，提高肉牛产业化发展水平。探索“互联网+”等新型产业发展模式，充分发挥“互联网+”的优势，实现优化生产要素、创新发展体系、重构商业模式等，促进肉牛产业联合体发展，推进肉牛产业转型和升级。实现院校专家与基层农技力量有机结合，技术服务与肉牛养殖户需求有效对接，着力培育高效全面的经营性服务组织。

第20章

肉羊产业

主要观点：

● 肉羊产业已经成为农业农村经济中的一个重要产业。中国是世界上主要的羊肉生产国。改革开放以来，中国肉羊产业发展迅猛，在解决农村劳动力就业，增加农民收入等方面发挥着重要作用。

● 受羊肉价格、消费习惯、烹饪技巧等因素影响，羊肉消费始终增长缓慢。

● 尽管发展迅速，中国羊肉产品在国际市场仍然缺乏竞争力。自2009年起中国羊肉进口量不断增长，出口量不断下降，贸易逆差不断扩大。

● 未来肉羊产业发展挑战和机遇并存。首先，新的环保政策将提高畜牧业养殖的环保成本，一些弱小养殖户将受到冲击而逐渐退出，而一些实力强的养殖企业可能通过提升环保水平而实现扩张，有利于提升养殖规模化水平。其次，“粮改饲”政策则有可能降低饲料成本。推广“粮改饲”政策，进一步提高饲草料在种植业中地位，扩大种植面积，充分利用现有秸秆、青贮等资源，减少肉羊饲草料的供需缺口，则有可能降低包括肉羊在内的所有草食畜牧业的饲养成本。

● 本章采用中国农业产业模型（CASM）S模型对羊肉供需进行了预测分析。结果表明，无论是短期还是中长期，肉羊产业的供需趋势没有发生大的变化。在没有大的技术变革和疫病发生的情况下，随着生产布局的逐步优化和规模化水平的不断提高，居民收入水平不断提高，城镇化水平不断推进，在国际市场羊肉价格供给稳定的情况下，羊肉的生产、消费和国际贸易都会处于平稳、缓慢上升的趋势。总体供需形势仍然处于偏紧态势。

● 通过静态模拟分析，对基期进行了环保税和环保成本的冲击分析。结果表明，环保税的征收以及环保成本的提高对肉羊产业影响微乎其微。

● 应加强肉羊繁育和杂交生产体系建设、加强优质安全饲草料供应体系建设、加大非粮饲料的利用与开发，加强羊肉质量安全检测体系等手段，提高中国肉羊产业整体竞争力，促进产业健康有序发展。

20.1　引言

自20世纪80年代末起，中国就已成为世界上绵羊和山羊存栏量、出栏量、羊肉产量最多的国家。改革开放以来，中国肉羊产业发展迅猛，已成为发展农村经济的一个重要产业。尽管发展迅速，中国羊肉产品在国际市场仍然缺乏竞争力。近年来，受肉羊养殖规模小、成本高、国际羊肉价格低廉等因素影响，中国羊肉供应偏紧，贸易逆差逐年扩大。受到消费习惯、消费模式、烹饪手段等因素的影响，羊肉消费始终增长缓慢。2017年，中国肉羊产业总体发展平稳，粮改饲地区包括肉羊在内的草食畜牧业发展潜力正逐步扩大。

本章基于2016年的肉羊产业基础数据，综合考虑短期和长期影响因素，重点模拟预测了2020年和2035年两个关键时期的羊肉生产、消费、贸易、供求及价格趋势，并设计和模拟了各种征收环保税情景方案对肉牛产业的影响，为产业发展提供科学决策参考。

20.2　肉羊产业发展形势回顾

20.2.1　中国肉羊产业的生产概况

1. 羊肉产量不断增长，主产区生产优势明显

自20世纪80年代末起，中国就已成为世界上绵羊和山羊存栏量、出栏量、羊肉产量最多的国家，特别是90年代以来，国际羊毛市场疲软，羊肉需求量猛增，极大地促进了中国肉羊产业的发展。羊肉产量从2000年的274万吨稳步增长到2016年的459万吨。其中，牧区主产省份产量比重先降后升，并趋于稳定，农区主产省份情况则与之相反。内蒙古和新疆仍然是全国最大的羊肉产区，山东、河北、河南紧随其后。全国羊肉产量排名前十位的省份所生产的羊肉占全国产量的70%以上，其中农区的生产优势明显（见表20－1、图20－1）。

表 20 -1　　2000 ~ 2016 年牧区与农区主产省份羊肉产量及其比重变化

单位：万吨

年份		2000	2005	2010	2011	2012	2013	2014	2015	2016
全国		274.00	350.10	398.86	393.10	400.01	408.14	428.21	440.83	459.36
牧区主产省份	内蒙古	31.80	72.43	89.20	87.20	88.63	88.80	93.33	92.59	98.92
	新疆	37.50	59.89	46.95	46.40	48.01	49.71	53.61	55.43	58.32
	甘肃	7.50	12.46	15.60	15.40	15.90	16.57	17.91	19.63	21.32
	西藏	5.70	7.47	8.71	8.60	8.51	8.57	7.88	8.23	8.23
	青海	7.00	9.16	9.78	9.90	10.39	10.53	10.92	11.56	11.98
	合计	89.50	161.41	170.24	167.50	171.44	174.18	183.65	187.44	198.77
	占比（%）	32.66	37.07	42.68	42.61	42.86	42.67	42.89	42.51	43.27
农区主产省份	山东	24.80	36.36	32.67	32.50	33.10	33.69	36.01	37.09	38.39
	河北	24.60	33.73	29.31	28.40	28.70	29.05	30.44	31.67	32.37
	河南	32.00	46.66	25.20	24.80	24.75	24.76	25.40	25.90	26.44
	四川	16.20	20.01	24.80	23.90	24.02	24.55	25.31	26.35	26.89
	安徽	11.20	16.40	14.20	14.20	14.59	15.00	15.49	16.58	17.35
	合计	108.80	153.16	126.18	123.80	125.16	127.95	132.65	137.59	141.44
	占比（%）	39.71	35.17	31.64	31.49	31.29	31.13	30.98	31.21	30.79
农区其他省份	云南	5.80	10.10	12.90	13.00	13.55	14.00	14.55	14.98	15.13
	湖南	6.10	11.65	10.60	10.20	10.30	10.70	11.10	11.60	11.97
	黑龙江	3.50	10.73	12.13	11.80	12.11	11.82	11.85	12.32	12.81
	合计	15.40	32.48	35.63	35.00	35.96	36.52	37.51	38.90	39.91
	占比（%）	5.62	7.46	8.93	8.90	8.99	8.95	8.76	8.83	8.69

资料来源：《中国统计年鉴》历年数据。

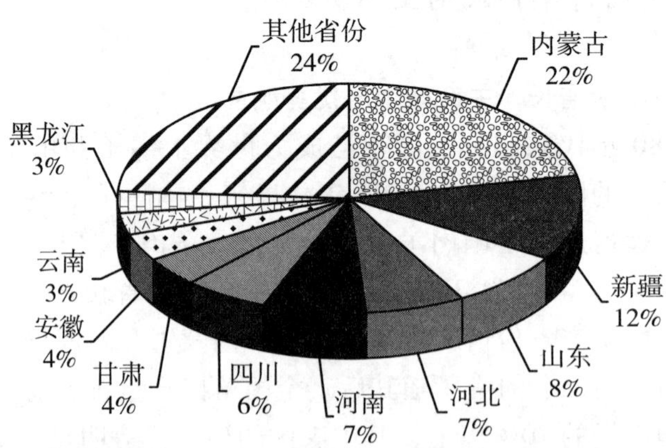

图 20 -1　2016 年全国前 10 位羊肉主产省份的羊肉生产比重

资料来源：《中国统计年鉴》相关数据计算。

2. 产量增速缓慢，规模化程度低

中国肉类生产呈现出丰富多样的特点。2000 年，中国肉类产量的 66% 为猪肉，禽肉及其他肉类占比 21%，牛羊肉的比重仅为 13%（其中，羊肉占 4%，牛肉 9%）。2016 年，尽管猪肉产量仍然占六成以上，但比重有所下降，禽肉比重增加至 24%，牛肉比重保持在 9%，羊肉占比增加到 5%（见图 20－2）。尽管需求猛增促进了中国肉羊产业的发展，但与其他肉类产品相比，羊肉的发展速度缓慢，占比仍最小。

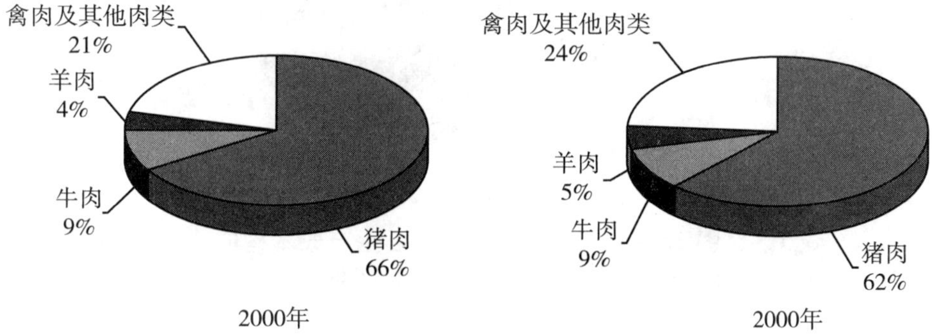

图 20－2　2000 年和 2016 年各种肉类产量比重对比

资料来源：《中国统计年鉴》历年数据。

目前，中国养羊业主要以散户养殖为主，其中近一半的养殖户为年出栏 30 只以下的小规模养殖户，大规模的养殖户（年出栏 500 只以上）仅占 8%（见图 20－3）。

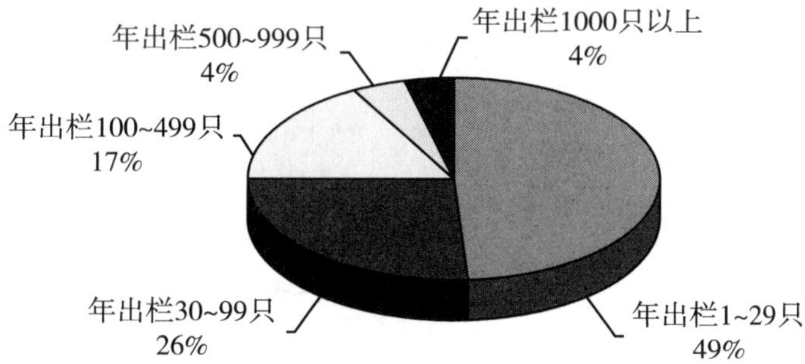

图 20－3　2016 年中国肉羊养殖规模情况

资料来源：《中国畜牧业统计》历年数据。

3. 肉羊生产成本日益上升，收益有所下降

根据《全国农产品成本收益资料汇编》肉羊生产成本收益统计资料，2000～2016 年，中国肉羊生产总成本呈上升趋势，从 2000 年的 191.25 元/只上升到 2016 年的 1297.22 元/只，增长超过 6 倍。在肉羊生产成本中，饲料费用、仔畜费用、人工成本三项主要成本费用占总成本费用的 90% 以上，并且仍然呈现持续上升的趋势。2016 年仔畜成本、饲料费用和人工成本三项所占比例已经超过总成本的 96%（见图 20－4）。其中，增长幅度最大的是饲料费用，增长了 6 倍，其次是仔畜费用，增长 5 倍，人工成本增长了 5 倍，而其他成本占比较小。

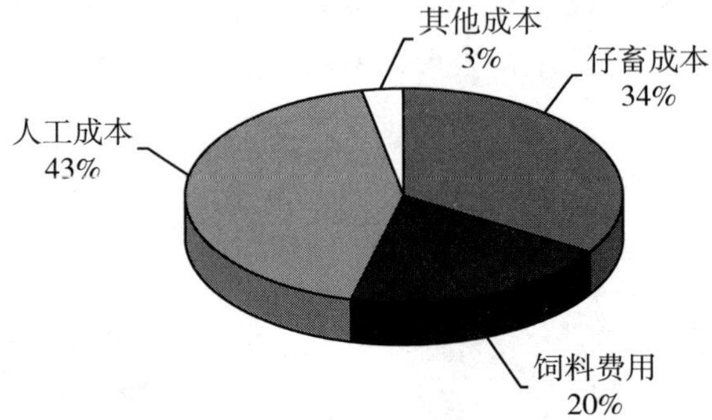

图 20－4　2016 年肉羊主要生产成本构成

资料来源：《全国农产品成本收益资料汇编》（2016 年）。

从收益看，过去 20 年成本收益率发生了巨大的波动。2003 年成本收益率达到最高，为 60.01%；2005 年降至最低，为 18.34%；2007 年又达到一个小高峰。之后趋于平稳，且稳中有降，始终保持在略高于 20% 的水平。2016 年，由于疫病、市场疲软的原因，肉羊养殖纯收益已经为负数，成本收益率 －6.68%，跌至历史最低水平（见图 20－5）。2003 年前后收益高达 60% 的情况不复存在。

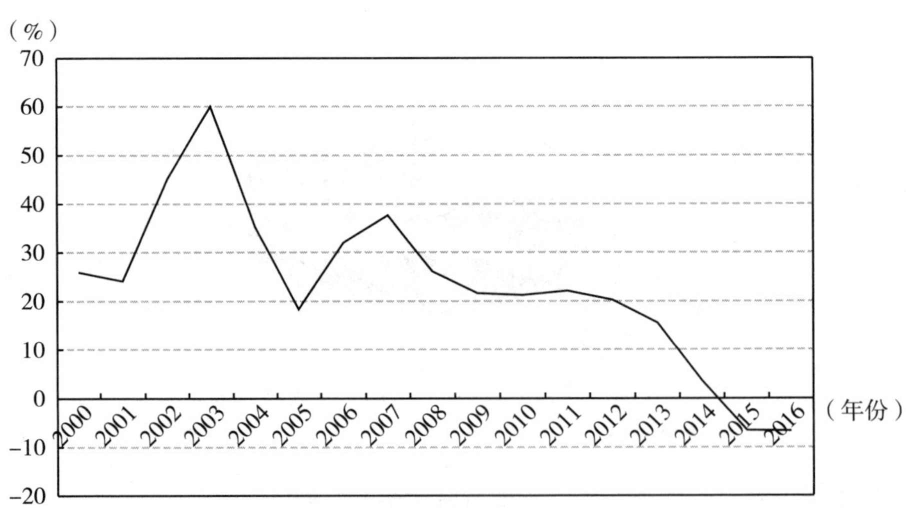

图 20－5　2000～2016 年肉羊产业的成本收益率变化情况

资料来源：《全国农产品成本收益资料汇编》历年数据。

20.2.2　中国羊肉消费概况

1. 城镇居民羊肉消费稳中有降，农村居民羊肉消费不断增加

改革开放以后，中国畜牧业快速发展，畜产品供给水平迅速增加，再加上居民收入水平的不断提高，中国城乡居民对肉类产品的消费明显增加。羊肉消费也不例外，人均羊肉消费量（不含户外）也从0.90千克增加到1.05千克，其中农村居民人均消费量增加较快，而城镇居民人均消费量稳中有降（见图20－6）。从城乡居民家庭人均羊肉消费占肉类总消费的比重看，1995年分别为4.57%和2.67%，2000年为6.09%和3.54%，到2016年城镇居民家庭羊肉消费占比下降为3.25%，而农村居民占比则增长为4.51%。

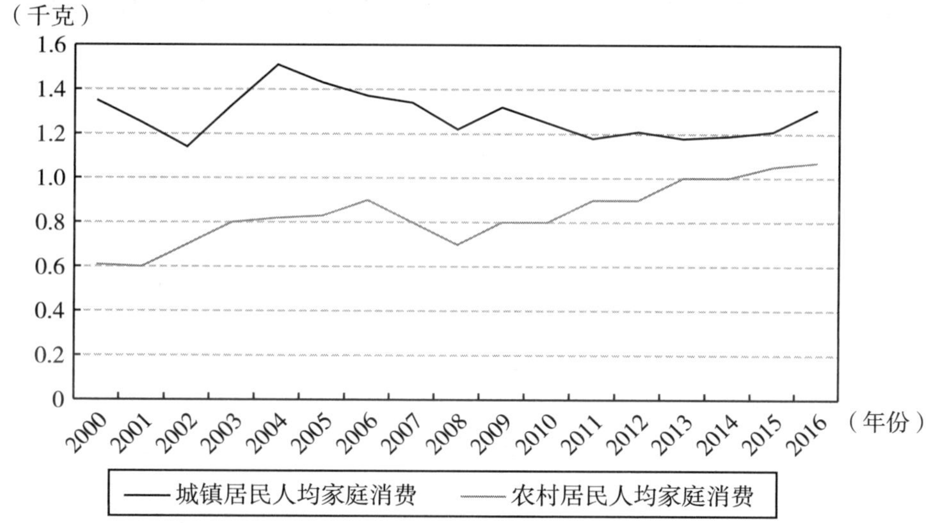

图20－6　2000～2016年城镇居民与农村居民人均家庭羊肉消费对比

资料来源：《中国统计年鉴》历年数据。

2. 羊肉人均占有量明显高于人均消费量（不含户外），羊肉价格持续走高

根据贸易统计数据，中国是羊肉的净进口国，羊肉的人均占有量远高于统计数据所显示的人均消费量。一方面是因为户外消费并没有有效地计入人均消费量中，另一方面也印证了以前一些研究所认为的中国的生产统计数据有高估的可能和消费数据低估的可能。

3. 进口羊肉与国产羊肉品质区别不大，价格成为主要决定因素

目前，无论是从价格上还是从品质上，消费者都没有发现国产羊肉和进口羊肉的区别。市场上销售的进口羊肉主要来自新西兰和澳大利亚，而世界羊肉价格主要以这两个国家的羊肉价格为风向标，且新西兰和澳大利亚的羊肉以草饲为主，从成本到价格都远低于中国。如果国产羊肉的价格仍然不断上升，在进口不断扩大的现实情况下，未来国产羊肉很可能会受到冲击。

20.2.3 中国羊肉进出口贸易分析

1. 羊肉及其相关产品的进口增加，出口减少，贸易逆差扩大

尽管中国是世界上最大的羊肉生产国和消费国，但是国内的羊肉生产并不能完全满足国内的消费需求，特别是近年来中国的羊肉呈现进口不断增加，出口不断减少的“剪刀差”。从贸易上看，从改革开放开始一直到1996年，羊肉的进出口变化都不大，且出口略大于进口。从1996年开始，羊肉的进出口数量均出现较大幅度的增长，且进口大于出口，形成贸易逆差。这一情形在2006年发生了变化。从2006年起，中国羊肉的出口逐渐减少，进口进一步增加，“剪刀差”逐年加大（见图20－7）。

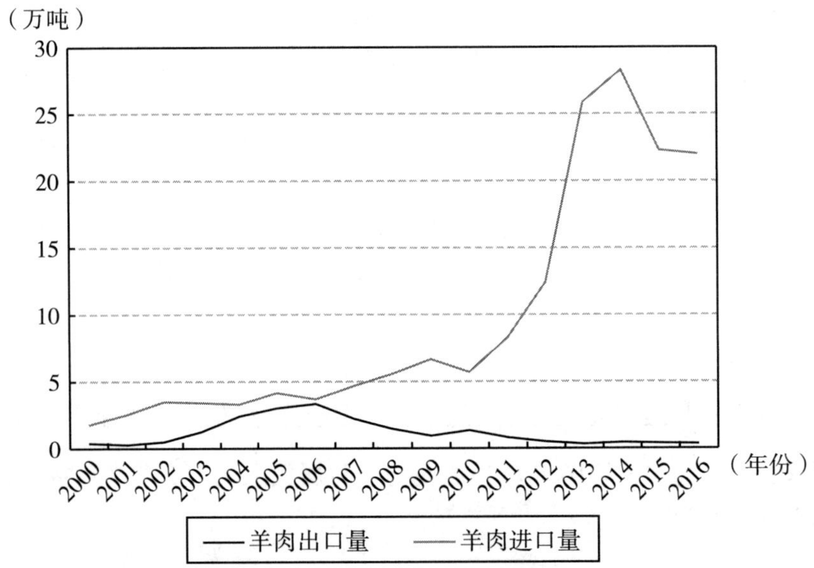

图20－7 2000～2016年中国羊肉进出口变化情况

资料来源：FAOSTAT。

2. 中国羊肉单产水平较低

中国的羊肉产量虽然是世界第一，但是生产水平还比较低。FAO数据显示，中国单只羊的胴体重（约14.7千克/只）始终略低于世界平均水平（15.3千克/只），排在100位左右，与羊肉生产的先进国家相比，胴体重仅为其50%左右（30千克/只）。作为当前世界上最大的羊肉生产国，中国却不是羊肉的生产强国，中国羊肉出口贸易量在全球范围内所占比例仅为1%左右，是典型的生产大国，出口小国。加入世界贸易组织后，由于受到国际市场的冲击和对优质高档羊肉需求的增加，以及国内羊肉价格不断高企，中国羊肉进口量逐年增加，而出口量逐年萎缩，贸易逆差呈扩大之势。

20.2.4　供需平衡及价格形势

1. 供需平衡形势

表20－2显示了2000～2017年我国羊肉供需及贸易状况。从表中数据可见，我国羊肉生产消费稳定增长，贸易逆差不断扩大。

表20－2　　2000～2017年羊肉供需平衡表　　单位：万吨

年份	羊肉产量	农村城镇消费总和	羊肉产后损耗	羊肉出口量	羊肉进口量
2000	264.13	236.45	29.05	0.42	1.7783
2001	271.84	244.21	29.88	0.29	2.5368
2002	283.46	255.36	31.08	0.50	3.4877
2003	308.69	276.86	33.99	1.25	3.4053
2004	332.92	297.20	36.62	2.40	3.3035
2005	350.06	312.71	38.48	3.00	4.1367
2006	363.84	324.05	40.13	3.34	3.6818
2007	382.62	341.77	43.30	2.22	4.6589
2008	380.35	342.54	41.90	1.46	5.5453
2009	389.42	352.22	42.90	0.95	6.6466
2010	398.86	359.33	43.88	1.35	5.6968
2011	393.1	357.36	43.24	0.81	8.3144
2012	400.01	367.87	44.03	0.50	12.39
2013	408.19	388.81	44.93	0.32	25.87
2014	428.21	408.95	47.10	0.44	28.28
2015	440.83	414.02	48.51	0.38	22.29
2016	459.36	430.48	50.52	0.35	21.99
2017	468.30	438.58	51.48	0.32	22.38

资料来源：根据《中国统计年鉴》相关年份及联合国粮食及农业组织数据计算获得。

2. 与国际羊肉价格比较，中国羊肉价格偏高

目前，中国国内羊肉价格的生产者门户价格大约为 28 元/千克，但是集贸市场的消费者价格却高达近 60 元/千克，这与国际市场上不足 30 元/千克的价格相差近一倍（见图 20－8）。形成这个价格差的原因不仅有国内养羊业高企的成本，还受到人民币升值、石油价格下跌等国际生产成本下降的影响。而这种情形不仅体现在肉羊产业，目前全国各个农业产业都在面临这样的挑战和冲击。

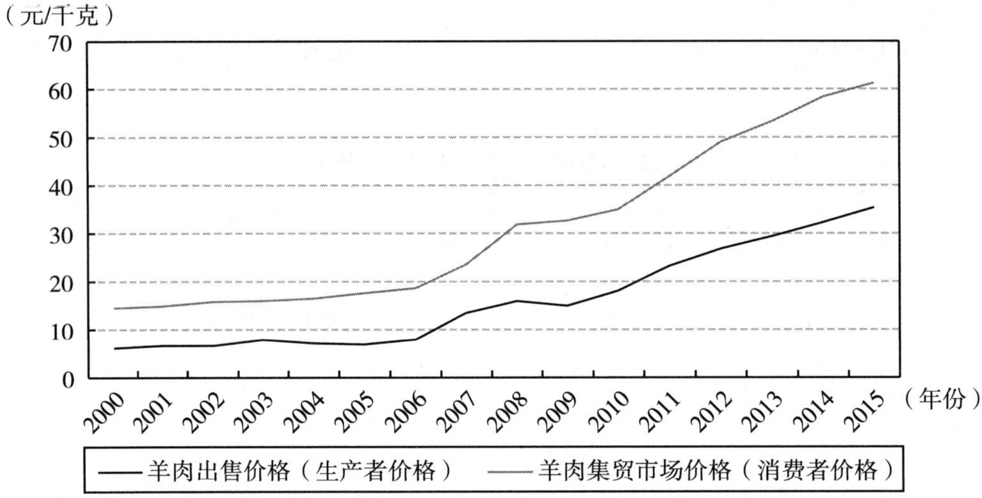

图 20－8　2000～2015 年羊肉价格变化情况

资料来源：根据《全国农产品成本收益资料汇编》和《畜牧业统计年鉴》数据计算获得。

3. 国内肉羊价格近年走低，市场疲软，但仍在高位运行

羊肉价格始终保持高位，是由于羊肉的生产成本近年来不断提高，使得养殖收益有所下降，甚至出现亏损的情况。受到退牧还草、草畜平衡等政策实施的影响，牧区内放牧散养的肉羊数量正在逐步减少，农区、半农半牧区的舍饲肉羊数量正在增加。这一方面增加了羊舍建造成本，另一方面也提高了饲草料成本。中国羊肉价格一直处于高位运行状态，尤其是 2007 年之后羊肉价格急剧增长，到 2014 年上涨为 65.41 元/千克，年均增长率为 7.60%。

近年来，受到小反刍等疫病的影响，中国的肉羊价格开始下跌，行情出现疲软。据农业部对全国 500 个集贸市场畜禽产品和饲料价格定点监测，12 月第 2 周（采集日为 12 月 14 日）全国羊肉平均价格 55.13 元/千克，比前一周上涨 0.3%，但同比下降了 5.8%。

造成羊肉价格走低的原因主要有三点：一是羊肉供应量大，整体市场处于饱和状态；二是 2016～2017 年中国部分地区气候干旱，牧草价格不断上涨；三是国外羊肉产业虎视眈眈。

20.3　肉羊产业发展新情况及其影响分析

20.3.1　环保风暴对畜牧业的冲击

目前，畜禽养殖业已经成为全球重要的污染源之一，中国也不例外。一方面，由于种养结合不够紧密，畜牧业发展中所产生的废弃物未能有效地与种植业结合进行资源化利用，造成了对土壤、水源和空气的污染。另一方面，受到技术和运行成本的制约，许多养殖户和养殖企业无力承担动物废弃物的无害化与资源化处理成本，也造成了畜牧业对环境的污染。

1. 新环保政策可能提升畜牧业养殖成本

2015 年 1 月 1 日，新的《中华人民共和国环境保护法》正式实施。2018 年起，开始对规模养殖户征收环保税。这些新的法律法规对污染企业的惩治力度大大加强，也将使中国养殖业发生重大变化。受到新环保法的实施和环保税征收的影响，环保成本在养殖成本中的占比将显著增加，从而有可能导致养殖总成本进一步上涨。

2. 新环保政策可能进一步提升养殖业规模化水平

新环保法实施后，在养殖环节环保成本大幅度上升的背景下，首先受到冲击的将是规模小、实力弱的散养户和小型养殖场，在这一轮的环保风暴中无力承受高昂的环保成本，逐渐退出市场。而撑过这一轮环保风暴、实力较强的养殖企业通过提升环保和健康养殖能力，可以进一步实现规模化，布局养殖市场。

20.3.2　“粮改饲”政策对肉羊产业的推动

2015 年 2 月 1 日出台的中央一号文件明确提出，要加快发展草食畜牧业，开展粮改饲和种养结合模式试点。要大力推进“粮改饲”，通过有效满足草食家畜养殖的饲草料需求，从而缓解玉米收储压力，提高土地产出效益，降低养殖成本，减少秸秆焚烧造成的环境污染，实现经济效益与社会和生态效益共赢。

大力推进“粮改饲”，以玉米种植结构调整为重点，推进粮食作物种植向饲草料作物种植的方向转变。实行草畜配套，大力发展草食畜牧业，促进种养循环、产加一体、粮饲兼顾、农牧结合，是中国农业结构调整的重要切入点，也是优化畜牧业结构的重要抓手和加快现代畜牧业转型升级的难得机遇，对促进农业农村经济发展意义重大。

1. “粮改饲”试点强调了饲草供给草食畜牧业的目的

推广“粮改饲”政策，发展草食畜牧业，旨在使肉牛和肉羊饲养量有所增加，提高牛羊肉的市场供给能力，优化种植结构，使耕地出现培肥地力的效果。

2. “粮改饲”试点推动了草畜结合、农牧结合发展

资源优势。玉米和玉米秸秆是养殖业需求量最大的饲料原料。当前，中国的玉米生产仍然相对过剩，通过“粮改饲”政策的实施，以满足包括肉羊在内的草食畜牧业需求为导向，将籽粒玉米转变为青贮玉米，兼顾发展优质饲草作物，既满足草食家畜的需求，又推动种植结构优化调整，可以说是一举多得，“种养加”三赢。

产业优势与成本优势。肉羊产业的核心是饲草料，通过推广“粮改饲”政策，进一步提高饲草料在种植业中地位，扩大种植面积，充分利用现有的秸秆、青贮等资源，减少肉羊饲草料的供需缺口，则有可能降低包括肉羊在内的所有草食畜牧业的饲养成本。

20.4　环保税对肉羊产业的影响分析

20.4.1　畜牧业污染已经成为中国的主要污染源之一

目前，畜禽养殖业已经成为全球重要的污染源之一，中国也不例外。一方面，由于种养结合不够紧密，畜牧业发展中所产生的废弃物未能有效与种植业结合进行资源化利用，造成了对土壤、水源和空气的污染。另一方面，受到技术和运行成本的制约，许多养殖户和养殖企业无力承担动物废弃物的无害化与资源化处理成本，也造成了畜牧业对环境的污染。2018 年 1 月 1 日起将正式实施《中华人民共和国环境保护税法》，预计会对包括肉羊产业在内的畜牧业产生以下影响：

1. 新环保政策可能提升畜牧业养殖环境的环保成本

2018 年 1 月 1 日，新的《中华人民共和国环境保护法》正式实施，对污染企业的惩治力度大大加强，将使中国的养殖业发生重大变化。新环保法的实施将使环保成本在养殖成本中的占比将增加，针对未进行污染处理的规模养殖场征收环保税，从而导致养殖总成本进一步上涨。

2. 新环保政策可能进一步提升养殖业规模化水平

新环保法实施后，在养殖环节环保成本大幅度上升的背景下，首先受到冲击的将是规模小、实力弱的散养户和小型养殖场，在这一轮的环保风暴中无力承受高昂的环保成本，逐渐退出市场。而撑过这一轮环保风暴、实力强的养殖企业通过提升环保和健康养殖能力，可以进一步实现规模化，布局养殖市场。

20.4.2 环保税及环保成本的静态模拟分析

根据上述影响，我们通过对环保税及环境治理成本进行估算，开展有针对性的模拟分析。达到一定规模的养殖场需要缴纳环保税，其中羊存栏量大于500只的规模养殖场需要征收环保税；根据羊的污染排放情况设置羊的污染当量值为6只羊为1当量。

大气污染税额为每当量1.2元，水污染税额为每当量1.4元。以500只羊为例，应该缴纳500/6×(1.2+1.4)=217元，折合每只羊需要缴纳0.434元。

通过上述对肉羊环保税征收额度的估算，以及考虑到全国各地对于畜牧业环保治理的要求各有不同，将环保税征收及环境治理成本对总成本的影响设定为高、中、低三个级别，分别对总成本影响0.1%、0.5%和0.9%，并开展环保税及畜牧业环境治理成本对基期的静态冲击分析，获得冲击结果（见表20-3）。

表20-3 环保税征收对基期产生的影响冲击结果

	基期	模拟场景1（0.1%）	模拟场景2（0.5%）	模拟场景3（0.9%）
羊肉总供给（万吨）	480.9999	480.987	480.9355	480.8843
羊肉产量（万吨）	459.3718	459.2543	458.7859	458.3199
羊肉净进口（万吨）	21.6281	21.73265	22.14956	22.5644
羊肉总需求（万吨）	480.9999	480.987	480.9355	480.8843
羊肉人均消费量（千克/人）	3.113301	3.113301	3.113301	3.113302
农村居民在家人均羊肉消费量（千克/人）	3.351191	3.351191	3.351191	3.351192
农村居民在外人均羊肉消费量（千克/人）	0.514284	0.514284	0.514284	0.514284
城镇居民在家人均羊肉消费量（千克/人）	1.661495	1.661495	1.661495	1.661495
城镇居民在外人均羊肉消费量（千克/人）	0.892423	0.892423	0.892423	0.892423

20.4.3 环保税及环保成本对肉羊产业的影响

1. 开征环保税对肉羊产业的影响较小

环保税的免征对象中包括非规模化生产的养殖户、已经对粪污进行综合利用的养殖场以及非生产经营性质的养殖户。肉羊产业作为畜牧业中产量占比小、规模小的产业，无论是从生产还是消费角度来看，受到环保税征收以及严苛的环保治理成本的影响还较小，肉羊的生产成本变化不大。

通过静态模拟，仅分析环保税及环保成本在肉羊养殖总成本中低、中、高不同影响水平下，对产量的影响绝对值分别为下降1147吨、5858吨及1.05万吨，对基期产量的影响百分比分别为－0.03%、－0.13%和－0.23%，其影响较小。对羊肉价格及人均羊肉消费的影响几乎为零。而成本上升导致的产量下降最终由进口来弥补，由于产量变化水平较小，对贸易特别是进口的影响也并不显著。在不同水平下，进口分别可能上升1045吨、4169吨和4148吨，对进口的变化百分比分别为0.48%、2.41%及4.33%。

2. 作为污染排放相对较小的产业，肉羊产业应得到进一步发展

肉羊产业是畜牧业中规模化程度相对较低的部门，作为草食畜牧业中的小型畜种，其污染物的单位排放量相对于生猪、肉牛、奶牛等产业要小，污染物排放在畜牧业中占比也较小，是相对环境友好型的产业。从环保的角度考虑，应该得到推广，但受到消费习惯、饲养环境等方面的影响和制约，肉羊产业的发展始终进展缓慢。

20.5 未来肉羊产业发展趋势预测

20.5.1 短期产业发展形势分析（2016～2020年）

1. 供需平衡的总体趋势

短期内，在没有大的技术变革和疫病发生以及国际市场羊肉价格供给稳定的情况下，羊肉的生产、消费和国际贸易都会处于平稳并缓慢上升的趋势。到2020年羊肉产量将达到498万吨，年均增长1.66%；羊肉人均消费将达到3.32千克/年，年均增长为1.35%。其中，城镇居民人均消费将达到4.21千克/年，而农村居民人均消费将达到2.76千克。城镇居民人均消费增长率为1.76%，略快于农村居民1.59%的增长率。羊肉净进口维持在22万吨左右，总体供需形势仍然处于偏紧。短期内总供给和总需求的增长率为1.62%（见表20－4）。

表 20 -4　　　　2016 ~2035 年基础模拟的供需平衡表
（以稳定人口增长为假设）　　　　单位：万吨

年份	总供给	生产量	净进口	总需求	总农村居民食物消费	总城镇居民食物消费	损耗
2016	481.0000	459.3600	21.64000	481.0000	227.9594	202.5212	50.51936
2017	486.3098	471.1426	15.16719	486.3098	229.0467	213.0611	51.09709
2018	502.6527	476.4539	26.19885	502.6527	232.0620	221.8407	51.97698
2019	511.9985	487.7767	24.22182	511.9985	231.6661	230.1812	53.21958
2020	521.2183	498.8137	22.40460	521.2183	231.2294	238.5019	54.52511
2021	531.5973	508.4131	23.18420	531.5973	231.3496	247.4356	55.72732
2022	540.9625	519.1841	21.77838	540.9625	230.8296	255.8317	57.05873
2023	552.6036	530.4202	22.18345	552.6036	231.5780	265.6285	58.44613
2024	563.1920	541.2902	21.90181	563.1920	231.6845	274.9727	59.78987
2025	573.7226	551.0733	22.64930	573.7226	231.7280	284.4884	61.00413
2026	584.3825	559.7532	24.62933	584.3825	231.6931	294.2746	62.11053
2027	594.4982	567.8211	26.67709	594.4982	231.2761	303.9620	63.14044
2028	603.7678	575.6507	28.11719	603.7678	230.3004	313.3342	64.14096
2029	612.2038	583.2437	28.96004	612.2038	228.7978	322.3744	65.11214
2030	620.1532	590.6165	29.53668	620.1532	226.9688	331.2736	66.05565
2031	627.6087	597.7709	29.83779	627.6087	224.8337	340.0039	66.97158
2032	634.7167	604.7122	30.00456	634.7167	222.4708	348.6433	67.86043
2033	641.4601	611.4429	30.01722	641.4601	219.8818	357.1726	68.72242
2034	647.8198	617.9658	29.85392	647.8198	217.0699	365.5689	69.55780
2035	653.8615	624.2840	29.57742	653.8615	214.0908	373.8424	70.36686
年均增长率（%）	1.63	1.63	1.66	1.63	-0.33	3.25	1.63

资料来源：《中国统计年鉴》历年数据。

2. 生产预测分析

分析发现，在基准条件下（即人口的中等变化水平下），羊肉的生产呈相对平稳上升的趋势，羊肉产量每年以 5 万 ~10 万吨的水平平稳增长，到 2020 年羊肉产量将达到 498 万吨，年均增长率为 1.66%。

产量的主要影响因素为单产和出栏水平。羊肉的单产水平在过去的 20 年间并没有出现大幅度的增加，如果没有大的饲养技术与动物营养技术的变革，羊肉的单产水平会保持基本稳定。在没有重大疫病发生的前提下，也会保持一个稳定而缓慢上升的趋势。

3. 消费预测分析

短期内，肉羊的消费随着收入的不断提高和城镇化水平的不断推进，呈现出稳步缓慢上升的趋势。2020 年全面建成小康社会时，约 40% 人口的粮食消费数量、质量和营养都得到满足；约 30% 人口的粮食消费数量充足，但质量和营养有待改善，仍有 30% 人口粮食消费量有待继续提高。羊肉作为重要的蛋白质来源，无论是城镇还是农村其消费水平都会呈现稳定上升趋势，羊肉人均消费将达到 3.32 千克/年，人均消费年均增长为 1.35%。其中，城镇居民人均消费将达到 4.21 千克/年，而农村居民人均消费将达到 2.76 千克/年。其中，城镇居民人均消费增长率为 1.76%，增长略快于农村居民 1.59% 的增长率。无论农村还是城镇，户外消费增长都快于户内消费增长。

影响消费的主要因素是收入水平、消费习惯等。对于肉羊而言，影响消费的另一个重要因素是烹饪方式。受到上述因素的影响，羊肉的消费相较于其他肉类比较疲软，上升十分缓慢。

4. 贸易预测分析

受国际与国内价格差的影响，到 2020 年中国羊肉的贸易“剪刀差”（即净进口）仍然基本保持在 20 万吨以上，相对稳定。中国羊肉生产成本和出售价格远高于国际市场，价格竞争力仍然不足。特别是受到新西兰和澳大利亚进口羊肉的冲击明显。

20.5.2 长期产业发展形势分析（2021～2035 年）

1. 供需平衡的总体趋势

从长期来看，在没有大的技术变革和疫病发生的情况下，随着生产布局的逐步优化和规模化水平的不断提高，居民收入水平不断提高，城镇化水平不断推进，在国际市场羊肉价格稳定的情况下，羊肉的生产、消费和国际贸易都会处于缓慢上升的趋势。如表 20－4 所示，到 2035 年羊肉产量将达到 624 万吨，年均增长 1.63%；羊肉人均消费将达到 4.22 千克/年，年均增长 1.62%；城镇居民人均消费将达到 5.72 千克/年，年均增长 2.09%，其中户内消费占 38%，户内消费占 62%；而农村居民人均消费将达到 3.67 千克/年，年均增长 1.93%，其中户外消费占 15.8%，户内消费约占 8.2%；羊肉净进口维持在 29 万吨左右。

总体供需形势仍然处于偏紧。

2. 生产预测分析

与短期生产情况相似，在不考虑出现重大技术变革和重大疫病发生的情况下，羊肉的生产呈相对平稳上升的趋势，年均增长率为1.63%左右，较短期而言增幅有所减小。羊肉单产也会保持一个相对稳定的水平（见图20-9）。

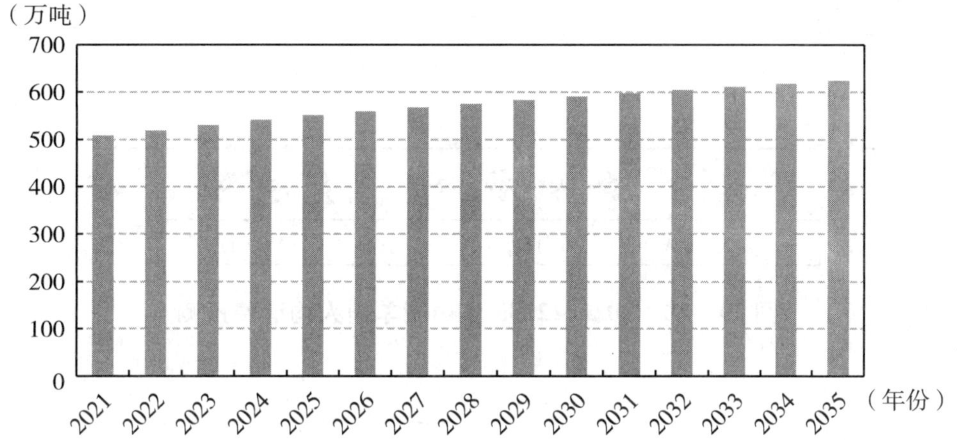

图20-9 2021~2035年中国肉羊产量中长期预测

羊肉产量的主要影响因素仍然为单产和出栏水平。尽管科技水平不断进步，但是如果没有大的饲养与动物营养技术的变革，羊肉的单产水平会保持基本稳定。随着生产布局的逐步优化和规模化水平的不断提高，肉羊出栏量将保持缓慢上升的趋势。

3. 消费预测分析

羊肉消费呈现平稳缓慢的趋势上升趋势。羊肉的中长期消费情况与短期基本相似，城乡居民的羊肉消费仍然是以平稳缓慢的趋势上升。羊肉人均消费年均增长1.63%，较短期的增长幅度有所提高。2035年基本实现社会主义现代化时，约70%人口的粮食消费数量、质量和营养都得到满足，仍有30%人口的粮食消费数量充足，但质量和营养有待改善。无论是城镇还是农村，羊肉消费达到预测期间的峰值。预计未来更长的时间内，随着人口水平与居民消费水平的日渐稳定，数量需求、质量需求及营养需求都将得到有效满足，羊肉的人均消费也会逐渐平稳（见图20-10）。

消费结构方面，城镇居民消费增长快于农村居民，户外消费增长快于户内消费。城镇居民的人均羊肉消费增长仍然略快于农村居民，城镇居民人均羊肉消费年均增长率保持在2.09%左右，而农村居民人均羊肉消费年均增长率大约在1.93%左右（见图20-11）。随着消费习惯的改变，以及居民对羊肉烹饪的不熟悉，城乡居民的羊肉户外消费增长速度均高于户内消费。

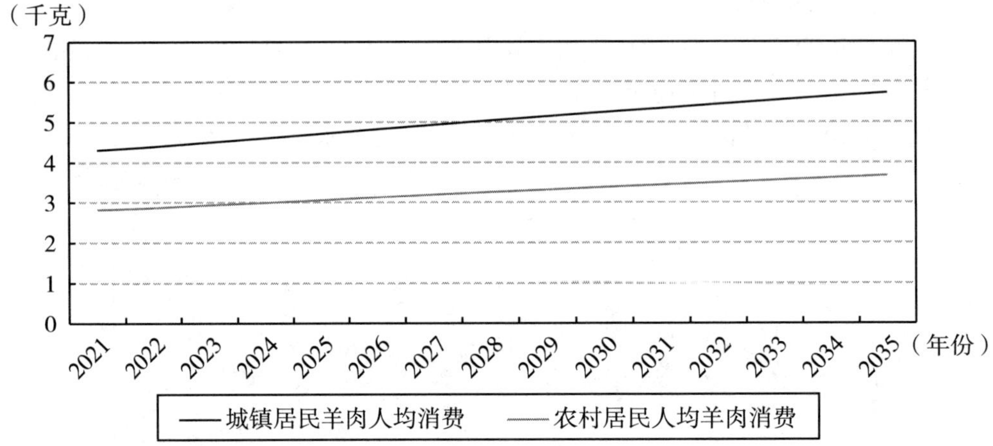

图 20－10　2021～2035 年中国羊肉人均消费预测

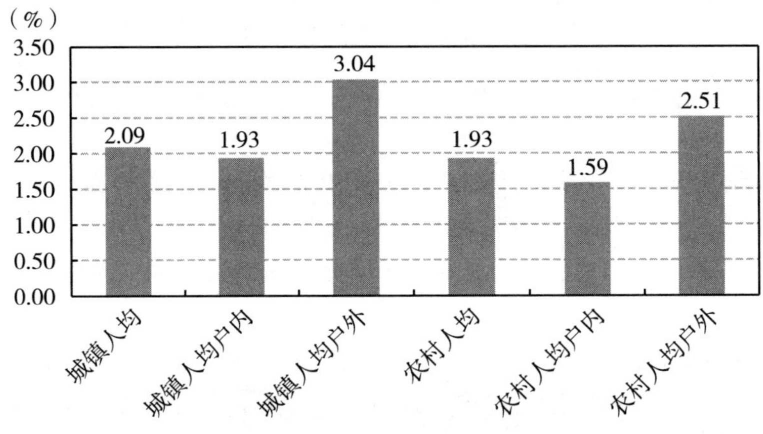

图 20－11　中国城乡居民人均羊肉消费年均增长率

4. 贸易预测分析

羊肉贸易的“剪刀差”保持稳定。尽管羊肉的消费和生产表现出缓慢平稳上升的趋势，但是生产能力仍然不能满足消费水平的上升和消费的多元化需求。由于国内外羊肉价格仍然存在较大的价差，羊肉的国际贸易竞争力仍然不足，进口进一步大于出口，羊肉的净进口呈现进一步扩大的趋势，这一缺口到 2029 年前后趋于稳定，保持在 29 万吨左右（见图 20－12）。从世界范围内来看，羊肉的出口国集中在澳大利亚和新西兰，进口空间相对有限。随着中国羊肉生产的规模化、标准化、产业化程度的不断提高，生产能力将进一步增强，未来中国的羊肉供给主要依靠国内生产，进口羊肉尽管绝对值在增加，但是占比将越来越小，将成为丰富中国羊肉消费类型，满足多元化消费需求的少量补充。

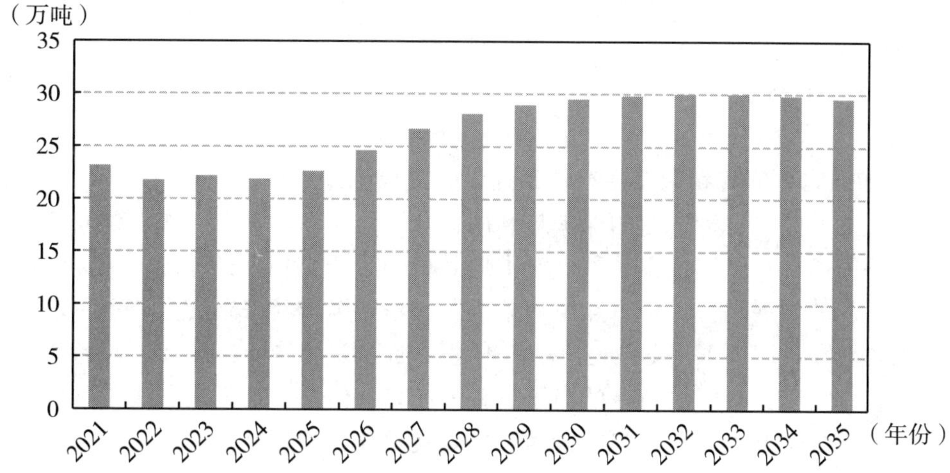

图 20－12　2021～2035 年中国羊肉净进口预测

20.6　结论与政策建议

20.6.1　结论

短期内，随着居民收入水平的不断提高和城镇化水平的不断推进，在国际市场羊肉价格稳定供给稳定的情况下，羊肉的生产、消费和国际贸易都会处于平稳并缓慢上升的趋势。到 2020 年羊肉产量将达到 498 万吨，年均增长 1.66%，羊肉人均消费将达到 3.32 千克/年，年均增长为 1.35%。其中，城镇居民人均消费将达到 4.21 千克/年，农村居民人均消费将达到 2.76 千克/年，城镇居民人均消费增长率为 1.76%，略快于农村居民 1.59% 的增长率。羊肉净进口维持在 22 万吨左右，总体供需形势仍然处于偏紧态势。短期内总供给和总需求的年均增长率为 1.62%。

从长期的角度看，肉羊产业的供需趋势没有发生大的变化，在没有大的技术变革和疫病发生的情况下，随着生产布局的逐步优化和规模化水平的不断提高，居民收入水平的不断提高和城镇化水平的不断推进，以及在国际市场羊肉价格稳定、供给稳定的情况下，羊肉的生产、消费和国际贸易都会处于缓慢上升的趋势。预计到 2035 年羊肉产量将达到 624 万吨，年均增长 1.63%；羊肉人均消费将达到 4.22 千克/年，年均增长 1.62%；城镇居民人均消费将达到 5.72 千克/年，年均增长 2.09%，其中户内消费占 38%，户内消费占 62%；农村居民人均消费将达到 3.67 千克/年，年均增长 1.93%，其中户外消费占 15.8%，户内消费约占 8.2%；羊肉净进口维持在 29 万吨左右，总体供需形势仍然偏紧。

20.6.2 政策建议

1. 加强肉羊繁育和杂交生产体系建设，提高个体生产能力

加强地方肉羊良种资源的保护与利用，开展地方品种筛选工作，建立地方肉羊良种基因库。在引进优良品种、对本地品种进行杂交和改良基础的上，紧跟国外养羊生产的发展趋势，把重点由种羊生产调整到肉羊经济杂交生产上，培育专门化肉羊新品种（系）。按梯次新建和扩建一批省级种羊场、县级繁育场和乡镇改良站，以完善具有区域特色的肉羊良种高产繁育体系。加强良种肉羊推广，大力推广肉羊舍饲圈养和精饲料补饲增产配套技术和羔羊育肥技术，建设高档肉羊生产基地，利用市场运行机制，引导肉羊生产向饲养规模化、产品优质化、质量安全化、管理统一化的方向发展，通过现代繁育技术的集成，提高肉用种羊的个体生产性能和整体水平。

2. 加强优质安全饲草料供应体系建设，加大非粮饲料的利用与开发

优质安全饲草料供应体系建设是发展现代肉羊产业的物质保障。在草原牧区，优先种植优质高产牧草，建立人工草地和半人工草场，加快建立现代草产品生产加工示范基地；推广草地改良和草粮轮作模式，大力发展草地畜牧业。在农区，大力开发优质高产安全的专用肉羊饲料及饲料添加剂，改变传统饲料结构，提高饲料的安全性和利用率，保证肉羊生产性能的提高；调整耕作制度和农业生产结构，由传统的粮食—经济作物“二元”生产结构逐步向粮食—经济作物—饲草料作物“三元”生产结构转变，注重建立专用饲草料作物基地，以逐步解决优质豆科牧草和一定比例的禾本科牧草的供给问题。补饲优质豆科牧草和禾本科牧草，不仅能解决肉羊所需优质粗蛋白和粗纤维的来源，更重要的是能够保证羊肉的鲜美口味及优良品质。积极推行秸秆饲用技术，把农作物副产品秸秆资源转化为肉羊的优质草料加以利用；积极开发利用菜饼粕和单细胞蛋白等非常规饲料，扩大饲料原料来源，保证饲料供应多样性。

3. 加快现代肉羊产业体系建设

加强现代肉羊养殖示范基地的规模化体系建设，逐步实现品种良种化、饲养标准化、防疫制度化、产品规格化，促进肉羊产业朝高产、优质、高效、生态、安全方向发展。通过合理的利益分配机制将肉羊产业的各个环节联结起来。即：把从饲草料的种植加工到肉羊的生产（包括繁殖、饲养、育肥）到加工（龙头企业的加工、分割、包装、储藏）及销售（即销售环节的各个方面）一体化，做到各负其责、各获其利，相互依存，共同发展，实现协调发展，高效运转。一是积极引导养殖户转变养殖观念，改原始的饲养方式为现代化的饲养方式、改数量型增长为质量型增长，按照现代肉羊生产方式，推进标准化规模养殖。要充分利用优良肉羊品种、全价配合饲料，科学的饲养管理技术、现代化的设施设备等，实行规模化、工厂化、集约化生产，以规模生产促进产品加工生产和特色产品开发。二是积极引导肉羊相关产业向优势区域聚集。肉羊产业相对集中的地区往往具有较好的市场基础和资源禀赋，要利用羊肉消费市场的巨大潜力，积极引导饲料加工、肉羊饲养、屠宰加工及其他相关产业向肉羊优势区域集中，充分发挥集聚经济效应，以更好地满足市场需求，从而带动当地肉羊产业的发展。三是积极培育肉羊加工龙头企业。引导一批技术创新能力强、产业关联度大、辐射带动作用强，有参与国际竞争潜力的肉羊产品加工和物流企业，采取“公司+农户”“公司+合作组织+农户”等特色形式，开展羊肉产品农超对接项目，减少流通环节，降低流通成本，并鼓励其采用科技含量高的生产加工技术和冷链物流系统，提高产品质量，增强产品竞争力，打造中国自主的绿色安全羊肉品牌。制定较为科学的羊肉分级分等标准，形成优质优价机制，促进优质羊肉产品转化增值。

4. 加强食品安全监督和监测体系建设

一是强化对涉及羊肉食品质量安全的各个环节尤其是羊肉加工和流通环节的监管力度，实现对羊肉产品“从农场到餐桌”的全程监管。二是逐步建立并完善监督抽检、信息发布、投诉举报、应急处置、产品召回等制度措施。三是加大食品安全违法处罚力度。

为了全面提升羊肉产品安全监管水平，使肉羊养殖、防疫、检疫、监督快速、准确地结合，在落实食品安全监督责任的同时，还要加强完善羊肉产品质量安全监测评估和多层次检验检疫等支撑体系建设。一是加强肉羊信息体系建设，建立和完善肉羊标识及疫病溯源体系。二是逐步建立羊肉产品质量安全市场准入机制，强制推行 HACCP 认证，确保实现只有获得质检认证的安全优质羊肉产品才能进入市场。三是建立兽药、饲料及饲料添加剂生产、销售和使用的全程监控体系，加快羊肉产品饲料添加剂、兽药残留快速检测系统建设。

5. 加快高新技术推广和人才培养

加强快速繁育技术、杂交利用技术、人工授精杂交技术、抗病育种技术的推广应用。在肉羊饲养管理中，推广建立基于 RFID 的质量安全追溯管理系统，实现肉羊从出生、屠宰到消费各个环节的一体化全程监控。推广饲草料加工调制技术、应激防范技术、环境控制技术和粪污无害化处理技术。推广工厂化高效养羊技术、推广先进的综合配套养羊新技术。加强执业兽医队伍建设，广泛开展疫病预防控制工作。采取优惠措施，鼓励科技人员下基层广泛开展多种形式的科技文化推广活动，大力提高基层专业技术人员和生产养殖人员的文化素质和技术水平。

第21章

奶产业

主要观点：

● 中国奶业发展迅速，但生产水平与奶业发达国家相比仍有很大差距。“十二五”以来，奶牛存栏量基本稳定在1440万头上下，奶类产量基本上稳定在3700万吨左右，市场占有率高。奶牛单产水平有了较大幅度的提升，但与美国相比，仍然有较大的差距。

● 国内奶产品消费不断增长。由2010年的4335万吨增长到2016年的4975万吨，消费者对以液态乳为代表的乳制品消费量快速增长，远高于其他发达国家和地区在同一时间段的增长率，乳制品逐渐成为中国居民日常饮食中不可或缺的一部分，消费规模增长迅猛。

● 中国城乡居民人均奶产品消费量增长态势明显。中国农村居民人均奶产品消费量稳步提升，2016年达到15.96千克/人，是2000年的1.4倍，城镇居民人均奶产品消费量稳定在20千克以上的水平。但从人均消费绝对量上来看，与美国、日本、韩国等仍有较大差距。

● 贸易逆差不断扩大。随着中国乳制品消费量的快速增长，国内生产供给量显著不足。从贸易结构看，2009年以来奶粉的进口量和比例逐年攀升，购买“洋奶粉”的热潮不减。中国乳制品出口量较小，并且有进一步萎缩的迹象。

● 消费者对国产奶的信心不断恢复和提升。经过国家相关部门的持续监管和监督，国产乳制品质量明显提高，与进口奶安全性没有明显差异。虽然消费者到境外购买、邮购、代购婴幼儿配方乳粉，“海外背奶”现象依然不断，但不可否认的是在国家高强度监管和企业声誉信誉的维护下，消费者对国产奶的信心在不断恢复和提升。

● 环保税政策对奶业有影响，但不能看作“压死国内奶业的最后一根稻草”。通过我们对环保税预设方案的预测来看，环保税将进一步压缩生产者利润空间，整体上对奶业生产者成本影响不大。

“三量”齐增现象将成常态。据预测，无论是从短期还是长期来看，奶制品产量、消费量和进口量将会呈现出“三量齐增”的现象。预计到2020年，分别达到3797万吨、5403万吨、1605万吨，到2035年分别达到5018万吨、6954万吨、1935万吨。

21.1　引言

近年来，随着经济的快速发展，人民收入水平不断提高，饮食结构发生了很大的改变，对奶产品的消费需求快速增长。2016年底农业部、国家发改委、工业和信息化部、商务部和国家食药监总局五部委联合印发《全国奶业发展规划（2016～2020）》，首次明确了奶业发展的战略定位，认为奶业已经成为“健康中国、强壮民族不可或缺的产业，食品安全的代表性产业，农业现代化的标志性产业，一二三产业协调发展的战略产业”。近年来，在各级行政管理部门共同努力下，生鲜乳安全控制和监管工作全面强化，国内生鲜乳监测合格率逐年提升，保持在较高水平上，国产奶放心喝的目标已经初步实现。但中国奶业发展仍存在着优质产品不能满足需要、产品竞争力不强、进口影响加剧等问题。未来，必须加快推动奶业供给侧结构性改革，深入推进奶业的平衡和充分发展，完成从数量扩张型到质量效益型的转变，全面提升国产奶质量，实现从乳业大国向乳业强国的转变。

21.2　奶产业发展形势

21.2.1　生产发展形势

1. 奶牛存栏量增速放缓

2000年以来，中国奶牛存栏数有了较大幅度的增长，从2000年的489万头上涨到2016年的1425万头，增长了2倍。其中，2000～2005年增长速度最快，呈现出快速上升趋势，而后进入波动上升期，奶牛养殖的阶段性变化特征十分明显。“十二五”以来，中国奶牛存栏量基本上在1440万头以上，2014年峰值时期为1499万头，之后奶牛存栏量趋于稳定、略有下降（见图21－1）。

从生产区域的分布来看，中国奶牛养殖业产区比较分散，基本每个省份都有分布，但整体呈现出“北多南少”的局面。内蒙古、黑龙江、河北、河南、山东和陕西六省区奶牛存栏量占全国总量的57.45%以上，牛奶产量占全国总量的71.01%以上，是中国原料奶的主产区。近年来，随着国家“现代农业区域布

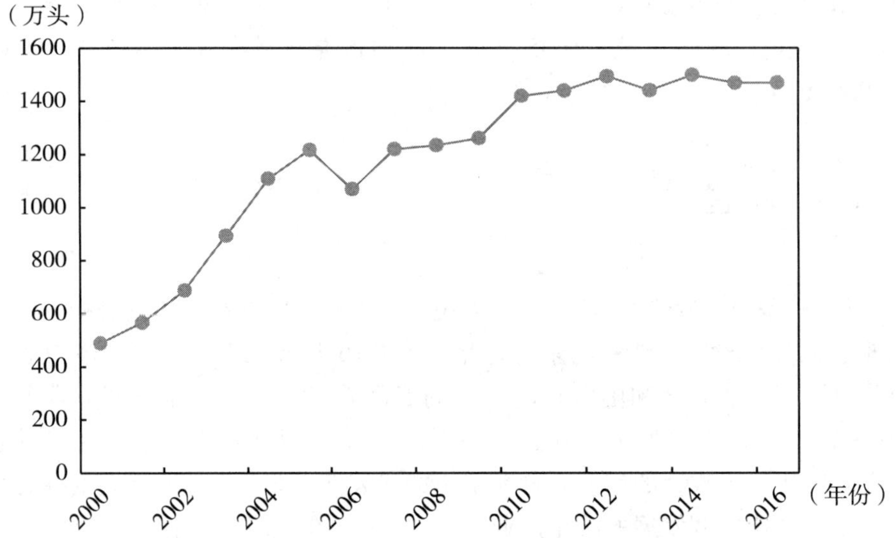

图 21－1　2000～2016 年奶牛存栏量变化情况

资料来源：历年《中国畜牧业统计》。

局，加快建设优势农产品产业带”政策的出台，奶牛养殖业不断向内蒙古、黑龙江、河北、新疆和山东五省区集中。中国奶牛养殖地域分布与乳制品加工产业地域分布基本一致，主要分布在中国北方地区，奶牛存栏全国排名前五位的省份分别是内蒙古、黑龙江、河北、新疆、山东，这五省的奶牛存栏总量占全国的比重由 2000 年的 45.84% 提高到 2016 年奶牛存栏的 60% 以上。

2. 奶类总产量趋于稳定

2000～2016 年，中国奶类总产量明显地呈现出由快速增长到平稳增长两个阶段变化趋势。其中，2000～2008 年是快速增长阶段，2009 年以后奶类产量基本上稳定在 3700 万吨左右，2015 年达到峰值 3870 万吨（见图 21－2）。中国奶牛存栏量与奶类产量有着基本相同的变化曲线，一定程度上也反映出奶牛存栏量增长是奶类产量增长的主要动因。

3. 奶牛单产水平显著提高

2000 年以来，中国奶牛单产水平有了较大程度的提高，由 2000 年的 2.6 吨/头增长到了 2016 年的 5.4 吨/头（见图 21－3）。2011 年以来，奶牛单产水平平均稳定在 5.4 吨以上，但美国等畜牧业发达国家奶牛单产达到 9 吨以上，由此看来，中国仍然有较大的差距。

4. 不同规模奶牛养殖成本与收益差异明显

奶牛养殖场的规模不同则成本收益不尽相同，总体体现为大规模奶牛养殖场产量高、产值大、成本高、利润率偏低，但产品单位价格高。据《全国农产品

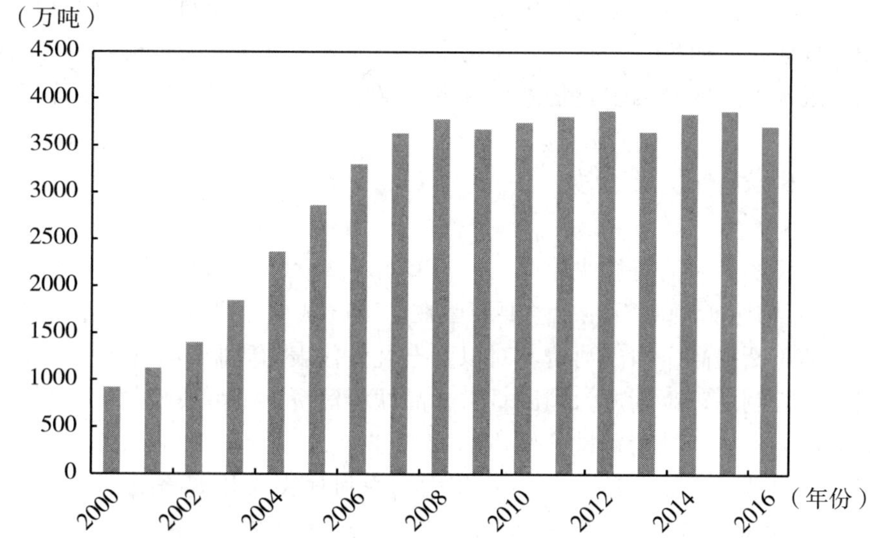

图21－2　2000～2016年奶类总产量变化情况

资料来源：历年《中国畜牧业统计》。

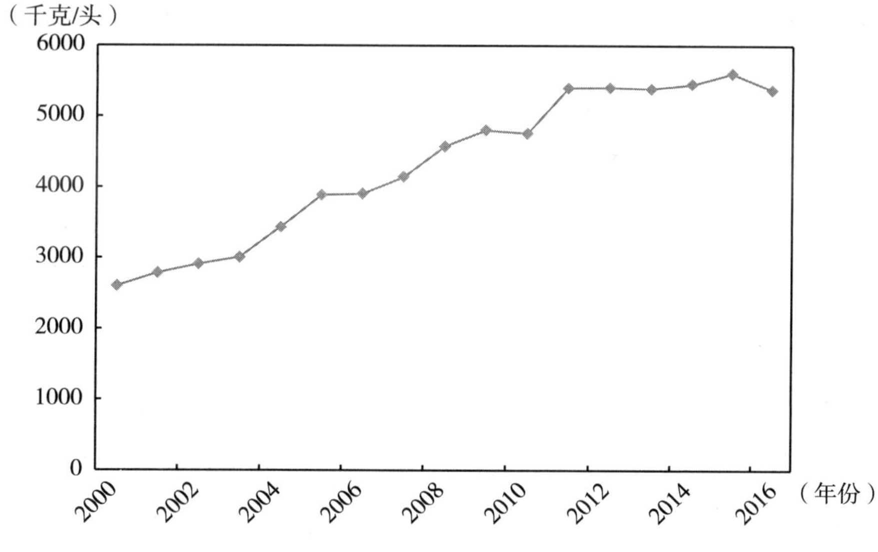

图21－3　2000～2016年奶牛单产水平变化情况

资料来源：历年《中国畜牧业统计》。

成本收益资料汇编》统计发现，从绝对值看，散养奶牛的主产品产量为每年每头5282.59千克，小规模、中规模、大规模的产品产量逐渐递增，大规模奶牛养殖场的产量为6454.23千克，比散养奶牛高出1000多千克，单产水平高是大规模奶牛养殖的优势。同时大规模奶牛养殖产品的价格也更高，但是由于大规模奶牛养殖的成本更高，所以净利润相对低一些。中国的奶牛养殖场的成本利润率呈现出随着规模扩大而降低的趋势。在奶牛养殖的成本方面，大规模奶牛养殖的成本较高，成本增加的原因主要是固定成本、仪器设备、饲料和雇工支出较多。

21.2.2 消费发展形势

中国居民奶产品消费量快速增长，2005 年、2008 年、2014 年分别突破 3000 万吨、4000 万吨和 5000 万吨。主要原因在于随着城乡居民收入的增长以及居民健康意识的不断提高，国内消费者对以液态乳为代表的乳制品不断认可，消费量快速增长，乳制品正逐渐成为国民日常食品饮料消费中不可或缺的一部分。2016 年中国居民人均奶产品消费量已经达到 21 千克。

城乡居民消费方面，2000 ~ 2016 年中国农村居民人均奶产品消费量稳步提升，由 2000 年的 6.72 千克提高到 2016 年的 15.96 千克，增长了 1.4 倍。城镇居民人均奶产品消费量由 2000 年的 14.5 千克增长到了 2006 年的 25.5 千克，达到了历史峰值水平，2007 ~ 2016 年人均消费稳定在 20 千克以上的水平。将城乡居民人均奶产品消费对比可以发现，两者差距在逐步缩小，但城镇居民消费量仍然远高于农村居民（见图 21 – 4）。

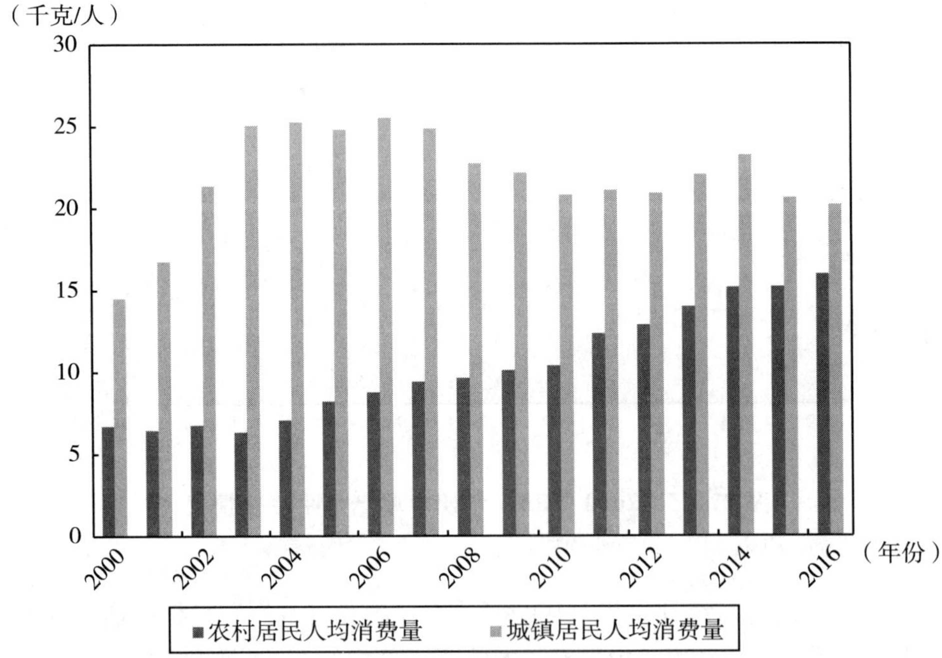

图 21 – 4　2000 ~ 2016 年城乡居民奶产品消费量变化情况

资料来源：根据《中国奶业年鉴》整理得出。

21.2.3　贸易发展形势

2000～2016年，中国奶制品贸易进出口总额持续增长，进口总额由2000年的2.15亿美元增加到2016年的33.71亿美元，其中干乳制品进口额增长最为迅速。进口总量方面，由2000年的155.5万吨增加到2016年的1263万吨，年均增长率为14.0%。2009年是一个重要分水岭，2008～2016年奶制品进口量呈现出年均增长百万吨的态势。与进口数量巨大形成鲜明对比的是，中国奶制品出口量极小，2000年以来仅维持在几万吨到几十万吨的水平。尤其是2008年“三聚氰胺”事件以后，中国乳制品出口量在几万吨左右。未来随着进口量的增长，中国乳制品贸易逆差将会进一步扩大。

21.2.4　供需平衡及价格形势

从原奶等值供需平衡表可以看出（见表21－1），随着中国奶产品总消费量的持续增长，国内生产量远远不能满足需求，进口量快速增长，出口量不断萎缩。其中，消费组成方面，居民直接消费和其他食品间接消费量占总消费量的90%以上。

表21－1　　2010～2016年原奶等值供需平衡表　　单位：万吨

年份	总供给	生产量	进口量	总消费	居民消费量	浪费数量	其他食品间接消费量	犊牛饲用量	其他使用量	出口量
2010	4335.16	3747.96	587.20	4335.16	2192.55	1559.34	187.40	136.49	251.00	8.38
2011	4515.14	3810.69	704.45	4515.14	2375.41	1620.16	190.53	143.15	172.00	13.88
2012	4716.44	3875.40	841.04	4716.44	2446.70	1731.72	194.92	145.36	189.00	8.73
2013	4762.00	3650.00	1112.00	4762.00	2533.91	1699.99	183.90	135.00	201.00	8.20
2014	5059.00	3841.00	1169.00	5059.00	2681.40	1839.00	195.00	145.00	190.00	8.60
2015	5077.30	3870.30	1207.00	5077.30	2596.50	1896.46	190.60	208.29	181.90	3.55
2016	4975.10	3712.10	1263.00	4975.10	2597.10	1788.10	208.51	191.50	186.90	3.02

2004～2016年，中国鲜奶平均零售价格上升较为明显，由2004年的2.13元/千克上升到2016年的5.27元/千克，其中，2014年零售价格最高为5.41元/千克（见图21－5）。

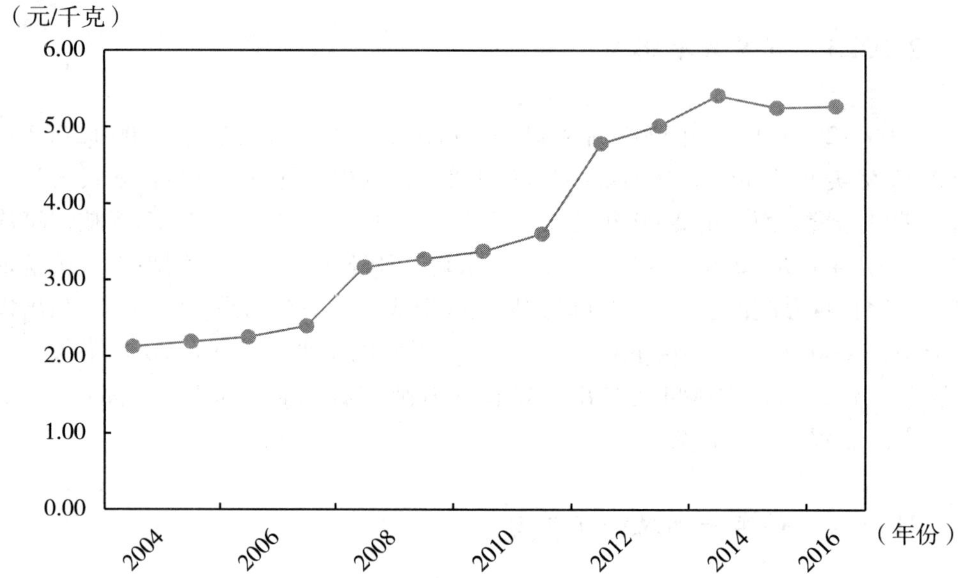

图 21－5　2004～2016 年鲜奶平均零售价格变化情况

21.3　奶产业发展新情况及其影响分析

21.3.1　农业部等部委高度重视奶业发展

近年来，中国实行了史上最严格的监管措施，有效促进了奶业整体水平的提升。2017 年 1 月，农业部等五部委联合印发《全国奶业发展规划（2016～2020 年）》（奶业“十三五”规划）。同年 12 月，为加强奶业公益科普宣传，引导乳品消费，振兴民族奶业，农业部奶业管理办公室会同全国畜牧总站、中国农业出版社等单位策划并组织编写了《奶业科普百问》。2018 年 2 月，农业部畜牧司发布 2018 年工作要点，文件指出，将实施奶业品牌推进行动，激发企业积极性和创造性，培育优质品牌，引领奶业发展。5 月，李克强总理主持召开国务院常务会议，从良种奶牛引进与育种、奶源基地建设、产品标准制定与品质提升、支持政策等方面推进奶业振兴。由此看出，国家十分重视奶业发展，对中国奶业生产能力、乳品质量安全水平、奶牛养殖方式、乳制品加工，以及竞争力、进口影响、消费信心等方面有着清晰的认识。未来将重点强化乳业标准规范、科技创新、政策扶持、执法监督和消费引导，着力降成本、优结构、提质量、创品牌、增活力，提升奶业规模化、组织化、标准化、品牌化、一体化水平，提高中国奶业发展的质量效益和竞争力。今后一段时期，中国奶业无疑将迎来新的发展机遇，各部门及奶业经营主体要紧紧抓住这一发展机遇，推动中国奶业做大做强。

21.3.2　乳制品创新成为推动结构优化与满足市场需求的利器

在保证质量安全底线的基础上，因地制宜发展常温奶、巴氏杀菌奶、酸奶等液态乳产品，适度发展干酪等产品，实现产品多元化发展，已经成为业内共识。乳制品龙头企业致力于打造高端产品，伊利、蒙牛等龙头企业推出安慕希、纯甄等明星单品，随着消费者对食品健康安全属性越发重视，健康天然的产品消费偏好明显，有机、纯天然、无色素添加剂等概念已成为消费者挑选产品的重要标准。

21.3.3　消费者信心不断恢复和提升

2008年“三聚氰胺”事件以后，中央及地方政府对奶业进行了大力整顿，尤其是对婴幼儿乳粉企业实行药品等级的监管，“月月抽检，月月发布”。经过几年的发展，中国乳品企业生产集中度快速提高，2017年奶牛规模化养殖超过了50%，机械化挤奶率达到90%，中国的奶牛养殖方式实现由传统向现代化的转变。与此相对，乳制品质量明显提高，乳制品抽检合格率达99.5%，与进口奶安全性几乎没有差异。在国家高强度监管和企业声誉信誉的维护下，消费者对国产奶的信心在不断恢复和提升。

21.4　未来奶产业发展趋势预测

21.4.1　短期产业发展形势分析（2018~2020年）

1. 生产趋势分析

据预测，2018~2020年，国内奶类产量虽然将出现一定程度上的波动，但总体上国内奶类产量仍以增长态势为主。到2020年中国奶类产量将达到3797.22万吨，相比于2016年增长2.29%，国内奶类在生产的绝对量上取得一定的进步。但从国产奶在全国市场上的占有量来看，其市场占有率从2016年的74.61%下降到70.28%，相反，净进口量市场占有率从2016年的25.39%增长到29.72%（见表21-2）。

2. 消费趋势分析

随着中国经济的快速发展和居民收入水平的不断提高，居民的膳食营养结构也在快速变化。基于中国产业模型（CASM）的模拟结果显示：2018～2020年中国奶产品总需求量呈现出逐年上涨的趋势，到2018年中国奶产品总需求量达到5171.27万吨，相比2016年增长3.94%，年均增长1.02%；到2020年中国奶产品总需求量达到5403.16万吨，相比2016年增长8.6%。中国奶产品加工消费量逐年增长，到2018年达到1970.82万吨，2020年加工消费量达到2020.57万吨，相比2018年增长2.52%。城乡居民消费方面，2018～2020年中国农村居民人均奶产品消费量稳步提升，由2018年的16.8千克提高到2020年的17.8千克；城镇居民人均奶产品消费量将由2018年的22.4千克增长到2020年的23.4千克。

3. 贸易趋势分析

需求和价差将继续驱动进口增加。一是需求有望持续增长。"二孩"政策全面放开后，2016～2017年"二孩"新出生人数分别为721万和883万，未来"二孩"出生人数有望持续增长。二是国内外价差将长期存在。国内外生产效率的差异决定了竞争力水平的高低。开放经济下，价差驱动进口将继续增加。

虽然国内奶产品产量总体上呈现逐年增加的态势，但由于中国奶产品消费市场巨大，再加上中国奶业属于新兴产业，尚处于发展阶段，其产量无法满足国内巨大的消费市场，因此仍需依靠进口乳制品来满足国内市场的需求。2018～2020年中国奶产品净进口量逐渐增加，2018年净进口量达到1532.32万吨，相比2016年增长21.30%；到2020年中国奶产品净进口量达到1605.94万吨，相比2018年增长4.80%，增长速度有所减缓。

表21－2　　2018～2020年奶业发展形势预测

指标	2018年	2019年	2020年
总供给（万吨）	5171.27	5288.40	5403.16
产量（万吨）	3639.04	3719.52	3797.22
净进口（万吨）	1532.23	1568.87	1605.94
总需求（万吨）	5171.27	5288.40	5403.16
人均消费量（千克/人）	20.15	20.68	21.21
加工消费量（万吨）	1970.82	1995.94	2020.57
农村居民人均消费量（千克/人）	16.80	17.29	17.77
城镇居民人均消费量（千克/人）	22.45	22.93	23.40

21.4.2　长期产业发展形势分析（2018～2035年）

1. 生产趋势分析

未来20年是中国奶业转型升级的关键时期，推进奶业振兴，提升奶业发展质量和竞争力将成为主要任务。展望2035年，受养殖效益下降影响，生产预计继续调整，优质饲草料生产、标准化规模养殖有望加速发展，中国奶业供给侧结构性改革将取得实质性成效，产业竞争力不断增强。

2018～2035年中国奶产品总需求量整体上呈现增长的态势。到2035年中国乳制品需求量达到6954.29万吨，相比2018年增长34.48%；2018～2035年奶产品产量也将呈逐年增长的趋势，但仍无法满足国内日益增长的奶产品需求（见图21－6）。

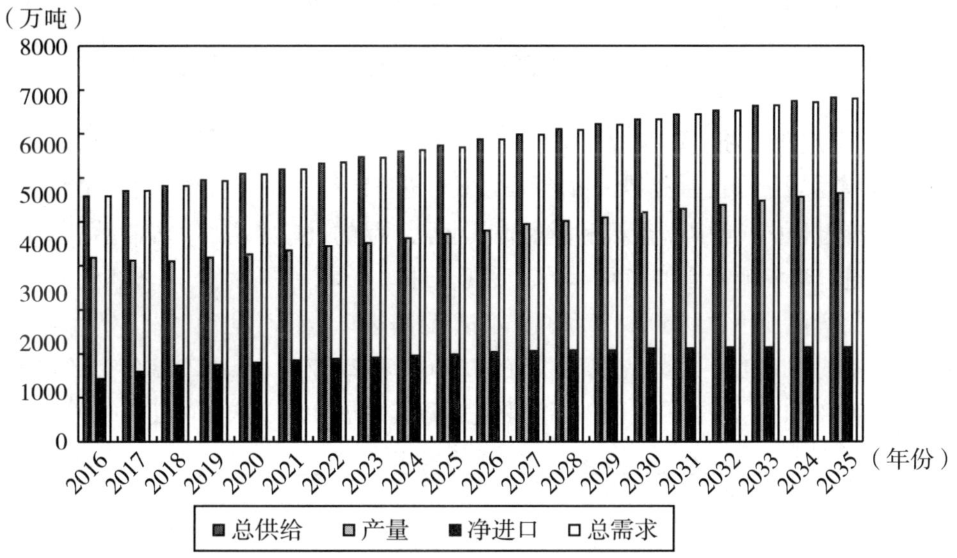

图21－6　2018～2035年中国奶产品供需情况预测

2. 消费趋势分析

2018～2035年农村居民和城镇居民的奶产品人均消费量均呈现逐年上涨的趋势。其中，农村居民人均奶产品消费量由2018年的16.8千克/人增长到2035年的25.4千克/人，增长51.3%；城镇居民的人均消费量由2018年的22.4千克增长至2035年的30.7千克（见图21－7）。

中国奶产品加工消费量呈逐年上涨的趋势，到2035年加工消费量预计达到2375.43万吨，相比2018年增长20.53%，年均增长1.10%。2030年之后，中国奶产品加工消费量增长率下降至1%以下。

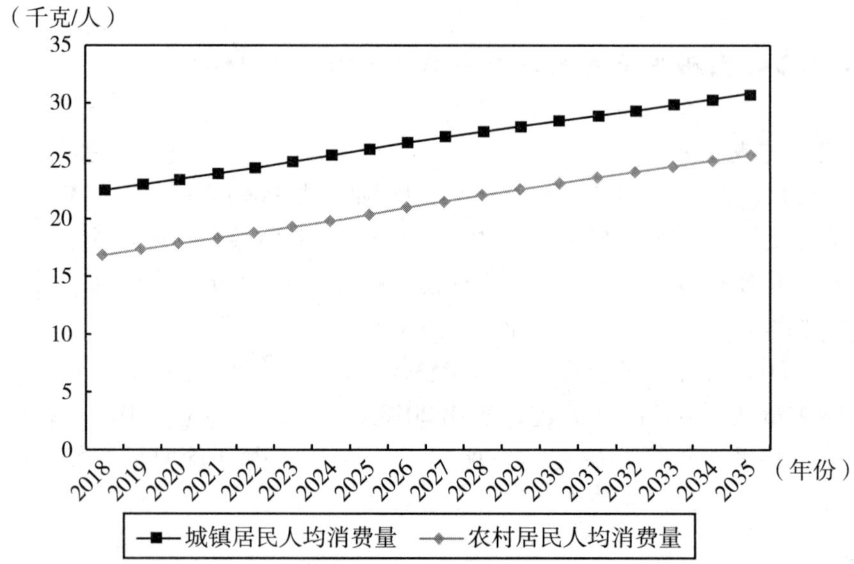

图 21－7　2018～2035 年中国城乡居民人均奶产品消费情况预测

3. 贸易趋势分析

进口将呈现量增速缓趋势，价差仍是驱动进口继续增加的重要因素。在未来奶业贸易发展过程中，鲜奶、乳酪和黄油等其他乳制品的进口将增长，乳制品进口总量将增加，进口来源地将更加多元，展望后期，进口将保持平稳增长态势。到 2035 年国内奶产品产量预计达到 5018.55 万吨，奶产品净进口量预计达到 1935.73 万吨（见图 21－8），分别占当年奶产品总需求量的 72.16% 和 27.8%，相比 2018 年市场份额占比增长 1.79% 和－1.79%，说明中国奶业正在逐步发展壮大，未来可期。

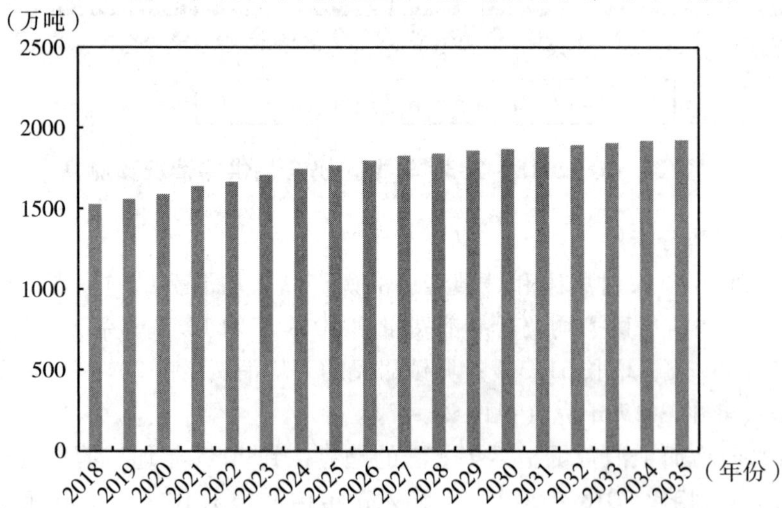

图 21－8　2018～2035 年中国乳制品净进口情况预测

21.4.3 《中华人民共和国环境保护税法》的影响预测分析

1.《中华人民共和国环境保护税法》出台背景及征税方案

2016年12月25日第十二届人大常委会第二十五次会议审议通过《中华人民共和国环境保护税法》（以下简称《环境保护税法》），该法律将于2018年1月1日正式实施。环保税的出台对于丰富环境财税制度和促进绿色发展具有重要意义。

"推动环境保护费改税""用严格的法律制度保护生态环境"，是党的十八届三中全会、四中全会提出的一项重要任务，是推进绿色发展和生态文明建设的重要举措，也是落实税收法定原则的重要内容。《环境保护税法》以排污收费制度为基础进行税制设计，实现收费向征税制度的平稳转换。该法共五章二十八条，对环境保护税的纳税人、课税对象、计税依据、税收减免、征收管理等作出了具体规定。《环境保护税法》的颁布实施对中国保护和改善环境、减少污染物排放、推进生态文明建设具有重要的意义。

目前，中国畜禽养殖规模化率达54%，畜禽粪污年产生量约38亿吨，已经成为农业面源污染的主要来源。从2015年开始，农业面源污染已经超过工业"三废"成为环境污染的最大源头。《环境保护税法》中未将"规模化养殖"列入免税范围，也是希望以此提醒广大养殖户，主动做好畜禽粪便的无害化处理。畜禽养殖业水污染物污染当量值具体见表21-3。

表21-3　　畜禽养殖业水污染物污染当量值

类型	污染当量值	备注
牛	0.1头	仅对存栏规模大于50头牛、500头猪、5000羽鸡鸭等的畜禽养殖场征收
猪	1头	
鸡、鸭等家禽	30羽	

2.《环境保护税法》对奶业影响的方案设计

奶牛场粪污是《环境保护税法》征税的重要对象，目前征收主要采取两种方式：一是按照牛头数收取环保税，二是根据排放污染物的监测值收取环保税。《环境保护税法》规定了部分牧场可免于征收环保税：非生产经营行为的养殖场、非规模化养殖场（小于50头牛）、对粪污进行综合利用的规模化养殖场、不直接向环境排放污染物的养殖场。各地根据当地情况制定具体征税额。

据相关资料显示，环保税使得每千克原奶成本增加0.033~0.134元/千克不等，但这一计算不准确，忽略了征税的对象不是全部存栏奶牛，以及其他限制因素。在考虑存栏规模大于50头以上的标准后，每千克原奶成本增加0.025~

0.100 元/千克不等。主要依据是：据估算，国内能够对粪污无害化处理、综合利用的牧场多为资金雄厚的大牧场和牧业集团，全国范围内粪污处理达到免征标准的牧场占比为 30% ~ 40%，60% ~ 70% 的牧场需要缴纳环保税，按 65% 计。2016 年奶牛养殖存栏规模大于 50 头牛的存栏比例约为 58%，征税比例为全部存栏的 37.7%。按照《环境保护税法》规定的最低限额征收（每污染当量 1.4 元/月）和税额幅度下限的 4 倍测算（部分省份按照此标准实施），按照 2016 年奶牛存栏 1470 万头、产量 3712 万吨，得出环保税使得每千克原奶成本增加 0.025 ~ 0.100 元/千克。

据此设计三个方案：第一，按照最低标准测算，每千克原奶成本增加 0.025 元/千克；第二，按照最低标准的 2 倍，每千克原奶成本增加 0.050 元/千克；第三，按照最高标准测算，每千克原奶成本增加 0.100 元/千克。三种方案分别使得总成本上升 0.83%、1.66% 和 3.32%。

3.《环境保护税法》对奶业的影响分析

目前，中国奶业在养殖成本方面劣势明显，远高于他奶业发展国家。大量媒体文章预测，《环境保护税法》将使奶牛的养殖成本进一步上升，在一定程度上将会降低奶业经营主体的生产积极性，导致产量降低。据此，我们对三种方案进行了模拟预测，结果显示：征收环保税，国内牛奶产量将会分别降低 0.11%、0.22% 和 0.43%，导致生产者成本提高 0.82%、1.63% 和 3.21%。从相对量上看，三种方案对成本的影响都不是很大，并非完全如有关媒体报道的环保税将是“压死奶业的最后一根稻草”。与对国内牛奶产量的影响相比，环保税对净进口的影响更大，三种方案分别导致净进口增加 0.29%、0.57% 和 1.13%，尤其是方案三，直接导致净进口增长 14 万吨。

但同时也要看到，中国奶业运行情况并不平稳，很多养殖场处于亏损或者亏损的边缘，环保税的征收可以说对这类经营者有着较大的影响。尤其是对大型奶牛养殖场，如果没有粪污综合利用设施，环保税的征收将会带来沉重的负担。以 1000 头饲养规模的奶牛场为例，按照保税法确定的最低限额征收每污染当量 1.4 元/月和 4 倍测算，每年需要分别交纳 16.8 万元、67.2 万元的环保税，这无疑是一笔不小的支出。

21.5 结论与政策建议

21.5.1 研究结论

1. 生产稳中向好

我国奶牛存栏量从快速增长阶段进入平稳波动阶段，“十二五”以来，奶牛存栏量基本稳定在1440万头上下，区域分布上，北方具有显著的优势。奶类产量与奶牛存栏量有着基本相同的变化趋势，2009年以来，奶类产量基本上稳定在3700万吨左右。但有所不同的是，乳制品产量变化幅度更大，其主要原因在于我国奶牛单产水平有了较大幅度的提升，由2000年的2.6吨/头增长到2016年的5.4吨/头。但就这一指标而言，与美国等畜牧业发达国家奶牛单产9吨以上相比，仍然有较大的差距。

2. 消费需求不断增长

消费者对以液态乳为代表的乳制品消费量快速增长，由2010年的4335万吨增长到2016年的4975万吨。2009～2015年，人均液态乳消费量从8.8千克增长到18.7千克，远高于其他发达国家和地区在同一时间段的增长率，乳制品正逐渐成为中国国民日常食品饮料消费中不可或缺的一部分，消费规模增长迅猛。但从人均消费绝对量上来看，与美国等发达国家相比差距较大，即便同饮食、生活习惯与中国类似的日本、韩国相比，人均消费绝对量仍然较低。其中，农村居民人均奶制品消费量为16千克，虽然与城镇居民的消费量差距在不断缩小，但一直处于落后状态，未来会有较大的增长空间。据预测，2020年和2035年农村居民人均奶制品消费量分别达到17.8千克和25.4千克，城镇居民的消费量分别达到23.4千克、30.7千克。

3. 贸易逆差不断扩大

随着我国乳制品消费量的快速增长，国内生产供给量显著不足，导致贸易逆差不断扩大，2016年进口量达到1263万吨，比2010年增长了676万吨。预计到2020年和2035年，净进口量将进一步增长到1605.94万吨和1935.73万吨。从贸易结构看，2009年以来奶粉的进口量和比例逐年攀升，购买“洋奶粉”的热潮不减。我国乳制品出口量较小，并且有进一步萎缩的迹象。

4. 产品质量整体较高

鉴于奶业在国民生活中的重要性不断提高，国家各级政府也在不断强化对奶业的支持措施、鼓励奶业发展。一方面，为迎合消费者消费方式和需求，各大乳企不断创新产品类型，引领消费方式，取得了不错的效果。另一方面，经过国家相关部门的持续监管和监督，国产乳制品质量明显提高，奶制品抽检合格率达99.5%，与进口奶安全性没有明显差异，虽然消费者到境外购买、邮购、代购婴幼儿配方乳粉，“海外背奶”现象依然不断，但不可否认的是在国家高强度监管和企业声誉信誉的维护下，消费者对国产奶的信心在不断恢复和提升。

5. “三量齐增”将是常态

基于消费者需求仍有空间、消费者对国产奶信心的恢复和提升，无论是短期还是长期来看，奶制品产量、消费量和进口量将会呈现出“三量齐增”的现象。预计到2020年，将分别达到3797万吨、5403万吨和1605万吨，到2035年分别达到 5018 万吨、6954 万吨和 1935 万吨。

6. 环保税将会压缩生产者的利润空间

环保税政策模拟方案结果显示，三种方案将会导致国内牛奶产量分别降低 0.11%、0.22%和 0.43%，生产者成本提高 0.82%、1.63%和 3.21%。从对生产成本的角度来看，环保税的征收不能看成是“压死国内奶业的最后一根稻草”，但同时要考虑到，由于我国奶业价格竞争力本身的劣势，环保税的征收无疑是雪上加霜，进一步压缩了生产者的利润空间。

21.5.2 建议

1. 推进南方奶业发展

重点开展南方草山草坡资源开发、南方优质牧草品种选育、牧草标准化关键技术、牧草加工技术等研究，实施优质饲草基地建设、南方草山草坡资源开发、南方奶业发展示范基地建设等重大工程，充分利用草山草坡及草场资源发展奶牛养殖。

2. 推动绿色养殖

鼓励引导养殖主体草畜配套衔接，“种好草、养好牛”，开展奶牛草畜结合先进模式示范创建工作。按照环保要求，支持规模化养殖主体配套建设环保设施，推进粪污资源化利用，支持奶牛养殖大县整县推进绿色养殖，创建奶牛绿色养殖示范县。

第22章

水产品产业

主要观点：

● 水产品产业转方式调结构取得初步进展，水产品产量稳步上升，养捕产业结构不断优化，养殖区域逐步向内陆转移。

● 水产品消费总量快速增长，水产加工和居民食用需求增速加快，水产品贸易基本保持稳定，贸易顺差逐步缩小。

● 中国实施海洋渔业资源总量管理制度，并不断加强渔业生态环保治理力度，短期内水产品产量增速将放缓，捕捞量大幅下降，水产养殖加速转型升级。

● 世界各国水产品贸易政策收紧，中国水产品贸易顺差不断收窄，但随着“一带一路”建设释放新动力，中国水产品贸易结构将得到优化。

● 据预测，短期内中国水产品供需总体趋紧，居民食用需求不断增加，2018 年将转变为水产品净进口国。长期来看，中国水产品产量增速趋于稳定且放缓，居民食用消费需求依然保持高速增长，水产品供需整体偏紧，水产品贸易量将长期保持净进口状态。

中国水产品产业应紧抓农业绿色发展战略机遇，以绿色兴渔、质量兴渔、开放发展为目标，加快优化水产养殖品种结构布局，发展绿色、高效生态健康养殖，深入实施渔业“走出去”战略，有序推进远洋渔业和水产养殖国际合作。

22.1 引言

党的十九大报告提出要“健全耕地草原森林河流湖泊休养生息制度”，2018 年中央一号文件进一步明确要“科学划定江河湖海限捕、禁捕区域，健全水生生态保护修复制度”。“十二五”以来，中国加快实施水产品产业供给侧结构性改革，渔业转方式调结构取得初步进展，现代渔业产业体系初步建立。水产品捕捞和养殖实现双量增长，产量达到 6901 万吨，养捕产业结构不断优化，养殖区域逐步向内陆转移；消费总量快速增长，水产加工需求和居民食用需求增速明显，城镇居民在外消费增长迅速，不断拉大城乡居民消费差距；受国际市场低迷、国内渔业资源保护工作力度大以及国内日常水产品消费需求日益增长等影响，水产品贸易顺差先增后减，供需总体趋于收紧。本章基于 2016 年的水产品产业基础数据，综合考虑短期和长期影响因素，重点模拟预测了 2018 ~ 2020 年 "十三五" 全面建成小康社会决胜期和 2018 ~ 2035 年基本实现社会主义现代化的长期水产品生产、消费、贸易、供求趋势，为产业发展提供科学决策参考。

22.2 水产品产业发展形势

22.2.1 生产发展形势

1. 水产品总产量稳定增长，养捕产业结构不断优化

"十二五" 以来，中国渔业快速发展，水产品总产量由 2011 年的 5603 万吨增长至 2016 年的 6901 万吨，增长 23%。其中，养殖水产品产量由 2011 年的 4023 万吨增长至 2016 年的 5142 万吨，增长 28%；捕捞产量由 2011 年的 1580 万吨增长至 2016 年的 1759 万吨，增长 11%（见图 22 - 1）。2016 年，养殖水产品年增长率虽稳中有降，但总产量一直保持持续增长态势；捕捞水产品受政策调整和近海渔业资源保护等影响，"十二五" 持续增长后出现负增长，养捕比例由 "十一五" 末的 71∶29 提高到 75∶25，养捕产业结构不断优化。

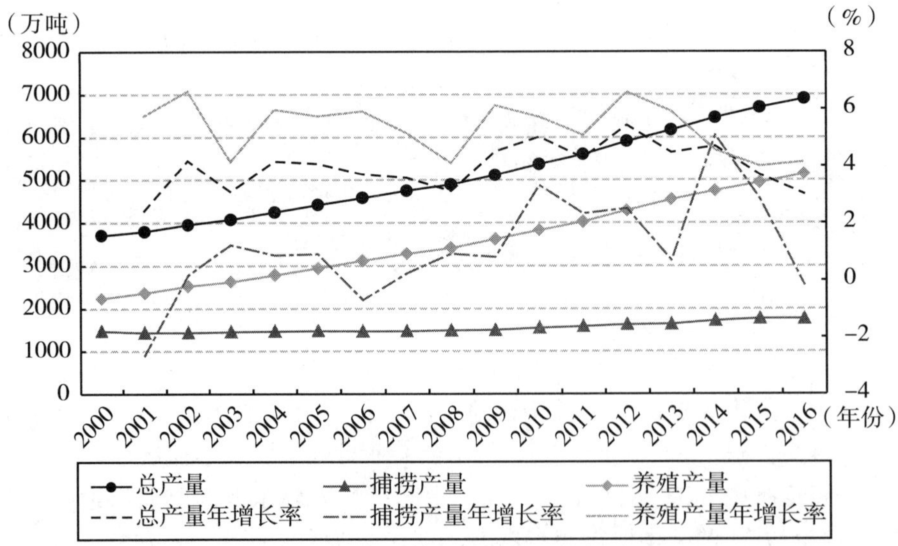

图 22 - 1 2000 ~ 2016 年中国水产品产量及年增长变化情况

资料来源：历年《中国渔业统计年鉴》。

2. 水产品品种结构略有变动，鱼类比重上升、贝类比重下降

水产品主要分为鱼类、贝类、虾蟹类、藻类和其他。其中，90%以上的鱼类产自淡水养殖和海水捕捞，88%以上的贝类产自海水养殖。“十二五”以来，中国鱼类水产品比重呈上升趋势，比“十一五”时期平均提高了2个百分点；贝类比重呈下降趋势，比“十一五”时期平均下降了1个百分点，且海水养殖的贝类比重提高到92%以上；虾蟹类比重基本保持不变（见图22－2）。

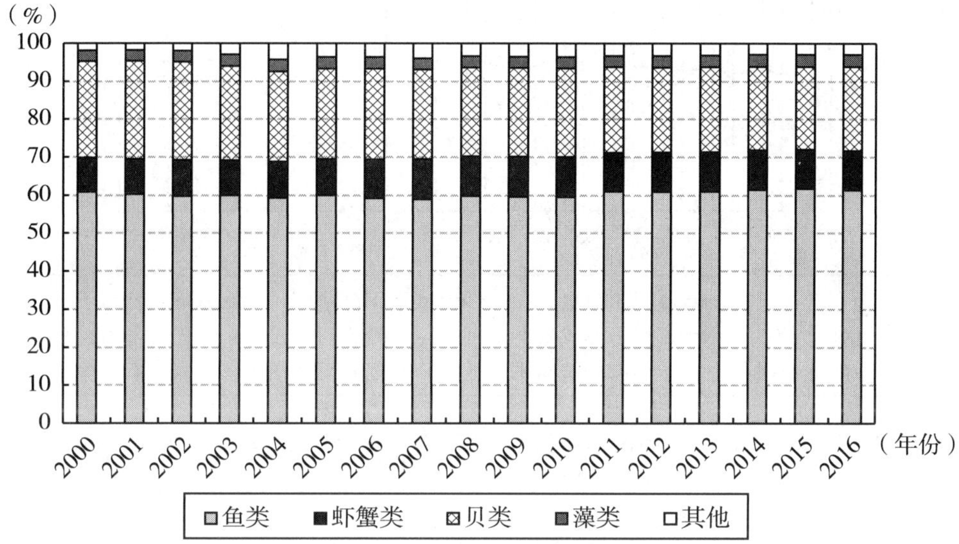

图22－2　2000～2016年中国水产品结构变化情况

资料来源：历年《中国渔业统计年鉴》。

3. 淡水养殖仍以池塘为主，稻田综合种养增长势头明显

中国水产养殖分为淡水养殖和海水养殖，不同的养殖方式产量不同，适合不同的水产品种。“十二五”以来，中国淡水养殖仍以池塘养殖为主，池塘养殖水产品产量占淡水养殖总产量的70%以上，增速较“十一五”波动小但增幅放缓。而围栏、网箱和工厂化等高密度精养的产量占比则较低（见图22－3）。与此同时，随着农业转方式、调结构，稻田综合养鱼作为一种产出高效、资源节约、环境友好的绿色农业生产方式受到高度重视，稻渔综合种养的面积和产量也于2013年大幅回升，并保持稳定发展态势。

4. 海水养殖以海上为主，先增后降；养殖方式以底播、筏式为主

中国海水养殖主要以海上与滩涂为主。其中，“十二五”以来，海上养殖水产品产量增速较快，且随着国家不断调整海洋渔业发展战略，海上养殖面积呈现出先上升后下降的倒“U”形趋势（见图22－4），这说明“十二五”以来，特别是2016年以来，中国海上养殖单产不断提高。而从养殖方式来看，“十二五”

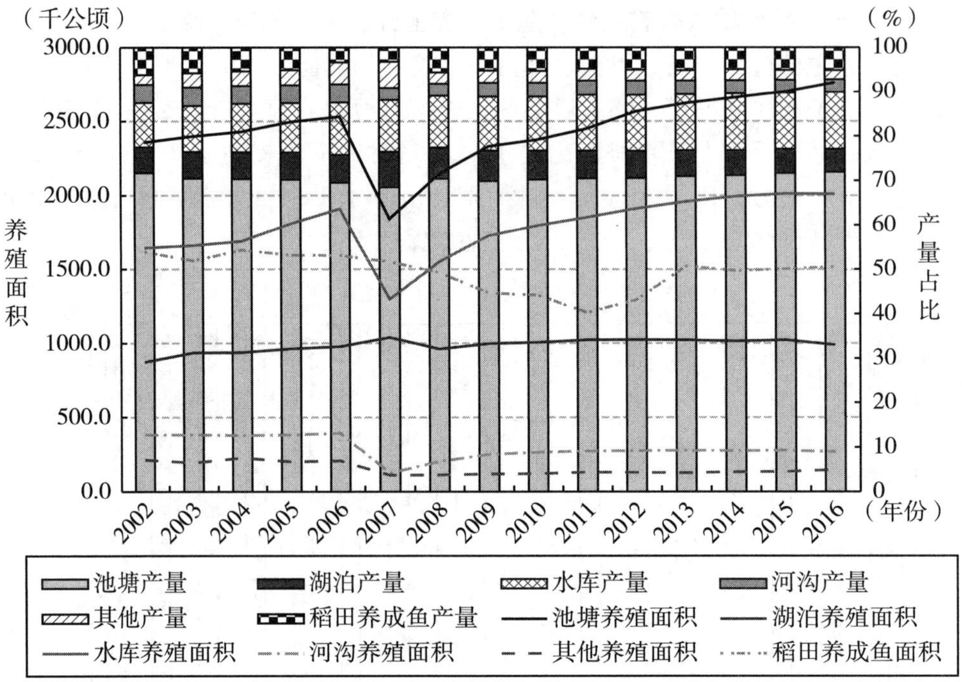

图 22－3　2002～2016 年中国水产品淡水养殖产量与面积变化情况

资料来源：历年《中国渔业统计年鉴》。

以来，中国海水养殖仍以底播和筏式为主且增速加快，网箱和工厂化等集约化养殖方式增速较快，但所占比重较小。

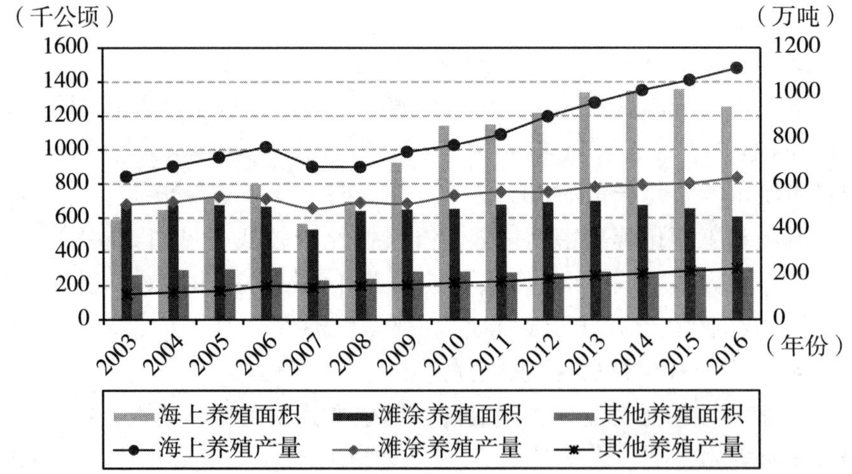

图 22－4　2003～2016 年中国水产品海水养殖面积与产量变化情况

资料来源：历年《中国渔业统计年鉴》。

5. 捕捞水产品生产格局基本不变，养殖水产品生产逐步向内陆转移

多年来中国水产品生产区域已形成较为稳健的发展格局。当前，中国水产品养殖主要分布在东部沿海海洋养殖区和中部水域相对丰富的淡水养殖区域，广东和山东两省排名靠前；捕捞则主要集中在东部沿海地区，浙江和辽宁两省排名靠前。“十二五”以来，中国水产品生产区域变化不大，总体上呈现出水产品生产由沿海地区向内陆转移的趋势。其中，华东、华南等水产品主产区占全国水产品总量的比重呈下降趋势，而华中、西南、西北等内陆地区水产品产量增加较快，占全国水产品总量的比重不断上升（见图22－5）。从水产品生产大省排名来看，“十二五”以来，水产品总量排名依次为山东、广东、福建、浙江，其中福建增速较快，山东和广东两省增速基本一致，浙江自2013年“五水共治”行动实施以来，增速放缓。值得注意的是，辽宁水产品总量自2006年大幅下降跌落全国前五后，“十二五”期初保持较快增速，于2014年再次重回全国前五位。从水产品养殖区域布局来看，“十二五”以来，广东和山东两省增速基本保持不变，且山东2016年增速放缓，福建增速加快，而江苏自2014年起增速放缓，跌出全国水产养殖前四行列。从水产品捕捞区域布局来看，“十二五”以来，浙江水产捕捞保持较快增长，捕捞产量全国遥遥领先；山东水产捕捞基本维持稳定，2014年以来略有上升，稳居全国第二；排名第三的福建保持较低增速；而排名第四的广东捕捞产量基本不变，并在“十二五”期末略有下降（见图22－6至图22－8）。

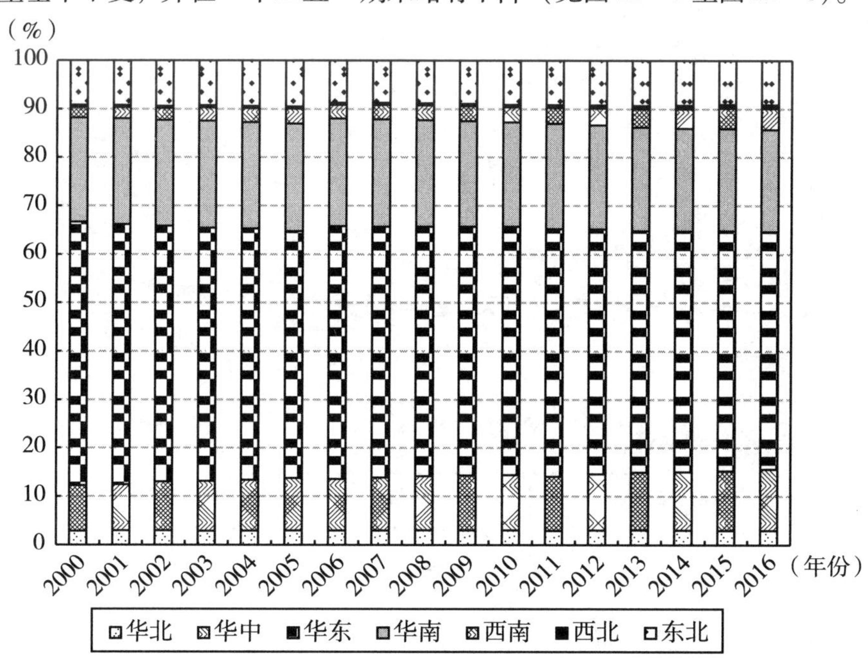

图22－5　2000～2016年中国水产品生产格局变化情况

资料来源：历年《中国渔业统计年鉴》。

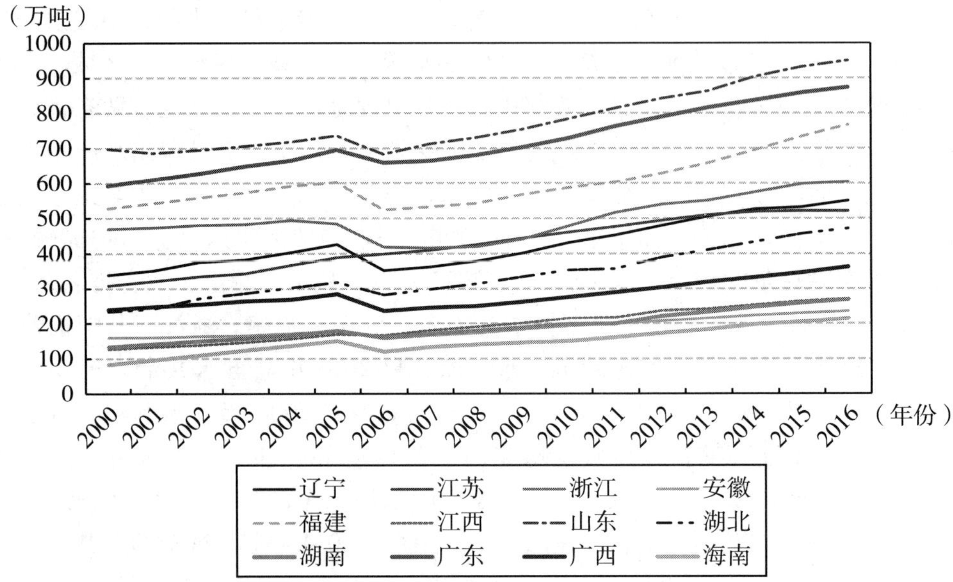

图 22－6　2000～2016 年中国水产品主产省份总产量变化情况

资料来源：历年《中国渔业统计年鉴》。

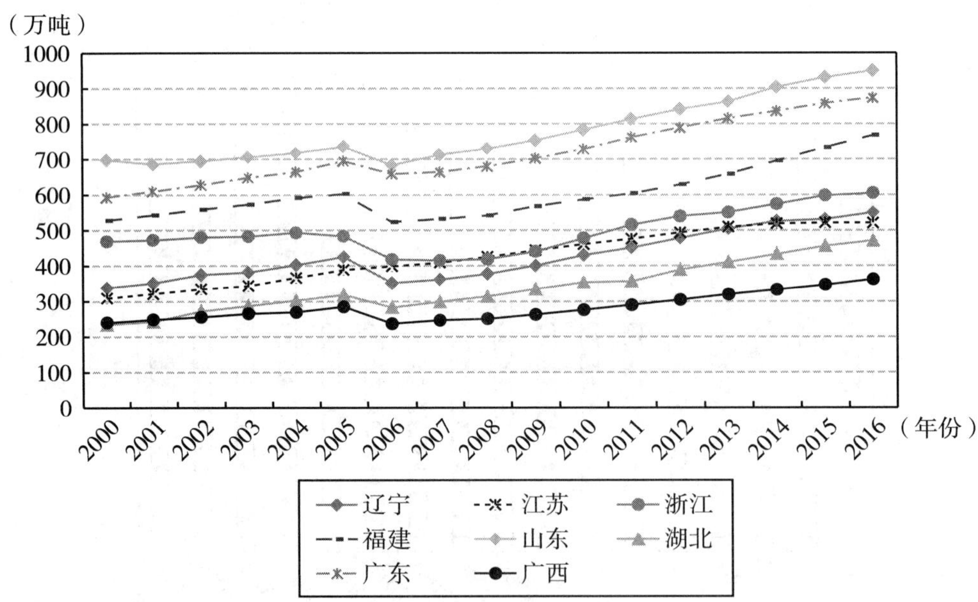

图 22－7　2000～2016 年中国水产品主产省份捕捞产量变化情况

资料来源：历年《中国渔业统计年鉴》。

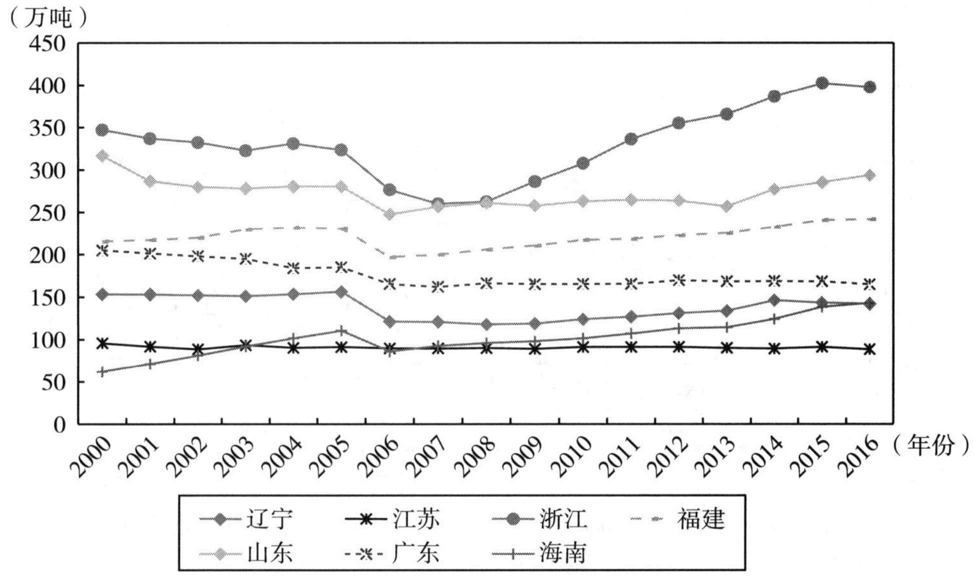

图22－8　2000～2016年中国水产品主产省份养殖产量变化情况

资料来源：历年《中国渔业统计年鉴》。

22.2.2　消费发展形势

1. 水产品总需求持续增长，需求结构不断优化

中国水产品总需求包括居民食用需求、加工需求、出口需求以及其他需求（主要包括损耗等）。"十二五"以来，中国水产品总需求快速增长，由2011年的6028万吨增长至2016年的7305万吨，增长21%。其中，加工需求增长最快，从2011年的1981万吨增长至2016年的2636万吨，增长33%；其次为居民食用需求，从2011年的1772万吨增长至2016年的2324万吨，增长31%；出口需求从2011年的391万吨增长至2016年的424万吨，增长8%；其他需求从2011年的1884万吨增长至2016年的1922万吨，增长2%（见图22－9）。

2. 城乡居民水产品在家消费差距不断缩小，在外消费差距不断拉大

随着居民收入水平提高，城乡居民水产品消费不断增加，城镇居民人均水产品消费总量从2011年的19.95千克增长至2016年的23.02千克，增长15%；农村居民人均水产品消费总量从2011年的6千克增长至2016年的8.45千克，增长41%。然而，由于城镇居民水产品在外消费快速增长，城乡消费差距不断拉大，具体表现在城乡居民人均在外消费差距从2011年的4.76千克扩大至2016年的7.27千克，增长了52.7%；而随着农村居民收入水平的不断提高，城乡居民人均在家消费差距不断缩小，从2011年的9.2千克缩小至2016年的7.3千克，降低了21%（见图22－10）。

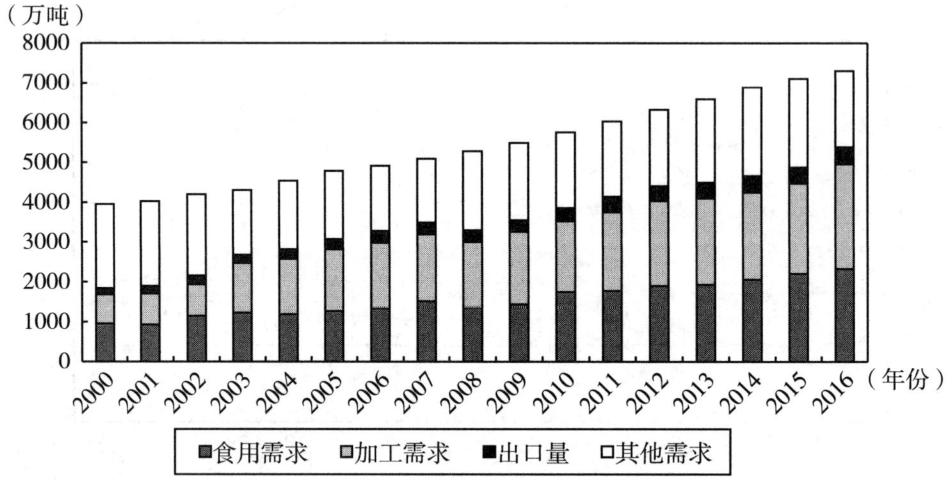

图 22－9　2000～2016 年中国水产品总需求及其构成变化情况

资料来源：历年《中国统计年鉴》。

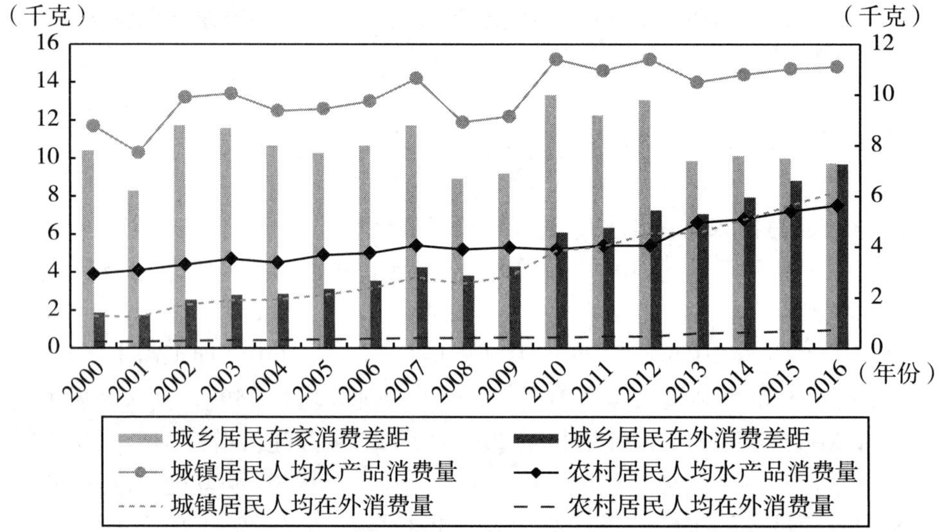

图 22－10　2000～2016 年中国城乡居民水产品消费量变化情况

资料来源：历年《中国统计年鉴》。

3. 城乡居民水产品消费占肉类总消费的比重整体偏低，波动较小

随着居民收入水平的提高，城乡居民水产品消费有了较快增长，但整体上中国城乡居民人均水产品消费水平仍较低。“十二五”以来，城镇居民人均水产品消费量约占动物性产品（不包括奶及制品类消费，下同）总消费的 25%，高于蛋类、禽肉和牛羊肉消费水平；而农村居民人均水产品消费量仅占动物性产品总消费的 17% 左右，相较于“十一五”时期略有下降，且增速慢于禽肉和蛋类消费（见图 22－11）。

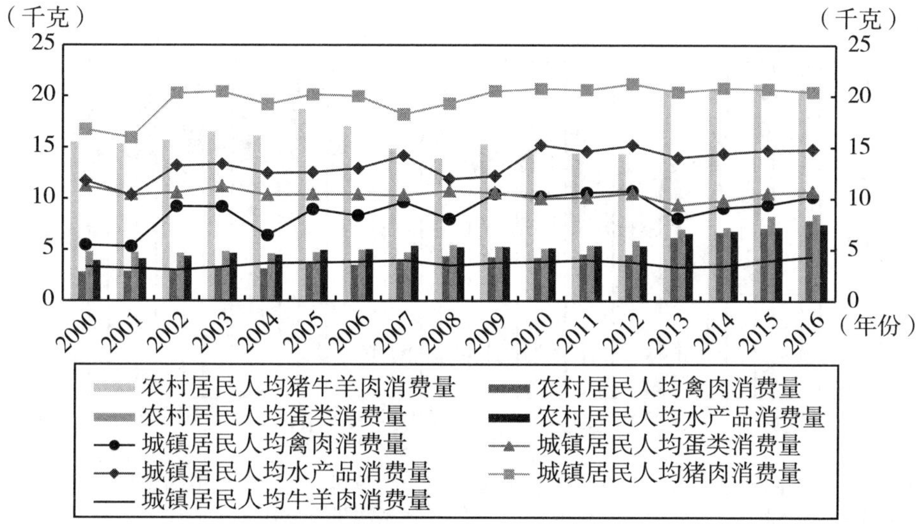

图 22 -11　2000 ~2016 年中国城乡居民各类动物性产品消费量变化情况

资料来源：历年《中国统计年鉴》。

4. 水产品加工增速放缓，结构不断优化，但仍以海水加工产品和冷冻产品为主

相较于“十一五”时期水产品加工能力和加工产量的高速增长，“十二五”以来中国水产品加工增速明显放缓，“十二五”期间水产品加工增长了 28%，比“十一五”时期减少了 8.5 个百分点。其中，淡水加工产品增长了 32%，海水加工产品增长了 27%（见图 22 -12）。从水产品加工品结构来看，随着淡水加工产品比例不断提升，结构不断优化，但仍以海水加工产品为主；从加工产品类型来看，水产冷冻品仍独占鳌头，鱼糜制品和干腌制品小幅增长，水产饲料加工快速下降（见图 22 -13）。

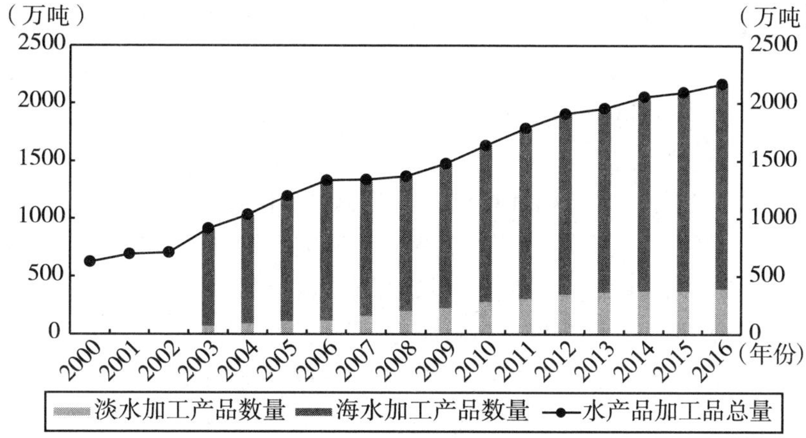

图 22 -12　2000 ~2016 年中国水产品加工品总量变化情况

资料来源：历年《中国渔业统计年鉴》。

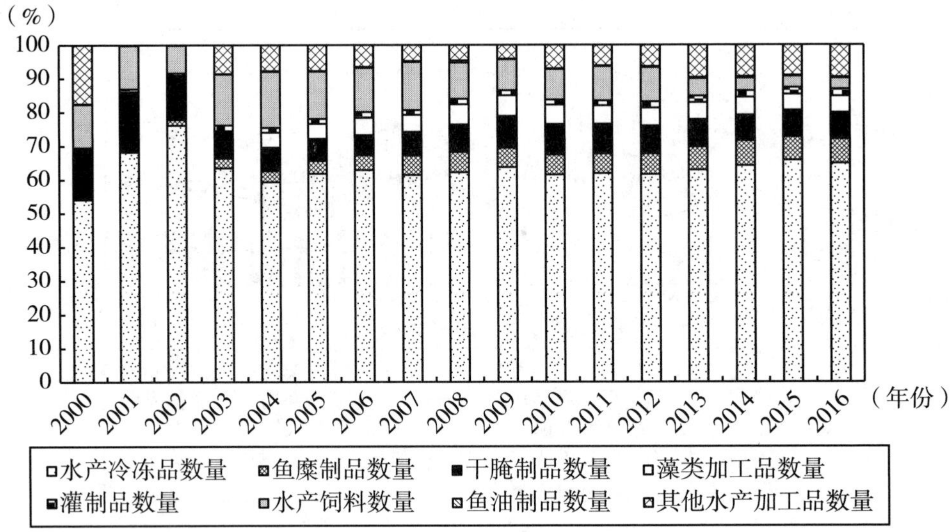

图 22－13　2000～2016 年中国水产品加工结构变化情况

资料来源：历年《中国渔业统计年鉴》。

22.2.3　贸易发展形势

1. 水产品进出口基本保持稳定，水产品贸易顺差先增后减

受全球经济复苏缓慢、国内生产成本递增、国际贸易壁垒增多等因素影响，“十二五”以来中国水产品进出口基本保持稳定，贸易量增幅较小，2011 年以来仅增长 1.4%。而随着国内水产品质量安全严管、龙头企业和水产品品牌培育以及“一带一路”倡议的影响，中国水产品国际市场竞争力不断增强，水产品贸易总额快速增长，2011 年以来增长了 16.7%。水产品出口额在 2014 年达到顶点，实现贸易顺差 125 亿美元。但随着中国居民对进口高档水产品品种的需求不断增大，中国水产品进口额上升明显，贸易顺差自 2014 年以来有所下降（见图 22－14）。

2. 部分出口品种出现结构性过剩，一般贸易出口竞争优势呈下滑趋势

“十二五”期间，受全球水产品贸易下滑影响，中国部分出口品种出现结构性过剩，一般贸易出口竞争优势呈下滑趋势。其中，受益于欧盟对中国双壳贝类进口解禁的积极影响，贝类出口量额实现稳步增长；而对虾、罗非鱼、大黄鱼、鳗鱼等出现量额双降，尤其是 2015 年各出口品种下降幅度明显。“十三五”以来，随着“一带一路”倡议持续推进、国务院陆续出台的促外贸稳增长政策落地以及渔业转方式调结构的稳步落实，2016 年中国大多数贸易水产品品种出口改善，但部分品种如鳗鱼、罗非鱼等出口表现仍不佳（见图 22－15）。

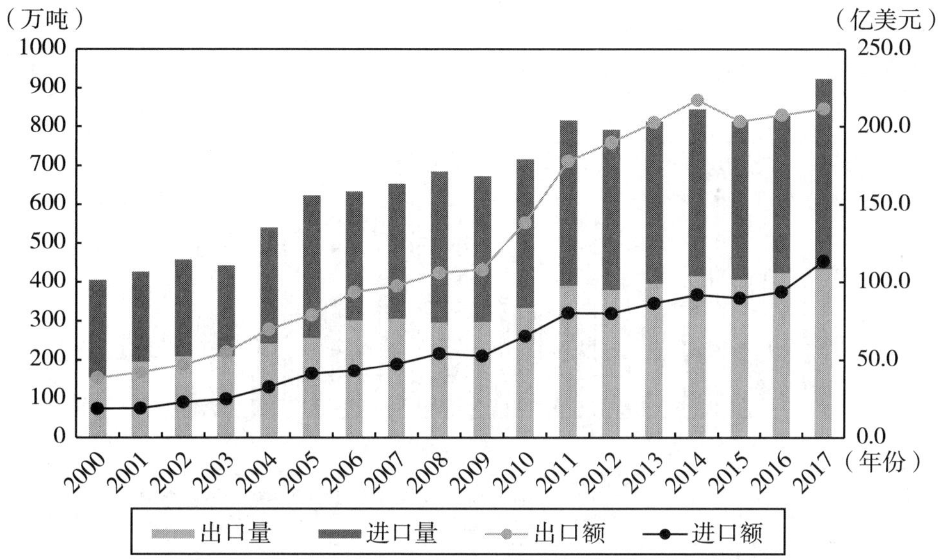

图22-14 2000~2017年中国水产品贸易变化情况

资料来源：历年《中国渔业统计年鉴》。

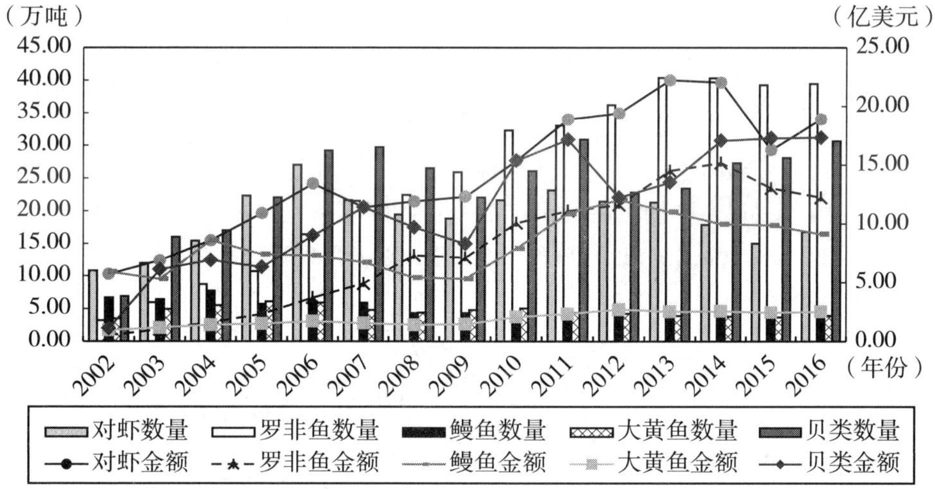

图22-15 2000~2016年中国主要出口水产品数量与金额变化情况

资料来源：历年《中国渔业统计年鉴》及中国水产养殖网。

3. 水产品贸易市场较为集中，结构略有改善

中国水产品贸易的国家和地区较广泛，但主要市场却比较集中，其中，日本、韩国、美国和欧盟是中国水产品的主要出口市场。随着“一带一路”倡议的持续推进，中国水产品出口市场集中状态有所改善，“十二五”以来对东盟出口量额增幅强劲，并在2016年出口量首次超过日本，成为中国第一大出口市场。而受世界经济低迷和中国渔业转方式、调结构的影响，韩国、美国、欧盟等出口

市场持续波动，量额波动明显，并于“十二五”末期、“十三五”初期呈现出上升趋势（见图 22－16）。

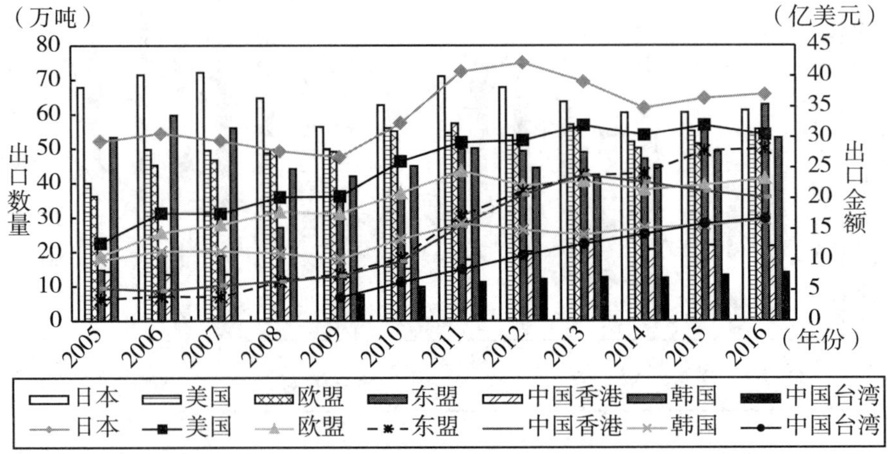

图 22－16　2005～2016 年中国水产品主要出口市场变化情况

资料来源：中国海关总署网站。

从水产品进口市场来看，俄罗斯、秘鲁、美国、智利、东盟是中国主要的水产品进口市场。得益于中国—东盟自贸区的良好发展，中国对东盟的水产品进口量呈现稳定上升的态势；俄罗斯于 2010 年跃升为中国第一大水产品进口国，且在“十二五”末期水产品进口量额均呈现上升趋势；同“十一五”相比，秘鲁水产品进口量额降幅明显，2016 年秘鲁由中国第一大水产品进口国降至第三位；受美国债务规模的影响，中国对美国水产品的进口量也自“十二五”以来呈现下降趋势（见图 22－17）。

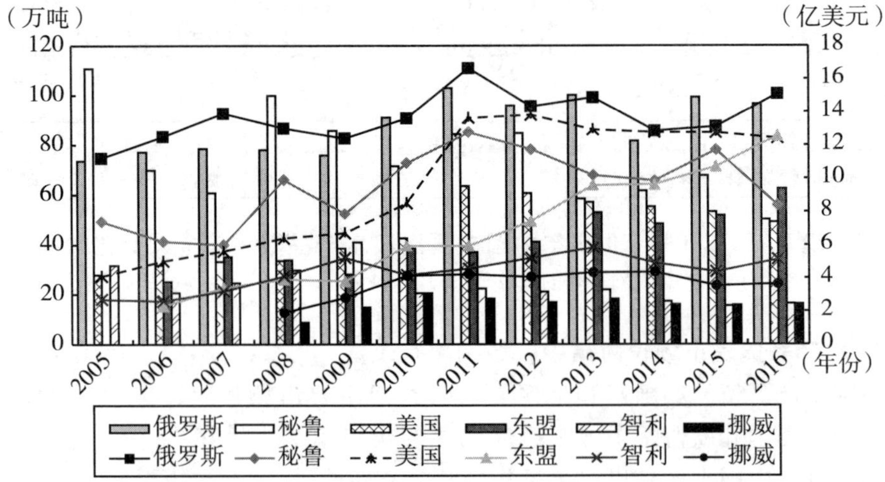

图 22－17　2005～2016 年中国水产品主要进口市场变化情况

资料来源：中国海关总署网站。

22.2.4　供需平衡及价格形势

1. 供需平衡分析

从需求侧看，“十二五”以来，随着居民收入水平的提高，消费者对食物营养的需求不断提升，城乡居民对水产品的整体需求也不断增加，与此同时，中国水产品加工需求也呈现稳步上升趋势。从供给侧来看，“十二五”以来，中国水产品天然捕捞量、人工养殖产量以及进口量均呈现稳步上升趋势。进入“十三五”以后，随着国家推进农业供给侧结构性改革和农业绿色发展，受渔业资源修复以及江河湖海治理的影响，中国水产养殖和天然捕捞量的增速将下降，特别是天然捕捞量将出现下降趋势；而随着渔业科技发展和冷链物流的快速发展，中国水产品损耗未来将呈现大幅下降趋势（见图22－18）。

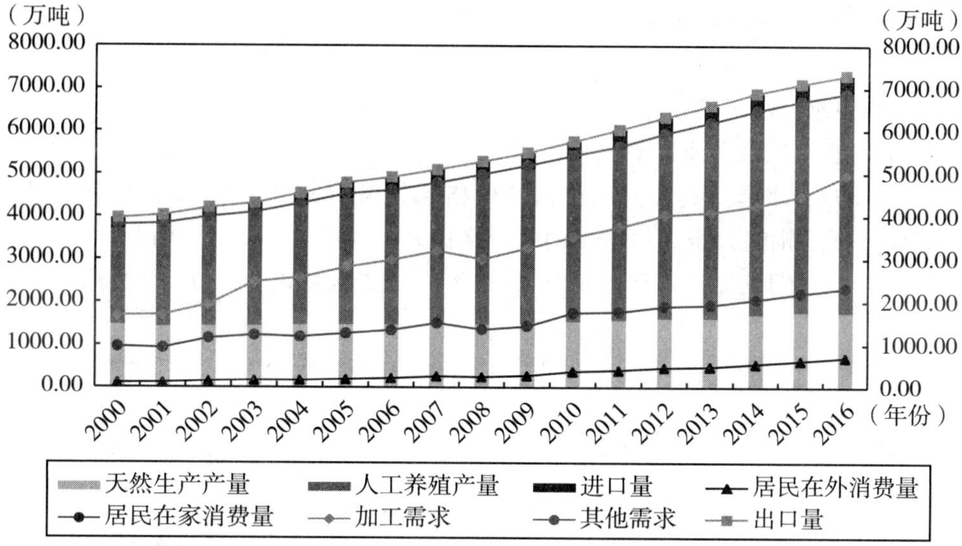

图22－18　2000～2016年中国水产品供需均衡情况

资料来源：历年《中国渔业统计年鉴》。

2. 市场价格走势分析

水产品生产价格增长缓慢，与农产品生产价格指数趋势相近。“十二五”期间，中国水产品生产价格指数由160.1增长到193.77，涨幅21.03%，而农业生产资料价格指数由177.63增长到189.44，涨幅6.64%，水产品生产价格指数增长幅度超过了农业生产资料价格指数（见图22－19）。总体来看，“十二五”初期中国农业生产资料价格指数明显高于水产品生产价格指数，但随着国内“去库存、调结构、去产能”等政策调整，“十二五”末期至“十三五”初期，中国水产品生产价格指数增幅较快，2016 年明显高于农业生产资料价格指数。

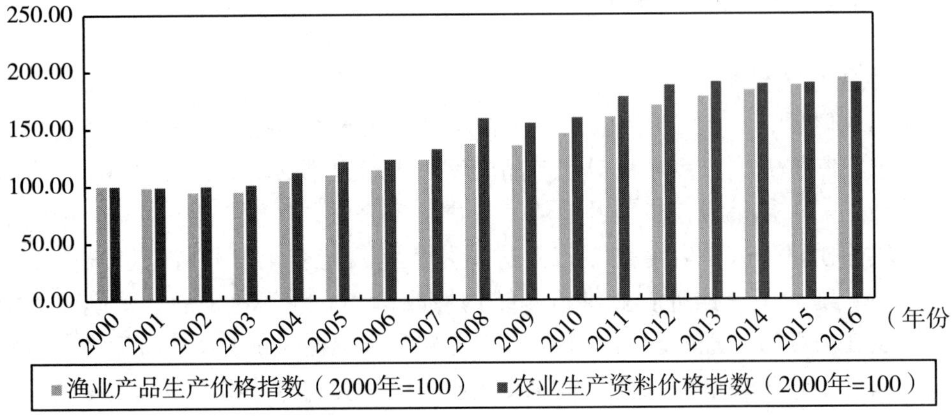

图 22－19　2000～2016 年中国水产品与农业生产价格指数比较

资料来源：历年《中国统计年鉴》。

3. 城乡水产品消费价格总体上升，二者走势一致

“十二五”以来，水产品类城市居民消费价格指数由 169. 57 增长至 211. 95，涨幅 24. 73%；水产品类农村居民消费价格指数由 168. 36 增长至 210. 75，涨幅 25. 18%，该增幅略大于城镇居民消费价格指数（见图 22－20）。由此可知，“十二五”以来，中国水产品类农村居民消费价格指数略高于城市居民消费价格指数。

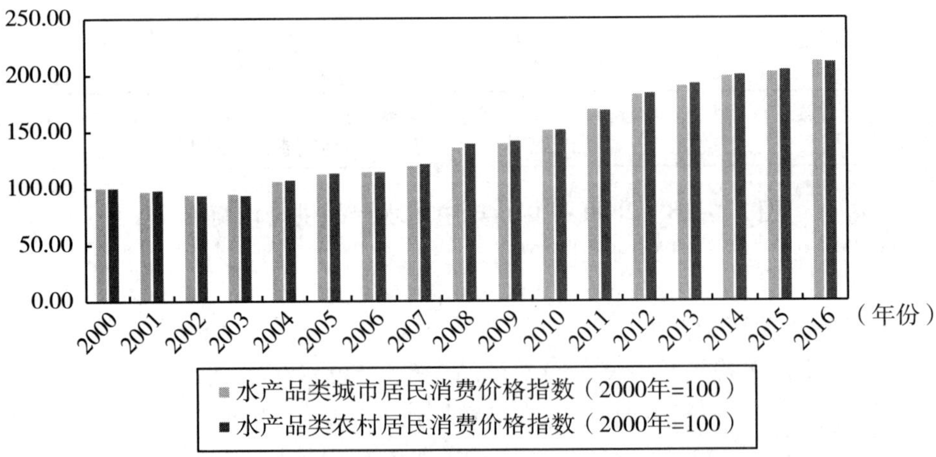

图 22－20　2000～2016 年中国水产品城乡居民消费价格指数比较

资料来源：历年《中国统计年鉴》。

22.3 水产品产业发展新情况及其影响分析

1. 实施海洋渔业资源总量管理制度，捕捞产量大幅下滑

为加大渔业资源保护力度，促进渔业可持续发展，2017年农业部研究出台了渔船“双控”管理、海洋渔业资源总量管理和伏季休渔三项重大制度改革。其中，渔船“双控”是要控制海洋捕捞渔船数量和功率总量，实现零增长和负增长；海洋渔业资源总量管理设定了到2020年国内海洋捕捞总产量减少到1000万吨以内的控制目标；伏季休渔制度统一了开始时间（每年5月1日12时）、扩大了休渔范围、延长了休渔时间。2016年中国海洋捕捞水产品总量为1759万吨，这三项制度改革的实施将不断缩减中国海洋捕捞水产品产量，并在“十三五”期末降至1000万吨以内，可能会在一定程度上影响中国水产品总产量。

2. 渔业生态环保治理力度加大，水产养殖处于转型升级过渡期

当前，中国水产养殖主要采取淡水池塘、工厂化和网箱三种，多数养殖户过度追求利益，忽视养殖过程中对水环境的保护，大量鱼药、残饵、鱼虾排泄物排入养殖水体，造成严重的水环境污染。党的十九大报告提出要“完成生态保护红线划定工作，健全耕地草原森林河流湖泊休养生息制度”，2017年国家重点实施环保整治，天然水域围栏养殖和网箱养殖基本拆除，水库施肥养殖被禁或限、河沟养殖被限、池塘养殖要求达标排放等环保生态要求对水产养殖带来较大冲击。与此同时，2017年7月国务院安监总局宣布开展安全生产大检查，对无法升级改造达到排放标准的企业于9月底前关停处理，导致水产动保企业原料成本暴涨。2017年水产养殖饲料和动保原料价格不断上涨，短期内将对中国水产养殖造成影响。但长期来看，环保政策将倒逼中国水产养殖产业转型升级，水产品养殖效率和质量效益将不断提高。

3. “一带一路”沿线国家和地区水产品贸易潜力大，贸易结构进一步优化

中国与“一带一路”沿线国家和地区的水产品贸易量从2001年的7.37亿美元增长到2015年的48.27亿美元，增长了5.5倍，年均增长率14.37%。自2008年起，中国与“一带一路”沿线国家和地区的贸易逆差逐年缩小，2013年实现贸易顺差。中国与“一带一路”沿线国家和地区水产品双边贸易呈现出巨大的贸易活力与贸易潜力。随着“一带一路”倡议释放新动力，2017年中国从俄罗斯、秘鲁、东盟等“一带一路”沿线国家和地区的进口量（进口额）分别上涨11.13%（2.78%）、96.54%（78.38%）和3.69%（13.72%）。从中国水产品进出口贸易格局来看，2016年“一带一路”沿线65国的水产品出口贸易额占比约19%，进口贸易额占比约26%，以东盟10国和独联体7国占比较高。其中，中国对“一带一路”沿线东盟国家出口以鲜冷冻鱼类（36%）与贝类及软体动物（36%）为主，出口形态主要以初级冷冻品为主，多用于原材料再加工再出口；进口以饲料用鱼粉和虾类为主，进口水产品以高档水产品为主，进口额攀升。

4. 世界各国贸易政策收紧，水产品贸易顺差收窄

一方面，2015 年欧盟和加拿大全面取消了对中国商品进口特惠的关税政策，日本财务省 2016 年 11 月将中国排除在特惠关税对象国，中国水产品出口成本将会上升，并可能会在一定程度上抑制水产企业的出口积极性和出口量。另一方面，为满足居民消费升级需要，2017 年中国两次调整部分水产品进口关税（见表 22－1），三文鱼（大西洋鲑鱼）、北极虾（北方长额虾）、多春鱼（毛鳞鱼）、龙虾、螃蟹等多是国内市场畅销的进口海鲜，部分品种的关税降低到 2%。2017 年中国水产品进口量 489.71 万吨，进口额 113.46 亿美元，同比分别增长 21.17% 和 21.03%；且食用水产品进口量大增，以一般贸易方式进口（主要供国内食用）水产品进口量 99.40 万吨，进口额 42.57 亿美元，同比分别增长 22.52% 和 23.71%，保持双增态势。预计未来中国水产品进口将持续保持快速增长趋势，进口增速快于出口增速，水产品贸易顺差将收窄。

表 22－1　　部分海产品进口暂定税率调整表

序号	税则号列	商品名称	最惠国税率（%）	2018 年暂定税率（%）
1	03031300	冻大西洋鲑鱼及多瑙哲罗鱼	10	5
2	03033110	冻格陵兰庸鲽鱼，但食用杂碎除外	10	5
3	03033200	冻鲽鱼，但食用杂碎除外	12	2
4	03034100	冻长鳍金枪鱼，但食用杂碎除外	12	6
5	03034200	冻黄鳍金枪鱼，但食用杂碎除外	12	6
6	03034400	冻大眼金枪鱼，但食用杂碎除外	12	6
7	03034510	冻大西洋蓝鳍金枪鱼，但食用杂碎除外	12	6
8	03034520	冻太平洋蓝鳍金枪鱼，但食用杂碎除外	12	6
9	03034600	冻南方蓝鳍金枪鱼，但食用杂碎除外	12	6
10	03035100	冻鲱鱼，但食用杂碎除外	10	2
11	03035900	冻毛鳞鱼，但食用杂碎除外	10	5
12	03036300	冻鳕鱼，但食用杂碎除外	10	2
13	03036700	冻狭鳕鱼，但食用杂碎除外	10	5
14	03038910	冻带鱼，但食用杂碎除外	10	5
15	03061490	其他冻蟹	10	5
16	03061612	冻北方长额虾	5	2

续表

序号	税则号列	商品名称	最惠国税率（%）	2018年暂定税率（%）
17	03061719	冻其他小虾	5	2
18	03063190	活鲜冷的其他岩礁虾和其他龙虾	15	5
19	03063290	活鲜冷的其他螯龙虾	15	10
20	03063399	其他活鲜冷的蟹	14	7
21	03078190	活、鲜或冷的其他鲍鱼	14	7
22	03079190	活、鲜或冷的象拔蚌	14	10

22.4 未来水产品产业发展趋势预测

结合中国渔业“十三五”规划和国家海洋渔业资源管控等文件要求，考虑海洋渔业资源总量管理制度、渔业科技提升以及居民水产品消费不断增加等因素影响，对水产品产业发展趋势做如下预测分析。

22.4.1 短期产业发展形势分析（2018~2020年）

短期来看，受海洋渔业资源总量管控、水产养殖转型升级以及城乡居民消费结构升级等因素影响，2020年中国水产品供需偏紧，中国将于2018年转变为水产品净进口国，到2020年水产品净进口185万吨。

在生产方面，受海洋渔业资源总量管理制度改革的影响，“十三五”期间中国水产品天然捕捞量将持续下降，并于2020年减少至1000万吨以内；同时，受渔业生态环保治理力度加大的影响，“十三五”期间中国水产养殖转方式、调结构压力较大，水产养殖增速将放缓。根据预测，2020年中国水产品总产量为7112万吨，比“十三五”期初（2016年）仅增长3%，年均增长0.76%。

在消费方面，随着中国经济社会快速发展，城乡居民生活水平快速提升，居民消费结构不断优化升级，城乡居民对水产品的消费需求不断增加。受城乡居民消费结构升级、中国城镇化进程加快等因素影响，到2020年中国水产品年人均消费量将达到18.9千克，比2016年增长12.5%，年均增长3%；2020年城乡居民水产品食用需求将达到2648.9万吨，比2016年增长14%，年均增长3.3%。其中，城镇居民年人均水产品在家消费达到16.1千克，在外消费达到6.3千克，城镇居民水产品消费总量达到1920.9万吨，年均增长率分别为2.2%、3.2%、4.4%；农村居民年人均水产品在家消费达到12.3千克，在外消费达到1.1千克，农村居民水产品消费总量达到728万吨，年均增长率分别为2.6%、3.8%和0.68%。“十三五”时期，中国水产品加工增速也将呈放缓趋势，截至2020年中国水产品年加工量将达到2738万吨，年均增长仅0.95%。随着中国水产品加工技术水平提升和冷链物流基础设施快速发展，中国水产品损耗不断减少，到2020年中国水产品损耗将降至1726万吨，年均降低2.7%。

在贸易方面，受世界各国水产品贸易政策收紧影响，中国水产品出口成本不断加大，水产企业出口积极性下降；同时，随着人口数量激增，尤其是城镇人口快速增长，以及国内水产品消费需求不断增大的影响，自2018年起转变为水产品净进口国，且净进口量逐年上升，到2020年水产品净进口量将达到185万吨。

22.4.2 长期产业发展形势分析（2018～2035年）

长期来看，随着中国农业绿色发展的推进，中国渔业资源修复与养护将日渐规范化、常态化，国内海洋渔业捕捞量将长期维持在1000万吨左右，水产养殖面积也将日渐趋于稳定，增幅放缓，国内水产品供给将主要依靠水产养殖技术提升来实现，到2035年中国水产品产量将达到7837万吨，年均增长0.01%。与此同时，随着城镇化的快速推进和城乡居民消费结构的不断优化，中国水产品需求不断增大，到2035年中国水产品消费需求将达到7991万吨，年均增长0.09%。需求增速明显高于供给增速，因此，到2035年中国水产品整体将呈现供需偏紧趋势，水产品净进口154万吨，年均增长0.28%（见图22－21）。

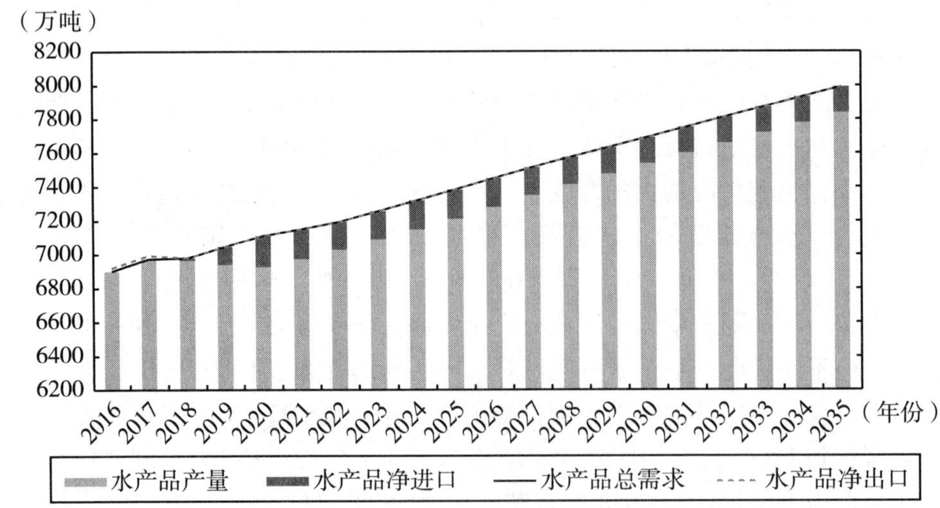

图22－21 2016～2035年中国水产品供需平衡预测

在生产方面，随着中国农业绿色发展的持续推进，中国水产养殖面积将在“十三五”末期不断趋于稳定，水产养殖产量增长将主要依赖水产养殖技术提升；2018 ~ 2035 年，中国水产品产量增幅将呈现出先下降后稳步增长的态势。其中，2018 ~ 2020 年水产品产量年均增长率为负，年均下降 0.28%；2020 ~ 2035 年期间水产品将保持稳定增长，年均增长0.83%。

在消费方面，随着城镇化的快速推进和城乡居民消费结构的不断优化以及人口峰值的到来，2018 ~ 2035 年期间中国水产品总需求将呈现先快速增长后趋于稳定的趋势。其中，2018 ~ 2020 年间水产品总需求增速较快，年均增长 0.95%；而 2020 ~ 2035 年期间水产品需求增速将放缓，年均增长率下降至 0.78%。具体来看，水产品加工产量增速波动较小，2018 ~ 2020 年期间年均增速 0.87%，而到 2020 ~ 2035 年期间仅下降 0.26 个百分点。预计城乡居民水产品年人均消费量增长趋势与水产品总需求增长趋势一致，2018 ~ 2020 年期间城乡居民年人均水产品消费量年均增长率为 3.3%，而到 2020 ~ 2035 年期间下降至 1.7%（见图 22 – 22、图 22 – 23）。

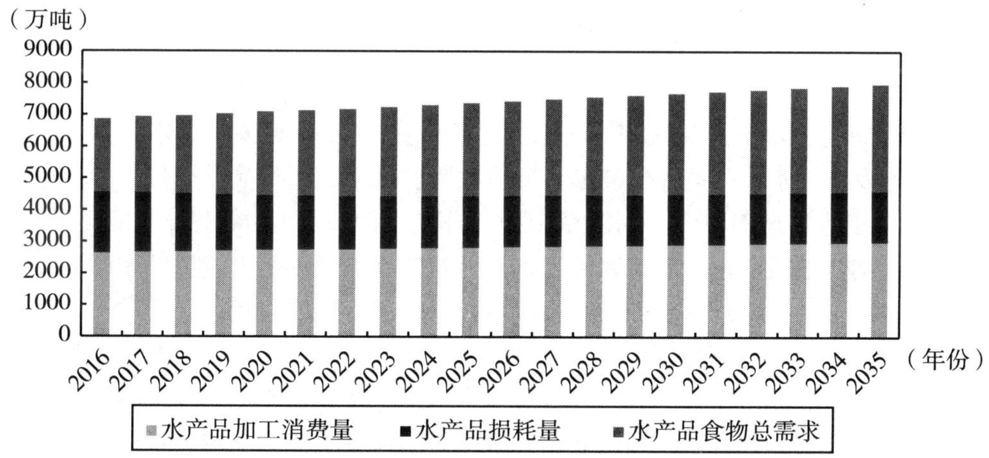

图 22 – 22　2016 ~ 2035 年中国水产品消费需求预测

在贸易方面，受限于中国水产品消费需求增速快于水产品供给，预计中国自 2018 年转为水产品净进口以来，短期内随着国内水产养殖环保治理力度不断加大，水产养殖处于转方式、调结构的转型时期。中国水产品净进口将于“十三五”末期（2020 年）上升为最高值 185 万吨；随着国内水产养殖结构不断优化、养殖规模趋于稳定、养殖技术不断提升等，中国水产品净进口量整体将呈现下降趋势，到 2035 年将下降至 155 万吨，年均下降 1.2%。

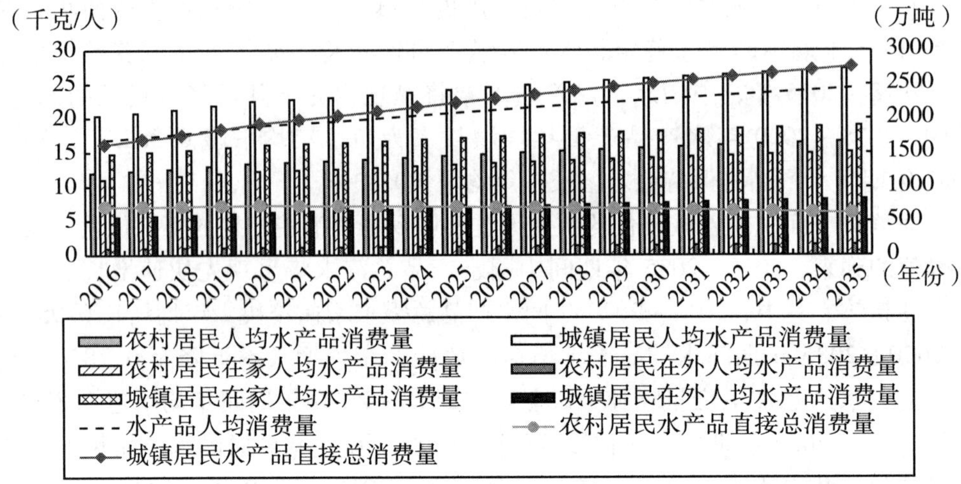

图 22－23　2016～2035 年中国城乡居民水产品消费需求预测

22.5　结论与政策建议

“十二五”以来，国家高度重视渔业发展，把渔业列为国家战略产业，渔业实现快速发展，水产品整体供需形势逐步收紧。其中，水产品总产量保持稳定增长，2016 年达到 6901 万吨，水产品品种结构略有变动，鱼类上升、贝类下降，养捕产业结构不断优化，养殖区域逐步向内陆转移，但养殖方式仍较为粗放。水产品消费总量快速增长，水产加工和城乡居民食用需求增速较快，其中水产加工以海水产品加工为主，精深加工占比则较小，城乡居民水产品在外消费增速较快，且城乡差距不断拉大。水产品贸易基本保持稳定，但水产品贸易顺差逐步缩小，部分品种结构性过剩问题凸显，一般贸易出口竞争优势下滑，水产品贸易市场集中度略有下降。受国家海洋渔业资源总量管控、水产养殖转型升级以及城乡居民消费结构优化等因素影响，短期内中国水产品供需总体趋紧，将转为水产品净进口国家，贸易顺差优势将逐渐降低；长期来看，随着中国农业绿色发展的持续推进和城乡居民水产品需求的不断增大，中国水产品供需趋势将总体收紧，但水产品贸易量仍将长期保持净进口状态。

为此，中国应紧抓农业绿色发展战略机遇。一是以绿色发展为目标，加快完善养殖水域滩涂划定，明确限养区和禁养区，强化渔业资源保护与修复，优化布局水产养殖区域，稳定水产养殖产能，大力发展节水减排、集约高效、种养结合、立体生态等标准化健康养殖。二是以质量兴农为目标，加快优化水产养殖品种结构，调减结构性过剩品种，发展适销对路的名特优品种、高附加值品种、低消耗低排放品种，加快水产养殖技术研发，逐步淘汰落后产能，探索优质、高效、绿色水产养殖模式，大力推进生态健康养殖。三是以开放发展为目标，深入实施渔业“走出去”战略，规范有序发展远洋渔业，满足中国城乡居民不断增长的深海产品需要。同时，充分发挥“一带一路”倡议潜力，积极开展水产养殖国际合作，建设水产养殖基地，补充国内水产品供需缺口，扭转供需收紧趋势。

附录

中国农业产业模型（CASM）

一、需求方程

1. 食用需求

食用需求方程由三组方程构成，首先分别计算城镇居民和农村居民的人均食物需求量（价格和收入的函数），然后分别计算城镇居民和农村居民的食物需求量，最后加总城乡居民食物需求量得到计算食物需求总量。

居民人均食物消费需求：

$$\ln QDFHpc_{C,H,T} = \alpha_{C,H}^{FH} + \sum_{CP} e_{C,CP,H}^{DFPH} \ln PD_{CP,T} + e_{C,H}^{DFIH} \ln INCPC_{H,T} \tag{1}$$

其中，$QDFHpC_{C,H,T}$为人均消费量；$PD_{CP,T}$为消费者价格；$INCPC_{H,T}$为人均收入；H 为居民分组（包括城镇居民和农村居民），$e_{C,CP,H}^{DFPH}w$ 为居民食物需求价格弹性，$e_{C,H}^{DFPH}$为居民食物需求收入弹性。

居民的食物消费总需求：

$$QDFH_{C,H,T} = QDFHpc_{C,H,T} \times POPH_{H,T} \tag{2}$$

其中，$QDFH_{C,H,T}$为各居民分组的食物消费总量，$POPH_{H,T}$为人口数量。

所有居民食物消费总需求：

$$QDF_{C,T} = \sum_{H} QDFH_{C,H,T} \tag{3}$$

其中，$QDF_{C,T}$为全部居民的食物消费总量。

2. 饲料需求

$$FEES_{CFEED,CLVS,T} = \alpha_{CFEED,CLVS}^{FE} \times IOXL_{CFEED,CLVS} \times QX_{CLVS,T} \tag{4}$$

饲料消费需求取决于畜产品产量和饲料转化系数。其中，$FEES_{CFEED,CLVS,T}$为每种畜产品的各类饲料需求量，$QX_{CLVS,T}$为畜产品产量，$IOXL\,1_{CFEED,CLVS}$为饲料转化系数，CFEED 为可用于饲料的作物，CLVS 为各种畜产品。

$$QDL_{CFEED,T} = \sum_{CLVS} FEES_{CFEED,CLVS,T} \tag{5}$$

各种饲料作物的饲料需求量等于各种畜产品饲料用量的总和。其中，$QDL_{CFEED,T}$为各类作物的饲料需求量。

$$FECOST_{CLVS,T} = \sum_{CFEED}（FEES_{CFEED,CLVS,T} \times PD_{CFEED,T}） \quad (6)$$

畜产品的饲料成本等于各种饲料消费量乘以价格之和。其中，$FECOST_{CLVS,T}$为饲料成本，$PD_{CFEED,T}$为饲料作物消费者价格。

3. 加工需求

$$\ln QDP_{CSUGCRP,T} = \alpha^{SUG}_{CSUGCRP} + sugoutel\ a_{CSUGCRP} \ln\left(\frac{PX_{SUGA,T}}{PX_{CSUGCRP,T}}\right) \quad (7)$$

糖料作物的加工需求量（QDP）主要由甘蔗和甜菜两类原材料的生产者价格和食糖生产者价格的比值。

$$\begin{aligned}\ln QDP_{C,T} = \alpha^{P}_{C} + e^{LAP}_{C} \ln PD_{C,T} + e^{LAGDP}_{C} \ln GDPT_{T} \\ + e^{LAPOP}_{C} \times \ln（\sum_{H} POPH_{H,T}）\end{aligned} \quad (8)$$

除糖料作物外农产品的加工需求量（QDP）取决于农产品（原材料）的价格（PD）、经济发展（GDPT）和人口（POPH）总量，其中，（PO）为消费者价格。

4. 种用需求

$$QDS_{C,T} = IOXS_{C,T} \times AC_{C,T} \quad (9)$$

种用需求量（QDS）取决于每亩用种量（IOXS）和种植面积（AC），为两者的乘积。

5. 其他需求

$$QDO_{C,T} = IOXO_{C,T} \times QX_{C,T} \quad (10)$$

其他需求量（QDO）由产量（QX）和其他需求量的固定比例（IOXO）决定。

6. 损耗

$$QDW_{C,T} = IOXW_{C,T} \times QX_{C,T} \quad (11)$$

损耗量（QDW）由产量（QX）和损耗比例（IOXW）共同决定。

7. 库存变动

$$STV_{C,T} = IOST\ V_{C,T} \times QX_{C,T} \quad (12)$$

库存变动（STV）由产量（QX）和库存固定比例（IOSTV）决定。

二、供给方程

1. 农作物种植面积

$$\ln AC_{C,T} = a\ a_{C,T} + \sum_{CP} e^{AP}_{C,CP} \ln PX_{CP,T} \quad (13)$$

农作物种植面积（AC）由各类作物生产者价格（PX）的函数和种植面积价格弹性决定。其中，这里的C为仅表示农作物，$e_{C,CP}^{AP} <> 0$。

2. 农作物单产

$$YC_{C,T} = a_{C,T}^{Y} + e_{C}^{YP} \ln PX_{C,T} \tag{14}$$

农作物单产（YC）取决于作物本身的生产者价格（PX）。

3. 产量

$$QX_{C,T} = YC_{C,T} \times AC_{C,T} \tag{15}$$

作物产量（QX）由单产（YC）和种植面积（AC）共同决定。

$$QX_{COILMEAL,T} = \sum_{COILSDP}(QDP_{COILSDP,T} \times IOOILSD_{COILMEAL,COILSDP,T}) \tag{16}$$

植物油和饼粕产量（QX）由油料作物加工需求（QDP）和榨油（饼粕）率（IOOLSD）决定。

$$QX_{CSUG,T} = \sum_{CSUGCRP}(IOSU\ G_{CSUGCRP} \times QDP_{CSUGCRP,T}) \tag{17}$$

糖产量（QX）是加工需求（QDP）甘蔗和甜菜的量及出糖率（IOSUG）决定。

$$\ln QX_{C,T} = \alpha_{C}^{SM} + \sum_{CP} e_{C,CP}^{SP} \ln PX_{C,T} + inpela_{C} \ln FECOST_{C,T} \tag{18}$$

除猪肉、牛肉外畜产品的产量由畜产品生产者价格（PX）和饲料成本（FECOST）共同决定。其中，$e_{C,CP}^{SP}$为供给价格弹性，$inpela_{C}$ 为投入品弹性。

三、猪和牛的供需方程

$$QX_{CMEAT,T} = \sum_{CLIVE}(IOLVMT_{CLIVE,CMEAT,T} \times QDP_{CLIVE,T}) \tag{19}$$

猪肉和牛肉产量（QX）取决于出栏量（QDP）和胴体重（IOLVMT）。

$$IOLVMT_{CLIVE,CMEAT,T} = AIOLVMT_{CLIVE,CMEAT} + \sum_{CP} e_{CMEAT,CP}^{SP} \ln PX_{CP,T} \tag{20}$$

猪和牛的胴体重（IOLVMT）为生产者价格（PX）的函数。

$$EST_{CPCB,T} = EST.\ L_{CPCB,T} \tag{21}$$

活猪和活牛基期期末存栏量＝基期期末存栏量。

$$\ln EST_{CPCB,T} = \ln EST.\ L_{CPCB,T-1} + estela \times \ln\left(\sum_{CPCM}\left(\left(\frac{PX_{CPCM,T}}{PX.\ L_{CPCM,T-1}}\right) \times fecost.\ L_{CPCM,T-1}\right) \Big/ fecost_{CPCM,T}\right) \tag{22}$$

活猪和活牛本期存栏量（$EST_{CPCB,T}$）是期初存栏量（$EST.\ L_{CPCB,T-1}$）、生产者价格（$PX_{CPCM,T}$）变化与饲料成本（$fecost_{CPCM,T}$）之间的函数。

$$QDP_{CPCB,T} = EST.\ L_{CPCB,T-1} \times IOBRDSLT_{CPCB,T} \tag{23}$$

淘汰母猪/母牛屠宰量（QDP）是期初存栏量（EST）和母猪/牛淘汰率（IOBRDSLT）决定。

母猪/母牛新增存栏方程为：

$$QX_{CPCB,T} = EST_{CPCB,T} + QDP_{CPCB,T} - EST.\ L_{CPCB,T-1} \tag{24}$$

商品猪/商品牛新增头数方程为：

$$QX_{CPCO,T} = \sum\nolimits_{CPCB} (EST.\ L_{CPCB,T-1} \times IOBRDOTH_{CPCB,T}) \tag{25}$$

商品猪/商品牛死亡头数方程为：

$$QDW_{CPCO,T} = QDP_{CPCO,T} \times IODEATH_{CPCO,T} \tag{26}$$

商品猪/商品牛可屠宰数量方程为：

$$QDP_{CPCO,T} = (EST.\ L_{CPCO,T-1} + QX_{CPCO,T} - QDW) \times IOPCOSLT_{CPCO,T} \tag{27}$$

商品猪/牛的期末存栏方程为：

$$EST_{CPCO,T} = EST.\ L_{CPCO,T-1} + QX_{CPCO,T} - QDW_{CPCO,T} - QDP_{CPCO,T} \tag{28}$$

畜产品存栏量变化方程为：

$$STV_{C,T} = EST_{C,T} - EST\ .\ L_{C,T-1} \tag{29}$$

四、价格和市场出清方程

居民消费者价格方程为：

$$PD_{C,T} = PX_{C,T} \times (1 + margD_C) \tag{30}$$

进口价格方程为：

$$pwm_{C,T} \times (1 + m\ margwm_C) > PD_{C,T} \tag{31}$$

出口价格方程为：

$$PX_{C,T} > pwe_{C,T} \times (1 - marg\ we_C) \tag{32}$$

需求总量方程为：

$$QDT_{C,T} = QDF_{C,T} + QDL_{C,T} + QDS_{C,T} + QDP_{C,T} + QDO_{C,T} + QDW_{C,T} + ST\ V_{C,T} \tag{33}$$

市场出清方程为：

$$QX_{C,T} + QM_{C,T} - QE_{C,T} = QDT_{C,T} \tag{34}$$

参考文献

[1] 布瑞克农业咨询：《蛋鸡产业扶贫对蛋鸡行业周期性调整带来哪些影响?》，搜狐网，2017 年 6 月 30 日。

[2] 曹宝明、赵霞：《基于局部均衡模型理论的中国大豆及其制品供需变化预测》，载《中国农村经济》2011 年第 9 期。

[3] 曹兵海、张越杰、李俊雅、王之盛、郭爱珍、刘继军、罗欣：《2017 年肉牛产业发展情况、未来发展趋势及建议》，载《中国畜牧杂志》2018 年第 3 期。

[4] 曹光乔、潘丹、秦富：《中国蛋鸡产业布局变迁的经济分析——基于省级面板数据的研究》，载《农业技术经济》2010 年第 10 期。

[5] 曹慧、张玉梅、孙昊：《粮食最低收购价政策改革思路与影响分析》，载《中国农村经济》2017 年第 11 期。

[6] 曹佳、肖海峰：《中国畜牧业科技进步贡献率的测算与分析》，载《技术经济》2010 年第 4 期。

[7] 陈晓华：《大力培育新型农业经营主体——在中国农业经济学会年会上的致辞》，载《农业经济问题》2014 年第 1 期。

[8] 陈永福：《中国食物——供给与预测》，中国农业出版社 2004 年版。

[9] 陈永福、刘春成：《中国杂粮供求：基于局部均衡模型的结构域模拟分析》，载《中国农村经济》2008 年第 7 期。

[10] 陈永福、钱小平、罗万纯：《2005 ~ 2010 年中国大米供求预测》，载《新疆农垦经济》2006 年第 9 期。

[11] 程广燕、钱静斐、王东阳：《中国棉花产业发展现状及支持政策分析》，载《农业经济》2015 年。

[12] 大连商品交易所：《鸡蛋的消费》，博亚和讯网，2013 年 10 月 11 日。

[13] 《蛋鸡养殖区域分化趋势逐渐消除》，畜牧人才网，2017 年 12 月 20 日。

[14] 杜珉：《中国棉花市场发展判断与政策分析》，载《中国棉麻流通经济》2013 年第 4 期。

[15] 杜志雄：《家庭农场发展与中国农业生产经营体系建构》，载《中国发

展观察》2018年第Z1期。

[16] 方芳、孙志伟、贾涛、李征、郑君杰：《生鲜乳质量安全关键点分析》，载《中国奶牛》2017年第8期。

[17] 高强、孔祥智：《中国农业社会化服务体系演进轨迹与政策匹配：1978～2013年》，载《改革》2013年第4期。

[18] 高云、李树君、矫健、秦学敏、范堃：《广西糖料蔗产业发展路径分析》，载《世界农业》2016年第9期。

[19] 葛察忠、龙凤、任雅娟、杨琦佳：《基于绿色发展理念的〈环境保护税法〉解析》，载《环境保护》2017年第Z1期。

[20] 耿献辉、卢华、周应恒：《劳动力成本上升对中国水果产业的影响——以梨产业为例》，载《农林经济管理学报》2014年第5期。

[21] 国家发展改革委、农业部：《全国蔬菜产业发展规划（2011—2020）的通知》，2012年2月12日。

[22] 国家发展和改革委员会价格司：《全国农产品成本收益资料汇编》，中国统计出版社2017年版。

[23] 国家粮油信息中心：《2017年粮食月度报告》，2017年。

[24] 国家统计局、国家统计局：《50个城市主要食品平均价格变动情况》，http：//www. stats. gov. cn。

[25] 国务院：《关于深入推进农业供给侧结构性改革 加快培育农业农村发展新动能的若干意见》，2016年12月31日。

[26] 国务院办公厅：《关于统筹推进新一轮"菜篮子"工程建设的意见》，中央政府门户网站，2010年3月12日。

[27] 韩杨、孙慧武、刘子飞、马卓君：《"一带一路"中国水产品贸易格局与渔业国际合作展望》，载《经济研究参考》2017年第31期。

[28] 何秀荣：《中国肉牛业生产和消费概况》，载《黄牛杂志》1995年第21期。

[29] 何中虎、庄巧生、程顺和、于振文、赵振东、刘旭：《中国小麦产业发展与科技进步》，载《农学学报》2018年第1期。

[30] 和龙、葛新权、刘延平：《中国农业供给侧结构性改革：机遇、挑战及对策》，载《农村经济》2016年第7期。

[31] 胡定寰：《中国牛肉价格的生成及各流通阶段分析》，载《中国肉牛业经济问题研究》，当代中国出版社2000年版。

[32] 胡向东、王济民：《基于市场模型的猪肉供需研究》，中国农业出版社2012年版。

[33] 胡雪梅：《中国棉花生产：布局与波动——基于棉农视角的实证研

究》，山东人民出版社2014年版。

[34] 黄季焜、李宁辉：《中国农业政策分析和预测模型———CAPSiM》，载《南京农业大学学报》（社会科学版）2003年第13期。

[35] 霍露萍：《中国主要果蔬消费量预测》，载《农业展望》2015年第6期。

[36] 冀永华：《推广粮改饲草食畜牧业的重要意义》，载《当代畜禽养殖》2016年第2期。

[37] 贾伟、秦富：《粮食需求预测》，载《中国食物与营养》2013年第19期。

[38] 江娜、王澎：《创新品种加快农作物品种更新换代——专访农业部种子管理局副局长吴晓玲》，载《中国食品》2017年第10期。

[39] 蒋和平、苏基才：《1995～1999年全国农业科技进步贡献率的测定与分析》，载《农业技术经济》2001年第5期。

[40] 蒋乃华、辛贤、尹坚：《中国城乡居民畜产品消费的影响因素分析》，载《中国农村经济》2002年第12期。

[41] 蒋乃华、辛贤、尹坚：《我跟城乡居民畜产品消费的影响因素分析》，载《中国农村经济》2002年第2期。

[42] 鞠临子：《完善河北省乳制品质量安全保障体系的对策研究》，河北经贸大学，2017年。

[43] 孔祥才：《畜禽养殖污染的经济分析及防控政策研究》，吉林农业大学，2017年。

[44] 孔祥才、王桂霞：《中国畜牧业污染治理政策及实施效果评价》，载《西北农林科技大学学报》（社会科学版）2017年第6期。

[45] 李崇光、李剑：《税收政策调整对中国蔬菜出口贸易的影响——以大蒜出口为例》，载《财经理论研究》2015年第4期。

[46] 李崇光、肖小勇，张有望：《蔬菜流通不同模式及其价格形成的比较——山东寿光至北京的蔬菜流通跟踪考察》，载《中国农村经济》2015年第8期。

[47] 李亮科：《中国食糖供需及国际竞争力研究》，中国农业科学院博士后研究工作报告，2017年。

[48] 李淞淋：《2014年油料和食用植物油市场形势及后期展望》，载《农业展望》2014年第11期。

[49] 李淞淋：《近10年世界油料生产分析与未来走势展望》，载《农业展望》2016年第1期。

[50] 李淞淋、张雯丽：《近年国内油料生产分析及展望》，载《农业展望》2015年第9期。

[51] 联合国粮食及农业组织：《2016年世界渔业和水产养殖状况：为全面

实现粮食和营养安全做贡献》，2017 年 12 月 24 日。

［52］林毅夫：《加强农村基础设施建设 启动农村市场》，载《农业经济问题》2000 年第 7 期。

［53］刘春芳、王济民：《国内外养羊业概况与发展特征，农业经济与科技发展研究 2011》，中国农业出版社 2012 年版。

［54］刘春芳、王济民：《中国肉羊产业发展现状及供需展望》，载《农业展望》2013 年第 6 期。

［55］刘芳、张存根：《中国肉羊产业国际竞争力研究》，中国农业出版社 2006 年版。

［56］刘汉成：《中国水果供给结构性变化的实证研究》，载《农业现代化研究》2005 年第 4 期。

［57］刘合光、秦富：《中国蛋鸡产业发展特征与展望》，载《农业展望》2011 年第 7 期。

［58］刘合光、王静怡、陈珏颖：《2015 年中国蛋品贸易形势及 2016 年发展建议》，载《农业展望》2016 年第 2 期。

［59］刘丽红、李瑾、冯献、韩瑞娟：《设施蔬菜科技应用现状及对策分析——以北京市为例》，载《中国食物与营养》2015 年第 10 期。

［60］刘平：《2015 年蛋鸡市场走势和产业发展趋势分析》，载《北方牧业》2015 年第 4 期。

［61］刘晓雪、宋杰、张宸：《2015/16 榨季国内外食糖市场与 2016/2017 榨季展望》，载《农业展望》2016 年第 8 期。

［62］刘燕群、李玉萍、梁伟红等：《国外甘蔗产业发展现状》，载《世界农业》2015 年第 8 期。

［63］刘玉满：《中国肉牛业的发展与制约因素分析》，载《中国农村经济》2000 年第 9 期。

［64］刘子飞、迂阳、王莎：《2016 年水产品出口逆势上扬》，载《中国水产》2017 年第 4 期。

［65］陆文聪、余新平：《中国农业科技进步与农民收入增长》，载《浙江大学学报》（人文社会科学版）2013 年第 4 期。

［66］罗海玲、闫乐艳：《中国羊肉市场现状及前景分析》，第七届中国羊业发展大会会议论文，2010 年。

［67］马恒运：《在外饮食、畜产品需求和食品消费方式的变化研究》，中国农业科学院，2000 年。

［68］马凯、朱亚伟、徐雪：《2017～2026 年中国食糖市场形势展望》，载《世界农业》2017 年第 8 期。

[69] 毛树春、冯璐、李亚兵：《2012 年中国棉花生产回顾及 2013 年展望》，载《农业展望》2013 年第 4 期。

[70] 孟桂元、李梦阳、周静、唐婷：《中国主要植物油料及油脂生产与需求分析》，载《中国油脂》2016 年第 10 期。

[71] 倪洪兴：《开放条件下农产品价格形成机制与价格政策选择》，载《中国粮食经济》2017 年第 6 期。

[72] 倪洪兴：《中国重要农产品产需与进口战略平衡研究》，载《农业经济问题》2014 年第 12 期。

[73] 倪洪兴、于孔燕、吕向东：《中国农业贸易开放新观察》，载《江苏农村经济》2016 年第 3 期。

[74] 牛震：《落实三项重大改革制度　促进海洋渔业持续健康发展——农业部就相关问题召开新闻发布会并答记者问》，载《农村工作通讯》2017 年第 4 期。

[75] 农业部、发改委、商务部、外交部：《共同推进“一带一路”建设农业合作的愿景与行动》，2017 年 5 月 12 日。

[76] 农业部关于印发《全国种植业结构调整规划（2016—2020 年）》的通知，www. gov. cn。

[77] 农业部国际合作司：《2017 年 1 ~ 12 月农产品进出口》，农业农村部，2018 年 1 月 26 日。

[78] 农业部农业贸易促进中心课题组：《开放视角下中国大豆产业发展定位及启示》，载《中国农村经济》2013 年第 8 期。

[79] 农业部生猪波动规律性研究课题组：《掌握发展规律、稳定生猪生产——关于生猪生产和价格波动情况的分析》，中国信息网，2007 年 12 月 4 日。

[80] 农业部市场预警专家委员会：《中国农业展望报告》，中国农业科学技术出版社 2017 年版。

[81] 农业部市场预警专家委员会：《中国农业展望报告》，中国农业科学技术出版社 2018 年版。

[82] 农业部种植业管理司：《对十二届全国人大四次会议第 3492 号建议的答复》，2016 年 8 月 18 日。

[83] 农业部种植业管理司：《农业部关于“镰刀弯”地区玉米结构调整的指导意见》，2015 年 11 月 2 日。

[84] 农业部种植业管理司：《农业部关于推进马铃薯产业开发的指导意见》，2016 年 2 月 25 日。

[85] 农业部种植业管理司：《农业部办公厅关于印发〈2018 年种植业工作要点〉的通知》，2018 年 1 月 30 日。

[86] 农业农村部：《全国优势农产品区域布局规划（2008 ~ 2015 年）》，

2008 年 9 月 12 日。

[87] 农业农村部畜牧业司：《畜产品和饲料集贸市场价格情况（2017 年 1 ~ 12 月）》，农业农村部，2018 年。

[88] 潘耀国：《农村居民的肉类消费还有成倍增长的空间——中国肉类消费大趋势》，载《中国畜牧杂志》2007 年第 22 期。

[89] 钱静斐、李宁辉、郭静利：《中国棉花产出增长的要素投入贡献率测度与分析》，载《中国农业导报》2014 年。

[90] 钱静斐、李宁辉、郭静利：《中国棉花产出增长的要素投入贡献率测度与分析》，载《中国农业科技导报》2014 年。

[91] 钱静斐、薛桂霞：《推动中国与中亚地区棉花产能合作》，载《农民日报》2017 年 5 月 27 日。

[92] 乔娟：《中国主要新鲜水果国际竞争力变动分析》，载《农业经济问题》2000 年第 12 期。

[93] 秦富：《中国蛋鸡产业发展现状问题及建议》，载《北方牧业》2017 年第 23 期。

[94] 秦富、马骥、赵一夫：《中国蛋鸡产业发展现状、问题及政策建议》，载《中国禽业导刊》2010 年第 5 期。

[95] 商务部：《对原产欧盟的进口马铃薯淀粉继续征反补贴税》，2017 年 9 月 15 日。

[96] 商务部：《对原产欧盟马铃薯淀粉再征收反补贴税 5 年》，2017 年 9 月 15 日。

[97] 商务部：《商务部公告 2011 年第 54 号关于原产于欧盟的进口马铃薯淀粉反补贴调查的最终裁定公告》，2011 年 9 月 16 日。

[98] 邵桂兰、任肖嫦、李晨：《中国水产品出口增长结构分解研究》，载《中国渔业经济》2018 年第 1 期。

[99] 石自忠、王明利、胡向东、崔姹：《中国肉牛生产与农业机械化释放效应分析》，载《华中农业大学学报（社会科学版）》2016 年第 6 期。

[100] 史建伟、杜珉：《中国棉花产业报告》，中国农业出版社 2004 年版。

[101] 宋淑婷：《鸡蛋价格波动规律与原因探析》，载《农业展望》2012 年第 9 期。

[102] 孙琛、王威巍、梁鸽峰：《中国水产品市场供求平衡分析》，载《中国渔业经济》2017 年第 2 期。

[103] 孙从佼、秦富、杨宁：《2017 年蛋鸡产业发展情况、未来发展趋势及建议》，载《中国畜牧杂志》2018 年第 3 期。

[104] 孙麒翔、王子扬：《复原乳国家检测标准出台在即》，载《现代食

品》2017 年第 1 期。

［105］覃泽林、孔令孜、李小红等：《广西蔗糖产业发展竞争力分析》，载《南方农业学报》2015 年第 4 期。

［106］王贝贝、肖海峰：《中国羊肉供需状况及展望》，载《农业展望》2012 年第 10 期。

［107］王济民：《充分发挥政府、企业和社会三方作用　加快推进畜禽养殖废弃物资源化利用》，载《农民日报》2017 年 7 月 7 日第 2 版。

［108］王济民、傅光明、李景辉：《推进农业供给侧结构性改革　大力发展白羽肉鸡产业》，中国农业科学院，http：//www.caas.cn/xwzx/zjgd/288633.html。

［109］王济民、潘耀国：《中国生猪产业发展问题研究》，求是理论网，2012 年 10 月 8 日。

［110］王济民、辛翔飞：《中国肉鸡产业经济 2017》，中国农业出版社 2018 年版。

［111］王佳友：《经济增长过程中的食用植物油消费变化研究》，中国农业大学博士学位论文，2016 年。

［112］王玉庭：《五部委联合发布〈全国奶业发展规划（2016—2020 年）〉》，载《中国乳业》2017 年第 1 期。

［113］王忠强：《中国蛋鸡业生产情况及未来发展格局》，载《北方牧业》2016 年第 13 期。

［114］温雅：《经国务院授权 三部委联合发布推动共建“一带一路”的愿景与行动》，新华社，http：//www.gov.cn/xinwen/2015 – 03/28/content_2839723.htm，2015 年 3 月 28 日。

［115］吴秋野、肖海峰：《中国城乡居民羊肉消费基本特征及影响因素分析》，载《农业展望》2013 年第 8 期。

［116］吴志刚、迟薇：《影响中国食糖进口贸易的因素及应对策略》，载《辽宁工业大学学报》（社会科学版）2015 年第 4 期。

［117］武玉环、秦富：《当前中国鸡蛋价格趋势的分析及预测》，载《价格理论与实践》2017 年第 10 期。

［118］习银生、杨丽：《2016 年以来玉米市场分析与展望》，载《农业展望》2016 年第 5 期。

［119］习银生、杨丽、吴天龙：《2016 年中国玉米市场形势分析与 2017 年展望》，载《农业展望》2017 年第 4 期。

［120］席利卿：《关于蔬菜产业化发展的思考——以湖北省嘉鱼县为例》，载《特区经济》2013 年第 9 期。

［121］夏晓平、李秉龙：《品牌信任对消费者食品消费行为的影响分析》，

载《中国农村观察》2011 年第 4 期。

［122］向云、王伟新、祁春节：《地理集聚与农业国际竞争力的相关性研究——来自中国水果产业的证据》，载《广东农业科学》2014 年第 13 期。

［123］肖红波：《中国生猪生产增长与波动研究》，中国农业科学院博士学位论文，2010 年。

［124］辛贤、尹坚、蒋乃华：《中国学产品市场：区域供给、需求和贸易》，中国农业出版社 2004 年版。

［125］辛翔飞、王济民：《2017 年我国肉鸡产业发展报告及政策建议》，载于《中国家禽》2018 年第 7 期。

［126］辛翔飞、王济民：《中国肉鸡产业当前发展形势特点、问题与政策建议》，载于《中国家禽》2015 年第 7 期。

［127］辛翔飞、王燕明、王济民：《中国肉鸡产业发展现状及对发展对策研究——基于 2016 年产业回顾及 2017 年市场预测》，载《中国家禽》2017 年第 5 期。

［128］熊熠、王伟：《完善中国粮食国际贸易战略体系策略研究》，载《科协论坛》2011 年第 3 期。

［129］徐明凡、薛莉、刘合光：《中国蛋鸡产业的发展现状及问题研究》，载《中国物价》2013 年第 3 期。

［130］徐锐钊、倪洪兴、韩一军：《开放条件下中国食糖产业面临的挑战及建议》，载《世界农业》2012 年第 9 期。

［131］徐雪、马凯：《当前中国食糖产业发展困境及适用政策选择》，载《农业展望》2015 年第 12 期。

［132］徐雪、夏海龙：《中国食糖产业国际竞争力及产业安全研究》，载《世界农业》2013 年第 7 期。

［133］薛莉、赵一夫、秦富：《金融危机后中国蛋鸡产业发展形势分析与对策建议》，载《中国农业科学院农业经济与发展研究所研究简报》2015 年第 2 期。

［134］闫丽珍、成升魁、闵庆文、范存会：《中美玉米生产成本的动态比较》，载《中国农村经济》2004 年第 8 期。

［135］杨东群、钟钰、刘合光、秦富：《世界蛋鸡主产国鸡蛋生产、贸易现状及发展趋势》，载《中国家禽》2013 年第 18 期。

［136］杨宁、秦富、徐桂云、赵一夫、薛莉、周向阳：《中国蛋鸡养殖规模化发展现状调研分析报告》，载《中国家禽》2014 年第 7 期。

［137］杨树果、何秀荣：《中国大豆产业状况和观点思考》，载《中国农村经济》2014 年第 4 期。

[138] 杨艳涛:《中国玉米供需·贸易·政策》,中国财政经济出版社 2017 年版。

[139] 杨艳涛、吴敬学:《中国玉米供需均衡模型构建与供需趋势预测》,载《经济问题》2014 年第 12 期。

[140] 姚宜兵:《期货让蛋鸡养殖产业飞得更稳》,和讯网,2017 年 7 月 6 日。

[141] 袁学国、王济民、韩青:《中国畜产品的统计数据被高估了么?——来自中国六省的畜产品消费调查》,载《中国农村经济》2001 年第 1 期。

[142] 张红宇:《中国现代农业经营体系的制度特征与发展取向》,载《中国农村经济》2018 年第 1 期。

[143] 张静、孙寅乔:《"排污费"变"环保税"对企业有何影响?》,载《每日商报》,2017 年 12 月 9 日。

[144] 张雯丽、李淞淋、董彦彬:《2014 年国内外油料与食用植物油市场分析》,载《农业展望》2015 年第 4 期。

[145] 张雯丽、李想、李淞淋:《中国花生供需现状及未来 10 年展望》,载《农业展望》2015 年第 9 期。

[146] 张跃彬:《近年国际糖价下跌对国内蔗糖产业的影响和发展对策》,载《中国糖料》2017 年第 2 期。

[147] 章棋、张明杨、应瑞瑶:《双边技术性贸易措施对中国蔬菜出口贸易的影响分析》,载《国际贸易问题》2013 年第 3 期。

[148] 赵婧洁、任爱胜、张亚伟:《中国奶制品贸易现状及影响因素分析》,载《广东农业科学》2015 年第 2 期。

[149] 赵婧洁、王明利:《居民奶产品消费现状及影响因素分析》,载《中国畜牧杂志》2014 年第 20 期。

[150] 赵一夫、马骥、曹光乔、刘合光、钟钰、薛莉、秦富:《中国蛋鸡产业发展分析及政策建议》,载《中国家禽》2012 年第 12 期。

[151] 赵一夫、秦富:《蛋鸡养殖规模效率及其影响因素分析》,载《中国农业大学学报》2015 年第 3 期。

[152] 赵一夫、秦富:《中国蛋鸡产业链发展分析与对策建议》,载《中国家禽》2014 年第 18 期。

[153] 赵一夫、秦富:《中国鸡蛋价格变动特点及规律分析》,载《农业技术经济》2013 年第 1 期。

[154] 赵一夫、薛莉、秦富:《中国蛋鸡产业生产状况及发展形势分析》,载《中国家禽》2010 年第 4 期。

[155] 赵一夫、薛莉、秦富:《当前中国蛋鸡行业发展形势分析》,载《北方牧业》2011 年第 12 期。

［156］赵一夫、朱宁、周向阳等：《糖料均衡模型构建及供需展望》，农业部中央级公益性科研院所基本科研业务费项目报告，2015年12月。

［157］赵芝俊、袁开智：《中国农业技术进步贡献率测算及分解：1985～2005》，载《农业经济问题》2009年第3期。

［158］郑适：《玉米“三量齐增”与供给侧结构性改革政策研究》，载《价格理论与实践》2016年第8期。

［159］中国蔬菜网：《2017年全国蔬菜总产值或超2万》，http://www.vegnet.com.cn/News/1181698.html。

［160］中国畜牧业协会禽业分会：《2014～2015年4月中国蛋鸡生产状况及2015下半年展望》，载《中国家禽》2015增刊，第七届（2015）中国蛋鸡行业发展大会会刊。

［161］中华人民共和国农业部国际合作司、中华人民共和国农业部对外经济合作中心：《中国对外农业投资合作分析报告（2016年度）》，中国农业出版社2017年版。

［162］钟文干、那鹏、彭忠平：《广西糖料蔗规模化、集约化、产业化发展投入机制研究》，载《广西经济》2015年第1期。

［163］钟钰、秦富：《国内外蛋品消费及中国的政策选择》，载《农村实用技术》2013年第5期。

［164］周红、李华：《21世纪以来中国鸡蛋价格波动特征分析》，载《北京农学院学报》2012年第4期。

［165］周荣柱、秦富：《2015年蛋鸡产业发展回顾及2016年展望》，载《农业展望》2016年第2期。

［166］周荣柱、秦富：《蛋鸡生产与鸡蛋价格动态变化关系》，载《中国农业大学学报》2016年第10期。

［167］周荣柱、秦富：《中国蛋鸡产业面临的市场风险及规避措施》，载《中国食物与营养》2016年第9期。

［168］朱宁、秦富：《蛋鸡产业发展的国际趋势及中国展望》，载《中国家禽》2016年第20期。

［169］朱宁、秦富：《环境内生条件下畜禽规模养殖效果分析——以蛋鸡为例》，载《农村经济》2016年第1期。

［170］朱宁、秦富：《突发性疫情、家禽产品价格与养殖户生产行为——以蛋鸡为例》，载《科技与经济》2015年第3期。

［171］朱宁、秦富、马骥：《城镇居民品牌鸡蛋购买决策行为及其影响因素分析——以北京市为例》，载《中国畜牧杂志》2015年第6期。

［172］朱希刚：《中国“九五”时期农业科技进步贡献率的测算》，载《农

业经济问题》2002 年第 5 期。

[173] 左建新、袁红军、宋昕：《早期断奶羔羊轻度育肥技术》，载《家畜养殖》2012 年第 23 期。

[174] B. Joorl, J. D. Holt, "Fresh fruit and vegetab, Supply – Management of quality", *Scientia Horticulturae*, 1982, 17 (1): 1 – 8.

[175] C. Breisinger et al., "How to Build Resilience to Conflict: The Role of Food Security", IFPRI Food Policy Report, FPRI. 2014.

[176] "Dianne Food demand in rural China: evidence from rural household survey", *Agricultural Economics*, 1994, 11: 61 – 69.

[177] J. G. da Silva and S. Fan, "Conflict, Migration, and Food Security: The Role of Agriculture and Rural Development", FAO – IFPRI Joint Brief, 2017.

[178] Mauro Galeti, Cecilia P., "Alves – Costa, Eliana Cazeta. Efects of forest fragmentation, anthropogenic edges and fruit colour on the consumption of omithocoric fruits", *Biological Conservation*, 2003 (3): 269 – 273.

[179] Sophia Wu Huang, "Rural Chinese food consumption: The case of Guangdong", *American Journal of A gricultural Economics*, 1994, 76 (4): 794 – 799.

[180] The State of Food Security and Nutrition in the World 2017. United Nations High Commissioner for Refugees, 2017.

[181] United Nations, World Economic Situation and Prospects 2017, New York, UN's flagship publication, 2017.

[182] Wang, H. H., Impacts of the Tariff between U. S. and China on American Agriculture, Purdue University, 2018 – 04 – 17.

后　记

在2017年7月4日的《全球粮食政策报告》发布会上，中国农业科学院唐华俊院长和国际食物政策研究所（IFPRI）樊胜根所长共同决定2018年双方联合发布《全球粮食政策报告》和《中国农业产业发展报告》。中国农业科学院农业经济与发展研究所积极落实报告的撰写和发布工作，组织了21位青年科研骨干，结合长期的研究，完成了《中国农业产业发展报告2018》的撰写。

报告凝聚了所有参与研究人员的多年专业知识积累和辛勤付出。报告各章的撰写分工如下：第1章绪论：张玉梅、韩昕儒、周向阳和胡向东；第2章中国农业产业发展新形势：韩昕儒和胡向东；第3章全球化与逆全球化对中国农业发展的影响：张玉梅和周向阳；第4章"一带一路"倡议为中国农业产业发展带来的机遇：孙致陆；第5章未来中国农业产业发展预测与政策模拟分析：张玉梅、韩昕儒和胡向东；第6章稻谷产业：张琳；第7章小麦产业：宋莉莉；第8章玉米产业：杨艳涛；第9章马铃薯产业：陈珏颖；第10章棉花产业：钱静斐；第11章大豆产业：项诚；第12章油菜和花生产业：钱加荣；第13章糖料和食糖产业：朱宁；第14章蔬菜产业：周向阳；第15章水果产业：高芸；第16章生猪产业：王祖力；第17章肉鸡产业：辛翔飞；第18章禽蛋产业：薛莉；第19章肉牛产业：杨春；第20章肉羊产业：周慧；第21章奶产业：王国刚；第22章水产品产业：黄圣男。

在报告的研究和撰写过程中也得到许多领导与专家学者的指导及帮助。国际食物政策研究所的陈志钢高级研究员多次参与讨论报告的大纲、研究内容和特色，以及发布会等事宜，多次对研究报告提出修改建议。中国农业大学田维明教授、农业部农产品贸易促进中心的徐宏源副主任、对外经贸大学的杨军教授和北京大学的解伟副教授等对研究问题、研究方法等都给予了细致的指导，对报告内容提出了非常中肯的修改意见。农经所吴敬学研究员、李宁辉研究员、李先德研究员、赵芝俊研究员、王明利研究员和赵一夫研究员等很多专家在研究过程中都给予了指导。科研处、综合办公室和人事处（党办）等职能部门的各位同事都为报告的撰写和发布会做了很多支撑工作。在此，对所有鼎力支持、悉心指导和热情帮助的领导、专家和同事一并表示衷心的感谢！

报告是集体智慧的结晶，真诚地希望本书的出版能为推进中国农业产业发展提供信息支持与政策参考。书中不足之处，还请读者批评指正，我们将在以后的年度报告中持续更新和修订。

作者

2018 年 9 月

图书在版编目（CIP）数据

中国农业产业发展报告. 2018／中国农业科学院组织编写.
—北京：经济科学出版社，2018. 9
ISBN 978－7－5141－9812－6

Ⅰ. ①中…　Ⅱ. ①中…　Ⅲ. ①农业产业－产业发展－研究－中国－2018　Ⅳ. ①F323

中国版本图书馆 CIP 数据核字（2018）第 227245 号

责任编辑：齐伟娜　初少磊　赵　蕾
责任校对：杨晓莹
责任印制：李　鹏

中国农业产业发展报告 2018
中国农业科学院/组织编写
经济科学出版社出版、发行　新华书店经销
社址：北京市海淀区阜成路甲 28 号　邮编：100142
总编部电话：88191217　发行部电话：88191540
网址：www. esp. com. cn
电子邮件：jjll1435@ 126. com
天猫网店:经济科学出版社旗舰店
网址:http://jjkxcbs. tmall. com
北京季蜂印刷有限公司印装
787×1092　16 开　28. 75 印张　560000 字
2018 年 10 月第 1 版　2018 年 10 月第 1 次印刷
ISBN 978－7－5141－9812－6　定价：98. 00 元
（图书出现印装问题，本社负责调换。电话：88191510）